국어
어휘론

홍윤표(洪允杓)

서울에서 태어나 서울대학교 국어국문학과를 졸업하고 동대학교 대학원에서 석·박사 과정을 수료하였으며, 연세대학교 교수로 정년퇴임하였다. 국어학회 회장, 한국어전산학회 회장, 국어사학회 회장, 한국어학회 회장, 한국사전학회 회장, 국제고려학회 서울지회장, 국어심의회 정보화 분과위원장, 국어심의회 언어정책 분과위원장, 국어심의회 전체 부위원장, 겨레말큰사전 남측편찬위원장, 국립한글박물관 개관 위원장 등을 지냈다. 동숭학술연구상, 세종학술상, 일석국어학상, 외솔상, 수당상, 용재상 등을 수상하였으며, 대한민국옥조근정훈장, 보관문화훈장을 받았다. 『국어사문헌자료연구 1』, 『살아 있는 우리말의 역사』, 『국어정보학』, 『한글 이야기 1·2』, 『17세기 국어사전』(공편), 『조선 후기 한자 어휘 검색사전』(공편), 『한글』, 『한자 학습 문헌자료 연구』, 『한글서예와 한글 서체』, 『근대국어연구』(개정증보판) 등의 저서를 비롯하여 15세기 국어의 격연구 등 160여 편의 논문이 있다.

국어 어휘론

초판 1쇄 발행 2024년 10월 1일

지은이 | 홍윤표

펴낸곳 | (주)태학사
등록 | 제406-2020-000008호
주소 | 경기도 파주시 광인사길 217
전화 | 031-955-7580
전송 | 031-955-0910
전자우편 | thspub@daum.net
홈페이지 | www.thaehaksa.com

편집 | 조윤형 여미숙 김태훈
마케팅 | 김일신
경영지원 | 김영지

ⓒ 홍윤표, 2024. Printed in Korea.

값 80,000원

ISBN 979-11-6810-305-4 (93710)

책임편집 | 조윤형
표지디자인 | 이윤경
본문디자인 | 최형필

국어
어휘
론

홍윤표 지음

한국어 어휘의
체계·분류·역사·어원에
관한 연구
　어휘사 문헌자료의
　체계적 분류 및 소개

태학사

머리말

언어의 기본 단위가 어휘라는 사실을 깨닫고 국어 어휘에 관심을 가지게 된 때는 1980년대 초였습니다. 많은 번민 끝에 그때까지 진행해 오던 국어 문법사 연구를 뒤로하고 국어 어휘론과 사전학으로 눈을 돌렸습니다. 그때부터 외국의 어휘론에 대한 이론 서적들을 찾아보게 되었고, 또 어휘 자료, 특히 어휘사 관련 문헌 자료들을 찾아 목록을 만들고 수집·정리하게 되었습니다.

　서양에서 어휘론 연구는 의외로 빈약하다고 느꼈습니다. 여러 언어학자들의 저서에서 어휘론에 대한 부분적인 언급은 있어도 전반적으로 어휘론을 개관해 놓은 업적은 찾아보기 힘들었습니다. 어휘에 대한 연구는 오히려 동양, 특히 일본에서 활발히 진행되고 있었습니다. 참고할 만한 어휘론 개설서도 여럿 있었고, 서양의 어휘 연구사를 잘 정리해 놓은 책도 있었습니다. 중국에서는 '어휘'를 '사휘(詞彙)'라고 하여 연구되고 있었지만, 한자 한 글자가 한 어휘에 해당하여서인지 어휘에 대한 연구는 주로 한자의 역사나 어원을 밝히는 연구로 대치되는 것 같았습니다. 그래서 어휘 연구보다는 문자 연구가 활발하였습니다. 국내의 어휘 연구도 연구의 역사는 길지만 국어 어휘론 개설서도 몇 편밖에 되지 않을 정도로 연구 성과가 미약한 형편에 놓여 있었습니다. 의미론 연구와 영역이 겹쳐서 어휘 연구를 주로 어휘의 의미 연구에 집중하는 것 같았습니다. 그래서 주로 개별 어휘의 역사나 미각 표현 어휘나 색채 표현 어휘와 같은 범주별 어휘에 대한 연구이거나 의미 범주에 대한 어휘, 즉 동음이의어 등의 연구였습니다. 그런데 놀랍게도 북한의 학자들과 중국의 동포

학자들이 국어 어휘에 대해 많은 관심을 가지고 연구해 왔다는 사실을 알게 되었습니다. 그러나 북한과 중국에서 관심을 가지는 국어 어휘는 현대국어의 어휘였습니다. 국어 어휘사에 대한 연구는 많지 않았습니다.

현대국어 어휘를 정확히 이해하기 위해서는 그 어휘의 역사를 알지 않으면 안 된다는 생각을 가졌습니다. 옛 문헌들을 검토하면서 그러한 사실들을 절실히 느꼈습니다. 현재 기독교계에서 사용하는 '장로(長老)'라는 어휘가 '중 위 ᄒᆞ는 말'이란 풀이로 보아서 불교계에서 온 것이 확실하며 한자어 '고독(孤獨)'이 '부모를 여읜 사람과 늙어서 자식 없는 사람'에서 비롯되었다는 사실도 옛 문헌에서 쉽게 확인할 수 있습니다.

그래서 첫 번째로 어휘 문헌 자료를 찾아내는 일을 시작하였습니다. 국어학계에서는 주로 어휘 정보만을 제공해 주는 문헌들에 대해 거의 관심이 없었습니다. 그도 그럴 것이 어휘 정보를 담은 문헌 자료들은 주로 필사본이었기 때문입니다. 게다가 '어휘'라는 용어가 20세기 초에 일본에서 들어온 어휘이고 이전에는 '어휘'를 '물명(物名)'이라고 하였다는 사실을 아는 사람이 없어서, 물명에 대한 연구는 어휘 연구에서도 도외시되고 있었습니다. 그리고 무엇보다도 국어 어휘론이 외국 언어학계의 영향으로 국어 연구의 외곽지대에 놓여 있어서 어휘가 국어학자들의 관심사에서 너무 멀리 떨어져 있었던 것이 어휘 문헌 자료에 대한 관심이 적었던 큰 이유 중의 하나일 것입니다.

어휘에 대한 고찰이란 뜻을 가진 '물명고(物名考)'는 판본으로 간행된 적이 없습니다. 모두가 필사본입니다. 물명고뿐만 아니라 물보를 비롯한 어휘 자료들은 '시경물명'을 제외하고는 모두 필사본입니다. 이것은 이들이 국어 어휘에 대한 관심에서 편찬된 것이 아니라, 한문을 읽기 위한 보조 도구의 하나로 편찬되었기 때문입니다. 한문을 독해하기 위해 개인이 필사해 놓고 참고한 것이었습니다. 그래서 한문 사용이 끊어진 20세기에 들어서면서는 '물명고'류의 편찬의 전통이 이어지지 못한 것입니다. 이렇게 국어의 어휘는 역사적으로 보아도 맨날 관심의 끝자락에 위치해 있었습니다.

이러한 현실은 저에게는 행운이었을지 모르겠습니다. 수없이 많은 새로운 어휘 자료들을 쉽게 발굴해 낼 수 있어서입니다. 그래서 부족하지만 그 목록을 만들 수 있었습니다.

두 번째로 작업을 시작한 것은 어휘사 자료를 종합하여 정리하는 작업이었습니다. 어휘 자료인 사역원 역학서의 유해류서, 천자문, 훈몽자회, 유합 등의 한자 자석 문헌 자료, 광재물보와 유희의 물명고, 다산의 물명고 등의 물명 자료들을 복사하여 한 표제항씩 카드에 오려 붙였습니다. 이 카드들을 표제항의 가나다순으로 분류하여 카드 박스에 넣어 두었습니다. 그 카드가 얼추 40만 장이 되었을 때에 전자공학과의 교수로부터 카드 작업 대신에 컴퓨터로 작업할 것을 강력히 권유받았습니다. 자료 처리를 컴퓨터 프로그램을 활용하라는 것이었습니다. 천자문의 카드 1,000장을 가나다순으로 정렬하는 데 하루 종일 시간을 소비하였는데, 컴퓨터로 처리하니 몇 초 안에 끝나는 것을 보고서는 카드 작업의 무모함을 실감하였습니다. 그러나 그 당시의 286컴퓨터로서는 옛한글이 구현되지 않았을 뿐만 아니라 한자도 4,888자밖에 쓸 수 없어서 어휘 자료들을 입력할 수 없었습니다. 그러다가 한자를 보충해서 사용할 수 있는 영역에 옛한글을 넣어 사용하는 방법을 찾아내었습니다. 문서작성기 '보석글'에서 가능한 일이었습니다. 오늘날 컴퓨터에서 한자를 입력하는 방식, 즉 '가'를 타자하고 여러 한자 중 '家'를 선택하여 입력하듯, 'ᄀ'를 선택하여 입력하는 방법을 택한 것입니다. 그래서 한자 사용자 영역에 886자를 사용할 수 있는 여유 영역이 있어서 옛한글을 사용하여 문헌 자료를 입력하게 되었습니다. 그러다가 '흔글' 프로그램이 등장하면서 그 40만 장의 카드를 미련없이 버리고, 이미 '보석글'로 입력하였던 자료들도 모두 폐기하게 되었습니다.

이렇게 여러 번의 시행착오를 겪은 뒤에 어휘 자료의 종합과 정리라는 저의 꿈은 접을 수밖에 없었습니다. 모두가 저 혼자 하기에는 너무 방대한 작업이었던 것입니다.

그러던 차에 제가 우리나라 국어 정보화 중장기 발전 계획인 21세기 세종계획의 입안 책임자가 되면서, 국어 어휘 자료 수집과 정리를 여기에서 실현하면 좋겠다는 생각을 하였습니다. 국어 어휘에 대한 정보는 모든 사람들이 알아야 할 일이라고 생각했습니다. 그래서 21세기 세종계획의 한민족언어정보화 사업 속에 몇 가지를 제안하여서, 많은 학자들의 긍정적인 반응을 얻어 실행하게 되었습니다. 어휘 자료의 정리와 정보화를 동시에 실행하자는 목적으로 국어 어휘의 역사 검색 프로그램, 한국 방언 검색 프로그램, 문학 작품에 사용된 방언 검색 프로그램, 남북한 언어 비교 사전의 프로그램을 구축하였습니다. 매우 유용한 프로그램이어서 저는 지금도 제 컴퓨터에서 활용하고 있지만, 널리 알려진 것 같지 않아 안타까울 뿐입니다.

국어 어휘사에 대한 관심도 지속되어서 한국정신문화연구원에 파견을 나가 있을 때에는 저의 제안으로『광재물보』와 유희의『물명고』를 데이터베이스화하여 정리해 놓았는데, 그것이 곧『조선후기 한자어 검색사전』(1997)이었습니다. 정양완, 홍윤표, 심경호, 김건곤 교수의 네 사람의 이름으로 간행되었습니다. 그 당시『경국대전(經國大典)』을 주해하던 연구진에게 각종 어휘 자료를 제공하면서 각종 유서(類書)들의 한자어들을 종합하여 정리하자는 저의 제안을 받아들여 첫 번째로 나온 결과였던 것입니다. 안타깝게도 이 사업은 지속되지 못하고 말았습니다. 이 작업의 시초는 1993년에 심경호 교수와 함께 작업한『15세기 한자어 조사 연구』였습니다. 이어서 국어 어휘에 대한 관심의 결과는『17세기 국어사전』(1995)으로 이어졌습니다. 여러 교수들의 협동 작업으로 이루어진 결과였습니다. 15세기 국어사전부터 시작하려는 생각은 컴퓨터에서의 방점 처리 때문에 17세기로부터 시작하였습니다. 이 일이 계속 이어지지 못해서 아쉽기만 합니다.

국어 문법사 연구에서 국어 어휘 연구로 국어 연구의 주제를 바꾸면서 고민하고 걱정하였던 것이 그대로 현실화된 셈이어서 이미 각오는 했습니다만, 그래도 허탈감은 이루 말할 수 없습니다. 그 걱정은 국어 문법사는 종착점이 있지만, 어휘 연구는 종착점이 없을 것 같다는 걱정, 어휘 연구를 이론적 바탕을 마련하지 못한 상태에서 시작하여 그 결과가 모래성처럼 무너질 것이 아닌가 하는 걱정이었고, 또한 일이 너무 방대하여 자료 조사나 종합, 정리의 초입도 들어가기 전에 정년퇴임을 할 것이란 것이었는데, 그 걱정이 그대로 적중된 것입니다.

어휘 문헌 자료의 조사, 정리라는 일의 첫 번째 결과는 『한자 학습 문헌자료 연구』이고, 이어서 이 책의 마지막 부분에 있는 어휘 자료론에 붙인 것이 그 결과입니다. 어휘 자료의 종합과 정리는 특히 지나간 시기의 어휘 조사인데, 모두가 준비하다 만 것들입니다. 물명고 자료 입력 자료, 척독 관련 문헌의 한자어 자료의 입력 자료, 15세기부터 19세기 말까지의 언해본에 나타난 어휘 주석 자료, 한자 석음 자료의 입력 자료, 혼자 작업하다가 만 18세기 국어사전 등등이 남아 있지만 그 결과물이 나올지는 저도 장담할 수 없습니다. 할 일은 많은데 시간은 기다려 주지 않으니, 어쩔 도리가 없습니다.

그래서 지금까지 작업해 놓은 것들을 다 버릴 수 없어서 써 놓았으나 발표하지 않은 글들을 주섬주섬 모았습니다. 그 결과가 앞부분은 국어 어휘론의 개설서가 되었고, 뒷부분은 국어 어휘사 관련 문헌 자료 소개가 되어 버리고 말았습니다. 그래서 '국어 어휘 연구'라는 책 제목을 붙이지 못하고 '국어 어휘론'이라는 책 제목을 붙였습니다. 아무래도 제가 해야 할 일은 여기까지인 것을 아는 것이 저 자신을 아는 것이라고 생각해서 국어 어휘에 대한 조사나 연구를 여기에서 그쳐야 할 것 같았습니다.

남권희 교수, 양승민 교수, 박재연 교수를 비롯한 여러 분들이 어휘사 자료를 제공해 주셨습니다. 크게 감사를 드립니다.

이 책의 출판도 역시 태학사에서 맡아 주기로 했습니다. 이제는 염치가 없게 되었습니다. 너무 고마울 뿐입니다.

2024년 6월
홍윤표

차례

제4부 어휘사   411

제5부 국어 어원 연구

제6부 어휘 자료론
525

제 1 부

총설

국어 어휘론은 한국어 어휘에 대해 체계적으로 연구함을 그 목적으로 하는 국어학의 한 분야이다. 국어 음운론, 국어 문법론, 국어 의미론 등과 함께 국어를 연구하는 독립된 한 분야로, 국어 어휘의 구조, 의미, 계열, 역사 등을 연구한다.

그러나 국어 어휘론이 국어학의 중심 핵을 이루는 연구 분야가 아니라는 기존 언어학의 인식 때문에, 국어 어휘에 대한 연구는 국어 연구의 외곽에 머물러 있었다.

어휘가 언어 분석의 절차에 따라 도출된 단위들에 포함되어 있지 않은 탓으로, 어휘에 대한 연구는 언어 연구의 주변으로 몰려나게 되었다. 그리하여 음성학, 음운론, 형태론, 통사론, 문법론 등에 연구가 집중되었고, 어휘론, 의미론 등은 도외시되었다.

한편으로는 언어 연구는 언어학 자체 내의 연구 이론으로 진행되어야 한다는 주장으로 말미암아 문화와 밀접한 연관이 있어서 언어 외적 구조와의 관계 속에서 연구되어야 하는 어휘 연구는 도외시되었다. 그 결과 한국어 어휘론도 그 연구가 국어 연구의 핵심 분야에서 멀어졌다.

이러한 여러 가지 이유로 국어 어휘에 대한 연구의 역사는 매우 일천한 편이다. 이처럼 한국어 어휘에 대한 연구의 역사가 짧기 때문에, 국어학계는 아직까지 국어 어휘에 대해 체계적으로 기술할 만한 처지에 놓여 있지 않은 것이 현실이다.

그럼에도 불구하고 국어 어휘에 대한 연구는 설령 학문적인 체계를 이룰 정도의 업적이 이루어진 것은 아니었지만, 실제로는 어휘에 대한 폭넓은 관심을 가지며 지속적으로 연구되어 왔다. 그렇지만 국어학의 다른 분야에 대해서는 많은 학자들의 지속적인 연구의 결과로 만족할 만한 연구 성과를 이루어낸 것에 비하면, 국어 어휘에 대한 연구는 연구자도 적을 뿐만 아니라 연구 결과도 너무 빈약한 편이라고 할 수 있다. 그래서 대학의 국어국문학과의 강의 개설 과목에도 국어 음운론이나 국어 문법론은 늘 개설되지만, 국어 어휘론의 개설은 극히 드문 편이다. 국어 어휘론의 발전이 더딘 이유 중의 하나는 이러한 외적 요인뿐만 아니라 내적 요인도 존재한다. 즉 많은 국어학자들의 어휘에 대한 관심은 높지만 연구 대상이나 연구 방법 또는 연구 자료들이 개발되지 않아서 어휘 연구에 선뜻 나서지 못하는 실정에 있는 것으로 보인다. 어휘 연구의 중요성은 인식하면서도 자신의 주된 연구 분야로 작정하지 못하고 있는 것은 위와 같은 연구의 외적 요인과 내적 요인에 기인하는 것으로 생각된다.

이러한 현실과는 달리, 우리 선조들은 국어 어휘에 대해 기록해 놓은 문헌들을 상당수 남겨 놓고 있다. 특히 어휘 자료집들이 많이 현존하고 있다. 지금까지 국어 연구, 특히 국어사 연구는 판본으로 간행된 한글 문헌들, 그 중에서도 언해본을 주된 연구 대상으로 하여 왔다. 간행되지 않은 필사본 문헌들에 나타나는 국어에 대한 연구는 매우 소홀한 편이었다. 그런데 어휘 자료집들은 개인이 조사해 놓은 문헌이 많아서 주로 필사본으로 현존한다. 이 어휘 자료집들을 조사하고 이들 어휘에 대한 연구를 진행한다면, 국어 어휘에 대한 지금까지의 전통적 관점을 이해할 수 있게 되어, 연구의 실마리를 찾을 수도 있을 것이다. 뿐만 아니라 20세기에 와서 본격적인 연구가 이루어져 왔던 국어 어휘론의 연구방법이나 연구 태도들과의 연계성도 찾을 수 있다. 이것은 곧 앞으로 우리가 국어 어휘론을 연구할 때에 어떠한 방법과 자세를 가지고 연구하여야 할 것인가를 암묵적으로 제시하여 줄 것이다. 특히 요즈음의 디지털 시대에는 음운변화나 문법 변화보다도 새로운 어휘의 생성과 변화가 극심하여, 이들 어휘에 대한 연구가 절실히 요구되는 시점에 놓여 있다.

우리 선조들은 국어의 실용적인 면을 중시하여 주로 국어의 어음(語音)과 어휘에 주된 관심을 가져 왔다. 문법은 언어를 구성하는 중요한 규칙이긴 하지만, 소리와 어휘는 그보다 언어생활과 더 밀접한 연관이 있다고 할 수 있기 때문이다. 즉 어휘는 언어생활의 가장 기본적인 요소라고 생각해 왔기 때문이다. 이처럼 어휘를 언어생활과 밀접히 연관시킬 뿐만 아니라, 기존의 언어 연구 방법과도 연계시킬 수 있는 국어 어휘론의 연구 방법이 무엇인지를 개발하려고 하는 것 그 자체도 국어 어휘론의 연구 대상이 될 것으로 생각한다.

1. 어휘론의 개념

어휘론(Lexicology)은 언어의 단위형식인 단어의 집합, 즉 어휘에 대한 체계적인 기술과 설명을 목표로 하는 언어학의 한 분야이다.

어휘란 단어의 집합이다. 예컨대 어떤 언어 집단, 어떤 사용 환경, 어떤 작품, 어떤 언어 주체와 같은 특정 조건이나 영역의 한정된 범위 내에서 사용되는 단어들의 총체를 가리킨다. '어휘(語彙)'를 한자 그대로 풀이하면 '말을 모은 것', 즉 '말의 집합체'란 의미이다.[1] 이때의 '말'이란 주로 단어를 일컫는다. 그래서 '어휘'란 '개개의 단어'가 아니라 '단어의 집합체'를 말한다. 그러나 단어들을 하나의 덩어리로 묶어 놓았다고 해서 그것이 곧 어휘가 되는 것은 아니다. 단어의 집합체, 즉 어휘는 동일한 부류에 속하는 단어들을 어떤 규칙이나 조건 및 질서에 따라 모아 놓은 것이다.

그렇다면 어휘가 어떤 양상, 어떠한 양식으로 모인 단어를 일컫는 것일까? 즉 어떤 기준에 따라 단어들을 분류하고 이들을 한 어휘군으로 묶을 수 있는 것일까? 예컨대 고유어 어휘, 외래어 어휘, 한자 어휘, 또는 중세국어 어휘, 근대국어 어휘, 물고기 어휘, 농사 어휘 등등으로 어휘를 지칭할 때에는 어느 분류 기준으로 구분하여 한 어휘군으로 독립시킬 수 있는 것일까? 우리는 아직까지도 이러한 어휘들에 대해 명쾌하게 정의내리지 않은 채, 막연하게 언급하여 온 것은 아닐까?

---

1 彙 물 휘 類也 〈훈몽자회, 下1b〉, 동류 휘 〈增補千字, 16a〉, 모들 휘 〈言文, 35〉, 썰기 휘 〈蒙學二千字, 11a〉.

어휘의 기원이라는 기준으로 볼 때에는 고유어, 한자어, 외래어 등으로 구분하고, 사용자 개인에 따라서는 한용운의 어휘, 김유정의 어휘, 김영랑의 어휘, 셰익스피어의 어휘 등으로 구분할 수 있으며, 사용 집단의 기준으로는 남성어, 여성어, 유아어, 청소년어, 노인어 등으로 분류할 수 있다. 어휘는 이처럼 여러 가지 분류 기준에 따라 여러 어휘로 구분되지만, 그 어휘가 어느 부류의 어휘 속에 포함되는지는 판단하기 어렵다. 예컨대 물고기 명칭의 어휘는 어부들의 어휘인지, 식품 속의 생선류에 속하는 어휘인지, 동물명의 하위 부류에 속하는 어휘인지 판단하기 어렵다.

붕고기 이름의 어휘는 이만영(李晩榮)의 『재물보(才物譜)』에서는 천보(天譜)·지보(地譜)·인보(人譜)·물보(物譜)의 물보에 소속시키고 있는데, 여기의 물보는 다시 세분되어 우충(羽蟲)·모충(毛蟲)·인충(鱗蟲)·개충(介蟲)·곤충(昆蟲)으로 분류하고, 이 중의 인충에 물고기 이름이 소속되어 있다. 이에 비해 유희(柳僖)의 『물명고(物名攷)』에서는 유정류(有情類)·무정류(無情類)·부동류(不動類)·부정류(不靜類)로 구분한 속의 유정류에 속한 우충(羽蟲)·모충(毛蟲)·영충(嬴蟲)·수족(水族)·인충(鱗蟲)·개충(介蟲)·곤충(昆蟲) 속의 인충과 수족에 소속시키고 있어서 '인충'이라는 어휘 범주 속에 포함시키는 것은 동일하지만 상위 범주는 상당한 차이가 있음을 알 수 있다.

뿐만 아니라 물고기 어휘들을 다시 체계적으로 파악하기 위해서는 그 물고기 어휘들이 지니는 특성을 파악해야 하는데, 물고기 이름 중에서 어느 부류가 주로 고유어로 되어 있으며(가물치·갈치·꽁치·날치·넙치·누치·멸치·삼치 등), 어느 부류가 한자어 어휘로 되어 있는지 (장어·복어·붕어·빙어·상어·송어·숭어·연어·잉어·전어·청어·홍어 등) 등등에 대한 연구도 동반되어야 한다. 그러나 물고기 이름의 형태론적 구성 등은 어휘론 연구의 연구 영역에서 벗어난다. 형태론에서 언급될 문제이기 때문이다. 그러나 이 분야도 어휘를 중심으로 연구된다면 후술할 바와 같이 어휘형태론의 영역에서 연구될 수 있을 것이다.

이러한 문제점들을 해결하고 이러한 기준으로 분류된 각 어휘군들에 대한 체계적인 연구가 어휘론의 연구대상이 될 것이다.

2. 어휘론의 성립

'언어'에서 제일 먼저 떠올리는 단위는 '단어'이다. 그리고 2차적으로 단어들의 결합체인 '구, 절'이나 '문장', 또는 단어를 이루는 구성요소인 '음운'을 떠올린다. 단어는 언어행위에서 그 언어의 문법구조의 규칙에 따라 결합되기 때문에, 단어는 어휘 구성의 분야에서나 문법구조의 분야에서나 언어의 불가결의 요소이다. 따라서 이러한 하나하나의 단어들의 집합인 어휘를 언어의 기본 단위로 인정하지 않을 수 없다. 예컨대 '사람'은 한 단어이다. 그렇다고 여러 단어들이 있다고 해서 이들을 어휘라고 하지는 않는다. 즉 '사람, 책상, 물, 빵, 배추' 등이 나열되어 있다고 해서 이들을 어휘라고 하지는 않는다. 이들은 단지 개개의 단어일 뿐이다. '사람'은 '남자, 여자, 어린이, 노인' 등과 같은 부류에 속하는 어휘체계 속의 한 단어이자, 한 어휘이다. 마찬가지로 '배추'는 '무우, 상추, 아욱, 시금치' 등의 채소류에 속하는 어휘라고 할 수 있다. 어느 한 단어를 지칭하면서도 '어휘'라는 용어를 쓰는 것은 그 단어가 어느 어휘체계 속에서 차지하는 지위에 말미암은 것이라고 할 수 있다.

한 언어 안에 있는 모든 단어들은 그 언어의 어휘 구성을 이루게 되는데, 이러한 어휘에 대한 연구가 곧 어휘론의 하나이다.

2.1. 어휘체계의 불확실성

그러나 '단어'나 '어휘'에 대한 정의가 아직 정밀하지 않아서, 아직도 어휘론은 음운론이나 통사론과 같은 체계적인 학문으로서 정립되지 못하고 있는 실정에 있다. 심지어 한 언어의 어휘가 체계를 가지고 있다고 하는 사실 자체도 언어학계에서 아직 전반적인 지지를 받고 있는 것 같지 않다. 어휘체계라고 하는 것이 음운체계나 문법체계와는 그 성격이 다르기 때문이다. 현대 한국어에서 음운의 수는 학자에 따라 다른 주장이 있기는 하지만 그래도 어느 정도 일정하며, 그 결합방식에도 일정한 틀이 있다. 이것은 문법체계에서도 마찬가지이다. 단어 결합상의 또는 문장 구성상의 여러 현상들도 얼핏 보기에 매우 복잡하고 무질서한 것 같지만 어순과 품사와 문장 구성 성분들 간의 어느 정도 통일된 조직체를 이루고 있다고 할 수 있다.

이에 비해 어휘체계를 상정하기 위해서는 매우 어려운 사실들을 증명해 내어야 하는데, 그 일이 쉽지 않다. 우선 한 시대에 사용되는 어휘의 총체를 파악하기 어려울 것이며, 어떤 한 사람이 평생 동안 습득한 어휘의 양을 파악하는 일도 여간 어려운 일이 아니다. 어휘의 총체를 파악한다거나 개인이 습득한 어휘의 양을 파악하였다고 해도 여전히 문제는 남는다.

어휘 연구의 대상을 결정하여야 하는데, 현대 사회에서 사용되는 공통어 어휘 중에서 유아어, 고어, 차용어, 특수한 직업 용어, 계급방언, 은어 등의 특수 어휘를 제외한 다음, 거기에서 다시 이해용 어휘를 제외하고 발표용 어휘만을 고려하여 그 범위를 좁혀서 최종적으로 남는 가장 기본적인 어휘, 즉 현대의 일반적인 사회생활을 하는데 필수적인 어휘로 어휘 연구의 대상을 한정시킨다고 해도 여전히 문제는 남는다. 예컨대 '밥을 먹다', '담배를 먹다', '앙심을 먹다', '한 골을 먹다' 등에 보이는 '먹다'란 단어를 각각 별개의 단어로 보는가, 아니면 어휘로서는 4개이지만 같은 단어의 문맥적 의미 차이에 불과한 것으로 보는가에 따라 어휘 구조는 전혀 달라지게 될 것이기 때문이다. 마찬가지로 '먹다, 잡수시다, 드시다'는 기본의미는 동일하지만 사용자 영역의 상대성으로 말미암아 구별되는 것인데, 이들은 다른 단어이지만, 한 어휘소의 다른 실현 형태인지 아니면 다른 어휘소인지를 파악하기 어렵다.

음운이나 문법에서도 '체계'라고 하는 것이 추상적으로 설정되는 것은 사실이다. 그러나 어휘의 문제에서 보는 것처럼 그때그때의 발화에서 나타나는 표현의 차이를 개별적이고 구체적으로 다룬다면 체계 설정은 매우 어렵다. 그때그때 감정적 가치를 내포하고 있는 단어나 어휘의 의미는 문맥에 의해서만 결정할 수 있기 때문에 이러한 개별적인 차이가 있는 단어나 어휘의 변이는 무한하다고까지 할 수 있으므로 그 전부를 찾아서 기술한다는 것은 논리적으로 불가능하다. 어휘를 의미적인 면에서 하나의 체계로 파악하고 연구하기 어렵다고 하는 근본적인 이유가 여기에 있다. 구조주의 언어학에서, 특히 미국의 기술언어학에서 의미면을 배제하거나 또는 가능한 한 형식화해서 고찰하려고 했던 것도 이러한 이유 때문이었다.

2.2. 어휘체계의 정립

어휘를 의미적으로 체계화할 수 있어야 어휘론이 성립될 수 있는데, 그 방법은 없는 것일까? 그 방법은 음운론에서 음소를 결정하는 방법이나 형태론에서 형태소를 찾아내는 방법을 그대로 적용할 수 있을 것이라고 생각한다. 특히 어휘론은 음운론보다는 형태론 연구의 방법에 더 근접할 수 있다. 어휘는 형태와 의미를 동시에 고려하여야 하기 때문이다. 형태소를 찾아 내어 그 체계와 구조를 밝히는 형태론의 연구 방법을 어휘론에서 어휘소를 찾아내어 그 체계와 구조를 밝히는 절차에 원용할 수 있는 것이다.

마치 각 음성들의 변이형을 찾고, 그 변이음들에서 공통 요소를 찾아 음소를 결정하는 음운론의 연구 방법과 각 형태들의 이형태를 찾아 그 이형태의 목록에서 형태소를 결정하는 형태론의 연구 방법을 어휘 연구에 원용하는 것이다.

이러한 경우에 제일 먼저 해결하여야 할 일은 어휘의 형태적인 문제이다. 두 개 이상의 형태가 동일한 어휘인지 다른 어휘인지를 결정하는 일은 어려운 일이 아니다. 예컨대 형태는 상이한데 의미가 유사하다고 하는 한자어와 고유어가 유의어 관계를 이룰 때('뜻'과 '의미'의 관계 등), 이 두 어휘가 한 어휘소에 속하는지를 결정한다거나, 형태는 동일한데 의미가 다르다고 생각되는 동음이의어 어휘소를 결정하는 일은 그리 어려운 일은 아닐 것이다('한숨도 못 잤다'의 '한숨'과 '한숨을 내쉰다'의 '한숨'의 관계 등). '뜻'과 '의미'가 다른 어휘임은 이미 결정되어 있을 것이다. 그리고 동음이의어는 대체로 어원이 다른 것들은 다른 어휘소로 다루어야 할 것이다. 앞에서 예를 든 '밥을 먹다', '담배를 먹다', '앙심을 먹다', '한 골을 먹다' 등의 '먹다'는 한 어휘소의 변이 의미로 취급하는 것이 일반적이지만 '귀를 먹다'의 '먹다'는 다른 어휘소로 취급하는 일은 상식화된 일이다.

또한 그 판단 과정도 용이하지 않다. 예컨대 어휘 의미의 일반적인 분류표를 작성하고 각 어휘마다 그 어휘에 포함되는 단어 하나하나의 의미 분류표를 작성한다. 그리고 각 어휘들의 분류표에서 이것들이 서로 겹치는 부분, 즉 동일한 부류들을 찾아내는 것이다. 그러나 이처럼 어휘에 포함되는 단어들의 일반 보편적인 체계를 가진 단어들의 분류표를 작성한다는 것은 엄밀히 말하면 불가능한 일일 것이다. 가능한 것은 각각의 어휘마다 그것을 구성하는 어휘에 따라 의미를 분류한 일람표를 작성하는 일뿐이다. 곧 국어사전에 등재되는 어휘의 의미를 기술하는 것이다. 그러나 국어사전에 등재되어 있는 모든 어휘들을 이러한 방식으로 일람표를 작성하는 일은 결코 쉬운 일이 아니다. 그러나 음운론에서 변이음을 찾아 음소를 결정하는 일이나 국어사전에서 단어의미를 찾아 의미소나 어휘소를 찾아내는 일의 차이는 그 수량에만 있을 뿐이어서 쉽고 어려움의 문제는 아니다. 그리고 부분이 전체를 보여 주는 것이어서 모든 어휘를 다 그러한 방식으로 찾아내지 않아도 될 것이다.

어휘에 의해서 표현되는 개념의 세계를 체계화하는 일은 이러한 방식 이외에 다른 방법이 없을 것으로 생각한다. 하나하나의 음성에서 음소를 찾고 그것들에서 음운체계를 찾는 방식과 하나하나의 어휘에서 어휘소를 찾고 그것들에서 어휘체계를 찾아내는 일은 단지 찾아내야 할 어휘의 수량에만 차이가 있을 뿐이다. 그러나 체계는 전체 속에서만 찾아낼 수 있는 것만이 아니라 부분 속에서도 전체를 파악하는 투시력을 지니는 것이어서 어휘체계를 찾아내는 일도 그리 불가능한 일은 아닐 것으로 생각한다. 그래서 어휘론은 성립될 수 있다.

전술한 바와 같이 오늘날에는 아직도 어휘 연구 분야나 연구 방법론이 정립되어 있지 못한 상태에 있다. 국어 연구자들의 상당수가 어휘체계와 의미체계에 상당한 관심을 가지고 있는 것으로 보이지만, 그 연구 방법이 정제되어 있지 않아 젊은 학자들은 아직도 그 연구에 들어서는 입구에서 머뭇거리고 있는 것으로 보인다.

최근에 어휘체계에 대한 연구가 활발해지고, 점차로 어휘론 중에서 어휘체계론이라는 분야가 성립되면서 어휘도 일정한 체계를 이루고 있다는 사실이 알려지게 되었다. 이제 어휘론은 그 출발점을 막 벗어나고 있는 셈이다. 어휘론이 성립될 수 있다는 가능성이 입증된 셈이어서 이제는 그 연구 방법론을 개발하여야 할 단계에 있다고 할 수 있다.

3. 어휘 연구의 필요성

3.1. 언어의 기본 단위와 어휘

언어의 기본 단위는 언어연구 이론의 변화에 따라 '음성'으로부터 '문장'으로 변화를 겪었다. 구조주의 문법에서는 '음성'이, 그리고 변형생성문법에서는 '문장'이 언어의 기본 단위였다. 구조주의 언어학과 변형생성문법에서 내리는 언어의 정의를 보면 그러한 사실을 알 수 있다. 구조주의 언어학에서는 "언어란 사회집단의 구성원들이 협동하고 상호작용하는 자의적인 음성체계다"라고 정의함으로써 '음성'을 언어의 기본 단위로 설정하여 놓고 있으며, 변형생성문법에서는 "언어란 유한집합의 구성요소들로서 이루어진 유한 또는 무한집합의 문장이다"라고 정의함으로서 '문장'을 언어의 기본 단위로 설정한 셈이다. 그래서 구조주의 언어학에서는 언어를 구성하는 요소들의 작은 단위를 연구하는 분야로부터 큰 단위를 연구하는 분야로 구분하여 연구하여 왔다. 이것을 알기 쉽게 표로 그리면 다음과 같다.

언어 단위	음성	음운	음절	어절	단어 (어휘)	구	절	문장	텍스트	말뭉치 (코퍼스)
연구 분야	음성학	음운론			형태론			통사론	텍스트 언어학	말뭉치(코퍼스) 언어학
					의미론, 화용론					

    반면에 '문장'을 기본 단위로 규정한 변형생성문법에서는 연구의 방향을 구조주의 언어학과는 반대의 방향이어서 단위가 큰 '문장'으로부터 작은 단위의 '음성'으로 연구하여 왔다.

    언어의 가장 작은 단위를 '음성'으로 인식하고, 그 연구분야를 음성학이라고 하고, 언어의 가장 큰 단위를 '문장'으로 생각해서 문장론(통사론)이 등장하였다.

    그러나 언어의 가장 작은 단위가 '음성'이 아니고 가장 큰 단위도 '문장'이 아님을 알게 되었다. 물질의 기본적인 구성입자로 이전 시대에는 양성자와 중성자가 가장 작은 단위인 것으로 인식하여 왔으나 양성자와 중성자 그 자체도 쿼크(quark)로 이루어져 있음이 밝혀졌듯이, 언어에서 음성도 더 작은 단위로 잘라낼 수 있게 되었고, 문장보다도 더 큰 단위인 '텍스트'와 그보다도 더 큰 단위인 '코퍼스'까지도 연구하게 되어 텍스트 언어학과 코퍼스 언어학 등이 등장하게 되었다.

    더 작거나 더 큰 단위를 인식하면서 동시에 언어에서 의사전달의 가장 기본적인 단위가 단어나 어휘임을 알게 되었다. 그래서 어휘론이 언어 연구의 중요한 연구 분야가 되었다.

특히 언어의 기본 단위는 유의미한 것이어야 한다. 왜냐 하면 언어가 지향하는 것은 의미전달이기 때문이다. 그래서 언어의 기본 단위는 의미를 전달해 주는 가장 작은 단위인 '어휘'라고 할 수 있다.

또한 국어를 문화의 한 요소로 인식한다면 언어의 단위 중 문화를 가장 잘 반영하는 요소가 어휘이기 때문에, 어휘를 언어의 기본 단위로 재설정하여야 한다.

그럼에도 불구하고 '음성'과 '문장'을 기본 단위로 설정한 이유는 언어에는 잘 변화하지 않는 기본적인 부분과 잘 변화하는 파생적인 부분이 있다고 생각하기 때문이다. 기본적인 것은 자연적 성격을 띠고 있고, 파생적인 것은 정치적·문화적 환경의 영향을 받는 것이라는 것이다. 그래서 언어체계 중 음운체계나 문법체계를 기본적인 것이라고 생각하고, 어휘체계나 의미체계는 파생적인 것이라고 생각하게 되었다.

언어학에서 음운체계와 문법체계에 심혈을 기울여 연구한 것도 그러한 이유였다. 그 결과로 문화 환경이나 사회적, 정치적 환경의 영향을 받는 어휘체계와 의미체계는 거의 무시되어 왔다. 언어 연구의 중심에서 제외시켜 왔다. 그러나 언중들은 언어의 변화를 음운체계나 문법체계에서 느끼지 않는다. 어휘체계나 의미체계의 변화에서 언어의 변화를 인식한다. 음운이란 개념이 언중들의 언어의식을 바탕으로 설정되는데 언중들의 언어의식이 적극적으로 반영되는 어휘체계나 의미체계가 무시되는 현상은 아무래도 어불성설이다.

3.2. 언중들의 언어의식과 어휘

의사소통의 기본 단위는 '단어' 또는 '어휘'라고 할 수 있다. 음성이나, 문장은 학문적 연구대상에서는 매우 중요한 요소일지 모르나, 언중들이 가지는 일반적인 언어지식은 그 언어의 단어나 어휘에 있다. 언중들은 음성이나 문장의 변화에서 언어 변화를 인식하는 것이 아니라, 단어나 어휘의 변화에서 언어 변화를 직접 인식한다. 언중들은 음운이나 문장보다는 단어나 어휘가 변화속도가 더 빠르고 또 변화의 폭이 크다고 생각하기 때문인 것으로 해석된다. 언어에서 기본적인 요소만 중요한 것이 아니라 파생적인 요소도 매우 중요한 것임을 입증하는 근거가 된다.

따라서 어휘는 인간의 언어생활에서 가장 중요한 기능을 하는 요소이다. 언중들이 언어에 대한 가장 큰 관심을 어휘에 집중시키는 이유도 여기에 있다. 이러한 사실은 언어의 기본 단위가 음성이나 문장이 아니라 어휘임을 증명한다. 어휘 다음에 이차적으로 인식하는 것은 단어들의 결합체인 '문장'이나 '구', 단어를 이루는 구성 요소인 '음운'일 것이다. 이러한 점이 언중들의 소박한 언어의식이다.

어휘는 언어의 기본 단위이다. 따라서 기본 단위인 어휘를 연구하기 위해서는 이 어휘가 지니고 있는 음운론적 요소, 형태론적 요소, 통사론적 요소, 의미론적 요소들이 총망라되어 연구되어야 할 것이다. 이에 따라 어휘는 모든 언어 연구의 대상이 되기 때문에, 어휘 연구는 어휘 음운론, 어휘 형태론, 어휘 통사론, 어휘 의미론 등으로 세분하여 연구될 수 있고, 이에 대한 공시적, 통시적 연구가 가능하게 될 것이다. 이와 같은 필자의 생각을 표로 그려 보면 다음과 같다.

단위	음성	음운	음절	어절	단어 (어휘)	구절	문장	텍스트	말뭉치
기존의 분야	음성학	음운론			형태론		통사론	텍스트 언어학	말뭉치 언어학
					의미론				
제안 분야	어휘음운론				어휘형태론		어휘통사론	텍스트 언어학	말뭉치 언어학
					어휘의미론				

이러한 내용을 중심으로 Ullmann's cabinet에 대비하여 그 모형을 제시하면 다음과 같다.

3차원	2차원	음운론	형태론	통사론	의미론
공시론	음운론 어휘론 통사론 의미론	어휘음운론	어휘형태론 통사형태론	어휘통사론	어휘의미론 통사의미론
통시론	음운론 어휘론 통사론 의미론	+ + − −	− + + −	− + − −	− + + +

결론적으로 말하여 어휘론은 어휘소들을 체계적으로 연구하는, 언어학의 한 분야다. 그리고 어휘론은 어휘소의 형태와 의미를(그리고 더 나아가서는 어휘소의 의미를 결정하여 주는 음운론적인 것까지도) 역사적 또는 공시적으로 연구하면 된다.

3.3. 어휘론 연구의 현실

언어의 기본 단위나 언어의 기본요소가 음운에서 어휘나 단어로 변화하여 어휘 연구가 언어 연구의 중요 대상이 되었다. 그러나 국어학계에서 국어 어휘 연구는 아직도 매우 미미한 실정이다. 특히 국어 어휘 연구는 아래의 목록에서 보는 바와 같이 주로 북한과 중국에서 이루어져 왔고, 남한에서는 미미한 상태이다. 아래의 목록은 어휘론 개설서에 한정한다. 개별 어휘에 대한 연구 업적은 제외한다. 북한의 자료는 필자가 조사한 내용뿐이어서 매우 소략한 편이다.

(1) 한국
- 沈在箕(1982), 『國語語彙論』, 集文堂.
- 임지룡·윤희수 역(1989), 『어휘 의미론』, 경북대출판부.
- 金宗澤(1992), 『국어어휘론』, 탑출판사.
- 金光海(1993), 『국어어휘론개설』, 집문당.

- 金鍾塤(1994),『國語 語彙論 硏究』, 한글터.
- 정시호(1994),『어휘장 이론연구』, 경북대 출판부.
- 손용주(1999),『국어 어휘론 연구 방법』, 문창사.
- 심재기(2000),『국어 어휘론 신강』, 태학사.
- 김종학(2001),『韓國語 基礎語彙論』, 박이정.
- 심재기 외 5인 공저(2011),『국어 어휘론 개설』, 지식과 교양.
- 최경봉 등 4인(2020),『한국어 어휘론』, 한국문화사.

(2) 북한
- 김수경, 김금석, 김영황(1964),『조선어 어휘론 및 어음론(대학용)』, 고등교육출판사.
- 최완호·문영호(1980),『조선어 어휘론 연구』, 과학백과사전출판사.
- 최완호(2005),『조선어 어휘론』, 사회과학출판사.

(3) 중국
- 연변 력사언어연구소 편(1966),『조선어 어휘론 기초』,
- 최응구(1980),『조선어 어휘론』, 료녕민족출판사.
- 김동익(1983),『현대 조선어 어휘론』, 연변대학 통신학부 어문학부.
- 류은종·임상원(1991),『조선어 어휘론』, 연변대학출판사.
- 류은종(1999),『현대 조선어 어휘론』, 연변대학출판사.

이것은 국어 어휘론 연구 방법론이 제시되지 않은 데에 기인한다. 학생들도 어휘에 많은 관심을 가지고 있지만, 선뜻 그 연구에 매달리지 못한다. 어휘에 접근하는 방법론에 대한 이론적 토대가 없을 뿐만 아니라 어휘의 형태를 다루면 '국어 형태론'이 될 것이고, 또한 어휘의 의미를 다루면 '어휘의미론'에 해당한다고 생각하기 때문이다.

그래서 언어 연구의 절차는 바뀌어야 한다. 언어의 기본 단위에서부터 출발하였던 언어 연구의 절차인 '음성학 → 음운론 → 형태론 → 통사론'(또는 그 역)과 같이 작은 단위에서 큰 단위로, 또는 큰 단위에서 작은 단위로 연구해 나아가는 과정보다는 언어에서 의사전달의 가장 기본적인 단위인 단어나 어휘로부터 연구가 시작되는 언어 연구의 절차를 세워야 한다고 생각한다.

3.4. 문자체계와 어휘

단어나 어휘가 언어의 기본 단위라고 하는 점은 인간이 만들어낸 문자 체계에서도 추론할 수 있다. 문자 하나하나가 대표하는 언어 단위 중에서 가장 큰 것이 단어이며 인류가 최초로 고안해 낸 문자도 단어와 대응 관계를 가지는 단어문자(word writing)이다. 문자가 문장이나 구(句)를 대표하는 일은 없다. 또한 언어 연구의 결정체를 사전이라고 할 수 있는데, 사전 등재의 기본 단위 역시 주로 어휘이다. 그래서 국어사전은 있어도 한글사전은 없으며, 일본어사전은 있어도 가나사전은 없다. 중국어사전과 한자사전이 동시에 존재하는 이유는 한자 하나하나가 어휘를 대표하며 동시에 한자의 집합들도 의미를 지닌 어휘이기 때문이다. 마치 국어에서 한 음절이 한글 한 음절 글자이면서 동시에 의미를 가진 한 어휘가 되는 것과 마찬가지이다.

3.5. 문화와 어휘

어휘는 한 사회의 문화적인 소산이다. 그래서 한 어휘의 형태로부터 그 어휘가 지니는 의미에 이르기까지 그 어휘가 사용되던 사회의 모습을 반영하고 있음이 일반적이다. 이러한 관점에서 볼 때, 어휘는 다른 문화적인 현상과 완전히 독립된 상태에서 파악하기 어렵다. 특히 어휘 형태와 의미의 변화가 단순히 음운론적인 규칙이나 단어형성규칙, 그리고 의미변화의 규칙에 의해서만 이루어진다고 단언할 수 없다.

　문화와 어휘의 관계를 보여 주는 대표적인 어휘가 '개장국'이다. 남한에서 '개장국'은 이제 더 이상 사용되지 않는다. 마찬가지로 북한에서도 사용되지 않는다. 남한에서는 '개장국' 대신에 '보신탕'이 가장 많이 사용되고 그 이외에도 여러 어휘들이 동시에 사용되고 있으며, 북한에서는 '단고기장'으로 통일되어 쓰이고 있다.

　'개장국'이 처음 문헌에 보이는 형태는 '개쟝'이다.

- 칠월 이십팔일에 대궐 밧 개 잡는 집의 니르러 룡휘 신을 서푼 돈을 주어 <u>개쟝</u>을 사 먹고 혼가지로 대궐 안희 드러가 계창이란 별감과 월혜란 녀인을 블너 귀예 다히고 말호기를 〈1778, 속명의록언해, 1:6b〉

　그러다가 여기에 '국'이 연결되어 '개쟝국'(또는 개장국, 기장국)으로 사용되었는데, 가장 많이 오랜 동안 사용되던 어휘였다.

- <u>개쟝국</u>느름이 개를 술만 어덜 술마 쎼 볼라 무이 썰아 새물 혀 개를 봇가 지허 녀코 〈1670, 음식디미방, 2b〉
- 또 한 녀셕 녀다르며 이고 어머니 우리 <u>기쟝국</u>의 흰밥 조곰 먹으면 〈1865, 흥부전(경판25장본), 02a〉
- 내가 전에는 개 비린 내가 실허서 복날 <u>개장국</u> 두 입에 대지 안헛섯는데 참말 개호주 한분과 십이년 가치 지내는 동안에 식성이 변햇네 〈1939, 임거정(홍명희), 389〉
- <u>개장국</u> 한 그릇 걸쳤으면 후련하겠는데. 〈1987, 객지(황석영), 330〉

　1960년대까지만 해도 음식점 간판에 '개장국'이라고 쓰이었던 것인데, 어느 대통령이 이 간판을 보고 이 음식 판매를 금하는 조치를 취했다. 외국의 대통령이 오는데 개를 식용으로 하는 것이 바람직하지 않다고 하여 내린 조치였다. 그래서 누가 처음 사용하였는지는 몰라도 '개장국'이 '보신탕(補身湯)'으로 변하였다. 이 '보신탕'은 문헌에는 1970년대부터 보인다.

- 그리고 우동집, 막걸리집, <u>보신탕</u>집, 생사탕(生蛇湯)집 들이 계속되고 있는 그곳 일대는 그런데 상가가 아니라 이른바 주택지라고나 해야 할 곳이었다. 〈1972, 무너지는산(박태순), 434〉
- 그래 할 말이 없는 대신 복중에 몇 차례 먹어 본 <u>보신탕</u>이 생각켜 힐쭉 웃음이 나왔다. 〈1976, 장한몽(이문구), 619〉
- 왜 이러시요? 각시한테 골은 것은 생각 않고, 맥주다 스카치다, 통닭에 안심살에 <u>보신탕</u>에 부지런히 잡숴서 백가죽에 기름덩이께나 오른께 기운 좀 쓸 것 같소? 〈1978, 사촌들(서정인), 80〉

'보신탕'이 '허약한 몸에 보충해 주는 국'이란 의미를 기진 어휘이지만, 실제로는 '보신탕'이 '개장국'의 대용어라는 사실이 알려지면서 '보신탕'도 수난을 당하게 되었다. 1988년에 서울에서 올림픽이 열리면서 이 보신탕은 다시 금지 식품이 되었다. 그랬더니, '보신탕'은 사라지고, 역시 누가 작명하였는지는 모르지만, '영양탕(營養湯)' 또는 '사철탕(四철湯)' 또는 '지양탕(地羊湯)'으로 변화하게 되었다. 뿐만 아니라 이 개장국이 혐오식품이 되면서 이를 속되게 부르는, 개짖는 소리를 따라 '멍멍탕'이라고도 불렀으며, 더 속되게는 '개탕'이라고도 불렀다. 뿐만 아니라 은어처럼 '빅터탕'이라는 명칭도 보였다. '빅터탕'은 일제강점기때 '빅터 레코드판'에 개가 쭈그리고 앉아 취입(吹入)하고 있는 것에 연유한 것이다.

영권은 진기 빠진 노인처럼 시들하게 대답하는 것이다. 「<u>빅터탕</u> 안 먹을래?」 종혁은 멍멍탕을 빅터탕이라고 하는 것이었다. 일제 때 빅터 레코드판에 보면 개가 쭈그리고 앉아 취입(吹入)을 하고 있는 그림에서 연유한다. 「왜요, 읍서서 못 먹는

다……」 〈1977, 샛강(이정환), 150〉

국립국어원에서 운영하는 개방형 한국어사전인 '우리말샘'에는 '영양탕, 사철탕, 멍멍탕, 개탕'이 다 등재되어 있다.

이처럼 '개장 → 개장국 → 보신탕 → 영양탕, 사철탕, 멍멍탕, 개탕, 지양탕, 빅터탕'으로 변화하는 과정에 언어 내적 구조의 설명이 가능한 것은 '개장'이 '개장국'으로 변화한 것밖에 없다. 그 이외에는 모두 정치적, 사회적, 문화적 요인에 의한 변화이다.

이것은 북한에서도 마찬가지이다. '개장국'이 기호식품임에도 불구하고 '개'라는 하찮은 것을 나타내는 어휘가 결합되어 있어서 '개장국'이란 어휘가 바람직하지 않다고 하여 '단고기'라고 이름을 붙였다는 것이다. 미확인된 설명에 의하면 김일성 주석 또는 김정일 위원장이 '단고기'라고 이름을 붙였다는 것이다.

- 개장국 : → 단고기장
- 단고기 : → '개의 고기'를 이르는 말.
- 단고기국 = 단고기장
- 단고기장 : 단고기를 여러 가지 양념을 곁들여 고아 끓인 국
 〈이상 조선말대사전(중보판), 사회과학출판사, 2006에서〉

흥미로운 사실은 남한에서는 '개장국'을 혐오식품으로 규정하면서 그 어휘가 변화한 반면에, 북한에서는 기호식품으로 규정하면서 그 어휘가 변화하였다는 점이다. 곧 남한과 북한의 문화적 차이 때문에 그 변화가 달라진 것이다. 따라서 어휘의 의미나 형태는 그 시대상이나 사회상과 연관시켜 검토되어야 한다.

어휘가 지니는 문화적 요소는 그 어휘가 사용되는 국가나 사회의 요소를 담

고 있는 본질적인 것이다. 어휘를 선택하여 사용하는 언어습관은 개인적인 면도 있지만 사회적, 문화적인 면이 더 강해서 발화자가 사용하는 어휘를 통해 그 발화자의 사회적 신분, 성별, 직업, 심지어는 국적까지도 파악할 수 있다.

한 일화를 들어 보도록 한다. 어느 한국인이 일본에서 자라고 그곳에서 공부를 해서 일본어를 일본인처럼 구사하여 일본인들과 함께 대화를 하면 모두가 그를 일본인으로 인식할 정도였다고 한다. 한국어를 한 마디도 구사하지 않고 일본어로만 대화를 하였는데, 한국어를 잘 아는 일본인이 '당신이 한국인이 아니냐?'고 물었다고 한다. 어떻게 알았느냐고 물으니, 실수를 하고 무심결에 던진 한마디, 즉 '이이고'(감탄사)라는 어휘로 알아냈다고 하더라는 일화다. '아이고'는 한국인을 알아낼 수 있었던 한국어 어휘였던 것이다.

이처럼 어휘와 문화와는 연관 관계가 있음이 확인되지만, 그 역으로 문화와 어휘와의 관계를 연계하기 어려운 면도 보인다. 예컨대 한국어 어휘 중에는 미각(味覺) 표현 어휘나, 색채(色彩) 표현 어휘, 또는 의성어와 의태어들이 많이 발달해 있는데, 그렇다고 한국문화 중에서 음식 문화가 많이 발달해 있다던가, 또는 염색이나 채색 문화가 많이 발달해 있다고 할 수는 없다. 국어에서 이러한 종류의 어휘들이 발달한 원인은 우리나라의 문화적인 요소에서 찾을 수는 없다. 오히려 이러한 어휘의 다양한 사용은 국어의 언어 내적 구조에서 찾는 것이 옳다. 이들 어휘들은 주로 고유어 계열의 어휘들로, 고유어의 사용에서 자음과 모음의 대립을 통해 미세한 의미 차이를 표현할 수 있었기 때문일 것이다. 즉 국어의 모음체계와 자음체계라고 하는 언어의 내적 구조에서 그 이유를 찾을 수 있다. 모음체계에 소위 양성모음과 음성모음의 대립이 존재하고 자음체계에 평음 계열과 경음 계열과 유기음 계열의 대립이 있기 때문일 것이다. 이러한 다양한 어휘의 사용으로 감정적, 정서적 의미를 표현할 경우에는 고유어가 많이 발달하고, 개념적 의미를 표현할 경우에는 한자어가 발달하였다고 할 수 있다. 한자어에는 이들 대립으로 어휘를 파생 또는 생성시킬 수 없는데 비해 고유어들은 이러한 모음과 자음의 대립을 이용하여 다양한 어휘를 생성해 낼 수 있었기 때문으로 해석된다.

　어느 어휘 현상은 언어 내적인 문제로부터 발생한 것인지 아니면 문화적인 요소에 의해서 발생한 것인지를 파악하기 어려운 것도 보인다. '헌책'과 '낡은 책'이 그러한 예이다. 남한과 북한에서는 이미 사용한 책을 '헌책'이라고 하는데, 중국 조선어에서는 이것을 '낡은 책'이라고 한다. '헌책'은 '헐었다'는 의미로, '낡은책'은 '낡았다'는 의미로 사용한 것인데, 중국에서 거주하는 동포들의 환경적 조건에 의하여 중국어의 영향을 받은 것인가 하고 의심을 해 보지만 중국어에서는 이를 '구서(舊書)'라고 하여서 '옛책'이란 의미를 보이기 때문에 중국어의 영향은 아닌 것으로 판단된다. '헌 책'은 '책이 헐었다'는 뜻이고 '낡은 책'은 '낡았다'는 뜻이어서 헌책은 어느 정도 책이 파손된 책을 의미하는 것 같고, 낡은 책은 오래되었다는 의미를 가지고 있다고 할 수 있는데, 이것이 언어적인 문제에서 비롯된 것인지 아니면 문화적인 문제에서 비롯된 것인지를 판단하기 어렵. 특히 '새[新]'의 반의어가 '헌'인지, '낡은'인지에 대한 관점도 다를 것으로 보인다.

　어휘 연구에서는 이처럼 문화와 연계시켜 연구할 수 있는 영역이 있을 수 있으며 동시에 언어 내적 구조와 연계시켜 연구할 수 있는 영역이 있다. 그러나 어휘가 언어 외적 영향을 받는 면이 훨씬 많은 편이다.

　'음성'과 '문장'을 언어의 기본 단위로 했을 때, 언어는 그 변화과정에서 언어 외적인 면으로부터 영향을 받지 않거나, 변화를 겪는다 해도 그 속도가 무척 완만하다. 그러나 '어휘'를 언어의 기본 단위로 설정한다면, 어휘체계는 언어 외적인 여건으로부터 커다란 영향을 받기 때문에, 다른 언어 층위의 요소보다도 그 변화 속도가 빠르고 변화의 폭이 크다고 할 수 있다.

3.6. 어휘와 어원에 대한 관심

　최근에 많은 국민들이 국어 어휘의 역사 및 어원 정보에 대해 큰 관심을 보이고 있다. 그래서 시중 서점에는 국어의 어원정보에 대한 서적이 상당수 나와 있다. 국어 어원사전이 여러 곳에서 편찬되고, 어휘의 어원에 대한 관심을 가지고 있는 학자들이 어원학회를 결성하는 등의 현상은 곧 국어 어휘의 어원 및 역사에 대한 관심이 고조되고 있음을 증명하는 것이다. 뿐만 아니라 인터넷상에서도 국어의 어원에 대한 정보가 넘쳐 나고 있다. 그러나 안타깝게도 이러한 국어의 어휘 역사와 어원에 대한 정보는 매우 부정확한 지식으로 말미암아 국민들에게 민간어원설 수준의 정보밖에 제공하지 못하는 실정에 있다. 뿐만 아니라 각종의 국어사전에도 그 어휘의 역사적 정보와 어원 정보를 제공하여 주지 않음으로써, 국어에 대한 국민들의 관심을 충족시키지 못하는 실정에 있다고 할 수 있다.

오늘날 국어학자들의 연구 태도나 언어 의식은 이에 반한다. 언중들은 어휘에 주로 관심을 두고 있는데, 국어학자들은 주로 음운과 문법에만 관심을 가지고 있다. 국어 연구에서 어휘론 분야가 가장 뒤처져 있는 것은 결과론적으로 보면 당연하며, 또한 국어학이 언중들로부터 외면당하는 것도 국어학자들이 자초한 일이기도 하다. 국어와 연관된 학회가 그렇게 많음에도 불구하고 국어의 어휘를 같이 연구하는 학회가 아직까지도 없다고 하는 사실이 국어 어휘론 연구의 현주소를 말해 준다고 할 수 있다.

지금까지 국어의 어휘나 그 역사인 어휘사에 대하여 연구한 업적은 무척 많으나, 실제로 문헌이나 실제적 증거에 의하여 기술한 것은 몇몇 논저에 국한되어 있는 실정이다. 따라서 국어에 대한 부정확한 지식으로 국어에 대한 지식과 이해가 잘못 전달되어, 우리의 어문생활을 발전시키지 못하고 있다. 이를 극복하기 위하여서는 우리 선조들이 기록해 놓은 구체적인 문헌들을 대상으로 하여 국어 어휘에 대한 태도를 검토하는 일은 국어 어문생활을 검토하는 데에도 중요한 기여를 할 것으로 기대한다.

4. 언어학에서 어휘론의 연구 영역

어휘론은 일반적으로 단어의 형태를 다루는 부문인 어휘형태론(lexical morphology), 의미를 다루는 부문인 어휘의미론(lexical semantics)으로 구분하고, 어휘형태론과 어휘의미론은 다시 공시적 연구와, 통시적 연구로 구분되어 왔다. 이 어휘론은 언어 연구의 여러 분야, 즉 음운론, 형태론, 통사론, 의미론과 연관되어 있기 때문에 언어학에서 그 위치를 결정하기가 매우 어렵다.

S. Ullmann(1963, p.39)에 제시된 소위 Ullmann's cabinet를 보면 일차원적인 것으로는 언어의 두 가지 면, 즉 형식과 의미의 면을 고려하여 형태론(morphology)과 의미론(semantics)의 두 가지로 구분하고 이차원적인 것으로는 언어연구의 단위의 크고 작음에 따라 통사론(syntax), 어휘론(lexicology), 음운론(phonology)으로 나누고 있다. 그리고 삼차원적인 것으로는 동적인 상태와 정적인 상태의 언어에 대해 연구하는 공시론(diachronic)과 통시론(synchronic)의 두 가지로 구분하였다. 이를 그가 제시한 언어학의 3차원(three demension of linguistics)으로 보이면 다음과 같다.

3차원	2차원	형태론	의미론
공시론	음운론 어휘론 통사론	phonology lexical morphology syntactic morphology	− lexical semantics syntactic semantics
통시론	음운론 어휘론 통사론	+ + +	− + +

결국 Ullmann은 어휘론은 언어 연구의 층위로 볼 때에는 통사론과 음운론의 가운데에 들어감을 말하고 있는 것이다. 그리고 이 어휘론은 어휘의 형태론적인 측면과 의미론적인 측면을 연구하는 것으로 말하고 있고 이들을 공시적으로 또 통시적으로 연구하는 방법이 있음을 지적하고 있는 것이다.

이러한 방법은 전통적인 언어학에서 언급되었던 것이다. 그 이후 구조언어학에서는 언어 연구의 층위를 음성학, 음운론, 형태론, 통사론으로 분류하면서 어휘론은 단지 형태론에서만 잠깐 언급하는 분야로 되어 버렸다. 그래서 lexicology라고 하는 분야는 단지 19세기에 있었던 역사 비교문법시대에 친족 관계에 있는 언어끼리의 단어들을 비교 연구하는 것으로 인식되었었다.

이러한 현상은 변형생성문법이 대두된 이후에도 계속되었다. 생성문법에서 언어체계는 의사소통체계(communication sytem)에 맞추어 이루어져서 다음과 같은 하위체계를 이루게 된다.

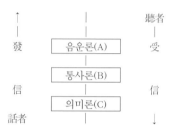

이러한 이유로 어휘론이 발붙일 곳을 잃어버리는 결과를 낳게 만들었다. 그 결과 어휘론은 독립된 학문 분야로서 설 자리를 잃고, 의미론의 한 하위층위에서 검토되는 운명을 맡게 되었다.

오늘날 우리나라에서 '국어 어휘론'이란 제목을 가진 개설서가 몇 되지 않는 것도, 그 연구의 부진에 돌리기보다는 오히려 위와 같은 언어연구의 방법적인 차이에서 비롯된 것이라 할 것이다. 이러한 현상은 세계 언어학계에서도 동일하다. 'lexicology'라는 제목을 가진 개설서조차도 거의 보이지 않을 정도이다. 그리고 lexicology가 사전편찬법인 lexicography와 혼용되는 것도 이러한 데에 기인하는 것이라고 볼 수 있을 것이다.

그러나 어휘론은 독립된 한 분야로 설정되지 않으면 안된다. 왜냐 하면 언어연구의 기본 단위들인 음소, 형태소, 단어, 구, 문장들을 연구하는 각각의 언어학 분야가 존재하여야 하겠기 때문이다.

음소는 음운론에서, 형태소는 형태론에서, 그리고 구와 문장은 통사론에서 다루게 되지만, 단어를 다루는 분야는 형태론과 통사론이기 때문에, 언어연구의 기본 단위를 각각 다루는 분야가 없게 된다. 이러한 사실은 논리적으로도, 그리고 언어연구의 분석 절차상으로도 문제를 내포한다. 그러므로 어휘론은 어휘소라는 언어단위를 연구하는 분야로 독립되지 않으면 안된다.

결론적으로 말하여 어휘론은 어휘소들을 체계적으로 연구하는, 언어학의 한 분야다. 그리고 어휘론은 어휘소의 형태와 의미를(그리고 더 나아가서는 어휘소의 의미를 결정하여 주는 음운론적인 것까지도) 역사적 또는 공시적으로 연구하면 된다.

그런데 어휘소가 복잡하다고 한다. 즉 파생어와 복합어의 경우에 형태론적으로 복잡하며, 구 어휘소의 경우에는 통사론적으로 복잡하다. 이것은 어휘론이 어휘소에 대한 형태론적 구조를 연구하는 일뿐만 아니라, 관용적인 표현을 연구하는 일도 포함하고 있기 때문이다. 즉, 어휘론은 'phraseology'(관용구 연구 분야)와 형태론의 대부분의 분야까지도 포함한다.

5. 어휘론과 언어학의 다른 분야와의 관계

어휘론은 언어학의 다른 분야와 밀접한 연관을 가진다.

어휘론은 문법론과 긴밀히 관련되어 있다. 단어는 독립적으로가 아니라 언어활동과 언어행위 속에서 고찰되어야 하기 때문이다. 다시 말하면 단어나 어휘는 통사론의 대상인 문장 속에서 고찰되어야 하기 때문이다. 어휘론은 형태론에서 연구하고 있는, 단어의 구조 및 단어의 부류와도 깊은 연관을 갖는다. 어휘론과 문법과의 연관성은 특히 단어 형성에서 뚜렷이 나타난다. 단어 형성의 문제는 어휘론과 문법론에서 다 고찰하고 있으나, 어휘론은 단어 형성의 방법을 어휘의미의 관점과 어휘 풍부화 과정에서의 역할의 관점에서 연구하며, 문법론은 그 방법을 단어의 구조를 규정하는 기능의 측면에서, 그 문법적 의미의 측면에서 고찰한다.

어휘론은 언어사와 밀접히 연계되어 있다. 현대 언어의 사실들은 지난날의 언어 사실에 의거하여 더 쉽게 이해할 수 있다. 현대 언어의 어휘 구성은 오랜 시대의 산물인 동시에 각종 언어변화들을 가장 민감하게 반영하는, 가장 변화가 심한 요소인 만큼, 어휘 구성의 역사는 언어사의 중요한 부분이며 동시에 어휘론 연구의 기초가 된다.

어휘론은 음운론과도 밀접한 관계를 맺고 있다. 단어에서 의미의 표현은 음운론적 수단에 의하여 실현되며, 단어의 음운론적 구성이나 음운결합의 순서 등에 의존한다.

어휘론은 문체론과도 깊이 연관되어 있다. 동일한 사상도 언어 교류가 진행되는 조건, 이야기하는 사람이 담화의 주제 및 상대편에 대하여 취하는 태도, 상대편에 대하여 일으키고자 하는 반응의 성격 등에 따라 여러 가지로 표현될 수 있으며 각종의 의미색채를 가질 수 있다. 문체론이 언어 표현수단의 선택과 이용방법에 관한 학문이라고 한다면, 이 방법들은 문법적, 음운론적 및 어휘적일 수 있는 만큼, 문체론은 이 방법들 자체를 연구하는 문법론, 음운론 및 어휘론에 의거하지 않을 수 없다.

어휘론과 문체론은 다 같이 은유, 환유 등 단어의 전의적 사용에 많은 주의를 기울이고 있지만, 어휘론은 이러한 현상들을 주로 신어 형성의 수단 및 단어 의미 발달의 원인으로서 고찰하고, 문체론은 이러한 사용을 문예작품의 형식들을 분석할 때 단어의 형상적 사용의 실례로서 고찰한다. 어휘적 수법에 대한 고찰은 문체론에서 중요한 자리를 차지하며 어휘론의 일부가 일찍이 문법에서 갈라져 나온 것과 마찬가지로 어휘론의 또 다른 일부(특히 동의어에 관한 이론)는 바로 문체론에서 갈라져 나왔다.

이 어휘론을 lexicology(lexis(speech, diction) + ology)라고 하는데 이것은 특히 단어의 파생, 의미, 용법을 다루는 분야를 지칭함으로써 '사전학'이라 번역되기도 한다. 그러나 사전학은 오히려 사전편찬의 이론적 고찰이나 실제로 사전을 편찬하는 lexicography(사전편찬법)에 더 가깝다. 오늘날 lexicology가 이와 같이 사전학을 의미하는 것으로 변화한 것은 변형생성이론이 언어학에 도입된 이후다.

변형생성문법의 이론이 대두된 이후 이 어휘론은 경우에 따라 lexis(語彙學)라고도 알려져 있는데 이것은 Halliday가 1961년에 처음 사용한 것으로서 (Halliday, M.A.K, 1966), 언어의 형식을 다루는 층위를 두 가지로 분류하여 지칭한 것이다. 즉 언어형식의 두 가지 층위를 grammar와 lexis로 구분하고 grammar는 그 체계가 폐쇄적이지만 lexis는 그렇지 않다는 주장을 했다.

그러나 어휘론은 단어의 형식에만 관여하는 것이 아니다. 그 의미에도 관여되는 것이기 때문에 어휘론을 lexis라 고정시킬 수는 없을 것으로 보인다. 따라서 어휘론은 단어들의 형태, 음운, 의미, 통사까지도 포괄하는 넓은 의미로서 사용될 수밖에 없다.

6. 어휘론의 연구 대상

그런데 언어 연구의 각 층위에서는 그 연구 분야의 중심이 되는 요소들을 설정해 놓고 있다. 음운론에서는 음소(phoneme), 형태론에서는 형태소(morpheme), 의미론에서는 '의미소(sememe)' 등을 설정하여서, 이들을 기본으로 하여 연구를 진행한다.

그러나 어휘론 연구대상인 '어휘'는 '단어'와 혼동되어 사용되고 있어서 그 개념이 명쾌하지 않다. 그래서 어휘의 의미나 어휘의 구조란 용어는 단어의 의미나 단어의 구조란 용어와 큰 차이가 없는 것처럼 보인다. 그러나 '어휘'는 집합 개념으로 사용되었다는 점에서 '단어'와 구별된다. 즉 '단어의 집합'이 '어휘'이다. 그래서 어휘를 구성하는 요소들은 어휘소, 또는 어휘항목, 또는 단어들이라고 할 수 있다.

그래서 어휘론에서도 어휘소(lexeme)를 설정하여 놓았다. 그래서 어휘론에서는 어휘소를 중심으로 연구를 진행하게 된다. 어휘론은 오늘날 언어의 어휘소(또는 어휘항목)에 대한 언어학적 연구로서 정의된다. 이때의 '어휘소'는 이전의 '단어'라는 개념보다는 더 광범위한 것이다.

여기에 한 가지 조심해야 할 용어가 있다. 영어의 'vocabulary'와 'lexicon'은 국어에서 모두 '어휘'로 해석된다. 그러나 이 둘은 분명히 구분된다. 'vocabulary'는 어휘항목(lexical item)의 집합이고 'lexicon'은 어휘소(lexeme)의 집합을 말한다.

6.1. 단어와 어휘소

단어와 어휘소의 경계는 분명하지 않아서 그 둘의 구별에 어려움이 많다. 특히 단어는 여러 면에서 그 개념이 명확하지 않다.

첫째, 단어는 자립형식으로 실현되는 음성의 특수한 연속체이다. 이러한 의미로 본다면, 영어의 love(명사)는 loved(동사)와는 다른 단어가 될 것이며, lead[led](명사)와 lead[li:d](동사)도 다른 단어가 될 것이다. 그러나 love와 loved는 한 단어이며, love(명사)와 love(동사)도 동일한 단어이다. 국어에서 '한숨을 잤다'의 '한숨'과 '한숨 짓다'의 '한숨'은 동일한 형태로 한 단어로 보일지 모르지만 다른 단어이다. 왜냐 하면 전자는 '숨을 한 번 쉴 동안'이란 뜻이지만, 후자는 '크게 몰아 내쉬는 숨'의 의미이기 때문이다. '숨'은 동일한 '숨'이지만 '한'이 각각 다른 것이다(앞의 것은 '흔숨'에서, 뒤의 것은 '한숨'에서 온 단어이다).[2]

둘째, 단어는 어느 특별한 의미로 사용될 때에만 관여하는 형태의 하나다. 그래서 국어에서 '아침 일찍 일어났다'의 '아침'과 '아침을 먹었다'의 '아침'은

---

2 '한숨'(한숨도 못 잤다)과 '한숨'(한숨을 내쉰다)과 같은 경우는 원래 다른 어원에 속하는 것인데, 어느 국어사전(한글학회 편, 우리말큰사전, 금성사판 국어대사전 등)에는 동일한 어휘소의 의미변이로 취급하고 있다.

동일한 단어이다. '아침 일찍 일어났다'의 '아침'과 '아침을 먹었다'의 '아침'은
그 의미가 다르다. 전자는 '날이 밝을 무렵부터 해가 떠오를 때까지의 동안'이
라는 의미이고, 후자는 '아침 끼니로 먹는 밥'의 의미이다. 영어로 말하면 전자
는 'morning'이고 후자는 'breakfast'이어서 전혀 다른 단어이지만 한국어에서
의 두 '아침'은 한 단어이다.

셋째, 단어는 영어의 'loves, loved, love'에서 보는 바와 같이, 서로 연관된 형
태라는 기본적인 관점에서는 추상적인 실체(entity)이다. 'loves, loved, love'의
형태들은 'to love'라는 추상적인 실체의 굴절형으로 보인다.

이처럼 단어는 여러 가지 면에서 모호성이 있다. 단어의 모호성을 기술적
으로 막기 위해서 '어휘소(lexeme), 어휘항목(lexical item)'이라는 전문적인 술어
를 사용한다. '단어형식(word form)'이란 술어도 있지만, 이 술어는 위의 첫째의
의미로서만 사용되어 왔다. 그러나 이것은 '어휘소'와 '어휘항목'의 사용만큼
널리 사용되지는 않는다. 어느 학자는(Cruse, Lexical Semantics, 1986) 이 말 대신에
'어휘 단위(lexical unit)'라는 술어를 사용하였지만, 널리 통용되지는 않았다. 왜
냐 하면 이 단어는 '어휘항목'과 동의어로서 인식되기 때문이다.

어휘소와 단어의 구분에서 구별되는 특징적인 것은 관용어도 어휘항목이
라는 점이다. 그래서 어휘론에 대한 전문적인 정의에서는 '구어휘소(phrasal
lexemes)'까지도 포함하기 때문에, 지금까지 어휘론을 '단어'에 대한 연구로 규
정한 것은 잘못이다. '구'는 단어로 인정하지 않으나, 어휘소 속에는 포함시킬
수 있기 때문이다.

6.2. 어휘소

어휘소(lexeme)는 언어 연구의 층위에서 어휘론의 기본 단위로 설정된 것이다.

언어체계는 층위(stratum)라고 불리는 몇 개의 하위체계로 구성된다. 각각의
층위에는 기본적인 단위가 있고, 인접 층위와의 대응관계를 규정하는 실현부

문(realization portion)과 그 층위에 속하는 기본적인 단위가 어떻게 결합하는가를 규정하는 통합부(tactics)가 있다. 이를 표로 보이면 다음과 같다.

층위	기본 단위	통합부의 명칭
음운론	음소(phoneme)	음소 통합부(phonotactics)
형태론	형태소(morpheme)	형태소 통합부(morphotactics)
의미론	의미소(sememe)	의미소 통합부(semotactics)
어휘론	어휘소(lexeme)	어휘소 통합부(lexotactics)

즉 언어에는 동일한 언어단위로 인정하면서도 그것이 나타나는 환경에 따라 다른 형태로 나타나는 경우도 있다. 예컨대 영어의 good과 better는 관계가 없는 두 개의 단위로 생각하지 않는다. 이 두 형태는 서로 다른 형태를 가지고 있지만 동일한 언어 단위가 다르게 나타난 현상이라고 해석한다. 즉 good과 better라고 하는 구체적인 형태에 대하여 이들의 배후에 있는 추상적인 형태로서 {GOOD}[3]을 상정한다. 뒤에 어느 것도 통합되지 않는 경우는 good 뒤에 '-er'이 통합되는 경우에는 'bett-'란 구체적인 형태가 나타난다고 생각한다.

국어에서 주격조사 '-이'와 '-가'는 추상적인 형태소 {-이}를 상정하고 이형태인 /-이/와 /-가/를 설정하는 것과 동일하다. 그래서 이것을 어휘소 {-이}는 그것이 나타나는 환경에 따라 어휘 /-이/와 /-가/가 실현된다고 보는 것이다.

{-이}, /-이/, /-가//란 세 형태는 동일한 차원의 것이 아니다. {-이}는 추상적인 형태이고, /-이/와 /-가/는 그것이 실제로 나타나는, 보다 구체적인 형태이다. 이와 같은 경우에는 성층문법에서는 {-이}와 /-이/, /-가/는 각각 2종의 별개의 층위에 속하는 단위로 생각한다. {-이}는 /-이/ 또는 /-가/로 실현된다고 한다. 그래서 {-이}는 /-이/, /-가/에 대한 피실현항(被實現項)이라고 하고, /-이/, /-가/는 {-이}의 실현항(realization)이라고 부른다.

---

3 영어에서는 이와 같은 추상적인 형태를 대문자로 표시하지만, 국어에서는 대문자를 대신할 한글이 없으므로 형태소를 표시하는 부호인 { }를 사용하도록 한다.

이러한 현상은 대격 조사 /-을/, /-를/, /-ㄹ/ 등에도 그대로 적용된다. 그래서 이들은 다음과 같은 층위를 이룬다.

(1)의 층위를 의미층(sememic stratum), (2)의 층위를 어휘층(lexeme stratum), (3)의 층위를 형태층(morphemic stratum), (4)의 층위를 음운층(phonemic stratum)이라고 한다. 각각의 층위의 단위는 의미소(sememe), 어휘소(lexeme), 형태소(morpheme), 음소(phoneme)이다.

위의 표에서 보듯이 (3)의 형태층에 속하는 형태소 '-을'은 ɨ, ㅣ이라고 하는 2개의 작은 단위로 분석된다. 이 2개는 형태소를 구성하는 요소로서 형태소 구성요소(morphon)라고 부른다. 형태소 구성요소는 형태소를 직접 분절할 수 있는 것으로서, 형태층의 최소단위라고 할 수 있다. 각각의 층위에는 그 층위에 기본적인 단위인 '-소(素, -eme)'와 그것을 구성하는 그 층위에서 가장 작은 단위인 '-소(素) 구성요소(-on)'가 있다.

이러한 분석에 따른다면 언어 사용에서 실제의 의미를 가지고 사용되는 최소의 단위는 어휘소이다. 그래서 음소(phoneme)-변이음(allophone), 형태소(morpheme)-이형태(allomorph) 등의 대립을 통해 음운론, 형태론 연구의 틀을 마련하였듯이, 어휘소(lexeme)-변이어휘소(allolexeme)의 대립을 설정하여서 어휘부를 이론화하여 어휘론의 기술을 체계화할 수 있다.

어휘소는 직접 의미와 대응되는 기본적인 단위이다. 음소와 음성의 관계와 마찬가지로 어휘론에서는 구체적으로는 보통 말하는 단어가 그 중심이 되고 단어보다 하위단위인 형태소까지도 포함시킨다. 또 단어보다 상위단위인 구(句)도 그것이 전체로서 하나의 사물과 대응되어 있거나 한 사물의 존재·상태·움직임 등을 대표한다면 문장의 기본 단위가 된다는 점에서 역시 어휘소라고 할 수 있다. 어휘소란 한 언어체계에서 어휘를 형성하는 자료가 된다.

그래서 어휘론은 어휘의 집합을 구성하는 어휘소들을 대상으로 하여 어휘소의 분포, 어휘소들간의 관계, 어휘 구성 내에서의 어휘소의 변화들을 연구하며, 어휘소가 지니고 있는 언어 외적 요소, 예컨대 정치적, 사회적 문화적 요소 등의 여러 가지 요인에 의한 어휘소의 변화와 변이 현상들을 연구하는 것이다.

6.3. 어휘통제와 기본어휘

어휘통제(vocabulary control)란 어휘 교육의 능률을 높이기 위해 학습의 각 단계에 사용되는 어휘를 그 중요도에 따라 선택하여 분류 배열하는 것을 말한다. 이 어휘통제는 어휘선정(vocabulary selection)을 목적으로 한다. 그리고 이 어휘 선정은 언어 교육의 기초어휘 또는 기본어휘 선정으로 직결된다.

1) 기초어휘와 기본어휘

그런데 일반적으로 'basic vocabulary'나 'fundamental vocabulary'를 기초어휘라고도 하고 기본어휘라고도 하는데, 어느 학자는 이것을 용어의 문제일 뿐, 동일한 개념이라고 하고, 어느 학자는 다른 개념이라고 한다. 그러나 우리나라에서는 대체로 기본어휘와 기초어휘를 혼용하고 있는 편이다.

기초어휘나 기본어휘나 우리가 사용하고 있는 어휘들 중에서 기초가 되거나 기본이 되는 어휘라는 뜻인데, 이 때의 '기초'나 '기본'이 무엇의 기초나 기본인지가 결정되어야 이 문제가 해결될 것이다.

지금까지 논의된 결과를 보면 세 가지 기준으로 설명된다.

첫째는 언어 화자의 생존을 위한 절대 최소의 어휘, 즉 일정 기간 동안 안락

한 체재를 위해서 살아가는데 필요한, 언어생활에서 사용되는 어휘를 말한다. 둘째는 어떤 텍스트를 어느 정도 파악하고 이해하는데 필요한 어휘, 즉 간단한 독서를 위해서 필요한 어휘를 말한다. 셋째는 외국인들에게 국어를 교육시키는데 기본적으로 필요한 어휘를 말하기도 한다. 첫째는 소위 발표용 어휘가 될 것이며, 둘째는 인지용 어휘가 될 것이다. 그리고 셋째는 외국어 교육용 어휘가 될 것이다.

　이러한 결과를 토대로 하여 발표용 어휘에 대해서는 '기초 어휘'를, 인지용 어휘에 대해서는 '기본어휘'라고 구분하는 경우도 간혹 보인다. 그리고 외국인을 위한 한국어 교육에서는 대체로 '기초 어휘'란 용어를 선호하는 듯이 보인다.

　여기에서는 발표용 어휘나 인지용 어휘나 모두 언어생활의 말하기와 듣기의 영역에 걸쳐 필수적인 어휘에 관여한다고 보고 이를 특별히 구별하여 사용하지 않도록 한다. 일반적으로 '기본어휘'의 '기본'이라고 하는 것은 언어생활에서 표현과 이해에 필요불가결한 것이라는 의미를 가지고 있기 때문에, 용어로서는 '기본용어'가 더 적합한 것으로 보고 앞으로는 기본어휘란 용어를 사용하도록 한다. 반면에 외국인을 위한 한국어 교육에 필요한 어휘는 기본어휘보다는 외국어를 처음 배운다는 의미에서 그 기초가 된다고 생각하여 '기초어휘'가 더 적절한 용어로 생각된다. 이것은 곧 기본어휘의 설정과 외국인을 위한 한국어 교육에서 기초어휘의 설정이 별도로 이루어져야 함을 뜻한다.

2) 국어의 어휘 총량과 기초어휘의 수

　기본어휘는 그 언어의 어휘에서 선택하여 선정된다. 그렇기 때문에 그 언어의 어휘목록 속에서 선택된다. 한 언어에서 사용되고 있고 또 사용되어 왔던 어휘의 수와 그 목록은 그 언어사전에 수록되어 있는 표제어 목록과 그 수로 대신하는 편이다. 물론 그 사전에 올라 있는 표제어 목록과 그 수가 그 언어에서 사용되고 있는 어휘목록의 총수라고 할 수는 없지만, 대체로 전문가들에 의해 검증된 자료이어서 기본어휘를 추출하기 위해 국어사전을 검토하는 것은 큰 무리는 아니다. 그러나 어느 국어사전을 선택하는가에 따라 그 어휘의 목록과 총수가 달라질 수도 있다. 각 사전의 편찬태도에 차이가 있어서 그 사전에 등재되어 있는 어휘의 성격에도 차이가 있다. 국어사전은 한자어를 얼마나 수용하였는가 또는 배제하였는가에 따라, 그리고 외래어와 전문용어나 고어를 어느 정도 수용하였는가에 따라 등재되는 어휘에 차이를 보인다. 그래서 요즈음은 사전을 통해 기본어휘를 추출하지 않는다.

그래서 가장 기본적인 어휘를 추출하기 위해서 국어로 쓰인 교과서를 분석하여 기본어휘의 목록과 그 숫자를 찾아내기도 한다. 국어의 경우에는 국어연구소(1986, 1987)에서 행한 기본어휘 선정이 이에 해당한다.

다음에 김광해(1993, 56)를 바탕으로 하여 서상규, 남윤진, 진기호(1998:5)에서 다시 정리한 내용을 보이면 다음과 같다.

조사자	조사 내용	조사 방법	어휘량
서정국(1968)	초등 국어 전체 빈도 6 이상의 어휘		2,365
이응백(1972)	국민학교 학습용 기본 어휘 조사	초등 전 교과서, 아동 잡지	17,104
안승덕, 김재윤(1975)	초등 국어 교과서(3차)의 어휘 조사		7,603
이응백(1975)	국민학교 입문기 학습용 기본 어휘 조사	입문기 1학년 전체 교과서	1,480
국어연구소(1986)	국민학교 교육용 어휘(1, 2, 3학년용)		
국어연구소(1987)	국민학교 교육용 어휘(4, 5, 6학년용)	(4차 전 교과서, 어린이 신문, 잡지, 학생 작품)	18,055
정우상(1987)	국민학교 교과서 어휘 연구, 국어연구소 연구보고서		20,108
임지룡(1991)	국어의 기초 어휘에 대한 연구	국민학교 국어교과서(5차) 36권	9,590

중학교 교과서 어휘를 조사한 것에는 다음과 같은 것이 있다.

조사자	조사 목적	조사 방법	어휘량
국어연구소(1988)		중학교 국어 교과서 6권	15,765
국어연구소(1988)	중학교 교과서 어휘	중학교 국사 교과서 상하권	7,427

그러나 이 연구 결과물은 이렇게 조사된 결과를 가지고 다시 교과서 편찬에 활용하겠다는 의지로 보여서 문제가 발생한다. 이 결과에 따라 다시 편찬된 교과서는 이전의 교과서와 별로 달라진 것이 없을 것이기 때문이다. 그리고 어느 교과서를 선택하는가에 따라 기본어휘가 달라질 수 있다는 문제점이 대두된다.

그래서 요즈음은 말뭉치를 이용하여 기본어휘를 빈도에 따라 선정하는 방식이 활용되고 있다. 그러나 국어 말뭉치에도 그 성격이 다양하여 설령 균형 말뭉치를 활용한다고 하여도 많은 문제점이 대두된다. 연구자마다 각각 사용하는 말뭉치가 달라서 연구자들마다 설정한 기본어휘 목록에 차이를 보인다.

또 한 가지는 그 어휘의 총수에서 기본어휘를 몇 개를 선정하는가 하는 문제이다. 기본어휘의 수를 몇 개로 할 것인가를 결정하는 일도 수월한 편이 아니다.

영어에서는 제2 외국어로서 영어를 배우는 사람들을 위하여 E. L. Thorndike 등이 중심이 되어 1936년에 절충적 방법에 의해 선정, 발표한 2,000 어휘표가 있음이 알려져 있다. 그리고 일본에서도 1944년에 일본 국제문화진흥회에서 외국인의 일본어 교육에 도움을 주기 위한 목적으로 '일본어 기본 어휘' 2,000 어의 목록을 선정하였던 일도 잘 알려져 있는 예이다.

우리나라에서는 임지룡(1991)에서 객관적 방법에 의해 선정된 고빈도어와 주관적 방법에 의한 의미 분야를 절충하여 내용어 1,500개의 기본 어휘를 선정한 적이 있다.

이러한 기본어휘를 선정하기 위해 초등학교 학습용 기본어휘를 조사한 예들을 앞에서 소개한 적이 있는데, 그 어휘수를 보면 대략 적게는 1,480개에서 많게는 20,108개에 이르기도 한다. 그리고 중학교 교과서 어휘를 조사한 것에서는 7,427개부터 15,765개까지 이른다.

이러한 문제점들을 검토하고 논의하여서 서상규(1998)에서는 연세대학교 언어정보개발연구원에서 만든 총 4,300만 어절의 말뭉치를 분석하여 상위 고빈도 어휘수를 2,923개로 선정하였다. 이 수치에는 고빈도 조사와 어미, 그리고 접미사가 포함된 것이어서 실제 어휘 항목수는 이보다는 적을 것이다. 말뭉치의 85%를 차지하는 어휘는 약 2,500개 정도로 보고 있다.

위와 같은 연구 결과로 나온 연구 결과물이 문화관광부에서 보고서로 간행된 '외국어로서의 한국어 교육을 위한 기초 어휘 선정'이다. 이 결과물에서는 한국어 교육용 어휘 후보 목록으로 5,000개를 선정하였다.

아직은 국어의 기본어휘 수와 그 어휘목록이 공인되어서 널리 활용되는 예는 볼 수 없다. 이러한 기본어휘가 선정되어야 국어 교육에서 필요한 어휘교육이 이루어질 수 있고, 이를 바탕으로 하여 교과서가 편찬되는 때가 올 것이다. 초등학교 국어 교육을 위해 초등학교 교과서를 입력하여 이에 대한 어휘 통계를 내고 이 통계를 바탕으로 교과서를 편찬하는 어리석은 일이 일어나지 말아야 할 것이다. 어느 시대(유신시대)에는 초등학교 1학년 국어 교과서의 첫 과의 첫 어휘가 '태극기'였던 시절도 있었는데, 이것은 진정한 의미의 국어 교육이라고 볼 수 없을 것이다.

일본에서는 이러한 기본어휘를 조사하여 일본어 교육에 활용하고 있다는 보고도 있다.

		단어의 수	집계
중학	1년	300~350	
	2년	300~350	600~700
	3년	350~400	950~1100
고교(A)	1	400~450	1010~1060
	2	400~500	1410~1560
	3	400~550	1810~2110

고교(B)	1	700~1100	1310~1710
	2	800~1200	2110~2910
	3	900~1300	3010~4210

그리하여 고등학교 교육을 마치면 기본어휘 4,210개를 교육 받은 셈이 된다.

3) 기본 어휘 선정의 기준

기본어휘를 선정하기 위한 기준이 필요하여 학자들마다 기준을 선정하여 놓고 있다. 田中章夫(1978:79)에서는 다음과 같은 다섯 가지 기준을 제시하고 있다(이 저서에서는 '기초 어휘'라고 하고 있다).

① 그 어휘의 사용을 금하면, 다른 어휘로 대용할 수 없고, 문장을 쓸 수 없고, 다른 말로 대용해도 오히려 불편하게 된다.
② 그 어휘를 조합하여, 다른 복잡한 개념이나 새롭게 명명이 필요하게 된 개념 등을 나타내는 단어를 만들기 쉽다.
③ 기본 어휘에 쓰이지 않는 어휘를 설명할 때, 기초 어휘의 범주의 단어로 설명이 충분하다.
④ 옛날부터 사용되어 왔고, 또 계속 사용될 것이다
⑤ 다방면의 화자를 통해 자주 사용된다.

기본 어휘 선정의 기준으로는 다음과 같은 내용을 제시할 수 있다.

① 사용빈도 : 사용빈도가 어느 정도를 넘을 것을 의미한다.
② 구조적 가치 : 여러 언어 층위에서 모두 중요한 가치를 가질 것을 요구한다. 즉 음운론, 형태론, 통사론, 의미론, 어휘론 등의 분야에서 모두 가치를 인정받을 수 있는 어휘를 말한다.

③지리적 범위의 점에서 볼 때의 보편성 : 방언보다는 표준어를 선정할 것을 의미한다.

④여러 가지 화제(話題)에 적용되는 범위 : 그 어휘 내용이 특정한 분야가 아니라 다양한 분야에서 사용되는 어휘를 말한다.

⑤다른 어휘의 정의에서 사용될 수 있는 것 : 사전에서 피정의항을 정의할 때 사용될 수 있는 어휘이어야 한다는 의미이다.

⑥단어 형성에 사용되는 것 : 조어법상으로 다른 단어 형성에 참여할 수 있는 요소를 의미한다.

⑦문체적 위상에서 중간에 있는 것 : 문체론적으로 비어나 속어 등이어서는 안된다는 것을 의미한다.

기본어휘의 선정에서 고려하여야 할 점은 문법적인 면과 의미적인 면도 고려하여야 하는 문제가 있다. 예컨대 조동사나 접속어와 같은 문법적 요소나, 의미론적으로는 인간, 가정생활, 학교, 사회, 수(數), 계절, 월(月), 요일, 시간 등, 국가나 지역, 자연, 성질이나 상태, 동작 등을 나타내는 것들을 고려하고 있다.

임지룡(1991)에서는 여덟 가지의 의미영역별로 구분하고 문법적인 면 한 가지를 포함하여 모두 아홉 가지로 구분한 뒤에 그것을 다시 세분하여 모두 1,500개의 기본어휘를 선정하여 제시하고 있다.

내용	세부분류	어휘수
사람	인체, 정신, 부류, 기타	201
의식주	의생활, 식생활, 주생활, 생필품	159
사회생활	사회조직, 제도·관습, 교통·통신, 공공시설, 결제분야	160
교육 및 예체능	교육일반, 언어, 문학, 체육오락, 음악, 미술	150
자연계	천체, 지리지형, 자연현상, 동물, 식물, 광물	165
감각 및 인식	일반 부류, 공간, 시간, 수량, 추상	165
동작		250

상태		150
기타	대명사, 의존명사, 부사, 보조동사·형용사, 관형사	100

우리나라에서 가장 많이 행한 어휘 조사는 방언조사이다. 방언조사를 할 때에는 조사의 연계성과 조사의 원활성을 추구하기 위해 어휘들을 의미별로 묶어서 조사하게 되어 있다. 그래서 방언 조사 질문지는 조사 항목을 의미영역별로 분류하고 그것에 각각 어휘항목이 배치되어 있어서 마치 기본어휘 조사할 때의 형식을 갖추고 있다. 그래서 의미 분류 항목에 대한 것으로서 방언조사 항복의 의미부류를 많이 참조하고 있는 것으로 보인다. 그러나 방언조사는 그 조사 대상 지역이 도시가 아니라 농촌이나 어촌 등의 지방이어서 도시에서 생활할 때의 사용 어휘와는 큰 차이를 보인다. 그래서 방언 조사의 첫 번째 조사 대상은 대체로 '농경'에 대한 것이다. 방언사전에는 이들을 조사 순서대로 분류하지 않고 의미별로 분류하기 때문에 어휘의 중요도에 대한 정보는 제공되지 않는다. 대표적인 예를 든다면 이제 도시에서는 '부엌'이라는 어휘는 사라지고 그 대신 '주방'이라는 어휘가 대치되어 쓰이고 '베란다'라는 어휘는 지방에서는 아직도 그 어휘나 의미를 알지 못하는 사람도 있다. 최근의 생활에서는 '컴퓨터'나 '휴대전화'가 가장 기본적인 어휘로 등장할 수 있어서, 기존의 기본어휘들에 대한 전면적인 검토가 필요한 실정에 있다. 큰 도시에서는 일상생활에서도 '부채'는 사라지고 '선풍기'가 대체되었었다가, 이제는 '선풍기'도 '에어컨'으로 대체되어 가는 현실이어서 급속한 어휘변화로 인하여 기본어휘 설정에 많은 고통이 따를 것으로 예견된다.

7. 어휘론 연구의 구체적인 대상

어휘론 연구의 대상을 몇 가지로 분류하여 구체적으로 제시하면 다음과 같다.

7.1. 언어체계에 따른 연구 대상

특정한 언어체계가 가지는 어휘항목(語彙項目) 또는 어휘소(語彙素)의 총체를 어휘라고 한다는 사실은 전술한 바와 같다. 여기서 말하는 '특정한 언어체계'란 다음과 같은 것을 포함한다.

① 한국어, 영어 등 특정한 개별언어
② 충청도 방언, 경기도 방언 등 특정지역의 언어(지역방언)
③ 여러 사회계층의 언어, 즉 각 전문분야의 언어 등도 포함된 이른바 사회방언
④ 개인의 언어, 즉 개인이 실지로 사용하는 언어(소위 개인어)

그런데 국어 어휘론의 연구 대상 중 특정한 개별언어란 한국어를 지칭함은 당연하다. 그런데 한국어는 현재의 상태로 보아 지역적인 개념도 포함되어 있다. 그래서 특정 지역의 어휘 연구와 어떻게 구별하여야 할지 망설여진다. 현재 한국어가 사용되고 있는 지역은 남한, 북한을 비롯하여 중국, 일본, 북구, 유럽, 중앙아시아, 북미, 남미 등 전 세계에서 사용되고 있지만, 대표적인 지역은 남한, 북한, 중국, 중앙아시아, 일본, 그리고 북미 지역이다. 북한 지역에서 쓰이는 언어가 한국어가 분명하지만, 이 언어를 북한어라는 범주가 아니라 한국어의 북한 지역어(또는 방언)의 범주에 포함시킬 수가 있다. 한국어가 다른 민족에 의해 사용된다면 문제는 다르다. 그러나 동일한 민족이 국제적, 정치적, 사회적 이유 등으로 흩어져 살면서 동일한 한국어를 사용하고 있기 때문에 남한어와 북한어와 중국 조선어와 중앙아시아의 고려어와 일본의 한국어(조선어)를 개별언어로 처리하여야 할지, 아니면 지역 방언으로 처리하여야 할지를 결정해야 한다. 그러나 미국을 비롯한 북미 지역의 동포들이 사용하는 한국어는 대체로 남한어이어서 이들 언어의 어휘에 대해서는 그곳에서 사용되는 영어 차용어에 대한 연구가 필요할 것으로 생각한다.

필자는 이것을 특정한 개별언어로 처리하는 것이 바람직하다고 생각한다. 왜냐 하면 동일한 언어사회에서 각 지역어(또는 지역 방언)의 상호 영향으로 변화하여 온 언어가 아니라 타 언어와의 접촉 속에서 사용되어온 언어이어서 방언의 개념에서 벗어나는 점이 있다고 생각하기 때문이다. 특히 어휘의 측면에서는 외국어와의 접촉으로 인한 어휘의 변화가 더욱 그러하다.

이러한 점에서 국어 어휘 연구의 구체적인 대상으로서 남한어, 북한어, 중국 조선어, 중앙아시아의 고려어, 일본의 한국어(조선어), 북미의 한국어가 선정될 수 있다고 생각한다. 이러한 특정한 개별언어 어휘에 대한 연구 중에 북한어의 어휘에 내한 인구는 거의 전무한 상태로 알고 있다. 물론 여러 가지 여건(예컨대 자료의 부족이나 정치·사회적 여건)으로 그 연구가 없는 상태이지만, 실제로 북한어의 어휘 연구에 의욕이 있다면, 이러한 자료의 부족 등은 해결될 수 있을 것으로 생각한다. 특히 북한어 말뭉치와 중국 조선어 말뭉치는 이미 많이 구축되어 있고 또 다양한 자료를 찾아볼 수 있기 때문이다.

중국 동포들이 사용하는 국어 어휘는 길림성의 함경도 방언, 요녕성의 평안도 방언, 흑룡강성의 경상도 방언이 사용되고 있지만, 그 어휘적 차이는 현재의 함경도, 평안도, 경상도 방언과는 확실히 차이가 있다. 따라서 중국 조선어의 어휘연구는 매우 흥미롭게 연구될 수 있을 것이다. 중국 조선어 말뭉치와 북한어 말뭉치가 많이 구축되어 있어서 그 어휘 연구는 매우 수월할 것으로 생각한다. 앞으로 이들 언어의 어휘에 대한 연구가 진행될 수 있을 것으로 생각한다.

특정 지역의 언어에 나타나는 어휘 연구란 방언 어휘를 뜻한다. 그러나 국어의 방언 어휘에 대한 연구도 거의 이루어지지 않고 있다. 각 지역의 방언 사전은 이들 방언 어휘들을 대상으로 조사, 수집해 놓은 것이지만, 이들 자료들은 어휘 연구를 위해 조사해 놓은 자료가 아니라 방언 음운을 연구하기 위한 자료로만 이용되고 있어서 방언 어휘 연구 자료로서는 부족한 편이다. 어휘 수집, 어휘 정리는 많이 이루어지고 있지만. 그렇게 조사된 자료를 이용하여 연구할 수 있는 학문적 기반이 이루어지지 않고 있음이 안타까울 뿐이다.

이른바 사회방언의 어휘에 대한 연구는 매우 다양한 면에서 접근이 가능하다. 최근에는 전문 용어에 대한 연구가 진행되고 있어서 다양한 연구 주제가 대두될 것으로 예상된다. 특히 남북한의 전문 용어에 대한 연구가 이루어져 왔었기 때문에, 이것을 바탕으로 하여 전문용어나 학술용어에 대한 적극적인 연구가 활성화되기를 기대한다. 특히 정보화 시대와 디지털 시대에 대응하기 위해서도 전문 분야의 사회방언에 대한 연구가 기대되지만, 아직까지 이에 대한 연구 보고는 거의 없는 편이다.

이와 같은 여러 종류의 특정한 언어체계가 가지고 있는 어휘소의 총체가 그 언어체계의 어휘라고 할 수 있다. 따라서 어휘 연구의 대상은 한국어와 같은 개별언어의 어휘, 각 지역의 방언어휘, 사회방언의 어휘나 개인 어휘들이 될 수 있다.

7.2. 문화와 어휘의 관련성 대상

음운론이나 문법론 등은 그 생성이나 변화가 그 언어를 사용하는 사회와 직접적인 연관을 갖는다고 하기는 어렵다. 그러나 어휘는 그렇지 않다. 즉 어떠한 계층의 언어체계에서나 어휘를 형성하는 자료들은 그것을 모어(母語)로 사용하는 사람들의 의미의 체계와 대응관계를 가진다. 생활양식, 감정, 사고의 방식과 그 영역, 그리고 그들의 생활환경에 따라 각각 의미의 체계를 달리하는 각 언어의 사용자들에게 필요 적절한 자료(어휘소)에 의해서 형성되는 것이 각 언어체계가 가지는 어휘의 체계다.

어휘 사용자의 생활 환경은 그 어휘 사용자가 속해 있는 지역의 문화적인 요소와 직접적인 관계에 있다. 그래서 도시에 살고 있는 사람들과 농촌, 어촌에 살고 있는 사람들의 문화영역이 달라서 그들의 어휘 사용은 제약을 받게 된다. 이러한 문화 역역은 국가별, 민족별로 차이가 있게 된다.

우리나라의 문화 영역을 어떻게 분류하여야 국어 사전에 등재되어 있는 모든 어휘들이 그 문화 영역이나 범주의 분류 항목에 모두 포함될 수 있을까? 이 문제는 어휘의 분류 방법에 관련된 문제이다.

'아버지'란 어휘는 근대국어 시기에는 천보(天譜), 지보(地譜), 인보(人譜), 물보(物譜)로 분류된 범주의 '인보'에 소속되어 있었으며, '인보(人譜)'에서도 다시 하위분류된 인(人), 인륜(人倫), 민(民) 중의 '인륜'에 소속되어 있다. 그러나 역어유해에는 단순 분류된 '친속(親屬)'에 소속되어 있다. 그러나 오늘날에는 그러한 문화 영역의 분류는 전혀 다를 것이다.

흔히 시구상의 언어 중에서 어떤 것이 너 좋은 언어, 너 발달된 언어인가를 말하는 일이 있다. 특히 그 언어에서 사용되는 어휘들은 보다 분석적인 것도 있고 보다 종합적인 것도 있다. 따라서 한때는 분석적인 언어일수록 보다 발달된 언어라고 생각하기도 하였다. 그러나 이것이 언어의 우열을 가리는 기준이 될 수는 없다. '사람'은 '살- + -암'으로 분석되고, 'man'은 분석되지 않는다고 해서 한국어가 더 발달한 언어라고 하기 어렵다는 뜻이다.

또, 언어 사용자를 중심으로 보면 높은 수준의 문화를 가진 사람들의 언어와 낮은 수준의 문화를 가진 사람들의 언어, 그리고 아주 미개한 사람들의 언어가 있다. 그들이 사용하는 언어의 어휘가 다름은 당연하다. 그러나 문화수준의 고저를 가지고 그 사람들이 사용하는 언어의 우열을 가리는 것은 옳지 않다. 브라질의 바카이리족(Bakaili族)의 언어는 앵무새의 종명(種名)은 있으면서도 그 강명(綱名)이 없다. 또한, 오스트레일리아 원주민에게는 새·나무·물고기와 같은 강명이 없고 특정한 종류를 의미하는 종명만 있다.

이러한 현상은 이들 원시 민족에게 일반화 내지 추상화의 능력이 그만큼 결핍되어 있기 때문이라고 해석되고 있다. 미개하다거나 발달이 되지 않은 것은 그 언어의 사용자들이며, 언어가 아니다. 그들 원주민에게는 그러한 의미 분야에 결손(缺損)이 있는 것이다. 소쉬르(F. d. Saussure)의 말을 빌리면 '기표(記標, signifié)'가 없는 것이다. 그렇기 때문에 거기 대응되는 '기의(記意, signifiant)', 다시 말하면 단어가 있을 리 없다.

시간과 공간을 초월해서 단 한 번도 인간의 심리가 지향해 보지 못한 사물에는 명사가 없다. 이것은 어휘 자료가 그 언어를 사용하는 사람들이 필요로하는 의미의 체계에 따라서 마련된다는 것을 의미한다. 언어 사용자의 의미의 체계와 어휘의 체계는 상호관계를 가진다. 그러므로 어휘의 우열, 나아가서 언어의 우열은 의미체계에 대한 어휘체계의 적합성의 정도를 가지고서만측정될 수 있는 것이다.

그러나 이러한 측정은 아직 단 하나의 언어에 대해서도 행해진 일이 없고그 가능성조차 있는지 없는지 모른다. 그러나 의미의 분야, 언어와 인간의 심리, 언어와 사고(思考), 사물과 인식, 사물과 언어 등 여러 가지 문제들에 대한충분한 연구가 이루어질 때까지 이러한 문제에 대한 분명한 논의는 유보되어야 할 것이다.

7.3. 어휘소의 분포 대상

어휘소의 분포에 대한 연구는 어휘를 분야별로 연구하는 것으로서 국어의어휘부(lexicon)를 구성하고 있는 어휘소들을 여러 단위 집합에 따라 계량적으로 조사하게 된다. 그래서 구체적으로는

① 어휘 목록을 작성하여 그 빈도를 조사하는 어휘의 계량적 연구
② 어휘를 일정한 기준에 따라 분류하여 분류어휘표를 작성하는 연구
③ 다양한 기준에 따라 단위 집합들을 분류하고 그 성격을 분석하는 어휘의 체계에 관한 연구

등의 다양한 조사 연구가 행해진다.

어휘소들간의 관계에 대한 연구는 어휘소들이 서로 간에 다양한 규칙적 관

계를 형성하고 있다는 전제에서 가능한 것이다. 이에 대한 구체적인 연구로
서는

① 연어(collocation) 현상이라고 생각하는, 어휘소 간의 관계에 대한 연구
② 의미를 매개로 한 어휘소 간의 관계에 대한 연구

를 제시할 수 있는데, 이들은 공시적으로도, 또 통시적으로도 연구가 가능하다.
국어 교육 정책과 연관시켜 어휘론을 연구할 수 있는데, 어휘의 보급, 어휘
교육, 어휘의 정리 등을 다룰 수 있다.

어휘 연구에서 그 형태와 그 의미를 대상에서 제외할 수는 없는데, 이때, 의
미의 본질에 대한 연구나 어휘소의 개별적인 의미 문제를 연구하는 '어휘 의
미론'은 어휘론 연구에서보다도 의미론 분야에서 연구된다. 의미론의 연구
성과가 어휘론 연구와 밀접한 연관을 맺고는 있지만, 의미 연구 자체가 어
휘론 연구의 주된 대상만이 아니기 때문이다. 뿐만 아니라 어휘소의 형태적
구조를 연구 대상으로 하는 이른바 '어휘 형성론' 등도 어휘론에서보다는 형
태론에서 더 많이 연구가 되지만, 이 문제는 학자들의 견해에 따라 각각 다
르다.

8. 어휘론의 연구 영역

어휘의 연구 영역에 대해서는 논의가 여러 가지이다. 어휘 연구의 영역들
은 아직 그 틀을 잡지 못한 상태에 있다. 외국의 언어학계에서도 그것은 마찬
가지인 것으로 보인다. 우리나라에서는 외국 이론의 틀에 맞추면서도 국어의
고유한 특성 때문에 다른 영역을 설정하여 연구되어 왔다. 몇 예를 보이면 다
음과 같다.

1) 심재기(1982)

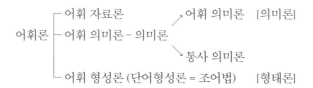

심재기(1982)에서의 어휘 연구 영역에 대한 분류는 기존의 체계, 즉 Ulmann
의 분류에 어휘자료론을 하나 더 첨가한 것으로 보인다. 어휘자료론은 어휘
자료를 수집·정리해서 다른 분야의 연구에 기초적 자료를 제공하는 일을 말
한다. 아직까지 우리나라에서는 어휘 관련 자료의 수집과 정리가 미비한 단
계에 있다. 특히 문헌별로도, 그리고 분야별, 지역별, 시대별로도 그 자료가
정리되어 있지 않아서, 앞으로의 연구과제 중 가장 큰 범위를 차지하게 될
것이다. 특히 컴퓨터 이용의 확대로 이러한 연구의 중요성이 점차 강조되고
있다.

특히 이 어휘자료론에서는 먼저 자료의 분류를 체계화하여야 하는 선결과
제가 있다. 즉 표기체계에 따라서, 그리고 어휘의 기원에 따라서 그리고 어휘
의 의미별 분류에 따라서 또는 기타의 기준에 따라서 그 분류가 이루어져야
한다.

2) 김종택 (1992)

①어휘 자료론   ②어휘 체계론   ③어휘 형태론   ④어휘 형성론
⑤어휘 어원론   ⑥어휘 의미론   ⑦어휘 변천사

이 분류는 공시적인 연구분야와 통시적인 연구분야를 동일한 차원에 두었
다는 특징이 있다. 어휘 어원론과 어휘 변천사는 통시적 연구 분야이고, 나머

지는 공시적인 연구분야이다. 그리고 어휘 형태론과 어휘 의미론은 기존의
분류와 동일하며 어휘 자료론은 심재기(1982)에서 제시한 내용과 같다. 단지
어휘 체계론이 더 추가되어 있다.

3) 김광해(1993)

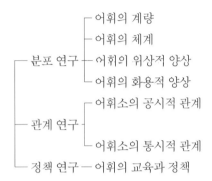

이 분류는 Halliday(1964)의 체계에 영향을 받은 것이어서, 특히 어휘의 교육
적인 면이 추가된 것이다. 그러나 이 분류는 각 분야를 독립적으로 체계화하
는 학문의 경지로 끌어 들이기 위해서는 합리적이라고 할 수 있다.

어휘의 계량에 관한 연구는 어휘소들의 분포에 대한 계량적 연구를 말한
다. 이 계량적 연구에서는 어휘소들이 등장하는 빈도와 사용률만이 연구의
대상이 된다. 계량의 대상인 어휘군은 순수한 언어 연구를 위한 목적과 실용
적 목적에 따라 정해진다. 전자는 어휘의 분포나 관계들을 중심으로 어휘군
(lexical set)에 관한 계량적 연구를 하며, 후자는 주로 언어 정책이나 사회학적
인 연구의 소재로 사용될 것을 목적으로 계량적 연구가 진행된다.

이러한 연구는 신익성(1972)에서 그 필요성이 제기된 이후, 여러 업적이 나
오고 있다. 예컨대 임칠성·水野俊平·北山一雄(1997)을 비롯하여 이상억(2001)
등이 있으며, 이외에도 수많은 논문들이 쏟아져 나오고 있다. 그 결과 수많은

기초어휘 조사나 어휘 빈도수 조사 등이 제시되고 있지만, 실제로 객관적인 자료를 대상으로 한 지속적인 조사는 이루어지지 않고 있는 실정이다.

특히 국어의 기본어휘나 기초 어휘에 대한 연구는 여러 학자들에 의해 여러 번 논의되고 주장되었지만, 아직도 우리가 신뢰할 수 있고, 또 활용할 수 있는 기본 어휘 목록이나 기초 어휘 목록을 마련하였다고 하기 힘들다. 어떤 자료를 이용하였는가가 가장 문제가 되는 것인데, 그 자료가 얼마나 균형성을 가지고 있고, 또 얼마나 믿을 수 있는 자료인지에 대해서는 언급하지 않고 있기 때문이다. 어느 조사에서는 빈도수 10 이상의 어휘를 기본어휘라고 하였고, 또 어떤 조사에서는 빈도수 6 이상을 기본 어휘로 선정하였으며, 어느 조사에서는 기본 어휘수를 작게는 2,000개 정도에서 많게는 24,000개 정도로 정하고 이를 등급을 정해 단어를 선정하기도 하였다. 마찬가지로 '기초어휘'와 '기본어휘'라는 용어도 각각 제 나름대로 쓰고 있는 실정이다.

어휘의 체계에 관한 연구는 어휘의 분포 양상을 조사하여 그 체계를 파악하고 기술하는 연구를 말하는데, 결국 어휘소들의 분류에 관한 연구가 된다. 이 분야의 이론에 대한 연구는 특히 국어를 대상으로 한 분석적 연구 성과는 많은 업적이 축적되어 있다. 그러나 계량적 연구의 부진으로 각 분야의 어휘 내용, 예컨대, 품사별, 어종별, 형태소별 자료 등에 관한 믿을만한 통계 자료를 아직 가지고 있지 못한 실정이다. 다만 최근 들어 어휘의 분류 작업들이 활성화되고 있다.

어휘의 양상에 관한 연구는 어휘의 변이에 관한 연구와 어휘의 팽창에 관한 연구로 구분된다. 김광해 교수의 주장에 의하면, 어휘소의 집합인 어휘는 그 성격에 따라 다음과 같은 방식으로 분류가 될 수 있다고 한다(김광해, 1993:140).

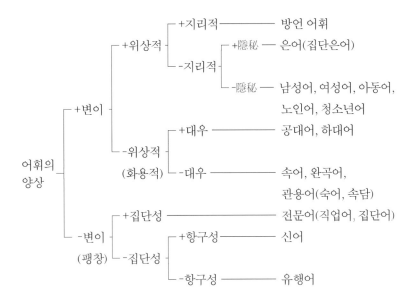

이것은 특별한 성격에 따라 묶은 어휘의 부분 집합이다. 이들을 대상으로 전개되는 연구를 어휘의 양상에 관한 연구라고 부른다. 이 부분 집합들은 크게 변이형으로 존재하는 어휘소들을 대상으로 하는 것과 변이라기보다는 새 말의 탄생, 즉 어휘의 팽창이라고 볼 수 있는 양상을 대상으로 하는 것으로 양분된다. 이 영역에 해당하는 연구는 과거 전통적 언어학이나 국어학에서 활발하게 연구되어 오던 내용이어서 아직도 어휘론이라고 하면 이 부분을 연상하는 사람들이 많다.

4) 김형철(1992)

① 어휘자료론   ② 어휘조사론   ③ 어휘체계론
④ 어휘변화론   ⑤ 어휘정책론

이 분류에서도 역시 공시적인 연구방법과 통시적인 연구방법을 동일선상에 배열하고 있다. 그리고 특히 '어휘조사론'을 제시하고 있다. 이것은 어휘론의 하위영역에서 각각 그 연구 방법에 따라 이론 연구와 조사 연구로 구분될 수 있는데. 이 어휘 조사론은 어휘 조사 연구이고, 나머지는 이론 연구인 셈이다. 언어학의 어느 분야이든지 이론 연구와 조사 연구가 병행된다는 점에서 어휘 조사론은 그 성립에 어려운 점이 많을 것 같지만, 실제로 어휘 조사 방법이 확립되지 않은 상태이기 때문에 '어휘 조사 방법론'도 어휘론의 한 연구 영역으로 설정할 수 있을 것으로 생각한다.

5) 최완호(2005)

① 어휘구성론   ② 어휘계량론   ③ 어휘체계론
④ 응용어휘론   ⑤ 어휘유형론   ⑥ 대조어휘론
⑦ 역사어휘론   ⑧ 어원론   ⑨ 사전편찬이론

어휘구성론은 해당 언어 안에 포함되어 있는 여러 어휘 부류들을 전반적으로 고찰하면서 그 구성체의 특성과 여러 어휘부류들의 상호관계, 그것들의 위치와 기능, 그리고 언어사용자의 사용현황, 사전편찬, 어휘의 변화발전, 어휘구성 발전을 연구하는 분야이다.

어휘계량론은 언어의 어휘를 계량적 측면에서 분석하여 통계학적으로 처리하는 이론을 말한다. 즉 어휘를 개개의 어휘적 단위의 집합체로 보면서 그 개체를 계량할 수 있는 단위로 보는 관점에서 출발한 어휘론이다. 이렇게 통계적으로 관찰하는 것은 어휘의 수량적·통계적 지표가 언어의 사회적 기능과 역할에서 중요한 표지 역할을 하는 것이기 때문이다. 그래서 이 어휘계량론은 어휘 교육을 위한 기초 어휘의 선정, 사전 편찬에서 사전의 규모와 수록 어휘량 등을 연구할 때, 유용한 기능을 할 수 있다.

어휘체계론은 언어의 어휘체계의 양상에 대한 연구를 목적으로 하는데, 전

술한 바와 같이 어휘가 음운론이나 통사론에서처럼 하나의 독립된 체계를 이루고 있다는 사실이 아직 입증된 것은 아니지만, 그래도 어휘가 하나의 체계를 이루고 있다는 전제 아래, 어휘를 단순한 단어의 집합체로서만 연구하지 않고 어떤 단어를 중심으로 하여 묶인 체계적이고 구조적인 통일체로 해석하려고 하는 것이다. 아직까지 이 분야에 대한 연구에서 해야 할 과제들이 구체적으로 깊게 논의된 적은 없는 것으로 보인다.

응용어휘론은 최근에 발달한 컴퓨터의 이용으로 인하여 발생한 어휘 연구의 한 분야이다. 마치 응용언어학처럼 정보 검색 등 여러 가지 언어 정보 처리에 관심을 두고 있는 어휘 연구의 새로운 분야이다.

어휘유형론은 세계의 많은 언어의 어휘들을 대상으로 하여 그 병렬구조를 연구하고 각각 다른 언어의 어휘들을 어느 유형으로 구분하여 볼 수 있는가를 연구하는 분야이다. 언어유형론 연구의 발달과 함께 발생한 분야이어서 아직 그 연구가 시작단계에도 들어가지 못한 것으로 보인다.

대조어휘론은 서로 다른 두 개의 언어에 보이는 어휘들을 서로 비교, 대조하여 그 공통성과 차이점, 특징들을 연구하는 분야이다. 특히 최근에 외국인을 위한 한국어 교육에서 어휘 교육 분야에 그 연구가 가끔 등장하기도 한다. 특히 한국어와 일본어의 경어 사용에 대한 비교 또는 대조 연구가 그러하다.

이 이외에 제시한 역사어휘론과 어원론은 역사적인 기준에서 제시한 것이고, 사전편찬이론은 최근에 어휘론과는 달리 독립된 분야로 인정하여 '사전편찬학'으로 변화하여 가고 있는 것으로 보이지만, 아직은 어휘론에서 다루어야 할 문제가 더 많은 것으로 보인다.

최완호(2005)에서의 이 주장은 어휘론을 주된 대상으로 하여 매우 과학적인 분류를 하고 있다고 생각한다. 그러나 이 연구영역의 분류는 머리말에서만 제시한 것이고 본론에서는 이에 따른 기술이 거의 없어서 안타까운 일이다. 그러나 어휘론에서 우리가 연구해야 할 부문을 잘 적시한 것으로 보인다.

6) 최경봉 외(2020)

①어휘의 계량   ②어휘의 체계   ③사전

최경봉 외(2020)에서는 어휘론의 연구 대상으로 위의 세 가지를 제시하였다.
어휘의 계량에서는 어휘량 및 출현 빈도, 기초 어휘 및 기본 어휘 등을 다루
는 것이라고 하였다.

어휘의 체계에서는 다시 어휘의 유형, 어휘의 분류, 어휘의 관계로 구분하
여 연구 대상을 세분하였다. 어휘의 유형에서는 어종, 사용역, 형태에 따라 분
류하였다. 이 분류에 따라 어종은 고유어, 한자어, 외래어 등으로, 사용역은
높임말, 비속어, 완곡어, 은어, 방언, 전문어 등으로, 어휘의 분류에 따라서는
문법적 기능에 따른 품사분류를, 그리고 개념에 따라서는 어휘의미를 대상으
로 하여 연구하는 것으로 규정하였다, 어휘의 관계에서는 유의관계, 반의관
계, 상하관계 등등으로 분류하여 각각의 연구 대상의 어휘들을 연구하는 것
으로 제시하고 있다. 그리고 이러한 연구 대상에 따라 어휘론 연구를 기술하
고 있다. 이것은 공시적 관점에서 바라본 것인데, 여기에 통시적 논의를 추가
하여 어휘의 변화를 추가하여 기술하고 있다.

이 저서에서 제시한 어휘의 연구 대상은 대체로 김광해(1993)에서 제시한
연구 대상이나 연구 영역이 유사한 것으로 보인다.

7) 田中章夫(1978)

①語彙體系論   ②計量語彙論   ③基礎語彙論
④語種構成論   ⑤位相語彙論   ⑥對照語彙論
⑦史的語彙論   ⑧應用語彙論

田中章夫(1978)에서는 어휘 연구 대상으로 어휘의 체계적인 조성에 관한 연구인 어휘체계론, 어휘 총량(總量)의 추정이나 통계적 성격에 관한 연구인 계량어휘론, 기본적이고 핵심적인 어휘의 성격과 그 선정법에 관한 연구인 기초어휘론, 일본어, 중국어, 외래어 등 단어의 출전 등과 같은 어휘의 구성에 관한 연구인 어휘구성론, 전문어, 유아어 등 어휘의 위상적인 차이나 내용에 관한 연구인 위상어휘론, 각 지방어와 표준어, 또는 외국어와 일본어 등 간의 어휘에 대한 비교, 대조에 관한 연구인 대조어휘론, 어휘의 사적 변천에 관한 연구인 사적 어휘론으로 구분하고 또 심리학 사회학 등의 인접과학에 이용되는 것 이외에 정보검색, 각종의 언어정보처리 등을 연구하는 응용어휘론을 추가할 수 있다고 하였다. 그리고 어휘론의 인접부문으로서는 사전에 관한 사전학이나 의미에 관한 의미론이 있다고 하였다.

8) 종합

위에서 보는 바와 같이 학자에 따라 어휘론의 연구 영역이 일정하지 않다.
국어 어휘론을 기술하기 위해서 지금까지 이루어져 온 연구 결과들을 종합하면서 어느 정도 기술할 수 있는 연구 영역들은 대체로 다음과 같을 것으로 생각한다.

①어휘 체계론   ②어휘 자료론   ③어휘 의미론
④어휘 형성론   ⑤어원론   ⑥사전 편찬론

어휘체계론은 어휘 체계의 양상을 연구하는 일이다. 어휘를 여러 기준으로 분류하고 그들 어휘에 대해 체계적으로 연구하여 그 특징을 밝혀 내게 된다. 어휘 자료론은 어휘의 존재를 확인하고 그 단어의 최초 형태와 의미를 밝히는 일이며 아울러 그 어휘들이 사용되고 있는 어휘집들에 대해서도 연구하게 된

다. 그래서 경우에 따라서는 통시적인 연구도 이루어지게 된다. 어휘 의미론은 어휘의 형태와 의미가 세월의 흐름에 따라 어떻게 변화하면서 다른 어휘와의 관계를 맺어 왔는가를 밝히는 일이다. 어휘 형성론은 새로운 어휘가 어떤 계기로 만들어졌으며, 또 만들어지고 있는가를 밝히는 일이다. 어원론은 어휘의 어원을 밝힐 뿐만 아니라 그 어휘의 형태나 의미들이 변화하여 온 개별 어휘사도 연구하게 된다.

위에서 제시한 연구 영역을 고려한다면 어휘론은 어휘론에서 수행된 연구들이 궁극적으로는 국어 사전의 편찬으로 집중되어야 한다는 점에서 실질적으로는 사전편찬론까지를 수용하는 광의의 어휘론이 설정될 것이다. 사전 편찬에 관한 연구, 또는 사전 편찬 실무 등은 어휘소의 집합을 다룬다는 점에서 당연히 어휘론의 영역에 들어온다. 그러나 이 분야는 또다른 광범위한 내용들을 포함하고 있는 분야이기 때문에 '사전 편찬학'이라는 독립된 영역으로 성립하기도 한다. 따라서 이 영역은 어휘론의 한 분야로 수용될 수 있는 것은 틀림없지만, 그 내용의 특수성과 방대함으로 말미암아 고유의 독자적인 영역으로 인정하는 것이 낫다고 주장하는 학자들이 많다. 그러나 사전편찬학에서는 그 직접적인 연구 대상이 어휘가 아니라 사전편찬이다. 그래서 어휘론의 영역에 사전편찬학을 설정하는 것이 바람직할 것이라고 생각한다.

어휘에 대한 통시적 연구의 최종 결과는 어원론의 연구 결과와 동일할 것으로 생각하기 때문에 여기에 어원론을 설정하는 것이 필요하다. 단 어휘론 속에서 어휘의 역사를 포함한다는 조건이 필요하다. 원래는 어휘사라는 큰 범주 내에 어원론이 포함되어야 할 것이지만, 어휘사가 너무 광범위한 분야이어서 이렇게 설계하는 것이 편리하다고 생각한다.

다른 영역 예컨대 어휘체계론, 어휘자료론, 어휘의미론, 어휘형성론 등에서 통시적인 연구가 가능하여서, 어휘사 연구가 성립되지만 어원에 관한 연구는 어휘사 속에서만 해결될 수 없는 점이 있기 때문에 어원론을 별도로 설정하는 것이 바람직하다. 특히 어원론과 사전편찬론은 광의의 어휘론이라고 할 수 있다.

9. 어휘에 대한 접근태도

언중들이 언어에 대해 가지는 일차적인 관심은 어휘였었다. 어휘는 의사소통의 가장 기본적인 단위이기 때문이다. 변형생성이론이 대두된 이후 언어의 기본 단위가 음성으로부터 문장으로 바뀌었지만, 실제로 언어소통의 일차적인 요소는 어휘이다. 우리의 선조들이 국어 중에서 특히 어휘에 가장 많은 관심을 가졌던 것도 이러한 관점에서 해석될 수 있다. 음성이나 문장은 학문적인 이론을 접근시켜 가는 데는 매우 중요한 요소일지 모르나, 언중들이 가지는 일반적인 언어지식은 그 언어의 어휘에 있다.

국어학사에서 훈민정음의 창제로, 훈민정음에 그 관심이 경도되어 있었던 나머지, 국어 어휘에 대한 연구사는 관심의 대상에서 거의 제외되어 왔다. 그리하여 우리 선조들의 어휘에 대한 관심의 결정체인 어휘집들에 대해서도 그 관심이 저조한 상태에 있다. 어휘집을 어휘 그 자체의 연구 자료로서 다루기보다는 오히려 음운론이나 형태론의 연구 자료로서만 취급해 왔던 것이 그러한 사실을 입증해 준다. 국어 어휘집에 대한 관심이 저조했던 또 한 이유는 국어 연구의 대상 시기가 15세기에 경도되어 있었던 데에 있다고 할 수 있다. 이 시기에는 한글이 표기된 주목할 만한 어휘집의 간행이 없었고, 우리가 관심을 가질 만한 어휘집들은 주로 그 이후에 등장하며, 또한 음운론 등은 이에 대한 체계적인 연구 이론이 마련되어 있었던 데 반해 어휘를 연구하는 방법론은 대두되어 있지 않았다. 그러나 국어 어휘집의 편찬은 국어에 대한 관심 내지는 연구의 총결산이라고 할 수 있다. 왜냐 하면 이 어휘집에는 음운, 문법 등의 언어에 대한 총체적인 정보가 포함되어 있기 때문이다. 그러므로 국어 어휘집에 대한 연구를 통하여 편찬 당시의 국어에 대한 총체적인 모습을 발견하려는 노력을 경주해야 한다.

최근에 와서 이 어휘집 또는 이 어휘집에 등재된 어휘들에 대해 관심을 가지게 된 것은 매우 당연한 일이며 한 편으로는 당연히 예견되었던 일이다. 왜냐 하면, 대개 어느 세기든, 세기말에는 이러한 관심, 즉 어휘집의 편찬에 대해 관심을 가져 왔던 것이 세계적인 추세였다고 할 수 있기 때문이다. 17세기 말의『역어유해』를 비롯하여, 18세기 말의『방언유석』, 19세기 말의『국한회어』를 비롯하여 여러 국어사전 등의 편찬이 이러한 현상을 보여 준다. 뿐만 아니라 서양에서도 18세기 말에 다언어사전(多言語辭典)이 등장하고 있으며, 일본에서도 그 현상은 마찬가지인 것으로 보인다. 언어에 대한 관심이 정리단계에 들어가면, 이것이 곧 사전으로 편찬되었던 데에 기인한다. 20세기 말을 맞이하면서 국내에서도 국어사전의 편찬에 관심을 가지게 된 것도 역사적인 필연의 결과로 보인다. 한글학회의『우리말큰사전』(1991년), 국립국어연구원의『표준국어대사전』(1999년), 고려대학교의『한국어대사전』(2009년), 박재연·이현희 주편의 고어대사전(2016) 등의 간행이 그러한 현상을 증명한다.

언어는 언어학 그 자체의 연구이론이나 방법에 의하여 연구되어야 한다고 주장되어 왔다. 이것은 언어 연구의 방법론을 심리학이나 철학 등의 다른 학문의 연구방법으로부터 독립시킴으로써 언어학을 독립된 학문으로 정립시켜 가는 과정에서 얻은 소중한 결론이다. 이러한 방법론에 의하여 언어연구는 커다란 발전을 이루게 되었음은 의심할 수 없는 사실이다. 그 결과로 언어는 언어의 내적 구조에 의해서만 연구되는 것이 바람직하다는 것이 언어연구의 일반적인 방법론으로 알려져 왔다. 따라서 언어의 변화도 언어의 내적 구조의 관점에서만 집중적으로 검토되어 왔다. 그러나 언어는 다른 사회적 요소들과도 밀접한 관계를 유지하면서 존재하고 또 변화를 거친다. 그럼에도 불구하고 언어가 다른 문화적인 요소나, 정치 경제 등의 사회적인 요소와 지니는 관련성은 거의 철저히 배제되어 왔다. 언어의 변화는 언어구조의 변화이고, 다른 요소들로부터 직접적인 간섭을 받는 일이 드물어서 이러한 주장은 상당한 설득력을 가지고 있다. 특히 음운의 연구나 문법의 연구에서 이 주장은 수긍할 만하다. 그러나 어휘연구에서는 이러한 점은 예외가 될 수 있다. 왜냐 하면 어휘는 사회의 여러 문화적인 요소로부터 완전히 독립하기 어렵기 때문이다. 어휘는 한 사회의 문화적인 소산이다. 그래서 단어의 형태로부터 그 단어가 지니는 의미에 이르기까지 그 단어가 사용되던 사회의 모습을 반영하고 있음이 일반적이다.

　이러한 관점에서 볼 때, 어휘는 다른 문화적인 현상과 완전히 독립된 상태에서 파악하기는 매우 힘들다. 특히 단어형태의 변화나 의미의 변화가 단순히 음운론적인 규칙이나 단어형성규칙, 그리고 의미변화의 규칙에 의해서만 이루어진다고 하기는 어려운 점이 있다. 예컨대 '개장국'이라는 단어가 '보신탕'이라는 형태로 바뀌었다가 다시 '사철탕', '영양탕' 등으로 변화해 온 과정이 이러한 모습을 보여 준다고 할 수 있다. 따라서 어휘의 의미나 형태를 연구하기 위해서는 그 시대의 사회상 등에 대한 배경의 연구도 매우 중요함을 인식해야 한다.

제 2 부

어휘체계론

어휘체계를 어떻게 설정할 것인가는 어휘 연구자들의 큰 고민으로 대두되어 왔다. 지금까지 어휘체계에 대해 언급하여 놓은 논저들을 참고로 하여 검토하여 보도록 한다.

1. 어휘 분류의 기준

어휘를 분류하는 기준으로서 여러 가지를 제시할 수 있다. 우선 언어학적인 측면에서만 보아도, 음운론적, 형태론적, 통사론적, 의미론적 기준을 정할 수 있다.

음운론적 기준으로 어휘를 분류한 것의 대표가 언어사전이다, 가나다순이라고 하는 것은 바로 음운론적인 기준이기 때문이다. 접사 사전 같은 것은 형태론적 기준으로 분류한 것이다. 접사사전은 접두사와 접미사를 구분하여 분류하였을 것이기 때문이다. 그러나 각 접사의 배열순서와 분류는 역시 다른 기준에 의해 이루어질 것이다. 품사별 사전은 통사론적 기준으로 분류한 사전이다.

어휘를 어떠한 기준에 의해서 분류하는가 하는 문제는 여러 어휘론 개설서에서 언급하고 있지만, 분류 기준이 각각 다르다. 몇 가지 분류 기준과 그 분류를 살펴보기로 한다.

> (1) 김광해(1993)
> ① 어종에 의한 분류 : 고유어, 한자어, 외래어 등
> ② 품사에 의한 분류 : 명사, 대명사, 수사, 형용사, 동사, 부사 등
> ③ 의미에 의한 분류

(2) 류은종(1999)

　① 의미적 분류 : 동의어, 반의어, 동음이의어

　② 기원적 측면에 따른 분류 : 고유어휘, 한자어휘, 외래어휘

　③ 쓰임의 측면에 따른 분류 : 기본어휘, 일반어휘, 상용어휘

　④ 표현-문체론적 측면에 따른 분류 : 구두어휘, 서사어휘

　⑤ 규범적 측면에 따른 분류 : 표준어휘, 방언어휘

　⑥ 변화 발달의 측면에 따른 분류 : 새말, 낡은말

(3) 최완호(2005)

　① 범위에 따르는 어휘의 구분

　　㉠ 일정한 민족어의 범위에서 : 조선어의 어휘, 중국어의 어휘 등

　　㉡ 일정한 시대의 범위에서 : 고려 시대의 조선어의 어휘, 이조 시대의 조선어의 어휘 등

　　㉢ 일정한 지역의 범위에서 : 방언 어휘, 옛말 어휘 등

　　㉣ 언어 개체의 어휘에서 : 이해 어휘, 사용 어휘

　② 실질적 의미의 단어 부류와 기본어휘

　　㉠ 실질적 의미의 자립적 단어 부류에 속하는 어휘

　　㉡ 기본 어휘

(4) 田中章夫(1978)

　① 어휘의 유형과 대응

　　㉠ 유의어(類義語)와 대의어(對義語)

　　㉡ 본래어(本來語)와 차용어(借用語)

　　㉢ 단독어(單獨語)와 복합어(複合語)

　　㉣ 동음어(同音語)와 동형어(同形語)

　　㉤ 의음어(擬音語)와 의태어(擬態語)

② 어휘의 위상차(位相差)

    ㉠ 남성어, 여성어

    ㉡ 유아어, 노인어

    ㉢ 계층어, 집단어

    ㉣ 전문어, 직업어

    ㉤ 금기어, 무사어(武士語)

2. 우리나라 분류어휘집의 어휘 분류 체계

그렇다면 우리나라에서는 어휘들의 분류기준을 어디에 두고 분류 배열하여 왔을까? 그 방법은 대개 다음과 같은 세 가지 방식이었다.

① 그 어휘의 음절수를 기준으로 분류하는 방식이다.

곧 음운론적 기준에 의하여 분류하는 것이었다. 주로 음절수를 기준으로 하여 단자해(單字解), 누자해(累字解) 등으로 분류하거나 일자류(一字類), 이자류(二字類) 등으로 분류하는 방식이 이에 해당한다. 물론 이때의 음절수는 국어가 아닌 한자의 음절수를 말한다. 『어록해(語錄解)』『노박집람(老朴集覽)』 등이 이에 해당한다. 이 전통은 오늘날에 와서 완전히 단절되어 버렸다. 한자를 표제어로 했을 때에는 한자는 표의문자이어서 음절수에 따라 분류할 수 있지만, 한글로 표기된 국어를 표제어로 했을 때에는 한글이 표음문자이어서 음절수를 기준으로 배열하는 의미가 없기 때문이다. 그러나 국어가 지니는 특징을 살리기 위하여 이러한 분류방식도 어느 어휘의 분류기준으로는 적용될 수 있을 것으로 생각한다. 예컨대 부사어 사전은 1음절의 '퍽, 잘, 또, 꽤' 등과 같은 1음절 부사어가 상당수 있으며, '다시, 매우' 등의 2음절 부사어, '그리고, 그러나' 등의 3음절 부사어 등이 분포되어 있다. 음절수 기준의 분류 방법은 16세기 이후 17세기를 거쳐 19세기까지도 그 맥을 이어왔지만, 실제로 그리 많이 사용되지 않았던 방식이다. 주로 『어록해(語錄解)』류에서 사용하였던 방식이다.

②'가나다순'과 같은 음운론적 기준으로 분류하는 방식이다.

이것은 19세기 후반에 들어와서 나타난다. 오늘날 대부분의 어휘분류방식은 이에 따르는 것이 일반적이지만, 이에 대한 반성의 소리도 상당히 크게 들려 온다. 왜냐 하면 어휘 간의 관계가 무시되어 있기 때문이다. 예컨대 '봄, 여름, 가을, 겨울'의 각 어휘들은 따로 나열되어 있어서, 이들 어휘 간의 관계는 알 수가 없다.

③의미론적 기준으로 배열하는 방식이다.

대부분의 유서들은 이에 해당한다. 즉 『역어유해』『동문유해』『몽어유해』 등을 비롯한 유해서나 『재물보』『광재물보』『물보』『물명고』 등과 같은 대부분의 유서들도 이에 해당한다. 오래전부터 기준으로 이용되던 방식이었으나, 현대에 와서는 이러한 분류방식이 적용되지 않고 있다. 최근에 어휘분류사전이 나옴으로써 이에 대한 연구가 활발해지고 있다. 결국 우리의 전통적인 분류방식을 체계적으로 이어오지 못한 결과로 이러한 어려움을 겪고 있는 것이라고 할 수 있다.

일반적으로 국어사전을 비롯한 언어사전은 주로 음운론적 측면에서 기준을 정하고 있는 셈이다. 왜냐 하면 '가나다순'은 음운론적 기준이라고 할 수 있기 때문이다. 그러나 우리나라에서 어휘의 배열순서는 가나다순으로 배열하는 음운론적 정렬방식이 아니었다. 실제로 우리나라에서 어휘의 배열을 가나다순으로 배열하기 시작한 것은 19세기에 와서의 일이다. 즉 1846년에 필사된 『언음첩고(諺音捷考)』가 최초이었다. 그러나 이 문헌도 오늘날과 같은 철저한 가나다순으로 배열한 것은 아니었다. 단지 '가' 등으로 시작되는 어휘를 'ㄱ'이라는 소제목 아래에 특별한 배열기준을 세우지 않고 나열하고 있는 것이다. 오늘날과 같이 철저한 가나다순으로 배열하기 시작한 것은 1885년에 편찬된 것으로 보이는 『국한회어』로 보인다.

2.1. 음운론적 기준에 의한 분류

1) 음절수의 기준

전술한 바와 같이 이 분류방식은 『노박집람』, 『어록해』 등에 적용되어 왔다. 우선 『노박집람』의 경우를 살펴 보도록 한다.

① 『노박집람(老朴集覽)』

단자해(單字解), 누자해(累字解), 노걸대집람상(老乞大集覽上), 노걸대집람하(老乞大集覽下), 박통사집람상(朴通事集覽上), 박통사집람중(朴通事集覽中), 박통사집람하(朴通事集覽下)로 분류되어 있다.

단자해는 한 음절로 되어 있는 한자를 주해한 것이고, 누자해는 2음절 이상의 한자에 대한 주해다. 모두 『노걸대』와 『박통사』에 등장하는 한자들을 대상으로 하였다. 그럼에도 불구하고 다시 노걸대집람, 박통사집람을 상하 또는 상중하로 나누어 표제어를 올리고 이를 주해한 것은 이용자들의 편의를 도모하기 위한 것이다. 즉 주해의 대상인 『노걸대』와 『박통사』의 원문을 고려한 것이다. 매우 일반적인 사항들은 단자해와 누자해에서 주해를 하고, 여기에서 빠진 지명 등의 고유명사 등은 노걸대집람, 박통사집람에서 주해를 하고 있다. 단자해에서 표제항의 배열순서의 기준은 알 수가 없다. 누자해도 마찬가지지만, 2음절로 된 표제항을 배열하고 다음에 3음절로 된 표제항 등으로 음절수가 많은 것이 맨 마지막에 오게 하였다. 노걸대집람이나 박통사집람에

서의 배열순서는 노걸대와 박통사에 등장하는 순서대로 나열하였기 때문에
음절수와는 관계 없다.

이와 같이 분류의 기준을 음절수에 둔 것에서, 그 당시에 언어를 바라보는
편찬자, 즉 최세진의 언어의식을 엿볼 수가 있다. 최세진은 언어(특히 중국어)
를 음절수라고 하는 음운론적인 관점에서 바라보고 있는 것이다. 이것은 그
당시에 운학의 이론이 음절 중심으로 이루어져 왔기 때문에 중국에서의 인식
을 그대로 적용시킨 것으로 보인다.

②『어록해(語錄解)』

『어록해』도 마찬가지로 음절수에 따라 표제항을 분류하고 있다. 즉 1자류
에서 6자류까지 분류하고 있으나, 각 자류내의 배열순서는 알 수 없다.

『어록해』는 정양(鄭瀁)이 편찬한 어록해 초간본과 그 개간본이 있는데, 이들
은 모두 1자류에서 6자류까지 분류되어 있다. 이에 비해 후대에 간행된『주해
어록총람(註解語錄總覽)』에 들어 있는『어록해』를 보면, '주자어록(朱子語錄)'이 1
자류에서 6자류까지, '수호지어록(水滸志語錄)'이 1자류에서 20자류까지(17, 19
자류 없음), '서유기어록'이 1자류에서 41자류까지(20, 22, 29, 31, 32, 33, 34, 36, 37,
39, 40자류 빠짐), '서상기어록'이 1자류에서 29자류까지(19, 12~28자류 빠짐), '이
문어록'이 1자류에서 10자류까지(7~9자류 빠짐)이지만 '삼국지어록'은 자류로
나누지 않고 있다.

③『이두편람(吏讀便覽)』

『이두편람』은 이두 글자를 1자류에서부터 10자류까지 분류하고 이들의 음
절수에 따라 분류하고 있다. 뒤에 나온 집람이문(輯覽吏文)과 행용이문(行用吏
文)에 실려 있는 이두도 분류는 안 되어 있지만 모두 1자류부터 다자류(多字類)
순으로 배열되어 있다.

④『이두휘편(吏讀彙編)』

이것도 1자류에서 7자류까지 분류하여 이두의 글자를 음절수에 따라 구분하고 있다.

이들 모두가 중국의 한자에 대한 음절이라는 공통된 점이 있다. 국어 어휘의 음절에 관심을 가진 것은 현재까지도 전혀 고려되지 않는 기준이다.

2) 가나다순의 기준

이 기준은 후대에 발달한 기준이다. 국어의 음절구조에 대한 인식은 15세기부터 있어 왔지만, 가나다순으로 배열하게 된 것은 국어에 대한 인식이 발달한 후대의 일이다. 즉 19세기에 와서야 그러한 인식이 가능하였다. 그러나 외국 선교사들이 한국어 사전을 편찬하면서, 한국어의 배열방식을 서양사전의 알파벳순을 본받아 가나다순으로 배열하였다는 선입견은 잘못된 생각이다. 왜냐 하면 서양 사람들에 의해 사전이 편찬되기 이전인 1846년(『언음첩고』 편찬)에 이미 그러한 인식이 우리나라 사람에 의해 나타나기 때문이다.

『언음첩고』의 예를 'ㄴ' 부분에서 보도록 한다.

•絡 ㄴ릴 락	•下 ㄴ릴 하	•步 ㄴ르 보	•轅 ㄴ릇 원
•菜 ㄴ믈 치	•纓 ㄴ뭇 영	•뿌 ㄴ줄 비	•分 ㄴ올 분
•經 ㄴ 경	•飛 ㄴ 비	•斤 ㄴ 근	•刃 ㄴ 인
•翅 ㄴ개 시	•故 ㄴ굴 고	•勇 ㄴ날 용	•面 ㄴ 면

여기에서는 한자를 중심으로 배열하지 않고 그 새김의 가나다순으로 배열하고 있다. 모두 'ㄴ'나, 'ㄴ'의 아래에 다른 자음이 있는 'ㄴ, ㄴ' 등으로 시작되는 것들을 먼저 나열하고 이어서 자음과 같이 비어두음절에 이들이 포함된 것들이 나열되어 있다.

•領 거느릴 령   •鍼 바늘 침   •絍 뵈놀 임   •鱗 비늘 린

•淸 서늘 청   •筶 오너 괄   •天 하늘 텬

이처럼 한글 자모에 따라 분류하여 배열된 문헌이 또 보인다. 일본의 소창
진평(小倉進平) 문고에 소장되어 있는 필사본『어록해』(L44530)가 그것이다. 이
어록해에는 기유년(己酉年)에 쓴 송준길의 발문이 붙어 있는 것으로 보아서
1669년 이후에 필사된 것이지만, 그 필사연대는 알 수 없다. 다만 한글 자모의
배열 순서를 보면 1846년에 편찬된『언음첩고』보다는 후대인 것으로 추정된
다. 왜냐 하면 이러한 한글 자모의 배열순서는『언음첩고』에서 최초로 보이
기 때문이다.

이 어록해는 1자류와 2자류 모두 모음은 ㅏ, ㅑ, ㅓ, ㅕ, ㅗ, ㅛ, ㅜ, ㅠ, ㅡ,
ㅣ, · 순으로 그리고 자음은 ㄱ, ㄴ, ㄷ, ㄹ, ㅁ, ㅂ, ㅇ 순으로 배열되어 있다.
여기에 제시된 항목을 보면 다음 표와 같다. 1자류만 보인다.

분류	제시된 한자어
ㅏ	他, 那, 和, 麽, 打, 簡, 差, 化, 叵
ㅑ	也, 惹, 下
ㅓ	去, 渠
ㅕ	底, 這, 如, 鑢, 覰
ㅗ	靠, 討, 初, 辜
ㅛ	要, 教, 了, 較, 撩, 消, 俵, 交, 妙, 少, 突
ㅜ	頭, 做, 矍, 走, 肚, 夫
ㅠ	須, 羞, 遂, 輸
ㅡ	
ㅣ	是, 你, 儞, 寔, 底, 祇, 以, 簡, 獃, 挨, 礙, 煞, 撒, 遞, 提, 體, 揣, 迫, 會, 該, 解, 來, 在
·	自, 才, 似

83

분류	제시된 한자어
ㄱ	却, 得, 扠, 着, 作, 吗, 劈, 摑, 剔, 錯, 撫, 直, 鑿, 窄, 略, 格
ㄴ	閑, 慢, 便, 按, 赶, 旱, 頓, 還, 鎭, 管, 攔, 硏, 般, 饒, 渾, 漫, 漢, 跟, 儘, 贊, 愁, 輓, 趲, 趁
ㄷ	串
ㄹ	沒, 楞, 訣, 捺, 抹, 矗, 越, 捏, 闊, 遝, 窒, 熌
ㅁ	摶, 怎, 參, 賺, 颭, 担
ㅂ	恰, 貼, 合, 搯, 霎, 押, 呷
ㅇ	棒, 爭, 零, 亏, 恨, 當, 生, 等, 踢, 矜, 强, 撑, 楞, 秤, 將, 荓, 剩, 刱, 硬

'ㅏ, ㅑ, ㅓ, ㅕ, ㅗ, ㅛ, ㅜ, ㅠ, ㅡ, ㅣ, ㆍ'를 분류기준으로 해서 세분하고 각 항목에서는 한국 한자음이 모음 'ㅏ'로 끝나는 한자, 'ㅑ'로 끝나는 한자 등을 표제항으로 배열한 것이다. 물론 한국한자음 등 어말에 자음이 없는 한자를 배열한 것이다. 예컨대 'ㅏ' 항에는 '他, 那, 和, 麼', '打, 笛, 差, 化, 叵'를, 'ㅑ' 項에서는 '也, 惹, 下' 등을, 'ㅓ'에는 '去, 渠'를 제시하였다.

그리고 자음을 분류기준으로 세분한 것은 한자음의 종성, 즉 받침을 대상으로 한 것이다. 예컨대 'ㄱ' 항에는 '却, 得'을, 'ㄴ' 항에는 '閑, 慢'을, 'ㄷ' 항에는 '串'을, 'ㄹ' 항에는 '沒' 등을 제시하고 있다.

이것은 매우 독특한 배열 방식인데, 이 방식은 현재까지 다른 문헌에서는 적용된 적이 없는 방식이다.

2.2. 의미론적 기준에 의한 분류

가장 먼저 나타나고 가장 많이 사용하였던 어휘 분류기준은 의미론적 기준이다. 이러한 사실은 언어가 지니고 있는 기능 중에서 가장 중요한 것은 '의미'라는 인식을 하였음을 증명하여 주는 것이다.

이들에 대해 역사적으로 또한 구체적으로 논의해 보도록 한다.

어휘체계의 수립은 지금까지 주로 날말밭 이론가들의 주된 관심사가 되어 왔다. 그들의 이론에 따르면 하나하나의 단어들은 혼자서는 아무런 의미도

부여받을 수 없고, 오직 어떤 전체라는 것을 전제로 하였을 때에만 그 속에서 존재가치를 인정받을 수 있다는 것이다. 즉 어휘는 상호 유기적인 밭으로 짜여 있다는 것이다. 낱말밭을 기술하기 위해서는 두 가지 방법 중 하나를 선택할 수 있다. 즉 미세한 밭 하나하나를 통하여 상위의 밭으로 이르는 방법과, 그 역으로 상위의 밭을 통하여 하위의 밭으로 나아가는 방법의 두 가지이다. 다시 말하면 귀납적인 방법으로 낱말밭을 기술하고 설명하는 방식과 연역적으로 기술 설명하는 방식의 두 가지이다.

우리나라의 분류어휘집은 주로 의미를 기준으로 하여 어휘들을 배열하고 있다. 주로 낱말밭 이론에 의하면 상위의 의미의 장으로부터 하위의 의미의 장으로 기술하는 방식을 따르는 것이다. 여기에서는 우선 상위의 의미 분류에 대한 언급을 하도록 한다. 왜냐 하면 우리나라의 대부분의 어휘분류집들은 상위의 의미 분류 기준은 정해져 있었지만, 하위의 의미 분류는 대부분 이루어져 있지 않기 때문이다. 대분류를 하고 다시 소분류를 하는 단계적 분류방식이 아니라, 주로 단형적 나열식 분류방법을 택하고 있다. 대부분의 문헌 자료에서 실제로 대분류와 소분류에 대한 인식이 있었지만, 실제로 이에 대한 분류를 시도한 것은 『재물보』나 『광재물보』, 『물명고』(유희), 『사류박해』, 『자류주석』, 『물보』 등밖에 없다. 우선 상위(上位)의 분류방식, 즉 단단계(單段階) 분류방식들을 나열하여 보도록 한다.

(1) 『조선관역어(朝鮮館譯語)』(15세기 초엽) (19門)

천문문(天文門)	지리문(地理門)	시령문(時令門)
화목문(花木門)	조수문(鳥獸門)	궁실문(宮室門)
기용문(器用門)	인물문(人物門)	인사문(人事門)
신체문(身體門)	의복문(衣服門)	성색문(聲色門)
진보문(珍寶門)	복식문(服飾門)	문사문(文史門)
수목문(數目門)	간지문(干支門)	괘명문(卦名門)

통용문(通用門)

(2) 『훈몽자회(訓蒙字會)』(1527) (32부문)

천문(天文)	지리(地理)	화품(花品)	초훼(草卉)
수목(樹木)	과실(菓實)	화곡(禾穀)	소채(蔬菜)
금조(禽鳥)	인개(鱗介)	곤충(昆蟲)	신체(身體)
천륜(天倫)	유학(儒學)	서식(書式)	인류(人類)
궁택(宮宅)	관아(官衙)	기명(器皿)	식찬(食饌)
복식(服飾)	주선(舟船)	차여(車輿)	안구(鞍具)
군장(軍裝)	채색(彩色)	포백(布帛)	금보(金寶)
음악(音樂)	질병(疾病)	상장(喪葬)	잡어(雜語)

(3) 『신증유합(新增類合)』(1576) (27부문)

수목(數目)	천문(天文)	중색(衆色)	지리(地理)
초훼(草卉)	수목(樹木)	과실(果實)	화곡(禾穀)
채소(菜蔬)	금조(禽鳥)	수축(獸畜)	인개(鱗介)
충치(蟲豸)	인륜(人倫)	도읍(都邑)	권속(眷屬)
신체(身體)	가옥(家屋)	포진(鋪陳)	금백(金帛)
자용(資用)	기계(器械)	식찬(食饌)	의복(衣服)
심술(心術)	동지(動止)	사물(事物)	

(4) 『역어유해(譯語類解)』(1682) (62부분)

천문(天文)	시령(時令)	기후(氣候)	지리(地理)
궁궐(宮闕)	관부(官府)	공식(公式)	관직(官職)
제사(祭祀)	성곽(城郭)	교량(橋梁)	학교(學校)
과거(科擧)	옥택(屋宅)	교열(校閱)	군기(軍器)

전어(佃漁)　　관역(館驛)　　창고(倉庫)　　사관(寺觀)

존비(尊卑)　　인품(人品)　　경중(敬重)　　매욕(罵辱)

신체(身體)　　잉산(孕産)　　기식(氣息)　　동정(動靜)

예도(禮度)　　혼취(婚娶)　　상장(喪葬)　　복식(服飾)

소세(梳洗)　　식이(食餌)　　친속(親屬)　　연향(宴亨)

질병(疾病)　　의약(醫藥)　　복서(卜筮)　　산수(算數)

쟁송(爭訟)　　형옥(刑獄)　　매매(賣買)　　진보(珍寶)

잠상(蠶桑)　　직조(織造)　　재봉(裁縫)　　전농(田農)

화곡(禾穀)　　채소(菜蔬)　　기구(器具)　　안비(鞍轡)

주강(舟舡)　　차량(車輛)　　기희(技戲)　　비금(飛禽)

주수(走獸)　　곤충(昆蟲)　　수족(水族)　　화초(花草)

수목(樹木)　　쇄설(瑣說)

(5) 『왜어유해(倭語類解)』(18세기) (55부문)

천문(天文)　　시후(時候)　　간지(干支)　　지리(地理)

강호(江湖)　　방위(方位)　　인륜(人倫)　　인품(人品)

신체(身體)　　용모(容貌)　　기식(氣息)　　성정(性情)

언어(言語)　　어사(語辭)　　동정(動靜)　　궁실(宮室)

성곽(城郭)　　관직(官職)　　공식(公式)　　문학(文學)

무비(武備)　　군기(軍器)　　혼취(婚娶)　　연향(宴亨)

악기(樂器)　　소세(梳洗)　　복식(服飾)　　음식(飮食)

질병(疾病)　　상제(喪祭)　　사찰(寺利)　　형옥(刑獄)

주수(籌數)　　매매(賣買)　　국호(國號)　　전농(田農)

화곡(禾穀)　　채소(菜蔬)　　과실(果實)　　진보(珍寶)

포백(布帛)　　채색(彩色)　　기구(器具)　　안비(鞍轡)

주차(舟車)　　기희(技戲)　　비금(飛禽)　　주수(走獸)

| 수족(水族) | 곤충(昆蟲) | 수목(樹木) | 화초(花草) |
| 잡어(雜語) | 일본관명(日本官名) | | 신행소경지명(信行所經地名) |

(6) 『동문유해(同文類解)』(1748) (55부문)

천문(天文)	시령(時令)	지리(地理)	인륜(人倫)
인품(人品)	신체(身體)	용모(容貌)	기식(氣息)
성정(性情)	언어(言語)	동정(動靜)	인사(人事)
궁실(宮室)	관직(官職)	관부(官府)	성곽(城郭)
문학(文學)	무비(武備)	군기(軍器)	정사(政事)
예도(禮度)	악기(樂器)	잉산(孕産)	소세(梳洗)
복식(服飾)	음식(飲食)	전농(田農)	미곡(米穀)
채소(菜蔬)	과품(果品)	질병(疾病)	의약(醫藥)
상장(喪葬)	사관(寺觀)	전어(佃漁)	기구(器具)
장기(匠器)	주차(舟車)	안비(鞍轡)	산술(算術)
진보(診寶)	포백(布帛)	매매(賣買)	쟁송(爭訟)
형옥(刑獄)	국호(國號)	희완(戲玩)	매욕(罵辱)
비금(飛禽)	주수(走獸)	수족(水族)	곤충(昆蟲)
수목(樹木)	화초(花草)	잡어(雜語)	

(7) 『몽어유해(蒙語類解)』(1768) (54부문)

천문(天文)	시령(時令)	지리(地理)	인륜(人倫)
인품(人品)	신체(身體)	용모(容貌)	기식(氣息)
성정(性情)	언어(言語)	동정(動靜)	인사(人事)
궁실(宮室)	관직(官職)	관부(官府)	성곽(城郭)
문학(文學)	무비(武備)	군기(軍器)	정사(政事)
예도(禮度)	악기(樂器)	잉산(孕産)	소세(梳洗)

복식(服飾)　　음식(飮食)　　전어(佃漁)　　전농(田農)

미곡(米穀)　　채소(菜蔬)　　과품(果品)　　질병(疾病)

상장(喪葬)　　사관(寺觀)　　기구(器具)　　장기(匠器)

주차(舟車)　　안비(鞍轡)　　수목(數目)　　진보(珍寶)

포백(布帛)　　매매(賣買)　　쟁송(爭訟)　　형옥(刑獄)

희완(戲琓)　　매욕(罵辱)　　국호(國號)　　비금(飛禽)

주수(走獸)　　수족(水族)　　곤충(昆蟲)　　수목(樹木)

화초(花草)　　잡어(雜語)

(8)『방언유석(方言類釋)』(1778) (87部門)

천문류(天文類)　　시령류(時令類)　　지여류(地輿類)

존비류(尊卑類)　　친속류(親屬類)　　신체류(身體類)

용모류(容貌類)　　동정류(動靜類)　　기식류(氣息類)

성정류(性情類)　　언어류(言語類)　　궁전류(宮殿類)

조회류(朝會類)　　정사류(政事類)　　관직류(官職類)

승출류(陞黜類)　　인류류(人類類)　　칭호류(稱號類)

제사류(祭祀類)　　가취류(嫁娶類)　　생산류(生産類)

상장류(喪葬類)　　연회류(宴會類)　　접대류(接待類)

문학류(文學類)　　필연류(筆硯類)　　과시류(科試類)

의기류(儀器類)　　악기류(樂器類)　　수목류(數目類)

교열류(校閱類)　　군기류(軍器類)　　사예류(射藝類)

아서류(衙署類)　　창고류(倉庫類)　　성곽류(城郭類)

가도류(街道類)　　교량류(橋梁類)　　옥택류(屋宅類)

영작류(營作類)　　복식류(服飾類)　　재봉류(裁縫類)

포백류(布帛類)　　방직류(紡織類)　　식이류(食餌類)

할팽류(割烹類)　　다주류(茶酒類)　　음철류(飮啜類)

질병류(疾病類)　　잔질류(殘疾類)　　의약류(醫藥類)

복서류(卜筮類)　　소식류(梳飾類)　　경렴류(鏡奩類)

상장류(床帳類)　　기용류(器用類)　　매욕류(罵辱類)

쟁송류(爭訟類)　　형옥류(刑獄類)　　승도류(僧道類)

사관류(寺觀類)　　진보류(珍寶類)　　매매류(賣買類)

차대류(借貸類)　　잠상류(蠶桑類)　　전농류(田農類)

농기류(農器類)　　미곡류(米穀類)　　과품류(菓品類)

채소류(菜蔬類)　　장기류(匠器類)　　제조류(製造類)

기희류(技戲類)　　주선류(舟船類)　　차량류(車輛類)

안비류(鞍轡類)　　전렵류(佃獵類)　　조어류(釣漁類)

피혁류(皮革類)　　시화류(柴火類)　　비금류(飛禽類)

주수류(走獸類)　　곤충류(昆蟲類)　　수족류(水族類)

수목류(樹木類)　　화초류(花草類)　　잡어류(雜語類)

(9)『통학경편(通學徑編)』(1916) (14部門)

천문부(天文部)　　지축부(地軸部)　　인륜부(人倫部)

신체부(身體部)　　의복류(衣服類)　　음식류(飮食類)

곡물류(穀物類)　　과실류(果實類)　　화채류(花菜類)

초목류(草木類)　　금수류(禽獸類)　　충어류(虫魚類)

가옥류(家屋類)　　기계류(器械類)

(10)『물명고(物名攷)』(일사문고)(일사고-031-M918m) (22類)

천문(天文)　　　지리(地理)　　　초류(草類)　　　목류(木類)

조류(鳥類)　　　수류(獸類)　　　충류(蟲類)　　　어류(魚類)

궁실류(宮室類)　　주거류(舟車類)　　복식류(服飾類)

경직류(耕織類)　　공장류(工匠類)　　공봉류(供奉類)

문무류(文武類)　희속류(戱俗類)　신체류(身體類)

사정류(事情類)　친속류(親屬類)　잡인류(雜人類)

어렵류(漁獵類)　잡사류(雜事類)

(11)『죽란물명고(竹欄物名攷)』(가람문고) (18類)

초목류(草木類)　조수류(鳥獸類)　충어류(蟲魚類)

궁실류(宮室類)　주차류(舟車類)　복식류(服飾類)

경직류(耕織類)　공장류(工匠類)　공봉류(供奉類)

문무류(义武類)　희속류(戱俗類)　신제류(身體類)

사정류(事情類)　친속류(親屬類)　잡인류(雜人類)

어렵류(漁獵類)　잡사류(雜事類)　잡물류(雜物類)

(12)『물명찬』(37類)(木類가 이중으로 들어 있음)

천류(天類)　　인류(人類)　　신체(身體)　　의관(衣冠)

잡어(雜語)　　질병(疾病)　　잡희(雜戲)　　사정(事情)

음식(飲食)　　잡사(雜事)　　잡기(雜器)　　경직구(耕織具)

주차(舟車)　　우마(牛馬)　　어렵(漁獵)　　궁실(宮室)

상석(牀席)　　박혁(博奕)　　서화(書畫)　　악기(樂器)

곡속(穀粟)　　초류(草類)　　목류(木類)　　화류(花類)

소채(蔬菜)　　채과(菜果)　　목류(木類)　　금류(禽類)

수류(獸類)　　시충(翅虫)　　우수(又獸)　　충류(蟲類)

어류(魚類)　　목과(木果)　　금석(金石)　　화류(火類)

교칠(膠漆)

이 단단계(單段階) 분류 방식은 그 명칭이 매우 다양하다. 분류명칭 뒤에 아무 표지도 붙이지 않은 것과 '문(門)'이나 '유(類)'와 같은 표지를 붙인 것이 대부분이다. 이 이외에도 '부(部)'의 표지를 붙인 것이 있으나 대개 이 '부(部)'는 다단계(多段階) 분류방식에서 쓰던 표지(標識)이었다.

'문(門)'과 '유(類)'는 그 용법이 달랐던 것으로 보인다. 예컨대 의미상의 분류일 때에는 '문'과 '유'는 그 표지로서 사용될 수 있지만, 음절수를 기준으로 분류한 것에는 '문'은 사용되지 않고 '유'만 사용되고 있음은 '일자류(一字類)'는 보이지만 '일자문(一字門)'은 보이지 않는다) 둘에 차이가 있음을 보여 준다.

이들은 모두 단단계(單段階) 분류방식이다. 점차로 세분류화(細分類化)되면서 분류의 분문(分門)이 많아지게 됨을 알 수 있다. 이러한 분류항목의 복잡함을 줄이고자 한 것이 곧 2단계의 분류이다. 다음에 그 예를 보도록 한다.

(13) 『물보(物譜)』(1802) [8부(部) 49류(類)]

• 상편(上篇) [천생만물(天生萬物)]

　초목부(草木部) : 화곡(禾穀), 소채(蔬菜) 1, 소채(蔬菜) 2, 소채(蔬菜) 3, 과목
　　　　　　　　(果木), 초과(草果), 화훼(花卉) 1, 화훼(花卉) 2, 약초(藥草)
　　　　　　　　1, 약초(藥草) 2, 잡초(雜草), 잡목(雜木)

　충어부(蟲魚部) : 인충(鱗蟲), 개충(介蟲), 수족(水族)

　충시부(蟲豸部) : 수충(走蟲), 비충(飛蟲)

　조수부(鳥獸部) : 우충(羽蟲) 1, 우충(羽蟲) 2, 모충(毛蟲) 1, 모충(毛蟲) 2

• 하편(下篇) [인위만사(人爲萬事)]

　신체부(身體部) : 형테(形體), 기혈(氣血)

　인도부(人道部) : 족인(族姻), 의복(衣服) 1, 의복(衣服) 2, 음식(飮食) 1, 음식
　　　　　　　　(飮食) 2, 박희(博戱), 제택(第宅) 1, 자택(第宅) 2, 주차(舟
　　　　　　　　車) 1, 주차(舟車) 2, 우마(牛馬), 문사(文士), 상가(商賈), 잡
　　　　　　　　부(雜部)

기계부(器械部) : 경농(耕農) 1, 경농(耕農) 2, 잠적(蠶績) 1, 잠적(蠶績) 2, 공
　　　　　　　 장(工匠), 전어(佃漁)

기용부(器用部) : 주식(酒食), 복식(服飾), 정당(鼎鐺), 광거(筐筥), 궤안(几
　　　　　　　 案), 병장(兵仗)

　이『물보』에서는 상위의 의미단계를 '부(部)'로 하고 하위의 부문에는 명칭
을 붙이지 않고 있다.

　이 2단계 분류방식은 대개 실학이 성행하던 18세기 말에서 19세기 초에 와
서 흔히 발견된다. 즉 19세기에 와서야 어휘분류의 의미에 의한 하위분류가
이루어진다. 이것은 언어의 의미를 체계적으로 바라보는 시각이 나타나기 시
작한 것으로 해석할 수 있다.

(14)『광재물보』
　•권(卷) 1
　　　천도부(天道部)　　지도부(地道部)　　인도부(人道部)
　　　인륜부(人倫部)　　군도부(軍道部)　　신도부(臣道部)
　　　형기부(形氣部)　　민업부(民業部)　　서류부(庶流部)
　　　문학부(文學部)
　•권(卷) 2
　　　예절부(禮節部)　　군여부(軍旅部)　　음악부(音樂部)
　　　궁실부(宮室部)　　의복부(衣服部)　　음식부(飲食部)
　　　기용부(器用部)　　기희부(技戲部)　　물성부(物性部)
　•권(卷) 3
　　　화부(火部)　　금부(金部)　　옥부(玉部)
　　　석부(石部)　　노석부(鹵石部)
　　　초부(草部) ： 산초류(山草類), 방초류(芳草類), 습초류(濕草類), 독초류

(毒草類), 만초류(蔓草類), 수초류(水草類), 석초류(石草類), 태류(苔類), 잡초류(雜草類)

곡부(穀部) : 호맥도류(胡麥稻類), 직속류(稷粟類), 숙두류(菽豆類), 훈신류(葷辛類), 유활류(柔滑類), 나채류(蓏菜類), 수채류(水菜類), 지이류(芝栭類)

- 권(卷) 4

목부(木部) : 향목류(香木類), 교목류(喬木類), 관목류(灌木類), 잡목류(雜木類)

죽부(竹部)

과부(果部) : 오과류(五果類), 산과류(山果類), 이과류(夷果類), 미과류(味果類), 나과류(蓏果類), 수과류(水果類), 제과류(諸果類)

인부(鱗部) : 용류(龍類), 사류(蛇類), 어류(魚類), 무린어류(無鱗魚類)

개부(介部) : 구별류(龜鼈類), 합방류(蛤蚌類)

금부(禽部) : 산금류(山禽類), 수금류(水禽類), 원금류(原禽類), 임금류(林禽類)

수부(獸部) : 수류(獸類), 축류(畜類), 서류(鼠類), 우류(寓類)

충부(虫部) : 난생류(卵生類), 화생류(化生類), 습생류(濕生類)

(15) 『사류박해(事類博解)』

- 천문부(天文部) : 천도문(天道門), 천시문(天時門)

- 지리부(地理部) : 지도문(地道門), 구역문(區域門), 궁실문(宮室門), 부 재구(附 材具), 부 귀신문(附 鬼神門)

- 인도부(人道部) 상(上) : 관혼문(冠婚門), 신체문(身體門), 모발문(毛髮門), 기혈문(氣血門), 동지문(動止門), 품부문(稟賦門), 형모문(形貌門), 인륜문(人倫門), 사친문(事親門), 봉선문(奉先文), 군도문(君道門), 사제문(師弟門), 붕우문(朋友門), 유업문

(儒業門), 과제문(科第門), 관작문(官爵門), 충절문(忠節門), 휴퇴문(休退門), 은둔문(隱遯門), 민서문(民庶門), 복례문(僕隸門), 이류문(異類門), 참간문(讒奸門), 송옥문(訟獄門), 질병문(疾病門), 상장문(喪葬門)

- 인도부(人道部) 하(下) : 공부문(貢扶門), 사려문(師旅門), 방어문(防禦門), 행려문(行旅門), 경농문(耕農門), 곡물문(穀物門), 음식문(飮食門), 잠적문(蠶績門), 포백문(布帛門), 침선문(針線門), 의대문(衣帶門), 관구문(冠屨門), 주교문(舟橋門), 차여문(車輿門), 판죽문(販鬻門), 재보문(財寶門), 어렵문(漁獵門), 음악문(音樂門), 장렴문(粧奩門), 기명문(器皿門), 정당문(鼎鐺門), 광거문(筐筥門), 기용문(器用門), 공장문(工匠門), 군장문(軍杖門), 우마문(牛馬門), 잡기문(襍伎門), 잡희문(雜戲門), 잡태문(襍態門)

- 금수부(禽獸部) : 비금문(飛禽門), 인충문(鱗蟲門), 수족문(水族門), 갑충문(甲蟲門), 주수문(走獸門), 비충문(飛蟲門), 주충문(走蟲門)

- 초목부(草木部) : 소채문(蔬菜門), 목과문(木果門), 초과문(草果門), 화훼문(花卉門), 약초문(藥草門), 백초문(百草門), 백목문(百木門)

(16) 『자류주석(字類註釋)』

- 천도부(天道部) : 천문류(天文類), 천시류(天時類), 조화류(造化類)

- 지도부(地道部) : 토석류(土石類), 수화류(水火類), 산천류(山川類), 지형류(地形類), 방역류(方域類), 군국류(郡國類), 사이류(四夷類), 전리류(田里類)

- 인도부(人道部) 상(上) : 윤상류(倫常類), 신체류(身體類), 성정류(性情類), 선악류(善惡類), 학업류(學業類), 언어류(言語類), 사위류(事爲類), 농업류(農業類), 음식류(飮食類), 의관류(衣冠類),

거처류(居處類)

•인도부(人道部) 하(下) : 기용류(器用類), 보화류(寶貨類), 질병류(疾病類), 상
　　　　　제류(喪祭類), 정교류(政敎類), 법금류(法禁類), 병진류(兵
　　　　　陣類), 음악류(音樂類)

•물류부(物類部) : 명수류(名數類), 초목류(草木類), 금수류(禽獸類), 어별류
　　　　　(魚鼈類), 충치류(蟲豸類)

(17) 『정몽류어(正蒙類語)』(1884)

•이생생(理生生) 제일(第一) : 대본류(大本類), 인륜대류(人倫大類), 인신대류
　　　　　(人身大類), 수대류(數大類), 방대류(方大類), 시대류(時大
　　　　　類), 대화류(大化類), 천상대류(天象大類), 지질대류(地質
　　　　　大類), 식물대류(植物大類), 식물요류(植物要類), 식물미
　　　　　류(植物美類), 동물대류(動物大類), 동물근류(動物近類),
　　　　　동물원류(動物遠類)

•만화산수(萬化散殊) 제이(第二) : 품생류(稟生類), 품성류(稟性類), 품기류(稟
　　　　　氣類), 물화류(物化柳), 인도류(人道類), 인사류(人事類),
　　　　　이분류(理分類), 기분류(氣分類), 형분류(形分類), 도분류
　　　　　(道分類), 사분류(事分類), 명분류(命分類)

•명기(名器) 착종(錯綜) 제삼(第三) : 인생명류(人生名類), 음식명류(飮食名類),
　　　　　의복명류(衣服名類), 재산명류(財産名類), 제택명류(第
　　　　　宅名類), 전원명류(田園名類), 음식기류(飮食器類), 복식
　　　　　기류(服飾器類), 자용기류(資用器類), 업작기류(業作器
　　　　　類), 법도기류(法度器類), 의장기류(儀章器類)

•제왕입정(帝王立政) 제사(第四) : 수직류(授職類), 분강류(分疆類), 건위류(建
　　　　　位類), 서민류(序民類), 입교류(立敎類), 집업류(執業類),
　　　　　흥속류(興俗類), 정제류(定制類), 정별류(旌別類)

그러나 이것도 매우 복잡한 분류방식이라서 다단계 분류방식을 택하는 어휘자료집이 등장하게 된다. 『재물보』 등에서 나타나게 되는데, 이것도 대개 18세기 말에서 19세기 초에서부터 나타나게 된다.

위의 17개 문헌에서 분류한 분류 항목들의 통계를 보면 흥미로운 현상을 볼 수 있다. 17개의 문헌에 모두 등장하는 항목은 없으나 14개의 문헌에 등장하는 항목은 '신체(身體)' 항목이다. 4개의 문헌에 등장하는 항목들까지 조사해 보면 다음과 같다. 괄호 안의 숫자는 그 항목이 포함된 문헌의 수다.

身體(14)	飮食(12)	菜蔬(12)(蔬菜 포함)	
天文(12)	服飾(11)	地形類(10)	宮室(9)
人倫(8)	舟車(8)	疾病(8)	樹木(7)
水族(7)	衣服(7)	人道(7)	昆蟲(6)
器用(6)	飛禽(6)	喪葬(6)	雜語(6)
走獸(6)	布帛(6)	官職(5)	軍器(5)
氣息(5)	動靜(5)	賣買(5)	文學(5)
城郭(5)	性情(5)	時令(5)	樂器(5)
鞍轡(5)	言語(5)	田農(5)	草木(5)
刑獄(5)	禾穀(5)	花草(5)	器具(4)
罵辱(4)	寺觀(4)	梳洗(4)	數目(4)
漁獵(4)	容貌(4)	音樂(4)	人事(4)
人品(4)	爭訟(4)	佃漁(4)	珍寶(4)
親屬(4)			

이들을 살펴 보면 상당수가 일상생활과 연관된 부문이 많다는 사실을 알 수 있다. 그리하여 이들 어휘에 대한 조사가 어휘 연구에서 매우 유용할 것이라는 생각을 하게 된다.

그렇다면 국어 어휘체계의 분류를 시도하기 위해서 우리가 선택하여야 할 기준은 무엇일까? 앞에서 언급한 바와 같이 어휘는 음운론적, 형태론적, 통사론적, 의미론적 특성을 지니고 있다. 따라서 어휘에 대한 연구를 위해서는 이들 언어연구의 각 층위에서 분류기준이 마련되어야 한다.

그래서 어느 시기 또는 어느 문헌에 나타나는 어휘체계를 고찰하게 될 때에는 다음과 같은 점에 착안하는 것이 바람직하지 않을까 생각한다.

첫째는 음운론적인 관점에서 분류 설명하는 것이다. 즉 음절별로 구분하고, 그것이 지니는 특성이 있는지를 살펴서 음운론적인 특성이 무엇인지를 밝히는 것이다. 주로 어휘의 유연성(有緣性)을 다루는 분야가 될 것이다. 특히 상징어를 연구함에 있어서는 이러한 접근은 필연적인 것이라고 생각한다. 예컨대 의성 의태어에서 모음의 교체로 파생되는 것(꼴깍-꿀꺽, 달달-덜덜 등), 자음의 변화로 파생되는 것(반짝-빤짝, 킬킬-낄낄 등) 등이 음운론적 관점에서 분류 설명할 수 있다.

특히 한자어에 대한 연구에서 이러한 관점에서 접근할 필요가 있다, 예컨대 1음절로 되어 있는 한자어 어기는 그 뒤에 '하다'를 붙여 다른 어휘를 파생시키는데, 그 어휘가 새로운 문법적 기능을 가지고 나타나기도 한다. 예컨대 '凶하다, 願하다, 爲하다' 등등이 그러하고 이것들은 역사적 변천과정에서 독특한 특징을 가지고 나타나는 것으로 보인다.

둘째는 형태론적인 기준을 가지고 분류하고 연구하는 것이다. 주로 접두사와 접미사에 의한 어휘의 파생에 대한 연구는 이러한 방법이 매우 중요한 연구방법이다. 그러나 이러한 형태론적인 연구방법은 의미론과 직접적인 관계가 있는 것으로 예상되므로 이 분야에 대한 관심도 동시에 가져야 한다. 예컨대 '-쟁이'와 '-보'와 '-꾸러기'는 모두 접미사로서 속성이나 특성을 지닌 사람을 일컬을 때 사용하지만, 그 의미를 구별하기가 쉽지 않다. '욕심'과 같은 어기는 이들 모두에 통합되지만, 어느 어기는 '잠'처럼 두 접미사에, 그리고 어느 어기는 '떡'처럼 한 접미사에 통합되고 있다. 그리고 그 관계도 일정하지 않다.

아래의 표에서 보듯 이들 접미사들이 통합될 수 있는 어기(語基)는 서로 의미관계에서 이루어질 가능성이 많지만 아직까지 그 의미관계를 밝히지 못하고 있다.

-쟁이	-보	-꾸러기
심술쟁이	심술보	심술꾸러기
욕심쟁이	욕심보	욕심꾸러기
겁쟁이	겁보	-
말썽쟁이	-	말썽꾸러기
-	잠보	잠꾸러기
-	떡보	
예수쟁이	-	-

이러한 경우에는 '-쟁이', '-보', '-꾸러기'가 붙은 어휘의 목록을 작성하여 연구할 필요가 있을 것이다.

• '-쟁이'의 일례 : 개구쟁이, 거짓말쟁이, 겁쟁이, 고집쟁이, 글쟁이, 깍쟁이, 딸꾹쟁이, 땜쟁이, 멋쟁이, 무식쟁이, 버르쟁이, 변덕쟁이, 빚쟁이, 아편쟁이, 양복쟁이, 예수쟁이, 오입쟁이, 요술쟁이, 욕쟁이, 월급쟁이, 이발쟁이, 점쟁이, 코쟁이, 풍각쟁이, 환쟁이 등

• '-꾸러기' 일례 : 능청꾸러기, 늦잠꾸러기, 말썽꾸러기, 심술꾸러기, 야심꾸러기, 엄살꾸러기, 욕심꾸러기, 응석꾸러기, 의심꾸기, 장난꾸러기, 천덕꾸러기 등

• '-보'의 일례 : 갈보, 곰보, 땅딸보, 떡보, 똥갈보, 바보, 양갈보, 욕심보, 울보, 잠보, 짜보, 째보, 털보 등

이러한 방법은 단어 결합과정에서 의미차이를 보이는 문제에도 접근할 수

있다. 예컨대 '고기'라고 하면 '쇠고기, 돼지고기, 닭고기, 양고기'에서처럼 '식용하는 모든 동물의 살'로 '죽은 것'을 뜻하지만 '물고기'의 경우에는 '살아 있는 것'을 지칭하는 것이고, 죽은 것은 '생선'이라는 다른 어휘를 사용한다.

셋째는 의미론적 관점에서 분류하는 것인데, 여기에는 여러 가지 연구방법이 존재한다. 즉 앞에서 언급한 바와 같이 의미의 분류에서 동의어, 반의어, 동음어 등으로 구분하고 그 의미기능을 검토하는 방법이다.

현대국어에서 어휘의 의미적 분류는 여러 곳에서 시도되었다. 특히 방언조사에서 실제의 생활과 연관된 어휘들을 조사하게 되므로 조사 항목을 의미별로 분리하여 조사하게 된다. 그 예를 1980년에 만든 한국정신문화연구원의 방언조사 질문지와 2005년도에 만든 국립국어원의 방언조사 질문지의 두 가지만 보이도록 한다.

한국정신문화연구원(1980)	국립국어원(2005)
1. 농사	1. 농경
2. 음식	2. 음식
3. 가옥	3. 가옥
4. 의복	4. 의복
	5. 민속
5. 인체	6. 인체
6. 육아	7. 육아
7. 인륜	8. 친족
8. 경제	
9. 동물	9. 동물
10. 식물	10. 식물
11. 자연	11. 자연
12. 상태	
13. 동작	

국립국어원에서 작성한 지역어 조사 질문지의 어휘조사 편은 의미영역에 따라 다음과 같이 세분되어 있다.

1. 농경 (경작, 타작, 방아 찧기, 곡물, 채소)

2. 음식 (주식과 부식, 반찬과 별식, 부엌과 그릇)

3. 가옥 (방과 가구, 건물, 마당, 마을과 가게)

4. 의복 (복식과 장식, 바느질과 세탁)

5. 민속 (세시 풍속, 농경용품, 생활용품)

6. 인체 (얼굴과 머리, 상체, 하체, 질병과 생리)

7. 육아

8. 친족

9. 동물 (물에 사는 동물, 곤충과 벌레, 가죽, 들짐승과 날짐승)

10. 식물 (꽃과 풀, 나무, 과일과 열매)

11. 자연 (산과 들, 강과 바다, 시후, 날씨와 방향)

이 11개의 구분은 한국정신문화연구원의 질문지의 내용별 분류와 대동소이하다. '농사'를 '농경'으로, '인륜'을 '친족'으로 그 명칭을 바꾸었고, '민속'이 추가되었으며, 대신 '경제'가 없어졌다. 한국정신문화연구원 질문지의 뒷부분에 있는 '상태, 동작'은 다른 부류 속에 용해되어 있다고 할 수 있다.

그러나 이 방언 조사 질문지는 대체로 농촌과 어촌과 같은 향촌의 어휘 조사를 하기 위한 것이어서, 도시에서 사용하는 어휘들이 포함되어 있지 않다. 이러한 것을 모두 포함하여 분류한 것이 어휘 분류사전이다.

(1) 남영신(1987), 『우리말 분류사전』, 한강출판사.

①건축, 토목, 생산, 공작, 도구 ②가정에서 쓰이는 여러 가지 물건 ③바느질에 관계되는 것 ④음식, 반찬, 여러 가지 식료품, 요리 ⑤농업, 농사, 농기구, 농산물 ⑥민속놀이, 풍속, 신앙, 미신 ⑦운동 및 운동기구, 낚시, 사냥 ⑧문학, 예술, 여러 가지 학문 ⑨경제, 직업, 생활, 광산, 광업 ⑩배, 가마, 마소, 기타 교통수단 ⑪사람의 부류, 여자, 아이, 가족 ⑫여러 가지 무생물, 물건,

물품 ⑬ 길, 내, 바다, 산, 장소, 방향 ⑭ 동식물 및 사람의 구조와 생리 ⑮ 심리적인 여러 가지 작용, 행위, 일 ⑯ 수와 양, 순서, 상황, 모습, 추상성을 가진 낱말 ⑰ 날씨 시간에 관한 여러 가지 낱말 ⑱ 여러 가지 동물, 식물의 이름

이상의 18가지로 분류하였는데, 한 범주에 속하는 것들이 서로 깊은 상관성이 없을 뿐만 아니라 그 명칭도 복잡하다는 단점이 있다.

(2) 박용수(1989)

사람의 몸	사람의 행위	사람의 마음
사람의 별칭	일상생활	겨레붙이
혼속(婚俗)	소아(小兒)	신(神)
민속	잡기·오락	고제(古制)
의생활(衣生活)	식생활(食生活)	주생활(住生活)
농업	어업·해운	광공업
상업	생활도구	사물
수(數)	불	천문
지리	일기	도로
돌물	식물	어찌씨
의태어	의성어	격언

이상의 33부류는 의미상, 품사상의 분류(어찌씨)와 형태상의 분류(의태어, 의성어) 및 문장(격언)까지도 포함하고 있어서 편의상으로 분류한 것 같다는 인상이 깊다.

또 한 가지는 어휘들을 일정한 의미장으로 분류하고 그 의미장에 속하는 국어의 어휘가 어떠한 기능을 가지는가를 검토하는 방법이다. 아직까지 그 의미장들이 연구된 바가 많지 않지만, 최근에 발표된 업적에 의하면 이들도 어느 정도 정리될 것으로 기대한다.

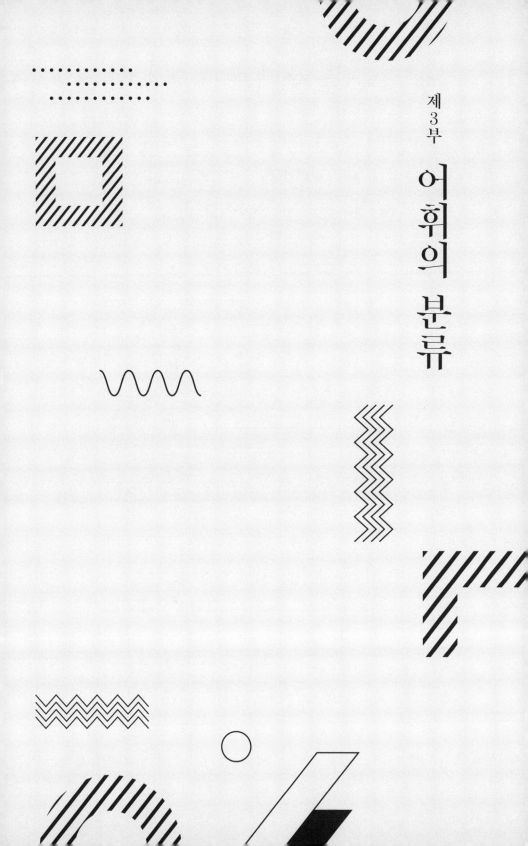

제 3 부

어휘의 분류

어휘는 다양한 기준으로 분류될 수 있다. 다음에 필자가 생각하는 분류를 도표로 제시한다.

1	시대에 따라	고대국어 어휘	
		중세국어 어휘	
		근대국어 어휘	
		현대국어 어휘	
2	범위에 따라	국어 어휘	
		방언 어휘	
		개인 어휘	
3	시간에 따라	현대어	
		신어	
		고어	
		유행어	
		폐어	
		시대어	
4	기원에 따라	고유어	
		차용어	한자어
			외래어
5	계층에 따라	속어	
		비어	
		아어(雅語)	
		경어	
		은어	
		통신언어	
6	위상에 따라	전문어	
		금기어	
		유아어	
		궁중어	
7	의미상의 대립에 따라	동음(이의)어	
		다의어	
		유의어(동의어)	
		상위어와 하위어	
		반의어	

8	모방 유형에 따라	의성어
		의태어
9	표현 대상에 따라	속담 표현 어휘
		수수께끼의 어휘
		언어 유희의 어휘
		신체 표시 어휘
		미각 표시 어휘
		색채 표시 어휘
		광산에서 사용하는 어휘
		기타 다양한 분야
10	사용 빈도에 따라	기본 어휘
		일반 어휘
11	문체에 따라	구어 어휘
		문어 어휘
12	사용의 방향에 따라	인지용 어휘
		발표용 어휘
13	품사에 따라	명사 어휘
		동사 어휘 등

위의 13가지 분류 기준은 지금까지 제시된 분류 기준을 망라한 것이어서 이들은 새로 재조정하는 방안도 고려해 볼 수 있을 것이다.

1. 시대에 따라

국어 어휘를 시대에 따라 구분하고 연구하는 분야는 곧 어휘에 대한 역사적 연구이다. 국어사에 대한 연구가 국어사의 시대구분에 따라 연구가 진행되고 있어서, 국어 어휘에 대한 역사적 연구도 이에 따르는 것이 바람직하다.

국어의 시대구분에 따라 국어를 시대적으로 구분하면 자연히 고대국어의 어휘, 중세국어의 어휘, 근대국어의 어휘, 현대국어의 어휘로 구분될 것이다. 그 시대구분의 표를 보이면 다음과 같다.

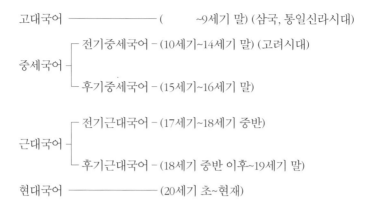

고대국어 ——————— (　　　~9세기 말) (삼국, 통일신라시대)

중세국어 ┌ 전기중세국어 - (10세기~14세기 말) (고려시대)
　　　　　└ 후기중세국어 - (15세기~16세기 말)

근대국어 ┌ 전기근대국어 - (17세기~18세기 중반)
　　　　　└ 후기근대국어 - (18세기 중반 이후~19세기 말)

현대국어 ——————— (20세기 초~현재)

　국어사의 시대구분에 따라 모음체계, 자음체계, 문법체계 등의 변화가 있어서 각 시기별로 특징을 가지고 있듯이, 어휘도 시기별로 상이한 어휘체계가 있을 것으로 예상되지만, 아직까지 시기별 어휘체계의 특징을 언급한 업적은 극히 드물다. 물론 국어사의 시대를 어휘론적 입장에서 구분한 것은 있지만, 그 구분도 명확한 근거를 제시한 것이라기보다는 정치적, 문화적, 사회적 현상에 따라 그러했을 것이라는 논리를 보이고 있는 형편이다. 예컨대 10세기~13세기를 몽고어 차용어가 사용되던 시기라고 규정하고 있는데, 실제로 이 시기에 차용되었던 몽고어 어휘에 어떤 것이 있는지는 언급이 없다. 마찬가지로 14세기~16세기를 유교어 단독 확장기라고도 언급하였는데, 유교어가 무엇이며 어떠한 어휘가 유교어인지에 대해서는 역시 언급이 없다. 그 시기에 몽고의 침략이 있었고, 또 그 시기에 유교가 성행하였던 시기라서 그렇게 추정할 수는 있어도, 근거가 없는 주장은 단지 억측일 뿐이다.

　그 시기의 간단한 어휘 목록조차도 마련되어 있지 않은 것이 그러한 주장을 하게 된 동기일 것이다. 송기중·남풍현·김영진(1994)의『고대국어 어휘집성』은 고대국어 시기의 어휘를 정리해 놓은 것이었는데, 이 연구가 더 지속되지 않아 고대국어 시기의 어휘 목록도 아직은 충분치 않다. 홍윤표·송기중·정광·송철의(1995)의『17세기 국어사전』은 각 시기별 어휘 목록을 마련하는 데에 도움을 줄 수 있었지만, 여러 가지 이유로 그 작업이 지속되지 않고 중단된 것이 못내 아쉽기만 하다. 이러한 작업은 국립국어원 등의 국가기관이나 대학의 연구소에서 행하여야 할 일이지만, 그러한 움직임은 볼 수 없어서 안타까울 뿐이다. 대학에 연구소는 많지만 국어연구소는 없다.

중세국어 시기, 예컨대 15세기에는 훈민정음이 창제되고 많은 불경들이 언해되어 현재 15세기에 간행 또는 필사되어 남아 있는 국어 자료들은 대부분 불교 자료들이다. 그래서 이 시기에는 불교 관련 어휘들이 주류를 이루어 사용되었던 시기라고 정의 내리기 쉬울 것이다. 다양한 어휘 자료가 현존한다면 그 시기의 어휘 체계에 대한 논의를 할 수 있겠지만, 그러한 균형 있는 어휘 자료가 없는 시기의 어휘들에 대해서는 다른 연구 방법을 모색해야 할 것으로 생각한다. 예컨대『석보상절』이나『월인석보』에 등장하는 어휘와『내훈언해』에 등장하는 어휘의 비교를 통해 어휘 사용의 양상을 비교할 수 있을 것이다.

아직까지 이들 각 시대의 어휘에 대한 연구는 많은 편이 아니다. 국어사 연구에서 주로 다루어져 왔는데, 대체로 어휘사의 측면에서 검토되어 왔다. 어휘를 집대성해 놓은 자료들 중에 고대국어는 송기중(宋基中)·남풍현(南豊鉉)·김영진(金永鎭)(1994)에, 그 연구는 천소영(千素英)(1990)에서 이루어졌다. 중세국어의 어휘 중 단어족에 대해서는 서재극(徐在克)(1980)을 들 수 있으며, 근대국어의 어휘체계에 대해서는 심재기(1991)을 들 수 있다. 현대국어 어휘에 대해서는 임지룡(2019)가 있다. 임지룡(2019)에서는 20세기의 국어 어휘를 중심으로, 국어 어휘의 특성, 어휘의 언어 외적 배경, 어휘의 양상을 통해 20세기 국어 어휘의 특성을 살피고 있다.

2. 범위에 따라

어휘는 그 범위에 따라 국어 어휘, 방언 어휘, 개인어 어휘로 분류될 수 있다.

2.1. 국어 어휘

한 국어에 사용되는 어휘의 총량이 곧 국어 어휘다. 이 국어 어휘는 방언 어휘나 개인 어휘를 다 포괄하지만, 개인어(idolect) 중 언중들이 용인하지 않는 것은 제외된다. 대개 한 나라 국어의 어휘는 그 국어의 사전에 수록된다. 한 언어사회의 어휘량은 시대에 따라 증가된다. 한 시대의 단어들이 부분적으로는 소실되지만 전체 어휘량은 증가한다. 어휘량은 문화 문명의 발전과 비례하는 것이 일반적이기 때문이다 고대영어는 그 어휘량이 약 3만이었지만 Oxford English Dictionary(OED)는 약 40만의 어휘를 수록하고 있다.

지금까지 간행된 한국어 사전들의 어휘수를 보면 다음과 같다.

간행연도	편찬자	사전	표제항수
1925년	심의린	보통학교 조선어 사전	6,106개
1938년	문세영	조선어사전	약 89,000개
1947년	조선어학회	큰사전	164,125개
1961년	이희승	국어대사전	약 23만 개
1974년	신기철 신영철	새우리말큰사전	약 31만 개
1991년	한글학회	우리말큰사전	약 45만 개
1996년	금성출판사 (김민수, 고영근, 임홍빈, 이승재)	국어대사전	299,590개
1998년	연세대 언어정보연구원	연세한국어사전	약 50,000개
1999년	국립국어연구원	표준국어대사전	440,262개 (부표제어 6,8509개) 총 508,771개
2008년	국립국어연구원	표준국어대사전(개정판)	510,332개
2009년	고려대 민족문화연구원	고려대 국어대사전	397,992개

북한 사전에 수록된 어휘수는 다음과 같다.

1961년~1962년	사회과학원 언어학연구소	조선말사전(6권)	187,000개
1992년	사회과학원 언어학연구소	조선말대사전	약 330,000개
2006년	북한 사회과학원 언어학연구소	조선말대사전(증보판)	약 400,000개

이상의 국어 어휘수를 보면 시대가 현대로 오면서 어휘 조사가 많이 이루어져 점차 어휘수가 증가하고 있음을 볼 수 있다.

2.2. 방언 어휘

방언 어휘는 그 하나하나의 단어에 대해서는 '사투리'란 말로서 이야기되어 왔다. 그러나 이 '사투리'란 말은 표준어 또는 중앙어와는 다른, 한 지방의 독특한 형태의 단어를 말하는 것이므로, '사투리'의 총화가 곧 그 방언의 어휘량이 되는 것은 아니다. 방언자료집이 나오면 그 어휘수를 알 수 있으나, 아직까지 그러한 방언자료집은 보고된 적이 없다. 전국 방언조사 결과물인 한국정신문화연구원의 『한국방언자료집』(경기도, 강원도, 충북, 충남, 전북, 전남, 경북, 경남, 제주편 등 모두 9책)이 간행되었으나, 이 자료집은 일부 어휘에 대한 조사일 뿐이다. 아직 국어 방언 어휘 전반에 대한 조사는 이루어진 적이 없다.

국립국어원에서 실시한 지역어 조사도 있었으나, 이 조사도 어휘 중심의 조사와 문법과 음운 중심의 조사가 됨으로써, 원래의 목적과 다르게 되었다. 그래서 어휘 조사도 일부 어휘의 조사에 그친 결과가 되었다.

우리나라 최초의 방언 자료집은 1937년에 경성사범학교 학생들이 등사판으로 낸 『방언집』 제2집이다. 1936년에 냈다고 하는 제1집은 행방을 알 수 없다. 조사지점은 우리나라 전역 (68곳이고 조사항목은 913개이다.

소창진평(小倉進平)이 조사하여 1944년에 출간한 『朝鮮語方言の硏究』(상권 자료편)은 250곳에 대해 1,320개의 항목을 조사한 것이다. 1974년에 간행된 김형규 교수의 『한국 방언 연구』와 1978년에 간행된 최학근 교수의 『한국 방언

사전』은 각각 800여 항목, 1700여 항목을 수록하고 있다. 한국정신문화연구원에서 1987년부터 간행하기 시작하여 1995년에 마지막권이 나온 『한국 방언 자료집』(총 9권)은 1,782개의 항목을 포함하고 있다. 2019년에 간행된 곽충구 교수의 『두만강유역의 조선어 방언사전』에는 약 32,000여 개의 항목을 조사한 것이다. 2022년에 간행된 이익섭 교수의 『강릉방언 자료사전』에는 약 17,000여 개의 방언 항목이 실려 있다.

이러한 전국적인 방언 자료집에 등장하는 것도 대부분 언어 조사를 목적으로 하였기 때문에 어휘수가 그리 많지 않은 편이다. 기껏해야 2,000개 항목을 넘지 못하다가 최근에 나온 곽충구(2019)와 이익섭(2022)에서는 이러한 경향을 뛰어 넘고 있다.

전국적인 방언 자료집이 많지 않은 탓으로 방언자료집에 등재되어 있는 방언 자료는 그리 많은 편은 아니다. 서울대학교에서 조사하여 간행한 방언사전에는 4,533개의 항목이 실려 있을 뿐이다. 그리고 국어사전에는 '방언'이라고 하여 실려 있는 표제항이 있는데, 그렇게 수록되어 있는 방언 어휘수는 다음과 같다.

간행연도	편찬자	사전명	방언 어휘수
1999년	국립국어연구원	표준국어대사전	20,511개
1991년	한글학회	우리말큰사전	68,909개
1996년	금성사	국어대사전	16,932개

그런데 이들 국어사전에는 방언형을 제시하고 이를 표준어에 대응시키는 형식을 취하고 있어서 엄밀한 의미에서 방언 어휘를 수록만 하였을 뿐이지, 방언 어휘를 풀이했다고는 할 수 없다. 이제 그 모습을 몇 개씩 보이면 다음과 같다.

(1) 표준국어대사전

가갑다	「형」『방』	'가볍다'의 방언(평북, 함남).
가개01	「명」『방』	'홍역'의 방언(경남).
가개비	「명」『방』	'개구리'의 방언(제주).
가골라비	「명」『방』	'가오리연'의 방언(제주).
가구재이	「명」『방』	'가랑이01'의 방언(경북).
가그랑-비	「명」『방』	'가랑비[1]'의 방언(경남).
가깜이	「부」「명」『방』	'가까이'의 방언(평북).
가깜-하다	「형」『방』	'가깝다'의 방언(평북).
가꼬다	「동」『방』	「1」동정을 살피다(제주). 「2」소나 말을 들에 놓아 살피면서 먹이다 (제주).
가꿈	「부」『방』	'어서01'의 방언(함남).
가끼다	「동」『방』	'갑시다[1]'의 방언(제주).
가냐귀	「명」『방』	「1」'까마귀'의 방언(제주). 「2」'갈까마귀'이 방언(함북).
가느-삭다	「형」『방』	발육이 잘되지 못하여 배리배리하다(제주).
가는대-구덕	「명」『방』	가늘고 긴 대오리로 엮어 만든 큰 바구니(제주).
가늘라	「명」『방』	'갓난아이'의 방언(경상).
가늠베	「명」『방』	'가르마'의 방언(경북).
가다리02	「명」『방』	'가닥'의 방언(강원, 평북).
가다리03	「명」『방』	'가랑이01'의 방언(함경).
가닥-이다	「동」『방』	'까닥이다01'의 방언(제주).
가달03	「명」『방』	'가닥'의 방언(강원).
가달-두새	「명」『방』	'삳01'의 방언(함북).
가달배이	「명」『방』	'가닥'의 방언(강원).
가달-석	「명」『방』	'굴레01'의 방언(제주).
가대	「명」『방』	'갈대'의 방언(제주).
가더기	「명」『방』	「1」'극젱이'의 방언(강원). 「2」'써레01'의 방언(경남).
가도배	「명」『방』	'양배추'의 방언(평북).
가두기	「명」『방』	'가랑잎01'의 방언(강원, 평북, 함경).
가두라-들다	「동」『방』	'오그라들다'의 방언(평북).
가둑-밤	「명」『방』	'도토리'의 방언(함북).
가둥각지	「명」『방』	'앙감질'의 방언(함북).

(2) 우리말큰사전

가:량02	◇〈 假量 (이) → 가량02. (평북).
가리베	(이) → 가리마01. (경북).
가산06	◇〈 일.kasa. (이) → 우산. (제주).
가장0102	◇〈 家庭 (이) → 가정03. (경기).
가풀01	(이) → 갓풀. (제주. 평안).
각-승:받이	◇〈 各姓-- (이) → 각성바지. (경기).
간대기	◇〈 일.kanteki. (이) → 풍로01〈1〉. (제주).
감병:02	◇〈 看病 (이) → 병구완. (제주).
갓-하꼬	◇ --일.hako. (이) → 갓집01. (제주).

강퍅-ㅎ다	◇〈 剛愎-- (그) (여벗) → 강퍅하다. (제주).
객별-하다	◇〈 名別-- (그) (여벗) → 각별하다. (평북).
거:지-말:	(이) → 거짓말. (경상).
거방	◇〈 居半 (어) → 거반02. (함북).
겄-창	◇ --窓 (이) → 겉창. (제주).
겨란	◇〈 鷄卵 (이) → 계란. (경기. 충남).
고디다	(그) → 고되다. (충남).
고부-치다	(움남) → 고붙치다. (제주).
고삵	(이) → 고샅. (평북).
고삵-고삵	(어) → 고샅고샅. (평북).
구역-징	◇〈 嘔逆症 (이) → 구역증. (제주).
구체07	◇〈 區處 (이) → 구처. (평북).
군:-즛	(이) → 군짓. (평북).
굴04	◇〈 橘 (이) → 귤. (경북).
굴:다05	◆ --따 (그) → 굵다. (강원. 경기. 경상).
기:-티02	◇ 貴-- (이) → 귀티01. &~가 난다. (경남).
까격	◇〈 價格 (이) → 가격04. (제주).
꼽살미	(이) → 곱삶이〈1〉. &보리 ~. (경기. 충남).
꽃-궤	(이) 〈동〉 → 꽃게. (경기).

(3) 금성사판 국어대사전

가갑다	「형」⇒ 가볍다(함남.평북 방언).
가개01	「명」⇒ 가게(加計)(방언).
가개02	「명」『의』⇒ 홍역(紅疫)(경남 방언).
가개비	「명」『동』⇒ 개구리(제주 방언).
가갭다	「형」⇒ 가볍다(함경 방언).
가겁다	「형」⇒ 가볍다①(강원 방언).
가굽다	「형」⇒ 가볍다①(함남·강원 방언).
가그랑-비	「명」⇒ 가랑비(경상·강원 방언).
가꼽다	「형」⇒ 가깝다①(경기 방언).
가:뀌	「명」⇒ 까뀌(방언).
가난02	「명」⇒ 간혼(間婚)(방언).
가넓다	「형」⇒ 가냘프다①(방언).
가녕-스럽다	「형」⇒ 가녕스럽다(방언).
가다귀02	「명」⇒ 가닥(방언).
가닥-나무	「명」『식』①⇒ 졸참나무(방언). ②⇒ 떡갈나무(방언).
가달	「명」⇒ 가랑이(강원·제주 방언).
가달-박	「명」⇒ 자루 바가지(방언).
가대기02	「명」⇒ 까대기(방언).
가대기03	「명」⇒ 쟁기(방언).
가-도리	◇ 加- 「명」⇒ 덧두리(방언).
가도이다	「동」(피동)⇒ 갇히다(방언).
가두기	「명」⇒ 가랑잎(방언).
가두리02	◇ 加- 「명」【∨가2+두리(⊆∨두르=+-이1)】⇒ 덧두리(방언).

가두이다	「동」(피동)	⇒ 갇히다(방언).	
가둑-나무	「명」『식』	① ⇒ 졸참나무(방언). ② ⇒ 떡갈나무(방언).	
가둥각지	「명」	⇒ 양감질(방언).	
가뒤다	「동」(피동)	⇒ 갇히다(경남 방언).	
가득-가득02	「부」	⇒ 가닥가닥1(방언)	
가디약-질	「명」	⇒ 가댁질(방언).	
가라01	「명」	⇒ 가루1(제주 방언).	
가라조	「명」『식』	⇒ 가라지1(방언).	

지역 방언을 조사한 자료도 많이 있어서 각 지역의 방언 어휘를 볼 수 있다. 각 방언 조사 자료집에 수록되어 있는 방언 어휘수를 보이면 다음과 같다.

간행연도	편찬자	방언사전	표재항수
1962년	현평효	제주도 방언 연구	약 15,000개
1975년	김영태	경상남도 방언연구	903개
1981년	김이협	평북 방언사전	약 5,000개
1986년	김태균	함북방언사전	4463개
1992년	서울대 국어학연구실	서울대 방언사전	4,533개
1997년	김영배	평안방언연구(자료편)	11,230개
1998년	이기갑	전남방언사전	23,707개
2000년	이상규	경북방언사전	8,345개
2001년	김주석, 최명옥	경주 속담, 말 사전	3,890개
2009년	박성종, 전혜숙	강원도 방언사전	15,438개
2009년	제주특별자치도	제주어사전(개정증보)	5,514개

이러한 현실로 보아서 한 지역이든, 전국 지역이든, 어휘 전반에 대한 조사나 연구가 되어 있지 않다고 할 수 있다.

그러나 최근까지도 각 지역어에 대한 어휘 조사가 이루어져서 이들을 모두 망라하여 방언 어휘들을 총정리할 필요가 있다. 필자가 조사한 방언 자료집들의 목록은 어휘자료론에서 제시하도록 한다.

2.3. 개인 어휘

개인의 어휘량은 탄생 직후부터 나이가 듦에 따라 증가한다. Mrs. Winifield S. Hall의 보고에 의하면 그의 아들이 17개월 동안 232개의 어휘를 알게 되었고 6세 때에는 1,121개의 어휘를 알고 있었다고 한다. 그래서 성인의 어휘량은 매우 많아지게 된다. 이 성인의 어휘량도 개인에 따라 차이가 있는데, 예컨대 Shakespeare는 약 2만 개의 어휘를, Milton이 약 7,500개의 어휘를 구사하고 있다. 그리고 영어 성서의 구약이 약 5,600개인데 비해 신약은 약 4,800개다.

개인의 어휘는 그 질에 따라 적극어휘(active vocabulary)와 소극어휘(passive vocabulary)로 구분될 수 있다. 적극어휘는 발표용 어휘(production vocabulary)로 한 개인이 자유로이 운용할 수 있는 어휘를 말하며, 소극어휘는 인지용 어휘(recognition vocabulary)로서, 이해할 수 있는 어휘를 말한다. 소극어휘가 적극어휘보다 많음은 당연한 것이다.

국어 어휘 중에서 개인어를 조사 보고한 자료는 보이지 않는다. 단지 작가들의 작품 속에서 그 작가가 활용한 어휘들을 제시하고 이의 풀이와 예문을 제시한 업적들이 있었다. 그러나 이에 대한 구체적인 분석을 하여 연구한 업적은 보이지 않는다. 안타까운 일이다

• 곽원석(2002), 『염상섭 소설어 사전』, 고려대학교 출판부.
• 고형진(2015), 『백석시의 물명고』, 고려대학교 출판부.
• 김봉모(2006), 『김정한 소설 어휘사전』, 세종출판사.
• 민충환(1995), 『『임꺽정』 우리말 용례사전』, 집문당.
• 민충환(2021), 『박완서 소설어 사전』, 백산출판사.
• 민충환(2001), 『이문구 소설어 사전』, 고려대학교 민족문화연구원.
• 민충환(2002), 『송기숙 소설어 사전』, 아로파.
• 민충환(2015), 『최일남 소설어 사전』, 조율.

• 양명희(2002),『현진건의 20세기 전반기 단편소설의 어휘 조사』, 국립국어연구원.

• 임우기 · 정호웅(1997),『『토지』사전』, 솔출판사.

• 장일구(2003),『혼불의 언어』, 한길사.

• 조재수(2005),『윤동주 시어 사전』, 연세대학교 출판부.

• 최동호(2003),『정지용 사전』, 고려대학교 출판부.

• 한승옥(2002),『이광수 문학 사전』, 고려대학교 출판부.

현대국어가 아닌 지난 시기의 개인어로 가장 많은 어휘량을 보이는 것은 홍
대용의『을병연행록(乙丙燕行錄)』(1765~1766)일 것이다. 필자가 조사한 바로는
모두 164,098어절을 보이고 있다. 필자가 조사한 통계를 보이면 다음과 같다.

권	글자수	어절수
1	67,260	16,674
2	71,694	18,257
3	65,368	16,554
4	61,535	15,779
5	68,242	17,318
6	65,728	16,320
7	67,488	16,472
8	68,215	16,604
9	68,576	16,988
10	51,463	13,132
	655,669자	164,098 어절

을병연행록의 말뭉치가 알려져 있어서 이에 대한 연구를 한다면 18세기 말
의 한 지식인의 국어 어휘 사용 양상을 살펴볼 수 있을 것이다.

필자가 조사한 문헌 중에서 다양한 분야의 어휘를 포함하고 있는 문헌은『한
양가』로 보인다.『한양가』는 1844년에 한산거사가 지은 가사 작품인데, 그 내
용을 보면 그 당시의 서울의 풍물을 그리고 있어서 매우 다양한 어휘를 담고
있다. 즉 그 내용에 서울의 지리적 위치, 궁궐의 모습, 각 관청(官廳), 시전(市廛)

의 풍경, 승전(承傳) 놀이, 능행(陵幸), 과거(科擧) 장면 등이 서술되어 있는데, 여기에 등장하는 다양한 분야의 어휘들이 등재되어 있어서, 어휘가 매우 다양한 자료라고 할 수 있다. 각종 의복, 음악, 그림, 물건 등등의 어휘들을 볼 수 있다. 다음에 각 관청을 소개한 부분을 보이면 다음과 같다.

중츄부 영판부ᄂᆞᆫ 츄밀ᄉᆞ 되여 잇고, 홍문관 ᄃᆡ졔학은 문장졔슐 문형이요 셩균관 ᄃᆡᄉᆞ셩은 국ᄌᆞ션ᄉᆡᆼ 되여 잇고, ᄉᆞ간원 ᄉᆞ헌부ᄂᆞᆫ 직언극간 엄슉ᄒᆞ다. ᄉᆞ시데향 봉상시며 우양고시 젼싱셔며 어보(寶)츠지 샹셔원과 의ᄃᆡ진비 상의원과 슈라 빅미 ᄉᆞ도시며 금은보픽 닛탕고며 긔용병장 닉슈ᄉᆞ와 각식지쇽 장흥고와 치쇼공상 ᄉᆞ포셔며 희물공상 ᄉᆞ직감과 실과진비 장원셔와 등유진비 닉셤시며 약물ᄃᆡ령 약방이며 각식공샹 공샹쳥과 지목 마튼 슈어쳥과 군량 마튼 량향쳥과 의장긔명 졔용감과 ᄉᆞ긔어션 ᄉᆞ옹원과 빅관 반록 광흥창과 군병방뇨 군ᄌᆞ감과 졔가시셔 승문원과 쳑신공의 돈령부며 시지 ᄌᆞ문 묘지셔며 측ᄉᆞᄃᆡ졉 례빈시며 쳔문틱일 관샹감과 민간질병 활인셔며 쳥학(學) 왜학(學) ᄉᆞ역원과 의학쥬장 뎐의감과 동실션과 동친부와 도위쳠위 의빈부며 불망공신 츙훈부며 양노조신 기로셔라. 셜관분직 ᄒᆞ여스니 임현ᄉᆞᆯ능 거룩ᄒᆞ다. ᄉᆞ학이 분비ᄒᆞ여 유학을 교훈ᄒᆞ니 명뉸당 ᄃᆡ셩뎐은 우리ᄂᆞ라 반궁이라. 일빅명 틱학ᄉᆞᄂᆞᆫ 부ᄌᆞ위픽 되셔 잇고 힝단의 느진 츔은 연비여쳔 ᄒᆞᄂᆞᆫ구나. 국가의 근본이오 쵸현ᄒᆞᄂᆞᆫ 도리로다. 돈경각 노푼 집의 만권셔 싸아 노코 쥬송야강ᄒᆞ니 셩현의 풍도로다. 츄로지방 분명ᄒᆞ고 졍쥬지학 장ᄒᆞ도다. 남편은 슝례문과 동편은 흥인문과 셔편은 쇼의문과 북편은 창의문이 ᄉᆞ관이 되여스니, 슈문장 호군부장 슈문군 영통ᄒᆞ여 칼을 곳고 신측ᄒᆞ다 팔노를 통ᄒᆞ엿고 연경(燕京) 일본(日本) 다아구나.

이 부분에 등장하는 어휘는 다음과 같은 113개의 어휘로서 대부분이 관청 이름이다. 등장하는 순서대로 나열한다.

- 즁츄부(中樞府)
- 영판부(領判府)
- 츄밀ㅅ사(樞密使)
- 홍문관(弘文館)
- 디졔학(大提學)
- 문쟝졔슐(文章製述)
- 문형(文衡)
- 셩균관(成均館)
- 디ㅅ셩(大司成)
- 국즈션싱(國子先生)
- ㅅ간원(司諫院)
- ㅅ헌부(司憲府)
- 직언극간(直言極諫)
- ㅅ시졔향(四時祭享)
- 봉샹시(奉常寺)
- 우양고시(牛羊羔豕)
- 젼싱셔(典牲署)
- 어보츠지(御寶次知)
- 샹셔원(尙瑞院)
- 의디진비(衣襨進排)
- 샹의원(尙衣院)
- 슈라빅미(水剌白米)
- ㅅ도시(司導寺)
- 금은보픽(金銀寶貝)
- 닉낭고(內帑庫)
- 긔용병쟝(器用屛帳)
- 닉슈사(內需司)
- 지쇽(紙屬)
- 쟝흥고(長興庫)
- 치쇼공샹(菜蔬供上)
- ㅅ포셔(司圃署)
- 히물공샹(海物供上)
- ㅅ직감(司宰監)
- 실과진비(實果進排)
- 쟝원셔(掌苑署)
- 등유진비(燈油進排)
- 닉셤시(內贍寺)
- 약물디령(藥物待令)
- 약방(藥房)
- 공샹(供上)
- 공샹청(供上廳)
- 직목(材木)
- 슈어청(守禦廳)
- 군량(軍糧)
- 량향청(糧餉廳)
- 의쟝긔명(儀仗器皿)
- 졔용감(濟用監)
- ㅅ긔(沙器)
- 어션(御膳)
- ㅅ옹원(司饔院)
- 빅관반록(百官頒綠)
- 광흥챵(廣興倉)
- 군병방뇨(軍兵放料)
- 군즈감(軍資監)
- 졔가시셔(諸家詩書)
- 승문원(承文院)
- 쳑신공의(戚臣功議)
- 돈령부(敦寧府)
- 시지(詩紙)
- 즈문(咨文)
- 됴지셔(造紙署)
- 측ㅅ대졉(勅使待接)
- 례빈시(禮賓寺)
- 쳔문틱일(天文擇日)
- 관샹감(觀象監)
- 민간질병(民間疾病)
- 활인셔(活人署)
- 쳥학(淸學)
- 왜학(倭學)
- ㅅ역원(司譯院)
- 의학쥬쟝(醫學主掌)
- 뎐의감(典醫監)
- 둉실션파(宗室璿派)
- 둉친부(宗親府)
- 도위쳠위(都尉僉尉)
- 의빈부(儀賓府)
- 불망공신(不忘功臣)
- 츙훈부(忠勳府)

- 양노죠신(養老朝臣)
- 임현亽릉(任賢使能)
- 유학(儒學)
- 반궁(泮宮)
- 힝단(杏壇)
- 돈경각(尊經閣)
- 성현(聖賢)
- 정쥬지학(程朱之學)
- 쇼의문(昭義門)
- 슈문장(守門將)
- 영통(領統)ᄒ다
- 연경(燕京)

- 기로셔(耆老署)
- 亽학(四學)
- 명뉸당(明倫堂)
- 틱학亽(太學士)
- 연비여쳔(鳶飛戾天)
- 만권셔(萬卷書)
- 풍도(風度)
- 슝례문(崇禮門)
- 창의문(彰義門)
- 호군부장(護軍部將)
- 신측(申飭)ᄒ다
- 일본(日本)

- 셜관분직(設官分職)
- 분빅(分配)
- 틱셩뎐(大成殿)
- 부亽위픽(夫子位牌)
- 쵸현(招賢)
- 쥬숑야강(晝誦夜講)
- 츄로지방(鄒魯之邦)
- 홍인문(興仁門)
- 亽관(四關)
- 슈문군(守門軍)
- 팔노(八路)

시장의 물산들 중에서 생선전의 생선과 모전의 실과 상미전의 곡식과 지전의 종이 이름 등을 나열하여 놓은 부분의 일부를 보이면 다음과 같다.

칠픽의 싱션젼의 각식 싱션 다 잇구나. 민어 셕어 셕수어며 도미 쥰치 고동어며 낙지 쇼라 오젹어며 죠기 싀우 젼어로다.

남문안 큰 모젼의 각식 실과 다 잇구나. 쳥실뇌 황실뇌 건시 홍시 죠홍시며 밤 딕됴 잣 호도며 포도 경도 외얏시며 셕류 유즈 복셩와며 룡안 여지 당딕츨(초)다.

샹미젼 좌우가가 십년지량 싸아셔라. 하미 즁미 극상미며 찹쌀 좁쌀 기장쌀과 록두 쳥틱 젹두 팟과 마틱 즁틱 기름틸다. 되를 드러 즈랑ᄒ니 민무(民無)긔식 죠흘시고.

지젼을 슬펴보니 각식 죠희 다 잇구나. 빅지 장지 딕호지며 셜화지 쥭쳥지며 션익지 화쵸지며 싀슷흘(홀)亽 빅면지며 상화지 즈문지며 쵸도지 상쇼지며 쳘년지 모토지와 모면지 분당지와 궁젼지 시츅지와 각식 능화 고흘시고.

여기에 등장하는 어휘들을 보면 다음과 같다.

⟨생션젼⟩

민어, 셕어, 셕수어, 도미, 쥰치, 고동어, 낙지, 쇼라, 오젹어, 죠기, 싀우, 젼어

⟨모젼⟩

쳥실뇌, 황실뇌, 건시, 홍시, 죠홍시, 밤, 디툐, 잣, 호도, 포도, 경도, 외얏, 셕류, 유즈, 복셩와, 룡안, 여지, 당디초

⟨상미젼⟩

하미, 즁미, 극상미, 찹쌀, 좁쌀, 기장쌀, 록두, 쳥티, 젹두, 팟, 마티, 즁티, 기름티

⟨지젼⟩

빅지, 장지, 디호지, 셜화지, 쥭쳥지, 션익지, 화쵸지, 빅면지, 상화지, 즈문지, 쵸도지, 상쇼지, 쳘년지, 모토지, 모면지, 분당지, 궁젼지, 시츅지

아마도 한양가의 어휘를 분석하여 보면 19세기 중기의 개인어나 시대어를 파악할 수 있을 것으로 판단된다.

3. 시간에 따라

어휘는 그 언어가 어느 시기에 쓰이고 또 언제 사용되느냐에 따라 분류될 수 있다.

① 현대어 ② 신어 ③ 고어 ④ 유행어 ⑤ 폐어

3.1. 현대어

현대어는 현대인이 쓰는 언어를 말한다. 따라서 고어와 대립되는 개념이다. 과거와 현대의 시점은 이견이 많지만 대개 20세기를 그 기점으로 한다. 이 시기는 국어사의 시대구분에서 현대국어가 시작되는 시기이다. 현대어는 공통어, 지역 방언, 계층어, 전문어 등을 모두 포괄하되, 좁은 뜻으로는 국민 모두가 의사소통이 가능한 공통어를 지칭하기도 한다.

현대어는 어휘상에 엄청난 변화가 있었다. 그 변화는 여러 국제관계와 정치, 사회, 문화 등의 방면에 큰 격동을 지냈기 때문에 일어났다.

20세기 초부터 20세기 중기까지 일제강점기를 거치게 되었고, 광복이 된 후에는 남북 분단이 일어나서 남한과 북한이 각각 독립적으로 언어정책을 시행하여 왔으며, 남북 분단 후 곧 한국 전쟁이 발발하였으며, 한국전쟁 이후의 20세기 중반부터는 미국과의 깊은 관계가 이루어졌다.

또한 19세기 말에는 각종 의사소통의 도구들이 도입되어 전화기, 라디오, 신문, 잡지 등이 등장하였고 20세기 중반에는 텔레비전과 컴퓨터가 도입되었다. 그리고 21세기에 들어서서는 휴대전화로 모든 의사소통이 이루어지는 디지털 시대와 인공지능 시대로 접어들고 있다.

일제강점기를 거치면서 일본어 어휘가, 광복 이후에는 영어 어휘가 국어 안에 크게 자리 잡게 되었는데, 이러한 경향은 텔레비전과 컴퓨터의 도입으로 더욱 극심해졌다. 최근에는 모든 언어 행위가 휴대전화를 통해 이루어지고 있다.

개화기 이후 우리 사회가 현대화하는 과정에서 외국으로부터 많은 문물을 수용하여야 하였고, 또 내부에 있어서도 각 방면의 변화가 폭이 커서 새로운 어휘가 많이 필요하였다. 개화기 이후 오랫동안 이러한 신어(新語)의 요구는 한자에 의한 신어에 의하여 충족되었다. 그래서 한자어의 수가 폭증하게 되었다.

이러한 어휘 변화에 대한 연구는 거의 전무한 상태에 있다. 부분적으로 몇몇 어휘에 대해 언급한 적은 있지만, 그 시기의 자료를 조사하여 그 시기에 어떠한 어휘들이 발생하였으며, 그러한 어휘들이 어떻게 생성되었으며, 어떻게 사용되었으며, 또 어떻게 소멸되어 갔는지에 대한 조사 연구는 찾아볼 수가 없다. 전반적인 조사나 연구가 힘들다면 분야별로 검토하여 조사 연구하면 축적된 결과가 어휘 연구의 중요한 결과로 남을 수 있을 것이다. 특히 새로운 문화가 도래했을 때 발생한 어휘들은 국어 어휘사를 기술, 설명하는데 매우 중요한 자료를 제공하여 주는 것이어서 반드시 조사 연구할 대상이다.

텔레비전이나 컴퓨터가 도입된 후에 이와 연관되어 발생한 차용어들이나, 새로운 형태의 예술문화가 유입되었을 때 나타난 차용어들에 대한 조사, 연구가 필요하다. 특히 현대어는 급격한 사회변화가 일어나고 서구화가 급속도로 진행된 시기이어서 새로운 어휘가 가장 많이 등장한 시기의 어휘이다. 국어의 어휘는 긴 역사를 이어 오면서 주로 중국의 영향을 많이 받아 한자어가 국어 어휘에 지대한 영향을 주었지만, 현대어는 지금까지 1세기밖에 되지 않았지만, 그동안 일본어와 영어를 비롯한 외국어의 영향이 커서, 그 이전의 시기보다 1세기 동안에 발생한 어휘가 훨씬 더 많은 변화 현상을 보이고 있다.

뿐만 아니라 현대어는 신문, 잡지, 방송 등에 어휘 사용이 확대되면서, 그 이전까지는 문헌에 등재되어 전파되었던 것이 매스컴을 통해 전파되어 새로운 어휘의 확산이 수월하였기 때문에 새로운 어휘의 발생과 확산이 크게 일어났다. 그 결과, 외국어와 외래어에 대한 반발도 심하여서 이들을 순화시켜 고유어로 바꾸어 사용하려는 노력들이 이루어졌다. 그리고 교육의 확대로 어휘교육이 이루어져서 기본 어휘의 필요성이 강조되기도 하여 현대어의 기본 어휘도 연구되어 왔으나 국가적으로 기본 어휘가 마련되지는 않았다.

그중에는 우리보다 먼저 서양문화를 받아들인 일본이나 중국에서 만들어진 말이 흘러 들어온 것이 많다. '철학, 과학, 화학, 기하, 자동차, 철로, 조합, 회사, 우표……' 등과 그밖에 일상용어로 '직접, 간접, 조건, 절대……' 등, 그리고 최근의 '공해 · 핵가족……' 등 한자의 조어가 거의 무제한으로 만들어졌다. 파생접사까지도 한자로 된 것이 많은데, '-화(化), -적(的), -주의(主義), 반(反)-' 등의 무수한 파생어를 만들어 내고 있다.

개화기 이후에 독립자존의 의식이 싹트기 시작하면서 새로운 말이 필요할 때에는 물론, 외래어나 한자어까지도 순우리말로 말을 만들어 쓰려는 노력이 있어 왔다. '한글, 건널목, 가락국수, 그, 그네(그녀), 튀김, 마름모꼴, 지름, 더하기, 빼기, 덧셈, 뺄셈, 차려, 쉬어, 보기, 알림……' 등이 그러한 예다. 국내에서 만들어졌건, 일본이나 중국에서 들여왔건 이미 쓰이어 오던 한자말이나 외래어를 순우리말로 바꾸려는 운동은 그 노력에 비하여 성과가 적었던 것이 사실이다.

한편, 대중 사이에서 자연발생적으로 생겨난 순우리말 신어도 적지 않았다. '새치기 · 소매치기 · 손톱깎이……'와 같은 말들이 손쉽게 '요코도리 · 스리 · 쓰메키리……'와 같은 일본어 대신에 대체되었으며, 1950년대 이후에는 대중에 의한 우리말 신어가 급작스레 늘고 있다. '불고기 · 아빠 · 꽃꽂이……' 등이 그러한 예이다. 최근에는 많은 상품이름 · 상점이름이 순우리말로 되어 가는 경향이 있다. 그밖에 '겨레'와 같이 본래 고어이던 것을 약간 뜻을 달리하여 재생한 것들이 있으며, 시인 · 작가들이 '고요'와 같이 이미 쓰이던 말을 손질하여 새말로 만든 것들도 있다.

한때 한자 조어의 습관과 그 조어력에 눌려 쇠퇴한 우리말 조어가 최근에 대중들에 의하여 새로운 각도로 생명력을 얻어 가는 경향이 있다.

예로부터 써오던 한자어로서 그 어원이 한자라는 것을 일반이 인식하지 못하는 말들이 많아지고, 국어화한 것들이 늘어감에 따라 '맞춤법 · 먹성 · 밥상 · 생나무……'와 같이 고유어와 한자어로 합성된 말들도 많이 생겨났다.

외래어로는 일제의 침략과 그 지배의 결과로 인한 일본어적인 요소들이 있고, 동양의 다른 여러 나라와 마찬가지로 서구어 계통의 외래어가 많은데, 그 중에는 일본을 통하여 들어온 것과 직수입된 것들이 섞여 있다.

일본어 계통의 일상어로서 '냄비' 같은 것은 우리말이 되었고, 아직도 '우동·조시·와리바시……' 등이 살아 있으며, 특히 기술분야에 일본어적인 요소가 많다. '우라가에·에리·우와기·구미타테·시아게·미다시……' 등 양복점·건축·인쇄 관계의 용어들이 계속 생명력을 가지고 있다.

서구어 계통의 말로 '남포(지금은 '램프'로 쓰이고 있지만), 딴따라 …' 등은 이들이 본래 외국어였다는 것을 모를 만큼 우리말이 되었으며, '버스·가스·라디오·텔레비전·마사지·파이프·베란다·잉크·소파·커튼·샤워·알루미늄·알코올·오버코트……'와 같은 말들이 자리를 굳혔고, '바캉스·러시아워·모럴·니사인·스푼……'과 같은 말들이 계속 새로 늘어오고 있다.

더 나아가서 '홈드레스·에그프라이·사인북……' 등과 같이 국내에서 외국어를 조합하여 만든 말도 생겨났다. 또, '펜대·버스표·파티복·코트깃·스포츠정신……' 등과 같이 우리말 또는 한자어와 서구의 외래어와의 합성어도 흔하게 되었다. 현대국어에는 '불백(불고기백반)·노조(노동조합)·도공(도로공사)……'과 같은 약어가 쓰이게 된 것도 한 특징이라 할만하다.

한자어나 서구 외래어로 인하여 본디부터 쓰이던 고유어와 동의어가 생기게 되는데, 이때에는 고유어보다 한자어, 그리고 전부터 쓰이던 말보다 서구의 외래어가 더 점잖거나 높임말 또는 더 크고 화려한 것을 뜻하게 되는 이중구조가 생기게 되었다. '출입-나들이, 치아-이, 도로-길, 캠퍼스-교정, 히프-궁둥이, 타월-수건……' 등이 그러한 예이다.

현대어는 공통 통용어로서의 표준어와 각 지역의 방언이 있다. 표준어는 1933년에 공표된 '한글맞춤법통일안'에 현재 중류사회에서 쓰는 서울말로 규정되어 있고, 1936년에 조선어학회의 표준어사정위원회에서 9,000여 개의 어휘를 표준어로 사정하여 공표한 바 있다.

그리고 조선어학회에서 1947~1957년에 걸쳐 '큰사전'을 완성함으로써 표준어사전의 구실을 하였고, 광복 이후 학교 교육이 표준어의 보급에 크게 힘써 왔다.

표준어는 그것이 사정된 지 거의 반세기가 지나 언어 현실과 어긋나는 것이 있어서, 국립국어연구원 주관으로 표준어를 새로 사정하였다.

광복 이후 남북이 분단된 채 한 세대 이상이 지나도록 교류가 없어 언어의 차이가 점점 커지고 있는 것으로 보인다. 한편, 남한에서는 표준어의 보급으로 지역 방언의 차가 많이 좁혀지고, 지역 방언의 특징이 사라져가고 있다.

특히, 6·25로 인구의 이동과 혼합이 크게 이루어져서 이질적인 방언들이 많이 섞여 있으며, 서울말은 여러 지역 방언들을 기반으로 새롭게 형성되고 있다고 보아야 한다.

또한 급격한 도시화로 인하여 농촌 인구가 급감함으로써 지역 방언을 전수받을 사람이 없어서 지역 방언이 자연스럽게 사라져 가고 있을 뿐만아니라 SNS를 통한 교류로 지역 방언의 소멸을 부추기고 있다.

3.2. 신어(新語)

신어(neologism)란 이미 있었거나, 새로 생겨난 개념이나 사물을 표현하기 위해 지어낸 말, 그리고 이미 있던 말이라도 새 뜻이 우연히 주어진 것을 통틀어 일컫는다(남기심 1983:193). 그래서 다른 언어로부터 사물과 함께 차용되는 외래어도 여기에 포함된다. 그리고 다음의 어휘들도 신어 속에 포함된다.

① 신조어(new-coind word)
새로운 어휘나 어구로 사람들이 글로 쓰거나 또는 말할 때 사용되지만, 아직 국어사전에는 실려 있지 않은 어휘

② 유행어
신어 중에서 내용이나 표현이 신기하거나 또는 어휘의 형태나 발음이 독특하여 사람들의 대화에 널리 쓰이고 글에도 쓰이는 어휘

③ 순화어

국어순화운동의 일환으로 한자어나 외래어에 대신하기 위하여 고유어로 만들어진 어휘

등을 다 포괄한다.

신어는 이전에 없던 개념이나 사물을 표현하기 위해 발생하는 것이 대부분이다. 그러나 이전에 있던 개념이나 사물이라도 그것을 표현하던 어휘가 진부하여, 그 어휘의 의미나 개념을 보완하거나 또는 신선한 느낌을 주는 어휘로 바꾸려고 하는 언중들의 욕구에 의한 것도 있다. 이 경우에는 동일한 의미를 가진 어휘가 두 개 이상으로 사용되어, 후에는 어느 한 어휘가 그 의미를 변화시키는 경우가 대부분이다.

19세기 말과 20세기 초에 서양 문물이 국내에 밀려 들어오면서 그것들을 표현하기 위해 국내에서 만들었거나 일본 또는 중국에서 차용한 어휘, 예컨대 '서양에서 온 것'이라는 의미로 앞에 '양(洋)' 또는 '서양(西洋)'을 붙여 만든 어휘들이 그 당시에는 신어로서 등장하였다.

양철(洋鐵), 생철(西洋鐵의 변화), 양말(洋襪), 양복(洋服), 양동이(洋동이), 양은(洋銀), 양재기(洋瓷器), 양회(洋灰), 양잿물(洋잿물), 양장(洋裝), 양옥(洋屋), 양단(洋緞), 양배추(洋배추), 양약(洋藥), 양변기(洋便器), 양산(洋傘), 양의(洋醫), 양버들(洋버들), 양상추(洋상추), 양기와(洋기와), 양담배(洋담배), 양초(洋燭), 양란(洋蘭), 양식(洋食), 양궁(洋弓), 양금(洋琴), 양코(洋코), 양탄자(洋탄자), 양파(洋파)…

외국에서 알파벳이 들어오니까 이것을 우리말로 쓴다고 만든 단어가 '해행문(蟹行文)', 즉 '게가 걸어간 글'로 꼬부랑글이란 의미로 받아 들였다가 이것이 오늘날에는 '알파벳'으로 변화하였고, 처음 '소시지'가 들어 왔을 때에는 마치 서양의 순대와 같아서 이것을 '양순대(洋순대)'라고 하였다가 다시 '소시지'로

125

바뀌었는데, 그 당시에는 이들 단어들이 신어들이었을 것이다.

신어가 언제 발생하였는지는 그 신어가 발생했을 당시의 언어 사용자가 가장 잘 확인할 수 있을 것이다. 현대인들은 현대에 생겨난 신어를 처음 접하는 어휘여서 현재의 신어임을 알 수 있지만, 그 이전 시기에 생겨난 신어의 발생 시기를 판가름하기가 쉽지 않다.

그래서 시기별로 신어조사가 이루어져서 보고되어 있다면 그 신어가 발생한 시기와 발생했을 당시의 의미를 파악할 수 있을 것이다. 지금까지 알려진 바에 의하면 우리나라에서 간행된 신어사전은 전문어 신어를 제외하고는(예컨대 경제신어사전 등) 몇 개 되지 않는다.

- 崔演澤 편(1922), 『현대 신어 석의』, 文昌社.
- 청년조선사 편집(1934), 『신어사전·인명사전』, 청년조선사.
- 韓鏞善 (1948), 『新語辭典』, 崇文社.
- 民潮社 편집부(1946), 『新語辭典』, 民潮社.
- 이종항(1952), 『신어사전』, 영웅출판사.
- 최병칠(1953), 『시사신어사전』, 홍지사.
- 대지사 편집부(1955), 『최신 세계신어사전』, 대지사.

이 신어사전에서 신어는 한자어와 구미의 외래어가 주를 이룬다. 한자어는 일본을 통해 유입된 한자어가 상당수이며, 서양의 외래어도 유입과정이 한자어의 유입과정과 별반 다르지 않다. 그것은 외래어의 표기를 보면 짐작할 수 있다.

린 위례악(2018:45)의 보고에 의하면 신어사전에 나타나는 표제어의 어종은 다음과 같다.

어종	빈도	비율
한자어	399	56.0%
외래어	276	38.7%
혼종어	38	5.3%
합계	713	100%

그리고 외래어도 러시아어, 독일어, 프랑스어, 일본어, 중국어 등이 포함되어 있다.

다음에 1934년에 간행된 신어사전·인명사전에 등재되어 있는 외래어 중에서 오늘날에도 사용되고 있는 외래어의 몇 예를 들어 보면 다음과 같다.

외래어 신어	원어	현대 표기	기술된 의미
퍤	Pan	팬	愛好者, 熱狂者
쓰리-란써	Free Lancer	프리랜서	一定한 雇傭關係를 맺지 안코 雇主의 必要에 依하야 雇傭되는 사람
넌센스	Nonsence	넌센스	아무 意味 없는 것 어리석고 우수운 것 弄談
노-트	Note	노트	筆記帳. 音符. 雜記帳.
뉴-쓰	News	뉴스	報導, 消息, 小品. 뉴-쓰페-퍼는 新聞.
떰핑	Dumping	덤핑	國內에서 獨占的 價格으로 充分한 利益을 먹은 뒤에 國外로 進出하야 外國商品과 競爭하기 위하야 低廉하게 投賣하는 것을 云함.
뜨라마	Drama	드라마	脚本. 演劇.
띠렘마	Dillemma	딜레마	進退幽谷. 窮境.
로맨쓰	Romance	로맨스	本來는 空想, 冒險, 戀愛의 이약이가 많은 小說을 말한 것이엿섯는데 지금은 主로 戀愛小說을 「로맨쓰」라 한다.
멧세-지	Message	메세지	通牒, 聲明書라고 譯하는데 團體에 보내는 文書를 意味하는 것이 普通이다.
모델	Model	모델	1. 美術家가 自己 作品을 맨들때 보고맨드는 實物. 2. 實際에 잇는 人物을 小說이나 戲曲 中에 집어너엇는데 그 人物을 그 作品의 「모델」이라 한다.
심포니	Symphony	심포니	交響樂
애나운써-	Ananncer	아나운서	通知하는 사람, 特히 라디오 放送하는 사람을 가라침.
쿠-데타	Coud detat	쿠테타	武力에 依하야 不意에 反對黨을 壓服식히고 政

			權을 잡는 것 中國 國民革命때 蔣介石이 共産黨에 對하야 取한 것 같은 手段.
테로	Teror	테러	恐怖主義의罟 暴力으로 政敵을 暗殺 追放 投獄하는 것 테로리스트는 暴力行爲者.
파노라마	Panorama	파노라마	走馬燈 連續된 風景畵 等을 回轉 식히여 實地처럼 보이는 것.
힌트	Hint	힌트	暗示 엇던 事物을 生覺해 낼 수 잇도록 거기 近接 類似한 것을 주는것.

여기에 예시하지 않은 외래어 신어 중 중요한 외래어의 목록은 아래에 들도록 한다. 여기에 든 신어들은 모두 현대국어에서도 사용되고 있는 어휘들이다.[1] (〈 〉은 현대어 표기이다.)

- 팬(Pan) 〈팬〉
- 쨍크(Bank) 〈뱅크〉
- 나치스 〈나치〉
- 넘버-(Number) 〈넘버〉
- 니히리즘(Nihilism) 〈니힐리즘〉
- 데모크라씨(Democracy) 〈데모크라시〉
- 떼뷰- 〈데뷰〉
- 똑터-(Doctor) 〈닥터〉
- 뜨라이부(Drive) 〈드라이브〉
- 랭궤-지(Language) 〈랭귀지〉
- 레쯔트(Left) 〈레프트〉
- 레디, 뻐-스트(Lady first) 〈레이디퍼스트〉
- 레벨(Lebel) 〈레벨〉
- 레포-트(Report) 〈레포트〉

- 쯔리-란쩌(Free Lancer) 〈프리랜서〉
- 나이-앺(Naive) 〈나이브하다〉
- 내슈낼리슴(Nationalism) 〈내셔널리즘〉
- 네온, 싸인(Neon-sign) 〈네온사인〉
- 다이아그람(Diagram) 〈다이어그램〉
- 뗏상(Seign) 〈뎃생〉
- 떼카단(Decaden) 〈데카당〉
- 똑트린(Doctrine) 〈독트린〉
- 라인(Line) 〈라인〉
- 럭아울(Lock out) 〈넉아웃〉
- 레포-터(Reporter) 〈리포터〉
- 렛슨(Lesson) 〈렛슨〉

---

1 이 어휘들은 '우리말샘'에서 모두 확인하였다.

- 로맨틱(Romanti) 〈로맨틱〉
- 로타리 〈클럽〉
- 룸펜(Lumpan) 〈룸펜〉
- 리-드(Lead) 〈리드하다〉
- 리액슌(Reaction) 〈리액션〉
- 린치 〈린치〉
- 마담(Madam) 〈마담〉
- 마-크(Mark) 〈마크〉
- 맘몬이스트(Mammonist) 〈맘몬이스트〉
- 메달 〈메달〉
- 멜랑코리(Melancholy) 〈멜랑꼴리〉
- 멤버-(Member) 〈멤버〉
- 모-던(Modern) 〈모던〉
- 뿔랙 리스트(Black list) 〈블랙리스트〉
- 뿜(Boom) 〈붐〉
- 삐라(Bill) 〈삐라〉
- 센티멘탈(Sentimental) 〈센티멘탈〉
- 스마-트(Smart) 〈스마트〉
- 스톱(Stop) 〈스톱〉
- 싸라리맨 〈샐러리맨〉
- 써비스(Service) 〈서비스〉
- 아나-키즘(Anarchism) 〈아나키즘〉
- 아이로니(Irony) 〈아이러니〉
- 아-트(Art) 〈아트〉
- 에스페란토(Esperanto) 〈에스페란토〉
- 오아시스(Oasis) 〈오아시스 〉

- 로-타리-크럽(Lotary club)
- 루-즈(Loose) 〈루즈하다〉
- 리-더(Leader) 〈리더〉
- 리알(Real) 〈리얼하다〉
- 리즘(Rhythm) 〈리듬〉
- 릿트르(Litre) 〈리터〉
- 마스크(Mask) 〈마스크〉
- 맘모니즘(Manmonism) 〈맘모니즘〉
- 메가훈-ㄴ(Megaphon) 〈메가폰〉
- 멘탈(Mantal) 〈멘탈〉
- 멜로듸-(Melody) 〈멜로디〉
- 멤버-쉽(Membership) 〈멤버쉽〉
- 뽀-이스카울(Boyscout) 〈보이스카우트〉
- 뿔럭(Blcok) 〈블럭〉
- 쁘로커-(Broker) 〈브로커〉
- 센세이슌(Sensation) 〈센세이션〉
- 스로강(Slogan) 〈슬로간〉
- 스모-킹(Smoking) 〈스모킹〉
- 스파이(Spy) 〈스파이〉
- 싸인(Sign) 〈사인〉
- 써클(Sircle) 〈서클〉
- 아울라인(Out line) 〈아우트라인〉
- 아카데미-(Academy) 〈아카데미〉
- 에스. 오. 에스(S.O.S) 〈에스 오 에스〉
- 엣세이(Essay) 〈에세이〉
- 울트라 〈울트라〉

• 웰컴(Welcome) 〈웰컴〉

• 유-모어(Humour) 〈유모어〉

• 이데오로기-(Ideologie) 〈이데올로기〉

• 인터-내슈낼(International) 〈인터내셔널〉

• 인테리, 인테리겐짜(Intelligengia) 〈인테리〉

• 예-쓰(Race) 〈레이스〉

• 쩌-내리-슴 〈저널리즘〉

• 챤스(Chance) 〈찬스〉

• 카-텔(企業聯合)(Kartel) 〈카르텔〉

• 캄푸라-주(Camoflrgee) 〈캄푸라치〉

• 캬스팅 얜-트(Casting vote) 〈캐스팅보트〉

• 코스모포리탄이즘 〈코스모폴리타니즘〉

• 콘디슌(Condition) 〈컨디션〉

• 콤뮨-이스트(Comumist) 〈코뮈니스트〉

• 타임(Time) 〈타임〉

• 타잎라ㅇ라터-(Typriter) 〈타이프라이터〉

• 테크닉(Technic) 〈테크닉〉

• 텔레예쥰(Television) 〈텔레비젼〉

• 트락타-(Trrector) 〈트랙터〉

• 트릭(Triek) 〈트릭〉

• 틱켈(Ticket) 〈티켓〉

• 파라다이스(Paradise) 〈파라다이스〉

• 파라슈-트(Parashute) 〈파라슈트〉

• 파-틔(Party) 〈파티〉

• 펜네임(Pen name) 〈펜네임〉

• 포스터-(Poster) 〈포스터〉

• 유니옫-ㅁ(Uniform) 〈유니폼〉

• 유-토피안(Utopian)(Utopia) 〈유토피아〉

• 인플레이슌(Inflation) 〈인플레이션〉

• 우넷상스(Renaissance) 〈르네상스〉

• 참피온(Champion) 〈챔피언〉

• 체인스토어 〈체인스토어〉

• 카-페-(K.P) 〈카프〉

• 캬스트(Cast) 〈캐스트〉

• 캎텐(Captin) 〈캡틴〉

• 콘덕터(Conducter) 〈콘덕터〉

• 콘트라스트(Contrast) 〈콘트라스트〉

• 타부-(Taboo) 〈터부〉

• 타잎(Type) 〈타입〉

• 테스트(Test) 〈테스트〉

• 텍스트(Test) 〈텍스트〉

• 톱프(Top) 〈톱〉

• 트리오(Trio) 〈트리오.〉

• 티-ㅁ(Team) 〈팀〉

• 팊프(Tip) 〈팁〉

• 파라솔(Parasol) 〈파라솔〉

• 파쓰(Pase) 〈패스〉

• 팜프렛(Pamphlet) 〈팜플렛〉

• 포로펠라(Propeller) 〈프로펠러〉

• 포스트(Post) 〈포스트〉

- 포-즈(Pose) 〈포즈〉
- 포켙, 북(Pocket book) 〈포켓북〉
- 푸로레타리아(Proletaria) 〈프로레타리아〉
- 프로세스(Procese) 〈프로세스〉
- 피라믿(Pyramid) 〈피라밋〉
- 피에로(Pierot) 〈피에로〉
- 픽켓팅(Piketing) 〈피케팅〉
- 핸드빽(Hand bark) 〈핸드백〉
- 헤게모니-(Hegemony) 〈헤게머니〉
- 헤부라이슴(Hebraism) 〈헤브라이즘〉
- 화일하우스(White house) 〈화이트하우스〉
- 히-로-(Hero) 〈히어로〉

- 포켙, 머늬(Pocket money) 〈포켓머니〉
- 푸-ㄹ(Pool) 〈풀〉
- 프레미엄(Premium) 〈프레미엄〉
- 프린트(Print) 〈프린트〉
- 피아니스트(Pianist) 〈피아니스트〉
- 픽닉(Picnic) 〈피크닉〉
- 하-모니(Haormoney) 〈하모니〉
- 핸듸캡(Handycap) 〈핸디캡〉
- 헤레니슴(Helenism) 〈헬레니즘〉

- 히로인(Heroin) 〈헤로인〉

신어사전에 등재되어 있는 신어들이 그 당시에 사용되었는가를 확인해 볼 필요가 있어서 몇 예를 검색해 보았는데, 실제로 문학 작품에서 확인할 수 있었다. 다음에 그 예들을 몇 개 들어 보도록 한다.

- 朝鮮에 레코-드는 닛포노혼과 日東 等을 다리로 빅터--콜롬비아, 포리돌시에론, 太平오케-- 等이 朝鮮의 歌曲과 드라마 스켓취, 넌센스 等을 吹입하게 되여 〈192×, 조광, 159〉
- 「그야 웨트레쓰로써는 「넘버-원」이 겠지!」 〈192×, 조광, 288〉
- 전부터 가고 싶었던 문화의 중심지인 동경의 모던 생활이 눈앞에 떠오랐다. 네온 사인이 휘황한 은좌통(銀坐通)으로 양장을 하고 활발하게 산보를 다니는 자신의 자태를 그려 보았다. 〈1933, 영원의미소(심훈), 091〉
- 그 대신 음악 영화 스포-츠 문학 무용 연극 등 모든 방면으로 손을 뻐쳐 그 각 방면의 가장 새로운 뉴-스에도 정통하고 있었다. 〈1939, 가을(유진오), 065〉

- 창밖에서 냉이장수가 싸구려 소리를 웨치고 지나간다 M이 그에 응하여 - [이크! 봄을 떰펑하는구나] 〈1934, 레디메이드인생(채만식), 534〉
- 「고소까지야 할 줄은 몰랏지만은 웨 몰으세요? 저번에 「로맨쓰」처럼 난 밀매음녀의 이약이를요!」 〈1925, 검사국대합실(염상섭), 009〉
- 사기들속의 사건전말을 듣는것이 무슨 문학수업의 좋은 챤스나처럼 생각 든 것도 일시적이었고 〈1939, 제일과제일장(이무영), 145〉
- 그런 시취(詩趣)라든지 로만틱한 맛을 안다느니보다는, 공일날 그러한 픽닉(들노리)를 하는 것이 현대적이요 한 자랑인 듯십흔 일종의 허영심이 앞서는 것이다. 〈1932, 백구(염상섭), 087〉

광복 직후에 일본어에서 들어온 말들을 우리말로 바꾼 것이 많았는데, '삼각형, 사각형'을 각각 '세모꼴, 네모꼴'로, '적외선, 자외선'을 '넘빨강살, 넘보라살'로, 심지어 '케이블카'를 '솔개차' 등으로 바꾸었는데, 모두 어휘 순화에 실패한 예들이다.

새로 만든 '책꽂이, 통조림, 가락국수…'나, 한자말을 우리말로 바꾼 '암술, 수술, 지름……' 등과 같은 말들이 모두 신어이다.

신어를 그 재료를 가지고 나누어 본다면, 완전히 새롭게 창조된 어근(語根)으로 된 것과 이미 있던 말이 재료가 되어 만들어진 것으로 나눌 수 있다. 그런데 어근이 완전히 새롭게 창조되는 일은 그리 흔하지 않다. 있다고 해도 의성어나 의태어 계통의 것이 대부분이다. 예전에 노로 젓던 나룻배나 돛배가 기계동력에 의해서 추진되는 배로 바뀌면서 이 배가 움직일 때 나는 소리를 본떠서 '똑딱이, 똑딱선, 통통배' 등의 말이 생겨난 것이 그 예라고 할 것이다. 제트기가 처음 등장하였을 때 그 비행기의 빠름을 상징하여 '쌕쌔기'라고 하고, 헬리콥터를 처음에는 '잠자리 비행기'라고 한 적이 있는데, 이 말은 오늘날에는 오히려 신기한 듯 생각하는 사람이 많을 정도가 되었다.

이미 있던 말이 재료가 되어 신어가 만들어진 것으로는 어근과 어근, 또는 어근과 접사를 복합하여 만든 합성어나 파생어가 가장 많고, 이 밖에 이미 있던 말이 형태상으로는 전과 같되 새로운 뜻을 가지게 되어 결과적으로 신어가 된 것, 기존 어휘의 준말, 품사가 달라진 것, 역성(逆成, back formation)되어 쓰이는 것 등이 있다. 신어의 상당 부분을 차지하는 것은 외국어로부터의 차용어로 '북, 먹, 남포, 담배, 인플레' 등이 그 예이다.

신어는 민중에 의해 자연발생적으로 생겨나는 것과 언어정책상 계획적으로 만들어져 보급되는 것이 있다. 계획적으로 만들어진 신어는 민중의 호응을 받아서 기성 어휘로서의 자리를 굳히는 것, 잠시 쓰이다가 버림을 받는 것, 처음부터 호응을 별로 받지 못하여 일반화되지 못하는 것 등이 있다. '한글, 단팥죽, 꼬치안주, 건널목, 나들목……' 등은 계획적으로 만들어진 말로서 생명을 얻은 것이며, '불고기, 구두닦이, 아빠……' 등은 누가 먼저 지어냈는지 모르게 만들어져서 생명을 얻은 말이다. 또한 이러한 신어를 만들어 내는 방법으로는

① 차용(借用)(외국어, 방언, 고어 등)(예: 토큰)

② 복합(複合)[예: 혼방(混紡)]

③ 약어(略語)

등이 있다.

어휘는 쓰던 말이 사라지는 경우보다 새로운 말이 발생하는 경우가 더 많아서 폐어보다 신어가 많아지는 것이 통례다. 그래서 한 언어의 어휘량은 시대가 흐를수록 많아진다. 그리고 현대의 언어생활에서 신어의 영향은 매우 큰 것이어서 신어에 대한 관심은 매우 크다.

그래서 국립국어원에서도 1994년도부터 꾸준히 한 해의 신어를 조사하여 보고서를 내고 있다. 이 작업은 필자가 알기로는 2019년까지 지속되다가 2020년도부터 무슨 이유인지는 알 수 없지만 중단되고 말았다. 안타까운 일이다.

대개 한 해에 300개 이상 약 1,000개 가량의 어휘를 찾아내어 이들의 목록을 만들고 각각의 신어에 대하여 표준국어대사전의 집필지침에 따라 기술하고 있다.

예컨대 2019년의 신어 조사를 살펴 보면 다음과 같이 조사되어 있다.

① 2018년 7월~2019년 6월까지의 국어를 대상으로 한다.
② 강원일보, 게임동아를 비롯한 151개의 매체에 등장한 신어를 조사하여 출현빈도 3 이상의 신어를 수집하였다.
③ 이중 표준국어대사전과 우리말샘에 등록되어 있지 않은 미등재어 342개를 선정하였다.
④ 이들 신어를 외래어인 경우에는 외래어 언어명을 밝히고, 품사정보, 전문분야 정보, 뜻풀이, 용례, 어원 등을 기술하였다.
⑤ 신어의 유형을 검토하여 단어와 구로 나누고 그 통계를 제시하였다.
⑥ 품사통계를 내었다.
⑦ 조어법에 따른 신어의 분포를 제시하였다.
⑧ 접두사 목록과 접미사 목록을 제시하였다.
⑨ 전문분야에 따른 언어의 유형과 의미영역에 따른 일반어 신어의 유형을 조사하였다.
⑩ 빈도수를 제시하였다.

그리하여 신어 '개강병'에 대하여 다음과 같이 기술하여 놓았다.

개강-병(開講病) 한+한 [개강뼝] '명' 개광과 함께 바빠진 일정 때문에 생기는 신체적, 정신적 피로 또는 그로 인해 생기는 병. 3월 새 학기가 시작한 가운데 개강병이라고도 불리는 새학기 증후군을 겪는 대학생들이 늘고 있다. 〈싱글디스트, 2019년 3월〉 [2019년 3월 신어] 〈2019년 빈도:3〉

이와 같은 조사, 기술, 설명이 있어서 이 신어가 국어 어휘로 정착되면 그대로 국어사전에 등재될 수 있는 장점이 있으며, 이 신어가 사라진다고 해도 후대에 이 신어 어휘가 등장하는 기록을 보는 사람들의 중요한 참고자료가 될 것이어서 이러한 작업은 꾸준히 계속되어야 할 것이다.

3.3. 고어(古語)

고어(古語, archaism)는 현대어와 대립된다. 고어란 지나간 시기에 사용되었던 국어 어휘나. 이때의 지나간 시기가 어느 시대까지인가가 문제가 될 것인데, 대부분의 고어 사전이 19세기 말까지의 국어 어휘를 싣고 있어서 고어란 역사 이래 19세기 말까지 국어에서 사용되었던 어휘를 말한다. 즉 국어사 시대구분에서 현대국어를 20세기 이후의 국어를 말하므로 현대국어 이전에 사용되었던 국어 어휘를 고어라고 지칭하는 것으로 생각한다.

일반적으로 '고어'(또는 '옛말')는 지나간 시기에 사용되었기 때문에 현대국어에서는 사용되지 않는 국어 어휘를 일컫는다. 현대어는 현대에 쓰이고 있는 어휘인데, 현대어에서만 사용되는 현대어 어휘는 그리 많지 않다. 예부터 지속적으로 사용되어 현대까지 사용되는 어휘가 상당수이기 때문이다. 그래서 고어를 현대에서 사용하지 않고 옛날에만 사용되었던 어휘라고 한다면 그것은 폐어(廢語)나 사어(死語)와 연관되는 것이므로 폐어나 사어를 고어라고 하는 셈이어서 그것을 고어라고 하기 어렵다.

그런데 국어사전에서는 대체로 고어까지도 포함시키기 때문에 고어를 구별하기도 쉽지 않다. 예컨대 '가다(去), 가락지, 거품, 겨드랑, 넋, 높다, 외롭다, 얇다, 옷, 웃다, 지아비, 허리, 힘' 등은 옛날이나 지금이나 그 한글표기가 동일하다. 그래서 이들 어휘는 현대의 국어사전에서 '고어' 또는 '옛말'이란 표시를 하지 않는다. 뿐만 아니라 예문에 옛문헌에 등장하는 예문도 싣지 않는다. 현대국어 사전에서 이들은 옛날에도 사용되었던 어휘이지만 고어의 자격을 잃어 버리고 만 셈이다. 단지 고어사전에는 이들이 표제어로 등재되어 있어서 이들 어휘들이 고어에도 포함됨을 알 수 있다. 매우 불합리한 처리라고 생각한다. 그래서 현대국어 사전의 항목에서 그 설명이 있거나 예문이 실려 있어야 하는데, 그러한 경우가 없어서 국어사전의 격을 떨어뜨리게 된다. 어휘역사가 국어사전의 필수항목이어야 하는 이유가 여기에 있다. 그래서 현대국어 사전에서 '옛말', 또는 '고어'라고 하는 표시가 있는 어휘만을 추린다면 절대로 '고어사전'이 될 수 없다.

현대국어 사전에서 '고어' 또는 '옛말'이라고 표시된 것은 대개 다음과 같은 어휘들이다.

(1) 지금은 쓰이지 않는 문자(예컨대, ·, △, ㅸ, ㆆ)를 사용하거나 역시 현대국어 표기법에서 사용되지 않는 각자병서나 합용병서(ㅥ, ㆀ, ㆅ, ㅺ, ㅼ, ㅽ, ㅾ, ㅆ, ㅴ, ㅲ, ㅳ, ㅄ, ㅶ, ㅷ, ㅵ, ㅹ, ㅵ, ㅷ 등)로 표기된 어휘.
예: ᄒᆞ다(하다), 쇼(요), 숫(웆), 신간(人間), 가ᄉᆞ멸다, 쎡, 쓰다, 찍 등등

(2) 음운변화가 일어나서 이전에 쓰이고 오늘날에는 쓰이지 않는 어휘
① '·'의 변화 (ᄒᆞ다, 하늘, 사ᄅᆞᆷ 등)
② 구개음화가 일어나기 이전의 어휘 (디니다, 디나다, 닢다 등)
③ 단모음화가 일어나기 이전의 표기 (졈다(젊다), 져재(저자), 젹다(적다) 쟈랑ᄒᆞ다, 삼쳔리 등)
④ 어문규범의 변화로 지금은 표기상에서 쓰이지 않는 어휘 (래일(來日), 냥식(糧食), 로인(老人) 등)
⑤ 지금은 사용되지 않는 제도나 기구, 동식물 등의 어휘

등을 지칭하는 것으로 보인다.

참고로 표준국어대사전에서 '옛말'로 처리한 어휘의 수를 보이면 다음과 같다.

	옛말의 어휘수	표제항수
ㄱ	1,713	75,879
ㄴ	690	19,368
ㄷ	1,121	34,980
ㄹ	177	10,166
ㅁ	805	29,803
ㅂ	872	45,846
ㅅ	1,102	62,509
ㅇ	1,681	79,517
ㅈ	771	60,119
ㅊ	188	23,771
ㅋ	43	5,836
ㅌ	142	11,574
ㅍ	134	14,837
ㅎ	3,362	36,138
	12,801 (2.5%)	510,343

고어는 현대어와는 시기적으로 대립될 뿐 현대어 속에 그대로 쓰이는 경우가 많다.

3.4. 유행어

유행어(vogue-word)는 신어의 일종으로 특히 신기성이 현저하고 의미나 발음형태가 눈에 잘 띄므로 널리 퍼지게 되는 말을 가리킨다. 쉽게 언중에 영합될 수 있으나 단명한 것이 특징이다. 그러나 일부는 보통어로 자리 잡아 오래 쓰이기도 한다. 독특하고 신기(新奇)한 표현, 그 시대를 풍자하는 의미나 해학성 등으로 인하여 널리 애용되는 것이 특징인데, 때로는 너무 경박한 느낌을 주기도 하나 오히려 격식에 사로잡히지 않은 표현이나 발음이 대중에게 크게 환영받는 요인이 되기도 한다.

19세기 후반의 개화기에는 신어 조어법의 한 방법으로 '개화-, 양(洋)-, 신

(新)-' 등의 접두사를 사용하여 '개화당(開化黨), 개화파(開化派), 개화인(開化人), 신교(新敎), 신작로(新作路), 신학문(新學問), 신력(新曆), 양말(洋襪), 양단(洋緞, 양약(洋藥), 양옥(洋屋), 양의(洋醫)' 등을 사용하였다.[2]

국어의 사용이 자유롭지 못하였던 일제강점기에는 '하이카라, 모단껄' 등 서구어계 외래어를 썼고, 일본과 관련시켜 새 물건에는 '왜(倭)-'를 써서 '왜간장, 왜감(토마토)' 등을 썼다. 제2차대전 중에는 '공출(供出), 배급(配給), 모집가다(徵用)', 일본어인 '나라비'와 국어 '서다'가 합한 '나라비서다(줄서다)' 등이 쓰이었다.

광복과 더불어 국어의 사용이 자유로워지자 유행어의 사용도 크게 늘었다. 먼저 8·15 직후의 감격시절에 가장 널리 쓰인 어휘는 '친일파, 민족반역자, 좌익, 우익, 빨갱이, 반동분자' 등이었고, 38선이 생겨 남북으로 분단되자 '이북(以北), 이남(以南), 노스케, 코쟁이, 삼팔(三八)따라지'가 생겼으며, 경제적인 용어로 '모리배(謀利輩)'가 쓰이었다.

6·25 동란중에는 '납치(拉致), 부역자(附逆者), 소모품(消耗品), 빨간딱지, 기피자(忌避者), 유엔공주, 쑈리' 등이 생겼으며, 성생활이 문란해지자 '롱타임, 쇼트타임, 아다라시'라는 말들이 쓰이었다. 초대정권의 장기집권계획으로 1950년대 중반에는 '우의(牛意), 마의(馬意), 땃벌떼, 폭력국회, 날치기 사회(司會), 올빼미식·피아노식 개표'가 쓰이었고, 권력층이 생기자 '국물, 사바사바', '좋은 자리 있을 때 봐주슈' 등이 쓰이었다.

1960년의 대통령선거를 전후해서는 '못 살겠다 갈아보자', '구관(舊官)이 명관(名官)이다'라는 말이 나왔으며, 5·16 이후에는 '브리핑차트행정, 과잉충성, 세대교체, 무사(태평)안일주의, 시행착오' 등이 쓰이었고, 1963년 민정이양 이후의 선거에서는 '신악(新惡)', '때묻은 사람 물러가라', '신악이 구악을 뺨친다', '정신적 대통령' 등이 유행하였다.

---

2 유행어로 든 예들은 강신항(1991)에서 많이 추출하였다.

1965년의 한일회담 이후에는 '저자세, 고자세, 정치교수, 주체성, 주체의식, 자의반 타의반' 등이 널리 사용되었고, 그 다음 선거 때에는 '사꾸라, 마타도어 작전, 막걸리선거, 타락선거' 등이 널리 사용되었다.

1970년대에 들어와서 '근대화, 유신, 새마을, 총화, 안보' 등이 널리 유행하였고, 1970년대 말과 1980년대 초에는 '버러지 같은 놈', '똑똑한 놈 셋만 불러 와!', '안개정국, 삼김씨(三金氏), 유신잔당, 떡고물' 등의 유행어가 생겨났으며, 1980년대 후반에는 '민주화, 보통사람, 유신본당, 서해안시대, 북방정책, 여소야대(與小野大), 민중, 작전상 후퇴, 빽' 등의 유행어가 생겨났다.

요즈음 가장 많이 사용되고 있는 '민주화'란 어휘는 1950년대까지도 보이지 않던 어휘였다. '민주화'란 어휘가 문학작품에 처음 등장한 것은 1960년대 이후부터이다.

- 생각하면 신문사의 <u>민주화</u>를 하겠다고 나선 것은 하룻강아지 범 무서운 줄 모르고 덤빈 수작이었습니다. 〈1986, 행복어사전(이병주), 247〉
- 바로 오늘 남쪽과 북쪽에서 사는 사람들의 일반적 성향의 차이까지도 날카롭게 드러내면서, 동시에 이 남쪽에서의 <u>민주화운동</u>, 조국통일운동의 어느 분수까지를 드러내는 점이기도 한 것 같습니다. 〈1989, 문(이호철), 244〉

가장 많이 유행하였던 어휘는 '빽'이었다. 영어의 'back'에서 온 말로, 소위 배경이 좋다는 의미이다. 뒤에서 봐 주는 사람을 의미한다.

- 워낙이 제 실력이 부치는 것은 생각지 않고 덮어 놓고 코 아래 진상이 적었고 <u>빽</u>이 없어서 추천에 빠지고 입학 시험에 떨어졌다고만 생각하는 것도 딱한 일이었다. 〈1958, 대목동티(염상섭), 361〉
- 그들은 등위에서 밀어주는 엄청난 <u>빽</u>이나 돈이 있는 자들이다. 〈1970, 육이오(홍성원), 375〉

- 줄이나 뺵이 별건가. 그렇구 그런거지. 당신 동창 중에라도 재벌이나 고관 사모
  님 없으란 법 없잖아. 〈1976, 부끄러움을가르칩니다(박완서), 169〉

유행어는 주로 언론이나 연예계를 통해서 만들어지고 또 유행하는 것이 일
반적이다. 특히 텔레비전을 통해서 연예인들이 그 당시의 정치상황이나 사회
상황을 빗대어 만드는 경우가 많다.

21세기에 들어서서는 SNS를 통해 만들어지거나 또는 SNS를 공동으로 사용
하는 그룹에서 만들어 사용하다가 일반 사회로 퍼져 나가는 경우도 흔히 볼
수 있다. 특히 인터넷을 통해 파급되는 유행어는 그 파급 영향이 커서 순식간
에 일상어가 되어 국어사전에 올라가기도 한다. 대표적인 것이 아마도 '대박'
이란 어휘일 것이다. 이 어휘는 21세기에 들어서 나타난 어휘이다. '대박이다,
대박 나다, 대박 터지다'처럼 사용되고 있는데, '큰 박'이란 의미이어서 마치
흥부전을 연상하게 하는 어휘이다.

최근에는 SNS로 글을 쓰고 전달받기 때문에 약어가 유행어의 대세를 이루
고 있다.

- 어사 : 어색한 사이.
- 어쩔티비 : 어쩌라고 가서 티비나 봐. (주로 상대방의 말에 대답하기 싫거나 귀찮
  을 때 쓰는 말.)
- 무물보 : 무엇이든 물어 보세요.
- 내로남불 : 내가 하면 로맨스, 남이 하면 불륜.
- 따봉 : 매우 좋다
- 야동 : 야한 동영상.
- 엄지척 : (주먹을 쥔 상태에서 엄지 손가락을 추켜 올리는 행위로, 상대방을 최고
  라고 치며 세우거나 칭찬할 때 쓰는 말)
- 남아공 : 남아서 공부나 해.

•입틀막 : 입을 틀어 막는 것.

이렇듯 유행어는 시대상과 사회성을 민감하게 반영하면서 생성, 성장, 소멸되므로, 한 시대의 유행어의 수집 및 정리는 그 시대의 한 모습을 이해하는 귀중한 연구가 될 수 있다.

3.5. 폐어(廢語)

폐어(廢語, obsoletism)는 새로운 말로 대체되었거나, 본래 지칭하던 사물이 없어졌거나 하여 지금 쓰이지 않게 된 말을 말한다. 이것을 사어(死語)라고도 하지만, 사어(死語)가 이미 사라진 언어를 지칭하는 경우가 많아 사어 대신에 '폐어'를 사용하기도 한다. 특히 과거에는 사용되었지만, 현재에는 사용되지 않고 문헌에만 남아있는 어휘를 말한다.

대체로 일상생활의 변화로 사용하던 기구나 제도 등이 사라져 없어지는 경우나, 언어생활의 변화로 인해 그 용례의 빈도가 줄어든 경우나, 어원의식이 약화되어 그 의미가 소멸되는 경우나, 또는 사회적, 문화적인 이유로 의도적으로 사용을 금기시하는 경우 등에 그 어휘가 사라진다.

예컨대 15세기에 쓰이었던, '온(百), 즈믄(千)'은 한자어에 대체되어 사라졌고, 큰말(똥), 작은말(오줌) 등은 다른 말로 대체되어 사라졌고(대체된 이유는 불명), '여름(열매)'은 '녀름(夏)'이 '여름'으로 변화하며 동음이의어가 되어 '열매'로 대체되었으며, '하다(大, 多)'는 '호다(爲)'의 'ㆍ'의 변화로 단지 화석어로만 남아 있는 편이다. '한길(大路)'의 '한'은 '하다'의 관형형인데, 이것은 오늘날 어원의식이 사라져 '행길(行길)'로 인식되어 '행길'로 바뀌었다.

3.6. 시대어

시대어는 지난 일정한 어떤 시기에 독특하게 존재했던 대상, 현상들을 명명한 단어를 말한다. 즉 과거의 제도, 풍습, 도구 등에 관한 단어를 말한다. 과거에 쓰이었던 어휘이어서 현대에는 쓰이지 않는 것 같으나 실제로는 이 시대어들이 다양하게 쓰이고 있음을 볼 수 있다.

시대어와 유사하게 사용되는 용어가 고어(古語)이다. 시대어는 과거의 어느 일정한 시대에 사용되었던 어휘인데 비하여, 고어는 오늘날에는 쓰이지 않는 옛날의 말을 뜻한다. 시대어는 현대에서도 쓰일 수 있지만, 고어는 현대에는 거의 쓰이지 않는 어휘이다. 그러나 고어도 현대어에서 문체적 특성을 보이기 위해 왕왕 사용되기도 한다. 예컨대 '가람(江)'은 일상생활에서는 쓰이지 않지만 문학작품에서는 흔히 사용되고 있다.

문학 작품을 통해 시대어나 고어를 사용하는 이유는 대체로 다음과 같은 이유일 것이다.

① 과거의 역사 기술에 사용된다.

오늘날 남사당 놀이의 하나로 전해 오는 덜미, 즉 꼭두각시 놀음(일명 박첨지놀음)이 이미 그 당시 흔히 볼 수 있었던 놀이었음을 짐작할 수 있다.

② 문학 작품에서 시대적 색채를 나타내거나 당시에 있었던 사물이나 현상을 표현할 때에 사용된다.
예) 영의정, 정승, 첨지, 나으리, 주사 등

•이 경연관의 지위(地位)는 영의정(領議政)을 위시해서 사간원(司諫院), 사헌부(司憲府), 홍문관(弘文館), 예문관(藝文館), 대제학(大提學), 부제학(副提學), 직제학

(直提學), 교리(敎理), 수찬(修撰)들이 그 직품의 높고 낮은 것을 따라 영사(領事) 지사(知事) 동지사(同知事) 참찬관(參贊官) 시강관(侍講官) 시독관(侍讀官)을 예겸(例兼)하는 것이다. 〈1957, 임진왜란(박종화), 037〉

• 그건 또 그렇구나. 정승은 신발을 제대로 신을 겨를도 없이 뒤축을 끌고 안방으로 달려갔잖았겠소? 〈1989, 녹두장군(송기숙), 151〉

• 잠시 걷다 강 차석이 뒤돌아 보니 김 첨지네 모자는 지서 쪽 아랫길로 총총히 걸음을 돌리고 있었다. 〈1983, 불의제전(김원일), 101〉

• 나으리. 나으리는 종실의 장노시니 종실들이나 잘 거느려 줍시오. 국사는 정부에서 할 일이니 종실에까지 염려를 안 끼치리다. 온 참 〈1941, 대수양(김동인), 280〉

• 그래서 박 주사댁도 보고서 쓰랴거든 쓰고 말랴거든 말라는데 얼골야 무슨 상관 잇소. 일만 잘하면 고만이지 〈1925, 계집하인(나도향), 07〉

③ 비유적 용법으로 사용된다.

• 상혁은 자기 여동생 앞에서는 상전 앞에서처럼 꿈쩍을 못했다. 〈1972, 낙서족(손창섭), 060〉

위의 글에서 '상전'은 원래의 뜻인 종이 그 주인을 대하듯 한다는 비유적 용법으로 사용된 것이다.

④ 성구나 속담에 쓰인다. : 감투를 쓰다. 문서 없는 상전 등

• 별악 감투를 씨이고 돈을 쎅앗셔다가 국직를 보탠다 칭ㅎ고 〈1898, 매일신문, 1〉
• 난 백죄 꿈두 안 꾼 일을 건배랑 몇몇이 누차 찾어 와서 벼락감투를 씨우네 그려. 〈1936, 상록수(심훈), 352〉

• "아이고, 참말로 애통 터져 못 살로고. 문서 없는 상전 노릇하는 저 웬수놈들을 어떤 품앗이해사 분이 풀릴꼬." 〈1983, 변방에우짖는새(현기영), 181〉

⑤ 옛날 문체를 사용하여 고풍스런 느낌을 준다.

기체후 일향만강하옵시며 옥체 균안하옵시며 댁내 제절이 다 무고하온지 궁금 무지로소이다.

⑥ 종교계에서 옛말투를 사용하여 권위를 나타낸다.

• 하늘에 계신 우리 아버지 이름을 거룩하게 <u>하옵시며</u> 나라에 <u>임하옵시며</u> 뜻이 하늘에서 이루어진 것 같이 하늘에서도 <u>이루어지리이다</u>

4. 기원에 따라

한국어의 어휘는 그 기원이 무엇인가에 따라 본래요소(native element)와 외래요소(foreign element)로 구분된다. 본래요소만 지니고 있는 언어는 없다. 문화적, 정치적, 사회적, 경제적 접촉에 의해 본래요소의 어휘에 외래요소가 첨가됨으로써 그 언어의 어휘량을 늘려 가게 된다. 그래서 본래요소보다 외래요소가 많은 언어도 존재할 수 있다.

P. Roberts의 Understanding English, 1958의 보고에 의하면 영어의 본래요소는 14%밖에 되지 않는다.

라틴어	36%
영어 고유어	14%
고대불어(1500년 이전)	12%
근대불어(1500년 이후)	9%
희랍어	4.5%
스칸디나비아어	2%
스페인어	2%
이탈리아어	1%
출소불명	6%
그 외	13.5%

영어 어종을 개략적으로 조사한 두 개의 보고서도 있는데, 예컨대 R. G. Kent 의 Language and Philology에서는 2만 어휘를 대상으로, Paul Roberts, Understanding English에서는 14만 어휘를 대상으로 조사하여 그 통계를 낸 적 이 있는데, 그 통계수치를 보이면 다음과 같다. 이 통계 수치는 김광해(1993, p.111)에서 재인용한 것이다.

어원 \ 조사어수	2만어	14만어
본래어	19%	14%
라틴어	15%	36%
불어	36%	21%
그리이스어	13%	4.5%
북구어	7%	2%
이탈리아어, 스페인어	1%	3%
기타	9%	19.5%

영어 차용어 사전(C. A. M. Fennel의 *The Stanford Dictionary of Anglicised Word and Phrase*, Cambridge University Press)에서도 13,018개의 차용어를 분석하였는데, 그 결과를 보이면 다음 표와 같다(田中章夫의 『國語語彙論』(1988, p.163)에서 재인용하 였으되, 재편집하였음).

어원	어휘수	어원	어휘수
French	2,617	Aramic, Ethiopic, Hebrew	133
Latin	3,797	Dravidian	31
Greek	495	Malay	47
Italian	1,199	Russian	48
Spanish	716	Chinese	25
Portuguese	153	Japanese	27
Turkish	147	African	31
Dutch	155	American Indian 등	81
German	205	몇 개씩 들어온 기타 여러 언어	134
Scandinavian	33	English (동화가 덜 된 것)	from French	1,380	2,076
Celtic	113		from Latin	653	
Hindoo	336		from Greek	43	
Sanskrit	32	총계	13,018개
Persian	162		
Arabic	225		

일본어에 대해서도 조사한 내용을 보면 다음과 같다(金田一春彦, 林大, 柴田武 편집(1988), p.421).

	言海		例解國語辭典		角川國語辭典	
	1889년		1956년		1969년	
	語彙數	%	語彙數	%	語彙數	%
일본어	21,817	55.8	14,798	36.6	22,366	37.1.
중국어	13,546	34.7	21,656	53.6	31,839	52.9
외래어	551	1.4	1,428	3.5	4,709	7.8
혼종어	3,189	8.1	2511	6.2	1,304	2.2
합계	39,103	100	40,393	100	60,218	100

이 통계에 의하면 19세기에는 일본어 계열의 어휘가 더 많았었지만, 20세기 중반 이후부터는 중국어를 비롯한 외래어의 비중이 더 높은 것으로 보인다. 이것은 외국과의 문화적 접촉에 의한 것으로 보인다.

국어와 일본어의 고유어와 외래어의 비율에 대한 조사를 검토하여 보도록
하자.

	한국			일본
	소사전 (한글학회)	큰사전 (한글학회, 1957)	국어대사전 (이희승)	국어사전 (講談社)
어휘수	64,355	164,125	257,853	약 72,000
고유어	44.48%	74,612 (45.46%)	62,912 (24.4%)	30.1%
한자어	45.41%	85,527 (52.11%)	178,745 (69.32%)	54.9%
외래어	3.03%	3,986 (2.43%)	16,196 (6.28%)	5.3%
혼종어	7.08%			9.7%
계	100%	100%	100%	100%

이에서 보듯이 고유어보다는 외래요소가 더 많은 현상은 다른 나라 언어에
서도 흔히 발견된다.

고려대학교 민족문화연구원에서 편찬한 고려대 한국어대사전(2009년)에
는 약 36만 개의 어휘가 수록되어 있는데, 이 사전의 뒤에 부록으로 '외래어 목
록'이 실려 있다. 여기에서는 외래어 목록을 다음과 같은 네 가지로 분류하여
제시하고 있다.

① 목록 1 : 서구 외래어로만 된 단어 및 서구 외래어로 시작하는 혼종어를 알파벳
   순으로 제시한 목록
② 목록 2 : 서구 외래어가 포함된 혼종어 가운데 고유어나 한자어로 시작하는 단
   어를 외래어 부분의 알파벳순으로 제시한 목록
③ 목록 3 : 중국과 일본을 제외한 외국어 고유명사를 알파벳순으로 제시한 목록
④ 목록 4 : 한자 표기가 있는 중국과 일본의 고유명사를 해당 한자의 우리 한자음
   의 가나다순으로 배열한 목록

이들 목록을 대략 계산해 보면 다음과 같다.

목록 1	약 10,900개
목록 2	약 2,080개
목록 3	약 1,500개
목록 4	약 330개
계	14,810개

물론 여기에는 한자어는 빠져 있어서 외래어의 수치가 적은 것이지만, 서양 외래어의 사용 현상을 볼 수 있다.

그리고 개인의 어휘도 본래요소와 외래요소로 구분될 수 있다. O. F. Emerson 의 계산에 의하면 영어로 쓴 몇 작가의 어휘 사용수는 다음과 같다. 의외로 본래요소가 외래요소보다 많은 것이 특징이다.

	본래요소	외래요소
영어성서	94%	6%
Shakespeare	90%	10%
Tennyson	88%	12%
Addison	82%	18%
Milton	81%	19%
Pope	80%	20%
S. Johnson	72%	28%
Gibbon	70%	30%

국어도 본래요소와 외래요소로 분류될 수 있다.

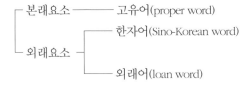

4.1. 고유어

고유어란 본디부터 국어로 탄생하여 국어로 사용되고 있는 순수한 우리말을 말하는데, 일반적으로 외래어나 한자어에 대립시킬 때 말한다. 그러나 국어 어휘를 고유어와 외래어와 한자어로 완벽하게 구분하기란 쉽지 않다. 왜냐 하면, 어떤 어휘가 한자어나 외래어인지를 확인하기도 어렵거니와 어떤 어휘가 고유어임을 증명하기란 더욱 어렵기 때문이다. 역사적으로 어휘정보가 충분하지 않기에 그 증거를 찾을 수 없는 것이 가장 큰 문제이다.

그 구분 작업은 우선 국어의 범위와 연관되어 있어서 국어의 기원에까지 소급하여 해결해야 하는데, 이에 대한 정보가 거의 없어서 그 예를 찾을 수가 없을 뿐만 아니라, 국어의 기원을 어느 시대 어느 지역에서 사용되던 언어까지 잡아야 하는가 하는 것도 문제다. 그래서 고유어의 확인보다는 외래어의 어원을 확인하는 일이 상대적으로 쉬울지 모른다. 그렇다고 모든 외래어를 하나도 빠뜨리지 않고 찾아 완벽하게 확인하고 증명할 수 있다는 보장도 없다. 국어의 계통조차도 불분명한 상황에서, 고유어와 외래어를 착오 없이 구분하는 일이 가능하다고 생각되지 않기 때문이다.

대개는 현재까지 외래어임이 밝혀지지 않은 것을 막연하게 고유어라고 생각하기도 한다. 우리가 고유어라고 생각하기 쉬운 부처[佛], 자[尺], 요[褥], 샅[]], 저[笛], 토끼[兔], 갓[笠], 붓[筆], 먹[墨], 닭[鷄], 말[馬], 되[升] 등도, 이른 시기에 국어에 편입된 외래어인 것으로 확인되는데, 우리는 이들을 고유어로 착각하고 있다. 그 정확한 수는 알기 어려우나 대체로 국어에서의 고유어는 전체 어휘 항목의 30% 정도라고 한다. 현재도 신조어(新造語)의 경우에는 외래요소에 의존하는 경향이 많기 때문에, 외래어가 차지하는 비율은 점점 높아질 것이 틀림없다. 최근에 들어 온 영어를 고유어로 인식하는 경우도 흔하다. 예컨대 '딴따라'는 '연예인을 낮잡아 이르는 말'인데, 영어의 tantara(나팔 등의 소리)에서 온 말이지만, 일반인들은 이것을 고유어로 알고 있지 외래어로 인식하고 있지는 못한 것 같다.

고유어가 외래어에 비하여 개념어로서 부적합하다는 것도 외래어의 수를 늘리는 하나의 요인이 되고 있다. 개념어는 그 어휘 속에 그 뜻이 응축되어 있고, 또 가능한 한 음절수가 적은 것이 표현의 경제성인데, 고유어는 한 어휘에 그 뜻을 표현하기 위해서는 음절수가 많아져서 개념어로 이용하기에 적합하지 않은 것으로 보인다. 그리하여 응축성을 지닌, 한자어를 비롯한 외래어를 선호하게 된 것으로 추정된다. 그래서 함부로 많은 외래어를 사용하는 것도 삼가야 하지만, 우리 사회에서 일반적으로 나타나고 있는, 지나친 고유어에의 집착 또한 재고의 여지가 있다고 생각한다.

4.2. 외래어

외래어란 외국어로부터 들어와 한국어에 동화되어 한국어로서 사용되는 어휘를 말한다. 고유어와 함께 국어의 어휘체계를 형성하는 요소이며, 넓은 범위로서 차용어(借用語)라고도 한다. 차용되는 것은 단어 이외에도 음운요소와 문법요소들이 있다. 외래어와 외국어의 구별을 분명히 하기는 어려우나, 외래어는 외국어와는 달리 다음과 같은 특성을 지닌다.

①발음·형태·용법이 한국어의 특질과 큰 충돌을 일으키지 않는다. 만약에 차용어가 국어와 충돌을 일으킬 수 있으면 국어의 언어현상에 동화시켜 사용한다.
②국어 문장 속에서 자연스럽게 사용되어서 설명이나 주석 등의 특별한 처리가 필요하지 않다. 예컨대 일본어에서는 외래어를 가타가나로 적거나 하지만, 국어에서는 별도로 외래어에 대한 표지가 없이 사용한다. 한때는 문화부에서 한글 서체에 외래어 서체를 개발하려는 시도도 있었지만 특별히 필요한 서체가 아니어서 그 시도가 무산된 적도 있다.

③ 한글로 적는다. 그래서 원문을 밝히지 않아도 그 뜻을 대체로 이해하게 된다. 예컨대 '토마토'를 구태여 괄호 안에 'tomato'란 표시를 하지 않아도 된다.

④ 외국어란 의식이 없다. 예컨대 '아파트'가 외래어임은 알고 있으면서도 외국어라서 사용에 조심하여야 한다는 의식은 없다.

⑤ 우리 사회에서 널리 쓰인다.

⑥ 사용빈도가 잦다.

⑦ 차용 후 사용기간이 길다.

⑧ 원어와 의미가 달라진 경우가 많다. 예컨대 프랑스어의 '마담(Madame)'은 프랑스어에서는 '부인'이라는 뜻이지만, 국어에서 '마담'은 '술집이나 다방의 여주인'을 일컫는 말로 쓰이고 있다.

외래어는 특히 차용되면서 그 나라의 사회 환경에 맞게 그 의미가 바뀌는 경우가 많다. 예컨대 독일어 'Arbeit'는 '일'이란 의미이지만, 우리나라에 들어와서 '아르바이트(줄여서 '알바')'는 '임시로 하는 일, 즉 부업'을 뜻하는 말로 변화하였으며, 영어 'chicken'은 영어에서는 '닭'이란 의미인데, 국어에서 '치킨'은 '튀긴 닭고기'를 의미하게 되었다.

문화와 문화가 접촉하면서 언어도 접촉하게 된다. 이 때에 언어간에 차용이 이루어지게 된다. 결국 차용이란 언어의 일부가 그 언어 내 또는 다른 언어로부터 여러 가지 언어적 특징을 수입함으로써 변화를 받게 될 때 차용되었다고 한다. 특히 음운 차용, 문법 차용, 어휘 차용이 있지만, 차용이라고 하면 거의 대부분 어휘 차용을 일컫는다.

4.2.1. 외래어의 영향

외래어가 차용되면서 국어에 영향을 주는데, 긍정적인 면과 부정적인 면이 있다.

〈긍정적인 면〉

①어휘를 풍부하게 한다. 즉 과거에 표현할 수 없었던 개념을 표현하는 신어를 발생시키는 수단이다. 어휘 항목수의 증가와 유의어로 인해서 표현성을 풍부하게 해 줄 수 있다는 장점도 있다.

②새로운 개념어가 발생하여 학문이나 문화의 폭을 넓혀 준다.

〈부정적인 면〉

①음운체계에 영향을 준다. 주로 외래어를 원적어(原籍語)의 발음에 충실하게 발음하려는 데에서 오는 것이다. 'radio → 라디오'(두음의 'ㄹ'), 'news → 뉴스'(두음의 'ㄴ'이 구개음) 등에서와 같이 한국어의 음운규칙을 깨고 있다.

②어휘체계에 영향을 미친다. 외래요소가 증가하고 고유어의 증가력을 감퇴시키게 된다. 그리고 번역용어가 증가하는 것 등이 어휘체계에 영향을 주는 것들이다.

③고유어에 의한 새로운 조어(造語)를 방해한다.

④단축어(短縮語)를 사용함으로써 동음이의어의 혼란에 빠진다. 예컨대 '프로'라는 외래어는 'professional, programme, protage, production, proletariate'를 말하는데, 어느 문장에서 '프로'가 위의 어느 의미인지를 판단하기가 쉽지 않다.

⑤영어 아닌 영어 등의 증가 및 여러 단어의 머릿글자를 조합해 만든 약어(NASA, NATO)의 증가 등으로 어휘체계에 혼란을 초래하기도 한다. 예컨대 '런닝'은 'running shirts'에서, '추레이닝'은 'training shirts'에서, '파마'는 'permanent style'에서, '미싱'은 'sewing machine'에서, '아파트'는 'apartment house'에서, '텔레비'는 'television'에서 온 말인데, 줄여서 씀으로써 그 의미에 혼란을 일으키기도 한다.

최근에는 이렇게 외국어의 머릿글자를 줄여서 쓰던 방식을 국어에 적용하여 신조어와 유사한 어휘를 만들어 내고 있다. 예컨대 '심쿵'(심장이 쿵하고 내려

앉을 만큼 놀라거나 설렌다), '맛점'(맛있는 점심), '극혐'(극도로 혐오함), '열폭'(열등감 폭발), '솔까말'(솔직하게 까놓고 말하면), '혼밥'(혼자 먹는 밥), '비번'(비밀번호), '졌잘싸'(졌지만 잘 싸웠다) 등등이 이러한 예들이다. 그러나 이들은 유행어이거나 은어이거나 청년어의 어느 영역에 들어가야 할지도 논의해야 한다.

⑥ 정서법의 혼란을 가져 온다.

D.D.T. 아스팍(A.S.P.A.C.), 카투사(K.A.T.U.S.A.)

국어에서는 고대로 소급할수록 고유어 요소와 외래어 요소를 가리는 일은 어려워진다. 더구나 외래어 개개의 차용시기와 경로를 밝힐 수 있는 자료도 극히 적다. 현대 한국어 속의 차용어는 영어뿐만 아니라 다양한 언어로부터 차용되고 있어서, 앞으로도 계속 증가할 것으로 보인다. 특히 디지털 시대에 SNS(Social Networking Service) 등을 통한 의사소통으로 인하여 외래 요소의 증가는 급격히 증가하고 있다.

이와 같은 외래어 사용의 증가는 정치적, 사회적, 문화적 영향이 절대적이다. 우리나라 사람들은 역사적으로 국어만 사용하여 왔다. 문자로 한자를 차용하여 사용하여 왔지만 그렇다고 중국어를 사용하지는 않았다. 그러나 일제강점기가 되면서 한국어와 일본어의 이중어 사용 경험을 겪으면서, 일본어가 자연스럽게 차용되었고, 광복 이후에는 일본어 사용에 대한 문제 제기로 국어 순화운동이 일어나 일본어 차용어는 많이 줄어들었다. 그러나 21세기에 들어서 미국의 영향으로 많은 사람들이 국어와 영어의 이중어 사용자가 됨으로써 영어 차용어가 급격히 퍼져나가고 있다. 언젠가는 이들을 순화시켜야 하겠다는 움직임이 일어날 것 같은 예감이 드는 것은 필자의 단순한 억측일지 모르겠다.

북한에서는 이러한 외래어를 다듬어서 고유어로 바꾸기를 하지만 실제로 다듬은 말은 사전이나 교과서 등에서 시용되고 일반인들은 외래어를 그냥 사용하고 있다는 북한 학자들의 증언이 있다. 대표적인 예로 '아이스크림'을 '얼음보숭이'로 다듬었지만 실제의 언어생활에서는 '아이스크림' 그대로 사용되고, 어느 경우에는 '에스키모'(아이스크림의 상표명)가 사용된다. 이 사실은 필자가 겨레말큰사전 남측편찬위원장으로 평양에서 편찬회의를 가졌을 때, 일반 시민들로부터 확인한 내용이다.

4.2.2. 외래어의 뿌리와 문화적 배경

① 한자어와 중국어

국어 어휘에서 가장 많은 비중을 차지할 뿐만 아니라 사용빈도가 가장 높은 어휘는 한자어이다. 최근에는 영어어휘의 사용이 크게 증가하여 한자어의 비중이 낮아지는 경향이 있으나, 영어어휘가 한자어를 뛰어넘을 정도는 되지 못한다. 그만큼 한자어는 우리 언어생활에 깊이 뿌리를 내리고 있다. 특히 디지털 시대에 컴퓨터로 문자를 입력할 때 글자 자판에 한글과 알파벳이 있어서 알파벳 입력은 수월하지만 한자 입력이 번거롭게 되어 한자 사용이 급격히 줄어들게 되고, 이러한 문자 사용의 제약으로 한자어를 한글로 입력하게 됨으로써 한자어에 대한 이해도가 떨어지게 되어, 한자어의 사용이 급격히 줄어들고 있다. 그래도 한자어는 국어 어휘에서 차지하는 비중은 크게 변하지 않을 것으로 보인다.

한자어는 한자의 표의문자라는 특성으로 조어가 간편하고 개념어로 적합하여 학술용어나 전문용어로 많이 쓰인다. 그리고 국내에서 조어된 한자어와는 별개로 본디 중국에서 차용된 것이면서 일반적으로 고유어로 알려진 '붓(筆), 먹(墨)'과 같은 단어도 있다. 이들은 고대국어에서 차용된 것으로 짐작이 되는데 이와 같은 예가 상당수 발견되고 있다. 현대에 와서 서구의 문물을 도입하는 과정에서의 번역용어 또한 한자어로 만들어지는 경우도 많다. 이와 같은 경향은 한자어가 전문어나 문화어로 자리를 굳히고 있음을 말해 준다.

한자는 중국의 문자를 빌어 온 것이지만, 그 한자의 음을 중국식 한자음으로 읽지 않고 한국식 한자음으로 읽기 때문에, 이 한자어를 중국어라고 하지는 않는다. 특히 한국의 한자음 체계와 중국의 한자음 체계의 차이가 커서 한국식 한자음으로 읽을 경우에는 중국어라는 인식이 하나도 없는 편이다. 이것은 서양의 어휘를 차용하는 경우와 다르다. 영어를 차용어로 수용할 경우에도 한국어 음운체계에 맞게 발음하고 표기하지만, 그것을 받아들이는 한국인 화자에게 그것은 영어로 인식되지 한국어로 인식되지 않는 것으로 보인다. 영어의 'strike'를 '스트라이크'라고 하면 음절수가 영어에서는 2개이지만 한국어에서는 5개가 되어 차이가 있는 것처럼 보이지만 영어로 인식되지 한국어로 인식되지 않는다. 외래어로서 한국어에 수용되었어도 그 인식은 변하지 않는다. 이것이 다른 외래어와 한자어와의 큰 차이점이다.

이에 비해 한자어가 아닌 중국어 차용어는 한자어와는 다른 차용어로 인식하고 있다. 중국어 차용어는 주로 음식에서 많이 볼 수 있는데, 아래의 어휘들을 한자어로 인식하는 사람은 거의 없다.

간자장(乾Zhajjang[炸醬]), 기스면(jisimian[鷄絲麵]), 깐풍기(ganpengji[干烹鷄]), 노틀(laotour[老頭兒]), 만만디(manmandi[慢慢的]), 배갈(baigar[白干儿]), 자장면(Zhajiangmian[炸醬麵]), 쿵후(gongfu[功夫])

② 영미어(英美語)

문화의 여러 분야에서 영어로부터의 차용어가 많이 쓰이고 있다. 영어를 공용어로 하는 영국이나 미국의 문화가 우세하거나 세계의 패권을 차지한 데에 기인한다. 영어에서 차용된 제3의 언어가 다시 국어로 차용되는 예도 적지 않다. 가스(gas), 글라스(glass), 커피(coffee), 콤파스(compass) 등은 네델란드어인데, 영어의 힘을 빌려 세계에 전파된 예이다.

특히 최근에는 한국에서 영어 교육이 일반화되고, 또한 미국의 영향이 크게 증대하면서 영어 외래어가 급격히 증가하고 있다. 그 예를 몇 개 들어 보도록 한다.

개그맨, 골든타임, 노트북, 다이어트, 리모컨, 마스크, 맨션, 비닐 하우스, 빌라, 사인펜, 사인, 서비스, 선글라스, 에어컨, 엘리베이터, 엠티, 오토바이, 오피스텔, 와이셔츠, 원룸, 원피스, 인터넷, 점퍼, 컨닝, 컴퓨터, 파이팅, 팝송, 피디, 핸드볼, 핸드폰 등

한편 영미어가 일본어나 중국을 통해 차용되는 경우도 있다. 예컨대 기독교의 '예수(Jejus)'는 '야소(耶蘇)'의 중국음으로 알려져 있다. 마찬가지로 '천주(天主)'도 라틴어의 Deus의 역어(譯語)인데, 이것은 마테오 리치보다도 한발 앞서 중국에 온 미카엘 루지에리(Michael Ruggieri, 中國名 羅明堅) 신부가 그의 저서 『천주실록(天主實錄)』(1584)에서 처음 쓴 것이라 한다. 이 '천주(天主)'는 Deus의 의역(意譯)이면서 그 발음도 닮아 음역(音譯)을 겸한 것으로 인정되어 왔다(이기문, 2010).

③ 인도어와 불교

불교 용어로 적지 않은 인도의 말이 차용되어 있다. 산스크리트(Sanskrit) · 팔리(Pāli) 등의 언어가 불교용어로 쓰인 몇 가지 예를 보인다.

아미타(阿彌陀, 산스크리트, 팔리어 amita), 석가(釋迦, 산스크리트어 Sākya, 팔리어 Sakya), 보살(菩薩, 팔리어, bodhisatva), 가사(袈裟, 팔리어, kāsāya) 등.

불교 용어 이외에도 삼매(三昧, samādhi), 사파(娑婆, sābhā), 나락(奈落, naraka), 달마(達磨, dharma, Bodhidharma) 등이 있다.

이들 산스크리트어는 직접적으로 우리나라에 들어온 것이 아니라, 중국을

거쳐 수용되었기 때문에, 중국에서 만든 한자어를 한국식 한자어로 읽게 되어, 한자어처럼 그 한자어를 구성하고 있는 한자의 의미를 통해 그 의미를 파악할 수 없다. '천지(天地)'는 그 의미 파악이 용이하지만, 산스크리트어를 음차한, '나락(奈落)'은 이에 쓰인 한자를 통해 그 의미를 파악할 수 없다.

이러한 산스크리트어의 영향에 대해 우리 선조들은 많은 관심이 있었던 듯, 이에 관한 자료를 정리하여 필사해 놓은 문헌도 보인다. 그 예는 후술될 것이다.

④ 이탈리아어와 음악

음악용어도 이탈리아어가 많이 차용되고 있다.

피아노(piano), 알토(alto), 솔로(solo), 소프라노(soprano), 테너(tenor) 등

⑤ 프랑스어

프랑스어 외래어는 국어에서 매우 이례적으로 쓰이고 있어서 관심을 가지게 된다. 일본어와 영어는 직접 접촉하면서 외래어가 차용된 것이지만, 프랑스어는 그러한 직접 접촉이 없었음에도 불구하고, 많은 어휘들이 차용되어 국어의 중요한 외래어군을 이루고 있다. 이것은 프랑스 문화의 영향으로 생각된다.

그랑프리(grand prix), 뉘앙스(nuance), 데뷔(début), 데생(dessin), 데탕트(détente), 란제리(lingerie), 랑데부(rendez-vous), 레스토랑(restaurant), 레지스탕스(résistance), 로망(roman), 르네상스(Renaissance), 르포(reportage), 리무진(limousine), 마담(madame), 마로니에(marronnier), 마요네즈(mayonnaise), 망토(manteau), 모티프(motif), 몽타주(montage), 바게트(baguette), 바리캉(bariquant), 바캉스(vacance), 바통(bâton), 발레(ballet), 베레모(béret帽), 베테랑(vétéran), 부르주아(bourgeois), 부케(bouquet), 뷔페(buffet), 비데(bidet), 사보타주(sabotage), 살롱(salon), 샤포

(chapeau), 샹들리에(chandelier), 샹송(chanson), 실루엣(silhouett), 아그레망(agrément), 아틀리에(atelier), 아베크족(avec族), 앙상블(ensemble), 앙케트(enquête), 앙코르 (encore), 엘리트(élite), 오르가슴(orgasme), 오르간(organ), 장르(genre), 즈봉(jupon), 카바레(cabaret), 카페(café), 콩쿠르(concours), 콩트(conte), 쿠데타(coup d'État), 크레용(crayon), 파라솔(parasol), 팡파르(fanfare), 프롤레타리아(prolétariat), 피망 (piment)

⑥ 독일어와 철학·의약 기타

독일어는 프랑스어와 마찬가지로 직접적인 접촉이 없으면서도 국어에 그 어휘들이 차용되었는데, 그것은 프랑스어와는 다른 조건에 있었기 때문이다. 일본에서 독일어를 차용하고 그것을 다시 우리나라에 차용한 것으로 보인다. 독일어로부터의 차용어에는 철학, 의약, 스키, 등산 등의 용어가 많다.

가제(Gaze)=거즈(gauze). 게놈(Genom), 게르마늄(Germanium), 깁스(Gips), 나치(Nazi), 나트륨(Natrium), 노이로제(Neurose), 룸펜(Lumpen), 륙색(Rücksack), 망간(Mangan), 세미나(Seminar), 알레르기(Allergie), 이데올로기(Ideologie), 자일(Seil), 카르텔(Kartell), 카테고리(Kategorie), 칼륨(Kalium), 코펠(koeher), 테마(Thema), 파스타(Pasta), 피켈(Pickel), 헤게모니(Hegemonie), 호프(Hof), 히스테리(Hysterie) 등

⑦ 희랍어와 라틴어와 학술

그리스어와 라틴어는 학술용어로서 불가결의 언어가 되어 있다. 이들은 직접차용어가 아니고 이중외래어가 많은 편이다.

알파(희랍어 alpha), 베타(희랍어 beta), 디아스포라(희랍어, Diaspora), 로고스

(희랍어, logos), 소피아(희랍어, sophia), 아가페(희랍어, agapē), 에로스(희랍어, eros), 라듐(라틴어, radium), 미사(라틴어, missa), 비브리오(라틴어, vibrio), 스타디움(라틴어, stadium), 칼리(라틴어, kali), 호모사피엔스(라틴어, Homo sapiens) 등

⑧ 일본어

일제강점기를 통해 우리나라에 들어온 일본어는 무척 많은 편이다. 이 때에 들어온 일본어를 순화시키기 위해 그 흔적을 지우는 노력을 계속해 와서 '히로뽕'을 영어식으로 바구어 '필로폰'으로 바꾸는 등의 노력을 해 왔지만, 아직도 일본어의 잔재는 많이 남아 있는 편이다.

일본어에서 직접 차용한 것 이외에 일본어를 통한 이중 차용이 많은 것이 특징이다. 모치(モチ, 餠), 가보(カボ, 九) 등은 직접 차용한 예이고, 다음과 같이 이중외래어의 경우에는 그 발음이 일본어식인 것이 특징이다. 이들은 연령이 높은 층이나 특정직업 종사자 사이에서 쓰이고 있다.

가라오케(karaoke), 가리방(gariban), 가보(kabu), 고데(kote[鏝]), 고로케(korokke), 곤로(konro[焜爐]), 곤색(kon[紺色]), 기도(kido[木戸]), 기스(kiju[傷]), 꼬붕(Gobushi[子分]), 네타바이(netabai), 노가다(dokata[土方]), 다대기(tata[叩]ki), 다라이(tarai[盥]), 닭도리탕(닭tori[鳥]湯), 돈가스(ton[豚]〈일〉kasu), 뗑뗑이옷(tenten[點點]이옷), 라면(râmen), 라지에타(rajiêtâ), 마호병(mahô[魔法]瓶), 마후라(Mahura), 멕기(mekki[淘金]), 모찌(mochi[餠]), 몸뻬(monpe), 미싱(mishin), 바께쓰(byaketsu), 벤또(bento[辨當]), 빵꾸(panku), 삐라(Pira), 사바사바(sabasaba), 사시미(sashimi[刺身]), 사쿠라(sakura[櫻]), 소보로빵(soboro-빵), 쓰리(suri[掏摸]), 쓰봉(jubon), 아나고(anago[穴子]), 앙꼬(anko), 엑기스(ekisu), 오뎅(oden[御田]), 와사비(wasabi[山葵]), 우동(udon[饂飩]), 잉꼬(inko[鸚哥]), 조끼(chokki), 지라시(Chirashi[散]), 짬뽕(champon), 쿠사리(kusa[腐]ri), 크레파스(kurepasu), 핀트(pinto), 히로뽕(hiropon) 등

⑨ 기타

이밖에도 포르투갈어, 스페인어, 네델란드어, 히브리어 등 많은 언어로부터의 차용어가 있다.

- 러시아어 : 볼셰비키(Bol'sheviki), 브나로드운동(Vnarod運動), 빨치산(partizan), 아지트(agitpunkt), 토치카(tochka), 페치카(pechka), 프락치(fraktsiya) 등
- 페르시아어 : 바자(bazar/〈영〉bazaar)
- 히브리어 : 아멘(amen), 여호와(Jehovah), 할렐루야(hallelujah) 등

4.2.3. 한자어의 차용

기원에 따라 한자어를 분류한다면,[3]

1) 중국을 통해 온 한자어

① 중국 고전에 연유하는 것.

중국 고전 중에서 우리나라에 큰 영향을 주었던 문헌은 사서삼경(논어, 맹자, 주역, 대학, 시경, 서전, 소학)과 좌전(左傳), 상서(尙書), 모시(毛詩), 문선(文選) 등인데, 여기에 보이는 한자어들이 많다. 그 예를 논어언해(1590년)에서 들어 보도록 한다.

곤궁(困窮), 공사(公事), 군자(君子), 귀신(鬼神), 기근(饑饉), 당당(堂堂), 대사(大事), 덕행(德行), 도로(道路), 동성(同姓), 누항(陋巷), 메사(每事), 목탁(木鐸), 문장(文章), 부모(父母), 부인(婦人), 붕우(朋友), 사해(四海), 상사(喪事), 선인(善人), 성인(聖

---

3 기원에 따른 한자의 분류는 심재기(1982, pp.42-49)를 참조한 것임.

人), 소인(小人), 순순(循循)히, 언어(言語), 엄연(儼然), 연후(然後), 외외(巍巍), 용모 (容貌), 윤색(潤色), 의복(衣服), 자웅(雌雄), 전율(戰栗), 전전긍긍(戰戰兢兢), 정벌 (征伐), 제자(弟子), 제후(諸侯), 조정(朝廷), 종묘(宗廟), 거마(車馬), 천명(天命), 천하 (天下), 친상(親喪), 차인(他人), 태산(泰山), 토론(討論), 현인(賢人), 후생(後生) 등

② 중국을 경유한 불교 경전에서 나온 것.

㉠ 불경(佛經)에 나타나는 산스크리트어의 음역(音譯)

산스크리트어의 불경을 중국에서 받아들여 음역한 것을 우리나라에 들여 온 불교 계통의 한자어들이 많다. 그 일부를 보이도록 한다. 여기의 목록은 국 립중앙도서관 소장의 『번역기(飜譯記)』에서 가져 온 것이다.

번호	한자어휘	의미	범어
1	南無	歸依	namah, namo
2	須彌	妙高	Sumeru
3	沙門	勤息	Sramana
4	比丘	怖魔乞士淨戒	Bhĭk⟨sl⟩u
5	和尙	力士近覺	khosha
6	菩薩	覺有情	Bodhisattva
7	文殊	妙德妙吉祥	Mañjuśri
8	彌勒	慈氏	Maitereya
9	馬鳴	功勝	Aśvaghosa
10	波旬	惡魔	Pâpîyâs
11	檀越	施主	Dânapati
12	阿難	慶喜喜海	Ananda
13	提波	天龍	Deva
14	沙波	堪忍	sabhā
15	夜叉	勇捷	yaksa

16	摩尼	如意離垢	mani
17	舍利	骨身	sarira
18	般若	智慧	prajna
19	三昧	正定	sāmadhi
20	菩提	大覺道	Bodhi

이 범어(梵語)로부터 온 한자어에 대해서는 『번역기(飜譯記)』라고 하는 필사본 문헌(국립중앙도서관 소장본)과 『역범위당(譯梵爲唐)』이란 문헌(남권희 교수 소장본)이 있어서 참고할 수 있다. 그 서영(書影)을 보이면 다음과 같다. 여기에서는 그 목록을 제시하지는 않는다.

<飜譯記>

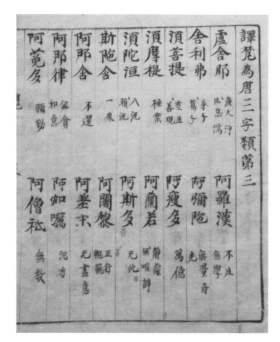

<譯梵爲唐三字類 部分>

ⓒ 번역된 불교 용어

　의심(疑心), 공부(工夫), 무명(無明), 불타(佛陀), 신통(神通), 여래(如來), 삼매(三昧),
고행(苦行), 출가(出家), 세간(世間), 중생(衆生), 유심(有心), 무심(無心), 극락(極樂),
발원(發願), 자비(慈悲) 등

③ 서양의 문물이 중국을 통해서 들어 온 것.

　화포(火砲), 천리경(千里鏡), 자명종(自鳴鍾), 안경(眼鏡) 등

④ 중국의 구어(口語), 즉 백화문(白話文)에 연유하는 것(1657년 간행의 정양

의 어록해에서 발췌).

골자(骨子), 기생(寄生), 다반(多般), 다소(多小), 대단(大段), 도시(都是), 등한(等閑),
영리(伶俐), 이해(利害), 모순(矛盾), 보도(報道), 분부(分付), 상량(商量), 생활(生活),
소유(所有), 수습(收拾), 십분(十分), 안착(安著), 영성(零星), 용이(容易), 유유(悠悠),
일건(一件)., 일반(一段), 일등(一等), 일면(一面), 일반(一般), 일양(一樣), 자별(自別),
자세(仔細), 자유(自由), 자재(自在), 절단(截斷), 절절(節節), 점검(點檢), 제기(提起),
제비(除非), 제외(除外), 조조(早早), 종래(從來), 종전(從前), 주장(主張), 외출(巍出),
초두(初頭), 타파(打破), 태극(太極), 평인(平人), 하락(下落), 합장(合當), 허다(許多),
형이상(形而上), 형이하(形而下), 혼신(渾身) 등

2) 일본을 통해서 들어 온 한자어(< > 안의 것이 한국어)[4]

대점포(貸店鋪)〈세종포(貰店鋪)〉, 생산고(生産高)〈잔고(殘高)〉, 생산액(生産額)
〈잔액(殘額)〉, 상담(相談)〈상의(相議)〉, 납득(納得)〈이해(理解)〉, 약속(約束)〈언약
(言約)〉, 역할(役割)〈소임(所任)〉, 흑판(黑板)〈칠판(漆板)〉, 상호(相互)〈호상(互相)〉,
입구(入口)〈어구(於口)〉, 안내(案內)〈인도(引導)〉, 조인(調印)〈체결(締結)〉, 당번
(當番)〈당직(當直)〉, 청부(請負)〈도급(都給)〉, 부지(敷地)〈기지(基址)〉 등

3) 우리나라에서 만든 한자어

전답(田畓), 감기(感氣), 고생(苦生), 한심(寒心), 팔자(八字), 복덕방(福德房), 도
령(道令), 진사(進士), 생원(生員), 사돈(査頓), 사주(四柱), 병정(兵丁), 신열(身熱),

---

4 일본을 통해 우리나라에 들어온 한자에 대해서는 송민(2022)의 제2부와 이한섭(2023)을 참
조할 것.

인삼(人蔘) 등

그리고 외래어는 문화적으로 인접해 있는 다른 언어사회로부터 빌어다가 쓰는 어휘를 말한다. 우리나라는 오랜 옛날부터 중국과 지리적, 문화적으로 인접해 있었으므로 많은 어휘를 중국으로부터 빌어 썼다. 훈민정음이 창제되기 이전에 이미 어휘량에 있어서 고유어보다 중국어에서 빌어온 외래어가 더 많게 되었다. 그러나 이들 외래어는 한자로 쓰고 그 한자는 우리나라에서 정착된 한국 한자음으로 읽힌다는 특이성 때문에 한자어라고 하여 중국 이외의 민족이나 나라로부터 받아들인 외래어와는 구별하여야 한다. 그래서 우리 국어의 경우에는, 외래어란 말은 한자어를 제외한 다른 차용어만을 가리키는 것이 통례다.

4.3. 차용어

차용(借用, borrowing)이란 언어체계가 서로 다른 언어들이 접촉하는 과정에서 어떤 한 언어가 다른 언어의 단위들을 빌어다가 자기 언어체계 안의 단위로 삼아서 사용하는 것이다. 음운, 문법, 어휘(단어)의 차용을 하는데 음운, 문법의 차용은 특수한 경우에만 나타나고 어휘의 차용이 일반적이다. 그리고, 같은 언어 내의 방언들 사이의 차용도 가능하다.

4.3.1. 차용어 연구의 의의

차용어에 대한 연구는 다음과 같은 점에 기여하게 된다.

①차용어 연구는 어휘사 연구의 일부분이므로 어휘사를 밝히는 데 있어서 중요한 역할을 한다.

②차용어의 공급원이 되는 언어의 역사적 연구에도 공헌할 수 있다.

③차용어 연구는 관련 민족의 문화사 연구에도 직접·간접으로 도움을 줄수 있다. 왜냐 하면 차용어는 민족들 사이의 문화적 접촉을 반영하여서 그 접촉의 성격을 드러내기 때문이다(예 : 음식명). 가령, 고려는 원나라와의 교류에서 몽고어를 차용하였는데 그에 따라 유목민족인 원나라의 풍습인 매사냥이 유행하여 말과 매에 관련된 단어가 많이 차용되었다.

④공급원이 되는 언어의 음운사 연구에 상당히 기여한다. 예를 들어 고대한자어의 음(音) 연구는 고대 중국어의 한자음을 추정하는데 기여할 수 있다.

4.3.2. 차용의 조건

한 나라의 어휘에 다른 나라 언어의 어휘가 차용될 때에는 비언어학적 조건과 언어학적 조건의 두 가지로 나누어 검토할 수 있다.

1) 비언어학적 조건

비언어학적 조건으로서 가장 중요한 것은 언어가 서로 다른 국가들 간의 정치적, 사회적, 문화적 교섭이라고 할 수 있다.

①정치적, 사회적, 문화적 교섭

우리나라는 일찍이 중국과의 교섭단계에서 중국의 한자를 차용하여 사용하게 되었고, 또한 중국의 문화를 접하면서 중국의 한자 어휘를 대량으로 차용하게 되었다. 중국으로부터 불교와 유교를 받아들임으로써 불교에서 사용되는 한자 어휘와 유교 경전에 나타나는 한자 어휘를 대거 수용하게 되었다. 이것은 지금까지 국어 어휘의 중요한 기능을 담당하고 있을 정도가 되었다.

이러한 환경에서 중국의 문화가 우리 문화보다 우월하다고 인식하면서 국어 어휘가 한자 어휘에 침식당하는 일도 벌어지게 되어, 한자 어휘가 확산하는 경우도 발생하였다. '뫼' 대신에 '山'에, '가람' 대신에 '江'에 압도되어 '뫼'와 '가람'은 소멸 위기에 놓이게 되었다.

이러한 경우에는 중국의 어휘를 사용하는 것이 마치 선민이 된 것과 같은 흐름이 생겨나고 그러한 현상이 더욱 문화적 영향을 받게 되어 한자 어휘를 쓰는 것이 마치 특권을 가진 것처럼 의식하게 된다.

오늘날에는 영어 어휘를 사용하는 것이 마치 더 우월한 사람과 같은 착각을 하는 사람이 많아져서, 이제는 영어 어휘보다는 아애 영어 문구나 영어 문장을 사용하는 것이 비일비재하게 되었다. 감탄사 '오마이 갓'이나 '와우!'를 텔레비전에서 듣는 것이 일상이 되었다. 이와 같은 현상은 정치적, 문화적 교섭에 의한 것이다.

㉠ 종족의 혼합과 언어의 혼합

종족과 종족의 혼합은 정복과 피정복의 관계로 이루어지기도 하고, 평화적인 이주에 의하여 이루어지기도 한다. 정복과 피정복의 관계로 종족이 혼합되었을 경우, 정복자가 다수집단이고 그 문화가 우월하면 정복자의 언어가 피정복자의 언어에 침투하여 들어가거나 피정복자의 언어를 완전히 압도해 버리는 것이 보통이다. 정복당하는 기간이 길면 길수록 피정복자의 언어는 소멸될 가능성이 커진다. 반대로 피정복자가 우세하고 문화가 높으면, 피정복자의 언어가 정복자의 언어를 압도하여 소멸시킬 수도 있다. 청나라의 만주족이 군사적으로 명나라의 한족을 정복하고서도 그들의 수와 높은 문화에 눌려 마침내 민족과 언어가 모두 없어진 예가 있다. 아직까지 국어에서는 이러한 종족의 혼합과 같은 역사적 사건이 없어서 이러한 차용관계는 이루어진 적이 없다.

ⓛ 특권적 동기(prestige motive)

문화적으로 경제적으로 우월한 국가의 언어를 사용하거나 그 나라의 물품을 사용하는 것이 마치 그 나라 사람인 것인 양 생각하는 특권적 동기로 인하여 어휘 차용이 쉽게 이루어진다. 존경심이나 상류계급으로의 계급 상승 희구의 이유 때문에 어휘차용이 이루어진다. 조선 시대에 많은 한자어 차용이나 일제강점기 때의 일본어 차용, 그리고 최근의 영어 차용 등이 그러한 데서 이루어진 것으로 보인다. 또 어느 언어집단으로부터 고립된 존재가 될 것을 두려워한 나머지 집단적으로 동화가 되는 것이 그 동기가 되기도 한다.

이 특권적 동기는 방언간의 차용이나 언어간의 차용의 경우에 중요한 역할을 하게 된다. 다른 두 개 언어의 화자가 동일 지역에서 접촉될 때에 권력이 있는 언어가 지배언어(dominant language)가 되는 것은 흔히 있는 일이다. 이것은 다른 나라의 침략을 받았던 나라에서 흔히 일어난다. 그러나 침략 기간이 짧으면 그 침략국가에 대한 적개심으로 그 언어의 영향이나 차용관계는 거의 없다. 임진왜란 이후, 국어에 일본어가 차용된 경우는 전혀 보이지 않는다. 그리고 장기간의 지배에서 벗어나면 지배 기간 동안 차용해서 사용했던 지배언어에서 벗어나려는 노력이 매우 크게 일어난다. 일제강점기가 지난 후 일본어 잔재를 없애려는 노력을 해 온 우리나라의 예가 그러한 경우이다.

ⓒ 이민에 의한 동기

평화적인 이주에 의하여 종족이 혼합되는 경우, 우세한 쪽의 언어에 열세에 있는 쪽의 언어가 동화되고, 세대가 바뀜에 따라 그들은 언어를 잊게 된다. 그러나 그 반대의 경우도 있다. 그 경우는 극히 드물지만, 미국영어의 경우에는 종종 나타난다. 이것은 앞에 말한 두 가지 중 어느 하나에도 속하지 않는 동기인 것이다. 예컨대 미국영어에서 독일에서 온 이민들로부터는 햄버거(hamburger)가, 이태리 이민으로부터는 스파게티(spaghetti), 피자(pizza) 등이 미국영어에 차용되었다. 이렇게 미국 영어에 차용된 어휘가 오늘날에는 우리나라에도 차용되어 일반인들이 흔히 사용되는 어휘가 되었다.

한국에서는 최근세에 들어 동남아인들의 이주가 많은 편이지만, 이들의 언어가 한국어에 유입된 경우는 거의 없는 것으로 보인다. 아마도 문화적 차이에 기인하는 것으로 생각된다.

② 문화의 교류와 언어 차용

낮은 문화의 소유자는 높은 문화 소유자의 언어로부터 어휘를 차용한다. 우리나라는 정치·지리적으로 그리고 문화적으로 중국의 영향을 크게 받았나. 그리하여 일찍이 한자·한문을 받아들여서 한자 문화권에 들게 되었다. 그 결과로 국어 어휘의 반 이상이라는 절대 다수의 한자어를 가지게 되었다.

문화 수준의 고저와 관계없이 어휘가 차용되기도 한다. 미지의 동물이나 식물이 새로 알려질 때 그 이름이 수입된다. '자스민(jasmin), 침팬지(chimpanzee)'는 각각 페르시아어와 아프리카어에서 차용되었다. '토마토'는 멕시코어 'tomatl'에서 스페인어 'tomate'를 거쳤고, 다시 영어의 'tomato'를 거쳐서 수입된 것으로 알려져 있다. 처음에 우리나라에 유입되었을 때 우리말로 '洋감'(서양에서 들어온 감), 또는 '일년감(一年감)', 또는 '땅감'(나무가 아닌 땅에 열리는 감), 또는 倭감(일본에서 들어 온 감)이라고 하였었으나 곧 '토마토'에 점령당하고 말았다. 자기 나라에서 생산되지 않는 물건의 수입과 함께 차용된 외래어의 예이다.

이러한 차용의 동기를 필요 충족적 동기((need- filling motive))라고도 한다. 필요 충족적 동기란 새로운 경험, 새로운 사물, 새로운 관습 등의 도입은 필연적으로 새로운 표현형식을 미치게 된다. 예컨대 '담배'(tobacco, 스페인어 tabaco 카리브해). '태풍'(typhoon 〈 중국어 tai fung), '차(茶)'(프랑스어 thé 〈 중국어 ch'a), '커피'(이태리어 caffé 〈 터키어, 아랍어 Quhueh), '쵸콜릿'(〈 스페인어 〈 멕시코어 chocholatl) 등이 이러한 필요충족적 조건으로 차용된 어휘들이다. 이들은 이들 언어가 나타내는 물건이 이 세계에 널리 퍼져 이루어진 것들이다.

지명도 때로 필요충족의 동기에 의해서 차용된다. 예컨대 동독(東獨)의 지명 베를린(Berlin), 라이프치히(Leipzig), 드레스덴(Dresden) 등은 이전에 그곳에 거주했던 슬라브 민족으로부터의 차용어이고, 비엔나(Vienna), 파리(Paris), 런던(London) 등은 겔트(Gelt)어로부터의 차용어이다. 또 미국의 미시간(Michigan)(=big lake), 위스콘신(Wiscon-sin)(=where it is cold), 시카고(Chicago)(=skunk weed), 일리노이(Illinois)(=man), 미시시피(Mississippi)(= big river) 등은 아메리칸 인디언의 알곤킨(Algonquin)어로부터의 차용어로 알려져 있다.

현대에 우리나라에서 많이 사용되는 외래종 과일들인 '바나나, 오렌지, 망고, 레몬, 파인애플, 키위, 메론, 자몽, 코코넛, 두리안, 아보카도, 파파야, 블루베리' 등은 모두 외래어이다.

일상생활에서 쓰이는 어휘 중 외래어가 차지하는 비중도 무척 높은 것으로 보인다. 현재까지 외래어 사용의 비중이 얼마나 되는지에 대한 조사나 연구가 이루어지지 않아서 그 실상을 파악하기는 어렵지만, 생활 주변에서 사용되는 외래어를 들자면 끝이 없을 정도이다. 필자가 2023년 8월의 어느 신문 기사 3편을 읽으면서 찾아낸 외래어를 다음에 예시한다.

가스레인지	그룹	기브스	껌
노트	노트북	댐	드라이버
드라이브	드라이어	드라이클리닝	레코드
리포트	매직	백신	버스
볼펜	비닐	뺀치	사인펜
서클	스카우트	스티커	아스팔트
아이돌	에너지	에어컨	엑스포
오토바이	월드컵	인프라	잼버리
조깅	카운터	캠핑	컨트롤타워
컴퓨터	코스	콘사이스	콘서트

콘센트	콤플렉스	키스	킥보드
택시	탤런트	투어	핀셋
핸드폰	호치키스		

식생활의 서양화로 외래 채소가 들어와 우리 식탁을 차지하면서 다양한 채소명이 차용되었다. 아래의 채소명은 이미 '우리말샘'에 등록되어 인증을 받은 어휘들이다.

로네인 상추	브로콜리	아마란스	아티초크
오크라	치커리	케일	콜라드
콜리플라워			

이렇게 차용된 외래어는 우리 언어생활에서 쉽게 찾아볼 수 있다. 그리고 그 양이 엄청남에 깜짝 놀랄 정도이다. 학생들이 늘 사용하는 학용품 이름이나, 집안에서 사용하는 도구명의 상당수가 외래어가 되어 버린지 오래다. 대부분이 영어를 비롯한 구미어(歐美語)다. 옛날에 국어에서 한자어가 차지하는 비중을 뛰어넘을 것처럼 보인다. 일상 언어생활에서 영어를 사용하지 않고는 대화가 이루어지지 않는다는 지적에 대해 우리가 대처해야 할 방안은 무엇인지를 깊이 고민해야 하는 시대가 되었다.

이러한 차용의 동기를 필요충족적 동기라고도 한다. 새로운 경험, 새로운 사물, 새로운 관습 등의 도입은 필연적으로 새로운 표현형식을 요구하게 된다. 그 표현양식이 곧 차용어로 남게 된다.

2) 언어학적 조건

언어학적 조건으로 들 수 있는 것에는 몇 가지가 있다.

① 번역을 통한 차용

다른 나라의 문헌을 국어로 번역하면서 원문에 있는 어휘를 그대로 차용하는 경우가 차용어를 받아들이는 초기의 조건이다. 문화적 차이로 인하여 원문의 어휘를 그대로 사용하는 경우가 흔히 있는데, 이것이 계속 인용되면서 화자들에게 인정을 받아 국어로 인식하게 되는 것이다.

조선 시대에 한문으로 된 문헌들을 언해하면서 많은 한자어가 국어에 편입되게 된다. 이러한 차용은 몇 단계를 거치는 것으로 생각한다.

첫째는 외국어로 들어오는 경우이다. 이 경우에는 국어로 정착하기 어렵다.

둘째는 차용은 되지만, 국어로 편입되기 이전의 단계가 되는 경우이다. 이것을 필자는 '임시 차용어'라고 명명하고자 한다. 번역을 하면서 국어 문법에 맞추기 위해 원문의 어휘를 차용하고 여기에 국어를 접사처럼 이용하여 만든 어휘가 그것이다. 근대국어 시기에 한문을 언해하면서 언해문에 사용한 1음절 한자에 '-ᄒᆞ다'를 붙여 만든 수많은 한자어가 있다. 그 예를 1745년에 간행한 어제상훈언해(御製常訓諺解)에서 들어 보도록 한다. 〈 〉안은 출전의 장차(張次)이다.

(1) 居ᄒᆞ- : 居ᄒᆞ고 〈23b〉　　(2) 敬ᄒᆞ- : 敬ᄒᆞ며 〈35b〉

(3) 固ᄒᆞ- : 固ᄒᆞ야사 〈18a〉　　(4) 뎌ᄒᆞ- : 뎌ᄒᆞ야 〈39b〉

(5) 過ᄒᆞ- : 過홈애 〈10a〉　　(6) 交ᄒᆞ- : 交ᄒᆞ면 〈35b〉

(7) 救ᄒᆞ- : 救ᄒᆞ랴 〈12b〉　　(8) 勸ᄒᆞ- : 勸ᄒᆞ랴 〈41b〉

(9) 貴ᄒᆞ- : 貴홈이 〈9a〉　　(10) 勤ᄒᆞ- : 勤홈과 〈4b〉

(11) 兢ᄒᆞ- : 兢ᄒᆞ시며 〈9b〉　　(12) 寧ᄒᆞ- : 寧ᄒᆞ리라 〈18a〉

(13) 能ᄒᆞ- : 能혼 〈24b〉　　(14) 對ᄒᆞ- : 對혼 〈30a〉

(15) 倒ᄒᆞ- : 倒혼 〈42a〉　　(16) 敦ᄒᆞ- : 敦ᄒᆞ야 〈40b〉

(17) 動ᄒᆞ- : 動ᄒᆞ고 〈10a〉　　(18) 同ᄒᆞ- : 同ᄒᆞ고 〈15b〉

(19) 亂ᄒᆞ- : 亂홈이 〈9a〉　　(20) 凉ᄒᆞ- : 凉혼 〈18b〉

(21) 率ᄒ-: 率ᄒ나 〈35b〉　　(22) 利ᄒ-: 利ᄒ야 〈39b〉

(23) 晚ᄒ-: 晚흔 〈1a〉　　(24) 勉ᄒ-: 勉ᄒ야 〈9b〉

(25) 命ᄒ-: 命ᄒ야 〈4b〉　　(26) 美ᄒ-: 美ᄒ신 〈3b〉

(27) 倣ᄒ-: 倣ᄒ고 〈6a〉　　(28) 拜ᄒ-: 拜ᄒ신 〈1a〉

(29) 辨ᄒ-: 辨홈은 〈5a〉　　(30) 否ᄒ-: 否홀 〈5b〉

(31) 富ᄒ-: 富홈이 〈9a〉　　(32) 分ᄒ-: 分홈이 〈9b〉

(33) 比ᄒ-: 比ᄒ리오마ᄂᆞᆫ 〈40a〉　(34) 肥ᄒ-: 肥홈으로써 〈1a〉

(35) 使ᄒ-: 使ᄒ고져 〈5a〉　　(36) 殺ᄒ-: 殺흔 〈1a〉

(37) 序ᄒ-: 序ᄒ야 〈5a〉　　(38) 說ᄒ-: 說ᄒ며 〈1b〉

(39) 盛ᄒ-: 盛ᄒ샷다 〈4a〉　　(40) 誠ᄒ-: 誠홈애 〈3a〉

(41) 損ᄒ-: 損ᄒ며 〈2a〉　　(42) 修ᄒ-: 修ᄒ고 〈40a〉

(43) 崇ᄒ-: 崇ᄒ노라 〈1b〉　　(44) 實ᄒ-: 實흔 〈0a〉

(45) 甚ᄒ-: 甚ᄒ니 〈30a〉　　(46) 樂ᄒ-: 樂홈애 〈1b〉

(47) 安ᄒ-: 安ᄒ고 〈4b〉　　(48) 愛ᄒ-: 愛ᄒ며 〈8a〉

(49) 業ᄒ-: 業ᄒ시니 〈9b〉　　(50) 燕ᄒ-: 燕ᄒ심애 〈3a〉

(51) 援ᄒ-: 援ᄒ야 〈9b〉　　(52) 爲ᄒ-: 爲ᄒ야 〈4a〉

(53) 益ᄒ-: 益홈이 〈2a〉　　(54) 因ᄒ-: 因ᄒ야 〈4b〉

(55) 任ᄒ-: 任ᄒ며 〈5a〉　　(56) 殘ᄒ-: 殘ᄒ며 〈8a〉

(57) 藏ᄒ-: 藏ᄒ면 〈1a〉　　(58) 傳ᄒ-: 傳ᄒ신 〈8b〉

(59) 典ᄒ-: 典ᄒ다 〈2a〉　　(60) 節ᄒ-: 節ᄒ고 〈9a〉

(61) 尊ᄒ-: 尊ᄒ고 〈3b〉　　(62) 周ᄒ-: 周ᄒ고 〈2b〉

(63) 重ᄒ-: 重ᄒ노라 〈1b〉　　(64) 知ᄒ-: 知ᄒ며 〈39b〉

(65) 倡ᄒ-: 倡ᄒ고 〈40a〉　　(66) 創ᄒ-: 創홈애 〈40a〉

(67) 處ᄒ-: 處ᄒ야 〈5b〉　　(68) 體ᄒ-: 體ᄒ야 〈3b〉

(69) 治ᄒ-: 治ᄒ며 〈9a〉　　(70) 致ᄒ-: 致홈이 〈40b〉

(71) 怠ᄒ-: 怠홈애 〈4b〉　　(72) 泰ᄒ-: 泰ᄒ고 〈5b〉

(73) 頽ᄒ-: 頽홈일〈2b〉　　　(74) 投ᄒ-: 投ᄒ고〈5a〉

(75) 透ᄒ-: 透ᄒ거늘〈40b〉　　(76) 布ᄒ-: 布ᄒ야〈1b〉

(77) 疲ᄒ-: 疲홈이〈40a〉　　　(78) 下ᄒ-: 下홈이〈2b〉

(79) 學ᄒ-: 學ᄒ야〈9b〉　　　(80) 害ᄒ-: 害ᄒ야〈8a〉

(81) 幸ᄒ-: 幸홀〈4a〉　　　　(82) 行ᄒ-: 行ᄒ리라〈6b〉

(83) 賢ᄒ-: 賢홀〈5a〉　　　　(84) 好ᄒ-: 好ᄒ거시든〈0a〉

(85) 忽ᄒ-: 忽ᄒ며〈3a〉　　　(86) 效ᄒ-: 效ᄒ거든〈4a〉

(87) 恤ᄒ-: 恤ᄒ야〈8a〉

이들 87개의 어휘들은 모두 국어라고 할 수 없다. 이 중에 국어로 취급받는 것은 다음의 21개에 지나지 않는다.

居ᄒ-, 困ᄒ-, 救ᄒ-, 勸ᄒ-, 貴ᄒ-, 勤ᄒ-, 能ᄒ-, 對ᄒ-, 勉ᄒ-, 命ᄒ-, 比ᄒ-, 盛ᄒ-, 實ᄒ-, 甚ᄒ-, 爲ᄒ-, 因ᄒ-, 傳ᄒ-, 重ᄒ-, 處ᄒ-, 害ᄒ-, 行ᄒ-

나머지는 모두 임시 차용어라고 할 수 있다.

이것은 1음절 어기에 부사 접사가 붙은 어휘도 마찬가지라고 할 수 있다. 15 세기~19세기 말의 국어사 자료에 나타나는 이러한 형식의 자료를 추출하여 보면 다음과 같다.

가히(可), 각히(各), 갈히(渴), 감히(敢), 강히(強), 경히(輕), 곤히(困), 공히(共), 공히(空), 과히(過), 괴히(怪), 궁히(窮), 귀히(貴), 극히(極), 근히(僅), 급히(急), 긍히(矜), 긔히(奇), 기히(奇), 긴히(繁), 넘히(念), 농히(膿), 늠히(凜), 능히(能), 당히(當), 뎡히(正), 독히(毒), 독히(足), 둔히(鈍), 듕히(重), 릉히(能), 妄히, 忘히, 每히, 猛히, 明히, 묘히(妙), 무히(茂), 미히(微), 민히(憫), 민히(敏), 밀히(密), 박히(博), 별히(別), 부히(富), 분히(憤), 샹히(常), 션히(善), 셩히(盛), 셰히(細), 소히(疏), 속히(速), 쇼히

(疏), 쇽히(速), 슉히(肅), 슌히(順), 슉히(肅), 슌히(順), 신히(信), 실히(實), 심히(甚),
약히(弱), 엄히(嚴), 여히(如), 염히, 영히(永), 장히(壯), 젼히(全), 졀히(切), 죡히(足),
즁히(重), 즁히(重), 쳔히(賤), 쳥히(淸), 悄히, 矗히, 忡히, 츄히(醜), 캐히(快), 콰히
(快), 夬히, 쾌히(快), 沱히, 통히(通), 특히(特), 편히(便), 褊히, 標히, 협히(狹), 혹히
(惑), 홀히(忽), 화히(和), 확히(確), 후히(厚), 흉히(兇), 忉히, ㄱ히(可), 감히(敢), 밍히
(猛), 闞히

이 100개의 항목 중에서 현대까지 그대로 사용되고 있는 부사는 그리 많지
않다. 가히(可), 곤히(困), 귀히(貴), 극히(極), 급히(急), 긴히(緊), 능히(能), 쇽히
(速), 심히(甚), 엄히(嚴), 죡히(足), 즁히(重), 쳔히(賤), 후히(厚) 등의 14개에 불과
하다. 그러한 부사들은 그 당시 언해 과정에서 임시로 차용한 차용어라고 할
수 있다.

이러한 현상은 현대국어에서 영어를 차용하는 경우에도 마찬가지이다. 예
컨대 섹시하다(sexy), 스마트하다(smart), 스무스하다(smooth), 델리케이트하다
(delicate), 디자인하다(design), 카피하다(copy), 싸인하다(sign), 컨닝하다(cunning),
더티하다(dirty), 로맨틱하다(romantic) 등처럼 '하다'를 붙여서 말하기도 하는
데, 이 중에서 일반화되어 쓰이는 것은 국어의 외래어로 정착되지만, 그렇지
않고 잠시 쓰이다가 사라지면 그것이 곧 임시 차용어가 될 것이다.

② 외국어를 차용하되, 음절이 길면 그것을 줄여서 말하게 되는 경우가 흔
하다. 그렇게 되면 그 어휘는 원어와도 거리가 멀게 되고, 사용빈도가 많아도
원래의 어휘 형태를 파악하지 못하는 경우까지 발생하게 된다. 일반적으로
길이가 긴 단어는 짧은 단어로 재조정되기 때문이다. '텔레비전-테레비, 티
비', '스테인리스-스텐', '퍼센테이지-퍼센트' 등이 그러한데, 최근에는 약어를
많이 사용함으로써 이러한 현상은 매우 일반적으로 일어나고 있다.

4.3.3. 차용의 양상

차용은 그 양상이 언어에 따라 다르다. 수용어(受容語)와 기증어(寄贈語, 차용되는 언어를 model, 그것을 포함하고 있는 언어를 doner(Hockett의 술어)가 너무 비슷하여 방언적인 차이밖에 없을 경우에는 차용 현상이 잘 일어나지 않는다. 또 그 둘의 차이가 극단적으로 이질적일 때에도 차용 현상은 잘 일어나지 않는다.

① 동사·형용사의 어근화(語根化) : 영어 동사 'sign'은 국어 속에서 'signature'와 같은 명사로 쓰이고, 또 동사의 어근으로 쓰여서 '사인하다'와 같은 동사를 만든다. 형용사의 'smart'도 또한 같은 경우인데, '스마트하다'라는 국어 형용사의 어근이 된다. 프랑스어의 'avec'는 '함께'라는 뜻의 전치사이지만 '아베크하다'와 같은 동사의 어근으로도 쓰인다.

② 발음상의 동화 : 국어의 음운규칙에 맞도록 발음된다. 'lamp → 남포', 'spring → 스프링', 'Russia → 아라사' 등의 예가 그것이다.

③ 실제로 알맹이 있는 말(명사, 형용사, 동사 등)이 알맹이 없는 말(부사, 대명사, 조동사 등)보다 차용되는 경향이 현저하다.

④ 차용은 대개 그 기본형을 차용하며 문법적인 다양한 변이형들은 차용되지 않는다.

　　nice, smart하다, romantic한

⑤ 기본의미만 차용되는 것이 아니라 일부의 의미도 특수화된 모양으로 차

용된다.

Arbeit : ㉠ 일, 공부, 작품, 연구 ㉡ 작업, 과업 ㉢ 일자리 ㉣ 솜씨

국어에서 외국어 차용의 역사는 매우 오래되었다. 국어 차용어 역사를 간단히 살펴보면 다음과 같다.

① 중국어, 한문으로부터 차용하였는데 삼국시대부터 19세기 중엽까지 기초어휘를 제외한 거의 모든 분야에서 차용하였다. 가족 간의 호칭, 수사, 지명, 동·식물명, 추상적인 개념어, 정치·제도와 관련된 단어 등을 차용하였다. 그러나 중국어를 차용한 것이 아니라 중국음을 국어 음운규칙에 맞게 우리 국어음으로 바꾸어 차용하였다.

② 근대 중국어 시기에 오면 중국어 구어, 즉 백화문으로부터의 차용이 많아진다. 예컨대 상투(上頭), 무명(木綿), 비단(匹段), 다홍(大紅), 사탕(砂糖) 등이 그러한 예이다.

③ 몽고어로 부터의 차용도 있는데, 대부분이 말, 매, 군사, 음식과 관련된 어휘들이 대부분이다.

- 고라(물)   gula morin (黃馬)
- 구렁(물)   Küreng morin (栗色馬)
- 가라(물)   Kara morin (黑馬)
- 졀다(물)   jeérde morin (赤馬)
- 송골매   šongqov (海靑) - 송고리, 숑골매
- 보라   bora (秋응) - 보라매

•슈라   süle(n) (湯, 御膳)

④ 여진어, 만주어로부터의 차용도 있다.

   예) 여진어 : 두매(豆渼)
       만주어 : 소구리, 시라손(여진어일 가능성도 있다)

⑤ 일본어로부터의 차용(직접, 간접 차용)은 기술 분야에서의 차용이 많다.

   사라, 노가다(막일), 시다, 오야지, 이빠이(一杯)

⑥ 서구어로 부터의 차용도 근대말에 와서 이루어졌다.

   •이탈이아어 : 음악용어 - 피아노, 소프라노, 테너
   •프랑스어 : 예술분야 - 아틀리에, 아그리망
   •독일어 : 철학, 의학용어 - 테마, 세미나, 노이로제, 자일, 룩셉, 피켓

4.3.4. 차용의 종류

   Bloomfield(1933, pp.444-495)에서는 차용을 문화 차용(cultural borrowing), 밀접 차용(intimate borrowing), 방언 차용(dialect borrowing)의 세 가지로 분류하고 있다.
   문화 차용은 문화가 다른 여러 문화 현상(종교, 제도, 풍속, 기술 등)이나 그 산물에 접촉할 때에 일어나는 것을 말하며, 밀접 차용은 정복, 병합, 이민 등의 결과로, 지리적, 정치적으로는 한 공동체이면서, 두 개의 어휘가 사용되는 경우를 말한다. 곧 이중언어 사용의 현상이 나타나는 경우가 될 것이다. 방언 차용은 한 문자와 한 언어를 사용하는 언어 공동체에서 다른 방언을 차용하는

것을 뜻한다. 예컨대 국어에서 '표준어의 '느닷없이'에 해당하는 '뜬금없이'는 원래 서남방언의 어휘인데, 최근에는 표준어처럼 쓰이는 것과 같다.

이 분류에 의하면 국어에서 한자어의 차용은 문화 차용의 결과이며, 일본어의 차용은 밀접 차용의 결과이다. 그리고 표준어에서 방언을 차용하는 경우나 그 역의 관계들은 모두 방언 차용이라고 할 수 있다.

차용의 종류를 언어학적 관점에서 보면 다음과 같이 제시하기도 한다.

① 단어 차용(loan word)
② 차용 전이(loan shifts)
③ 차용 혼성(loanblends)
④ 발음 차용(pronunciation borrowing)
⑤ 문법적 차용(grammatical borrowing) : '的'

단어 차용이야 매우 흔한 경우이고, 차용전이는 마담(Madame)의 경우처럼 프랑스어로부터 차용하였지만, 그 의미나 쓰임이 달라진 것을 말한다. 차용 혼성이란 '빠따 방맹이, 석유기름, 푸울장' 등처럼 차용어와 우리말을 혼성해서 사용하는 것을 뜻한다. 발음 차용은 외국어의 음을 국어 음운규칙에 맞게 들여오지 않고 그대로 사용하는 경우이다. 특히 'ㄹ'음을 어두에 사용하거나 '뉴스'처럼 'ㄴ'을 어두에서도 사용하는 것은 이러한 경우일 것이다. 문법적 차용은 극히 드문 예이다. 국어에서 접미사 '-적(的)'을 '심적, 정신적, 물질적' 등에서 사용하는 것은 영어의 '-tic'을 일본어에서 음차하여 '-的'으로 사용한 것을 국어에 차용한 것으로 알려져 있다.

4.3.5. 차용의 내용

차용을 할 때에는 언어의 구성요소 중에서 음을 차용하는 경우, 형식을 차용하는 경우, 의미를 차용하는 경우의 세 가지가 있다.

국어에서 영어 음을 차용한 경우는 어두의 'r/l'을 차용하는 경우가 가장 두드러진다. 국어에서 어두의 'ㄹ'음은 두음법칙에 의해 탈락하거나 'ㄴ'으로 변화하여서, 차용할 때에는 국어의 음운규칙에 따라 받아들이게 된다. 예컨대 'lamp', 'radio'가 처음 국어에 들어왔을 때에는 '남포, 나지오'로 받아들였지만, 오늘날에는 그 음을 그대로 받아들여 '램프, 라디오'로 사용하고 있는데, 이것으로 인하여 국어의 두음법칙이 사라지는 결과를 가져 왔다고 할 수 있다.

형식을 차용하는 경우는 국어에 없는 문법 형식을 받아들이는 경우에 발생한다. 예컨대 영어에는 단수형과 복수형이 있는데, 모든 차용 어휘는 단수형을 받아들인다. 그러나 예외도 있다. 예컨대 'data(자료)'는 'datum'의 복수형인데, 단수형인 'datum'이 아닌 복수형 'data'를 받아들였다.

의미를 차용하는 경우에는 주로 문화 차용의 경우에 그 나라에 없는 의미영역이어서 어휘 차용과 함께 의미도 차용하게 된다. 전문용어나 학술용어의 차용에서 흔히 볼 수 있다.

4.3.6. 차용어의 예

① 다방의 '레지'

다방에 '레지'가 있었다. 이 '레지'에 대해서 어떤 사람은 영어의 lady가 국어에서 '레지'가 되었다고 하지만, 이것은 잘못 이해한 것이다. 영어의 register에서 온 말이다. 일본에서는 다방에 소위 카운터에서 요금을 '계산하는' 사람이 주로 여자가 했었는데, 이 '레지스터'를 줄여 '레지'라 했는데 이 말이 우리나라에 들어와 그대로 사용된 것이다.

② 사꾸라

'사꾸라'는 일본의 국화(國花) '사쿠라'를 연상하게 한다. "그 사람 사꾸라야"

처럼 이 '사꾸라'는 흔히 사용되고 있었던 적이 있다. 이 때의 '사꾸라'는 '벚꽃'인 '사쿠라'가 아니다. '사꾸라'는 역시 일본어인데, sakura 즉 말고기를 뜻한다. 일본에서 쇠고기로 속여 말고기를 파는 데서 온 것으로 보인다.

③ 클랙션

자동차의 '클랙션'(경적)이라는 어휘는 이 기계를 만든 제조회사 Klaxon에서 나온 상표 이름으로부터 유래된 것이다.

④ 마요네즈

음식의 위에 덮어서 먹는, 또는 섞어서 먹는 '마요네즈'라는 것이 있다. 간혹 '마요네스'라고도 한다. 이 '마요네즈'는 스페인의 항구도시 '마욘'에서 나온 말이다. 이 지방에서 나는 특산품이다.

⑤ 밀월

신혼부부가 '蜜月'을 즐긴다고 하는데, 이 '밀월'은 honey moon의 직역이다. 스칸디나비아에서 신혼의 남녀가 1개월 동안 꿀로 빚은 술을 마시는 것에서 비롯된 것으로 알려져 있다.

⑥ 메리야스

우리가 흔히 '내의(內衣)'를 '메리야스'라고 한다. 지금의 젊은이들은 사용하지 않지만 노인들은 아직도 사용하는 어휘이다. 이것은 본래 '내의'의 상표 이름이었다. 스웨덴에서 온 medias(한 켤레의 양말이란 뜻)란 상표가 오늘날 우리나라에서는 '내의'란 뜻으로 널리 통용되고 있다.

⑦ 바바리 코트

가을이나 겨울에 입는 코트를 '바바리 코트'라고 부른다. 이것도 영국 Burbery

회사가 만들어낸 레인코트의 상표 이름에서 비롯된 것이다.

⑧ 호치키스

종이의 묶음을 하나로 묶기 위하여 사용하는 기계를 '호치키스'라고 한다. 지금은 '지철기(紙綴機)'라고 하지만 거의 사용되지 않는 것 같다. 이것은 미국의 발명가 Hotchkiss가 발명한 기관총(Hotchkiss gun)을 말하던 것이었는데, 소위 지철기(紙綴機, Stapler)의 상표가 되면서 우리나라에서 '호치키스'라는 이름으로 쓰이게 되었다.

⑨ 비나폴로

어느 제약회사에서 나온 약 이름 중에 '비나폴로'가 있었다. 이것은 두 단어를 합쳐서 만든 것이다. 즉 '비너스'와 '아폴로'를 합친 것이다.

⑩ 코오롱

우리나라에 '코오롱' 회사가 있는데, 원래 이 회사는 섬유로부터 시작한 회사이다. 이 '코오롱'은 '코리아'+ '나이롱'에서 온 말이다. 그리고 '나이롱'이란 말도 원래 '최신'이란 뜻을 가진 관형사인데, 미국 듀폰(Dupon)사의 상표로부터 일정한 섬유를 가리키는 말로 되었다. 그런데 왜 '나이롱 뽕'이라는 화투의 용어가 생긴 것인지는 알 수가 없다.

⑪ 딴따라패

요즈음 시대가 많이 바뀌어서 연예인들을 '딴따라패'라고 하는 경우가 드물지만, 이전에는 곧잘 '딴따라패'라고 얕잡아 부르곤 했다. 언뜻 들어도 '딴따라'가 나팔 부는 소리와 같아서 연예인들의 행동을 나타나게 되었기 때문에 일반인들에게 빠른 속도로 번져 나갔었다. 옛날의 풍각쟁이들처럼 그 행렬의 앞에서 북치고 장구치는 사람들을 연상했을 테니까. 이 '딴따라'가 우리 국어의 의성어에서 온 것 같지만, 실상은 영어의 의성어에서 온 것이다. 영어의 'tantara'의 음을 빌려 온 것이다. 나팔이나 뿔나팔 등의 소리를 말한다. 그래서 이 소리를 빌어 와서 '딴따라'라고 하였다. 어쩌면 이들을 국어의 의성어 '딴따라'로 해석하는 사람도 있지만, 국어에서는 '딴따라'라는 의성어는 없다. 이처럼 의성어는 언어마다 유사한 경우가 대부분이다. 영어에서 'flag'는 '깃발'을 뜻한다. 그런데 이것은 국어의 '펄럭펄럭'을 연상시킨다.? 물론 영어의 'flag'는 의성어에서 온 단어이다.

5. 계층에 따라

계층에 따라 어휘는 다음과 같이 분류된다.

① 속어(俗語, slang)

② 비어(卑語, vulgarism, vulgar tongue)

③ 아어(雅語, elegant word)

④ 경어(敬語, honorific word)

⑤ 은어(隱語, cant, argot)

⑥ 전문어(專門語, jargon)

⑦ 아동어(兒童語, children's word)

⑧ 궁중어(宮中語, court word)

5.1. 속어(俗語)

속어는 일반적으로 표준적인 구어(口語) 속에서 판에 박은 듯한 표현에 신선미를 갖게 하기 위해 사용되는 단어나 어군(語群) 또는 관용적인 표현법을 말하지만, 여러 가지 의미로 사용되기 때문에 그 정의를 명확히 내리기 어렵다. 통속적으로 쓰는 저속한 말이란 뜻이어서, 서구어의 슬랭(slang)과 동일한 개념이라고 할 수 있다. slang은 18세기 중엽엔 도적어를, 19세기 초엽엔 법률어에 대립되는 일반적인 구어를 가리켜 왔기 때문에, 시대에 따라 그 의미가 바뀌었다. 대개 아어(雅語)나 문장어(文章語)에 대립되는 구어(口語)에 가까운 의미로 쓰인다. 계급적 방언이란 뜻도 있어 하층사회의 말을 뜻하기도 하였으나 최근엔 그렇지도 않다. 중국에서 한문을 사용하다가 속어로서 사용되던 것이 일반화되어 백화문이 된 것은 속어 그 자체가 하층사회의 말만을 의미하는 것이 아님을 단적으로 보여 준다. 은어(隱語)가 특수한 사회집단에서 사용되는 어휘인 데 비해서, 속어는 일반사회에서 그 표현이 지니는 신선미 때문에 사용되는 구어(口語)의 형태라는 점에서 은어와 차이가 있다.

속어는 격식을 차리거나 점잖게 표현하거나 신중하게 발화할 경우에는 쓰이지 않는다. 왜냐 하면, 속어는 신선미가 있는 대신 경박하거나 교양이 없는 말이라는 인상을 풍기기 때문이다. 국어사전에서 '속어'의 유의어로 '상말'이 운위되는 것이 그러한 이유이다. 그러나 '상말'은 또한 비어를 말하기도 하여서 그 구분이 쉽지 않다. 대개 속어의 사용은 사회를 지배하는 일정한 규범과 가치에 대한 문화적인 저하의 형태로 나타나곤 한다.

1950년 6·25와 그 뒤 상당히 오랜 동안 '거짓말'을 '공갈'이라고 했던 일은 그 시대에 살았던 사람들에게는 잘 알려져 있다. 그래서 '공갈 치다'는 '협박하다'는 뜻이 아니라 '거짓말하다'의 뜻이었는데, 대체로 1990년대까지 쓰이었다. 그래서 국어사전의 '공갈' 항목을 보면 속어로서 '거짓말'이라는 의미로 쓰인다고 하고 있는데, 이러한 속어가 사전에 등재되기도 한다.

- 「공갈치네. 야 임마, 그건 난리가 끝나구 느 큰아버지가 수류탄으로 고길 잡다가 그랬다드라, 치. 〈1978, 하늘아래그자리(전상국), 1082〉
- 「공갈치지 마슈.」 종세는 빈정대며 말했다. 〈1990, 지구인(최인호), 0397〉

그러나 국어사전에 그러한 용법은 한때의 유행이었을 뿐 극성스런 사용은 하지 않게 되었고, 드물게 사용되는 일이 있으나 초기와 같은 신선미는 사라져 버렸다. 은어가 속어로 변화하기도 한다. '교도소'를 '큰집'이라고 하고, '화장실'을 '작은집', '돈'을 '쇠' 또는 '동그라미'라고 하는 것이 속어로 이야기되지만, 이것들은 그 출발이 은어이었을 가능성이 크다.

- 형사는 펜대 끝으로 도현의 머리를 가볍게 찌르고 나서 부득이 큰집 신세를 좀 져야겠다고 을렀다. ⟨1972, 낙서족(손창섭), 116⟩
- 그리고 입대는 4년전에 했으나 1년 반전에 모종 사고(이것이 어떤 사고였는지는 그는 밝히려고 하지 않았다)로 하여 큰집에 들어가 있다가 바로 사흘전에 형기만료로 출감하여 보충대를 거쳐서 이곳으로 오게 되었다는 점, ⟨1970, 멘드롱(조해일), 398⟩

은어는 그것을 사용하는 사회의 특수집단 속에 갇혀 있는 동안만 은어로서의 생명이 있는 것이며, 일단 일반사회에 알려져서 널리 쓰이게 되면 그것은 속어로서 존속하게 되기 때문이다. 이러한 점에서 우리에게 알려지고 사전에까지 등록된 은어는 거의 속어로서 다루어져도 무방하다.

속어를 진부하고 격식에 속박된 표현을 피하고 언어 표현에 신선한 맛을 넣어 주기 위해서 사용되는 것이라고 정의할 때, 그 신선미의 원천은 속어가 가지는 환기적(喚起的)인 가치에 있다. 속어는 그것의 본질상 보통과는 다른 사회집단이나, 개인적인 신분, 심리상태 등 특별한 환경을 환기시킨다. 특히 속어가 특정한 사회에서 창작되었거나 전과 다른 새로운 의미로 사용되었을 때, 그 사회집단에 속하는 사람들끼리는 그것을 사용함으로써 친근감이나 동류감(同類感) 같은 것을 느끼게 된다.

동서를 막론하고 문학작품 속에서 속어가 많이 쓰이고 있는데, 이렇게 함으로써 그 사회적 환경을 효과적으로 환기시킬 수 있게 된다. 이러한 환기적인 효과의 이용은 표현의 절약이라는 의미에서 바람직한 경우가 많다. 속어를 천하고 상스럽다고 하여 그 사용을 완전히 막아 버리려는 교육은 재고되어야 한다. 적절하게 사용된 속어는 이른바 공용어·공통어의 사용보다 훨씬 더 큰 표현의 효과를 가질 수 있기 때문이다. 다만 공용어·공통어를 사용할 격식적인 장면과 속어가 섞여서 더 효과적일 수 있는 비격식적인 장면을 올바르게 구분, 판단하여야 할 것이다.

중국이나 일본, 프랑스어 등에는 속어사전이 많이 있으나 우리나라에는 김동언(2006)만이 있을 뿐이다. 그리고 조항범(2019)에서는 속어의 일부 어휘에 대한 어원을 밝히고 있다.

5.2. 비어(卑語)

비어(卑語)는 청자나 제삼자를 아주 얕잡아 보아 경멸적으로 대접하여 쓰는, 품격이 낮은 상스러운 말로서 상말이라고도 한다. 남을 하대(下待)하여 쓰기 때문에 하대어(下待語)라고도 한다. 사물을 천하게 낮추어 부르는 점잖지 못한 경멸적인 말로 교양 없는 사람이 쓴다. 속어와 구별하기 힘드나 속어보다 더 비천하고 야비한 어감을 느끼게 하며, 욕설에 가까운 것도 있다. 그리고 때로는 평어(平語)로 쓰이는 말이 문맥에 따라 비어로 쓰이는 수도 있다. 국어의 모든 어휘에 비어가 발달되어 있는 것이 아니고, 명사 특히 신체관계, 가족 호칭 등과 일부 동사어휘에 비어가 발달되어 있다.

역사적으로 보면 15세기에 평어로 쓰이던 '놈, 겨집, 갓나히' 등이 비어로 쓰인 예도 있다. 고전소설에도 '대가리, 주둥이, 모가지, 이 놈, 목구멍, 지껄이지 마라' 등이 나오고, '귓구멍, 어미, 아이놈, 아이년, 요년, 그 자식(그 사람), 주저넘의 아들놈, (어떤) 시럽의 아들놈' 등과 같은 어휘를 쓰고 있다. 신소설(新小說)에서도 '대가리, 아이녀석, (요악한)년, 뒈지다' 등이 보인다.

계집년

• 놀부놈이 ᄒ는 말이 소ᄉᆞᆫ 계집년이 무슴 일를 아른 체 ᄒᆞ여 방정마지 날쮜는가 ᄒᆞ며 〈1865, 흥부전(경판25장본), 14a〉

• 혹 사ᄅᆞᆷ의 ᄭᅮᆷ의 와 니ᄅᆞ며 혹 무당의게 십피이되 겨집아ᄒᆡ 년 이십여 셰 치를 먹고져 ᄒᆞ노라 ᄒᆞ야ᄂᆞᆯ 〈18××, 태평광기언해, 10a〉

귓구멍

• 것두 귓구멍이라구 뚫려서 - 어서 저녁이나 한 술 떠유.」 치수는 그만 성을 벌컥 낸다. 〈1950, ᄂᆞᆼ민(이무영), 035〉

놈

• 즉재 그 놈 자바 ᄇᆞ레 ᄉᆞ라 주기고 地띵獄옥 허러 ᄇᆞ리니라 〈1459, 월인석보, 25: 87b〉

대가리

• 제 대가리 상투 밑에 풍잠을 지른 모양으로 앞뒤로 갈라 꽂고 제비 몰러 나갈 적에, 〈흥부전 신재효본〉

• 나는 듸가리의 죵긔ᄂᆞ던 희의 낫소 〈1865, 흥부전(경판25장본), 22b〉

뒈지다

• 「이년까타나 끌이 세누나! 시집을 못 가겠으면 오늘은 어디든지 나가서 뒈지고 말어라 이년아! 이년아!」 〈1923, 백치아다다(계용묵), 031〉

모가지

• ᄉᆞ되 이 모양 보고 목아지를 길게 ᄲᅢ여 황시갓치 빗틀면서 긔가 막혀 소ᄅᆡ 질너 졍낭쳥 불너 ᄒᆞ는 말이 〈1840, 춘향전(경판본), 24a〉

목구멍

• 크나큰 밥덩이가 손에서 떨어지면 목구멍을 바로 넘어, 턱도 별로 안 놀리고 〈흥부전 신재효본〉

시럽장의 아들

• 어니 시럽장의 아들이 틀닌 말 ᄒᆞ엿기ᄂᆞ냐 그 아희년이 말ᄒᆞᄂᆞ 거슬 기방귀로 알고 우리를 도모지 터진 소아리로 아라 눈을 거듧더도 보지 아니ᄒᆞ고 홈치고 감치고 되치고 뒤치고 셍당그르치고 드러가니 말흔 늬 쇨 엇지 되얏ᄂᆞ니 〈1864, 남원고사, 12b〉

요년

• 요괴로온 요년들아 무슨 잡말들 ᄒᆞᄂᆞ 칼을 밧비 벗기여라 〈1864, 남원고사, 31a〉

요악한 년

• 저런 요악한 년, 삼천 원짜리 소절수를 제 손으로 강탈하여 가지고도 아니라고 잡아 떼니 저러한 죽일 년이 어디 있노. 〈1935, 흑풍(한용운), 177〉

주둥이

• 이 주머니 생긴 품이 무엇을 넣으려 하면 주둥이를 떡 벌려서 산덩이도 들어갈 듯, 넣고 보면 딱 오무려 전과 도로 같아진다. 〈흥부전 신재효본〉

주제넘의 아들

• 남고 노ᄂᆞ 계집이 망ᄒᆞ여도 엉덩이 흔드는 댱단 ᄒᆞ나흔 남ᄂᆞ다 ᄒᆞ니 경셩의셔 싱댱흔 늬가 현마 계집 말브를 줄이야 모로랴 방주형아 쥬져넘의 아들놈 쇼릭 말고 나ᄂᆞ 드시 불너오라 편젼ᄀᆞ치 불너오라 〈1864, 남원고사, 19b〉

지껄이다

- 그 뒤에 사람들이 꾸역꾸역 나오는데, 앞에 선 두 아이는 검무장이, 북잡이라. 풍
  각장이, 각설이패, 방정스런 외초라니 등물이 <u>지껄이며</u> 나오더니, 〈홍부전 신재
  효본〉

현대국어에서 쓰이는 것으로는, '머리 : 대갈(대갈통), 얼굴 : 상판대기, 입 :
아가리(주둥아리), 눈 : 눈깔, 배 : 배때기, 목 : 목아지' 등 인체에 관한 것과 '아버
지 : 아비(애비, 아범), 어머니 : 어미(에미)' 등 가족호칭에 관한 것이 있고, '먹는
다 : 처먹는다, (입)닫아라 : (아가리) 닥쳐라, 죽는다 : 뒈진다, (아이를)낳는
다 : 깔긴다' 등이 있다.

대갈통

- 바로 엇그것게 새로 세시까지 점심을 못먹게 하고 허긔를 지게 하든 분한 생각
  을 하면서 미스러저 잡바저 가지고는 <u>대갈통</u>이나 째여젓드라면 고소할 것을 하
  고 섭섭해 하엿다. 〈1933, 병든소녀, 143〉

상판대기

- 붙잡기만 하면 이놈을 다리옹두릴 분질러놓자 하였는데 급기야 돌아서는 <u>상판
  대기</u>를 보니 그는 뜻밖에도 유 선달집 머슴 도가가 아닌가. 〈1939, 봄봄(이기
  영), 027〉

아가리

- 최가가 간이 써러졋는지 염통이 쏘다졋는지 <u>아가리</u>로 피를 픽픽 토하면서 정신
  은 일치 아니한지라 〈1908, 귀의성(하), 104〉

눈깔

• 남녀 대장군이 눈깔을 부릅뜨고 서 잇는 곳을 지나 정전 앞 다리를 건너섰다.
  〈1922, 환희(나도향), 070〉

배때기

• 이건 도저히 처녀의 배때기는 아닙니다. 어디 처녀가 이다지 딴딴하게도 두드러
  오를 수야 있겠읍니까. 정녕코 병들은 배에 틀림 없습니다. 〈1934, 애기(김유
  정), 374〉

모가지

• 네- 그년의 즉식을 이리 다리고 오너라 목아지나 비트러 죽어버리자 〈1907,
  귀의성上, 105〉

쳐먹다

• 누가 아니. 수동이네 주막에서 대낮버텀 술을 쳐먹는다더니, 여태 게 있는 게지.
  〈1936, 상록수(심훈), 057〉

입 닫치다

• 「글쎄 그만 입 닫쳐 둬요!」〈1950, 농민(이무영), 077〉

8·15광복 후의 혼란기와 6·25 전란기 이후 국어의 일부 어휘 가운데에는
비어로 발달한 것들이 있어서, 혈기가 왕성한 학생·군인·청소년(특히 불량성을
띤 젊은이)들이 즐겨 썼다. '바보 : 쪼다, 아버지 : 깨비(꼰상, 꼰대), (여자)애인 :
깔치, 증명서 : 찡, 웃는다 : 쪼갠다, 거짓말(하다) : 구라(깐다, 친다)·후라이(깐
다, 친다)·공갈(친다), 이야기한다 : 이빨깐다, 체면 깎기다 : 쪽팔리다, 달아나
다 : 토기다, 고생하다 : 피보다, 아부하다 : 따리붙이다, 뇌물을 주다 : 기름치

다' 등이 예들이다.[5]

꼰대

• 우리가 세들어 살던 집 앞에는 웬 꼰대가 통을 가지고 얼음을 으깨 넣으며 아이 스구리를 만들고 있었다. 〈1980, 어둠의자식들(황석영), 035〉

깔치

• 왕초 몰래 똘만이들끼리 팔아 먹던 재미나, 피엑쓰 앞에서 <u>깔치</u>들에게 매달려 한 푼 달라고 생떼를 쓰다가 옷자락에 타마구를 슬쩍 발라 주던 그 때의 재미 따 위는 이젠 생각해보면 참 시시하고 치사하기 짝이 없다. 〈1957, 쑈리킴(송병 수), 013〉

쪼다

• 부하 어떤 놈에게 그건 네가 해치워 하니까 이 <u>쪼다</u> 새끼가, 분대장님 전 못해요, 이러잖아요, 쪼다 같은 새끼, 하는 수 없이 내가 나섰죠. 〈1970, 선생과황태자 (송영), 585〉

찡

• 나가 성님을 딱 본께로 기차 타로 역으로 나가는 것이 분명헌디, <u>찡</u>을 안 가진 것이 틀림없덜 안컸소. 찡 읎이 역에 가봤자 헛걸음질이고, 되짚어 찡 맹글로 읍 사무소로 와야 헐 것인디, 〈1986, 태백산맥(조정래), 163〉

구라

• 정 하사는 순열씨의 <u>구라</u> 솜씨를 칭찬하는 이 중사의 말에 화가 나서 참지 못하

---

5 여기에는 필자가 조사한 예문들 중에서 처음 등장하는 예문들만 제시한다. 예문이 너무 많 기 때문이다. 그래서 여기의 예문은 초기 사용의 예들이라고 판단하여도 좋을 듯하다.

겠다는 듯이 버럭 소리쳤다. 〈1970, 선생과황태자(송영), 551〉

후라이
• 사장한테 겨우 후라이를 쳐서 휴가를 얻고 나니깐 이번엔 예편네가 잔뜩 의심을 하지 않겠니? 〈1975, 서울사람들(최일남), 131〉

쪽 팔리다
• 「너두 임마, 논다리 끊어라. 뒷골목에서 쪽 팔리게 생겼구나.」〈1980, 어둠의자식들(황석영), 244〉

토끼다
• 「이 원수놈아, 넙죽거리고 섰지말고 월런 토껴버려, 저쪽 철조망 구멍으로 싸게 이놈아」〈1975, 도둑견습(김주영), 211〉

따리 붙다
• 「저 황선주가 와서 내게 따리 붙걸랑 이장도 한 마디 거들었으면 해서 그려. 고연 히 남춘옥에 가 저녁 한번 은어먹고, 성가셔 못 견디겄당께」〈1977, 으악새우 는사연(이문구), 140〉

이 밖에도 거칠어진 사회상을 반영하여, '쌍, 쌍년, 개새끼, 이 짜식, 왜 핏대 야?' 등 험악한 욕설도 발달되어, 일상용어로 널리 쓰이어 왔다. 특히 20세기 말에 젊은이들 사이에 '뭉개, 밟아, 부셔, 빠개, 코피로 세수시켜, 손좀 봐, 터져 야 알간' 등 아주 험악한 비어들이 쓰이는 언어의 폭력현상이 나타나고 있다. 사람은 언어에 의하여 행동한다고 볼 때 이러한 비어의 사용은 인간의 원만한 관계를 해치며 정서적인 면에서도 문제가 된다.

쌍

- 「에이 쌍!」 그는 만날 이 일이 생각날 때마다 혀를 차며 중얼거렸다. 〈1919, 약한자의슬픔(김동인), 342〉
- 「아이구 이 <u>쌍까시나야</u> 이 주리칠 쌍까시나야, 하늘이 무서운 줄을 몰으겠니? 이 박살할할 년」 하며 金泉집은 이 大監宅에 와서 배운 점잔은 말솜씨도 엉겹결에 모두 잊어버리고 별아별 옥지거리를 퍼부으며 너머진 채 복아지치듯 貴愛를 두들겨 패이는 것이었다. 〈1940, 낙조(김사량), 150〉

짜식

- "히야, 용돌(用乭)이 <u>짜식</u>, 벌써 멱감고 있대이. 학교는 그만두고 짜식 참 좋겠다." 〈1959, 횐종이수염(하근찬), 64〉

5.3. 아어(雅語)

아어(雅語)는 고아한 뜻으로 쓰이는 말을 말한다. 흔히 의고적(擬古的)인 문장투에서 고어(古語)를 부활시켜 쓰는 용법도 포함된다. 아어는 대체로 속어와 대립되는 의미로 사용된다. 아어는 격조 높은 어휘로서, 속어는 통속적인 비속의 어휘라는 일반인의 의식이 있어서 두 용어가 대립되는 것으로 생각한다. 그래서 아어는 한 가지 의미를 표현하는 여러 형태 중에서 가장 고상한 언어로 인식된다. 국어에서는 대체로 아어로서 한자어가 쓰이는 것이 일반적이다. 그러나 고유어로도 아어를 나타내는 경우가 있다. 예컨대 '몸소'와 '손수'는 '직접 제 몸으로'와 '직접 제 손으로'에 대한 경어이자 아어였다. 그래서 말하는 사람이 자신에 행위에 대하여 '몸소'나 '손수'를 사용하지 않는다.

- 단발령 죠셔ᄒ여 글ᄋ샤디 짐이 쟝ᄎᆺ 시졍 기션ᄒ야 온 셰샹을 새롭게 홀진대 짐이 <u>몸소</u> 시작홀지라 위에 나아가ᄂᆫ 날 단발ᄒ고 융복을 ᄒ겟ᄉ니 신민들은 다

알아 짐의 뜻을 ᄯ로라 ᄒᆞᆸ셧더라 〈1906, 경향신문, 2, 3〉

• 삼괴 선생, 어려운 출입을 하십니다. 이렇게 <u>몸소</u> 누지(陋地)까지 찾아 주시니 우리 진 전체의 광영이옵니다. 〈1957, 임진왜란(박종화), 070〉

• <u>손수</u> 챠를 부어서 붕남에게 권ᄒᆞ고 ᄌᆞ긔도 마신 후에 담빅딕를 끌어당기면서 천천히 말이 나아온다 〈1912, 두견성(상), 117〉

• 그래두 영감한테 보내는 음식을 쏠어맡겨만 두지 않구 정성껏 손수 보살피는 게 무던하지… 〈1954, 취우(염상섭), 094〉

그런데 최근의 대화에서 '제가 몸소 만들었습니다, 제기 손수 만들었습니다'와 같은 문장을 쓰는 경우도 발생하여 차츰 아어는 사라지고 있는 것으로 보인다.

5.4. 경어(敬語)

경어(敬語)란 대화의 주체가 되는 인물이나 이야기를 듣는 상대에게 경의를 표하기 위하여 쓰는 어휘를 말한다. 곧 예사말(또는 평어 또는 평칭어)에 대립되는 말로 쓰인다. 이 경어는 문법적으로는 동사에 높임을 뜻하는 '-시-'를 붙이거나 겸양을 뜻하는 '-습-'을 붙여 표시하기도 하지만, 명사나 동사 어휘 자체에 경어를 만들어 사용하는 방법도 있다. 소위 어휘적 경어를 사용하는 것이다. 어휘적 경어는 대체로 한자어를 쓰는 경우가 많다.

평어 : 경어	평어 : 경어
• 감기 : 감환(感患)	• 선생 : 선생님
• 강사(講師) : 강백(講伯)	• 선친(先親) : 선부군(先父君)
• 객(客) : 객인(客人)	• 성명(姓名) : 성함(姓銜)
• 과붓집 : 과부댁(寡宅)	• 손 : 손님

•교우(敎友) : 교형(敎兄)	•술 : 약주
•께서 : 계옵서	•아버지 : 가친
•나이 : 연세(年歲), 연치(年齒)	•아프다 : 편찮으시다
•내방(來訪) : 내가(來駕)	•안사돈 : 사부인(査夫人)
•노병(老病) : 노환(老患)	•안신(安信) : 안후(安候)
•노인 : 노존(老尊)	•안주인 : 안어른
•누나 : 누님	•알리다 : 아뢰다, 사뢰다
•늙은이 : 늙으신네	•어머니 : 자당
•데리다 : 모시다	•어사(御史) : 어사또(御史)
•도령 : 도련님	•염습(殮襲)하다 : 염잡수다
•마누라 : 마나님	•오빠 : 오라버니
•말 : 말씀	•왕(王) : 왕상(王上)
•먹다 : 자시다, 잡수다, 잡수시다, 드시다	•용서(容恕) : 고면(高免)
•문안하다 : 문안(問安) 드리다	•이 : 치아(齒牙)
•묻다 : 여쭙다	•임금 : 상감(上監)
•바깥양반 : 바깥어른	•있다 : 계시다
•받다 : 받잡다	•자다 : 주무시다
•밥 : 진지	•잠 : 침수(寢睡)
•별세(別世) : 서세(逝世)	•장인(丈人) : 장인(丈人)어른
•병(病) : 병환(病患)	•조카 : 함씨(咸氏)
•본가(本家) : 본댁(本宅)	•주다 : 드리다
•뵈다 : 뵙다	•죽다 : 돌아가시다
•비구(比丘) : 현수(賢首)	•집 : 댁(宅)
•사거(死去) : 서거(逝去)	•청취(聽取) : 고청(高聽)
•상감(上監) : 상감마마(上監媽媽)	•친구(親舊) : 현형(賢兄)
•새색시 : 새아기씨	•학교 : 귀교(貴校)
•생일 : 생신	•형수 : 존수(尊嫂)

주지하는 바와 같이 국어에는 경어법이 발달되어 있다. 그래서 경어법에 어긋나게 말을 하거나 글을 쓰면 질책을 받곤 한다. 전해 오는 말에, 어느 며느리가 시아버지께 "아버지 대가리에 검불이 붙었습니다"라고 말했다가 꾸중을 듣고, 높임말을 쓰려면 뒤에 '-님'을 붙이라고 했더니. "아버님 대갈님에 검불님이 붙으셨습니다"라고 했다는 이야기가 널리 전하고 있다. 국어의 경어 사용의 어려움을 해학적으로 꾸민 이야기로 보인다.

이처럼 동사에 '-시-'를 붙이거나 또는 명사에 '-님'을 붙여서 경이를 사용하는 경우가 일반화되어 있기도 하지만, 대개는 한자어를 써야 경어가 된다는 인식이 더 강한 편이다. 부친이 다리를 다쳤는데 시험기간 중이라 집에 가지 못한 대학생이 부친에게 편지를 써서 봉하지 않고 보낸 것을 필자의 부친이 그 편지를 읽고 대학생은 다 이러냐고 하시면서 필자를 크게 꾸중을 하신 적이 있었다. 그 편지에는 '아버님 족(足)은 어떠하시오며'란 문구가 있었던 것이다. '다리'를 이의 한자인 '족'이라고 해야 높이는 말인 것으로 인식하여서 생긴 웃지 못할 넌센스이다.

국어 경어법의 발달은 역사적으로 여러 단계를 거친 것으로 보인다.

예컨대 "아버지가 밥을 먹었다"란 문장은 처음에 그 행위를 높이기 위해 동사에 '-시'를 붙여 "아버지가 밥을 먹으시었습니다"로 되었다가, 말하는 사람을 낮추기 위해 '-습'(옛날에는 '-숩/-습')을 붙여 "아버지가 밥을 먹으시었습니다"로, 그리고 다시 명사를 높이기 위해 존칭의 접미사 '-님'을 붙여 "아버님이 밥을 먹으시었습니다"로, 그리고 주격 조사 '-이'를 존칭의 주격조사 '께서'(-의셔)를 붙여 "아버님께서 밥을 먹으시었습니다"로, 그리고 명사를 높이는 새로운 어휘, 즉 '밥'의 높임말 '진지'로 바꾸어 "아버님께서 진지를 먹으시었습니다"로, 이것을 다시 '먹다'의 존칭어 '잡수시다'로 바꾸어 최종적으로 "아버님께서 진지를 잡수시었습니다"로 변화한 것으로 보인다.

명사의 존칭을 뜻하는 경어의 발달은 다른 경어의 문법 범주에 비해 늦게 발달한 것이다. 그러나 명사나 동사에 사용하는 경어의 발달은 다른 문법 범주에 보이는 경어법의 발달과는 차이가 있다. 체계적으로 발달한 것이 아니라 개개의 어휘마다 그 역사가 다르다고 할 수 있다. 그것은 사회적인 요인에 의하여 경어가 발달하는 것이란 의미를 내포한다.

예컨대 '밥'에 대한 경어인 '진지'는 '진지하다'에서 나온 말이다.[6] '진지하다'는 '밥을 올리다, 식사를 올리다'란 의미였는데, '진지'를 명사로 바꾸어 쓴 것이다. 이미 15세기에 보인다.

• 그제사 王이 즁님내씌 우브터 아래 니르리 손소 진지ㅎ야 供養ㅎ고 〈1447, 석보상

---

6 '진지ㅎ다'의 '진지'를 박재연(2016)에서 '進支'로 해석하였는데, 그 근거를 알 수 없다.

절, 24:48a〉

•찬재란 마른 진지ᄒᆞᄂᆞᆫ 사ᄅᆞᆷ이라 〈156×, 여씨향약언해(화산본), 25a〉

•文王이 ᄂᆞᆺ 빗체 근심ᄒᆞ샤 거르실 제 能히 바ᄅᆞ 드듸디 몯ᄒᆞ더시니 王季 진지를 도로 ᄒᆞ신 후에ᅀᅡ ᄯᅩ 처엄대로 도로 ᄒᆞ더시다 진지 오ᄅᆞᆯ 제 반ᄃᆞ시 시그며 더운 절ᄎᆞ 를 ᄉᆞᆯ펴 보시며 진지 믈으ᄋᆞ와든 자신 바를 무르시고 진지 가ᅀᆞᆷ안 사ᄅᆞᆷ ᄃᆞ려 命ᄒᆞ야 ᄀᆞᆯᄋᆞ샤ᄃᆡ 다시 들임이 잇디 말라 ᄒᆞ야시ᄃᆞᆫ ᄃᆡ답ᄒᆞ야 ᄀᆞᆯ오ᄃᆡ 그리호링이다 〈1588, 소학언해(도산서원본), 4:12a〉

마찬가지로 '묻다'에 대한 경어인 '여쭙다'는 이미 15세기에 '엳ᄌᆞ오다. 엳ᄌᆞᆸ 다' 등이 사용되고 있었다.

•주ᄀᆞᆷ 罪로 말ᄊᆞᄆᆞᆯ 엳ᄌᆞᆸ노이다 우린 드ᄅᆞ니 〈1459, 월인석, 2,69b〉

•내 이제 如來ᄭᅴ 엳ᄌᆞᆸ노니 觀音 닐옴 ᄀᆞᆮᄒᆞ야 〈1461, 능엄언, 6,67a〉

•表 지ᅀᅥ 엳ᄌᆞᄫᆞ니 그 表애 ᄀᆞ로ᄃᆡ 〈1459, 월인석, 2,69b〉

•王이 자실ᄊᆡ 몯 엳ᄌᆞᄫᆞ리로소이다 〈1459, 월인석, 25:58a〉

이에 비해 '잡수시다'는 19세기에나 그 예를 찾을 수 있다.

•잡숩다, 잡수시다 喫 〈1880, 한불자전, 528〉

•셰슈물얼 노흔 후에 잡수ᄭᅩ 시푼 거슬 물어 ᄂᆞ수되 맛보신 후에 물녀 ᄀᆞᄂᆞ니 ᄌᆞ부 ᄀᆞ 구고 성기기도 붐모 성기더시 ᄒᆞᄂᆞ니라 〈1882, 여소학, 26b〉

•남녀의 이 셩인은 ᄃᆡ 향낭을 ᄎᆞ고 실쩍의 문안ᄒᆞ고 만일 잡숫지 ᄋᆞ니ᄒᆞ여꺼던 을 운얼 〈1882, 여소학, 26a〉

•이에 구은 물고기 ᄒᆞᆫ 편을 드리매 예수ㅣ 그 압희셔 잡수시고 ᄀᆞᆯᄋᆞ샤ᄃᆡ 〈1894, 훈 아진언, 39a〉

'죽다'에 대한 경어인 '돌아가시다'는 후대에 생긴 어휘이다. 이전에는 '주그시다, 죽으시다'였다.

- 王ㅅ 즐교매 죽디 아니ㅎ노이다 ㅎ고 즈개 주그시니라 〈1474, 내훈언해, 2:29a〉
- 공ᄌᆞ 그 씌예 주그시다 경왕이 죽거늘 아들 원왕 인이 셔다 〈1832, 십구사략언해, 1:64b〉
- ᄯᅩ 져 사름의 신셰로 우리 누의님이 물에 ᄲᅢ져 돌아가시기를 면ㅎ셧고 〈1908, 빈상셜, 150〉
- 안이요 아씨 친어머니 되시ᄂᆞᆫ 마님은 벌셔 돌아가시고 지금은 후취 어머니시지오 〈1912, 홍도화(하), 82〉

5.5. 은어(隱語)

은어(隱語)란 어떤 특수 집단 안에서만 비밀을 지키기 위하여 독특하게 쓰이는 말을 일컫는다. 보통어와 대립되는 말로서 변말이라고도 한다. 은어는 같은 환경에서 같은 운명에 놓여 있거나, 공통된 생활을 영위하면서 어떤 고립된 집단을 구성하고 있는 구성원 사이에서 발달하는 것이 보통이다. 그러나 학생, 군인, 체육인 등 주로 청년층으로 구성된 집단에서 쓰이는 독특한 집단언어, 그리고 직업에 따라서 특수하게 쓰이는 특수어(직장어)도 은어라고 하는 수가 있다. 은어와 보통어와의 차이는 주로 어휘에 있으며 문장구조 등은 일상적인 보통어와 다른 점이 적으나 때로는 보통어와 다르게 변형시킨 짧은 문장을 이용하는 수도 있다. 은어로 사용되는 어휘는 대개 그 집단 안에서 공동적으로 발달시킨 것인데 그 구성은 의태어나 의성어를 발달시켜 사용하는 것, 음절을 생략한 것, 비유를 이용한 것, 연상법(聯想法)을 활용한 것, 외국어를 이용한 것 등으로 나누어 분석할 수 있으나, 어원을 알 수 없는 경우도 상당히 많다. 전체 어휘로 보면 용언보다는 명사가 훨씬 많고, 관형어나 한정어(부

사) 등은 드물다. 우리나라 은어로는 산삼채취인(山蔘採取人)들의 은어가 상당히 많이 연구되어 왔으며, 이밖에도 상인, 운수업자, 학생, 범법자(犯法者), 유흥업소 등의 은어가 조사되어 있다. 산삼채취인의 은어는 백두산, 설악산, 소백산 등 고산지대에 걸쳐 분포되고 있음이 밝혀졌으며, 상호 공통되는 어례(語例)는 극히 드물고 대개 각 지역별로 발달된 것들이다. 산삼, 천문, 지리, 시령(時令), 신체, 인류(人倫), 의복, 동물, 음식, 기구, 수목, 화소(禾蔬) 등 명사에 관한 은어가 대부분이고, 동사에 관한 은어는 극소수가 쓰일 뿐인데, 이런 현상은 다른 부문의 은어에서도 마찬가지로 나타난다. 산삼채취인의 은어를 몇 개 들면 심(산삼) 삼메인(심인) 어이마니(老人) 네폐(곰) 실른다(먹는다) 어이님 무림 다부리쇼(어른님 밥 자시오) 등이다.

은어의 성립은 타집단에 그 말뜻을 숨기려고 하는 데에 있다고 볼 수 있는데, 때로는 그 은어를 사용하는 대상이 사람이 아닌 경우도 있다. 예컨대, 백정(白丁)들이 옛날에 소를 잡을 때 도살장 안에서 일반어를 쓰지 않고 은어를 썼는데, 그 이유는 일반어를 쓰면 소가 불안해하기 때문에 소가 모르는 은어를 써서 소의 영혼을 편히 하늘나라로 올라가게 한다는 뜻에서였다고 한다. 이처럼 백정의 은어는 소를 대상으로 하는 은어라는 점, 그리고 산삼을 캐는 이의 은어 또한 산신에게 숨기려는 뜻에서 성립되었다는 점에서 인간이 타집단을 대상으로 하는 은어와, 오랜 기간 사용되어 다른 집단에 알려진 경우는 은어로서의 성격을 상실하게 되어 그 은어 자체의 사용이 사라지거나, 그 반대로 타집단에까지 널리 사용되게 되어 보통어로 변하는 경우도 있을 수 있다. 다음의 예들은 각 집단에서 사용되는, 또는 사용되던 은어로 알려져 왔던 것들이다.

① 거지의 은어[7]

---

[7] 여기의 자료는 김민수(1953)를 참고하였다.

왕초(거지 대장) 양아치(거지 동지) 내초(새로 나온 거지) 묵은초(묵은 거지) 똘마니(거지 어린애) 걸(밥) 냉 걸(찬 밥) 탈(물) 모라이(밥) 꿀꿀이(식당밥) 쌔리깐(파출소, 경찰서) 빵두럭(형무소) 싱(돈) 데부생 데부깡 후이로 빠이 학빠이 갑지(지갑) 맹꼬이(수갑) 똑데기(시계) 개코 (구두) 꼴(옷) 밴댕이(칼) 딸딸이(자전거) 따시다(훔치다) 토끼다(도망가다) 다구리지다(들키다) 빵가다(징역가다) 맞추다(먹다) 꾸리다(잠자다) 깨지다(죽다) 등.

② 범죄인 사회의 은어

먹쟁이(거지) 양아치(거지) 먹보(바보) 필쟁이(기자) 빵쟁이(도둑놈) 쪽쟁이(마약범) 논금쟁이(놀음꾼) 죽쟁이(판사) 먹통(변기통) 먹관(변소) 까바리(밥그릇) 똑대기(회중시계) 똑다기(철조망 절단기) 여물통(입) 호박씨(이) 밀판(얼굴) 먹통 식구통으로 핥다(입으로 먹다) 기챙이 벌찜까다(개가 짖다) 힝썹고 토끼다(돈 가지고 도망가다) 남수 띠다(거짓말하다) 안 실렸다(아무도 없다) 등.

③ 시장에서의 은어

나까마(동업자) 덴바이(들고 다니며 파는 사람) 자가용(돈 많은 손님) 바람분다(단속반이 나왔다) 떴다(이익금이 많이 남았다) 밥이 많다(생선 양이 많다) 잘 먹는다(잘 팔린다) 할컸다(손님이 가버렸다) 야리(100원) 후리(200원) 가찌(300원) 다마(400) 데부(500원) 미스(600원) 아기(700원) 아따(800원) 아부나이(900원) 야리셍(천원) 백원(마넌) 만원(100만원) 등.

④ 버스 운수업자의 은어

빵땅(수입금 유용) 스페어 돈(잔돈) 기성(경력이 많은 안내양) 신입생(초보 안내양) 한탕(1회운행) 나가시(자가용차의 영업행위) 아다리쳤다(손님이 많아서 수입이 올랐다) 쇼부본다(교통순경과 교통법규 위반을 적당히 해결한다) 등.

⑤ 살롱가에서의 은어

화상 삐게이(치킨프라이) 궁디스택(비프스테이크) 장작(야채샐러드) 짬빰통(샌드위치) 보따리(오므라이스) 등.

⑥ 혈액원(血液院)에서의 은어

작때기(A형의 피) 귀때기(B형) 망통(O형) 잡종(AB형) 물건(피를 뽑으러 오는 사람) 등.

⑦ 군대에서의 은어

짠물(인천 출신) 까사(이발사) 올빼미(유격대) 어머니(인사계) 말뚝(장기복무자) 새총(M1총) 걸레장수(군수병) 핀셋(의무병) 큰집(본부) 쪼인트 깨졌다(발로 얻어맞았다) 빨리 3층집을 부숴야지(빨리 병장이 되어야지) 별들에게 물어봐(나는 모른다) 등.

⑧ 대학생들의 은어

오징어다리(곰보) 정류장(3류대학) 벽계수(고고한 체 하는 사람) 명동(여드름 많은 이) 시네마스코프(대머리) 병풍(무능력자) 민주주의(추남 추녀, 제멋대로 생겼다) 권총차다(F학점 맞다) 가봉한다(파트너 예비심사) 팔짱끼다(결혼하다) 샌드위치데이트(2대1의 데이트) 소가 워커 신고 지나갔다(멀건 국) 등.

대학생과 군대의 은어는 속어(俗語)와 구별하기 힘든 것이 많으며, 외국어가 많이 이용되는 것이 특색이다. 이 분야의 은어도 형상(形狀)의 유사(類似)를 딴 것(F학점=권총 차다), 행위의 유사를 딴 것(파트너 예비심사=가봉한다), 의미의 유사를 딴 것(영업용=접대부) 등으로 분류된다.

⑨ 중고등학생들의 은어[8]

가분수(머리가 큰 사람), 가죽피리(방귀), 간장(오줌), 개소리부(웅변부), 건빵(눈이 작은 사람), 고생문(교문), 고생보따리(책가방), 꼰녀(여교사), 꼰대(남교사), 꼰비(부모님), 꼰장(교장), 꼰닥터(양호선생), 구름과자(담배), 긴밥(담배), 냉냉이(시간 중 빠지는 사람), 니나니보(바보), 땡감(할아버지), 독사(교련 선생), 두음접변(말더듬이), 링컨대통령(컨닝), 마우스플레이(흡연), 무허가건물(여드름), 삼국사기(담배), 김부식(담배), 옐로우하우스(화장실), 손목주인(시계), 신자유주의(못생긴 남학생), 워싱턴대학(화장실), 죽일어(독일어), 주메순(못생긴 여자=순메주), 향수다방(화장실), 해골굴리기(잠자기), 7cm(담배), ABC(아이 보기 싫어), EFG(예쁘지?), TBC(뚱보씨) 등.

이러한 은어들 중에서 사회에 널리 알려져 은어로서의 기능을 잃어 버리고 속어나 비어의 위치를 차지하고 있는 것들이 많다.

양아치(거지), 싱(돈), 토끼다(도망가다), 나까마(동업자), 삥땅(수입금유용), 쇼부보다(적당히 해결하다), 권총 차다(F학점을 받다), 가죽피리(방귀), 꼰대(교사), 민주주의(추남 추녀) 등이 은어가 아닌 일상어로 쓰이고 있다.

은어가 언제부터 발달하였는지는 기록이 없어서 그 역사를 기술할 수는 없다. 그러나 '은어(隱語)'라는 용어는 이미 오래 전부터 사용되어 왔다. 18세기 중기의 문헌에 '은어'가 검색된다.

• 윤선달로 (대개 은어로써 취샹을 ᄀᆞ르티미라) 〈1756, 천의소감언해, 2:51a〉 원문
  : 尹先達 (盖以隱語指就商)

이 글에서는 '취샹'을 은어로 '윤선달'이라고 한다는 것으로 보아 오늘날 사

---

8 이 조사는 1969년에 필자가 중학생들을 대상으로 하여 직접 조사한 은어 중 극히 일부이다.

용하고 있는 은어와 동일한 의미로 은어를 사용하고 있음을 알 수 있다. 취상(就商)은 이름이 윤취상(尹就商)인데, '윤선달'이라고 불렀음을 알 수 있다.

또한 이형상(李衡祥, 1653~1733)의 『자학(字學)』에도 '수양가은어(修養家隱語)'라는 항목에 102개의 한자어를 제시하고 있는데, '수양가은어'의 '은어'가 현재의 은어와 연관이 있는지는 알 수 없다. 도교(道敎) 관계 문헌에서 사용하는 어휘들로 알려져 있는데 이 어휘들을 왜 '은어'라고 하였는지는 알 수 없다. 혹시 일반인들이 한자만으로서는 그 의미를 잘 알 수 없는 것이어서 이들에 '은어'라는 명칭을 붙인 것이 아닌가 하는 생각을 하게 된다. 왜냐 하면 여기에 등재되어 있는 어휘들은 거의 사용되지 않는 어휘늘일 뿐만 아니라 한자만으로는 그 의미를 파악하기 어려운 어휘이기 때문이다. 그 어휘들을 몇 개 들어 보면 다음과 같다.

- 昆侖 頭也 (곤륜은 머리이다)
- 丹田有三 腦爲上丹田 心下爲中丹田 臍下爲下丹田 (단전은 세 개가 있는데 뇌가 상단전이고 명치 아래가 중단전이고 배꼽 아래가 하단전이다)
- 泥丸 腦也 (니환은 뇌이다)
- 天庭 兩眉間也 (천정은 두 눈썹 사이이다)
- 蒼華 太元 華根 雲儀 玉華 皆髮名 (창화 태원 화근 운의 옥화는 모두 머리털 이름이다)
- 天臺 中岳 神盧 長谷 玉隴 靈堅 皆鼻名 (천대 중악 신로 장곡 옥롱 영견은 모두 코 이름이다)

위에 든 예들뿐만 아니라 '수양가은어'에 보이는 어휘들은 신체 부위와 천문, 시령(時令)에 대한 이칭(異稱)들이 대부분이다. 즉 '머리, 뇌, 미간, 머리털, 코, 눈, 눈썹, 눈동자, 혀, 치아, 입, 어깨, 심장, 간, 비장, 폐, 쓸개, 위장, 신장, 소장, 목구멍, 맥(脈), 쓸개, 머리, 해, 달, 별, 오성(五星), 신선(神仙)' 등인데, 이들이 도교에서만 달리 부르는 이칭들이어서 이들을 은어라고 한 것으로 파악되지만 앞으로 더 검토해 보아야 할 내용이다.

이와 같은 '은어'에 대한 흔적은 20세기 초에도 보인다.

- 령젹을 비쳑ᄒ고 보면 오쥬 그리스도의 일셩 힝위든지 슈고슈난ᄒ신 ᄉ정이든지 십ᄌ가에 못박혀 ᄆ츠신 ᄉ정이든지 다 의론치 말고 능히 써 히셕치 못홀 은어(隱語)이로다 〈1906, 경향보감,4, 218〉

그러다가 이 '은어'나 '변말'이 문학작품에 흔히 등장하는 것은 1970년대부터였다.

- 좌중을 겸연쩍게 할 때 자주 사용하는 우리들의 말이었다. 우리는 이것 말고도 얼마든지 많은 우리들만의 말을 가지고 있는데, 그것은 우리들의 귀중한 공동 재산이었다. 아무리 만나고 다시 만나도 이야기는 그게 그것이고, 도대체 시원스런 화제가 없을 때, 대화를 이어 주는 유일한 활력소는 그 은어의 뉘앙스였다. 우리는 그것을 즐겼다. 아무 새로울 것도 없는 이야기에 이 은어들을 집어 넣어, 다행히 거기에서 재미있는 언어의 충돌이 이루어지면 우리는 모두들 눈물을 짜며 좋아했다. 〈1972, 조율사(이청준), 062〉
- 고왕만과 김치삼이 베니스의 문을 밀고 들어서려는데 기도를 보는 성칠이가 깍듯이 예의를 갖추었다. 기도라는 것도 왜말로서 허드레 깡패들이 접근 못 하도록 지켜 주는 수문장 비슷한 역할을 맡은 자를 가리키는 일종의 은어였다. 〈1980, 어느사학도의젊은시절(박태순), 258〉
- 그는 현오봉과 동창이었고, 잘하는 공부에 인물이 그만하면 통학열차의 여학생 인기를 독차지하고 있었다. 그래서 그에게는 '빠꾸리'란 은어(隱語)가 무슨 훈장처럼 붙어다녔다. 〈1986, 태백산맥(조정래), 275〉
- 갑자미라면 요사이 투전꾼들이 가보를 이르는 말이었다. 얼마 전부터 '가보(甲午)는 갑자미(甲子尾)'라는 비결이 나돌아 지금 그 비결로 세상이 한창 떠들썩한

판이었다. 심지어 투전꾼들 사이에서까지 가보가 나오면 '갑자미'라고 소리를 지를 지경이었다. 갑자미가 가보의 <u>변</u>말이 된 것이다. 〈1989, 녹두장군(송기숙), 100〉

이 은어에 대한 관심을 가지고 조사가 이루어지기 시작한 것은 1920년대부터 보이고 그 연구는 1950년대부터로 보인다.

1920년대에 은어에 대해 관심을 가지고 수집하여 소개한 글이 있다. 陸壽川(1925)가 필자가 찾은 최초의 은어 조사 보고서이다.

여기에는 범죄집단의 은어와 무당들의 은어 그리고 우시장(牛市場)에서 금전을 계산할 때 사용하는 은어를 제시하고 있다. 그 예를 들면 다음과 같다.

① 범죄집단의 은어

• 갈치장사 : 경찰관	• 감옥서참봉(監獄署參奉) : 전과자
• 사슌(査巡) : 순사	• 풀엉날 : 토요일
• 돈반잡이 : 밀정	• 붉엉날 : 일요일
• 셨다 : 경찰이 왔다	• 령감(令監) : 태환권(兌換劵)
• 슈신대학(修身大學) : 감옥	• 동구람이 : 금전
• 슈신쇼학교(修身小學校) : 경찰서	• 원숭이 볼기짝 갓다 : 赤貧한 것
• 슈신대학시험소(修身大學試驗所) : 재판소	• 밤손님 : 밤도둑
• 수신대학생(修身大學生) : 출감자(出監者)	• 손금 본다 : 도박한다
• 슈신대학출신(修身大學出身) : 출감자(出監者)	• 편지 쓴다 : 성교하다
• 슈신중(修身中) : 入監 중	• 검정콩알 : 탄환
• 콩밥 먹는다 : 콩밥 먹고 십흐냐	• 츌두텬(出頭天) 亭主 : 한 집의 주인
• 오동시계(烏銅時計) : 수갑	• 먹다리 아첫시 : 馬鹿者, 바보, 멍청이
• 오동시계 찬다 : 복역한다	• 한산 먹엇다 : 매독에 걸렸다
• 오동시계 줄 찬다 : 복역한다	• 헌병(憲兵) : 上戶 원시적 사회지도자
• 시계줄 : 포승	• 네눈박이 : 안경 사용자
	• 힝화촌(杏花村) : 술집

② 무당들의 은어

• 이딜 : 金錢	• 서삼집 : 입(口)
• 이딜집 : 財産家	• 서삼채 : 먹는 일
• 이딜거만 : 돈이 많다	• 버삼 : 風采가 높지 않은 사람
• 서삼 : 밥	

③ 우시장에서 금전을 계산할 때 쓰는 은어

•댓량(一兩) : 二十錢	•수량 또는 장수(六兩) : 一圓二十錢
•얼량(二兩) : 四十錢	•철량(七兩) : 一圓四十錢
•패삼(三兩) : 六十錢	•방량(八兩) : 一圓六十錢
•탕구(四兩) : 八十錢	•시닷량(九兩) : 一圓八十錢
•우량(五兩) : 一圓	

④ 시장에서의 數詞

•쇼부대(小不大) : 1. 三兩 이하의 경우	•불구(不口) 또는 대불구(大不口) : 5
•텬부대(天不大) : 1. 삼십량 이상의 경우	•조불여 : 6
•인불인(仁不仁) : 2	•불백 : 7
•쇼부쥬(小不柱) 또는 왕부쥬(王不柱) : 3	•태불면 : 8
•죄불비(罪不非) : 4	•왕부대 : 10

이 중에서 현대에도 사용되는 은어가 있고 지금은 사용되지 않는 은어가 있다.

① 현대에도 사용되는 은어

•씻다 : 범인 등이 경찰관이 온 것을 표현할 때 쓰는 말. '솔이개가 씻다, 가마귀가 씻다' 등으로 쓴다.	•동구람이 : 금전
	•원숭이 볼기짝 갓다 : 赤貧한 것.
	•밤손님 : 도둑. '밤이슬 맞고 다니는 사람'
•콩밥 먹는다 : 감옥에 간다.	•손금 본다 : 도박을 한다.
•시계줄 : 포승 또는 수갑	•네눈박이 : 안경 쓴 사람

② 현대에 사용되지 않는 은어

•갈치장사 : 경찰관, 차고 있는 칼이 갈치와 같아서 생긴 말.	•오동시계(烏銅時計) : 수갑. 복역하는 것을 '오동시계 찬다', 오동시계줄 찬다'라고 함.
•사슌 : 순사. '순사(巡査)'를 거꾸로 부르는 말.	•감옥서참봉(監獄署參奉) : 전과자.
•돈반잡이 : 밀정. '돈반'은 金三錢을 말하는데, 도박하는 것을 잡은 사람에게 金三錢을 상금으로 주어서 생긴 말.	•풀영날 : 토요일
	•붉영날 : 일요일
•슈신대학(修身大學) : 감옥	•령감 : 태환권. 태환권의 그림 때문에 생긴 말

1936년에 문세영이 조사해서 보고해 놓은 은어도 보인다. 文世榮(1936)이 그 것이다. 여기에도 많은 은어를 보이고 있다.

•까투리 까투리 얼었다 : 꽁꽁 얼었다.	•아라사 병정하다 : 노군하다
•까투리초 : 꽁초	•어랫녘 장사 : 노는 계집
•갑절이 끼다 : 곱이 끼다	•여물이 되아닐세 : 꼴이 말 아닐세
•거년금년(去年今年) : 쌍년	•여편네 장구 : 여북
•고물상 물건 : 헌 것	•염통이 끊어진다 : 간절하다
•끝의 삼촌하군 : 말숙하군	•오정포(午正砲) 팔아라 : 땅 팔아라
•대학목약(大學目藥) : 털보	•왕통이 왕통이 떨린다 : 벌벌 떨리다
•두루마기하게 : 주의하게	•왜나팔 가다 : 때가다
•맥주하다 : 비루하다	•우마 양식에 순사보 통호수다 : 꼴에 순금
•멧산자 넷이다 : 출출하다, 山山	반지다
•모래주머니 : 사랑	•원산 말뚝 : 북어
•벌레똥하지 : 충분하지	•중국 된장 갔나 : 짜장 갔나
•뻥끼십전 : 칠십전	•진고개 나막신에 호랑이 내린다 : 게다가 돌
•부채질하다 : 선선하다	아내린다.
•붕어사탕 : 속이 빈 사람	•짓센 절반이 대단히다 : 고생이 대단하다
•싸리말태다 : 배송내다	•초특 되다 : 남되다.
•상두복색 : 마음이 더러운 사람	•추먹(萩覓)이다 : 꼴불견이다
•색떡 : 염병	•충청도가 없네 : 예산이 없네
•설삶은 말대강이 : 재미가 없는 사람	•택출(擇出)이다 : 못난이다
•소나기 꼬다 : 비꼬다	•파리 껍질이다 : 하이칼라다
•속이 나랏집하다 : 속이 궁하다	•함부로코 : 막코
•수까락 나무 떨리듯 : 사시나무 떨리듯	•호랑이 똥이다 : 어웅이 똥이다
•신흥사 지프러기 : 드문드문	•홍제원 인절미 : 눅고 늘어진 것

5.6. 통신언어(通信言語)

최근에 이 은어와 유사하게 등장한 언어가 곧 통신언어이다. 통신언어란 소위 인터넷상에서 통신용으로만 사용되고 있는 언어를 말하는데, 여기에 사용되는 어휘가 곧 통신언어이다.

이 통신언어는 최근에 매우 많은 변이를 거쳐 일반인들이 전혀 알 수 없는 형태로 변화하여 가고 있어서 많은 사람들의 우려를 자아내고 있다. 그래서 이 통신언어를 외계인어라고도 하고 있다. 주로 통신인들(대개는 젊은이들)만이 사용한다는 점에서 일종의 특수계층에서 사용되기 때문에 일종의 은어라고도 할 수 있다. 이 통신언어는 다음과 같은 데에 그 발생의 원인이 있다고 생각한다.

①문자는 개념적 의미만 전달할 수밖에 없는데, 그 문자에 정서적 의미까지 전달

하려는 목적에서

② 평범한 표현을 사용하기보다는 다른 사람들이 깜짝 놀랄 만한 표현을 써서 자신의 개성을 두드러지게 나타내고자 하는 욕구에서

③ 사람들의 의사를 전달하는 기호로 여러 기호가 있는데, 이 중에서 문자기호만을 선택하여 표현하였을 때에는 자신의 감정을 충분히 표현할 수 없다고 생각하여, 문자기호가 지니고 있는 제약을 깨뜨리고, 새로운 기호로 자기 자신을 표현하기 위해서

④ 청소년들이 자신들의 감정이나 의견 또는 행동을, 늘 자신들을 감시하고 있다고 생각하는 어른들에게 숨기기 위해서

⑤ 통신언어의 가장 큰 생명은 신속성이라고 할 수 있는데, 짧은 시간에 많은 양의 의사를 전달하려는 욕구에서

⑥ 통신언어의 중요한 기능 중의 하나가 시각성이라고 할 수 있는데, 시각적으로 특이한 표현을 사용하여 기존에 문자들이 지니고 있는 제약성에서 벗어나기 위해서

⑦ 문자가 지니고 있는 정서적 가치를 높이고 표현력을 극대화하기 위해 개발된 것이 각종의 서체인데, 이들 서체가 많이 개발되어 있어도, 그 서체들이 어떠한 감정을 표현하는데 사용되는지에 대한 사용법조차 알려져 있지 않고 또 알지도 못하는 상황에서

이러한 목적을 위하여 그들은 다음과 같은 방법을 사용하여 자신들만의 세계를 구축하고 있다.

〈1세대 통신언어의 유형〉

① 소리 나는 대로 적기
  • 무러바요(물어봐요)   • 말 그대루 팜 조아하구(좋아하고)

• 전 부천에 사라요(살아요)   • 울집 저놔기(전화기) 맛이 갔는데

• 폴딱이 형이 어떠케아러?(어떻게 알아?)

② 음절 줄이기

• 첨(처음) 제가 말씀드렸듯이   • 담에(다음에) 뵈염

• 설(서울) 사는 사람 많네   • 샘(선생님) 저 아시져?

• 안냐세여(안녕하세요?)

③ 모음을 바꾸어 쓰기

• 저랑 너라여(놀아요)   • 넝담이다(농담이다)

• 서개점(소개 좀) 해주세요   • 어디 학겨예여(학교에요)

• 욜씨미(열심히) 잘 살거라

④ 은어, 신조어, 비속어의 사용

• 짱난다(화난다) 속터져   • 할 일 없이 노는 고딩(고등학생)

• 모두 즐팅하세여(즐거운 채팅하세요)   • 열라(존나, 졸라, 좃나, 욜라)

⑤ 외래어 및 외국어 남용 현상

• 모두들 하이룽(하이, 하이여, 할루, 할룽)

• 야! 베스뜨 프랜드가 되가지구 멜 한통없냐

• 님의 아뒤(아이디)는 머예요?   • 화가 이빠이 낫따.

• 너 구라 까지 마라

⑥ 존댓말을 사용하지 않는 현상

• 나이는?   • 혹시 여자?

• 소개좀 부탁해여   • 감기 조심하구여…

• 저 누군지 모르져?

〈2세대 통신언어의 유형〉

① 자음만을 쓰는 경우

• ㅎㅎ ← 흐흐
• ㅋㅋ ← 크크
• ㅋㄷㅋㄷ ← 키득키득
• ㄱㄱㅁㄴㅂㄱ ← 고마워 → 고마버

• ㅜㅜ ← 우우
• ㅊㅋ ← 축하해요
• ㅈㅋ ← 자꾸 → 자쿠

② 모음 교체

• 슬포 ← 슬퍼
• 했옹 ← 했어
• 찝쫙대뭉 ← 찝쩍대면
• 학뇬 ← 학년
• 웨 ← 왜
• 별르 ← 별로
• 그래도 ← 글애드
• 학겨 ← 학교

• 완존 ← 완전
• 기롬 ← 그럼
• 싀포 ← 싫어
• 옹느1 ← 언니
• 널러와서 ← 놀러와서
• 와두 ← 와도
• 어빠 ← 오빠
• 얼려줘 ← 올려줘

③ 자음첨가

• 됫능뎃 ← 됐는데
• 와두되납? ← 와도 되나?
• 발리왓 ← 빨리와
• 모르게땅 ← 모르겠다
• 알퀘떱? ← 알겠어?

• 올꿰훕 ← 올게요
• 보쉐엿 ← 보세요
• 알징 ← 알지
• 벅휫 ← 버큐 (비속어)
• 내끄햑 ← 내꺼야

•샤룽햅 ← 사랑해

•앙흼 ← 아님

•전흐 ← 저희

•떠들다간 ← 떠들다가

•빨리와섯 ← 빨리와서

•했옹 ← 했어

•쓸펩 ← 쓸게

•보댱 ← 보자

•앙흼 ← 아님

•근향 ← 그냥

•빨희 ← 빨리

•늑흐햐? ← 누구야

•온홀 ← 오늘

•입흐게 ← 이쁘게

•낵아 ← 내가

•늭아 ← 니가 (네가)

•쫌이따각 ← 조금 이따가

•저은하릅 ← 좋은 하루

•안돼근 ← 안되고

•넘흣 ← 너무

•할ㄲ-11욘. ゴ ← 할게요

•이만가흡 ← 이만가요

•내끄향 ← 내꺼야

•립흘 ← 리플

•전희 ← 저희

•학교걈혼 ← 학교가면

•망ㅎ1 망ㅎ1 ← 많이 많이

•앙흥 ← 안녕

④ 역 구개음화

•댜듀 ← 자주

•雨녕댜 ← 운영자

•매송듕 ← 매송중

•둏아 ← 좋아

⑤ 자음의 변이

•례흔 ← 예쁜

•엄쩍망셔도 ← 없지만서도

•항븐완 ← 한번만

•소뭉 ← 소문

•햇능돼 ← 했는데

•개는 ← 개능

•렙흐네잉 ← 예쁘네요

•탈뢰 ← 탈퇴

•찜짝대뭉 ← 찜쩍대면

•냉그1게효 ← 남길게요

•앙율 ← 안녕

•아디능 ← 아디는

- 칭구들 ← 친구들
- ㅇㄴㅁ퉁 ← 아무튼
- 잉ㅅㄴ ← 인사
- 삐징ㄱㄱ ← 삐진 것
- 올링거용 ← 올린거요
- ㅁㄴ싱능ㄱㄱ ← 맛있는 것
- 망ㄴㄴ뽕 ← 만나면

⑥ 축약
- 모음 축약 : 설(서울), 머야(뭐야), 넘(너무), 맘(마음), 앤(애인), 첨(처음), 하튼 (하여튼), 들와서(들어와서)
- 자음 축약 : 셤(시험), 션(시원), 솩(수학)
- 음절 축약 : 어케(어떻게), 금(그럼), 함(하면), 방가(반갑습니다)

⑫ 경음화 현상
- 열찌미 ← 열심히
- 리쁠 ← 리플
- 깝훼 ← 카페
- 절때 ← 절대

이들 통신언어에서 흥미로운 점은 모음을 표기하기 위해서 한글의 자음 글자나 숫자를 이용한다는 것이다. 예컨대 'ㅗ'를 'ㄱ'으로, 'ㅏ'를 'ㄴ'으로, 또는 'ㅓ'를 'ㄱ'으로 표기하는 것 등이다. 그래서 '고마워'를 'ㄱㄱㅁㄴㅂㄱ'으로, '샤'를 'ㅅㄴ'로, '거'를 'ㄱㄱ'으로 '께'를 'ㄲ-11'로 표기한다. 이것은 컴퓨터 문자판의 문자와 연관되는 것이다.

이들 통신언어는 일시적으로 유행하는 은어이어서 언어 변화나 어휘변화에 상당한 변화를 초래할 것이라는 우려가 많지만, 그 영향은 지난 시기에 일어났던 수많은 언어 변화의 양상과 비교하여 보면 그리 크게 우려할 요소는 되지 않는다. 그러나 일부 일반인들에게까지 호응이 되어 일생 언어생활에도 스며든 것들이 보인다. 예컨대 'ㅎㅎ'나 'ㅋㅋ' 또는 'ㅜㅜ' 등은 일반인들의 문자생활에서도 흔히 발견되기도 한다.

언어생활이 '말하기, 듣기, 읽기, 쓰기'의 영역에서 벗어나 '자판을 치기'(또는 '누르기')로 변화하면서 언어의 경제적인 효과를 노려 이들 통신어가 확산될 가능성도 많다.

6. 위상에 따라

6.1. 전문어(專門語)

전문어(專門語)는 특정사회에서 인위적으로 만들어진 말로 특히 전문직업을 같이 하는 사람 사이에서 사용된다. 은어와는 달리 전문직업의 필요상 의사소통의 능률화를 위하여 만들어진 것이다. 대개 전문어는 어휘에 국한되고 문장구성에는 영향을 끼치지 않는다.

전문어는 대체로 두 분야로 나누어 논의할 필요가 있다. 하나는 학술전문어이고, 또 하나는 일정한 직업군에서 사용하는 어휘에 대한 것이다.

일정한 직업군에서 사용되는 어휘는 일반인들의 실생활과 연관된 어휘임에 비하여, 학술전문어는 학술적인 면이어서 실생활의 어휘와는 어느 면에서는 서로 깊은 연관을 지니게 되지만, 어느 면에서는 그 성격에 많은 차이가 있다. 예컨대 전문직인 의사들이 사용하는 전문어는 의학 계통의 학술 용어와 밀접히 연관되어 있을 뿐만 아니라 그 어휘들이 통일되거나 표준화되어 있지 않으면 안 될 것이다. 반면에 미용이나 이발에 관련된 전문어는 학술 전문어와 연관이 그리 많지 않을 것이다.

6.1.1. 학술 전문어

학술 전문어는 보통 전문 용어라는 용어로도 더 많이 사용된다. 전문용어도 아직 그 개념이 명확히 정의되어 있지 않다. 국제표준화기구인 ISO에서는 "어떤 전문 언어에서 언어학적 표현법으로 정의된 개념에 대한 명칭"(A designation of a defined concept in a special language by a linguitic expression)〈ISO 12620:1999(E)〉라는 정의와 "어떤 전문 분야에서 일반 개념의 어구적 명칭" (verbal designation of general concept in a specific subject field)〈ISO 1087-1 :2000〉이라는 정의가 있다.

학술 전문어[9]는 학문 영역마다 각각 독립적으로 제정되고 사용되고 있다. 특히 학술 전문어는 학문 발전의 가장 기초적인 개념을 정의하는 것이어서, 이의 중요성을 인식한 인문, 사회, 과학 분야의 모든 학회에서 학문 용어를 제정하고 다듬어 왔다.

그러나 21세기의 정보화 사회를 맞이하여 선진국들의 학술 용어 및 전문용어가 물밀듯이 들어오게 되었고, 이를 받아들이기에만 급급한 나머지, 이들 용어들을 우리말로 정비하지 못한 채, 각 학문 영역에서 무분별하게 사용하기에 이르렀다. 그러면서도 한편으로는 학자 개인이나 또는 학회별로 받아들인 학술용어들을 정비하고 표준화하는 작업도 지속적으로 이루어져 왔다.

그러나 분석적인 연구방법론에서 융합적으로 연구되는 오늘날의 학문 추세에서 연계되는 각 학문 분야에서 사용되는 학술 전문어들을 통일시키거나 표준화시키지 않으면 안될 처지에 있다. 뿐만 아니라 정보사회에서 이 학술 전문어는 급속도로 일반용어로 변해 가는 현상에 있다. 사회의 의사소통 구조의 변화와 정보 전달 수단의 급격한 발달로 학문의 발전과 그 영향이 각종 용어를 통해서 사회에 직접적으로 전달되어 사회적인 파급 효과도 커지고 있다. 따라서 각종 학술 전문어가 쉽고 바르게 제정되고 정비하는 것이 필요하다.

지금까지 연구된 결과에 의하면 학술 전문어는 몇 가지 특징을 지니고 있다.

---

9 학술 전문어는 학문 분야에서는 전문용어 또는 학술 용어로 일컫고 있다. 따라서 여기에서는 실생활 전문용어도 있어서, 전문용어라는 용어를 피하고, 학술 전문어 또는 학술 용어를 크게 구분하지 않고 사용하도록 한다.

① 학술 전문어는 학술의 전문 분야에서 사용되는 어휘이다. 일반 어휘도 전문 분야의 특정 개념을 지칭하는 것으로 쓰인다면 그것도 학술 전문어로 취급한다. 예컨대 '간(肝)'이란 어휘는 일반 어휘이지만 의학 용어에서는 전문 어휘로 취급된다는 것이다. 이처럼 일반 어휘가 학술 전문어가 될 수도 있지만, 역으로 학술 전문어가 일반 어휘가 될 수도 있다.

② 학술 전문어는 반드시 단어나 구로 표현되어야 한다. 기호나 그림으로서 표기되어서는 안된다. 예컨대 '물'을 'H2O'로 표기해서는 안된다는 의미이다.

③ 학술 전문어는 반드시 개념을 표시하여야 하며 개념 체계 속에서의 위치가 분명해야 한다. 예컨대 개념을 표시하지 않는 고유명사는 일반적으로 학술 전문어가 아니다. 예를 든다면 '뉴턴 운동 법칙'의 '뉴턴'은 고유명사이지만 전체로서 하나의 개념을 나타내므로 '뉴턴 운동 법칙'은 학술 전문어로서 자격을 가진다.

이러한 시대적인 요구와 학문적 필요에 의해 우리나라에서는 지금까지 학술 전문어에 대해 많은 관심을 가지고 조사·연구되어 왔다. 우리나라 국어 정보화 중장기 발전계획인 '21세기 세종계획'에서도, 그리고 국어기본법 제17조(전문용어의 표준화 등)의 "국가는 국민이 각 분야의 전문어를 쉽고 편리하게 사용할 수 있도록 표준화하고 체계화하여 보급하여야 한다"에 따라, 전문용어 표준화 사업이 10년간 이루어져 왔다.

한국학술단체총연합회에서도 2006년~2008년까지 3년간 각 학회를 통해 학술 용어 표준화를 시도한 적이 있다. 이 연구에서는 학술용어를 정리할 때의 데이터베이스의 구조에 대한 표준화 작업과 학술용어 표준화할 때의 어문 관련 표기원칙 등에 대한 규정을 제정하여 시행하였다. 그리고 약 30만 개의 학술 용어 데이터베이스를 구축하였다. 그리하여 가정학, 간호학, 금속재료, 문학, 물리학, 미술, 생물학, 수의학, 수학, 언어학, 역사학, 자동차학, 전기, 전자, 철학, 한의학, 화학 등의 분야에 대한 전문어 표준화 작업이 이루어졌다.

학술 용어를 표준화하기 위하여 적용되어야 할 기준에는 세 가지가 있다. 형식적인 면, 내용적인 면, 국어학적인 면이다. 그 구체적인 내용을 살펴 보면 다음과 같다.

(1) 형식적인 면
    ① 학술 용어에 사용될 각종 기호의 사용 방법의 표준을 정하여야 한다. 즉 숫자, 부호, 로마자 표기법 등의 문제를 말한다.
    ② 복수 표준을 허용할 것인가의 문제를 결정하여야 한다.
    ③ 인접 학문 간에서 발생하는 용어 표준화의 한계 문제를 결정하여야 한다. 예컨대 물리학과 컴퓨터 공학에서 사용하는 학술 용어 제정의 한계가 있어서 이의 범위를 결정하여야 할 것이다.
    ④ 동음이의어에 대한 처리의 기준을 마련한다.
    ⑤ 용어의 분야를 설정한다. 한 분야에서만 사용되지 않고 다양한 분야에서 사용되므로 그 용어가 사용되는 학문 분야를 지정해 주어 도움이 되도록 한다.
    ⑥ 학술용어의 단위 문제, 즉 품사 단위 이상의 단위 설정 여부를 결정한다. 어느 용어는 품사 단위보다 큰 단위를 사용하거나 연어를 사용하고 있는데, 이의 용어 허용 범위를 결정한다.
    ⑦ 표준화된 용어를 기술하는 일정한 틀을 제시하여 각 용어별로 설명하는 틀을 어느 정도 통일시킬 필요가 있다.

(2) 내용적인 면
    ① 개념과 개념의 관계를 확인한다.
    ② 신(新) 용어와 구(舊) 용어 사이에서 선택의 기준을 설정한다.
    ③ 일상용어와 학술용어와의 연계성을 기술한다.

④사전편찬 및 각 분야의 용어사전과의 연계성을 검토한다.

(3) 국어학적인 면

①어문규범과의 연관성 문제를 검토한다. 특히 학술 용어는 외국어 번역이 많아서 그 용어를 표기할 때, 어문 규정의 외래어 표기법과의 연관성을 검토한다.

②고유어와 한자어와 외래어 사용의 원칙을 설정한다. 어느 분야는 고유어를 주장하고 어느 분야는 한자어를 주장하고 어느 분야에서는 외국어의 사용을 주장하여 통일시킬 때 어려움이 많다.

③복합어의 조어 방식 문제에서 야기되는 표기의 문제를 해결할 수 있는 기준을 설정한다.

이러한 시각에서 한국 학술용어의 한글표기 원칙도 제정하였다. 표기 원칙, 어문규정 준수, 기호 사용, 띄어쓰기 등을 규정하였는데, 그 내용을 보면 다음과 같다.

(1) 표기 원칙

학술용어는 한글로 표기함을 원칙으로 한다. 다만 관용적으로 사용하는 숫자나 영문자, 기호 들의 표기도 허용한다. 관용 표기의 허용 범위는 각 분야에서 자율적으로 정하도록 하되, 각 분야의 용어를 통합하여 검토하는 과정에서 통일시킬 필요가 있을 경우에는 그때 조정하도록 한다.

(2) 어문 규정 준수

①한글 표기는 국어의 어문 규정을 준수한다. 이를 위해 국립국어연구원(현재의 국립국어원)에서 간행한 표준국어대사전을 따른다.

②규정에 따른 표기가 쉽게 결정이 되기 어려우면 국립국어연구원의 자문

을 받아서 표기를 정한다.

(3) 기호의 사용

① 한글 표기가 완전히 동일하지만 별개로 구분해야 하는 용어가 있을 때에도 따로 기호 등을 사용하여 구분하지 않는다.

② ( )

가) 용어 중에서 일부가 생략되어 사용되어도 의미상의 차이가 발생하지 않을 때 생략될 수 있는 성분을 표시하기 위하여 사용한다.

나) 생략되는 부분만 ( ) 로 표시한다.

③ -

가) 대등하게 나열되는 두 말의 경계를 표시하고자 할 때 사용한다.

나) 독자적으로 사용되지 않고 다른 용어와 붙어서만 사용될 수 있는 용어를 표시한다.

다) 두 말의 경계를 표시하고자 할 때는 구분되는 용어 중간에, 다른 용어와 붙어서만 사용될 수 있는 용어에서는 붙는 위치에 표시한다.

(4) 띄어쓰기

모든 학술용어는 단어별로 띄어서 제시하는 것을 원칙으로 하되 일부 붙여 쓰는 것을 허용한다.

그러나 문제는 실행에 있다. 표준화된 전문어를 사용하지 않고 사용자가 각기 다른 전문어를 사용한다면 표준화의 의미가 사라지게 되기 때문이다. 의학 분야는 의사 시험에 표준화한 용어를 사용함으로써 어느 정도 성공한 셈이지만, 다른 분야에서는 아직도 표준화되어 있지 않다. 예컨대 국어학과 언어학, 생물학과 해부학과 수의학과 의학 등은 서로 깊은 연관이 있으면서 쓰이는 용어가 각기 다르며, 컴퓨터 관련 분야에서도 그 차이가 많다.

특히 이 학술 전문어는 남북한의 어휘가 달라 남북한이 이를 통일시키는 작업을 시도했으나 아직까지 성공한 사례가 거의 없다. 특히 의학 계통에서 많은 노력을 했으나 그 결과는 아직 미지수이다.

6.1.2. 실생활 전문어

일반 전문직에서 사용하는 전문어에 대한 조사나 연구는 아직 미진한 상태에 있다. 최근에 몇몇 자료 조사와 연구가 이루어지고 있다. 대표적인 것이 2017년에 연세대학교 언어정보연구원에서 간행한 '핸드백용어사전'(커뮤니케이션북스)이다.

그리고 다양한 분야의 어휘들을 조사 연구하여 놓은 결과물들도 흔히 보인다. 여기에 몇 가지를 소개하지만 실제로는 이보다 훨씬 많은 분야에서 수집 정리하여 놓았다.

- 간찰 : 하영위 외 편저(2011 편지 낱말 사전, 돌베개.
- 개화기 시가 : 송기한 김교식 박태옥(2011), 한국 개화기 시가 사전, 국학자료원.
- 건축 : 편찬회(2021), 건축설비 용어사전, 일진사.
- 고전소설 : 서대석 이광호 이남순 정하영 조희웅(1999), 고전소설 독해사전, 태학사.
- 교회사 : 이재근(2022), 교회사 용어사전, IVP.
- 단위어 : 朴成勳(1997), 單位語辭典, 民衆書林.
- 도시 : 이규훈(2023), 도시정비(재개발, 재건축) 용어사전, 위클리한국주택경제신문
- 마케팅 : 최기영(20230, 마케팅 용어사전, 연플
- 문학비평 : 이상섭(2009), 문학비평 용어사전, 민음사
- 물리 화학 : 김창호(2006), 물리 화학 핵심 용어사전, 시공사
- 민속 : 조대일(2013), 조선 민속 사전, 연변인민출판사.

- 바둑 : 김인만(1999), 바둑용어사전, 서림문화사
- 배터리 : 도정국 외(2023), 폐배터리 용어사전, 도드림미디어.
- 법률 : 현암사 법전부(2023), 법률 용어사전, 현암사
- 생물 : 미노루 츠다(2006), 생물 핵심 용어사전, 시공사
- 생활어 : 이훈종(1992) 민족 생활어 사전, 한길사.
- 성경 : 長老敎神學校敎師會 譯述(1927), 聖經辭典, 朝鮮耶蘇敎書會.
- 왕릉 : 깁충현 등 10인 공저(2021), 조선 왕릉사전, 한국학중앙연구원출판부.
- 의궤 : 여찬영 외(2012), 조선시대 의궤 용어사전 I −왕실 전례편-, 景仁文化社.
- 인테리어 : 동방디자인교재개발원(2022), 인테리어 용어사전, 동방디자인
- 자동차 : 자동차용어사전편찬회(2018), 자동차 용어사전, 일진사
- 전기 : 전기용어사전편찬위원회 김동희 외 6명(2020), 전기 전자 정보통신 계열 중심으로 전기용어사전
- 철강 : 편찬위원회(2015), 철강용어사전, S&M 미디어

이와 같이 실생활에서 사용하는 각종 도구들이 많아져서 실생활에서 사용되는 전문어들이 많아지게 되었다. 학술 전문어인지 실생활 전문어인지를 결정할 수 있는 기준도 없다.

이러한 실생활 전문어는 문화부와 국립국어원에서도 많은 관심을 가지고 조사 연구하여 그 보고서를 공개하고 있다. 1992년에는 '우리말 건설용어집'을 보고한 적이 있으며, 특히 2009년부터 2013년까지 '민족 생활어 조사'란 주제 아래 다음과 같은 실생활 전문어를 조사 보고한 적이 있다.

- 2009년도 : 남원 목기, 도검, 떡, 배첩장, 북메우기, 임신 출산, 장담그기, 토속 음식, 한과, 한지 공예, 호상옷
- 2010년도 : 그물 손질부터 어판장까지, 비양도의 고기잡이, 어촌생활 기초어휘, 염전, 자염

- 2011년 : 돌살 김양식, 명태잡이에서 덕장까지, 어촌생활 기초어휘, 해초류
- 2012년 : 오징어잡이에서 덕장까지, 채낚기 숭어들이, 추자도 고기잡이
- 2013년 : 어촌생활의 기초어휘

2013년에는 유통 분야 전문 용어 사용 실태 현황 조사도 이루어졌고, 2020년에는 한국어 정보처리를 위한 어휘 관계 기초 자료 구축(이상윤, 2013, 김소정, 2020)이 보고되어 있지만 단편적인 연구로 끝난 것이다.

이 조사와 연구를 위하여 많은 학자들이 참여하였다. 이 학자들이 지속적으로 조사 연구할 수 있는 분위기를 조성해 주었어야 하는데, 지속되지 않아서 안타까울 뿐이다. 이 작업은 주로 2009년부터 2012년까지 4년 동안만 이루어졌다. 아마도 연구비 관계로 이 시기에만 이루어진 것 같은데, 이 조사는 지속적으로 이루어져야 할 것으로 생각한다.

이 생활 전문어에 대한 연구는 그 생활의 전문 분야가 결정되어 있지 않아서 어느 분야의 실생활 전문어를 조사 연구해야 할 것인지에 대한 논의가 필요할 것으로 생각한다.

앞에서 기술한 신어에 대한 조사도 각 분야별로 조사한 것인데, 동일인이 조사 연구한 것임에도 불구하고 전문 분야의 분류 항목이 다르다. 남길임(2010), 2010년 신어 조사, 2015년 신어 조사, 2017년의 신어 조사에 보이는 전문 분야 분류가 각각 다르다.

2010년에는 가톨릭, 건설, 경제, 고적, 공업, 광업, 교육, 교통, 군사, 기계, 기독교, 동물, 문학, 물리, 미술, 법률, 불교, 사회, 생물, 수공, 수산, 수학, 식물, 심리, 약학, 언론, 언어, 역사, 연영, 예술, 운동, 음악, 의학, 전기, 정치, 종교, 지리, 지명, 책명, 천문, 철학, 출판, 컴퓨터, 통신, 한의학, 항공, 화학의 48개로 분류하였는데, 2015년에는 건설IT, 건축, 고유, 국방, 논리, 농업, 민속, 선박, 우주통신, 인명, 임업, 패션, 해양, 행정, 환경의 15개가 늘어서 모두 62개로 분류되어 있다. 2017년에는 2015년에 비해 가톨릭, 건설, 광업, 교육, 교통, 군사,

기계, 기독교, 농업, 동물, 문학, 물리, 미술, 민속, 법률, 불교, 수학, 식물, 심리, 약학, 언어, 역사, 음악, 의학, 인명, 임업, 정치, 지리, 지명, 책명, 천문, 철학, 해양, 행정, 화학, 환경의 36개 항목은 그대로 두고, 건축, 경제, 고유, 고적, 공업, 국방, 논리, 사회, 생물, 선박, 수공, 수산, 언론, 연영, 예술, 우주통신, 운동, 전기, 종교, 출판, 컴퓨터, 통신, 패션, 한의학, 항공의 25 항목은 제외시켰다. 물론 이 항목에는 명칭만 바꾼 것도 있다. 즉 '건축'은 '건축IT'로 바꾸고 '한의학'은 '한의'로 바꾼 것들이 그것이다. 반면에 경영, 공학일반, 매체, 무용, 보건 일반, 복식, 복지, 사회 일반, 산업 일반, 생명, 서비스업, 수산업, 수의, 식품, 연기, 영상, 예체능 일반, 인문 일반, 자연 일반, 재료, 전기·전자, 정보·통신, 종교 일반, 지구, 천연자원, 체육, 한의의 27개 항목은 신설되었다. 그래서 모두 67개의 항목으로 분류되어 있다. 이것은 시대의 흐름에 따른 변화이기도 하겠지만, 새로운 신어가 새로운 전문직에 나타남을 의미한다고도 할 수 있다.

이렇게 실생활 전문어는 시대의 흐름에 따라 새롭게 생성되기도 하고 소멸되기도 하여서, 실생활 전문어의 분야를 분류하는 것도 녹록치 않은 일임을 예측할 수 있다.

앞으로 실생활에서 사용하는 전문어들에 대한 관심을 가지고, 이들 어휘들이 일반인들의 의사소통에서 의미혼란 등이 일어나지 않도록 하는 작업이 필요할 것이다. 앞으로 어휘론 연구에서 학자들이 관심을 가지고 조사 연구해야 할 부분이 바로 이 부분이라고 생각한다.

6.2 유아어(幼兒語)

유아어(幼兒語)는 유아들이 사용하는 특유한 어휘를 말한다. 유아어는 학자에 따라서 아동어(兒童語) 또는 소아어(小兒語)라고도 한다. 그러나 이 세 가지 용어에 미세한 의미 차이가 있는 것 같다.

소아(小兒)는 나이가 적은 아이이고, 아동(兒童)도 역시 나이가 적은 아이란 의미는 동일하다. 그러나 아동은 대체로 유치원에 다니는 나이로부터 사춘기 전의 아이를 일컬어서, 소아보다 그 대상의 폭이 넓은 편이다. 우리나라의 아동복지법에 따르면, 아동은 18세 미만의 사람을 이른다. 이에 비해 유아(幼兒)는 대체로 1세부터 6세까지의 어린 아이를 이른다.

그런데 일반적으로 아동어, 소아어, 유아어를 다룬 연구들을 보면 대체로 6세 이하, 즉 유치원에 가기 전의 어린 아이들의 언어를 다루고 있어서, 이 어휘들만을 보면 '유아어'가 가장 적합한 어휘라고 할 수 있다. '아동어〉소아어〉유아어'와 같이 아동어가 나이의 폭이 가장 크고 유아어가 그 폭이 가장 작은 편이라고 할 수 있다. 그래서 필자는 유아어란 어휘를 사용하도록 한다.

유아어에 대한 언어학자들의 관심은 사람의 언어 습득 과정을 연구하기 위해서 시작되었지만, 오늘날에는 인지적 관점이나 심지어는 언어병리학적(言語病理學的) 관점에서 유아어를 연구하기도 한다.

우리나라에서 유아어에 대해 관심을 가지고 연구하기 시작한 것은 1950년대부터로 알려져 있다(이인섭, 1995). 특히 1980년대에 와서 조병한(1982), 이인섭(1986)의 대표적인 연구업적이 나타나서 활발한 연구가 기대되었지만, 최근에는 유아어에 대한 연구가 줄어든 상태로 보인다.

유아어는 몇 가지로 구분된다. 이 구분은 주로 유아의 성장과정과 연관되는 것으로 알려져 있다. 이에 따라 유아어도 일정한 발전과정을 거치는 것으로 알려져 있다.[10]

유아어는 동작어 상징어 등이 있는데, 이를 구분하지 않고 필자가 수집하여 놓은 유아어를 보이면 다음과 같다.

• 걸음마(걸음을 익힐 때 쓰는 말)　　• 고까(옷)
• 고추(음경)

---

[10] 이에 대한 연구는 金鍾塤(1969)에 자세히 소개되어 있으니 이를 참고하면 좋을 것이다.

•곤지곤지(왼손 손바닥에 오른손 집게손가락을 댔다 뗐다 하라는 소리)

•곰돌이(곰)

•까꿍(어를 때 내는 소리)

•꼬꼬 (닭)

•꿀꿀이(돼지)

•냠냠이(음식)

•때때옷(곱게 만든 옷)

•똥꼬(항문)

•맘마(밥)

•멍멍이(개)

•별님(별)

•빠이빠이 (헤어질 때 하는 인사말)

•삐약이(병아리)

•아빠(아버지)

•아탕(사탕)

•어부바(업거나 업히는 일)

•어흥(겁나게 하기 위해 호랑이의 우는 소리를 흉내 내는 소리)

•엄마(어머니)

•음메(소)

•잼잼(두 손을 쥐었다 폈다 하는 동작)

•짝짝꿍(손뼉을 치는 재롱)

•찌찌(젖)

•치카치카(양치질)

•코자다(자다)

•까까(과자)

•깡충이(토끼)

•꽥꽥이(오리)

•끙가(똥을 누라는 뜻으로 내는 소리)

•달님(달)

•떼찌(때리거나 때리는 시늉)

•뛰뛰빵빵(자동차)

•맴매(매)

•무이(물)

•빠방(자동차)

•뽀뽀(입맞춤)

•쉬(오줌을 누라는 뜻으로 내는 소리)

•아야(아프다는 말)

•야옹이(고양이)

•에비(무서운 것이라는 뜻으로 내는 소리)

•응가(똥을 누라는 뜻으로 내는 소리)

•지지(더러운 것을 이르는 말)

•쭈쭈(젖)

•찍찍이(쥐)

•칙칙차(기차)

유아어는 대체로 유아의 자연발생에서 나타나기 쉬운 의성어, 의태어 계열이 많은 것이 특징이다.

6.3. 궁중어(宮中語)

궁중어는 궁궐 안에서 생활하는 사람들끼리 사용하던 말을 말한다. 일명 궁정어(宮庭語)라는 용어를 쓰기도 하지만 옛부터 궁중어라는 말을 사용하여 왔기 때문에 궁중어가 합당한 용어라고 할 수 있다.

왕조시대에 궁중은 왕권에 대한 권위와 차별성을 들어내기 위해 그들이 사용하는 언어도 일반 백성들이 사용하는 언어와는 차이가 있어야 했다. 그래서 궁중에서 사용하는 언어를 별도로 만들어 사용하였는데, 그 차이는 음운론적, 문법적인 차이가 아니라 사용 어휘의 차이이다. 그리하여 궁중어가 사용된 것으로 보인다. 특수집단들이 다른 집단과 차별성을 보이기 위해 특수집단어를 만드는 것과 동일한 양상이다. 자신들의 계급의식을 강화시키기 위한 조치였다고 할 수 있다.

궁중어는 오래 전부터 있었던 것으로 알려져 있다. 그리고 궁중어는 궁중의 비밀을 지키기 위해 필요했던 것으로 생각된다. 조선왕조실록에 다음과 같은 기록이 있어서 그러한 사실을 알 수 있다.

顧此一言, 係是宮中語, 宜若秘諱不傳, 而出自戚里之家, 播諸搢紳之間, 聞者吐舌, 相顧色沮。

(돌아보건대 이 한마디 말은 궁중어(宮中語)이니 마땅히 비밀에 붙여 전하지 않아야 하는데도, 척리의 집에서 나와 진신 사이에 전파되어 듣는 자들이 혀를 빼물고 서로 돌아보면서 안색이 변했습니다)〈영조실록 권 119, 영조 48년 7월 21일 甲寅條)

이렇게 궁중의 비밀을 지키기 위해 일반인들이 잘 이해하지 못하는 어휘를 별도로 만들거나, 난해한 한자어를 사용하거나 심지어는 몽고어 차용어까지도 사용하기까지도 하였다.

궁중에서 생활하였던 사람들은 왕과 왕비(王妃), 태비(太妃, 왕의 생모), 왕자, 공주, 옹주(翁主, 후궁의 딸) 등의 왕족과 그 아래로 소위 내명부(內命婦, 품계를 받은 궁인)의 귀인(貴人, 종1품), 소의(昭儀, 정2품), 숙의(淑儀, 종2품), 소용(昭容, 정3품), 숙용(淑容, 종3품), 소원(昭媛, 정4품), 숙원(淑媛, 종4품), 상궁(尙宮, 정5품)들과 무수리(水賜伊, 심부름하는 여자종) 등이다. 여기에 세자의 빈과 후궁들도 궁중 여인들이며, 이외에 남자는 내시(內侍)와 파지(巴只, 청소하는 남자아이)가 전부였다.

이러한 상황을 보면 궁중어의 사용자는 대부분이 여성들이 사용하였던 것으로 보인다. 그러면서도 어려운 어휘를 선택하는 이유는 임금에 대한 극존칭의 대우와 궁중의 일에 대한 비밀 유지를 목적으로 하였기 때문으로 해석된다.

국어의 궁중어에 대한 연구는 1960년대부터 활발히 이루어져 왔다.[11] 그러나 오늘날 궁중의 많은 고문서가 공개되고 있지만, 궁중어에 대한 관심이 적어져서 이에 대한 연구가 드물어졌다. 이들 논문들에서 다룬 궁중어 자료들은 주로 장서각 소장의 고문서들이나 궁중에서 생활한 분들과의 면담을 통해 얻은 자료들로 보인다.

김용숙(1994)에서는 궁중어의 특징을 다음과 같이 다섯 가지로 들고 있다.

① 은어적 성격이 짙다 : (예) 프디(요), 기수(이불)
② 외래어(여진어 및 몽고어) 계통이 섞여 있다 : (예) 수라(왕의 식사), 조라치(잡역부) 등
③ 한자어계가 많다 : (예) 의대(衣襨, 왕의 옷), 이부(耳部, 귀)

---

11 대표적으로 다음과 같은 업적이 있다. 金用淑(1962), 金用淑(1966), 金用淑(1987), 金用淑(1994), 金鍾塤(1969), 장태진(2004), 黃慶煥(1963)

④ 지금은 사라진 옛말들이 많다

⑤ 경어법이 발달되었다.

위의 논문들에서 들고 있는 궁중어 중 몇 개를 보이면 다음과 같다.

- 감(鑑)하다 : 보시다
- 곡배(曲拜) 왕에게 하는 절
- 곽탕(藿湯) 미역국
- 기뢰군 : 천역부(賤役夫)
- 나인 : 內人
- 대루리 : 다리미(다리우리)
- 누면(頭血) : 갓
- 마노라 : 抹樓下
- 마마(媽媽) : 임금과 그 가족애 대한 호칭
- 매화(梅花) : 대변
- 설리(薛里) : 어선(御饍)을 맡아 보는 내시
- 수부수 하오시다 : 양치질 하오시다
- 안정(眼精) : 눈
- 용안(龍顔) : 왕의 얼굴
- 조보(朝報) 소식
- 조치 : 찌개
- 족건(足巾) : 버선
- 침수 드오시다 : 주무시다
- 통기(通氣) : 방귀

한국학중앙연구원의 장서각에는 궁중에서 쓴 '발기'가 많이 소장되어 있다. 이 발기에 쓰인 물명 중에는 궁중에서만 사용되던 물명 어휘가 있을 것으로 생각되지만, 이 발기에 보이는 물명에 대한 목록도 조사된 적이 없고 또한 이 물명 어휘들이 어떠한 성격을 가진 어휘인지, 즉 고유어인지, 한자어인지 조차도 밝혀져 있지 않다. 앞으로 궁중어를 연구하기 위해서는 이에 대한 연구가 필수적이라고 할 수 있다.

7. 의미상의 대립에 따라

어휘들이 지니고 있는 의미 관계에 따라 그 어휘들을 다음과 같이 분류할
수 있다.

(1) 동음(이의)어(同音異義語, homonym)

(2) 다의어(多義語, polysemy)

(3) 유의어(類義語, synonym)(또는 동의어(同義語))

(4) 상위어(上位語, hypernym)와 하위어(下位語, hyponym)

(5) 반의어(反義語, antonym)

단어와 단어 사이의 관계를 의미의 국면에서 고려하여 보면 여러 가지 현상
을 발견할 수 있다.

(1) 둘 이상의 어휘형이 한 가지 같은 의미와 관련을 맺는 경우 : 동의어(synonym)

(2) 하나의 어휘 형태에 둘 이상의 의미가 연합되는 경우 : 동음이의어(homonym)

(3) 동의어와 관련하여 논의되는 관계로서 형태상으로 서로 다른 두 단어가 의미
적인 면에서 반의어적 대조를 이루는 경우 : 반의어(antonym)

7.1. 동음이의어(同音異義語)

동음이의어(homonym)란, 형태는 동일하지만 의미가 다른 어휘들을 말한
다. 즉 같은 표기나 음성형태에 둘 이상의 의미가 대응되어 있으면서 이들 의
미 사이에 아무런 관련성이 없는 단어를 말한다. 동일한 음성 형태란 발음이
같은 경우나 철자가 같은 경우를 모두 포함한다. 예컨대 영어의 meat (고기)와
to meet(만나다), fan(부채)과 fan(축구팬)과 같은 경우, 그리고 국어의 말(馬)과 말(斗)

과 말(言), 내(川)와 내(煙)와 같은 경우이다. 이 동음이의어는 동음어라고도 일컫는다. 그러나 이 용어는 음성형태의 동일성에만 중점을 두고 의미 차이를 크게 의식하지 않은 것이어서 동음이의어보다 적게 사용되고 있다.

음성형태와 철자의 요건 때문에 동음이의어는 다시 아래와 같이 세분되기도 한다.

① 이철자(異綴字) 동음이의어 : 철자는 다르면서도 발음이 같은 단어를 말한다. 현대국어에서 '낫, 낟, 낮' 등은 형태론적인 측면에서는 엄연히 구별되지만, 대표음으로 발음되기 때문에 발음상 동일성을 이루어 동음이의어가 된다. 마찬가지로 '늘이다'와 '느리다', '값(價)'과 '갑', '입(口)'과 '잎(葉)', '학문(學問)'과 '항문(肛門)', '묵다'와 '묶다', '있다'와 '잇다' 들은 철자상으로는 차이가 있지만 실제의 발음에서는 동일하므로 이들은 동음이의어들이라고 할 수 있다.

② 동철자(同綴字) 동음이의어 : 철자도 같고 발음도 같은 단어로, '말(言), 말(馬), 말(斗)' 등이 이 예에 속한다. 마찬가지로 '은행(銀行)'과 '은행(銀杏)', '뜨다'(물 위에 뜨다), '뜨다'(얼굴빛이 누르고 살갗이 부은 것처럼 되다), '뜨다'(자리를 뜨다), '뜨다'(한 술 뜨다), '뜨다'(수실로 한 땀 한 땀 뜨다), '뜨다'(눈을 뜨다)와, '뜨다'(행동이 뜨다), '뜨다'(물 속에 있는 것을 건져 내다), '뜨다'(상대방의 마음을 알아보려고 어떤 말이나 행동을 넌지시 걸어 보다)의 '뜨다'는 발음과 철자가 모두 같지만 그 의미는 각각 달라서 동음이의어 관계에 있다.

그러나 철자는 다르지만 음이 동일하여 동음이의어가 된 것에 대해서는 이를 동음이의어에서 배제해야 한다는 의견도 있다. 즉 영어의 경우에는 발음이 같은 경우도 동음이의어에 포함시키지만, 국어의 경우에는 주로 철자가 동일한 경우에만 동음이의어에 포함시켜야 한다는 주장이다. 그래서 현재까지 동음이의어 사전에서는 철자가 동일한 동철자 동음이의어만 게재되어 있을 뿐이다. 이철자 동음이의어를 동음이의어에 포함시킨다면 그 수는 어마어마하게 많아져서 동음이의어 사전에 등재시키지 않은 것으로 생각되지만, 그렇다면 아무래도 이철자 동음이의어는 인정하면서 사전에서는 제외한 것은 문제라고 생각한다.

그런데 이철자 동음이의어는 언어생활, 특히 언어 유희 등에서는 곧잘 이용되고 있어서 이철자 동음이의어를 동음이의어에서 제외시키는 것에 대해 고민하게 된다. 예컨대 "인천 앞바다의 반대말은?"에 대해 그 답은 '인천 엄마다'라고 하는데, 이것은 '앞바다'의 발음이 '아빠다'인 데서 생겨난 것이어서 그 반대말을 '엄마'라고 한 것이다. '앞바다'와 '아빠'는 이철자 동음이의어라고 생각하기 때문에 이러한 넌센스형의 질문이 가능한 것이다.

이러한 문제에 대처하는 방법은 이 이철자 동음이의어를 동음이의어에 포함하되, 목록에서는 생략하는 편이 모순되지 않을 것이라고 생각한다. 말(馬)과 말(斗), 말(言)은 음장이 다른 경우이지만 이 음장은 고려되지 않고 동음이의어에 포함시키는것도 마찬가지이다.

7.1.1. 동음이의어와 다의어

그런데 가끔 동음이의어와 다의어가 혼동될 경우가 있다. 동음이의어는 두 어휘가 형태는 동일한데 의미가 다른 어휘를 말하지만, 한 어휘가 둘 이상의 의미를 지니고 있는 경우에는 이를 다의어(多義語, polysemy)라고 하여 동음이의어와 구별한다. 사전에서는 동음이의어를 서로 다른 표제어로 처리하여 단어가 다른 것임을 알려 주는 반면에 다의어는 한 표제항 내부에서 그 의미를 설명해 준다. 예컨대 '밥을 먹다'의 '먹다'와 '코를 먹다'의 '먹다'는 각각 다른 표제어로 되어 있다. 그러나 '약을 먹다, 뇌물을 먹다, 일등을 먹다, 두 골을 먹었다, 기름 먹은 종이, 한 방 먹었다, 마음을 먹었다, 욕을 먹다, 재료가 많이 먹었다, 대패가 잘 먹는다, 장사나 해 먹어라' 등의 '먹다'는 모두 '밥을 먹다'의 '먹다'의 한 표제항 속에서 설명한다. 다의어이기 때문이다.

그러나 의미가 동일한지 다른지를 판단하기가 쉽지 않아 이 동음이의어와 다의어를 구분하기가 어렵다. 가령 영어의 mouth(사람의 입)와 mouth(강의 어구)는 두 개의 의미가 다른 것이 아니라 한 의미가 분화된 것이어서 한 어휘로 판단하여 다의어가 되지만, 앞에서 예를 든 fan(부채)과 fan(축구팬)은 그 의미 간의 관계가 전혀 없는 동음이의어이다.

그러나 mouth와 mouth는 다의어라고 단정할 수 있는 근거가 문제가 된다. 이를 해결하기 위하여 다음과 같은 고려를 하여 볼 수 있다.

① 역사석 고려

현대국어에서 '말'에는 '馬, 斗, 言'의 의미가 있는 동일한 형태의 어휘지만, 역사적으로 '馬'는 '물', '斗'는 '말', '言'은 '말'이었다. 그리고 '말(斗)'과 '말(言)'은 성조가 달라서 '말(斗)'은 거성, '말(言)'은 상성이어서, 이 세 어휘는 기원적으로 다른 단어이다. 그래서 동음이의어로 처리한다. 마찬가지로 현대국어의 '쓰다'는 '用'과 '苦'와 '書'의 뜻을 가지고 있었지만, 이들은 역사적으로 '用'과 '苦'는 '쓰다', '書'는 '쓰다'로 표기되었다. 그리고 '用'과 '苦'의 의미로 쓰인 '쓰다'의 어간 '쓰-'의 성조는 모두 거성이어서, 이 두 어휘가 다른 어휘임은 예문을 통해 구분하여야 한다.

② 완전한 동음이의어란 통사적, 형태적, 음운적인 세 가지 국면이 동시에 같은 경우로 한정한다.

③ 한 어휘에 두 가지 해석을 줄 수 있는 하나의 환경에서 이 두 가지 해석이 동시에 가능한 상황에서만 그 어휘의 다의성을 인정한다. 예컨대 영어의 'man'을 들 수 있다. man은 일반적 의미(人間)와 특수한 의미(男子)로서의 해석이 동시에 가능할 때가 많다. 이 경우에는 다의어로 처리한다. 그렇지 않은 경우는 모두 동음이의어의 경우로 처리한다.

동음이의어는 다음절어보다 단음절어에서 많이 나타난다. 그래서 국어나 영어보다는 중국어에 많고, 또 독일어, 스페인어보다 영어나 불어가 음절변화의 속도나 범위가 크기 때문에 더욱 현저하다.

영어에는 1,600~2,000어(語)의 동음이의어가 쓰이고 있다고 하는데 (Bridges의 조사) 이것은 일상 교양인이 쓰는 어휘 3,000~5,000어(語)의 반에 가깝다는 것이다.

이 동음이의어는 이음동의어(또는 동의어, 유의어)나 반의어와 함께 국어 어휘론의 중요한 연구과제가 되어 왔지만, 그 중요성에 비해 이에 대한 조사나 연구가 아직까지 불충분한 상태에 있다. 필자가 조사한, 지금까지 나온 동음이의어 사전은 다음과 같다.

- 리형태, 류은종(1993), 조선 동의어, 반의어, 동음어 사전』, 과학백과사전종합출판사.
- 류은종(1986), 동의어, 반의어, 동음이의어, 심양 료녕출판사.
- 김병균(2000), 한국어 동음어 사전, 태학사.

7.1.2. 국어의 동음이의어

국어에서 동음이의어는 서구의 굴절어인 외국어에 비해 매우 다양하며 또한 그 수도 훨씬 많다. 국어의 체언과 용언의 기본형끼리 동음이의어 관계를 이루기도 하지만, 또한 체언의 곡용형과 용언의 활용형이 독립된 다른 단어들과 또 다른 동음이의어 관계를 지니게 되기 때문이다.

예컨대 국어에서 '대하다'란 단어는 그 자체로 두 개의 동음이의어군을 이룬다. 즉 '代하다'와 '對하다'의 두 단어가 서로 동음이의어 관계에 있다. 그러나 '대하다'의 활용형인 '대한'(대하- + ㄴ)은 '大汗, 大旱, 大恨, 大限, 大寒, 大韓, 對韓'의 7개의 동음이의어에다가 '代한, 對한'의 두 개가 더 첨가되어 9개의 동음이의어가 되며, 또 '대하다'의 활용형인 '대함'은 '大笒, 大喊, 大艦'의 세 개의 동음이의어에 '代함'과 '對함'의 두 쌍이 더 발생하게 하고, '대하다'의 활용형인 '대해'(대하여)는 '大害, 大海'의 동음이의어에 '代해'와 '對해'의 두 단어가 그 동음이의어의 수를 늘리게 되게 된다. 그래서 국어에서는 동음이의어가 서구의 굴절어들에 비해 동음이의어의 수가 더 많아진다.

국어에서 동음이의어가 어느 정도 분포되어 있는가를 금성사판 국어대사전(1996년)을 대상으로 하여 조사하여 표로 보이면 다음과 같다. 물론 이 통계는 곡용형이나 활용형을 제외한 숫자이다.

표제항 수	순수 고유어	66,906 (22.3%)	299,592
	외래어(한자어 포함)	232,684 (77.7%)	
동음이의어 수	고유어	5,705 (20.0%)	28,601 (총어휘수의 9.6%)
	외래어(한자어 포함)	18,313 (64.0%)	
	접미사(-하다, -되다, -히, -이 등)	4,583 (16.0%)	

이 표를 보면 동음이의어의 수가 총어휘수의 9.6%에 해당할 만큼 많은 비중을 차지하고 있다. 이중에서도 특히 한자어를 포함한 외래어의 동음이의어 수가 상당한 분량을 차지하고 있다. 특히 한자어 동음이의어가 많은 것은 한자를 기원으로 하는 단어는 한자음의 단순성 때문에 엄청난 동음이의어를 발생시키기 때문이다. 또한 동음이의어 중 명사들은 그 뒤에 '-하다, -되다, -히, -이' 등의 접미사가 붙어서 동음이의어 수가 많아지게 되었는데, 국어에서는 이들을 한 어근에서 처리하지만, 번역에서는 전혀 다른 단어로 번역될 수가 있기 때문에, 이들을 국어 사전 설명과는 달리 처리하여야 할 것이다.

동음이의어는 그 대립의 쌍이 2개인 것과 3개인 것이 대부분을 차지하고 있지만, 심지어는 18개의 쌍을 가지고 있는 것도 보인다.[12]

예 1) 동음이의어의 쌍이 5개인 것

- 가산(加算) : 더하여 셈함.

- 가산(可算) : 자연수의 집합과 일대 일의 대응을 만들 수 있음을 이르는 말.

- 가산(家山) : 고향의 산천.

- 가산(家産) : 한 집안의 재산.

- 가산(假山) : 석가산(石假山).

예 2) 동음이의어쌍이 12개인 것

- 가사(佳士) : 품행이 단정한 선비.

- 가사(佳詞) : 아름다운 말이나 글.

- 가사(家士) : =가신(家臣).

- 가사(家捨) : 사람이 사는 집.

- 가사(家事) : 살림살이에 관한 일.

- 가사(假死) : 생리적 기능이 약화되어 죽은 것처럼 보이는 상태.

- 가사(假使) : 가령(假令).

- 가사(袈裟) : 중이 장삼 위에, 왼쪽 어깨에서 오른쪽 겨드랑이 밑으로 걸쳐 입는 법의(法衣).

- 가사(歌詞) : 가곡, 가요, 오페라 따위로 불려질 것을 전제로 하여 쓰여진 글.

- 가사(歌辭) : 조선 초기에 나타난, 시가와 산문 중간 형태의 문학.

- 가사(稼事) : =농사일.

- 가사(嘉事) : 즐겁고 좋은 일.

예 3) 동음이의어쌍이 18개인 것

- 가 : 경계에 가까운 바깥쪽 부분.

---

12 이 예들은 모두 국립국어원(1999), 『표준국어대사전』에서 뽑은 것이다.

- 가 : 서양 음악의 칠음 체계에서, 여섯 번째 음 이름.

- 가(加) : 가하다의 어근.

- 가(可): 옳거나 좋음.

- 가(加) : 부여와 고구려에서, 족장이나 고관을 이르던 말.

- 가(枷) : =칼02.

- 가(家) : 같은 호적에 들어 있는 친족 집단.

- 가(笳) : 짐승의 뿔로 만든 원시적인 악기.

- 가(斝) : 제례 때에 쓰던 술잔.

- 가(賈) : 우리나라 성(姓)의 하나.

- 가 : (받침 없는 체언 뒤에 붙어) 어떤 상태나 상황에 놓인 대상, 또는 상태나 상황을 겪거나 일정한 동작을 하는 주체를 나타내는 격 조사.

- -가(哥) : (인명의 성(姓)을 나타내는 대다수 명사 뒤에 붙어) '그 성씨 자체' 또는 '그 성씨를 가진 사람'의 뜻을 더하는 접미사.

- -가(家) : (일부 명사 뒤에 붙어) '그것을 전문적으로 하는 사람' 또는 '그것을 직업으로 하는 사람'의 뜻을 더하는 접미사.

- -가(家) : (고유 명사를 포함한 일부 명사 뒤에 붙어) '가문'의 뜻을 더하는 접미사.

- 가-(假) : (일부 명사 앞에 붙어) '가짜', '거짓' 또는 '임시적인'의 뜻을 더하는 접두사.

- -가(街) : (일부 명사 또는 수사 뒤에 붙어) '거리' 또는 '지역'의 뜻을 더하는 접미사.

- -가(歌) : (일부 명사 뒤에 붙어) '노래'의 뜻을 더하는 접미사.

- -가(價) : (일부 명사 뒤에 붙어) '값'의 뜻을 더하는 접미사.

이 동음이의어를 보면 다음과 같은 몇 가지 유형이 보인다. 특히 국어 어휘의 계열에 따라 보면

① 고유어 사이의 동음이의어

- 가락(물레로 실을 자을 때 감기는 쇠꼬챙이)
- 가락(일을 해 나가는 솜씨나 능률 또는 기분)

② 고유어와 한자어와의 동음이의어

- 가득(분량이나 수효 따위가 어떤 범위나 한도에 꽉 찬 모양)
- 가득(稼得) (사람이 일을 하거나 기계 따위를 움직여 결과를 얻음)

③ 고유어와 외래어와의 동음이이어

- 가다(한 곳에서 다른 곳으로 장소를 이동하다)
- 가다(日本語 肩(かた. 어깨의 일본어)
- 가다(Carlo Emilio Gadda)(이탈리아의 작가)

④ 한자어 사이의 동음이의어

- 가풍(家風)(한 집안에 대대로 이어 오는 풍습이나 범절)
- 가풍(歌風)(시 또는 노래 따위에서 풍기는 특징이나 분위기)

⑤ 한자어와 외래어 사이의 동음이의어

- 가운(家運)(집안의 운수)
- 가운(gown)(판검사들의 법복이나 졸업식, 종교의식 따위의 의례적인 행사 때에 입는 긴 망토 모양의 옷)

⑥ 외래어 사이의 동음이의어

- 프로(percent) : 프로(production) : 프로(professional) : 프로(program) : 프로 (prolétariat)

등으로 구분된다.

7.1.3. 동음이의어의 발생 원인

동음이의어의 생성 원인은 언어 외적인 것과 언어 내적인 것의 두 가지 요인을 들 수 있다.

1) 언어 외적인 요인

(1) 자생적 요인

언어 외적인 요인으로 가장 많은 예를 들 수 있는 것은 자생적 요인이다. 즉 언어기호는 자의성이 있어서 동음어 형성에 큰 역할을 한다. 언어의 자의성으로 인하여 한 형태에 여러 의미를 결합하게 된다는 것이다. 예를 든다면 '배'는 '梨, 船, 腹'의 의미를 지니게 되어 동음이의어 관계를 맺고 있는데, 이것은 어떠한 원인으로도 설명할 수가 없다. 이것은 단지 언어기호가 지니는 자의성에 의하여 자생적으로 발생한 것으로 해석할 수밖에 없는 것이다. 그러한 몇 예를 들면 다음과 같다.

- 가지(種) ~ 가지(枝)
- 곯다(濃) ~ 곯다(未滿)
- 기장(重量) ~ 기장(黍)
- 니(虱) ~ 니(齒)
- 목(項) ~ 목(値)
- ·빈(腹) ~ ·빈(梨) ~ ·빈(舟)
- 손(手) ~ 손(客)
- 아·래(前日) ~ 아·래(下)

- 갓(革) ~ 갓(妻) ~ 갓(物)
- :곰(熊) ~ :곰(菌)
- 깃(褓) ~ 깃(巢) ~ 깃(領)
- 되(胡) ~ 되(升)
- ㅂ름(風) ~ ㅂ름(壁)
- 셥(轡) ~ 셥(職)
- ·술(酒) ~ ·술(匙)
- :엄(芽) ~ :엄(牙)

237

•옷(衣) ~ 옷(漆)   •·톱(爪) ~ ·톱(鉅)

(2) 심리적 요인

언어 외적인 생성요인 중 두번째의 것은 심리적 요인이다. 이 심리적 요인
으로는 언어 사용의 경제성을 들 수 있다. 하나의 의미에 하나의 형태를 지니
는 것은 언어 사용의 이상이라고 할 수 있지만 이것은 매우 비경제적인 현상
이다. 하나의 형태에 여러 의미를 부가시키는 것은 언중들의 경제적인 욕구
이다. 이것은 언어 사용자들의 기억과도 연관되기 때문이다. 하나의 형태에
여러 개의 의미가 결합되면 의사소통은 원활하지 못할 가능성도 있지만 그것
보다도 더 중요한 것은 인간의 기억을 덜어서 경제성을 가지는 것이다. 그래
서 어느 한 사물을 은유하여 다른 사물의 명칭을 붙이는 것들이 이에 해당한
다고 할 수 있다. 즉 '노루발'은 실제로 동물의 발을 의미하는 것인데, 이것과
연관되어 '장도리의 못을 빼는 부분'이나 '재봉틀의 부분 명칭'으로 불리어서,
동일한 형상을 갖는 것에 동일한 명칭을 붙여서, 인간의 기억에 대한 노력을
최소화시키는 것이다. '사마귀'가 동물의 이름이지만, '피부에 돋은 검은 군살'
을 '사마귀'라는 곤충이 뜯어 먹어 없앨 수 있다는 속설에서 그 이름을 '사마귀'
라고 붙인 것도 같은 맥락에서 해석하여야 할 것이다.

(3) 가치적 기능에 의한 요인

언어 외적인 또 하나의 요인은 가치적 기능에 의한 요인이라고 할 수 있다.
대개 어떤 특수한 연고를 가지고 있거나 비속한 의미를 지닌 말이어서 의식적
으로 그 어휘 사용을 회피하여, 다른 어휘를 선택하여 씀으로써, 동음이의어
가 발생하게 된다. 예컨대 '천연두'라는 이름은 사용을 피하고 싶은 어휘라고
할 수 있다. 여기에 '천연두'를 '마마'라고 하고 그것도 모자라서 '손님이 다녀
갔다'라고 표현하여 '손님'이 '客'이란 의미와 '천연두'라는 두 가지 의미를 지
니게 된 것인데, 이것이 곧 완곡표현의 기능에 의한 동음이의어의 생성이라

고 할 수 있다.

(4) 사회적 요인

사회적 요인은 어느 방언 세력이 확대되어 방언이 개입되어 동음이의어 현상이 벌어지기도 하는 것을 말한다. 예컨대 '기름'을 구개음화 현상으로 인하여 '지름'이라고 하자, '직경(直徑)'의 뜻을 지닌 '지름'과 동음이의어 현상이 나타나게 되는 것 등을 들 수 있다. 닭의 '모이'를 '모시'라고 하는 방언의 영향으로 '모시 저고리'의 '모시'와 동음이의어 관계를 갖게 되는 것도 동일한 현상이라고 할 수 있다.

2) 언어 내적인 요인

동음이의어가 발생하는 원인은 언어 외적인 것보다 언어 내적인 원인이 더 크다.

(1) 공시적 요인

동음이의어가 발생하는 원인으로는 다음과 같은 경우를 제시하는 학자도 있다.

① 하나의 단어가 의미의 분화에 의하여 일어나는 경우

어떤 단어가 여러 개의 의미를 가지는 다의어가 되었다가 그들 의미 사이에 분화가 심해지면 그것들을 서로 별개의 단어로 인식하게 된다. '손님'은 '다른 곳에서 찾아온 사람'을 뜻하는 말이지만, 이 단어가 '정중하고 조심스럽게 모셔야 할 대상'이라는 연상의미에 이끌려 '마마병'(천연두병)을 일컫는 완곡어법으로 쓰이게 되자, 결국 '손님'의 또 다른 뜻으로 병의 이름이 덧붙게 되었다. 이 두 개의 의미는 이처럼 원래 밀접한 관련이 있었던 것이지만 그 관련을 의식하지 못하는 사람에게는 단순한 동음이의어가 된다. 그러므로 다의어라고 할 경우에는 그들 의미 사이에 공통점을 발견할 수 있는 것이고, 동음이의어는 그들 의미 사이에 공통점을 발견할 수 없다는 언어 대중의 의식의 차이가 문제가 될 뿐이다.

② 한자를 기원으로 하는 단어의 한자음의 단순성 때문에 일어나는 경우
한자 동음어는 서너 개의 단어가 하나의 동음이의어를 만들고 있는 경우로부터 십여 개 이상의 단어가 하나의 동음이의어를 이루는 경우까지 수적으로는 다양하지만 대개는 문맥에 의하여 그들의 의미가 혼동되지 않고 사용되고 있다.

③ 음운현상에 의하여 일시적으로 동음이의어 관계에 놓이는 이른바 준동음이의어들이 있다. '있다, 잇다, 잊다' 등은 물론 문맥에 의하여 구별은 되지만, 다소 혼란을 일으킬 염려가 있으며, '낫, 낮, 낯, 낱, 낟'의 관계도 독립적으로 쓰일 때와 뒤에 오는 음이 자음으로 시작될 때에는 어말자음의 중화현상 때문에 부득이 혼동을 일으키는 동음이의어가 된다.

④ 어말자음의 중화로, 독립적으로 쓰일 때와 자음이 후행할 때에 변별력이 없어 동음이의어가 발생하는 예를 들 수 있다.

- 긋(劃)~긑(末)
- 몬(錠)~못(淵)
- 뭇(束)~뭍(陸)
- 볏(冠)~볕(景)
- 입(口)~잎(戶)
- 있다(有)~잇다(續)~잊다(忘)
- 낫(鎌)~낮(晝)~낯(面)~낱(單)~낟(穀)

⑤ 한자어에서 주로 2자합성(二字合成)이 많아 동음이의어가 발생한다.

240   제3부 어휘의 분류

- 경사(傾斜)~경사(慶事)
- 개선(改善)~개선(凱旋)
- 공사(工事)~공사(公使)
- 사직(社稷)~사직(辭職)
- 수상(受賞)~수상(首相)
- 공포(公布)~공포(恐怖)~공포(空砲)
- 소생(所生)~소생(小生)~소생(蘇生)

(2) 통시적 요인

언어 내적인 요인은 공시적인 것보다는 주로 통시적인 것이 더 많다. 그 통시적인 요인을 분류하고 이에 해당하는 예를 들어 보기로 한다.

① '·'의 소실

'·'의 소실로 인하여 본래 '·'를 가지고 있던 어휘가 'ㅏ'나 다른 모음으로 바뀌면서 동음이의어가 발생한 예가 많다.

국어 음운사에서 '마을'(官衙)과 'ᄆᆞᅀᆞᆯ'(村落)은 각기 다른 단어였으나 '·'음이 'ㅏ'에 합류되면서 이 두 단어는 동음이의어가 되었다. 그러자 '마을'(官衙)은 '관아(官衙), 관청(官廳)' 등 한자어로 바뀌게 되었고 '마을'(村落)만 현대까지 존속하고 있다. 이와 같이 동음이의어 사이에는 적자생존의 싸움이 일어나기도 한다.

- ᄀᆞ리다(障) > 가리다 ~ 가리다(分別)
- ᄀᆞᆯ(蘆) > 갈 ~ 갈(刀)
- ·금다(浴) ~ ·금다(閉)
- ᄀᆞᆺ(邊) > 갓(邊) ~ 갓(革) ~ 갓(妻) ~ 갓(物)
- ·걷다(步) ~ 걷다(捲)
- 놀ㅎ(刃, 經) > 날(刃) ~ 날(日)
- ᄃᆞ리(橋) > 다리(橋) ~ 다리(脚) ~ ᄃᆞ리(梯)
- 밤(栗) ~ 밤(夜)

- 셤(石) ~ :셤(島)
- :솔(刷) ~ ·솔(松)
- ·춤(舞) ~ 춤(漲)
- ·플(草) ~ 플(糊)
- ·피(稷) ~ ·피(血)
- ·풀(蠅) ~ 풀(腎)

② 어두 자음군의 경음화

중세국어에서 어두 자음군이었던 것이 된소리화되면서 근대국어에 와서 동음이의어가 된 것이 꽤 많다. 몇 예를 들어 보도록 한다.

- ㅄ다(用, 苦, 冠) 〉 쓰다 ~ 쓰다(書)
- ㅳ(垢) 〉 때 ~ ㅵ(時) 〉 때

③ 성조의 소실

역사적으로 성조의 차이로 변별적이던 서로 다른 단어가 현대에 와서 성조가 소실되어 성조의 변별력이 없어져서 동음이의어가 발생한다.

- 고·마(妾) ~ :고·마(敬)
- :골(洞) ~ :골(棺) ~ 골(狀) ~ 골(膏)
- 굴(窟) ~ 굴((牡蠣甲)
- 날(刃) ~ 날(日)
- :눈(雪) ~ ·눈(眼)
- 돌(石) ~ :돌(梁)
- ·매(磑) ~ ·매(鞭) ~ :매(鷹) ~ :매(甚)
- :밀(蠟) ~ 밀(麥)

- 물(糞尿) ~ 물(馬) ~ ·말(斗) ~ :말(言) ·말ㅎ(橛, 말뚝)
- 밤(栗) ~ 밤(夜)
- :부리(嘴) ~ ·부리(山, 묏부리)
- 서·리(霜) ~ ·서리(間)
- 솔(松) ~ 솔(刷子)
- 줄(線) ~ 줄(鑪)

현대국어에서 '눈'(雪, 眼), '밤'(栗, 夜), '솔'(刷, 松) 등은 아직은 동음이의어라고 할 수는 없으나, 그들 사이에 변별적 특징이 되는 음의 장단을 구별하지 못하는 많은 젊은 세대들에게는 당당한 동음이의어의 구실을 하고 있다.

④ 음운의 탈락 및 단모음화

음운이 탈락하거나 또는 단모음화 현상이 일어나서 동음이의어가 발생할 수도 있다.

- 골회(環) 〉 고리 ~ 고리(옷 담는 그릇)
- 가히(犬) 〉 가이 〉 개 ~ 개(蒲)
- 자히다 〉 자이다 〉 재다 ~ 재다(빠르다, 으쓱거리다)

⑤ 어두 음운의 탈락

소위 두음법칙이 적용되어서 동음이의어가 발생할 수도 있다.

- 니(齒) 〉 이 ~ 니(虱) 〉 이
- 니기다(泥) 〉 이기다 ~ 이긔다 〉 이기다(勝)

⑥ 전설고모음화

치찰음 아래에서 모음이 고모음화되어 동음이의어가 발생하기도 한다.

• 미츠다(及) 〉 미치다 ~ 미치다(狂)
• 즈츼다(泄寫) 〉 지치다 ~ 지치다(썰매를 지치다)

⑦ 원순모음화

비원순모음이 원순모음으로 되어 동음이의어가 발생한다.

• 믈다(咬) 〉 물다 ~ 물다(疹)(무르다)

⑧ ㅎ 종성체언의 ㅎ 소실

ㅎ 종성체언이었던 것이 ㅎ 이 탈락하면서 ㅎ 종성체언이 아니었던 어휘와
동음이의어관계가 형성된다.

• 내(臭) ~ 내ㅎ(川)   • 똘(女息) ~ 쌀ㅎ(根源)
• ·모(秧) ~ ·모ㅎ(隅)   • :발ㅎ(簾) ~ ·발(足) ~ ·발(幅)

⑨ 구개음화

한 어휘가 구개음화되어서 동음이의어 관계를 이룬다.

• 뎔(寺) 〉 절 〉 절 ~ 절(人事)

⑩ ㅣ 모음 역행동화

ㅣ 모음 역행동화가 되어 동음이의어를 이루게 되기도 한다.

• 삿기 〉 샛기 〉 새끼(雛) ~ 새끼(草索)

⑪ 이외에 중세·근대국어에서의 동음이의어를 몇개 들면 다음과 같다.

• 곱(脂) ~ 곱(倍)
• 나리(津) ~ 나리(百合)
• ᄆᆞᄅᆞ(宗, 旨) ~ ᄆᆞᄅᆞ(箇, 뼐)
• 괴다(愛) ~ 괴다(積)
• 양(樣) ~ 양(胃)

• 구실(官. 職分) ~ 구실(珠)
• 별(江邊) ~ 별(星)
• 얼(精神) ~ 얼(티, 허물)
• 살다(活) ~ 살다(燃)

7.1.4. 동음이의어의 회피 현상

동음이의어는 혼동의 우려가 있을 경우에는 그 혼동을 피하기 위하여 여러 가지 방법이 쓰인다.

① 동음이의어 관계에 있는 어휘 가운데 하나가 스스로 다른 단어로 대체되어 경쟁에서 탈락해 버리는 경우
앞에서 언급한 '마술'과 'ᄆᆞ술'이 모두 '마을'로 바뀌어 동음이의어가 되자 '마술'이 한자어 '관아'로 바뀐 것이 그 예이다.

② 의미의 구별이 가능한 다른 요소, 즉 접두사 등을 첨가하는 방법
이때에 동음이의어 관계에 있는 두 단어가 동시에 새로운 요소를 첨가하는 경우도 있고, 어느 한쪽만 첨가하는 경우도 있다.
'초(燭)'와 '초(醮)'는 둘 다 그 앞에 의미의 구별이 가능한 접두사를 붙여서 '양초'와 '식초'로 바뀌었고, '바람(風)', '바람(壁)', '바람(기대, 희망)'에서는 '바람(風)', '바람벽 또는 '벽', '바램(기대)'으로 바뀌었다.

7.1.5. 동음이의어의 사용[13]

동음이의어는 일상의 언어생활에서 표현적 효과를 얻기 위해서 매우 빈번히 사용된다. 이제 몇 가지를 보이면 다음과 같다.

① 수수께끼, 어귀 등에 사용한다.

- 젊어서도 할미새, 늙어서도 할미새가 무엇?
- 오리를 날아도 오리, 십리를 날아도 오리는 무엇?
- 밤에 보아도 밤, 낮에 보아도 밤은 무엇?
- 강은 강인데 못 건너는 강은?
- 밤은 밤인데 못 먹는 밤은?
- 눈에 눈이 들어가니 눈물인가 눈물인가
- 창으로 창을 찌르니 창구멍인가 창구멍인가
- 밖에 앉아도 안 서방 안에 앉아도 박 서방
- 오동열매 동실동실(桐實桐實)
- 보리 뿌리 맥근맥근(麥根麥根)

② 해학을 나타내는 데 사용한다.

- 옷이요 : 오시오   • 잣이요 : 자시요   • 갓이요 : 가시오

옛날 어떤 선비가 배는 고프고 돈은 없고 해서 가게에 들어가 주인에게 자기의 옷을 가리키면서 '이게 무엇이요?'하고 물으니 상인이 '옷이요'(발음대로

---

13 이 부분은 김기종(1983, pp.83-86)을 많이 참조하였다.

쓰면 '오시오') 그리고 나서 잣을 가리키면서 이게 무엇이요? 상인 약간 귀찮은 듯이 '잣이요(자시오)' 선비는 냉큼 한 움큼을 집어 먹고 나서 자신의 갓을 만지작거리면서 이게 무엇이요? 드디어 상인은 화가 났습니다. 돈을 낼 생각도 안 하고서 자꾸 묻기만 하니 '갓이요(가시오)' 선비는 유유히 제 길을 갔다고 한다.

③ 의미의 중의성을 나타낼 때 사용한다, 특히 운문, 그 중에서도 시조에서 많이 사용한다.

• 청산리 벽계수야 수이 감을 자랑 마라.

당시 왕실 종친의 한 사람인 이혼원(李渾源, 호는 碧溪水)이라는 사람이 하도 근엄하여 딴 여자를 절대로 가까이 하지 않는다는 소문이 높았다. 마침 그때 그가 개성에 와서 달밤에 나귀를 타고 만월대를 산책할 때에, 소복 차림한 황진이가 이를 시험해 보려고 그에게 다가가 이 노래를 건넸더니, 벽계수는 황진이의 시재(詩才)와 미모에 끌려 자신도 모르게 나귀 등에서 내려서는 하룻밤의 시흥을 돋우었다고 한다.

흥부전에서 흥부와 그 아내의 대담 ('보리'나 타고 오게)

흥부 아내 이른 말이
"저 건너 아주버님 댁에 가서 쌀이 되나 돈이 되나 양단간에 얻어 옵소"
흥부 하는 말이
"형님 댁에 갔다가 보리니 타고 오게"
흥부 아내 착한 마음에 보리라 하니까 먹는 보리로만 알고 하는 말이
"여보 배부른 소리 작작하오. 보리는 흉년곡식이라 느루 먹기는 정말 쌀보다 낫습네다"

흥부 하는 말이

"여보 마누라 보리라니까 갈보리 봄보리 늦보리로 아나 보오 그려. 우리 형님이
음식 끝을 볼 양이면 사촌을 몰라 보고 가사목이나 물푸레뭉치로 함부로 치는 성
품이니 그런 보리를 어떤 놈이 타단 말인가?"

'보리'는 옛날에 매를 치는 물푸레 몽둥이이어서 곡식인 '보리'와 동음이의
어 관계에 있다. 이 동음이의어는 흥부의 소박성, 진실성을 표현하는데 사용
되었다.

제비 배는 하얀 배
구제비 배는 노란 배
제비네 집에선 지지구(지지구구)
구제비 집에선 볶으구(보구구보구구) (이원우 : 제비와 구제비)

여기에서는 제비의 울음소리인 '지지구구'와 '보구구보구구'를 '지지다'와
'볶다'에 대응시켜 동음의의어를 사용하고 있다.

7.2. 다의어(polysemy)

단어에는 한 가지 의미만 가진 것도 있고 여러 가지 의미를 가진 것도 있다.
한 가지 의미만 가지고 있는 단어를 단의어(單義語)라고 하고 여러 가지 의미를
가지고 있는 단어를 다의어(多義語)라고 한다. 대체로 학술용어는 단의어이지
만, 일상적으로 사용되는 단어들에는 다의어가 많다.

다의어는 둘 이상의 의미를 가진 단어를 말한다. 즉 하나의 기표(記標,
signifant)가 둘 이상의 다른 의미, 그러면서도 어원적으로 관련 있는 기의(記意,
signifié)를 가지고 있는 단어를 말한다. 그러나 의미가 역사적으로 변화하여 15

세기에는 A라는 의미였는데, 16세기에는 A라는 의미가 없어지고 B라는 의미가 되었다면 그 단어는 다의어라고 하지는 않는다. 한 시기의 언어현상에만 해당된다.

다의어의 여러 가지 의미들은 내적으로 서로 관련이 있다. 이러한 의미적 관련성이 여러 의미를 가진 단어를 각기 다른 여러 가지의 단어로 되게 하지 않고 한 단어로 되게 한다.

단어가 생성될 때에는 처음에는 언제나 한 가지 의미를 가지고 나타난다. 그러나 오랜 동안 사용되면서 여러 가지 의미를 가지게 된다. 그래서 다의어는 빈도수가 높은 단어에서 흔히 보인다. 그래서 '손, 발, 머리, 다리, 팔' 등은 둘 이상의 의미를 가진 다의어들이다.

다의어에서 본의(本義)는 한 가지이지만 전의(轉義)는 한 가지 이상일 수 있다. 사전에서 본의는 맨 앞에 배열하여 기술하고(대개는 번호를 붙이는데 그 1번이 본의이다), 그 뒤에 전의를 배열하여 기술한다. 본의와 전의는 상관적 관계에 있기 때문에, 전의는 있는데 본의가 없을 수 없다. 단의어에는 본의도 전의도 있을 수 없다. 대개 본의는 역사적으로 처음 발생한 의미이다.

적용상의 전이(shifts in application)란 기존의 단어가 적용 범위를 점차 넓히면서 새로운 사물을 지시하게 되는 경우를 말한다. 예컨대 '머리'는 원래 신체 부위를 지칭하는 단어였는데, 이것이 '머리가 나쁘다'처럼 '머리'가 '생각하고 판단하는 능력'을 뜻하거나, '머리를 기르다'에서처럼 '머리털'을 뜻하게 되고, '그 모임의 머리 노릇을 한다'의 '우두머리'의 의미처럼 전의가 되는 것이다.

다의어가 여러 가지 뜻을 지니고 있지만, 그 의미 중에서도 기본적인 의미가 있고 이 기본적인 의미에서 갈라져 나온 의미가 있다. 기본적인 의미를 본의(本義)라고 하고 여기에서 파생된 의미는 전의(轉義) 또는 파생의미라고 한다. 예컨대 '죽다'의 기본의미는 '생명이 끊어지다'인데, '불이 죽다, 풀기가 죽다, 기가 죽다, 시계가 죽다, 죽도록 일한다, 배고파 죽겠다, 콧날이 죽다, 빛이 죽다' 등에 보이는 '죽다'의 의미는 전의된 것들이다. '거머리'는 기본의미가

'거머릿과의 동물'이지만 '거머리같이 따라 다닌다'의 '거머리'는 '착 달라 붙는 상태가 매우 끈덕진 것을 비유적으로 이르는 말'로 전의된 파생적 의미이다.

역사적으로는 기본의미가 파생의미로 변화하기도 한다. 예컨대 현대국어의 '얼굴'은 '머리의 앞면'을 뜻하지만 15세기에 '얼굴'은 '모습, 형태'라는 뜻이었다. 기본의미가 바뀐 것이다. 마찬가지로 오늘날 사용하는 '고객(顧客)'은 원래 '단골손님'이란 뜻으로만 사용되어 오다가 최근에는 '물건을 사러 오는 손님'을 뜻하는 말로 바뀌었다.

이들 다의어는 다른 의미들 간에는 어원적으로 유연성이 있어서 하나의 의미에서 분기되어 나온 것이다. 예컨대 '눈'은 신체의 일부로서 '눈이 밝다'처럼 쓰이는 것이 기본의미로 쓰인 것인데, 여기에서 분기되어 '식물의 눈이 튼다, 그물의 눈, 저울의 눈'의 '눈'처럼 다의어로 된 것이다. 이러한 예도 상당수 있다.

- 글월(글이나 문장) → 글월(편지)
- 말하다(말로 나타내다) → 말하다(비난하다)
- 애매하다(억울하다) → 애매하다(불분명하다)

7.2.1. 다의어의 발생 원인

다의어가 발생하는 원인에 대해서는 다양한 견해가 제시되어 있다.

① 적용의 이동(shifts in application)
기존의 단어가 적용 범위를 점차 넓히면서 새로운 사물을 지시하게 되는 경우를 말하는데, 신체부위로서의 구체적 의미를 가진 '손'이 점차 그 적용범위를 넓혀 나가서 '손에 걸리다, 손에 붙다, 손에 오르다, 손에 익다, 손에 잡히다, 손을 거치다, 손을 걸다, 손을 끊다, 손을 나누다, 손을 내밀다, 손을 넘기다, 손을 놓다, 손을 늦추다, 손을 떼다, 손을 맺다, 손을 멈추다, 손을 벌리다, 손을

붙이다, 손을 빼다, 손을 뻗다, 손을 씻다, 손을 잠그다, 손을 적시다, 손을 주다, 손이 거칠다, 손이 걸다, 손이 나다, 손이 놀다, 손이 닳다, 손이 닿다, 손이 돌다, 손이 떨어지다, 손이 뜨다, 손이 맞다, 손이 맵다, 손이 비다, 손이 빠르다, 손이 서투르다, 손이 싸다, 손이 야물다, 손이 작다, 손이 잠기다, 손이 재다, 손이 저리다, 손이 짜이다, 손이 크다' 등에서 보는 것처럼 '손가락, 손바닥, 덩굴손, 사람, 기술, 교제관계, 수완, 손버릇, 주선, 마음씨, 기회' 등의 여러 의미를 가지게 되는 것이 그 예이다. 그래서 문맥에 따라 여러 모양으로 뜻을 바꾸게 된다. 다음에 몇 예를 들어 본다.

- 갓, 갗 : 피부(皮膚), 표면(表面)
- 뜸 : 격(隔), 시간(時間)
- 끼 : 시(時), 식량(食糧), 식사시(食事時)
- 고기 : 어(魚), 육(肉)
- 곡도 : 환상(幻像), 인형(人形)
- 날 : 일(日), 태양(太陽)
- 머리, 마리 : 두(頭), 발(髮)
- 뒤 : 후(後), 북(北)
- 앞 : 전(前), 남(南)

② 오용

잘못된 용법이 고정되어 여러개의 의미를 가지게 되는 경우를 말한다. '무섭게 으르고 위협한다'는 의미를 가진 '공갈(恐喝)'이라는 단어가 '거짓말'이라는 의미로 잘못 쓰이다가, 그 사용이 일반화되어 사전에까지 등록된 것이 그 예이다. 그래서 언어유희에서 "한라산에서 한 번 펄쩍 뛰면 백두산에 닿는 말은?"의 해답으로 '공갈마(恐喝馬, 거짓말 하지 마)'가 등장하는 것은 '공갈'이 '거짓말'이란 뜻으로 쓰이고 있음을 보여 주는 것이다.

③ 비유적인 의미의 사용

한 단어가 비유를 통하여 새로운 사물을 지시하게 되는 경우를 말한다. '교활한 사람'의 비유적 표현으로 사용되는 '여우'가 그 예이다. '노루발'은 원래 '노루의 발'이란 뜻이지만 노루의 발 모양을 비유하여 '노루발'이 '과녁에 박힌 화살을 뽑는 도구로 노루발처럼 끝이 갈라지게 만든 것'을 뜻하게 된 것도 비유적으로 사용하였기 때문이다.

④ 사회적 환경에서의 특수화 또는 전문화

일반사회에서 사용하는 단어를 특정사회에서 특수한 의미로 사용하는 것을 말한다. '겉과 속'을 뜻하는 '표리(表裏)'가 궁중에서 '옷의 안감'이라는 특수한 의미로 사용되는 것이 그러한 예이다. '도둑'을 특수화시켜서 '밤손님'으로, '쥐'를 '서생원(鼠生員)'으로 칭하는 것도 마찬가지 예이다.

⑤ 의미의 일반화

특수용어가 일반용어화되거나 고유명사가 보통명사화되는 경우인데, 고유지명인 '장안(長安)'이 보통명사화하여 일반적인 '수도(首都)'를 뜻하게 되거나, 마찬가지로 '서울'이 수도(首都)의 의미를 가지게 되는 경우 같은 것이 그 예이다.

⑥ 동음이의어 의식의 약화 및 소멸

원래는 동음이의어인데, 현재에 이르러서 각각 다른 어원에서 온 것임을 알지 못하고 한 단어로 인식되는 경우를 말한다. 현대국어에서 '다리'는 신체부위로서의 의미인 '다리(脚)'와 '교량'의 의미인 '다리'가 두 의미를 갖는 다의어로 인식되지만, 역사적으로는 '다리'와 'ᄃᆞ리'라는 별개의 음성형식에서 기인하는 두 단어가 'ㆍ'음이 소실되면서 동음이의어 '다리'가 되었다가, 현대에 이르러서는 동음이의어라는 인식마저 소멸되어 버린 예이다.

⑦ 금기와 완곡어법

'돌아가다'는 '특정한 곳으로 왔다가 본디 있던 곳으로 다시 간다'는 의미 이외에 '죽다'라는 의미를 가지고 있는 다의어인데, 후자의 의미는 금기에 의하여 발생한 것이다. 그러나 경우에 따라서는 '죽다'와 '돌아가시다'를 구별하여 쓰기도 한다. 예컨대 기독교 성경에서는 '돌아가시다'를 사용하지 않고 '죽다'의 높임말로 '죽으시다'를 사용한다. '돌아가시다'를 육체적인 것으로 인식하는 것으로 해석된다. 그리하여 '십자가에 못 박혀 죽으시고'이지 '십자가에 못 박혀 돌아가시고'가 아니다.

⑧ 외국어의 영향

외국어의 영향으로 다의어가 발생하기도 하는데, 대표적인 것이 '애매(曖昧)하다'의 경우이다. '애매하다'는 원래 "아무 잘못 없이 꾸중을 듣거나 벌을 받아 억울하다"는 뜻으로만 쓰이었는데, 일본어 '애매하다'의 영향을 받아서 "희미하여 분명하지 아니하다"의 뜻이 덧붙여져서 다의어가 된 것이다.

다의어는 한 단어가 여러 의미를 가지고 있기 때문에 그만큼 단어의 수를 줄인다. 따라서 다의어는 언어경제적으로는 공헌을 하고 있는 셈이지만, 다의로 인하여 발생하는 모호성은 혼란의 원인이기도 하다. 그러나 이러한 혼란은 전후 맥락이나 상황장면에 의하여 배제될 수 있다. 예컨대 '손이 모자란다'의 '손'은 '-이 모자란다'란 문맥 속에 있으므로 신체부위로 해석되지 않고 '손'이 가진 다양한 의미 가운데에 '사람'이라는 의미로만 해석된다. 다의어는 일어일의(一語一意)를 주장하는 이상론의 측면에서는 언어의 병리현상으로 볼 수 있으나, 한 어휘에 한 가지 뜻에 철저하다면 언어는 인간의 기억력으로는 감당하기 어려울 정도로 많은 수의 단어가 필요할 것이다. 따라서 다의성은 표현과 전달이라는 언어의 기능을 효과적으로 수행하는 데에 불가결한 요소가 된다.

다의어는 국어사전의 한 표제항에 번호를 붙여 나열하여 놓고 풀이하고 있어서 다의어 사전은 별도로 필요하지 않다.

7.2.2. 다의어의 배열 순서

국어사전에서 다의어의 배열은 대체로 다음과 같은 순서로 배열한다. 국립국어연구원에서 편찬한 표준국어대사전의 다의어 배열 순서를 보면 다음과 같다.

   (1) 현대어(일반어/전문어)와 고어
     ① 현대어 뜻풀이를 고어 뜻풀이보다 먼저 배열한다.
     ② 고어의 뜻풀이를 북한어 뜻풀이보다 먼저 배열한다.
     ③ 방언 뜻풀이를 고어 뜻풀이보다 먼저 배열한다.
     ④ 비표준어 뜻풀이를 고어 뜻풀이보다 먼저 배열한다.
     현대어는 현대어 뜻풀이, 방언 뜻풀이, 비표준어 뜻풀이, 고어 뜻풀이, 북한어 뜻풀이순으로 하도록 하였다.

   (2) 어휘 형태와 문법 형태
     ① 어휘 형태 뜻풀이를 문법 형태 뜻풀이보다 먼저 배열한다.
     ② 어휘 형태와 문법 형태는 동음이의어로 분할하는 것이 원칙이지만 어원이 같고 의미가 유사할 경우에는 다의어로 처리한다.

   (3) 표준어·비표준어·방언·북한어
     ① 표준어 뜻풀이를 북한어 뜻풀이보다 먼저 배열한다.
     ② 방언 뜻풀이를 북한어 뜻풀이보다 먼저 배열한다.
     ③ 비표준어 뜻풀이를 북한어 뜻풀이보다 먼저 배열한다.

④ 비표준어 뜻풀이를 방언 뜻풀이보다 먼저 배열한다.

표준어 뜻풀이, 비표준어 뜻풀이, 방언 뜻풀이, 북한어 뜻풀이순으로 배열하도록 하였다.

7.3. 유의어(synonymy)

유의어(類義語)란 둘 이상의 단어가 음성형태는 다르나 의미상으로 서로 같거나 비슷한 뜻을 가진 단어를 말한다. 즉 한 개의 기의(signifiè)에 여러 기표(signifiant)가 연관된 것이다. 이 두 단어 사이에도 의미의 미세한 차이가 존재한다. 즉 의미가 같다는 것은 같은 지시대상을 가리킨다던가 가장 중심적인 기본의미가 같다는 것이지, 하나의 문장에서 자유롭게 바꾸어 써도 전혀 어색하지 않다는 뜻은 아니다. 따라서 유의어는 있으나 문자 그대로 완전한 동의어가 없다는 견해가 일반적이다.

동의어간의 의미 차이는 무엇일까? W. E. Collinson은 다음과 같은 아홉 가지 가능성을 들고 있다[Collinson. W. E(1939), pp.54-77].

① 한편이 다른 편보다 일반적이다.

refuse - reject

② 한편이 다른 편보다 강하다.

repudiate - reject

③ 한편이 다른 편보다 감정적이다.

refuse - decline

④ 한편이 도덕적으로 시인되는 것을 표시하고 다른 편은 중립적이다.

thrifty - economical

⑤ 한편은 다른 편보다 전문어적이다.

decease - death

⑥ 한편이 다른 편보다 문어적이다.

    passing - death

⑦ 한편이 다른 편보다 구어적이다.

    turn down - reject

⑧ 한편이 다른 편보다 방언적이다.

    flesher(정육점칼) - futcher(스코틀랜드 어)

⑨ 한편이 유아어에 속한다.

    daddy - father

국어의 유의어에는 다음과 같은 유의어 간의 의미 차이가 있다.

① 속어는 표준어보다 친밀감을 갖게 한다.

- 자랑한다 ~ 으스댄다 ~ 잰다
- 무식자 ~ 멍텅구리
- 인색자 ~ 절약자 ~ 노랑이
- 폭력배 ~ 깡패
- 도박 ~ 노름
- 식모 ~ 부엌데기
- 가증하다 ~ 얄밉다
- 중국인 ~ 떼놈

속어는 속된 의미론적 색채를 갖고 있다. 속어는 다음과 같은 것을 나타낼 때 쓰인다.

- 낮잡아 말하는 정서를 의식적으로 나타낼 때.
- 친근하여 흉허물이 없음을 나타낼 때(이놈, 그놈 등)
- 사랑스러운 정서를 나타낼 때(내 새끼, 귀여운 놈 등)

이러한 것들은 시에서 가끔 미적 감정으로 뉴앙스를 나타낼 때가 있다. 속어가 아닌 방언이나 외래어에서도 그렇다.

② 고어법(archaism)이 유의어로서 우아한 뉘앙스를 가지기도 한다.

- 하염없이 ~ 하는 것 없이
- 노고지리 ~ 종달새
- 메아리 ~ 반향
- 애오라지 ~ 무심코, 헛되게
- 글월 ~ 편지

③ 전문용어는 일반어에 비하여 냉철·정세하다.

- 소화기 질환 ~ 배탈
- 의미 ~ 뜻
- 주변 ~ 언저리
- 언어 ~ 말
- 직능 ~ 구실
- 범위 ~ 테두리

그래서 학술용어는 순수국어가 아직도 한자어에 대등한 효력을 가질 수가 없다

④ 재판용어는 권위를 가진다.

- 소송 ~ 시비
- 구형 ~ 죄를 정한다
- 피고 ~ 죄인
- 언도 ~ 죄를 단정한다

⑤ 외래어가 멋을 느낄 때가 많다.

- 케이스(case) ~ 경우
- 델리케이트(delicate) ~ 섬세한

국어의 동의어는 둘 이상의 어휘의 의미 차이에 따라 두 가지로 구분할 수 있다.

① 절대적 동의어

두 단어가 의미가 완전히 같고 다른 단어와의 통합관계도 완전히 같은 어휘를 말한다. 예컨대 '달걀'과 '계란', '소위(所謂)'와 '이른바', '동복(冬服)'과 '겨울옷', '금일(今日)'과 '오늘'과 같은 것은 형태는 다르지만 그 의미는 동일하다고 할 수 있다. 그리고 이 단어들이 문장에서 사용될 때 그 단어를 대치해 놓아도 의미차이가 없다.

② 상대적 동의어

상대적 동의어는 그 의미가 완전히 같지는 않고 비슷하거나 정서적 가치가 다른 어휘를 말한다. '공포(恐怖)'와 '두려움', '도망(逃亡)'과 '줄행랑'과 같은 경우인데, 이 어휘들은 그 의미가 완전히 동일하다고 할 수 없을 뿐만 아니라, 미세한 의미차이를 가지고 있다. 그리하여 '도망을 쳤다'와 '줄행랑을 쳤다'는 문체론적 느낌이 다르다.

또한 국어의 동의어는 어휘의 계열에 따라서 다음과 같은 유형이 있을 수 있다.

① 고유어 : 고유어

같은 어간에서 파생한 것인가, 서로 다른 어간을 가지고 있는가, 객관적 의미차이가 존재하는가, 감정적 의미차이만 존재하는가 하는 관점에서 검토될 수 있다. 이른바 의성의태어로 불리는 상당량의 단어들이 고유어끼리의 동의어를 형성한다. 이들 의성의태어들은 자음의 삼지적 대립(보통소리, 거센소리, 된소리)이나 모음의 이지적 대립(양성모음, 음성모음)에 의하여 감정적 내지 감각적 의미차이를 나타낸다. '아장아장 : 어정어정'은 이지적 대립의 예이고, '감감하다 : 캄캄하다 : 깜깜하다'는 삼지적 대립의 예이다.

'가(邊)'와 '끝(端)', '쪽(片)'과 '짝(匹)', '춥다(寒)'와 '차다(冷)'의 대립에서는 어원적으로는 동일어간에서 나왔으나 음성형태에 상당한 차이를 보이면서도 여전히 의미는 많은 공통점을 보이는 동의어를 형성하고 있다.

서로 다른 어간을 가지고 있는 것에는 '꾸중'과 '걱정', '죽다'와 '돌아가다', '옳다'와 '바르다', '씨'와 '알맹이', '쏠리다'와 '기울다', '틈'과 '사이' 등이 있다.

② 고유어 : 한자어

대체로 고유어의 단어 하나에 여러 개의 한자어가 대응을 이루는 모습을 보인다. 즉 '생각'이라는 고유어 하나에 대응하는 한자어는 '사고(思考), 사유(思惟), 사색(思索), 상상(想像), 추상(推想), 예상(豫想), 명상(冥想), 회상(回想), 공상(空想), 잡념(雜念), 사념(思念)' 등이 있으며, '뜻'이라는 고유어 하나에 대응하는 한자어는 '의미(意味), 의의(意義), 정의(定義), 의지(意志), 의욕(意慾), 의도(意圖), 의향(意向), 욕구(慾求)' 등이 있다. 이들을 상위어와 하의어 관계를 이루는 것으로 해석할 수도 있다.

③ 한자어 : 외래어

'밀회'와 '데이트', '부정행위'와 '컨닝(cunning)', '화실'과 '아틀리에(atelier)' 등을 예로 들 수 있다.

④ 고유어 : 한자어 : 외래어

- 옷 : 의상 : 드레스
- 모임 : 회합 : 미팅
- 잘못 : 실수 : 에러
- 익살 : 해학 : 유머

7.3.1. 유의어의 발생 원인[14]

①유의어는 동일한 사물, 현상, 과정, 성질 등의 미세한 차이를 나타내려는 언어적 욕구로 발생한다.

②한 사물, 현상, 과정, 성질 사이의 미세한 차이는 주로 개념적 의미에서 일어나는 것이 아니라 정서적 의미에서 일어나는 경우가 많은데, 그러한 다양한 정서적 의미를 구별하기 위해 다양한 유의어가 발생한다.

③그 정서적 의미 차이가 있는 유의어를 사용하면 다양한 표현 효과를 볼 수 있기 때문에 유의어가 발생한다.

④고유어가 사용되고 있을 때, 한자어 등의 외래어가 도입되어서 한자어나 외래어와 고유어가 유의어 관계가 성립되었기 때문이다. '오늘'과 '금일(今日)', '익살'과 '유모어'의 관계가 그러하다.

⑤중앙어와 방언 차이가 존재하는데, 방언이 중앙어와 함께 사용되면서 방언과 중앙어 사이에 유의어 관계가 성립되었기 때문이다. '우렁쉥이'와 '멍게'의 관계가 그렇게 발생하였다. 그리하여 방언형인 '멍게'가 더 일반적으로 많이 사용되고 있는 편이다.

⑥학술용어로 지정된 어휘가 널리 알려지면서 일반 어휘와 전문용어 또는 학술용어 사이에 유의어 관계가 생겨났기 때문이다. '소금'과 '염화나트리움'의 관계가 대표적인 예일 것이다.

---

14 이 부분은 김동익(1983, pp.46-48)을 많이 참조하였다.

⑦ 현대어와 고어가 공존하면서 두 어휘 사이에 유의어 관계가 성립되기 때문이다. '종달새'와 고어인 '노고지리' 사이가 그러하다.

7.3.2. 유의어 간의 투쟁

유의어 간의 경쟁에서 우세하게 사용되는 경우가 있다.

① 한자어의 우세

- 온 〉百
- ᄀ름 〉江
- ᄇ름 〉壁
- ᄒ다가 〉萬一
- 즈믄 〉千
- 뫼 〉산
- 뭇 〉第一

② 순수국어에서

- 많다, 하다 〉많다 :
- 크다, 하다 〉크다
- ᄉ랑, 싱각 〉생각 :
- ᄉ랑ᄒ다, 둣다 〉사랑하다

③ 외래어 사이에서

- 南草, 담바고 〉담배
- 벤또, 도시락 〉도시락
- 차일, 텐트 〉텐트

④ 한자어의 쇠퇴화

- 정녕, 마냥, 막상

261

7.3.3. 동의중복현상

국어에서 어휘를 사용할 때 같은 의미를 가진 어휘를 겹쳐 사용하는 경우는 매우 흔한 일이다. 예컨대 '무궁화(無窮花)'는 그 끝에 '花'에 '꽃'의 의미가 있음에도 불구하고 뒤에 '꽃'을 첨가시켜 '무궁화꽃'이라고 사용한다. '무궁화가 피었습니다'보다도 '무궁화꽃이 피었습니다'가 더 자연스러운 표현이다. 마찬가지로 '대문(大門)'은 앞에 '크다'는 뜻을 가진 '大'가 있음에도 앞에 다시 '큰'을 덧붙여 '큰 대문'이라고 사용한다. '대문'이라고 하면 '큰 문'이란 뜻이지만 '큰 문'이란 개념보다는 '한 집의 주가 되는 문'을 지칭하여서, '작은 대문'이라고도 사용하고 있다.

이처럼 동일한 의미를 덧붙여 사용하는 경우를 '동의 중복 현상'이라고 한다. 몇 예들을 들어 본다. 이러한 예들은 몇 가지 유형을 보인다.

(1) 한자어 + 고유어

① 街(거리 가) + 거리 : 商家거리

나는 창문의 커튼을 조금 열고 인적 없는 상가 거리를 내려다 보았다. 〈1989, 상실의시대(무라카미 하루키), 382〉

② 家(집 가) + 집 : 妻家집, 外家집

그리고 아들의 처가집에 며느리 뒤 보아주는 바느질삯, 빨래삯이라는 명목으로 한 달에 이천오백량식을 대여 주었다. 〈1925, 벙어리삼룡이(나도향), 48〉

③ 球(공 구) + 공 : 卓球공, 野球공

골프채 위에 당구공을 올려 놓고 돌렸으며, 정구라켓 위에 탁구공을 놓고 그 위에 골프채를 얹고 돌렸다. 〈1976, 부초(한수산), 190〉

④ 器(그릇 기) + 그릇 : 沙器그릇, 瓷器그릇

장내는 사기그릇이 부디처 대그락거리는 소리와 잡담을 하는 소리로 웅성웅성 하는데, 〈1936, 상록수(심훈), 003〉

⑤ 內(안 내) + 안 : 室內안

⑥ 島(섬 도) + 섬 : 紅島섬, 莞島섬

네 이 죄인을 넝거ᄒ여 풍도섬 왕게 부치라 성진이 울며 고 왈 졔지 죄 잇스나 엇지 좀아 풍도의 보늬리잇가〈1861, 구운몽(경판32장본), 03b〉

⑦ 刀(칼 도) + 칼 : 面刀칼, 長刀칼

죽으리라 ᄒ고 찻던 장도칼을 쎅여 손에 들고 부엌 뒤예 가서 숨어 동정을 살피더라 〈1912, 마상루, 60〉

⑧ 嶺(고개 령) + 고개 : 秋風嶺고개, 大關嶺고개

천마령고개를 다 넘고 들길로 접어들자, 순이의 마음은 점점 불안스러워왔다. 〈1942, 성황당(정비석), 265〉

⑨ 路(길 로) + 길 : 鐘路길, 新作路길, 鐵路길

철로길로만 다니는 뎐차도 박휘가 너물 적이 잇는듸 〈1912, 재봉춘, 49〉

⑩ 林(수풀 림) + 숲 : 長林숲, 松林숲

종대는 본능적으로 몸을 일으켜서 송림숲 사이를 노려보았다. 〈1990, 지구인 (최인호), 0615〉

⑪ 木(나무 목) + 나무 : 桂樹나무, 古木나무

대뜸 허리에 찬 칼들을 뽑더니 고목 나무에다 던지기 시작한다. 〈1957, 쑈리킴
(송병수), 019〉

⑫ 髮(터럭 발) + 머리 : 斷髮머리, 長髮머리
졸졸 퐁퐁 흐르다가 머무리쳐 목네난 듯 츈향모 좃ᄎ온다 빅발머리 뒤흔덜며
〈1918, 춘향전(충주박물관소장본), 65a〉

⑬ 邊(가 변) + 가 : 江邊가, 海邊가
해변가에 가서 한나절이나 조개 껍질도 줍고 하여가며 〈1941, 이심(염상섭),
334〉

⑭ 粉(가루 분) + 가루 : 粉가루
얼굴에 허옇게 바른 분가루와 불그레한 뺨과 〈1922, 환희(나도향), 265〉

⑮ 船(배 선) + 배 : 漁船배, 商船배

⑯ 聲(소리 성) + 소리 : 喊聲소리
그들이 금시에 졸본성을 육박하려는 그 함성소리는 점점 그늘어저 가고 〈1935,
조선사상위인열전(김원근), 153〉

⑰ 水(물 수) + 물 : 落水물, 藥水물
용수산에 도처에서 약수물이 솟을 뿐 아니라 계곡물이 차갑고 풍부해서 여름
이면 많은 사람들이 더위를 식히러 왔다. 〈1985, 미망(박완서), 338〉

⑱ 時(때 시) + 때 : 戰時때, 少時때
선생님이 소시 때 서울 기섯다며 기생방에두 한번 못 가 보섯단 말슴입니까?

〈1939, 임거정(홍명희), 127〉

⑲ 屋(집 옥) + 집 : 韓屋집, 洋屋집

명월관에셔 그 리웃집을 사셔 양옥집으로 일신ᄒ게 건츅ᄒ다더라〈1904, 대한
매일신보, 02〉

⑳ 月(달 월) + 달 : 五月달, 三月달

일이 그럭 져럭 사월달 신지 연긔가 되여 볼일을 싲늬고 〈1908, 송뢰금, 111〉

㉑ 油(기름 유) + 기름 : 石油기름

한 됫박은 실히 됨직한 석유기름이 피와 섞이어 방바닥을 낭자하게 물들이고
있었다. 〈1987, 우울한귀향(이동하), 117〉

㉒ 日(일 일) + 날 : 主日날, 生日날

미양 긔일날에 울며 졔ᄒ기늘 초상ᄀ티 ᄒ여 오라되 쇠티 아니ᄒ더라 〈1617, 동
국신속삼강행실도孝, 5:24b〉

㉓ 場(마당 장) + 마당 : 場마당

이런 견해 아래서 원모의 집은 '청하러 오는 사람'들 때문에 장마당같이 되었다.
〈1933, 운현궁의봄(김동인), 347〉

㉔ 前(앞 전) + 앞 : 驛前앞

역전앞 하꼬방 동네 골목은 끝없는 미로처럼 펼쳐져 있었다. 〈1990, 지구인(최
인호), 0780〉

㉕ 菜(나물 채) + 나물 : 山菜나물, 野菜나물

휴대한 쌀을 주었더니 산채나물을 곁들인 밥상이 들어왔다. 〈1989, 지리산(이병주), 051〉

㉖ 燭(촛불 촉) + 불 : 燭불
燭불 밖에 부엉이 우는 돌門을 열고 가면〈1972, 화사(서정주), 024〉

㉗ 土(흙 토) + 흙 : 黃土흙
밖은 황토흙이 질퍽했다.〈1964, 기관차와송아지(홍성원), 331〉

㉘ 鶴(학 학, 두루미 학) + 두루미 : 鶴두루미
로숭나무 아리 학 두루미 츔을 츄고 〈1918 삼선기, 269〉

㉙ 花(꽃 화) + 꽃 : 國花꽃, 梅花꽃
꽃 언덕 우희 도화꼿은 락화가 분분ᄒ야 동셔로 날나 가고 〈독립신문, 1899년 6월 12일 월요일 제4권 제131호〉

㉚ 化(될 화) + 되다 : 進化되다, 退化되다
나는 언제나 진화되지 않은 미개인 사내들 때문에 욕지기를 느낀다. 〈1992, 나는소망한다내게금지된것을(양귀자), 127〉

(2) 고유어 + 한자어

① 같은 同甲
일찌감치 열여섯에, 같은 동갑이요, 〈1949, 소년은자란다(채만식), 052〉

② 긴 長대

갈구리가 달린 긴 장대를 물속에 담근 채 인부들은 선유(船遊)라도 하듯 태평스럽게 장대질을 하고 있다.〈1970, 육이오(홍성원), 414〉

③ 넓은 廣場

읍사무소 위로 있는 넓은 광장에는 소바리 나무와 지게 나무짐의 나무장이 가뜩 섰다.〈1938, 신개지(이기영), 004〉

④ 누런 黃金

사루와 칼집은 온동 누런 황금인데 거기에 보석이 별처럼 박혀있다거나,〈1974, 자랏골의비가(송기숙), 247〉

⑤ 늙은 老人

쏘 미우 늙은 노인 흔분을 셰례를 주고〈1901, 신학월보, 권1:70〉

⑥ 다시 再生하다,

이것은 아내를 다시 재생시키신 은혜로 사위가 장인께 드리는 예물입니다.〈1957, 임진왜란(박종화), 142〉

⑦ 담牆

엘리자베드는 어찌할 지를 몰라서 담장에 몸을 기대고 우두커니 서 있었다.〈1919, 약한자의슬픔(김동인), 340〉

⑧ 돌碑石

山달이 오르니 주막서 쉬어갈가 西將臺 돌비석이 바로 보섯지,〈192×, 조광, 229〉

⑨ 둘로 兩分하다

전봉준은 병력을 두 길로 양분하여 〈1976들불(유현종) 362〉

⑩ 먼 遠路

⑪ 모래사장
그대로 자기의 肉体의 모든 官能을 모래사장에 비비고 싶도록 발휘하여 보고도
싶고 〈1927, 청춘(나도향), 013〉

⑫ 미리 豫瞀하다, 미리 豫想하다.
이런 줄 미리 예상 못한 게 내 실책입니다〈1976장한몽(이문구),638〉

⑬ 바람壁
두 편 바람벽에 우층은 화상이오 아릿층은 다 온갖 누각과 인물을 그려시되
〈1765, 을병연행록7, 98〉

⑭ 배에 乘船하다

⑮ 배우는 學生
영미의 오빠 태식은 음악을 배우는 학생이면서 카바레에서 색소폰을 불고 있
다. 〈1976, 광장(최인훈), 030〉

⑯ 빈 空間
그 속 빈 공간만큼 감각을 무디게 하고 무모한 충동을 느끼게 하는 것은 다시 없
다. 〈1978, 도시의늪(이동하), 160〉

⑰ 새 新郎

영신은 새 신랑처럼 옥색 저고리를 입은 인물에게 호기심을 일으키며 물었다. 〈1936, 상록수(심훈), 101〉

⑱ 서로 相議하다

가서 서로 상의해 본 후에 긔별을 하마 하엿더니 〈1926, 화염에싸인원한(나도향), 137〉

⑲ 遡及해 올라가다

뺏아온 ㄱ 시기를 소급해 올라가서 여러 해 동안 늑탈한 추수곡은 수효를 추징해서〈1940다정불심(박종화),54〉

⑳ 속 內衣

곧 겨울이 닥쳐올 판이라 포로들의 속 내의까지 간부들이 벗겨 입는 바람에 경찰관들은 팬츠 하나의 벌거숭이가 되어 오돌오돌 떨고 있는 진풍경이 있기도 했다. 〈1989, 지리산(이병주), 064〉

㉑ 손 手巾

손슈건. 〈1748, 동문유해, 上:58a〉

㉒ 스스로 自覺하다, 스스로 自決하다

잠시의 욕을 면한 뒤에 스스로 자결하자는 것이었다〈1935흑풍(한용운), 165〉

㉓ 어린 少女/ 少年

그리고 어른된 체면에 이 어린 소년에게 손을 대는 것부터 어색한 생각이 나서 〈1934, 두포전(김유정), 352〉

㉔ 옻漆

늘근 옷칠흔 그릇 수외 수론 니예 누출 다혀 뾔라 〈1489, 구급간이방언해, 7:64b〉

㉕ 아침 朝飯

하룻밤을 무사히 지낸 인화에게 이튿날 아침 조반이 왔다. 〈1930, 젊은그들(김동인), 26〉

㉖ 자리에 着席하다

미우라 고로오는 자기 자리에 착석하자, 거두절미하고 본론을 꺼냈다. 〈1968, 대한제국(유주현), 417〉

㉗ 젊은 靑年

이 젊은 청년은 어렷슬 쌔붓허 저녁 해가 누엿누엿 ″ 西山으로 넘으랴 할 쌔 〈1922, 젊은이의시절(나도향), 31〉

㉘ 큰 大門

외힝날의 큰 대문이 이셔 본듸 다든 문이로듸 〈16××, 계축일기, 上:43b〉

㉙ 흰/ 허연 白髮,

흰 백발에 동안을 지닌 그는 주위에 전혀 적이라고는 없는 사람이다. 〈1970, 육이오(홍성원), 406〉

7.3.3.1. 동의 중복 현상의 발생 원인

동의 중복 현상은 문어체 문장보다는 구어체 문장에서 더 많이 나타나는데,

그 발생 원인으로는 다음과 같은 이유를 들 수 있다.

① 의미를 강조하기 위해서 사용하는 어휘 장형화와 연관이 있다. 여기에는 유연성 또는 배의성(配意性)이 작용한다. 판소리계 소설에 동의 중복 현상이 많이 나타나는 것이 그것을 증명한다.

② 발화시의 특정한 운율, 즉 음수율을 맞추기 위해서 사용한다.

③ 한 어휘만으로 의미를 충분히 전달하였다고 생각하지 않아서 이를 보완하기 위해 사용하는 것으로 보인다.

④ 한자어와 고유어가 중복되어 사용되는 경우가 많은 것은 비록 한자어가 외래어이지만, 고유어와는 다른 어휘로 인식되었기 때문이다.

⑤ 한자어는 고유어에 비해 그 의미 파악이 명확하지 않을 뿐만 아니라 한자어는 동음이의어가 많아 많은 동음이의어의 혼동을 피하기 위해 고유어로 이를 보완하기 때문이다.

7.3.4. 동의어와 유의어의 사용

동의어와 유의어는 사상, 감정을 구체적 장면에 맞게, 쓰려는 내용의 특성에 맞게 표현하는데 크게 기여한다. 그리하여 다양한 유의어 중에서 어느 어휘를 선택하여 사용하는가에 따라 그 의미를 차별화할 수 있다.

〈사람의 성질 표현〉

① 착하다 : 선량히디

　• 착하다 : 언행이나 마음씨가 곱고 바르며 상냥하다.

　• 선량하다(善良하다) : 성품이 착하고 어질다.

② 얌전하다 : 단정하다, 참하다, 음전하다

- 얌전하다 : 성품이나 태도가 침착하고 단정하다.

- 단정하다(端正하다) : 옷차림새나 몸가짐 따위가 얌전하고 바르다.

- 참하다 : 성질이 찬찬하고 얌전하다.

- 음전하다 : 말이나 행동이 곱고 우아하다. 또는 얌전하고 점잖다.

③ 시달리다 : 부대끼다

- 시달리다 : 괴로움이나 성가심을 당하다.

- 부대끼다 : 사람이나 일에 시달려 크게 괴로움을 겪다.

④ 비가 오는 것의 표현

- 온다, 내리다, 퍼붓다, 쏟아지다, 찔끔거리다

⑤ 고통이나 고생을 나타내는 말

- 시달리다, 허덕이다, 몸부림치다, 발버둥치다, 악쓰다, 질곡에서 헤매다, 산전수전 다 겪다

⑥ 꺾인 기세를 나타내는 말

- 기가 꺾이다, 기가 죽다, 풀이 죽다, 주눅이 들다, 한풀 꺾이다

7.4. 상위어와 하위어

유의어는 둘 이상의 어휘가 동일한 지시물이나 지시 현상을 나타내는 경우가 많다. 예컨대 '강아지'를 '개'라고 지칭해도 무방하다. 그래서 '강아지'를 '개'라고 지칭해도 그 의미상의 문제가 발생하지 않는다. 그런데 '개'를 '강아지'라고 지칭하면 의미전달에 문제가 발생할 수 있다. 그 '개'가 '성견(成犬)'일 때에

는 잘못 지칭한 것이 될 것이기 때문이다. '개'는 '강아지'를 포함하지만 '강아지'는 '개'를 포함한다고 하기 어렵다. 이것은 '개'가 '강아지'의 상위어(上位語)이기 때문이다.

이처럼 한 어휘의 의미가 다른 어휘의 의미를 포함하는 상하관계에 따라, 다른 어휘를 포함하는 어휘를 상위어(上位語, hypernym)라고 하고, 다른 어휘에 포함되는 어휘를 하위어(下位語, hyponym)라고 한다. 위의 예에서 '개'는 상위어이고 '강아지'는 하위어이다.

국어 어휘들은 지시하는 어휘의 의미에 따라 이처럼 상위어와 하위어의 관계에 있는 어휘들이 다양하게 분포되어 있다. 이것은 어떤 어휘는 세밀한 내용까지도 지시하는 것이 있는가 하면 총체적으로 지시하는 의미를 가진 어휘가 존재하기 때문이다. 대체로 총체적 지시어가 상위어에 해당하고 세밀한 내용을 지칭하는 어휘들은 하위어에 속한다.

'사람'은 '남자, 여자', '어린이, 젊은이, 늙은이' 등을 다 포괄하는 개념인데 비해 '남자, 여자' 등등은 '사람' 중에서 서로 구별되는 요소들을 지시하기 위해 생겨난 어휘들이다. '애기, 어린이, 젊은이, 늙은이' 등은 연령대에 따라 '사람'이 분화된 어휘라고 할 수 있다.

'눈(眼)'의 경우를 보면 '붕어눈, 우엉눈, 짝눈, 밤풀눈, 거적눈, 도끼눈, 자웅눈, 찔꺽눈, 쌍검눈, 실눈, 고리눈, 뱁새눈, 사팔뜨기눈, 애꾸눈, 쌍꺼풀눈, 옴팍눈 등이 있다.

'비(雨)'도 철에 따라서 '봄비, 여름비, 가을비, 겨울비' 등이 있고, 날에 따라서 '그믐비, 보름비'가 있고, 시간에 따라 '밤비, 저녁비, 새벽비' 등이 있으며 정도에 따라서는 '가는비, 가랑비, 이슬비, 안개비, 보슬비, 부슬비, 실비, 큰비, 소나기(소낙비), 작달비, 채찍비, 폭풍우, 여우비' 등이 있으며, 다른 것과 섞인 내용으로는 '눈비', 상태에 따라서는 '장맛비, 해비'가, 느낌에 따라 '단비, 약비, 궂은비, 찬비'가 있어서 매우 다양한 분포를 보이고 있다. 떡의 종류를 든다면 '시루떡, 개피떡, 인절미, 송편, 절편, 개떡, 쑥떡, 꿀떡, 흰떡, 콩떡, 송기떡' 등의 많은 하위어들을 볼 수 있을 것이다.

　이러한 현상은 국어의 어휘 중에서 명사에 흔히 나타나지만 동사나 형용사와 같은 용언에서도 흔히 발견된다. 예컨대 '만들다'라고 하면 '자동차, 기계, 책, 음식, 공원, 무기' 등등을 만들 수 있는데, 이때에 '자동차를 만들다, 책을 만들다, 음식을 만들다, 공원을 만들다, 무기를 만들다'로 다 사용되지만, 이들의 행위를 구별하여 표시하기 위해 다양한 어휘들을 사용한다. '자동차'와 '책'은 '제작하다', '음식'은 '요리하다', '공원'은 '조성하다', '무기'는 '제조하다' 등으로 표현한다. 여기에서는 '만들다'에 대한 하위어로 한자어를 들었지만, '만들다'라는 상위어에 고유명사가 하위어로 대응되는 경우도 있다. '그물, 길, 신, 옷감, 밥'을 '만들다'인 경우에는, '그물을 뜨다, 길을 닦다, 신을 삼다, 옷을 짓다, 옷감을 짜다, 밥을 짓다' 등으로 쓰이어서 이들 '뜨다, 닦다, 삼다, 짓다, 짜다' 등은 '만들다'의 고유어의 하위어가 될 수 있다.

　상위어와 하위어는 그 사용 영역이 다르다. 예컨대 학술논문의 경우에는 분야에 따라 다른 면이 있겠지만, 주로 상위어를 쓰는 경우가 많다. 이에 비해 문학작품에서는 주로 하위어를 많이 사용하는 것으로 보인다.

　다음과 같은 두 유형의 문장을 보고 우리는 이 문장들이 어느 분야에서 사용되는가를 쉽게 판단할 수 있다.

바람이 분다.	산들바람이 분다.
꽃이 피었다.	진달래꽃이 피었다.
새가 운다.	종달새가 지저귄다.

상위어는 대체로 다음과 같은 때에 사용된다.

　①어떤 대상에 대한 강조나 구체적으로 어떤 대상을 지적할 필요가 없을 때
　②서술의 간결성과 선명성을 보일 때

③ 서술을 일반화시킬 때

이러한 특징 때문에 속담에는 하위어들이 잘 쓰이지 않는다.

- 공든 탑이 무너지랴
- 적게 먹고 가는 똥 누어라
- 그림의 떡

- 풍년에 거지 노릇
- 소 잃고 외양간 고치기

그러나 예외도 많이 발견된다.

- 자는 범에 군침 주기
- 개밥에 도토리 등

- 무른 땅에 말뚝박기

이에 비해 하위어를 사용하면 다음과 같은 표현 효과를 얻을 수 있다.

① 하위어는 상위어보다 구체성을 지니며, 서술의 생동성, 구체성, 형상성을 나타낸다. 또한 객관적 사실을 생동감 있게 묘사할 수 있다.

- 별안간 나뭇잎 밟는 인기척이 : 별안간 가랑잎 밟는 인기척이
- 바람이 불기 시작하면서부터 : 선들바람이 불기 시작하면서부터

② 상위어는 서술을 일반화시킬 수 있으며, 간결성과 선명성을 보인다. 그리하여 하위어는 주로 감정이나 정서 표현에 필요한 분야의 어휘에서 많이 발달되어 있다. 예컨대 색채어나 미각 표현 어휘들에서 쉽게 볼 수 있다. 다음에 색채 표시어 중에 '붉다'와 같은 상위어에 많은 하위어가 발달되어 있음을 알 수 있다. 그 예를 들어 보도록 한다.

- 상위어 : 붉다
- 하위어 : 발가야드르르하다, 발가우리하다, 발갛다, 발그대대하다, 발그댕댕
  하다, 발그레하다, 발그무레하다, 발그숙숙하다, 벌그스레하다, 벌그스름하
  다, 벌그죽죽하다, 벌긋벌긋하다, 벌긋하다, 볼근대하다, 볼그댕댕하다, 볼그
  레하다, 볼그름하다, 볼그무레하다, 볼그속속하다, 볼그스레하다, 볽스름하
  다, 볼그족족하다, 볼긋하다, 불그데데하다, 불그뎅뎅하다, 불그레하다, 불그
  름하다, 불그므레하다, 불그숙숙하다, 불그스레하다, 불그스름하다, 불그죽
  죽하다, 불긋불긋하다, 불긋하다, 불콰하다, 붉디붉다, 빨갛다, 빨그대대하다,
  빨그댕댕하다, 빨그레하다, 빨그름하다, 빨그스레하다, 빨그스름하다, 빨그
  족족하다, 빨긋빨긋하다, 빨긋하다, 뻘겋다, 뻘그데데하다, 뻘그뎅뎅하다, 뻘
  그레하다, 뻘그름하다, 뻘그스레하다, 뻘그스름하다, 뻘그족족하다, 뻘긋뻘
  긋하다, 뻘긋하다, 뽈그레하다, 뽈그름하다, 뽈그스레하다, 뽈그스름하다, 뿔
  그죽죽하다, 뿔긋뿔긋하다, 뿔긋뿔긋하다 등(63개)

마찬가지로 미각 표시어 중에 상위어 '달다'에 대해 다음과 같은 하위어가
발달되어 있다.

- 상위어 : '달다'
- 하위어 : 달곰하다, 달금하다, 달디달다, 달보드레하다, 달지근하다, 달짝지근
  하다, 달착지근하다, 달치근하다, 달콤하다, 달큼스레하다, 달큼하다, 들부드
  레하다, 들쩍지근하다, 들척지근하다, 들치근하다, 들큰하다, 들큼하다, 등 18개

이러한 표현 효과를 보이기 위해 고전소설에서는 하위어들을 이용하고 있
다. 그 예를 몇 개 보이도록 한다.

○ 쏘 흔 곳 바라보니 각싁초목 무셩ᄒ다 어쥬축슈이산츈ᄒ니 무릉도원 복셩화

솟 츠문쥬가ᄒ 쳐지오 목동요지 힝화솟 북창삼월쳥풍취ᄒ니 옥창오경 잉도화솟 위셩조우읍경진ᄒ니 릭ᄉ쳥쳥 버들솟 난만화즁 쳑쵹화 고츄팔월진암초ᄒ니 만지츄상 국화로다 동졀츈싱졀ᄒ니 요님군의 명협화 셕양동풍 ᄒ당화 졀벽강산 두견화 벽ᄒ슈변 신이화요 슈부목 무궁화 길핀화계 무금화 횐초 난초 킈ᄀᆺ튼 파초 모란 작약 월계 ᄉ계 치ᄌ 동빅 종녀 오동 왜셕뉴 화셕뉴 영산홍 왜쳑쥭 포도 다릐 ᄋ흐름너츌 얼그러지고 뒤트러졋다 〈1864, 남원고사, 10b〉

이 글에서는 '각싴초목'이란 상위어를 쓰고 그 아래에 '복셩화솟'을 비롯한 다양한 하위어를 나열하고 있다.

  ○ 잇씌의 숑쳔ᄌ 황후 붕하신 후의 간틱을 안니 하시고 화쵸을 구하여 상임원 치워 두고 황각젼 널은 쓸의 여긔저긔 심어 두고 긔화요초을 베실 쥬시며 구하실 싀 화쵸 만한지라
  팔월부용 군ᄌ로다 만당츄슈 홍연화 암향니 붓동 월황혼의 쇼식 젼턴 찬미화 긔시유양긔후지라 볼거 닛난 부슈화 월궁쳔향 단게ᄌ넌 향문셥의 게화로다 유현 셤셤 옥지갑의 금분야도 봉션화 구월 구일 용산음 쇼츅신 국화솟 공ᄌ왕숀 방슈화의 부귀할 숀 모란화 이화 도화만발 불가한니 즁신궁즁 빅솟시며 칠십계ᄌ 강논한니 향단츈풍 살구솟쳔 틱산 들러간니 양편지 자약이며 쵹국한을 못니긔어 제혈하던 두견화 원졍부지 이별한니 옥창오게 잉도화며 요화 노화 게관화며 이화 국화 셕양화며 홍국 빅국 시월 국화 교화 난화 셕쥭화며 ᄒ당화 즁미화 향일화 금션화는 션화 셩유화 빅일홍 령산홍 왜쳘쥭 진달늬화 난쵸 파쵸 강진 향과 숑여 쥭분 슈션화며 피파샹마 능금니며 미ᄌ션 두연쌍니며 호도 목과 연실니며 금졀쥭 동졀쥭 용안 연지 능각니며 포도 셩유 은힝니며 유ᄌ 비ᄌ 오미ᄌ 틱쵸 싱율 감나무며 능금 ᄌ두 외얏 셕거 각싴 화쵸 가진 실과 총총이 심어씬니 향풍니 건쓷하면 우쐴우쐴 츔을 츄며 울긋불긋 쩌허진며 벌나븨 싀 짐싱은 츔을 츄며 날러든다 쳔ᄌ 니 흥을 붓쳐 날마다 보시더라 〈1896, 심쳥젼(하버드대소장본), 26a〉

이 글에서는 '화초'란 상위어 아래에 '홍연화'를 비롯한 많은 하위어를 제시하고 있다.

○ 또 훈 곳 바라보니 온갖 잡목 다 잇더라 동녕슈고불변ᄾ의 군ᄌ졀은 창송이오 츈하츄동ᄉᄉ시졀의 졍졍독닙 젼나무 만경창파빅척당의 슈궁즁의 무회목 투지목과 낙지경거 뒤틀니는 모과나무 오ᄌ셔의 분묘 압희 츙셩홀숀 가목이오 망미인혜텬일방의 님 그리는 상ᄉ목 청산영니부운간의 묘셕녜불 북나무 슈쳑지휘 량공불기 아름드리 거지목 ᄌ단 빅단 산유ᄌ 박달 용목 향목 침향 금핑 율목 잡목 텬두목 지두목 힝ᄌ목 빅ᄌ목 느러진 장송 부러진 고목 넙젹 썩갈 황계피 무푸레 단목 측송 보리슈 드렝드렝 널녀고나 모과 셕뉴 가지가지 광풍의 휘느러젓고 〈1864, 남원고사, 10b〉

이 글에서도 온갖 '잡목'이라고 상위어를 제시하고 그 아래에 '젼나무, 무회목' 등을 나열하고 있다.

이렇게 문학작품에서는 이 상위어와 하위어를 유기적으로 연결하여 표현의 효과를 극대화시키고 있다.

① 일반적인 묘사에서 구체적인 묘사로 전개할 때
상위어를 먼저 쓰고 그 아래에 하위어를 나열한다. 고대소설이나 수필 등에서 쉽게 찾아볼 수 있다.

- 첫 여름을 맞는 나무. 고목나무, 백양나무, 수양버들, …
- 온갖 짐승들이 내려온다. 다람쥐, 여우, …

② 구체적 묘사에서 일반적인 묘사로 전개할 때
하위어를 먼저 나열하고 마지막에 상위어를 쓴다.

•냇가에 심어 놓은 참죽나무, 잣오동, 은백양, 강버들 등 많은 나무들이 …

③일반적인 묘사에서 구체적인 묘사로, 그리고 다시 일반적 묘사로 전개할 때 상위어와 하위어를 나열하고 마지막에 상위어를 배열한다. 이러한 예는 시에서 흔히 발견할 수 있다. 그래서 시의 첫 연과 마지막 연은 주로 상위어를 배치하고 중간의 연은 하위어를 배치하고 마지막 연에는 상위어를 배치한다.

•간밤 오던 비에 압내헤 물 지거다   : 하위어
•등 검고 술진 곡이 버들 넉세 올라괴야   : 하위어
•아희야 금을 내열아 곡이 잡이 가쟈슬아   : 상위어

대체로 기승전결(起承轉結)의 구조에서 '기, 결' 부분은 상위어를, '승, 전' 부분은 하위어를 배치한다.

시의 첫 연과 마지막 연 ― 상위어 사용
시의 중간 연 ―――――― 하위어 사용

즉 기-승-전-결의 구조에서,

기　결 ― 상위어 사용
↓　↑
승　전 ― 하위어 사용

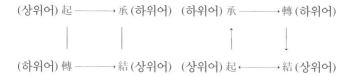

7.5. 반의어

7.5.1. 반의어의 개념

반의어(反義語, antonym)란 서로 상반되는 의미를 가지는 한 쌍의 단어를 말한다. 반의어는 의미가 서로 정반대되는 관계에 있는 어휘라고는 하지만, 그 대립관계가 어떻게 설정되느냐에 따라 다양한 견해가 개진되고 있고, 이에 따라 그 명칭도 대립어(對立語), 반대어(反對語, 또는 반대말), 상대어(相對語) 등으로 불리거나 세분되지만 일반적으로 이를 통틀어 '반의어'라고 한다.

대립어는 논리적 측면에서 붙인 명칭이고, 반대어는 대칭적 의미관계에서 붙인 이름이며, 상대어는 다른 명칭에 비해 이원적 관계가 아닌 다원적 관계를 인정하여 붙인 명칭이다.

반의어에서 의미가 서로 반대된다는 것은 반의어 관계에 있는 어휘들이 서로 반대되는 개념을 나타낸다는 의미이다. 개념이 반대 관계에 있으려면 그 개념이 지시하는 사물 또는 현상이 동질적이어야 한다. 예컨대 '남자'와 '여자'라는 어휘는 '사람'이란 동질적 요소 중에서 서로 대립되기 때문에 반의어 관계에 있다.

반의어는 언어 현상으로서의 반의 관계이다. 예컨대 실질적인 사물 관계에서 '하늘'과 '땅'은 서로 대립되고 반대되는 성질이나 특성을 가지고 있지 않지만 어휘적 측면에서는 반의어 관계에 있다. 하늘은 가장 높은 곳에 있고 땅은 가장 낮은 곳에 있다는 언어 사용자의 인식이 있기 때문이다. 그래서 언어표현에서 '하늘과 땅', '천지(天地)' 등의 어휘 사용이 일반화되어 있다.

두 어휘가 반의어 관계를 지닌 한 쌍이 되기 위해서는 몇 가지 조건이 있다.

첫째는 반의어 관계가 되는 두 어휘는 동일한 문법 범주에 속해야 한다. 이 말은 '춥다'의 반의어는 '덥다'이지만 '더위'는 '춥다'의 반의어가 될 수 없다는 의미이다. '춥다'와 '덥다'는 형용사이지만 '더위'는 명사이어서 의미상으로는 반대가 되지만 어휘상으로는 반의어가 될 수 없다는 뜻이다. 마찬가지로 '춥다'와 '춥지 않다'는 의미상으로는 반대되지만 '춥지 않다'는 한 단어가 아니어서 '춥다'의 반의어가 될 수 없다.

둘째는 한 어휘의 반어의로서는 한 어휘를 지정하여야 한다. 예컨대 '결혼'에 대한 반의어로 '이혼'을 들 수 있다. 그러나 '이혼'과 유의어 관계에 있는 '절혼(絶婚)'이나 '파경(破鏡)'은 '결혼'의 반의어가 될 수 없다. 따라서 반의어는 대상 어휘의 가장 먼저 연상되는 어휘로 한정하여야 한다. 마찬가지로 '남자'의 반의어인 '여자'의 유의어인 '여성'은 '남자'의 반의어가 될 수 없다. 반의어 관계에 있는 어휘의 경어나 비속어 등은 반의어 쌍에서 제외되어야 한다. 그리하여 '살다'의 반의어 '죽다'의 경어인 '돌아가시다'나 비속어인 '뒈지다'는 '살다'의 반의어가 될 수 없다.

셋째는 반의어는 대상 어휘의 반의어에 한 어휘만을 인정하는 것이 바람직하다. 예컨대 '고열(高熱)'에 대한 반의어로 '저열(低熱)'을 둘 수 있는데, '미열(微熱)'도 반의어라고 주장해서는 안된다. '미열'은 상대적인 의미를 가지기 때문이다. 반의어 공존쌍이 두 개인 이원반의어만 인정하고 공존쌍이 세 개 이상인 다원반의어는 반의어로 처리하지 않는 것이 바람직하다. 그 이유는 의미의 대립에서 대립적이지 않고 상대적인 요소를 인정할 수 없기 때문이다.

넷째는 '먹다-먹히다', '먹다-먹이다', '보다-보이다'와 같은 자동사와 사동사, 타동사의 관계에 있는 것들은 반의어로 취급하지 않아야 한다. 이것은 의미의 반대 관계가 아니라 문법적인 면에서의 반대 관계이기 때문이다.

다섯째로 부정 표현으로서의 '안'이나 '않다'가 앞뒤에 붙어서 이루어지고 있는 어휘들은 반의어로 취급하지 않는다. 대부분의 이러한 표현들은 하니의 단어로서 정립되지 않는 것이 대부분이기 때문이다.

여섯째로 부정의 의미를 지니는 한자 접두사인 '미(未)' 또는 '불/부(不)'이 붙어서 이루어진 대립어쌍들은 반의어로 처리하는 것이 바람직하다. 왜냐 하면 반의어로서 사용되기 위해 생성된 어휘이기 때문이다. 만약에 모든 어휘에 이들 접두사가 붙어 반의 관계를 나타내는 자동적인 것이라면 반의어가 아니지만, 일부에만 접두되어 반의 관계를 표시하는 것이어서 반의어 관계를 인정할 수가 있다.

반의어에는 두 어휘 사이에 '여자, 남자', '하늘, 땅', '남극, 북극', '있다, 없다', '살다, 죽다'처럼 두 말 사이에 제삼의 중간자가 없는 극성 대립의 경우나, '춥다, 덥다', '크다, 작다', '길다, 짧다', '아름답다, 추하다'처럼 중간자가 있는 정도에 의한 대립의 경우, '스승, 제자', '주다, 받다', '사다, 팔다', '오다, 가다'처럼 상호 관계의 대립을 이루고 있는 경우 등이 있다.

전통논리학에서는 개념들의 상관관계를 논의할 때에 반의어 개념들을 다섯 가지로 분류하여 왔다. 이 때의 개념과 단어를 같은 것으로 보면 반의 개념의 단어들은 대략 다섯 종류로 볼 수 있다. 즉 선언(選言) 개념, 상관(相關) 개념, 상대(相對) 개념, 모순(矛盾) 개념, 반대(反對) 개념의 다섯 가지이다.

개념들 사이에 서로 겹침이 없는 무교착 관계의 개념으로 서로 쌍을 이루는 것에 선언(選言) 개념이 있다. '동물'과 '식물'과 같은 한 쌍의 단어가 여기에 속한다. 동물에 속하는 것은 동시에 식물에 속할 수 없다.

반의어에서 '반대'라는 개념에는 두 어휘쌍이 의존도가 큰 것이 있고, 의존도가 낮은 것이 있다. '남편'과 '아내'[형태상으로는 '남편(男便)'과 '여편(女便)'이 대립되지만, '스승'과 '제자'는 어느 한 쪽이 없으면 성립될 수 없는 개념이어서 의존도가 높다고 할 수 있는데, 이것을 상관 개념(相關槪念)이라고 한다.

'바다'와 '육지', '육군'과 '해군'처럼 어느 한쪽이 없다고 다른 한쪽이 반드시 존재할 수 없는 것을 상대개념(相對槪念)이라고 한다. 반의어 관계에는 이 두 가지 개념으로 분류될 수 있을 것이다.

마찬가지로 두 어휘쌍에서 중간적 존재가 있는 '삶'과 '죽음'과 같은 개념은 모순개념이며, '크다'와 '작다'와 같이 중간자가 있는 개념은 반대개념이라고 한다.

어휘 관계에서 반의어가 문제되는 중요한 이유는 사람들이 이 세상에 존재하는 대상들을 편의상 두 쪽으로 나누어 생각하려는 이치적(二値的) 사고가 있기 때문이다.

국어 어휘에는 한 어휘에 대해 여러 가지 연관되는 어휘들이 존재한다. 어떤 고유어가 있으면 거기에 대응되는 한자어나 외래어가 있고, 그 어휘와 의미가 같은 어휘가 있는가 하면, 반대되는 의미를 가진 것이 있을 수 있다. 뿐만 아니라 그 어휘의 상위어나 하위어가 있을 수 있어서 다양한 어휘족들을 이루고 있다.

반의어에서도 그것은 마찬가지이다. 반의 관계를 가지는 두 어휘 사이에는 고유어와 고유어가 대립되는 경우, 한자어와 한자어가 대립되는 경우, 고유어와 한자어가 대립되는 경우 등등의 다양한 관계가 있을 수 있다. 그것을 분류하면 당연히 다음과 같은 여섯 가지가 있을 수 있다.

- 고유어 : 고유어
- 고유어 : 한자어
- 고유어 : 외래어
- 한자어 : 한자어
- 한자어 : 외래어
- 외래어 : 외래어

반의어쌍이 되는 대립구조를 보이면 다음과 같다.

- 고유어와 고유어 : 사다-팔다, 앞-뒤, 가르치다-배우다
- 한자어와 한자어 : 남자-여자, 상-하, 국내-국외
- 고유어와 한자어 : 아내-남편, 꿈-생시
- 외래어와 외래어 : 온라인-오프라인

그러나 고유어와 외래어 사이, 또는 한자어와 외래어 사이에는 반의어쌍이 거의 존재하지 않는다.

특히 반의어는 한자어에서 두드러지는데, 한자 학습을 위해서 편찬해 놓은 천자문 등에서는 반의어를 이용하여 한자 학습을 용이하게 하기 위해 반의어의 쌍을 나열해 놓는 경우가 많다. 다음에 『신증유합』(1576년)의 한자 배열의 예를 보도록 한다.

- 東 동녁 동
- 西 션녁 셔
- 南 남녁 남, 앏 남
- 北 북녁 븍, 뒤 븍
- 上 웃 샹
- 下 아래 하
- 中 가온댓 듕
- 外 밧 외
- 左 왼녁 좌
- 右 올흔녁 우
- 前 앏 젼
- 後 뒤 후 〈이상 2a〉

한자만 나열해 보면 '東 西 南 北 上 下 中 外 左 右 前 後'이 되는데, 여기에서 동서(東西), 남북(南北), 상하(上下), 좌우(左右), 전후(前後)는 반의어 관계에 있는 한자들이다. 마찬가지로 이들의 새김인 '동녁-션녁, 남녁-북녁, 우-아래, 왼녁-올흔녁, 앏-뒤'도 반의어 관계에 있는 국어 어휘다.

국어 어휘 중에서 특징적인 반의쌍들은 한자어에서 특히 두드러지게 나타나는데, 그것은 한자 접두사를 이용하여 반의어를 만드는 방식이 있기 때문이다. 특히 한자 접두어로서 사용되는 것은 '沒, 無, 未, 反, 不, 非, 逆, 被' 등이다.

- 몰(沒) : 몰상식(沒常識), 몰염치(沒廉恥), 몰인정(沒人情) 등
- 무(無) : 무사고(無事故) 무관심(無關心), 무가치(無價值) 등
- 미(未) : 미성년(未成年), 미완성(未完成), 미확인(未確認) 등
- 반(反) : 빈정부(反政府), 반지성적(反知性的), 반비례(反比例) 등
- 불/부(不) : 불가능(不可能), 불공정(不公正), 불평등(不平等) 등
- 비(非) : 비공식(非公式), 비무장(非武裝), 비협조적(非協調的) 등

•역(逆) : 역이용(逆利用), 역효과(逆效果), 역수입(逆輸入) 등

•피(被) : 피선거권(被選擧權), 피보험자(被保險者), 피교육자(被敎育者) 등

7.5.2. 반의어의 사용

반의어는 사물이나 현상을 비교하여 표현하는 데에 가장 많이 사용된다.

①반의어는 서로 대립되는 사물이나 현상을 비교하여 표현함으로써 글의 내용을 뚜렷하게 해준다.

②반의어는 사물을 대조적으로 묘사함으로써 사물의 본질을 정확히 밝혀 준다.

예) 흰 것은 종이요 검은 것은 글자니라〈1992, 노을(김원일), 292〉

③시가에서는 반의어를 이용하여 운율을 조성한다. 특히 댓구를 사용하는 데 많이 사용된다. 그래서 시조에서 그 사용이 매우 빈번하다.

예)
<u>가마귀</u> 검다 ᄒ고 <u>白鷺</u>야 웃지 마라
<u>겉</u>치 거믄들 속조차 거믈소냐
아마도 <u>겉</u> <u>희고</u> <u>속</u> <u>검을</u> 손 너ᄲᆞᆫ인가 ᄒ노라

가마귀 눈비 마자 <u>희ᄂᆞ듯</u> <u>검노믹라</u>
夜光明月이 밤인들 어두오랴
님 向ᄒᆞᆫ 一片丹心이야 고칠 줄이 이시랴

검은 거슨 <u>가마괴</u>요 흰 거슨 <u>희오라비</u>

<u>쉰</u> 거슨 梅棠이오 <u>짠</u> 거슨 소금이라

物性이 다 各各 달은이 格物付物ᄒ리라

④ 반의어의 복합을 통하여 어떤 행동이나 대상의 정도를 두드러지게 나타낸다.

예) <u>가고 오는</u> 세월 〈1981, 유민(한수산), 69〉

⑤ 속담, 관용구, 수수께끼 등에 사용된다. 그래서 표현성을 높인다.

예) <u>가까운</u> 남이 <u>먼</u> 일가보다 낫다.

　　자식 <u>겉</u> 낳지 <u>속</u> 못 낳는다.

　　<u>죽기 살기</u>는 시왕전에 매였다.

　　<u>길고 짧은</u> 것은 대어 보아야 안다.

　　<u>가는</u> 방망이 <u>오는</u> 홍두깨

　　<u>달면 삼키고 쓰면 뱉는다.</u>

7.6. 의미 관계에 따른 어휘 정리의 예

어휘의 의미 관계에 따라 이 어휘들을 정리한 예가 있다. 북한에서 어휘를 정리하여 놓은 것인데, '어휘 사용편람'이라는 책 제목으로 1권에서 9권까지 모두 9책으로 간행되었다.

이 총서는 "글을 많이 쓰는 작가, 기자들을 포함하여 근로자들과 청소년 학생들이 말을 하고 글을 쓰는 데서 우리말 표현의 정확성과 명료성을 보장하도록 하는데 실천적 도움을 주기 위한 목적으로 집필"한 것이다. 『어휘 사용 편

람』의 책의 저자 등 서지사항을 보이면 다음과 같다. 출판사는 모두 '과학백과
사전출판사'이다.

책차	저자	간행연도	내용	항목수
1	김범주, 리정용, 박길만	2009년	혼동이 쉬운 어휘	592개
2	김범주, 리정용	2012년	어원, 유래	1,046개
3	김장철, 주성철, 리정용	2012년	반의어	약 4,800개
4	리승길, 홍석희, 최광훈	2014년	동음어	약 3,300개
5	우소	2016년	성구(成句)	약 4,000개
6	최승주, 우소	2016년	속담	약 2,400개
7	리장	2016년	빈도수 높은 부사	약 1,400개
8	장혁철, 리장	2017년	유의어	약 11,000개
9	안경상	2019년	동의어	2,670개

(1) 『어휘사용편람』 1의 예

• 가격, 값

[공통뜻] 사물의 가치나 쓸모

[개별뜻]

　　가격(價格: 값 가, 격식 격) : 돈으로 표현된 상품의 가치.

　　　　예) 가격의 일원화, 가격공간

　　값 : ① = 가격

　　　　② 물건을 사고팔 때에 주고 받는 돈.

　　　　예) 값을 물다

　　　　③ 어떤 사물이 지니고 있는 중요성이나 의의

　　　　예) 값있는 일.

　　　　④ 사람이나 사물의 쓸모나 역할

　　　　예) 나이값을 하다. 체통값을 하다.

　　　　⑤ 무엇을 한데 대하여 돌아오는 대가나 갚음이나 보람.

예) 노력한 값이 있다.

⑥ 수학에서 변수가 어떤 구체적 경우에 대표하는 정한 수.

예) 상수와 변수의 값.

(2) 『어휘사용편람』2의 예

• 가물치

가물치는 성질이 사나운 민물고기의 하나이다. 가물치의 옛날말은 '가모티, 가몰티'이다. '가모티'란 말은 '가몰+티'로 이루어진 것으로서 'ㅌ' 앞에서 'ㄹ'이 빠진 것이다. 『아언각비』에서는 '가물치'를 '감을치'라 하고 있다. 『훈몽자회』에서는 '현(玄)'을 '가물 현'이라고 하였는데, '감(다)'은 '검다'와 같은 뜻의 말이고 '티'가 입천장소리로 변한 '치'는 날치, 칼치에서 보는 것처럼 물고기를 나타내는 뒤붙이이다. 가물치란 말은 '검은 물고기'라는 뜻이다.

(3) 『어휘사용편람』3의 예

• 가장자리

○ 가에 가까운 부분 또는 둘레가 되는 부분이나 선. ‖ 책상의 ~. 눈 ~에 잡힌 잔주름.

↔ 가운데, 복판

(4) 『어휘사용편람』4의 예

• 가래

[명] 가래나무의 열매. ‖ ~를 따다.

[명] 둥글고 길게 늘여서 만든 떡이나 엿 같은 것의 토막. ‖ 엿을 ~로 만들어 팔다.

[명] 목구멍에 생기는 끈적끈적한 분비물. ‖ ~를 뱉다.

[명] 흙을 떠던지는데 쓰는 도구의 하나. ‖ ~와 삽.

[명] 논이나 늪의 물 속에 잠겨 사는 여러해살이 잡풀의 하나. ‖ 논에 ~가 성하다.

(5) 『어휘사용편람』 5의 예

• 가난이 질기다

지난 날에, ①(살림이 가난해서 얼마 지탱해 나가지 못할 것 같으면서 목숨을 부지하고 살아 나가는 것이 몹시 질기다는 뜻으로) 가난 속에서 고생고생하면서 그럭저럭 살아가다. ‖ 지난날 그의 가정은 가난이 질기여 얼마 살 것 같지 않았지만 목숨이 붙어 계속 살아나갔다. ②아무리 애써도 가난이 점질기게 들어 붙어서 좀처럼 어려운 생활에서 벗어져 나오지 못하다. ‖ 할아버지는 지난날 우리 가정을 살리려고 온갖 고생을 다했지만 우리집 가난이 질기어 생활은 더 쪼들려만 갔다고 한다.

(6) 『어휘사용편람』 6의 예

• 가는 년이 물 길어놓고 갈가

다시 돌아오지 않을 결심을 하고 떠나는 녀자가 남아있는 사람을 생각해서 도움이 될 일을 해 놓을 리 만무하다는 뜻으로서 맞갖지 않아서 나가는 사람이 뒤일을 생각할 여지도 없거니와 남을 돌아볼리가 없음을 이르는 말. = 가는 년이 보리방아 찧어놓고 가랴. 가는 년이 세간 사랴. 나가는 년이 세간 사랴.

(7) 『어휘사용편람』7의 예

• 가끔 (= 때때로, 이따금 ↔ 늘, 늘쌍, 줄곧, 뻔질나게)

얼마큼씩 있다가 드문드문.

‖ 가끔 밖을 내다보다 가끔 재미나는 이야기를 하다. 가끔 밖에 나가다.

가끔 칼국수를 만들어주다.

‖ 어머니는 아들이 국수를 좋아한다고 가끔 국수를 눌러주었다.

(8) 『어휘사용편람』8의 예

• 가득

[부] 그릇이나 범위에 찬 모양 ‖ 무연탄을 ~ 실은 화차

≈ 그득, 그뜩, 담뿍, 듬뿍, 잔뜩, 함뿍, 꼴딱

(9) 『어휘사용편람』9의 예

• 친정댁 [~땍] (親庭宅)

[명] '친정집'을 이르는 말.

[같은말] 본가댁

7.7. 의미 관계에 따른 어휘 연구 방법

어휘는 이와 같이 다양한 양상을 띠고 나타난다. 어휘론은 이러한 다양한 어휘를 모두 연구대상으로 한다. 그렇다면 이 어휘들의 어떠한 점을 대상으로 할 것인가가 문제다. 어휘론은 이러한 어휘의 다음과 같은 현상들을 주로 연구하게 된다.

① 어휘의 구조, 어형교체와 음운배열의 규칙, 즉 어휘들이 지닌 형태론적 특징.

② 어휘의 품사 구성 및 문법 기능, 즉 어휘의 통사론적 특징.

③ 어휘의 차용.

④ 각 단어의 어원(語源). 그러나 주로 어원론(語源論, etymology)에서 다룬다.

⑤ 어휘의 의미론적 분포, 즉 동음이의어, 반의어, 다의어 등.

⑥ 어휘와 의미와의 일반적 관계.

⑦ 특이한 어군, 즉 은어(隱語), 금기어(禁忌語), 색채어(色彩語), 미각어(味覺語), 어명(魚名), 초명(草名) 등.

⑧ 어휘의미의 변화와 그 변화규칙.

이러한 사실을 알기 위해서는 단어별로 그 모든 것을 기술해 놓은 소위 어지(語誌)가 필요하다. 그러나 국어 어휘에 관한 한 현재까지는 이러한 것이 없다. 영어에는 Roget's Thesaurus, 불어에는 C. H. Bally Tableau Synoptique termes d'identification et de leur principaux synonymes(Traité de stylistique FranÇais v. II)가 있다.

8. 모방 유형에 따라

모방 유형에 따라서 국어 어휘는 의성어와 의태어로 분류된다. 여기에서는 의성어와 의태어를 구분하지 않고 같이 언급하도록 한다.

8.1. 의성어 의태어

유연성(有緣性, motivation)이란 어떠한 사물과 그것을 지칭하는 말 사이에 상관성이 있을 때, 그 둘은 유연성이 있다고 한다. 즉 어휘의 형식과 사물의 의미

사이의 상관성이 있을 때를 의미한다.

이 유연성은 두 가지로 나누어 생각할 수 있다. 하나는 어휘의 언어 형식과 사물의 의미 사이의 유연성이며, 또 하나는 어휘와 어휘 사이의 유연성이다. 예컨대 수탉의 울음소리인 '꼬꼬댁'과 '꼬꼬댁'의 의미인 '수탉의 울음소리'에는 유연성이 있다고 한다. 또한 국어의 어휘 '목숨'은 '목'이라는 어휘와 '숨'이라는 어휘의 복합으로 '생명'이라는 의미를 나타낸다는 사실을 인지할 수 있어서 이 두 단어는 유연성을 지닌다고 한다. 전자를 음성적 유연성이라고 하고 후자를 형태적 유연성이라고 한다.

일반적으로 어휘의 명칭을 나타내는 '음성'과 의미의 관계는 자의적이다. 이러한 어휘와 사물의 명칭 사이의 자의성 여부에 대해서는 오래 전부터 논란의 대상이 되어 왔다. 이미 플라톤과 아리스토텔레스의 phüsei(by nature)와 thései(by convention)의 논쟁이 있어 왔다. 어휘 의미와 사물과의 관계가 필연적이라고 하는 주장과 자의적이라고 하는 주장이 계속되어 왔다.

그러나 어휘의 명칭과 의미의 결합은 자의적이라고 알려져 왔다. 그래서 '하늘(天)'을 왜 '하늘'이라고 하느냐는 질문은 답할 수 없기 때문에 어리석은 질문이다. 둘 사이의 관계가 유연성이 없는, 자의적 관계에 있기 때문이다.

그러나 어떤 경우(특히 상징어)에서는 그 결합관계가 어느 정도 유연적인 것으로 인정되고 있다. 고양이의 울음소리인 '야옹'은 고양이의 울음소리를 그대로 모방해서 붙인 것이어서 '야옹'이라는 단어는 고양이의 울음소리라는 의미와 유연성이 있는 셈이 된다.

이러한 유연성은 몇 가지로 구분될 수 있다.

① 음성적 유연성
② 형태적 유연성
③ 파생어의 형태적 유연성
④ 의미적 유연성

8.1.1. 음성적 유연성

단어나 그 단어의 의미상에 유연성을 지니는 경우에는 그 단어를 구성하는 음성과 연관을 갖게 되는 경우가 있는데, 이것도 두 가지로 나누어 볼 수 있다.

① 직접모방(direct imitation)
형태의 음운에 지시하는 의미내용과 직접적인 관련을 맺고 있어서 그 의미 내용을 자동적으로 표현하는 계기가 되는 경우를 말한다.

• 국어 : 쿨쿨, 팔랑팔랑, 아삭아삭, 출렁출렁, 개구리, 꾀꼬리, 뜸부기, 부헝이, 기러기, 맹꽁이, 귀뚜라미, 매미, 쓰르라미

그리하여 서로 다른 언어상에서도 유사성이 나타나게 된다. 예를 동물들의 울음소리를 들어 보면 다음과 같다.

	한국어	독일어	스웨덴어	영어	핀랜드어	프랑스어	일본어
수탉	꼬꼬댁	Kikeriki	Kukkeliku	cook-a-doo dle-doo	Kuk-kokie kuu	Cocarico	Kokke-kok ko
암탉	꾸꾸	Gack-gack	Kakak	quack	Kotkotkoo	Cot-cot	koko
나귀	히힝	Jah	Iih	hee-haw	Iahu	Nihau	-
말	히힝	Iaha	Ihahaha	hew-hiw	Huaha	Heuheu	hinhin
고양이	야옹	Miau	Mjau	miaow	Miau	Miaou	nyannyan
개	멍멍	Wau-wau	vaff-vaff	bow-wow	hau-hau	Toutou	wanwan
뻐꾸기	뻐꾹뻐꾹	Kuckuck	koko	cukoo	kukkuu	kakko	
돼지	꿀꿀	Quiek	nöff-nöff	oink	püp	Cuic	bubu
암소	음메	Muh	mu	moo	muuh	Meu	momo
양	메에	Mäh obäh	bä	baa	mää obää	be-be	-
개구리	개굴개굴	Quak	kvak-kvak	croak	kva-kva	croa-croa	kerokero

이 도표에서 보듯이 각 언어의 동물들의 울음소리는 매우 유사하다는 사실을 알 수 있다. 이처럼 다른 언어상에서도 음성적으로 연관이 있음을 발견하게 되는데, 이것은 바로 유연성으로 설명할 수 있다.

이와 같이 다른 언어간에 나타나는 상징에 의한 음성적인 공통성을 상징소(symbolic element)라고 한다.

예)
- bee : 벌 蜂[bəŋ]　　　　　상징소 : b
- flag : 펄럭펄럭[fləg fləg]　　상징소 : f, l/g
- blow : 불다, 바람　　　　　상징소 : b/l
- wind : 윙윙[wiŋ-wiŋ]　　　상징소 : wi

② 간접모방(indirect imitation)

소리에 의한 간접적인 상징으로 청각적, 심리적 인상에 의해 단어를 만드는 추상적 명명법(命名法)이다. 특히 의태어에서 흔히 발견된다.

- 살살 ~ 설설　　　　• 아장아장 ~ 어정어정
- 남실남실 ~ 넘실넘실　• 모락모락 ~ 무럭무럭
- 반들반들 ~ 번들번들　• 꼬박꼬박 ~ 꾸벅꾸벅

8.1.2. 형태적 유연성

단어의 구조 중에서 분석 가능한 요소로 결합되어 있는 단어들의 상당수가 형태적으로 유연성을 지닌다.

영어	국어	
life	목숨	neck + breath
sigh	한숨	big + breath
tear	눈물	eye + water
throat	목구멍	neck + hole
voice	목소리	neck + sound
finger	손가락	hand + branch
palm	손바닥	hand + bottom
wrist	손목	hand + neck
handle	손잡이	hand + catcher
lie	거짓말	false + speech
wave	물결	water + line
drizzle	가랑비	slender + rain
beech	바닷가	sea + marge
leaf	나뭇잎	tree + blade
bar	술집	wine + house
key	열쇠	open + iron
lock	자물쇠	close + iron
avenue	한길	big + way
with	함께	one + time
dusk	땅거미	earth + black

위의 예를 통해서 국어 어휘가 형태론적 유연성이 많음에 비하여 영어는 형태론적 유연성이 거의 없음을 알 수 있다.

'소'와 연관된 어휘를 보아도 그러한 사실을 알 수 있다.

영어	국어
cow	암소 (암 + 소)
bull	황소 (한 + 소)
ox	숫소 (수 + 소)
calb	송아지 (소 + 아지)
beef	쇠고기 (소 + 고기)
buffalo	물소 (물 + 소)

그러나 반드시 그러한 것만은 아닌 예도 보인다. 예컨대 국어와 영어를 비교하여 보면 동일한 의미의 어휘가 서로 유연성이 다른 것을 볼 수 있다.

국어	영어
다섯 ~ 쉰 (유연성 없음)	five ~ fifty (유연성 있음)
하나 ~ 열 하나 (유연성 있음)	one ~ eleven (유연성 없음)

이러한 유연성은 언어마다 각각 다른 양상을 띠게 된다.

국어	불어	독어
장갑	gant	Handschuh (손 + 신발)
스켓트	patin	Shlittschuh (스케이트 + 스케이트)
이혼	divorce	Ehescheidung (혼인 + 분리)

8.1.3. 파생어의 형태적 유연성

파생어에서 서로 유연성을 지닌 어휘들이 존재한다. 아래의 예들은 현대국어에서는 그 관계를 파악하기 어렵겠지만, 역사적으로는 그 설명이 용이한 어휘들이다.

- 빗 ~ 빗다   • 배 ~ 배다   • 불 ~ 밝다   • 믈 ~ 믉다
- 풀 ~ 푸르다   • 해 ~ 희다   • 신 ~ 신다   • 안 ~ 안다

접두사에서도 그러한 사실을 볼 수 있다
'개떡, 갓스물, 올벼, 돌배, 막걸리, 얼치기, 찰떡, 참기름, 엿보다, 빗나가다, 짓밟다, 헛보다, 맞서다'에 보이는 접두사의 의미와 접두사가 붙은 어휘의 의미 사이에 연관성이 있는 것이다.

8.1.4. 음성상징

음성과 의미 사이에 유연성(有緣性)을 보이는 것으로, 음성상징(音聲象徵, sound symbolism)이 있다. 여러 가지 현상으로 볼 때에 국어에서 모음과 자음은 모음과 자음의 성격에 따라 그것이 나타내는 의미를 지니게 되는 것으로 알려져 있다. 국어에서 모음은 양성모음과 음성모음이 대립되는데, 양성모음은 음성모음이 지니는 음성상징도 서로 대립된다. 지금까지 제시된 그 차이를 보이면 다음과 같다.

① 모음

양성 모음	明	陽	淸	淺	小	寡	細	薄	銳	剛	强	輕	固	密	狹
음성 모음	暗	陰	濁	深	大	多	太	厚	鈍	柔	弱	重	軟	疏	廣

양성 모음	短	盡	近	親	急	速	乾	少	新	高	自
음성 모음	長	增	遠	疏	徐	遲	潤	老	古	低	他

② 자음

자음은 평음 계열과 유기음 계열, 그리고 경음 계열의 대립이 있어서 음성 상징에 차이가 있다. 평음 계열에 비해 경음 계열은 단단한 의미를, 유기음 계열은 거친 의미를 지닌다.

음	의미	예
파열음	강조, 폭발	casser(깨뜨리다), saccadé(급격한)
경음	단단함	
유기음	거침	
유음	둥글고 부드러움	구르다(roll), 둥글다(round), 흐르다(stream), 날다(fly), 흘리다(spill), 돌다(turn), 부르다(call), 살다(live)

이러한 현상은 다른 언어에서도 보인다. 영어에서 clink, clank, ting, tinkle 들은 금속적 음향을 보이고 있다. 또한 세계의 언어 전반에 걸쳐 유연성을 지니는 것도 있다. 예컨대 p, b는 대개 남성에 대한 단어에, 그리고 m, n은 여성에 관한 단어에 일반적으로 들어 가 있는 것 등이 그것이다.

한국어	아버지	어머니
영어	father	mother
프랑스어	père	mère
중국어	父	母
독일어	Vater	Mutter
이태리어	padre	madre

8.1.5. 의성어와 의태어

국어에는 이와 같은 유연성과 음성상징에 연관된 어휘가 많다. 이들은 대부분 의성어와 의태어들인데, 국어에서는 이들 의성어와 의태어들이 많이 발달되어 있다. 그래서 국어의 상징어 사전들이나 국어사전에서 조사한 상징어들의 수는 약 7,000개에서 8,000개 이상으로 알려져 있다. 청산수부(靑山秀夫)의 『조선어상징어사전(朝鮮語象徵語辭典)』(1990)에 8,800여 개, 박선자 외의 『한국어시늉말사전』(2014)에 7,113개가 실려 있다. 그리고 조선어연구회에서 편찬한 『조선말 의성의태어 사전』(1971)에는 약 4,000개의 의성의태어가, 연변언어연구소에서 편찬한 『우리말 의성의태어 분류사전』(1982)에는 약 8,000여 개의 의성의태어가 실려 있다.

이처럼 국어에 상징어가 크게 발달한 이유는 국어의 자음체계와 모음체계에 기인하는 것으로 보인다. 의성어 의태어들이 국어의 자음과 모음의 결합과 대립으로 소리와 모양의 다양한 면을 표기할 수 있기 때문이다.

국어의 자음은 평음과 유기음과 경음의 3지적 대립이 있고, 모음은 양성모음과 음성모음, 그리고 중성모음의 대립이 있어서 이들을 대립시켜 다양한 형태를 생성해 내고 이것을 통해 다양한 어감을 느끼게 한다. 뿐만 아니라 자음도 ㄱ ㄴ ㄷ ㄹ ㅁ ㅂ ㅅ의 조화가 다양하여 그 배열 방법의 순열조합도 다양하다. 예컨대 ㄱ-ㅋ-ㄲ과 ㅏ와 ㅓ의 대립, 그리고 ㅗ와 ㅜ 등의 대립에 따라서

- 갈갈 - 칼칼 - 깔깔   • 걸걸 - 컬컬 - 껄껄
- 골골 - 쿨쿨 - 꿀꿀   • 골골 - 길길
- 쿨쿨 - 킬킬   • 꿀꿀 - 낄낄

등이 생성될 수 있어서 매우 다양한 상징어를 생성해 낼 수 있다.

　뿐만 아니라 음절수를 1음절에서 8음절까지 한 단어로 이용할 수 있어서 다른 어휘 생성과는 다른 차원에 있다고 할 수 있다. 그리고 반복복합어를 형성하기 때문에, 1음절에서 2음절로(꽝→꽝꽝), 2음절에서 4음절로(콜록→콜록콜록), 3음절에서 6음절로(어기적→어기적어기적), 4음절에서 8음절로(헐레벌떡→헐레벌떡헐레벌떡) 확대시켜 나가는 현상이 있어서 그 수가 많아지게 된다. 그래서 의성어와 의태어의 음절수를 보면 2음절, 4음절, 6음절, 8음절의 어휘가 1음절, 3음절, 5음절의 어휘에 비해 월등히 많은 현상을 보인다. 특히 4음절의 의성의태어가 전체 의성의태어의 50% 이상을 차지하는 현상을 보인다.

　필자가 수집해 놓은 상징어 목록은 8,849개인데, 그 음절수별 통계를 보면 다음과 같다.

음절수	빈도수	빈도율
1음절	286	3.2%
2음절	1,846	20.9%
3음절	951	10.7%
4음절	4,480	50.7%
5음절	248	2.8%

6음절	1,030	11.6%
8음절	4	0.1%
계	8,849	100%

이들을 음절별로 예를 들어보면 다음과 같다.

- •1음절 : 깍, 깩, 딱, 땡, 붕, 빡, 와, 왁, 쇠, 쏴, 푸, 딱 등
- •2음절 : 글썽, 비악, 배배, 비틀, 끄떡, 찰칵, 깔깔, 피식 등
- •3음절 : 갸우뚱, 꼬끼오, 지끈둥, 후닥닥, 휘영청, 우지끈, 어슬렁, 파르르, 꼼지락 등
- •4음절 : 아기자기, 오손도손, 우당퉁탕, 옹기종기, 앙알앙알, 흥청망청 등
- •6음절 : 아기작아기작, 어기뚱어기뚱, 불그락푸르락, 곤드레만드레 등
- •8음절 : 새근발딱새근발딱, 씨근벌떡씨근벌떡, 헐레벌떡헐레벌떡 등

그런데 이들 의성어 의태어들은 각각 독립되어 있다기보다는 음성적으로나 형태적으로 서로 연관이 있어서 그 어휘들을 연관시키면 어휘의 묶음이 달라진다.

① 다른 어휘와 연관이 없이 독립적으로 존재하는 어휘

•갈팡질팡	•갑삭갑삭	•거듬거듬	•고래고래
•곱이곱이	•구질구질	•군데군데	•군실군실
•궁싯궁싯	•귀뚤귀뚤	•나직나직	•능글능글
•마룩마룩	•생게망게	•새부랑새부랑	•서성서성
•언뜻언뜻	•언죽번죽	•와당탕와당탕	•와드득와드득
•와지끈와지끈	•으밀으밀	•우당탕우당탕	•이엄이엄
•코랑코랑	•허겁지겁	•허영허영	•허우적허우적
•허위허위	•허푸허푸		

② 연관이 있는 2개의 어휘가 대립할 때

- 가뜬가뜬 ~ 거뜬거뜬
- 간실간실 ~ 깐실깐실
- 꾸깃꾸깃 ~ 꼬깃꼬깃
- 남상남상 ~ 넘성넘성
- 더펄더펄 ~ 다팔다팔
- 도리반도리반 ~ 두리번두리번
- 똑딱 ~ 뚝딱
- 문덕문덕 ~ 문턱문턱
- 미끈미끈 ~ 매끈매끈
- 바드득 ~ 빠드득
- 살짝살짝 ~ 슬쩍슬쩍
- 아드득아드득 ~ 으드득으드득
- 알찐알찐 ~ 얼찐얼찐
- 조잘조잘 ~ 주절주절
- 펄럭펄럭 ~ 팔락팔락

- 간댕간댕 ~ 근뎅근뎅
- 깔끔깔끔 ~ 껄끔껄끔
- 나슬나슬 ~ 너슬너슬
- 누긋누긋 ~ 노긋노긋
- 덕적덕적 ~ 닥작닥작
- 되똑되똑 ~ 뒤뚝뒤뚝
- 매끈매끈 ~ 미끈미끈
- 물렁물렁 ~ 말랑말랑
- 바동바동 ~ 버둥버둥
- 바드득바드득 ~ 빠드득빠드득
- 아드득아드득 ~ 으드득으드득
- 아장아장 ~ 어정어정
- 잘근잘근 ~ 질근질근
- 짜르륵짜르륵 ~ 찌르륵찌르륵

③ 연관이 있는 3개의 어휘가 대립할 때

- 가드락가드락 ~ 거드럭거드럭 ~ 까드락까드락
- 가득가득 ~ 거득거득 ~ 가뜩가뜩
- 가든가든 ~ 거든거든 ~ 가뜬가뜬
- 가뜩가뜩 ~ 그뜩그뜩 ~ 가득가득
- 가뿐가뿐 ~ 거뿐거뿐 ~ 가분가분
- 가슬가슬 ~ 거슬거슬 ~ 까슬까슬

301

- 가짓가짓 ~ 거짓거짓 ~ 까짓까짓
- 가치작가치작 ~ 거치적거치적 ~ 까치작까치작
- 가칠가칠 ~ 거칠거칠 ~ 까칠까칠
- 간들간들 ~ 건들건들 ~ 근들근들
- 갸웃갸웃 ~ 꺄웃꺄웃 ~ 끼웃끼웃
- 거뿐가뿐 ~ 거뿐거뿐 ~ 가분가분
- 대굴대굴 ~ 데굴데굴 ~ 때굴때굴
- 되작되작 ~ 뒤적뒤적 ~ 되착되착
- 되착되착 ~ 뒤척뒤척 ~ 되작되작
- 두그르르 ~ 도그르르 ~ 뚜그르르
- 두근두근 ~ 도근도근 ~ 뚜글뚜글
- 두글두글 ~ 도글도글 ~ 뚜글뚜글
- 두덜두덜 ~ 투덜투덜 ~ 뚜덜뚜덜
- 뜨근뜨근 ~ 뜨끈뜨끈 ~ 따끈따끈
- 반들반들 ~ 번들번들 ~ 빤들빤들
- 반지르르 ~ 번지르르 ~ 뻔지르르
- 보글보글 ~ 부글부글 ~ 뽀글뽀글
- 부글부글 ~ 보글보글 ~ 뿌글뿌글
- 부둑부둑 ~ 보독보독 ~ 뿌둑뿌둑
- 부둥부둥 ~ 보동보동 ~ 푸둥푸둥
- 부드득 ~ 보드득 ~ 뿌드득
- 부드득부드득 ~ 보드득보드득 ~ 뿌드득뿌드득
- 빙글빙글 ~ 뱅글뱅글 ~ 삥글삥글
- 시굼시굼 ~ 시큼시큼 ~ 새콤새콤
- 시근시근 ~ 새근새근 ~ 시큰시큰
- 시금시금 ~ 새곰새곰 ~ 시큼시큼

• 앙금앙금 ~ 엉금엉금 ~ 엉큼엉큼

• 와작와작 ~ 우적우적 ~ 우쩍우쩍

• 재까닥 ~ 째까닥 ~ 째꺼덕

• 졸래졸래 ~ 줄레줄레 ~ 쫄래쫄래

• 질뚝질뚝 ~ 잘뚝잘뚝 ~ 짤똑짤똑

• 흘금흘금 ~ 할금할금 ~ 흘끔흘끔

④ 연관이 있는 4개의 어휘가 대립할 때

• 덜거덕 ~ 달가닥 ~ 떨거덕 ~ 덜커덕

• 덜거덕덜거덕 ~ 달가닥달가닥 ~ 떨거덕떨거덕 ~ 덜커덕덜커덕

• 비죽 ~ 배죽 ~ 비쭉 ~ 뼈죽

• 비죽비죽 ~ 배죽배죽 ~ 비쭉비쭉 ~ 삐죽삐죽

• 비쭉 ~ 배쭉 ~ 비죽 ~ 삐쭉

• 생긋방긋 ~ 싱긋벙긋 ~ 쌩긋빵긋 ~ 생끗방끗

• 생긋생긋 ~ 싱긋싱긋 ~ 쌩긋쌩긋 ~ 생끗생끗

• 생끗뱅끗 ~ 생긋뱅긋 ~ 쌩긋빵긋 ~ 싱끗벙끗

• 잘가닥 ~ 걸거덕 ~ 잘까닥 ~ 짤가닥

• 잘가닥잘가닥 ~ 절거덕절거덕 ~ 잘까닥잘까닥 ~ 짤가닥짤가닥

• 잘가당 ~ 절거덩 ~ 잘까당 ~ 짤가당

• 잘가당잘가당 ~ 절거덩절거덩 ~ 잘까당잘까당 ~ 짤가당짤가당

• 잘각 ~ 절격 ~ 잘깍 ~ 짤각

• 잘각잘각 ~ 절격절격 ~ 잘깍잘깍 ~ 짤각짤각

• 잘박잘박 ~ 절벅절벅 ~ 찰박찰박 ~ 철벅철벅

• 종알종알 ~ 중얼중얼 ~ 쫑알쫑알 ~ 쭝얼쭝얼

• 주글주글 ~ 조글조글 ~ 쪼글쪼글 ~ 쭈글쭈글

•짤까닥 ~ 쩔꺼덕 ~ 잘까닥 ~ 짤카닥

•짤까닥짤까닥 ~ 쩔꺼덕쩔꺼덕 ~ 잘까닥잘까닥 ~ 짤카닥짤카닥

•짤까당 ~ 쩔껑덩 ~ 잘까당 ~ 짤카당

•짤까당짤까당 ~ 쩔꺼덩쩔꺼덩 ~ 잘까당잘까당 ~ 깔카당깔카당

•짤깍 ~ 쩔꺽 ~ 잘깍 ~ 짤칵

•짤깍짤깍 ~ 쩔꺽쩔꺽 ~ 잘깍잘깍 ~ 짤칵짤칵

•쫄랑쫄랑 ~ 쭐렁쭐렁 ~ 졸랑졸랑 ~ 촐랑촐랑

•철꺼덩 ~ 찰까당 ~ 철거덩 ~ 철커덩

•철꺼덩철껑덩 ~ 찰까당찰까당 ~ 철거덩철거덩 ~ 철커덩철커덩

•철꺽 ~ 찰깍 ~ 철걱 ~ 철컥

•철꺽철꺽 ~ 찰깍찰깍 ~ 철걱철걱 ~ 철컥철컥

⑤ 연관이 있는 5개의 어휘가 대립할 때

•잘까닥 ~ 절꺼덕 ~ 잘가닥 ~ 잘카닥 ~짤까닥

•잘까닥잘까닥 ~ 절꺼덕절꺼덕 ~ 잘가닥잘가닥 ~ 잘카닥잘카닥 ~ 짤까닥짤까닥

•잘까당잘까당 ~ 절꺼덩절꺼덩 ~ 짤까당짤까당 ~ 잘카당잘카당 ~ 잘가당잘가당

•잘깍잘깍 ~ 절꺽절꺽 ~ 잘각잘각 ~ 잘칵잘칵 ~ 짤깍짤깍

•절꺼덕 ~ 잘까닥 ~ 절거덕 ~ 절커덕 ~쩔꺼덕

•절꺼덕절꺼덕 ~ 잘까닥잘까닥 ~ 절거덕절거덕 ~ 절커덕절커덕 ~ 쩔꺼덕쩔꺼덕

•절꺼덩절꺼덩 ~ 잘까당잘까당 ~ 쩔꺼덩쩔꺼덩 ~ 절거덩절거덩 ~ 절커덩절커덩

•절꺽 ~ 잘깍 ~ 절걱 ~ 절컥 ~ 쩔꺽

•절꺽절꺽 ~ 잘깍잘깍 ~ 절걱절걱 ~ 절컥절컥 ~ 쩔꺽쩔꺽

연관이 있는 어휘들이 가장 많이 분포되어 있는 것은 2개가 분포되어 있는 것이 가장 많았고(상징어에서 연관어가 있는 어휘목록의 52%), 그 뒤를 이어서 3개

가 분포되어 있는 것(40%)이다. 4개의 연관어를 가지고 있는 것은 약 8%의 분포를 보인다. 여기에서는 연관어가 하나도 없는 것은 계산에 넣지 않았다.

8.1.6. 의성어 의태어의 특징

이러한 의성어 의태어의 특징을 보면 다음과 같다.

① 의성어 의태어에서 서로 음성상징 관계로 연관이 있는 어휘 중에서 그 수가 가장 적은 것은 'ㅇ'으로 시작되는 어휘들이다. 이것은 모음으로 시작되는 의성어 의태어들이 자음의 대립을 이용한 다양한 연관어를 생성해 낼 수 있는 여건이 만들어져 있지 않기 때문이다.

② 의성어 의태어의 대립 관계는 2단위 계열(예: 가뜬가뜬~거뜬거뜬)에서 5단위 계열(예: 잘까닥~절꺼덕~잘가닥~잘카닥~짤까닥)까지가 가장 생산적이다. 이 중에서 가장 많은 대립 관계에 있는 것은 2단위 계열이다. 이어서 3단위 계열이다. 곧 두 가지 자음이나 두 가지 모음의 대립이 가장 많이 이용되었다는 증거라고 할 수 있다.

③ 의성어 의태어의 대립 관계는 자음을 이용하는 경우에는 평음과 경음(ㄱ~ㄲ, ㄷ~ㄸ, ㅂ~ㅃ, ㅅ~ㅆ, ㅈ~ㅉ), 평음과 유기음(ㄱ~ㅋ, ㄷ~ㅌ, ㅂ~ㅍ, ㅈ~ㅊ)의 대립을 이용한 경우가 주를 이루고, 유기음과 경음(ㅋ~ㄲ, ㅌ~ㄸ, ㅍ~ㅃ, ㅊ~ㅉ)을 이용한 것은 극히 적다. 반면에 평음과 유기음과 경음의 대립을 동시에 다 활용한 경우(예: 감감~캄캄~깜깜)는 매우 드문 현상이다.

④ 의성어 의태어의 모음의 대립 관계는 주로 양성 모음과 음성 모음의 대립 관계를 이용한 것이 가장 많은 편이다. 그리하여 '아~어, 오~우, 애~에, 외~위'

의 대립을 활용한 경우가 주를 이루고 있으나, 이중모음, 특히 '야~여, 요~유' 등의 대립을 이용한 예는 잘 나타나지 않는다. 중성모음과의 대립은 나타난다. '애~이, 에~이'의 경우가 그러하다.

⑤ 의성어와 의태어는 서로 넘나드는 것이 있기도 하여 그 구별이 어렵다. 두 가지의 문법적 기능도 동일하다. 그리하여 의성어와 의태어를 구분하지 않고 '의성의태어'로 칭하기도 한다.

⑥ 의성어와 의태어의 특징은 첩어(疊語)가 많다는 점이다. 그래서 음절수가 짝수인 어휘가 많고 음절수가 홀수인 어휘는 적은 편이다. 그리하여 4음절어가 의성의태어의 약 50%를 차지하고 있다.

⑦ 의성어 의태어는 한자어가 거의 보이지 않는다. 주로 고유어로 이루어져 있다. 이것은 한자어의 음운대립으로 어감의 차이를 드러내기 위한 표현 방법이 발달되어 있지 않기 때문으로 해석된다.

⑧ 음운결합의 경우에는 초성은 공명도가 낮은 음이 우세하고 중성은 복모음보다는 단모음이 우세하며, 종성은 겹받침이나 유기음의 받침이 거의 쓰이지 않는다는 점이다.

의성어 의태어의 형태적 특징은 다음과 같다.

① '이'를 제외한 부사적인 접미사는 의성 의태어 뒤에 붙을 수 없다. (가웃이, 곰곰이, 지긋이)

② 문장에서 상태부사로만 쓰인다.

③ 일반 상태부사와 비교하여 갖는 특징으로는

㉠ 일정한 반복이나 운(韻)이 맞는 반복을 사용한다 (깡충깡충, 울긋불긋)

㉡ 줄여 쓸 수 있다. (후룩←후루룩, 찰칵←찰카닥, 오독오독←오도독오도독)

㉢ 특별한 접미사를 쓴다.

- -끗 : 희끗희끗←희다

- -먹 : 들먹들먹←들다

- -뿍 : 담뿍←담다

- -썩 : 들썩들썩←들다

- -신 : 눅신눅신←눅다

- -직 : 굵직굵직←굵다

㉣ 접미사를 붙여 명사, 형용사, 동사, 부사를 만들 수 있다.

- 활개(활활)

- 알랑쇠(알랑알랑)

- 딸꾹질, 개구리, 얼씬거리다, 반짝하다

9. 표현 대상에 따라

표현 대상에 따라 어휘는 여러 가지로 구분된다. 즉 속담 표현 어휘, 수수께끼 표현 어휘, 언어 유희의 어휘, 금기어, 신체 표시어, 미각 표시어, 색채 표시어, 광산어휘 등을 들 수 있다.

9.1. 속담 표현 어휘

9.1.1. 속담의 특징

속담이란 교훈을 주거나 풍자를 하기 위하여 어떤 사실을 비유의 방법으로 서술하는 데에 쓰이는 간결한 관용어구를 말한다. 이처럼 속담은 '비유'의 방법이라는 특성과 '관용어구'라는 특성을 지닌다. '비유'의 방법이란 곧 속담이 화용론적으로 함축된 의미를 가지고 있음을 말하며, '관용어구'란 통사론적으로 둘 이상의 구성요소가 굳어진 고정 표현이란 것을 의미한다.

이것은 속담이 관용어구에 속하지만 그중에서도 비유의 방식으로 쓰이는 것만을 속담이라고 규정한 것이어서 속담은 관용어구의 하나다. 관용어구에는 속담, 금기어, 격언, 수수께끼 등을 다 포괄하는 개념이다.

관용 표현에 쓰이는 것들은 어휘와 어구(語句)의 두 종류가 있는데, 속담은 하나의 어휘만으로 되어 있는 경우는 없고, 주로 어구나 문장으로 되어 있다. 한문구로 되어 있는 경우도 있지만, 한자 어휘 하나만으로 되어 있는 속담은 없다. 이것은 속담이 나타내고자 하는 내용이나 의미가 하나의 어휘로는 표현할 수 없는 것이어서, 완결·통일된 생각이나 느낌을 표현하는 어구나 문장 형식을 취하는 것으로 보인다. 어휘 형식에 의존하거나 내포되어 있지 않은 자립형식이라는 것이다. 그래서 속담은 비록 하나의 어휘는 아니지만, 한 언어의 특별한 문화적 사회적 관념을 나타내기 때문에 어휘에 준하는 것으로 다루어 사전에 등록하는 것이 보통이다.

우리나라에서 '속담'이란 말이 처음 쓰이기 시작한 것은 매우 이른 시기인 것으로 보인다.

『삼국유사』 권5의 '郁面婢念佛西昇'이라는 조항에 '내일 바빠 한댁(大家)방아 서두른다'라는 예가 나오는 것으로 보아 삼국시대에 이미 상당수의 속담이 일반화되어 있었음을 확인할 수 있다.

景德王代, 康州[今晉州, 一作剛州, 則今順安.], 善士數十人, 志求西方, 於州境創彌陀寺,
約萬日爲契. 時有阿干貴珍家一婢, 名郁面, 隨其主歸寺, 立中庭, 隨僧念佛, 主憎其不職, 每
給穀二碩, 一夕舂之, 婢一更舂畢, 歸寺念佛, *[俚言己(己)事之忙, 大家之舂促, 蓋出乎此.]*
日夕微怠. 庭之左右, 竪立長橛, 以繩穿貫兩掌, 繫於橛上合掌, 左右遊之激勵焉. 時有天唱
於空: "郁面娘入堂念佛." 寺衆聞之, 勸婢入堂, 隨例精進. 未幾天樂從西來, 婢湧透屋樑而
出. 西行至郊外, 捐骸變現眞身, 坐蓮臺, 放大光明, 緩緩而逝, 樂聲不徹空中. 其堂至今有
透穴處云. [已上鄕傳.] 〈三國遺事 5卷, 7 感通, 郁面婢念佛西昇〉

경덕왕(景德王) 때 강주(康州)[지금의 진주(晉州)이다. 또는 강주(剛州)라고도
했는데, 즉 지금의 순안(順安)이다]의 선사(善士) 수십 명이 서방(西方)을 구하려는
뜻으로[그] 고을 경내에 미타사(彌陁寺)를 세우고 만일을 기약하고 계(契)를 만들
었다. 그때 아간(阿干) 귀진(貴珍)의 집에 욱면(郁面)이라는 이름의 한 여종이 있었
다. 그 주인을 따라 절에 가서 마당에 서서 스님을 따라 염불하였다. 주인은 그녀
가 직분에 어긋나게 행동하는 것을 미워하여 매양 곡식 두 섬씩을 주며 하루 저녁
에 그것을 다 찧게 하였다. 여종은 초저녁에 다 찧고는 절에 가서 염불하기를 속담
에 '내 일 바빠서 큰 집 방아 서두른다'는 말이 여기서 나온 듯하다 밤낮으로 게을리
하지 않았다.

[그는] 마당 좌우에 긴 말뚝을 세우고 두 손바닥을 뚫어 노끈으로 꿰어 말뚝 위에
매어 놓고 합장하여 좌우로 움직이면서 스스로 격려하였다. 그때 공중에 하늘의
외침이 있어 "욱면낭자는 법당에 들어가서 염불하라"고 하였다. 절의 대중이 이
소리를 듣고 여종에게 권하여 법당에 들어가 예에 따라 정진하게 하였다. 얼마 안
되어 하늘의 음악이 서쪽으로부터 들려오더니 여종이 솟구쳐 집 대들보를 뚫고
나갔다. 서쪽으로 가 교외에 이르러 형체를 버리고 진신(眞身)으로 변하여 나타나
연화대(蓮臺)에 앉았다가 큰 광명을 발하면서 서서히 사라지니, 공중에서는 음악
소리가 그치지 않았다. 그 법당에는 지금도 뚫어진 구멍자리가 있다고 한다. 이상
은 향전(鄕傳)이다.

속담은 처음에 '이언(俚言)', 또는 '속화(俗話)'란 용어로 쓰이었다. 17세기 문헌(예컨대 『박통사언해』)에서는 '상언(常言)'이라고도 사용되다가 18세기 중기 이후부터는 '속담(俗談)'으로 굳어졌다.

- 俚言 〈삼국사기 권5〉
- 俗話 쇽담 〈1748, 동문유해, 上:24a〉
- 常言에 닐오디 상상의 도적 ᄆ ᄋ음을 막고 ᄂᆷ의 것 도적 말라 ᄒᄂ니 〈1670, 노걸대 언해, 上:30b〉
- 常言에 닐오디 말을 니ᄅ디 아니면 아디 못ᄒ고 남글 ᄯᆞᆯ디 아니면 ᄉᄆᆺ디 아닌ᄂ다 ᄒ니라 〈1677, 박통사언해, 上:14a〉
- 쇽담의 닐너시디 <u>천장 슈심은 아라도 일장 인심은 알오미 어렵다</u> ᄒ니 올토쇼이다 〈17××, 엄씨효문행록, 21b〉

그리고 속담은 조선시대의 문헌에 '쇽담' 또는 '속담(俗談)' 등으로 소개되어 많은 속담의 용례를 보이고 있다. 대체로 '쇽담에 니ᄅ디, 쇽담의 니론 바, 쇽담의 닐너시디'라고 하여 속담 어구를 소개하는 예가 흔히 나타난다.

- 쇽담의 니ᄅ기를 <u>시로뼈 가ᄂ ᄃᆡ ᄀᆡ ᄯ로기ᄂ</u> 졔격이라 ᄒ려니와 ᄌᆡᄂᆡ 계집ᄒᆞ라 가ᄂ ᄃᆡ 나ᄂ 무슴 짝으로 ᄯᆞ라가단 말인가〈1864, 남원고사, 39a〉
- 쇽담의 <u>쥭은 졍승 산 ᄀᆡ야지라</u> ᄒ니 무ᄉᆞᆷ 닐노 남을 위ᄒᆞ여 고ᄒᆡᆼ을 ᄒ다가 비명의 쥭으리오 〈1885, 숙향전(경판64장본), 하:18b〉

이러한 자료들은 매우 많아서 필자가 조사한 것만도 약 330개가량을 찾을 수 있었다. 20세기 중반까지의 자료를 찾은 결과였다. 그 예를 들어 보도록 한다.

- 가마귀 나라가자 ᄇᆡ 써러지기 〈1908, 홍도화, 64〉

• ㄱ만히 잇ᄂᆞᆫ 돌이 바회 옷슬 가히 닙을 거시나 구으ᄂᆞᆫ 돌에 바회 옷시 나지 못ᄒᆞᆫ다 〈1906, 경향신문, 1,1〉

• 가화ᄒᆞ면 만ᄉᆞ성이라 〈1898, 협성회회보, 2〉

• 갈ᄉᆞ록 태산이오 살ᄉᆞ록 고싱이라 〈1912, 구의산 下, 44〉

• 개ᄂᆞᆫ 澌草ᄒᆞᆫ 恩이 잇고 믈은 垂紲ᄒᆞᆫ 報ㅣ 잇다 〈1677, 박통사언해, 上:39a〉 〈1765, 박통사신석언해, 1:42b〉

• 개가 토ᄒᆞ엿다가 다시 먹고 되아지가 제 몸을 졍히 씨셧다가 또 진흙에 드러간다 〈1894, 텬로력뎡, 78b〉

• 기가 토ᄒᆞᆫ물 도로 먹고 쏘 시츤 되야지가 다시 즌흘게 굴ᄆᆞ니라 〈1887, 예수셩교젼셔, 베드로후셔 02:22절〉

• 기ᄉᆞ리 삼년에 황모가 못 된다 〈1911, 월하가인, 13〉

• 개쳔 나무래지 말고 눈 먼 탓만 하랫다 〈1937, 찔레꽃, 232〉

• 게도 제 구멍이 아니면 드러가지 아니ᄒᆞᆫ다 〈1908, 금슈회의록, 034〉

• 고기ᄂᆞᆫ 씹어야 맛이 잇고 말은 하여야 맛이 잇다 〈독립신문, 1899년 11월 29일 수요일 제4권 제274호〉

• 고기ᄂᆞᆫ 씹을ᄉᆞ록 맛이 잇고 물은 건너보아야 심쳔을 안다 〈1901, 신학월보, 권 1:60〉 〈1902, 신학월보, 권2:585〉

• 고디식ᄒᆞ니ᄂᆞᆫ 상상에 잇고 섭섭ᄒᆞ니ᄂᆞᆫ 상상에 패ᄒᆞᆫ다 〈1670, 노걸대언해, 下: 39a〉

• 고소원이언졍 불감졍이로소이다 〈1886, 징보언간독, 8a〉

• 고솜돗치도 졔 ᄌᆞ식을 함함ᄒᆞ다고 ᄒᆞᆫ다 〈1912, 쇼양뎡, 040〉

• 고지식ᄒᆞ니ᄂᆞᆫ 덧덧이 잇고 헛되니ᄂᆞᆫ 덧덧이 敗ᄒᆞᆫ다 〈1795, 중간노걸대언해, 下:41b〉

• 고진감ᄅᆡ라 〈1908, 셜즁매, 15〉

• 공사 삼일 〈1933, 운현궁의봄(김동인), 313〉

• 관가의도 무ᄉᆞᄒᆞ고 촌가의도 무ᄉᆞᄒᆞ미 됴타 〈17××, 무오연행록권4, 2a〉

- 괴로오믈 바든 후야 남의 고초ᄒ던 줄을 안다 〈17××, 엄씨효문행록, 14b〉
- 괴로은 거슨 락의 근본이라 〈1904, 대한매일신보, 01〉
- 구관이 명관 〈1930, 젊은그들(김동인), 088〉
- 국인의 닥금과 패흠이 다 국쥬룰 보아 ᄠᅳ「다 〈1892, 성경직해, 91a〉
- 굿드른 무당 〈1908, 구마검, 071〉
- 쎙 구어 먹은 자리라 〈1912, 황금탑, 56〉
- 쎙 먹고 알 먹ᄂ 격이라 〈독립신문, 1897년 4월 3일 토요일 제2권 제39호〉
- 귀로 듯고 눈으로 본 것도 오히려 춤되지 못홀가 두려워 흔다 〈1901, 신학월보, 권 1:482〉
- 기싱이 부녀의게 더로옴을 씨치ᄂ 것굿도다 〈1894, 텬로력뎡, 100b〉
- 나 먹기ᄂ 실코 남 쥬자니 악갑다 〈1912, 류화우(상), 49〉
- 나죵난 쓸이 웃둑ᄒ다 〈1898, 매일신문, 1〉
- 난장의 하회홈은 긔운이 기디 아니타 〈1677, 박통사언해, 中:51a〉
- ᄂ 리ᄒ기를 위ᄒ야 가히 의리를 어긔지 못ᄒ고 션을 일우기를 위ᄒ야 가히 악을 ᄒ지 못ᄒ다 〈1892, 성경직해, 96b〉
- 남 잡이 져 잡이라 〈1912, 만인산, 037〉
- 남에 ᄌ식을 한 번 쳐도 첫다고 두 번 쳐도 첫다 〈1912, 옥호기연, 23〉
- 남을 기천에 잡아 넛차면 져 먼져 기천에를 드러가ᄂ 법 〈1912, 현미경, 229〉
- 남을 나모라 ᄒ면 ᄌ식이 담ᄂ다 〈17××, 윤하정삼문취록권103, 34a〉
- 남의 불길에 희를 본다 〈1900, 제국신문, 0217〉
- 남잡이 져잡이라 〈1912, 구의산 下, 17〉
- 女子의 二十一歲ᄂ 回甲이라 〈1922, 제야(염상섭), 044〉
- 널번 찍어 아니 구러질 나모 업다 〈18××, 한중록, 396〉
- 노루 피ᄒ면 범 만ᄂ다 〈1912, 불로쵸, 028〉
- 놉흔 바독은 첫 판을 진다 〈1677, 박통사언해, 上:23a〉〈1765, 박통사신석언해, 1:27a〉

• 누어셔 침밧는다 〈독립신문, 1899년 6월 5일 월요일 제4권 제125호〉

• 눈 쓴 소경 〈1896, 신정심상소학, 3:5a〉

• 늘근이 변ㅎ여 아히 마음 된다 〈17××, 완월회맹연권1, 32b〉

• 늙은 재 으히 무음 난다 〈17××, 윤하정삼문취록권32, 17a〉

• 능히 萬間 房을 지어도 밤의 一廈 間에 잔다 〈1677, 박통사언해, 下:13b〉

• 따라지목슘 〈1911, 화세계, 013〉

• 둙도 쳔 머리면 봉이 잇다 〈1912, 강산긔우, 22〉

• 대되 萬間 집을 지으나 밤에 자기는 다만 혼 간 집이라 〈1765, 박통사신석언해, 3:1/b〉

• 더 먹자면 것친 계라 〈1911, 화의혈, 88〉

• 덧덧이 도적 무음을 막고 놉의 것 도적질 말라 〈1763, 노걸대신석언해, 상:042b〉 〈1795, 중간노걸대언해, 上:30b〉

• 썩도 썩ㄹ치 못히 먹고 솟만 씌틀린다 〈1912, 옥호기연, 16〉

• 데 손으로 데 쌤을 친다 〈독립신문, 1899년 9월 15일 금요일 제4권 제211호〉

• 도야지는 저드려 무러 보아도 물 스려라 혼다 〈1908, 경세종, 16〉

• 도적 잡기는 장믈을 보고 서ㄹ 싸혼듸는 傷處룰 驗혼다 〈1677, 박통사언해, 下:55a〉

• 도적 잡기는 臟物을 보고 서ㄹ 싸혼 듸는 傷處를 驗혼다 〈1765, 박통사신석언해, 3:53a〉

• 도적이 도로혀 미룰 든다 〈1765, 을병연행록4, 37〉

• 도적이 발이 저리다 〈1930, 젊은그들(김동인), 249〉

• 도적을 읍으로 잡지 뒤로 못 잡는다 〈1911, 화세계, 139〉

• 도코 아니 흘니고 유복ㅎ랴 〈1906, 경향보감,2, 267〉

• 독좌상의 용쎅을 ㅎ여 노와야 즉식 잘낫는다 〈1913, 한월, 下,9〉

• 돈이 이시면 가히 귀신을 브리리라 〈남정긔(南征記)〉

• 돌노 옥을 밧곤다 〈1894, 텬로력뎡, 65a〉

•동량 쥬지도 안이ᄒ고 족박 ᄯᅵ트리기만 혼다 〈1912, 황금탑, 89〉

•쁜 쇠가 달면 더 쓰겁다 〈1910, ᄌ유종, 22〉

•등잔 밋이 어둡다 〈1912, 현미경, 207〉

•디룡이도 붉으면 숨적ᄒ다 〈독립신문, 1899년 6월 16일 금요일 제4권 제135호〉

•로문 업ᄂᆞᆫ 길은 ᄋᆞ히나 오ᄂᆞᆫ 것 〈1913, 우중행인, 46〉

•류방빅셰가 아니면 유취만년이라 〈1904, 대한매일신보, 02〉

•마루에 올나가면 방에 드러가고 십다 〈1912, 산천초목, 27〉

•마소 새끼는 시골로, 사람 새끼는 서울로 〈1947, 천변풍경(박태원), 047〉

•만가지법에 진실홈이 가쟝 귀ᄒ다 〈1902, 제국신문, 1816〉

•만석즁이 일반이라 〈1911, 화의혈, 8〉

•만양모를 심어놓고 솔떼지고 다러난다 〈1933, 고향(이기영), 224〉

•만일 非理에 노룻슬 ᄒ면 반ᄃᆞ시 그 앙화를 밧ᄂᆞᆫ다 〈1765, 박통사신석언해, 2:34b〉 〈1677, 박통사언해, 中:28a〉

•말은 잘ᄒ면셔 그대로 힝ᄒ지ᄂᆞᆫ 못혼다 〈1894, 텬로력뎡, 92b〉

•말을 니ᄅᆞ디 아니면 붉디 못ᄒ고 남글 쯃디 아니면 스뭇디 못혼다 〈1677, 박통사언해, 上:14a〉 〈1765, 박통사신석언해, 1:16a〉

•믈을 믈 가에 ᄭᅳ을고 갈 수ᄂᆞᆫ 잇서도 억지로 믈 먹게 홀 수는 업다 〈1908, 경세종, 13〉

•ᄆᆞᆯ이 밤 여믈을 먹지 못ᄒ면 술찌지 못ᄒ고 사롬이 橫財를 엇지 못ᄒ면 가음 여지 못혼다 〈1765, 청어노걸대언해, 2:21b〉

•ᄆᆞᆯ이 밤 여믈을 엇디 못ᄒ면 술지디 못ᄒ고 사룸이 쁜 財物을 엇디 못ᄒ면 가음여디 못혼다 〈1670, 노걸대언해, 上:29a〉

•ᄆᆞᆯ이 밤 여믈을 엇지 못ᄒ면 술지지 못ᄒ고 사롬이 橫財를 엇지 못ᄒ면 가음여지 못혼다 〈1763, 노걸대신석언해, 상,040b〉

•말이 길믹 쥬언(晝言)은 문조(聞鳥)ᄒ고 야언(夜言)은 문셔(聞鼠)라 〈17××, 윤하정 삼문취록, 권62,5a〉

- 맘이 잇셔야 숨에 뵌다 〈1911, 화의혈, 76〉
- 먹어야 량반이라 〈독립신문, 1899년 2월 24일 금요일 제4권 제39호〉
- 命이 오면 쇠도 비출 드토고 運이 가면 黃金도 비츨 일ᄂ다 〈1677, 박통사언해, 中: 46b〉
- 모이에 돗 잡으러 가다가 집에 돗 일키 〈1913, 비파성, 168〉
- 모전필언이라 〈17××, 윤하정삼문취록, 권92,14a〉
- 무슨 쟁이 제 욕심 채기 〈1931, 질투와밥(염상섭), 185〉
- 무엇ᄒ고 솟 쎄어가ᄂ 놈은 잇다 〈1912, 황금탑, 13〉
- 물귀신 심사두 업지 안핫줍구 〈1939, 임거정(홍명희), 489〉
- 물른 감도 쉬여 먹으라 〈1937, 찔레꽃, 252〉
- 믈우개 쓰다 〈1778, 속명의록언해, 1:24a〉
- 믈이 깁허야 황뇽이 잇다 〈17××, 빙빙뎐, 092〉
- 바룸이 업시면 물결이 안이 닐고 불을 쎠야 연긔가 ᄂ다 〈1908, 철세계, 77〉
- ᄇ람이 부디 아니면 남기 흔드기디 아니ᄒ고 비 오디 아니면 믈이 넘디 아니ᄒ다 〈1677, 박통사언해, 中:58a〉
- ᄇ람이 부지 아니면 남기 흔더지지 아니코 비 오지 아니면 물이 넘지 아니ᄒ다 〈1765, 박통사신석언해, 3:03b〉
- 복지 쟝도 마조 들면 조곰 낫다 〈1899, 제국신문, 0321〉
- 백기 경천이면 필유 천화라 〈1930, 젊은그들(김동인), 70〉
- 빅족가 버레는 죽어도 쓰러지지 안는다 〈1902, 제국신문, 0814〉
- 빅쥬ᄂ 홍인면이오 황금은 흑ᄉ심이라 〈1864, 남원고사, 19a〉
- 범을 그리매 가족은 그려도 쎄 그리기 어렵고 사름을 알매 ᄂᄎᄂ 아라도 ᄆ움은 아디 못ᄒ다 〈1677, 박통사언해, 下:40b〉
- 범을 그리매 가족은 그려도 쎄 그리기 어렵고 사름을 알매 ᄂᄎᄂ 아라도 ᄆ음 아지 못ᄒ다 〈1765, 박통사신석언해, 3:42a〉
- 법 밋회 법이 어둡다 〈1899, 제국신문, 0404〉

• 법은 멀고 줌억은 갓갑다 〈1912, 비행선, 17〉

• 법이 놋버도 사름이 됴흐면 나라히 잘 되고 법이 아모리 됴하도 사름이 놋부면 나라히 쇠흔다 〈1906, 경향신문, 2,1〉

• 벙어리 닝가슴 알틋 〈1913, 비파성, 172〉

• 병든 나모에 좀 나기가 쉽다 〈1908, 구마검, 069〉

• 병이 곳흐면 서로 불샹히 녁이고 〈1901, 신학월보, 권1:19〉

• 복은 누워서 기다리라 〈1933, 운현궁의봄(김동인), 334〉

• 복인어 붕길다라 〈1901, 제국신문, 0315〉

• 부모를 니간ᄒᄂ 자식이 잇다 〈17××, 윤하정삼문취록, 권80,33b〉

• 부시럼을 두면 고름이 난다 〈1908, 철세계, 54〉

• 부자라는 건 한정이 잇다 〈1938, 태평천하(채만식), 041〉

• 부조 말고 제ㅅ상다리 치지도 믈나 〈1912, 추풍감수록, 4〉

• 불 안 씌ᄂ 귀돌에 연긔 날 리치가 업스니 〈1898, 매일신문, 4〉

• 불가딕명은 독안에 드러도 못 면흔다 〈1912, 불로쵸, 028〉

• 불가딕명은 독의 드러도 면치 못허다 〈1895, 즁산망월전(정문연본), 39a〉

• 不可大命은 독의 들어도 면치 모흔다 〈1887, 별토가(가람본), 41b〉

• 불알이 원수 〈1933, 운현궁의봄(김동인), 355〉

• 빕싀가 황싀 거름을 짜르다가 씌여젓다 〈1899년 8월 15일 화요일, 제4권 제186호〉

• ᄉ나회 겨집이 업스면 직믈이 님재 업고 겨집이 지아비 업스면 몸이 님재 업다 〈1677, 박통사언해, 中:17b〉

• ᄉ나회 지어미 업스면 직믈이 님재 업고 계집이 지아비 업스면 몸이 님재 업다 〈1765, 박통사신석언해, 2:26b〉

• 사름 살 곳은 골골마다 다 잇다 〈19××, 정진사전, 090〉

• 사름 살곳은 골골이 잇고 하늘이 문허져도 소사나갈 궁기잇다 〈1913, 약산동대, 086〉

• 사름의 은혜를 흔방울 믈만치 엇어도 맛당이 숫ᄂ 큰 심으로 갑흐라 〈1865, 쥬년

첨례광익, 47a〉

• 사룸의 죽기 老少에 잇지 아니타 〈1765, 박통사신석언해, 2:54b〉

• 사룸이 가난ᄒᆞ면 그저 다랍고 빗 지면 거즛말 니르기 잘ᄒᆞᆫ다 〈1677, 박통사언해, 上:32a〉 〈1765, 박통사신석언해, 1:35a〉

• 사룸이 離鄕ᄒᆞ면 賤ᄒᆞ고 物이 離鄕ᄒᆞ면 貴타 〈1765, 박통사신석언해, 2:26a〉

• 사룸이 橫財를 엇지 못ᄒᆞ면 가음여지 못ᄒᆞ고 물이 夜草를 엇지 못ᄒᆞ면 술지지 못ᄒᆞᆫ다 〈1795, 중간노걸대언해, 上:29a〉

• 사오나온 일란 그이고 됴ᄒᆞᆫ 일란 들어나게 ᄒᆞ라 〈1670, 노걸대언해, 下:40a〉

• 사위 사랑은 장모 〈1912, 산천초목, 79〉

• ᄉᆞ이지ᄎᆞ에 후회 막급이로다 〈독립신문, 1899년 5월 9일 화요일 제4권 제102호〉

• ᄉᆞ회 ᄉᆞ랑은 빙뫼라 〈17××, 윤하정삼문취록, 권82,33a〉

• 山을 ᄀᆞ음알면 山엣 것 먹고 물을 ᄀᆞ음알면 물엣 것 먹는다 〈1765, 박통사신석언해, 3:39a〉

• 山을 ᄀᆞ음알면 山읫 거슬 먹고 믈을 ᄀᆞ음알면 믈엣 거슬 먹ᄂᆞᆫ다 〈1677, 박통사언해, 下:37b〉

• 山을 만나 길흘 열고 믈을 만나 ᄃᆞ리를 놋ᄂᆞᆫ다 〈1677, 박통사언해, 中:33a〉

• 습듸이로 압흘 가리오ᄂᆞᆫ 격 〈독립신문, 1899년 8월 16일 수요일 제4권 제187호〉

• 상두군에도 슈 번이 잇고 초란 이탈에도 ᄎᆞ례가 잇다 〈1910, ᄌᆞ유종, 33〉

• 샤불범졍이오 목셕 감동이라 〈1907, 신학월보,5, 120〉

• 샹ᄒᆡ 도적 ᄆᆞ음을 막고 ᄂᆞᆷ의 것 도젹디 말라 〈1677, 박통사언해, 中:25a〉

• 샹샹의 도적 ᄆᆞ음을 막고 ᄂᆞᆷ의 것 도젹 말라 〈1670, 노걸대언해, 上:30b〉

• 샹탁 하부졍이라 〈독립신문, 1899년 6월 10일 토요일 제4권 제130호〉

• 새 그릇식 밧은 물이 혹 아름다오나 혹 사오나오나 첫긔운이 오래도록 잇서 두세 번 씻셔도 업서지지 아닛ᄂᆞᆫ다 〈1892, 성경직해, 53a〉

• 싀도 죽을 째에 소릭가 슬푸다 〈독립신문, 1899년 6월 16일 금요일 제4권 제135호〉

- 새침덕이 골노 쌔진다 〈1911, 월하가인, 77〉
- 싀계상에 령웅렬ᄉᆞ 업다 〈19××, 정진사전, 058〉
- 싀담이 여텬이라 〈1911, 치악산, 하:67〉
- 셔울셔 쌤 맛고 숑도 가셔 눈 흘긴다 〈1912, 두견셩(상), 48〉
- 성격이 운명을 지배한다 〈1937, 쩔레꽃, 231〉
- 성인도 시속을 좃난다 〈1904, 신학월보, 권4:387〉
- 세 살적 힝실이 여든ᄭᅡ지 잇다 〈1904, 대한매일신보, 01〉
- 셔낭자ᄒᆞ고 별악 맛는다 〈1911, 쌍옥적, 83〉
- 셔방 잇ᄂᆞᆫ 계집은 범도 안이 물어간다 〈1912, 산천초목, 63〉
- 성인도 광부지언(狂夫之言)을 찰납ᄒᆞᆫ다 〈17××, 윤하정삼문취록, 권79,15b〉
- 셰 술 먹은 아ᄒᆡ말도 불근 말은 귀에 담아 드르라 〈1898, 매일신문, 1〉
- 손에 잇ᄂᆞᆫ 새 ᄒᆞᆫ 마리가 나무에 안즌 새 빅 마리보다 낫다 〈1894, 텬로력뎡, 30a〉
- 손이 오ᄆᆡ 음식을 본다 〈1866, 진대방전(경판28장본), 내훈08a〉
- 손톱 밋헤 가시ᄂᆞᆫ 알고 오쟝에 쉬ᄂᆞᆫ 몰으미라 〈1899년 4월 14일 금요일 제4권 제81호〉
- 쇠귀에 ᄒᆞᆫ 말은 안이 나도 어머니 귀에 ᄒᆞᆫ 말은 난다 〈1912, 현미경, 89〉
- 쇼경 졔 둙 잡아 먹는다 〈1911, 요지경, 59〉
- 쇼경이 데 둙을 잡아 먹음이라 〈독립신문, 1899년 8월 3일 목요일 제4권 제176호〉
- 천부당만부당이요 피육불관니요 죠쪽지혈ᄂᆞ리로고 〈1896, 심청전(하버드대소장본), 34b〉
- 숑젼의 시계와 셩도의 네돈이라 〈1901, 제국신문, 0318〉
- 슮품이 지극ᄒᆞ면 우ᄂᆞᆫ 소리가 나지 아니ᄒᆞ고 원통ᄒᆞᆫ 거시 지극ᄒᆞ면 쌔가 압푸다 〈1907, 신학월보,5, 123〉
- 勝敗ᄂᆞᆫ 兵家의 常이라 〈1765, 박통사신석언해, 1:27a〉
- 시간은 곳 돈이라 〈1899년 9월 23일 토요일 제4권 제218호〉
- 시로뼈 가ᄂᆞᆫ 뒤 긔 ᄶᅩ로기ᄂᆞᆫ 제격이라 〈1864, 남원고사, 39a〉

- 시방 혼 량 가진 거시 이후 열 량 가질 것보다 만타 〈1906, 경향신문, 1,1〉

- 시작이 반이라 〈1898, 매일신문, 2〉

- 신슈 그릇년은 잡바져도 코가 씌진다 〈1913, 한월, 下,62〉

- 실빔이 왼바다 물을 흘이기 〈1908, 계명성, 21〉

- 십년 경영은 나무 심으는 것만 혼 것이 업다 〈1900, 제국신문, 0305〉

- 십작(十斫)의 무편목(無片木)이라 〈17××, 엄씨효문행록, 14b〉

- 아츰 까치는 반가온 일을 본다 〈1911, 화세계, 121〉

- 아니 썩인 굴둑에 연긔가 나랴 〈1912, 화중화, 28〉

- 웃 덜얼 낫커던 비록 늑듸이 궁터도 일후에 반편이 될까 무섭고 돌얼 낫커던 비록 쥐궁터도 일후에 범이 될까 무섭듯 〈1882, 여소학, 17b〉

- 衙門이 곳곳이 南을 향ᄒ여 여러시나 理 이셔도 돈이 업거든 드러오디 말라 〈1677, 박통사언해, 中:60b〉 〈1765, 박통사신석언해, 3:06a〉

- 아비 업는 놈은 후레ᄌ식이라 〈독립신문, 1899년 5월 26일 금요일 제4권 제117호〉

- 아창지가(我唱之歌)를 군(君)이 화(和)혼다 〈17××, 윤하정삼문취록, 권68,37b〉

- 웃히 가진 썩이로다 〈독립신문, 1899년 11월 15일 수요일 제4권 제262호〉

- 안이 범혼 싱피도 범ᄒ엿다고 디답을 ᄒ라 〈1912, 행락도, 132〉

- 암닭이 울면 집안이 망한다. 〈1930, 젊은그들(김동인), 099〉

- 애매한 두꺼비 돌에 치인 격 〈1939, 임거정(홍명희), 328〉

- 어드던지 빗치 드러가지 못 ᄒ는 듸라도 의원은 능히 혼다 〈1897, 대조선독립협회회보 제4호〉

- 어려셔 굽은 길마가 지라 〈1899, 제국신문, 0224〉

- 어리셕은 사름의게는 그 무식홈이 후흔 복이 된다 〈1901, 신학월보, 권1:150〉

- 어린 아희 말이라도 귀넘어 드르라 〈1777, 명의록언해卷首下, 존현각일긔:17b〉

- 어질병이 지알병 된다 〈1912, 산천초목, 87〉

- 억지로 ᄒ는 일이 쟝구치 못ᄒ다 〈1892, 성경직해, 18b〉

- 엄부ᄌ모라 〈1912, 두견성(상), 37〉

• 엉거쥬츔이라 〈독립신문, 1899년 7월 24일 월요일 제4권 제167호〉

• 여즈가 글을 비우면 팔즈에 히롭다 〈1912, 광악산, 03〉

• 역질 안닌 즈식은 즈식으로 밋지 말나 〈1908, 구마검, 008〉

• 열 번 찍어 너머지지 안는 나무가 업다 〈1912, 명월정, 21〉

• 열 번 직어 아니 구러지는 나모 업다 〈18××, 한중록, 304〉

• 열 손가락을 씨물어 안이 압흔 손가락이 업다 〈1908, 빈상셜, 136〉

• 열길 물속은 볼수 잇써도 한길 사람에 속은 알 수 업다 〈1912, 류화우(상), 73〉

• 열번찍어 안 넘어가는 나무 없다 〈1938, 신개지(이기영), 122〉

• 영국부인은 달게 만든 과즈와 굿ᄒ며 미국 부인은 맛업는 소곰굿다 〈1899, 제국
신문, 0518〉

• 오늘 휘롤 벗고 炕예 올랏다가 닉일 어더 신기를 밋기 어렵다 〈1677, 박통사언해,
上:67a〉

• 오라는 님은 안이 오고 오지 말라는 팔이만 온다 〈1912, 만인산, 032〉

• 오륙월 불도 쏘이다 물너서면 섭섭ᄒ다 〈1911, 화세계, 085〉

• 왕장군의 고즈요 돈 직히는 종놈이라 〈1902, 신학월보, 권2:409〉

• 외밭서는 신끈도 다시 매지 말랬다. 〈1929, 광염소나타, 128〉

• 외손벽이 우지 못ᄒ다 〈1902, 제국신문, 1024〉

• 외중이 빌어 먹난다 〈1912, 삼각산, 029〉

• 욕ᄒ쟈 ᄒ면 무변대히에 빈 ㅅ놈이라 〈1906, 경향보감,2, 198〉

• 우물에 가시어 숭늉을 달라 〈1938, 무영탑(현진건), 127〉

• 원님도 보고 환즈도 탄다 〈1912, 산천초목, 2〉

• 원수는 외나무 다리에서 만난다 〈1939, 임거정(홍명희), 238〉

• 위흔 즉 귀신이라 〈1899, 제국신문, 1125〉

• 隱惡揚善이라 〈1795, 중간노걸대언해, 下:42b〉

• 이싱 량쥬가 져싱 동싱이라 〈1908, 빈상셜, 126〉

• 이오지심(以吾之心)으로 탁타인지심(度他人之心)이라 〈17××, 윤하정삼문취록,

권85,6b〉

•이웃 스촌 〈독립신문, 1899년 6월 14일 수요일 제4권 제133호〉

•인강유알능 〈1902, 제국신문, 1007〉

•일 업시 편혼 거슨 예황데라 〈17××, 국조고사, 39b〉

•일년에 누에 두 번을 치게 드면 집안이 망혼다 〈1900, 제국신문, 0301〉

•一年을 빗얌 물려 디내면 三年을 드렛줄도 저퍼혼다 〈1765, 박통사신석언해, 1: 36b〉

•일부함원에오월비상(一婦念怨五月飛霜)이라 〈1913, 우중행인, 33〉

•一夜 夫妻ㅣ 百夜恩이라 〈1677, 박통사언해, 上:42b〉〈1765, 박통사신석언해, 1:45b〉

•즈손이 잘나계 드면 그 집이 흥왕ᄒ고 즈손이 잘못나게 드면 쇠픠ᄒᄂ 법이라 〈1900, 제국신문, 0221〉

•자식이란 낳기보다는 키우기가 어렵고 키우기보다는 가르치기가 어렵다 〈1939, 봄봄(이기영), 290〉

•쑥스랑의 이 즐기기를 취ᄒ여 망부석이 되고져 ᄒ니 〈17××, 윤하정삼문취록, 권 65,26b〉

•작심 삼일이라 〈1923, 임화정연, 168〉

•작은 벌네는 죽여도 큰 벌네는 살녀 두라 〈1912, 두견성(상), 123〉

•잔고기 가시 세다 〈1939, 임거정(홍명희), 329〉

•잔치치고 됴흔 잔치가 별노 업다 〈1904, 대한매일신보, 02〉

•장막 속의 영웅이요 방안의 알자로다 〈1895, 중산망월전(정문연본), 5b〉

•직승덕박이라 〈1907, 신학월보,5, 42〉

•재하자는 유구무언이라 〈1911, 치악산, 하:6〉

•적반 하장이라 〈1899, 제국신문, 0420〉

•前生에 罪가 만하 今生 八字가 奇薄하다 〈1922, 제야(염상섭), 039〉

•節에 拜ᄒ올 ᄆ음이 이시면 寒食이라도 더듸디 아니타 〈1677, 박통사언해, 上:59a〉

•節에 拜ᄒ올 ᄆ음이 이시면 寒食이라도 더듸지 아니타 〈1765, 박통사신석언해, 2:

04b〉

•젓전의 듕 〈1765, 을병연행록, 16,107〉

•젖 먹는 것 두고 가는 년은 자국마다 피가 매친다 〈1936, 옥심이(김정한), 02〉

•제 개를 잡고져 ᄒᆞᄂᆞᆫ 쟈가 밋친 개라 〈1906, 경향보감,4, 380〉

•제 말을 ᄒᆞ면 온다 〈1912, 두견성(하), 81〉

•제 방귀에 놀라서 겁을 집어먹고 모르던 것도 뚱기어 준다 〈1948, 모란꽃필 때, 035〉

•제 버릇 ᄀᆡ 못 준다 〈1914, 안의성, 123〉

•졍디가 ᄀᆞᆺᄒᆞ면 서로 도라본다 〈1901, 신학월보, 권1:19〉

•정성이 지극ᄒᆞ면 ᄒᆞᄂᆞᆯ이 감동ᄒᆞᆫ다 〈1900, 제국신문, 0427〉

•정셩이 지극ᄒᆞ면 지셩이 감텬이라 〈1902, 신학월보, 권2:585〉

•정셩이 지극ᄒᆞ면 지셩이 감텬이라 〈1902, 신학월보, 권2:585〉

•제 것 주고 뺨 맛ᄂᆞᆫ 일도 분슈가 잇다 〈1899, 제국신문, 0307〉

•제 밋구멍으로 난 ᄌᆞ식의 속도 모른다 〈1911, 화세계, 023〉

•졔자 길으ᄂᆞᆫ ᄀᆡ가 발 뒤굼치를 문다 〈1907, 고목화, 上,65〉

•조선의 공도(公道)는 오직 과거뿐 〈1939, 임거정(홍명희), 238〉

•조심ᄒᆞ면 반ᄃᆞ시 이긘다 〈1677, 박통사언해, 中:36a〉

•拙ᄒᆞᆫ 匠人이오 巧ᄒᆞᆫ 主人이라 〈1765, 박통사신석언해, 3:11a〉

•죄지은 놈이 십 리 도망을 못 ᄒᆞᆫ듯 〈1908, 홍도화, 67〉

•죠악돌을 면ᄒᆞ면 수만 셕을 만난다 〈1912, 마상루, 35〉

•죠혼 노ᄅᆡ도 오ᄅᆡ 드르면 실코 역마도 갈아타야 죠타 〈1912, 만인산, 012〉

•종로 상거지가 도승지 〈1912, 현미경, 37〉

•朱紅과 相從ᄒᆞ면 불근 빗치 된다 〈1896, 신정심상소학, 2:10b〉

•중매를 잘 들면 술이 석잔이구 잘못 들면 뺨이 세번 〈1940, 다정불심(박종화), 075〉

•죽은 졍승 산 ᄀᆡ야지라 〈1885, 숙향젼(경판64장본), 하:18b〉

- 진상은 꼬치로 꾀이고 인정은 바리로 실린다 〈1939, 임거정(홍명희), 002〉

- 진지구무이라 〈1899, 제국신문, 0328〉

- 집신은 졔 날이 됴타 〈1912, 명월정, 127〉

- 집안이 간난ᄒ면 화평치 못ᄒ다 〈1902, 제국신문, 0903〉

- 짓지 못ᄒᄂ 긔오 울지 못ᄒᄂ 닭 〈1908, 홍도화, 40〉

- 찰ᄒ리 닭의 입이 될지 언뎡 소 뒤ᄂ 되지 안ᄂ다 〈1899, 제국신문, 0328〉

- 춥쌀이 잇스면 팟을 ᄯ어다가 울타리 ᄯ더셔 썩을 ᄒ여 먹엇스면 ᄒᄂ것 〈1899, 제국신문, 1103〉

- 치인은 돈을 보면 하ᄂᆯ도 두리디 아니ᄒ다 〈17××, 후수호뎐, 127〉

- 천장 슈심은 아라도 일쟝 인심은 알오미 어렵다 〈17××, 엄씨효문행록, 14b〉

- 초년 고ᄉᆼ은 중년의 락이라 〈1911, 화세계, 119〉

- 초록은 동ᄉᆨ이오 쟝사는 한밧탈이라 〈1913, 금의쟁셩, 071〉

- ᄃ鐵이 남게 들매 九牛의 힘이라 〈1677, 박통사언해, 下:36b〉

- 츈치자명(春雉自鳴) 〈1912, 명월정, 9〉

- 탐화봉접이라 〈1923, 김학공전, 159〉

- 텬붕용츌 〈1913, 약산동대, 068〉

- 판관ᄉ령 〈1912, 추풍감수록, 47〉

- 팟치 푸러져도 솟 안에 잇다 〈1923, 연경좌담, 7〉

- 하 오ᄅᆡ ᄉ닛가 시어머니 구둘동틔에 죽ᄂ 것을 보앗다 〈1911, 월하가인, 60〉

- ᄒ나히 가매 빅이 온다 〈1677, 박통사언해, 下:34a〉

- ᄒ로밤 잔 쥬인도 다시 보면 반가오미 고향 ᄀᆺ다 〈17××, 빙빙뎐, 077〉

- 하ᄂᆯ이 문어져도 소ᄉᄂᆯ 구멍이 잇다 〈1912, 황금탑, 32〉

- 하동(河東) 하북(河北)은 텬하 근본 〈1760, 무목왕정튱녹, 084〉

- 하로 물임이 열흘 된다 〈1913, 우중행인, 14〉

- 한번 목메기로써 밥먹으믈 폐치 못ᄒ다 〈17××, 윤하정삼문취록, 권94,3a〉

- 흔 고기가 오면 일빅 집이 빗불으다 〈1900, 제국신문, 0509〉

- 흔 사름이 심으고 다른 사름이 거둔다 〈1900, 신약전셔, 요4:37〉
- 흔 신을 찾는 거시 흔 사름을 찾는 것보다 더 쉽다 〈1909, 신학월보,7, 37〉
- 흔 지어미가 원통흠을 품으면 오월에 셔리가 느린다 〈1908, 경세종, 23〉
- 흔번 과거의 일흠을 일우매 천하의 들닌다 〈1765, 을병연행록, 15,84〉
- 흔번 과거의 일흠을 일우매 천하의 들닌다 〈남정긔(南征記)〉
- 흔 히룰 비얌 믈려 디내면 三年을 드렛줄도 겁퍼흔다 〈1677, 박통사언해, 上:34b〉
- 힝낭이 몸치라 〈1898년 1월 15일 토요일 제3권 제6호〉
- 함아터면 죽을번흔 것이 즐ᄒ엿더면 슬번 흔것보다 낫다 〈1899, 제국신문, 1103〉
- 혀와 붓이 총과 칼보다 힘이 더 잇다 〈1899, 제국신문, 0330〉
- 현인은 창(昌)ᄒ고 악인은 망(亡)이라 〈17××, 윤하정삼문취록, 권61,19b〉
- 형산 백옥이 진토 즁에 뭇쳐 잇고 보배 구슬이 돌 속에 드럿다 〈1925, 박씨부인전, 404〉
- 호랑이 죽음은 겁즐에 잇고 사름의 죽음은 일홈에 잇다 〈1908, 금슈회의록, 042〉
- 호랑이가 졔 말을 ᄒ면 온다 〈1911, 월하가인, 21〉
- 好兒는 看春 아니ᄒ고 好女는 看燈 아니ᄒ다 〈1677, 박통사언해, 下:49a〉
- 호연지긔(浩然之氣)는 곡셕 긔운의 난다 〈남정긔(南征記)〉〈1765, 을병연행록, 11,30〉
- 혹 쎄러 갓다가 혹을 붓첫다 〈1903, 신학월보, 권3:278〉
- 혹 늙으니는 망녕되고 편벽흔 일이 이셔 스체를 모른다 〈17××, 윤하정삼문취록, 권78,30a〉
- 혼사는 잘 되면 술이 석 잔이오. 못 되면 뺨이 세 개 〈1942, 탑(한설야), 529〉
- 홀애비 눈에 미운 계집 없다 〈1936, 졸곡제(정비석), 06〉
- 황계 슈둙이 민밥이 된다 〈1912, 산천초목, 31〉

이중에는 현대에도 그대로 사용되는 속담이 있는가 하면 현대에는 사라진 속담도 많다. 물론 현대에 사용되는 속담이라도 표현 방식이 바뀐 것들도 많이 보인다. 이것은 속담이 시대에 따라 변화하고 있음을 증명하는 것이다. 이러한 점이 우리가 연구하여야 할 대상일 것이다.

9.1.2. 속담에 쓰인 어휘의 특성

속담이 지닌 강렬한 비속성은 대중의 일상생활 환경에서 쉽게 발견할 수 있는 대상으로부터 소재를 고르고 있어서 그 어휘의 비속성은 당연한 결과일 것이다. 이것은 속담에 사용되는 단어의 빈도수 조사를 통하여 알 수 있다. 어절별 빈노수 중 10 이상인 것만 제시하여 보면 다음과 같다(이기문, 『속담사전』에서).

- 가다(294)
- 가을(27)
- 가지(23)
- 가지다(22)
- 감(11)
- 값(11)
- 갓(10)
- 강아지(25)
- 같다(276)
- 개(220)
- 거지(14)
- 걱정하다(10)
- 걸음(14)
- 것(220)
- 게(21)
- 격(13)
- 계집(19)
- 고기(31)
- 고양이(40)
- 곱다(12)
- 국(11)
- 굿(17)
- 귀(22)
- 귀신(10)
- 그(15)
- 길(21)
- 까마귀(46)
- 꼬리(13)
- 꽃(12)
- 꿀(11)
- 꿩(16)
- 끝(15)
- 나(53)
- 나그네(13)
- 나다(64)
- 나무(43)
- 나무라다(16)
- 나서다(10)
- 나오다(11)
- 날(76)
- 날다(108)
- 남(113)
- 낫다(46)
- 내(109)
- 내다(27)
- 네(17)
- 년(13)
- 노루(12)
- 노릇(10)
- 논(20)
- 놈(234)
- 놓다(42)
- 누가(10)
- 눈(112)
- 늙다(10)
- 다(77)
- 다니다(11)
- 다리(23)
- 다시(11)
- 달걀(16)

- 달다(20)
- 달라다(10)
- 닭(27)
- 당나귀(14)
- 대로(10)
- 더(57)
- 데(82)
- 도깨비(17)
- 도끼(10)
- 도둑(28)
- 독(58)
- 돌다(28)
- 돼지(22)
- 되다(93)
- 두(28)
- 두다(13)
- 뒤(20)
- 들다(40)
- 들(11)
- 들다(92)
- 들어가다(11)
- 듯(15)
- 딸(16)
- 땅(11)
- 때(36)
- 때리다(11)
- 떡(68)
- 떨어지다(27)
- 똥(120)
- 뛰다(10)
- 마음(10)
- 많다(53)
- 말(232)
- 말다(76)
- 맛(19)
- 망건(14)
- 망하다(11)
- 맞다(63)
- 매(21)
- 머리(14)
- 먹다(489)
- 먼저(30)
- 멀다(19)
- 며느리(50)
- 모르다(96)
- 못(183)
- 못나다(11)
- 못되다(15)
- 못하다(64)
- 무당(10)
- 묵다(12)
- 묻다(18)
- 물(136)
- 물다(52)
- 미치다(16)
- 밉다(27)
- 밑(44)
- 바늘(27)
- 바람(34)
- 받다(14)
- 발(55)
- 발등(10)
- 밤(42)
- 밥(121)
- 밭(36)
- 배(64)
- 범(26)
- 벗다(11)
- 벙어리(15)
- 베(10)
- 벼락(13)
- 보다(277)
- 보리(22)
- 봄(21)
- 봉사(12)
- 불(64)
- 불알(13)
- 비(45)
- 빌다(23)
- 빚(11)
- 빠지다(30)
- 뺨(17)
- 사(13)
- 사돈(10)
- 사람(116)
- 사위(10)
- 사흘(10)
- 살(24)
- 살다(66)
- 살이(12)
- 삶다(14)
- 삼년(24)
- 새(52)
- 새끼(28)
- 서다(16)
- 서울(20)
- 섬(10)
- 세(19)
- 셈(14)
- 소(55)
- 소경(33)
- 소금(25)
- 소리(39)
- 속(11)

- 속(30)
- 속곳(13)
- 손(31)
- 쇠(46)
- 수(16)
- 술(25)
- 시어미(14)
- 시집(14)
- 시키다(16)
- 신(13)
- 싸다(30)
- 쌀(16)
- 쓰다(67)
- 아니(45)
- 아니다(17)
- 아들(13)
- 아래(16)
- 아비(11)
- 아이(64)
- 안(162)
- 앉다(23)
- 않다(11)
- 않다(45)
- 알(26)
- 알다(71)
- 앞(13)
- 애(10)
- 양반(12)
- 어느(11)
- 어렵다(20)
- 어리다(13)
- 어미(15)
- 얻다(39)
- 얼다(10)
- 없다(282)
- 여기다(11)
- 여편네(10)
- 열(50)
- 오뉴월(32)
- 오다(89)
- 오르다(14)
- 옷(17)
- 외(11)
- 용(10)
- 우물(16)
- 울다(10)
- 위(19)
- 의붓아비(10)
- 이(54)
- 이웃(10)
- 일(19)
- 잃다(21)
- 입(31)
- 있다(223)
- 자루(11)
- 자식(53)
- 작다(34)
- 잔(17)
- 잘(84)
- 잡다(93)
- 장(34)
- 장가(60)
- 장사(25)
- 장수(15)
- 저(27)
- 적(14)
- 전(13)
- 절(11)
- 절(13)
- 제(169)
- 제가(14)
- 좀(10)
- 좋다(58)
- 주다(56)
- 주인(11)
- 죽(31)
- 죽다(147)
- 줄(81)
- 줍다(12)
- 중(57)
- 쥐(36)
- 지다(33)
- 집(95)
- 집안(12)
- 차다(30)
- 찾다(17)
- 첫(13)
- 추다(18)
- 춤(32)
- 치다(10)
- 치다(81)
- 침(20)
- 코(33)
- 콩(37)
- 크다(72)
- 키(15)
- 타다(27)
- 탓(12)
- 털(10)
- 파리(17)
- 팔다(18)
- 팔자(13)
- 팥(10)
- 하나(22)

• 하늘(15) • 하다(548) • 하루(13) • 한(188)

• 한번(21) • 해(15) • 헐다(29) • 호랑이(25)

• 호박(12) • 황소(11)

이 중에서 빈도 100 이상인 것만을 들어 보면 다음과 같다.

용언		체언		관형어		부사어	
하다	548	말	232	한	188	못	183
먹다	489	개	220				
없다	282	제	169				
가다	294	물	136				
보다	277	밥	121				
같다	276	똥	120				
있다	223	사람	116				
죽다	147	남	113				
날다	108	눈	112				

이 어휘들은 몇 가지 점에서 특징을 지닌다.

① 대부분이 상위어 어휘들이라는 점이다. 하위어 어휘는 몇 개에 지나지 않는다. 예를 '개'와 '똥'에서 든다면 다음과 같다.

개(220)

• 개고기(1) • 개골창(1) • 개구멍(3) • 개다리(1)

• 개딸기(1) • 개떡(3) • 개떡제비(1) • 개똥(9)

• 개똥참외(2) • 개띠(1) • 개발(1) • 개잡이(1)

• 개차반(1) • 개창(1)

똥(120)

- •똥구멍(10)   •똥내(1)   •똥넉가래(1)   •똥덩이(2)
- •똥덮개(1)   •똥뒷간(1)   •똥배(1)   •똥벌레(1)
- •똥칠(3)   •똥파리(3)

②대부분이 동물, 자연, 주거, 인류, 음식, 언어, 신체 등을 표시하는 어휘라는 점이다.

- •동물 : 개, 소, 황소, 호랑이(범), 말, 꿩, 닭, 새, 고양이, 쥐, 강아지, 까마귀, 용, 돼지, 토끼, 뱀, 기러기, 개미 등
- •자연 : 물, 불, 돌, 날, 바람, 비, 밤, 하루, 하늘, 봄, 달, 벼락, 별 등
- •주거 : 집
- •인류
  사람 : ㉠ 신분 : 도둑, 중, 양반, 장사, 거지, 과부, 주인, 정승, 소경
  　　　㉡ 가족 관계 : 아이, 며느리, 자식, 나그네, 계집, 아버지, 어머니, 딸, 서방, 아들, 사위, 사돈, 시아버지, 시어머니, 손자, 마누라 등
- •음식 : 콩, 술, 장(醬), 죽, 맛, 호박, 보리, 팥, 엿, 소금, 두부, 잔치, 술(匙), 양식, 젖 등
- •언어 : 말
- •신체 : 발, 눈, 코, 손, 입, 배, 다리, 이, 귀, 뼈, 머리, 대가리, 목, 허리, 불알 등

9.2. 수수께끼의 어휘

9.2.1. 수수께끼의 개념

수수께끼는 주로 은유를 사용하여서 대상을 정의하는 언어 표현이다. 기억

하기가 간단하고 전달과 보급이 쉬울 뿐 아니라 개인 창작의 것이 아니고 심리적 및 기능적 필요에서 생겨난 인간적 언술의 근원 형태라고 할 수 있다.

표준어로는 '수수께끼'라고 하지만 방언형으로는 여러 가지가 있다. 방언 사전에 등재되어 있는 '수수께끼'에 대한 방언형을 종합하여 정리하여 보면 다음과 같다(방언 사용 지역도 함께 제시한다).

- 걸룰락 : 제주(수산, 김녕, 가시)
- 눈치새기 : 전남, 전북
- 수리치기 : 경상
- 수수게끼 : 평북, 중국(심양)
- 수수겨기 : 전국
- 수수고끼 : 평북
- 수수깨끼 : 경남, 중국(태래)
- 수수꺼끼 : 전국, 강원, 평남, 평북, 함남, 중국(심양), 전남(담양)
- 수수꼬끼 : 강원, 평남, 평북, 함남, 중국(심양)
- 수수세끼 : 전남
- 수수잡기 : 전국
- 수수재끼 : 전국
- 수수저꿈 : 강원(강릉)
- 수수저끔 : 강원
- 수수적기 : 강원
- 수수제끼 : 강원(강릉)
- 수스꼬끼 : 경기
- 수시께끼 : 평북
- 수시접기 : 강원
- 수태지끼 : 전남
- 수투새기 : 전남
- 수트세끼 : 전남(진도)
- 순치새끼 : 전국
- 숨치세끼 : 전남
- 쉬떡 : 함북
- 쉬서겄기 : 평북
- 쉬수께끼 : 평안
- 쉬쉬저끔 : 함남
- 쉬시게끼 : 평북
- 쉬시겨끼 : 평북
- 쉬시께끼 : 평북
- 쉬시저꿈 : 함북
- 시끼저검 : 경남
- 시끼저금 : 경남
- 시끼저름 : 경상
- 시끼저리 : 경상
- 시끼저림 : 전남(완도)

- 시끼지름 : 경남
- 시시제끔 : 함남
- 씨끼지름 : 경남
- 예숙물릴락 : 제주
- 예숙제낄락 : 제주(노형, 조수, 인성, 서홍)
- 준추새끼 : 전국
- 줌치세끼 : 전남(해남)
- 춘추새끼 : 전국
- 순치새끼 : 전남
- 출치대기 : 전국
- 춤취새끼 : 전남

- 시시께끼 : 평북, 중국(심양)
- 시지꿈 : 함남
- 예숙 : 제주
- 예숙쐬길락 : 제주
- 준치새끼 : 전국
- 추수새끼 : 전남
- 춘추세끼 : 전남(영광)
- 준치세끼 : 전남(신안)
- 춤추새끼 : 전남

'수수쎄끼' 계열, '시끼' 계열, '예숙' 계열, '춘추' 계열이 있는가 하면 어원정 보를 전혀 가늠할 수 없는 방언형도 보인다. '걸룰락'이나 '예숙' 등이 그러하 다. 수수께끼는 한자로는 '미'(謎, 謎語, 謎説言)라고 한다.

이 '수수께끼'의 어원은 아직까지 명확히 알려져 있지 않다. 민간어원설에 의하여 그 의미를 파악하려는 모습이 보이고 있다. 즉 수수를 꺾기내기 하는 것으로 알려져 왔다. 그러나 이것은 어디까지나 민간에서 그 어원을 알 수 없 으므로 해서 이루어진 말에 불과하다.

이 '수수께끼'는 처음에 '슈지엣말'로 나타난다(내 여러 슈지엣 말 니를 거시니 네 알라 〈朴通, 上:36a〉). 이것은 '슈지(명사) + -에(처격 조사) + -ㅅ(속격 조사) + 말(명 사)'로 분석된다. 그런데 이것이 후대에는 '슈지것기, 슈시것기' 등으로 출현 된다.

① 슈지것기
- 슈지것기 (言亞謎) (물보 博戱)

• 슈지겻기 (言亞謎) (茶山物名攷 12a)

• 슈지겻기 (言亞謎) (物名攷(秦敎授本) 戲俗類)

• 슈지겻기 (才物譜 六 323a)

• 수지겻기 (才物譜 二 120b)

• 슈지겻기 (言亞謎) 音 五迷 (物名括 (奎12298) 戲俗類 35a)

• 슈지겻기 (言亞謎) 音 五迷 (物名攷(晩松文庫) 戲俗類)

• 猜謎 슈지겻기 (才物譜 技戲部)

② 슈시겻기

• 슈시겻기 (言亞謎) 音 五迷 (物名攷(一簑古 031.M918m) 戲俗類)

③ 수수격기

• 謎子 : 수수격기. 藏匿事指 借彼喩此 (廣才物譜, 人道6b)

• 猜謎 : 수수격기 아러닉다 (廣才物譜, 人道6b)

• 猜謎 : 수수격기 (廣才物譜, 技戲2b)

• 詩謎 : 수수격ᄂ 글 (廣才物譜, 技戲2b)

④ 슈지젹기

• 言亞謎 슈지젹기 (물보 博戲)

실제로 '수수께끼'는 복합명사이다. 즉 '슈지+겻기'에서 이루어진 말이다. 그런데 '슈지'란 단어는 동사 '슟다'에 명사형 파생접사 '-이'가 연결된 것으로 보인다. 이제 '슟다'의 용례를 들어 보인다. 그리하여 '수지' 또는 '슈지'란 명사가 출현하게 되는 것이다.

• 啞謎 슈지 못 딕히다 (才物譜 技戲部)

- 숫어 어즈러오미 (金三 五 11)

- 길헤셔 숫어 놀애 브르리 하니 (重杜 五 22)

- 숫우미 浩浩ᄒ도다 (金三 三 8)

- 듣글와 숫우믈 머리 여희 (南明 上 58)

- 뿔짓ᄂ 버리 수스놋다 (杜詩 二十一 6)

- 수스ᄂᆫ 가온ᄃᆡ (南明 下 23)

- 都邑에셔 수ᅀᅳᄂ니 (杜詩 十七 29)

- 수수ᄂᆫ 소리 (杜詩 10,20)

- 수우ᄂᆫ 소리 萬方에 니엣도다 (杜詩 十, 20)

- 絲管ㅣ 조으고 (杜詩 13,12)

- 짐즛 서르 숫어리ᄂ다 (杜詩 十, 6)

- 수스ᄂᆫ 가온ᄃᆡ 샹녜 자바 (南明 下 13)

- 머구리 수스듯 ᄒ더라 (杜詩 二十四,41)

- 엇뎨 져비 새 수수어리미 업스리오 (杜詩 二十一 10)

- 수수워려 닷토ᄂ 싸해 (杜詩 二十 8)

- 수수워리고 놋가온 ᄃᆡ롤 (杜詩 二十二 11)

- 수스놋다(喧) (杜詩 二十一 6)

이 '숫다'의 의미는 '말을 많이 하다, 지꺼리다'의 의미다. 이 '숫다'는 두 가지 음으로 변화를 겪게 된다. 즉 '수시'와 '수지'의 두 가지이다. 그래서 '수지겻기'와 '수시겻기'로 두 형태가 남게 된 것이다. 음운론적인 문제는 '수'와 '슈'의 문제인데 이것이 치찰음 '수'가 '슈'로도 표기될 수 있기 때문에 두 가지가 다 표출될 수 있을 것으로 생각된다.

그리고 '께끼'는 '겻기'가 변한 말이다. 즉 '겨-'의 명사형 '겻기'가 '꺼끼'로 변화한 것이다. 따라서 '슈지겻기'는 '말하는 것을 겨루는 것'을 의미하는 것이다.[15] 원래는 '미어(謎語, 바로 말하지 않고 빗대어 말하여 맞히는 놀이) 겨루기'로 바라보아야 하며 '미어(謎語)'라는 의미는 그 부차적 의미로 간주해야 한다. 19세기 말에 와서 이것이 '수수썩기' 등으로 표기되다가 오늘날 '수수께끼'로 변화한 것이다.

9.2.2. 수수께끼의 역사

구전 수수께끼는 그만 두고라도 현존 문헌에 기록된 어떤 자료들은 서력 기원을 훨씬 상회할 수 있는 증거를 보여 주고 있다. 가령 대표적인 것으로 구약성서를 들 수 있는데, 그 중에는 '삼손의 수수께끼(Samson's riddle)'를 비롯한 여러 자료들이 포함되어 있다.

구약성서 사사기 14장에 나오는 내용이다. 삼손이 '먹는 자에게서 먹는 것이 나오고 강한 자에게서 단 것이 나왔다'의 수수께끼를 내고 그 답을 요구한 내용인데, 이것은 삼손만이 아는 내용으로 자신이 사자를 죽이고 거기에서 꿀을 얻은 사건이다.

유명한 희랍신화의 '스핑크스와 외디프스(Spinx-Oedipus)'의 수수께끼, 즉 처음에는 네 발로 걷고 다음에는 두 발로 걷고 마지막으로는 세 발로 걷는 것이 무엇이냐와 같은 것(사람)도 매우 오래된 수수께끼 중의 하나다.

우리나라에서 수수께끼가 수록되어 있는 가장 오래된 문헌은 『삼국유사』라고 할 수 있다. 여기에는 몇몇 수수께끼가 수록되어 우리나라 수수께끼의 옛모습을 짐작하게 해 준다. 권1 사금갑조(射琴匣條)에 '열어 보면 두 사람이 죽고, 열어 보지 않으면 한 사람이 죽는다'라는 까마귀의 봉서(封書)를 일관(日官)이 '두 사람이란 서민을 뜻하고 한 사람이란 임금을 뜻한다'고 풀었다.

---

15 '슈지것기'의 '슈지'를 '休紙'로 해석하고 이 '휴지'가 '못쓰게 된 종이'에서 '불필요, 쓸데없음'으로 변화하고 이것이 다시 '謎語'로 변화하였다고 보는 사람도 있다(조항범, 「語源研究數題(I)」, 『우리말 연구의 샘터』(연산 도수희선생 화갑기념논총), 문경출판사).

第二十一, 毗處王[一作炤智王]卽位十年戊辰, 幸於天泉亭. 時有烏與鼠來鳴, 鼠作人語云: "此烏去處尋之." [或*〈運,云〉: 神德王欲行香興輪寺, 路見衆鼠含尾, 怪之而還占之, 明日先鳴烏尋之云云, 此說非也]. 王命騎士追之, 南至避村[今壤避寺村, 在南山東麓.], 兩猪相鬪, 留連見之, 忽失烏所在, 徘徊路旁. 時有老翁, 自池中出奉書, 外面題云: "*開見二人死, 不開一人死.*" 使來獻之, 王曰: "與其二人死, 莫若不開, 但一人死耳." 日官奏云: "*二人者庶民也, 一人者王也.*" 王然之開見, 書中云: 射琴匣. 王入宮, 見琴匣射之, 乃内殿焚修僧與宮主, 潛通而所*[爲]奸也. 二人伏誅.

사금갑(射琴匣)

제21대 비처왕(毗處王) 소지왕(炤智王)이라고도 한다. 즉위 10년 무진(戊辰)에 천천정(天泉亭)에 거둥하였다. 이때 까마귀와 쥐가 와서 우는데, 쥐가 사람말로 이르기를 "이 까마귀가 가는 곳을 찾아가 보시오."했다 혹자가 말하기를 신덕왕(神德王)이 흥륜사(興輪寺)에 행향(行香)하고자 하여 [가는데] 길에 꼬리를 [서로] 물고 가는 한 무리의 쥐들을 보고 그것을 괴이하게 여겨 돌아와 그것을 점치게 하니 '내일 먼저 우는 까마귀를 찾아가라' 운운하는 것은 잘못된 이야기이다. 왕이 기사에게 명하여 까마귀를 따르게 하여 남쪽의 피촌(避村, 지금의 양피사촌(壤避寺村)으로 남산(南山)의 동쪽 산록에 있다)에 이르렀는데, 돼지 두 마리가 싸우고 있어 이를 한참 살피다가 홀연히 까마귀가 간 곳을 잊어버리고 말았다. 길 주변을 배회하는데 이때 한 늙은이가 연못 가운데서 나와 글을 바쳤다. 겉봉의 제목에 이르기를 "열어보면 두 사람이 죽을 것이요, 열어보지 않으면 한 사람이 죽을 것이다."라고 쓰여 있었다. 기사가 돌아와 이것을 바치니, 왕이 말하기를 "두 사람이 죽느니 오히려 열어보지 않고 한 사람만 죽는 것이 낫다." 하였다. 일관(日官)이 나서서 말하기를 "두 사람은 시민이요, 한 사람은 왕입니다."라고 하였다. 왕이 그러하다고 여겨 열어 보니 편지 가운데 "거문고 갑을 쏘래[射琴匣]."고 적혀 있었다. 왕이 궁에 들어가서 거문고 갑을 쏘았다. 그 곳에서는 내전에서 분향 수도하던 승려가 궁주(宮主)와 은밀하게 간통을 하고 있었다. 두 사람

은 사형을 당했다. 〈三國遺事 1卷 1紀異 射琴匣條〉

또 태종 춘추공조(太宗 春秋公條)에 소정방이 신라에 보낸 의미불명의 그림을 원효가 반절로 풀어 '속환(速還)'의 뜻으로 해석하였다는 기록도 수수께끼의 하나이다.

又古記云: 總章元年戊辰[若總章戊辰, 則李勣之事, 而下文蘇定方, 誤矣. 若定方則年號
當龍朔二年壬戌, 來圍平壤之時也.], 國人之所請唐兵, 屯于平壤郊, 而通書曰: 急輸軍資.
王會群臣問曰: "入於敵國, 至唐兵屯所, 其勢危矣, 所請王師粮*〈櫃, 匱〉, 而不*〈輪, 輸〉其
料, 亦不宜也, 如何?" 庾信奏曰: "臣等能*〈輪, 輸〉其軍資, 請大王無*〈廬, 慮〉." 於是庾信仁
問等, 率數萬人, 入句麗境, *〈輪, 輸〉料二萬斛, 乃還, 王大喜. 又欲興師會唐兵, 庾信先遣然
起兵川等一[二]人, 問其會期, 唐帥蘇定方, 紙畫鸞犢二物廻之, 國人未解其意, 使問於元曉
法師, 解之曰: "速還其兵, 謂畫犢畫鸞二切也." 於是庾信廻軍, 欲渡浿江, 令曰[令曰]: "後渡
者斬之." 軍士爭先半渡, 句麗兵來掠, 殺其未渡者. 翌日*〈庾〉信返追句麗兵, 捕殺數萬級

또한 고기(古記)에 이르기를 "총장(總章) 원년 무진(戊辰)[만약 총장 무진이라면 이적(李勣)의 일이니 아래 글에 보이는 소정방은 오류이다. 만약 정방이라면 연호가 마땅히 용삭(龍朔) 2년 임술(壬戌)(662년)에 해당하니 고구려에 와서 평양을 포위한 때이다]에 신라 나라 사람들이 청병을 한 당나라 군사가 평양 교외에 주둔하면서 서신을 보내어 말하기를 "급히 군수물자를 보내 달라."고 했다. 왕이 여러 신하들을 모아놓고 묻기를 "적국에 들어가서 당병이 주둔하여 있는 곳까지 이르기는 그 형세가 위험하다.[그러나 당나라 군사의 식량이 다하여 요청하는데 군량을 보내지 않는 것도 역시 옳지 못하니 어찌하면 좋겠는가?" 하였다. 김유신이 나와 아뢰기를 "신 등이 능히 군수물자를 수송할 수 있으니 청컨대 대왕께서는 심려치 마시옵소서." 하였다. 이에 유신과 인문 등이 수만의 군사를 거느리고 고구려의 국경으로 들어가 군량 2만곡을 전해 주고 돌아오니 왕이 크게 기뻐하였다. 또한 군사를 일으켜 당군과 합세하고자 유신이 먼저 연기(然起)와 병천(兵川) 등 두 사람을 보내 합세할 기일을 묻자 당나라 장수 소정방이 난새[鸞]와 송아지[犢] 두 가지 물건을 그려 돌려 보내었다. 사람들이 그 뜻을 알지 못하여 사람을 시켜 원효법사(元曉法師)에게 청해 묻자, [법사가] 이를 해석하여 "속히 병사를 돌이켜라. 송아지와 난새를 각각 그린 것은 두개로 끊어짐을 일컬은 것이다."라고 하였다. 이에 유신은 군사를 돌려 패강(浿江)을 건너려 할 적에 "오늘 뒤에 쳐져서 강을 건너는 자는 베리라." 하였다. 군사들이 앞을 다투어 절반 정도 건넜을 즈음에 고구려 군사가 와서 아직 건너지 못한 병사들을 사로잡거나 죽였다. 다음날 유신이 거꾸로 고구려 병사들을 추격하여 수만 명을 포로로 잡거나 죽였다." 하였다. 〈三國遺事 1卷, 1 紀異, 太宗春秋公條)

삼국유사 권2 문호왕(文虎王) 법민조(法敏條)에는 차득공(車得公)이 안길(安吉)의 후대를 받고 떠날 때 '나는 서울 사람이다. 우리 집은 황룡사와 황성사의 두 절 사이에 있고, 내 이름은 단오다. 그대가 만약 서울에 올 기회가 있거든 우리 집을 찾아 주면 고맙겠다'라는 수수께끼를 남기고 떠났다. 뒤에 안길이 서울에 기인(其人)으로 가게 되어 단오의 집을 찾았으니 아는 사람이 없었다. 그런데 길 가던 한 노인이 '두 절 사이에 있는 한 집이란 아마도 대궐 안을 말하는 것이겠다. 단오란 거득공을 가리키는 것이다'라고 풀었다고 한다.

王一日召庶弟車得公曰: "汝爲冢宰, 均理百官, 平章四海." 公曰: "陛下若以小臣爲宰, 則臣願潛行國內, 視民間徭役之勞逸, *祖{租}賦之輕重, 官吏之淸濁, 然後就職." 王聽之. 公著緇衣, 把琵琶, 爲居士形, 出京師, 經由, 阿瑟羅州[今溟州], 牛首州[今春州], 北原京[今忠州], 至於武珍州[今海陽], 巡行里閈, 州吏安吉見是異人, 邀致其家, 盡情供億. 至夜, 安吉喚妻妾三人曰: "今玆侍宿客居士者, 終身偕老." 二妻曰: "寧不幷居, 何以於人同宿." 其一妻曰: "公若許終身*{幷,並}居, 則承命矣." 從之. 詰旦, 居士欲辭行時, 曰: _僕京師人也, 吾家在皇龍皇聖二寺之間, 吾名端午也_{俗謂} 端午爲車衣], 主人若到京師, 尋訪吾家幸矣." 遂行到京

337

師, 居冢宰. 國之制, 每以外州之吏一人, 上守京中諸曹, 注今之其人也, 安吉當次上守至京師, 問兩寺之間端午居士之家, 人莫知者, 安吉久立道左, 有一老翁經過, 聞其言, 良久佇思曰: "*二寺間一家, 殆大內也, 端午者, 乃車得令公也,* 潛行外郡時, 殆汝有緣契乎." 安吉陳其實, 老人曰: "汝去宮城之西歸正門, 待宮女出入者告之." 安吉從之, 告武珍州安吉進於門矣, 公聞而走出, 携手入宮, 喚出公之妃, 輿(與)安吉共宴, 其饌至五十味. 聞於上, 以星浮山[一作星損乎]山下, 爲武珍州上守繞[燒]木田, 禁人樵採, 人不敢近, 內外欽羨之. 山下有田三十畝, 下種三石, 此田稔歲, 武珍州亦稔, 否則亦否云.

　　왕이 하루는 서제(庶弟) 거득공(車得公)을 불러 이르기를, "네가 재상(冢宰)이 되어 백관을 고루 다스리고 사해(四海)를 태평하게 하라"고 하였다. 공이 말하기를, "폐하께서 만약 소신으로 재상을 삼고자 하신다면, 원컨대 신은 국내를 가만히 다니면서 민간 부역의 괴롭고 편안함과 조세의 가볍고 무거운 것과 관리의 청렴하고 탐오함을 살펴본 뒤에 취임하고자 합니다"라고 하였다. 왕은 그 말을 쫓았다. 공은 치의(緇衣)를 입고 비파를 든 거사(居士)의 차림으로 서울(京師)을 떠났다. 아슬라주(阿瑟羅州) 지금의 명주(溟州), 우수주(牛首州) 지금의 춘주(春州), 북원경(北原京) 지금의 충주(忠州)을 거쳐 무진주(武珍州) 지금의 해양(海陽)에 이르러 마을 理閈을 순행하니, 주의 관리 안길(安吉)이 그를 이인(異人)으로 보고 자기 집으로 받아들여 정성껏 대접하였다. 밤이 되자 안길이 처첩 세 사람을 불러 말하기를, "오늘 밤에 거사손님을 모시고 자는 사람은 종신토록 해로하겠다"고 하였다. 두 처가 말하기를, "차라리 함께 살지 못할지언정 어떻게 딴 사람과 함께 잔단 말이요"라고 하였다. 그 중의 한 처가 말하기를, "공이 만약 종신토록 같이 살기를 허락한다면 명을 따르겠습니다"라고 하면서 그대로 쫓았다. 이튿날 아침 거사가 작별하고 떠나려 할 때 말하기를, "나는 서울 사람으로 내 집은 황룡(黃龍)과 황성(皇聖)의 두 절 사이에 있고, 내 이름은 단오(端午) (속에서는 단오를 거의(車衣)라고 한다)이니, 주인이 만약 서울에 오면 내 집을 찾아주면 좋겠소"라고 하고, 서울로 돌아와 재상이 되었다.

나라의 제도에 해마다 외주(外州)의 향리 한 사람을 서울에 있는 여러 관청에 올려 보내 지키게 하였다. 지금의 기인(其人)이다. 안길이 마침 상수(上守)할 차례가되어 서울에 오게 되자, 두 절 사이에 있는 단오거사의 집을 물었으나 아는 사람이없었다. 안길이 오랫동안 길가에 있었는데, 한 늙은이가 지나다가 그의 말을 듣고한참동안이나 생각하다 말하기를, "두 절 사이에 있는 집은 대궐(大內)이고, 단오란 바로 거득영공(車得令公)으로, 외군(外郡)에 가만히 다닐 때 그대와 무슨 사연과약속이 있었던 것 같소"라고 하였다. 안길이 그 사실을 말하자 노인이 이르기를, "그대는 궁성의 서쪽 귀정문(歸正門)으로 가서 출입하는 궁녀를 기다렸다가 사실을 말하시오"라고 하였다. 안길이 그 말을 쫓아서 무진주의 안길이 문 밖에 왔다고하였다. 거득공이 달려 나와 손을 잡고 궁중으로 들어가서 공의 부인을 불러내어안길과 함께 잔치를 베풀었는데, 음식이 50가지나 되었다. 이 사실을 임금께 아뢰니, 성부산(星浮山) 또는 성손호산(星損乎山) 아래의 지역을 무진주 상수리의 소목전(燒木田)으로 삼아 벌채를 금지하고, 사람들이 감히 가까이 하지 못하게 하니, 경향의 사람들이 모두 부러워하였다. 산 아래에 밭 30묘가 있어 종자 세 섬을 뿌리는데, 이 밭이 풍작이면 무진주도 풍작이 되고, 흉년이면 무진주도 역시 흉년이 들었다고 한다. 〈三國遺事 2卷 2紀異 文虎王 法敏條〉

삼국유사 이후에도 각종 문헌들에서 수수께끼의 단편적 자료들이 간혹 발견된다. 물론 민담 속에서도 삼국유사와 같은 모습을 지닌 것들이 무척 많이 발견된다(거울 이야기나 글 속의 파자 등).

그리고 16세기에 간행된 『박통사언해』에도 다음과 같은 수수께끼가 전하여 오고 있다.

내 여러 슈지엣말 니를 거시니 네 알라 네 닐으라 내 알마

○ 큰형은 山에서 붐 티고 둘재 형은 오락가락ㅎ고 셋재 형은 눈호고져 ㅎ고 넷재 형은 흔듸 모호고져 ㅎ는 거시여 (○ 내 아노라 큰형은 이 방취오 둘재 형은 이

다리우리오 셋재 형은 이 フ애오 넷재 형은 이 바ᄂ실이로다)

○ 길헤 당흔 흔 퍽이 삼이 비 오면 곳 픠고 ᄇ람 블면 여름 여ᄂ 거시여 (○ 이ᄂ 이 우산이로다)

○ 흔 킈 큰 놈이 큰 신 ᄯ으고 나ᄌ 가고 밤은 오ᄂ 거시여 (○ 이 거슨 이 燈臺로다)

○ 뼝긘 담에 뼝긘 니블에 뼝긘 겨집이 안히셔 자ᄂ 거시여 (○ 이거슨 이 호되로다)

○ 금독 은독이 안팟긔 솔 업슨 거시여 (○ 이거슨 이 둙의 알이로다)

○ 쇠사름 쇠물긔 쇠채 아니면 믈긔 ᄂ리디 아니ᄒᄂ 거시여 (○ 이거슨 이 ᄌ믈 쇠로다)

○ 담 우희 흔 덩이 훍이 뻐려뎌 ᄂ려와 禮拜ᄒᄂ 거시여(○ 이 거슨 이 새로다)

○ 흔 늘근 사름이 길히 당ᄒ여 자거든 디나가며 디나오리 날을 롱호되 나의 굴금과 フᄂᆸ을 아디 못ᄒᄂ 거시여(○ 이 거슨 이 매로다)

○ 담 우희 흔 琵琶롤 아므도 감히 뎌롤 잡디 못ᄒᄂ 거시여(○ 이 거슨 이 전갈이로다)

○ 집 뒤히 흔 무리 양이 낫낫치 쇼리 긴 거시여(○ 이 거슨 이 櫻桃ㅣ로다)

○ 흔 간 방에 다숫 사름이 계요 안ᄂ 거시여(○ 이거슨 이 휘이로다)

○ 금탕권쇠 곡지 속에 白沙蜜 담은 거시여(○ 이거슨 이 빅로다)

○ 흔 긴 독 조븐 부리 안히 춥뿔 술 담은 거시여(○ 이거슨 이 젓이로다)

○ 하늘에 フ득 흔 星宿에 흔 돌을 세오리 노흐로 제대로 ᄡᄋᄂ 거시여(○ 이거슨 이 져울이로다)

○ 두 先生이 모다 약 ᄑ노라 ᄒ나흔 안잣고 ᄒ나흔 뛰노ᄂ 거시여(○ 이거슨 이 藥刀ㅣ로다)

○ 弟兄 세네히 기동을 딕희여 안잣ᄂ 거시여(○ 이 거슨 이 마늘이로다)

○ 하늘 쑬ᄂ 송곳 아릭 큰 믈이여(○ 이거슨 이 탑이로다)

애 다 아ᄂ고나 진짓 이 精細흔 사름이로다 〈朴通, 上, 36b ~ 朴通, 上, 38b〉

수수께끼에는 한자 파자(破字)에 대한 수수께끼도 많아서 한자를 학습하는 도구로 이 수수께끼를 이용한 것으로 보인다. 그 몇 예를 덕흥서림에서 1923년에 간행한 『무쌍주해 신구문자집(無雙註解 新舊文字集)』에서 보이면 다음과 같다.

- 곰빗팔이 사람 치는 것이 무슨 字냐? (以)
- 긔의 입이 너히 잇는 字는 무슨 字냐 (器)
- 男子가 四肢를 버리고 션 것이 무슨 字냐 (犬)
- 도야지가 갓쓴 것이 무슨 字냐 (家)
- 날 일 아닌 사람인 한 것이 무슨 字냐 (是)
- 나무에서 喇叭 부는 것이 무스 字냐 (桑)

9.2.3. 수수께끼 문장 및 어휘의 특징

이러한 수수께끼가 일종의 언어 놀이이어서 어떤 사물에 대하여 바로 말하지 아니하고 빗대어 말하여 알아맞히는 놀이이지만, '수수께끼의 인물, 수수께끼로 남아 있다' 등에서는 '사물이나 현상이 복잡하고 이상하게 얽혀 그 내막을 쉽게 알 수 없는 것'을 지칭하는 어휘로 쓰이고 있다.

① 수수께끼의 대상이 되는 사물의 어휘는 어느 음절이나 단어가 포함된 어휘가 다른 의미를 가진 어휘를 지칭하는 경우가 많다. 그래서 'ㅇ은 ㅇ인데' 형이 많이 보인다.
- 박은 박인데 받으면 기분 나쁜 박은? → 구박
- 강은 강인데 못 건너는 강은? → 요강
- 강은 강인데 사람이 먹는 강은? → 생강

② 동음이의어가 많이 쓰이고 있다. 그래서 질문문에 보이는 어휘와 이에

대한 답변의 어휘와 동음이의어 관계에 있는 경우가 흔하다.

- 프랑스에도 있고 한국에도 있는 것은? → 파리(동물의 '파리'와 프랑스 수도 '파리')
- 기어 다니는 제비는 무슨 제비인가? → 족제비('제비'와 '족제비')
- 하느님과 부처님이 제일 싫어하는 비는? → 사이비('비'와 '사이비')
- 돈을 벌려면 먼저 망쳐야 하는 것은? → 어부('망치다'와 '망을 치다')
- 진짜 살맛 난다고 얘기하는 사람은? → 식인종('사는 맛'과 '살의 맛')
- 다 자랐는데 더 자라라고 하는 것은? → 자라('자라!'와 '자라(鱉)')
- 신경통 환자가 가장 싫어하는 악기는? → 비올라['비가 올라!'와 '비올라'(악기명)]

③ 한자어와 고유어의 음상이 동일한 어휘들이 사용되고 있다.

- 죽었는데도 살았다고 하는 것은? → 생선('살다'와 '生')
- 들고 가면서 떨어졌다고 하는 것은? → 낙지('떨어지다'와 '落')

④ 말꼬리잇기를 이용하는 어휘를 사용한다.

- 개가 개를 물고 개를 넘다가 개한테 놀라서 개 속으로 들어 간 것은? → 솔개가 조개를 물고 고개를 넘다가 번개한테 놀래서 안개 속으로 사라진 것
- 귀가 귀를 물고 귀로 가자고 하는 것은? → 까마귀가 뼈다귀를 물고 밭귀로 가자고 하는 것.

⑤ 반의어 관계에 있는 어휘들이 대상이 되는 경우가 많다.

- 차도가 없는 나라는? → 인도('車道'와 '人道'와 '印度')
- 아침에 절대 먹을 수 없는 식사는? → 저녁('아침'과 '저녁식사')

⑥ 수수께끼의 답은 명사형이 대부분이다. 그러나 부사도 쓰인다. 부사이면서 명사처럼 사용되는 것이다.

- 금은 금인데 특히 도둑고양이가 좋아 하는 금은? → 야금야금

- 친구들과 술집에 가서 술값을 안 내려고 추는 춤은? → 주춤주춤

- 방귀를 한 자로 말하면? → 뿡

⑦ 동음이의어는 아니지만 발음상에서 동음어가 되는 경우의 어휘를 사용하는 경우가 있다.

- 입방아 찧어 만든 떡은? → 쑥떡쑥떡

- 갓 태어난 병아리가 찾는 약은? → 삐약

⑧ 간혹 문법형태소를 이용하는 경우도 있다. 어휘의 음상과 문법형태소의 음상을 연계시키는 것이다.

- 소는 소인데 무슨 소인지 모르는 소는? → 모르겠소

- 처음 만나는 소가 하는 말은? → 반갑소

이 수수께끼는 그 대답으로서 요구하는 것 중에 어휘가 아닌 글자를 요구하는 것이 있다. 그 문자는 주로 한자가 많지만 한글도 있다.

① 한글

- 낫 놓은 글자는? → ㄱ

- 방의 등처럼 생긴 글자는? → ㄴ

- 자를 들고 세로 재면 무슨 자일까? → ㅣ

- 홍두깨 가로놓은 자는? → ㅡ

② 한자

- 까치가 깍깍 하는 글자는? → 各(각 각)

- 아까 차고 또 차 하는 자는? → 且(또 차)

③ 한자의 구성
- 여자가 갓을 쓰고 있는 글자는? → 安(편안 안)
- 사람이 옥에 갇힌 글자는? → 囚(가둘 수)
- 산 아래 새가 있는 글자는? → 崔(높을 최)

9.2.4. 수수께끼의 주제

수수께끼에서 주제로 삼는 것은 거의 모두가 명사인데, 그 명사들의 내용상 분류가 어떠한 것인지는 널리 연구된 적이 없다. 장권표(2004)에서는 이들을 자연 현상에 대한 수수께끼와 생활에 대한 수수께끼와 사람에 대한 수수께끼로 나누고 이들을 각각 세분하여 다음과 같이 분류하였다.

1) 자연 현상에 대한 수수께끼

① 천문 지리에 대한 수수께끼(해, 달, 별, 보름달 등)
- 세 살 때 나서 열다섯 살까지 자라서 서른 살에 죽는 것은? → 달

② 동물에 대한 수수께끼(소, 말, 개,고양이, 오리 등)
- 와와 하면 서는 것은? → 소

③ 식물에 대한 수수께끼(벼, 보리, 가지, 고추 무우 등)
- 익을 수록 머리를 숙이는 것은? → 벼

2) 민족생활 세태에 대한 수수께끼

① 옷에 대한 수수께끼(저고리, 망건, 갓, 버선, 신발 등)

- 고리는 고리인데 걸지 못하는 고리는? → 저고리

② 음식에 대한 수수께끼(벼, 조기, 흰떡 등)
- 젊어서는 푸른 치마, 늙어서는 붉은 치마는? → 고추

③ 가옥에 대한 수수께끼(지붕, 벽, 문 등)
- 낮에는 닷 냥, 밤에는 열 냥은? → 문

3) 사람에 대한 수수께끼

① 사람의 체모에 대한 수수께끼(얼굴, 눈, 입,코 등)
- 두 형제가 고개를 두고 살면서도 서로 일생 동안 보지 못하는 것은? → 눈

② 인간의 사회적 관계에 대한 수수께끼(왕, 대감, 훈장, 등)
- 감은 감인데 못 먹는 감은? → 대감

9.2.5. 수수께끼 자료집

지금까지 알려진 수수께끼 자료집은 다음과 같다.

- 金東縉林(1923), 『無雙註解 新舊文字集』, 덕흥서림. (수수께끼 260개 + 破字 105개, 도합 365개)
- 조선총독부(1925), 『朝鮮の謎』, (888종)
- 崔常壽(1949), 『朝鮮 수수께끼 辭典』, 조선과학문화사. (897개)
- 글벗집 편(1962), 『수수께끼책』, 글벗집. (500종)
- 李種出 編(1965), 『한국의 수수께끼』, 형설출판사. (2,379개)

- 김성배(1973), 『한국 수수께끼 사전』, 언어문화사.

- 全海淳(1956), 『韓國 風俗誌』, 同人文化社. (134편)

- 경기도(1957), 『경기도지』. (崔常壽 모음 365편)

- 문화재관리국(1970), 『한국민속 종합보고서(전라남도편)』. (홍순탁 모음 272개)

- 문화재관리국(1971), 『한국민속 종합보고서(전라북도편)』. (이병근 모음 60개)

- 장권표(2004), 『조선어 수수께끼 연구』, 사회과학출판사. (913개)

9.3. 언어 유희의 어휘

국어 어휘를 언어유희에 이용하는 일은 문학 작품에서 흔히 발견된다. 예컨대 김립(金笠)이 '정(鄭)씨' 성을 가진 훈장의 집의 이름을 '위락당(爲樂堂)'(즐겁게 하는 집)이라고 지어 주었으나, 거꾸로 읽으면 '당락위', 즉 '당나귀'가 되어 '정씨' 성을 가진 사람을 놀려 주었다는 고사에서 그것을 볼 수 있다. 또한 고시조(古時調)에서 동일한 어휘를 반복 사용하여 그 시조의 암송과 기억을 수월하게 하고 또 흥미를 유발하게 하는 것을 흔히 발견할 수 있다.

말 ᄒ기 죠타 ᄒ고 ᄂ의 말을 마롤 거시
ᄂ의 말 내 ᄒ면 ᄂ도 내 말 ᄒᄂ 거시
말로셔 말이 만ᄒ니 말 마롬이 죠해라.
〈靑丘永言(珍本), 439〉〈靑丘永言(가람本), 493〉

萬壽山 萬壽峯에 萬壽井이 잇더이다
그 물로 술 비즈니 萬壽酒라 ᄒ더이다
이 한 잔 잡으시면 萬壽無彊 ᄒ리이다.
〈靑丘永言(가람本), 456〉〈靑丘永言(淵民本), 231〉

오늘도 됴흔 날이오 이 곳도 됴흔 곳이

됴흔 날 됴흔 곳에 됴흔 사람 만나이셔

됴흔 술 됴흔 안쥬에 됴히 놀미 됴홰라.

〈靑丘永言(珍本), 460〉〈古今歌曲, 165〉

靑山도 절로 절로 綠水도 절로 절로

山 절로 水 절로 山水間에 나도 절로

그 中에 절로 즈란 몸이 늙기도 절로 ᄒ리라. (宋時烈)

〈樂學拾零, 1013〉〈靑丘永言(珍本), 462〉

위의 시조에서 '말, 만수(萬壽), 둏다, 절로' 등을 반복하여 이용함으로써 그 시조에 대한 인상을 강하게 하는 효과를 노리게 된다.

이처럼 국어 어휘를 이용하여 언어 유희에 활용하는 것은 언어생활에 활기를 넣어주는 역할도 하기 때문에, 그 방법은 달라졌어도 일상의 언어생활에서는 흔히 나타나는 현상이라고 할 수 있다.

수수께끼의 가장 두드러진 특징은 모두 의문문으로 끝난다는 점이다. 화자가 청자에게 질문하는 형식이어서 당연한 것이다. 이렇게 질문하고 답하는 형식을 통해 일상생활에서 언어유희(言語遊戲)가 이루어지기도 하는데, 이러한 언어 유희가 언어생활에 활력을 가져다 주는 경우도 있다.

이러한 언어 유희는 말이나 글자를 소재로 하는 놀이이다. 그래서 일종의 말장난이다. 대체로 질문에 대한 정답이 상식적으로는 정답이 아닌, 기지나 해학이 담겨 있는 것이 특징이다. 진실성이 없는 말로 상대방을 즐겁게 해 주는 해학적인 말놀이라고 할 수 있다. 수수께끼도 이와 유사한 성격을 지니고 있어서 이 언어 유희는 그 형식이 수수께끼와 매우 유사하여서 어느 것이 수수께끼이고 어느 것이 말장난인지 알 수 없을 정도이다.

1960년대 후반부터 발생한 말장난은 오늘날에는 '아재 개그'라고 하여 일반화되어 있는데, 오늘날까지 이러한 말장난이 이루어지는 과정에도 일정한 단계가 보인다.

초기에 보인 것은 '이름'에 대한 것이었다. 이것을 '이름 시리즈'라고 하자. 그 이후에 이루어진 것이 '참새 시리즈'였다. 최근에는 '아재 개그'라고 하는데, 오늘날의 디지털 시대를 맞아 이 '아재 개그'의 내용은 급속도로 일반에 퍼져나가고 있다.

9.3.1. 이름 시리즈

1963년에 도끼로 사람을 살해한 고○봉 사건이 일어난 후에 고○봉의 이름에 대한 말장난이 유행하였다.

- 고○봉의 일본식 이름은? → 도끼로 이마까
- 고○봉 동생의 일본식 이름은? → 깐 이마 또 까
- 고○봉 다음 동생의 일본식이름은? → 헤진 이마 또 까
- 고○봉 막내 동생의 일본식 이름은? → 이마로 도끼 까
- 고○봉의 독일식 이름은? → 칼 막 휘둘러

그 이외에도 '아무데나 막까, 바께쓰로 피받아, 아픈 이마 골라까, 안 깐 이마 골라 까' 등등의 이름을 붙여 유행하였다.

이름 시리즈는 여러 가지 형태로 만들어졌다.

- 세계에서 가장 마른 사람 이름은? → 비 사이로 막가, 막사이사이상(필리핀 대통령 이름+일본어의 さん-)
- 세계에서 낚시를 제일 잘하는 사람은? → 다나까(일본의 수상 명)
- 세계의 가장 불효한 자식 이름은? → 에밀 졸라(에미를 졸라)

• 중국의 수돗물은? → 틀면 쏴아

• 세계에서 가장 유명한 바람둥이는? → 죠지 포 맨

• 세계에서 가장 뚱뚱한 사람 이름은? → 배둘레헴

주로 외국 이름을 본떠서 많은 말장난을 하였다.

① 일본어 : 주로 된소리와 종성이 없는 음절음을 이용한다.

　• 일본 최고의 방구쟁이 이름은? → 아까 끼고 또 끼고

　• 일본 최악의 놀팔이 의사 이름은? → 배 째노코 우야꼬

　• 일본에서 가장 부자인 사람 이름은? → 도느로 똥따까(돈으로 똥 닦아)

② 프랑스어 : 주로 비음과 비모음을 이용한다.

　• 프랑스에서 귀가 가장 큰 사람 이름은? → 사브로 귀퍄(삽으로 귀를 파)

　• 프랑스에서 가장 유명한 물장수 이름은? → 몽마르냐(목 마르냐?)

　• 프랑스에서 가장 유명한 형사 이름은? → 니들 다 고랑(너희들 다 고랑)

③ 러시아어 : 주로 러시아 사람들의 이름 속에 많이 보이는 '-스키' 등을 이용한다.

　• 러시아에서 가장 키가 큰 사람의 이름은? → 스카이 푹 찔러 스키

　• 차에서 코를 푸는 러시아 사람의 이름은? → 차이코푼스키

　• 차에 코를 푼 다음 토스트에 코를 푸는 사람은? → 토스트 에또 푼스키

④ 중국어 : 중국어와 유사한 발음을 이용한다.

　• 중국에서 가장 멍청한 사람의 이름은? → 띵혜

　• 중국에서 최고의 바보 이름은? → 왕창 몰라

　• 중국에서 가장 축구를 잘하는 사람의 이름은? → 뺑차우

⑤ 기타

- 이탈리아에서 가장 유명한 자선사업가의 이름은? → 다 주란 마리아
- 인도에서 가장 유명한 요가 선생 이름은? → 꼰 다리 또 꽈
- 아랍 최고의 대학교수 이름은? → 하나라도 알라

이러한 이상한 이름을 찾는 이름 시리즈는 현재도 계속되고 있지만, 이것은 또 다른 말장난으로 옮겨가고 있는 느낌이다. 후에 기술한 소위 '아재 개그'라는 범주로 넘어가고 있다.

9.3.2. 참새 시리즈

소위 참새 시리즈 이야기는 원래 초등학교 산수 교과서로부터 출발하는 것으로 보인다. 산수 교과서에 '전깃줄에 참새가 10마리 앉아 있는데, 포수가 총을 쏴서 한 마리가 맞아 떨어졌다. 전깃줄에는 참새가 몇 마리 앉아 있을까?'란 산수의 뺄셈 문제였는데, 답은 '9마리'이지만 여기에서부터 새로운 참새 시리즈가 등장한다.

- 한 마리도 없다. 왜? 총소리에 놀라서 다 도망가서.
- 아니다. 한 마리가 남아 있다. 왜냐 하면 귀머거리 새이어서.
- 아니다. 또 한 마리 남아 있다. 왜냐 하면 '죽어도 좋아'서.[16]
- 아니다. 한 마리 더 앉아 있다. 왜냐 하면 '깡'으로 앉아 있다.

이렇게 시작한 참새시리즈는 매우 다양한 이야기를 남겨 놓고 있었다. 몇

---

16 '죽어도 좋아'는 1960년대 후반에 우리나라에서 상영된 영화 제목이었다. 원제목은 '페드라(phaedra)'였는데('페드라'는 영화의 주인공 공주의 이름이었다), 우리나라에서 이를 번역하여 '죽어도 좋아'라고 하여서 이 말이 크게 유행하였다.

예를 들어 보도록 한다.

참새가 두 마리 앉아 있었다, 한 마리는 귀머거리 새이었고 또 한 마리는 성한 새였다. 총을 쏘자 귀먹어리 새는 그냥 앉아 있고 성한 새는 도망을 갔다. 그러자 다시 되돌아 와 앉았다. 왜 다시 돌아와 앉았을까? 답은 '저런 병신 같은 놈도 안 도망가는데 왜 내가 도망가냐고 해서'이다.

참새가 두 마리 앉아 있다가 한 마리가 포수가 쏜 총에 맞아 떨어졌다. 죽으면서 다른 한 마리에게 무엇이라고 말했을까? 답 : 내 몫까지 살아 줘

두 마리 참새가 전깃줄에 나란히 앉아 있었다. 포수가 그중 한 마리를 맞춰 떨어뜨렸다. 총알에 맞은 참새가 추락하며 하는 말 "왜 나만 쏴요? 재두 쏴요." 그러자 총에 맞지 않은 그 옆의 참새가 말했다. "쟤 아직 안 죽었대요. 한 방 더 쏴요."

전깃줄에 참새 네 마리가 앉아 있을 때 포수가 총을 쏘았다. 그러자 그 중 한 마리가 총알을 맞아 떨어졌고 나머지 참새 세 마리는 후다닥 어디론가 날아가 버렸다 그들은 어디로 간 것일까? 답 : 한 마리는 경찰을 부르러 갔고, 한 마리는 장의사를, 그리고 나머지 한 마리는 사망 신고하러 동사무소에 갔다.

9.3.3. 아재 개그

이와 같은 참새 시리즈가 지나자 최근에는 '아재 개그'라는 영역이 생겨서 언어 유희의 중요한 위치를 차지하고 있다.

'아재'란 '아저씨'의 경상도와 함경도의 방언이다. 그리고 개그(gag)란 관객을 웃기기 위해 하는 말이나 몸짓을 말한다. 그렇다면 아재 개그란 '아저씨가 하는 웃기는 말'이란 의미일 것이다. 여기에서 '아재'는 원래 아저씨란 의미이시만 아저씨를 낮추어 부르는 의미이어서 '보잘것 없는 웃기는 말'의 뜻이 깃들어 있다. '아재 개그'를 비롯하여 '아재 댄스, 아재 취미, 아재 미, 아재 춤' 등의 '아재'에 그런 의미가 들어 있다. 그래서 '아재 개그'를 '썰렁 개그'라고도 하

는 것이다. 유머로 보이는데, 크게 웃기지 않는 유머라는 뜻이 있다.

다른 언어 유희와 마찬가지로 여기에서 사용되는 어휘들은 동음이의어가 많다.

- 중이 공중부양하는 것을 6글자로 말하면? → 어중이 떠중이(어! 중이 떠! 중이)
- 인천 앞바다의 반대말은? → 인천 엄마다('앞바다'를 '아빠다'로 해석해서)
- 세종대왕이 만든 우유는? → 아야어여오요우유
- 화장실에서 똥을 싼 사람의 국적은? → 일본 사람(일을 본 사람)
- 치과의사가 싫어하는 아파트는? → 이편한세상
- 고구마가 입대하면? → 군고구마(軍 고구마)

그런데 최근에 외국어가 많이 사용되면서 외국어들이 많이 언급되는 현상을 볼 수 있다.

- 호주의 화폐는? → 호주머니(호주의 money)
- 소가 죽으면? → 다이소(die + 소)
- 이탈리아의 날씨는? → 스파게티(습하겠지)
- 반성문을 영어로 하면? → 글로빌(글로 빌)

이러한 아재 개그를 보면 다음과 같은 어휘적 특징을 지닌다. 대체로 내용이 없는 미사여구나 현학적인 말을 늘어놓는 것이 보통이었는데, 오늘날에는 동음이의어나 다의어 등의 소리나 형태를 이용하여 말장난을 하는 것이 특징이라고 할 수 있다.

①동음이의어를 이용한다. 음은 같으나 의미가 다른 동음이의어를 이용하는 경우가 많다.

- 세계에서 가장 차가운 바다는? → 썰렁해(썰렁 + 海)
- 세계에서 가장 따뜻한 바다는? → 사랑해(사랑 + 海), 열 받아(熱 + 바다)

② 말의 휴지(休止)나 글의 띄어쓰기를 무시하고 이를 변형하여 이용한다.
- 어중이떠중이(어! 중이 떠! 중이)
- 글로벌(글로 벌)
- 일본 사람(일을 본 사람) 등

③ 한국어와 영어 등의 외국어를 혼용하여 사용하는 경우
- 호주머니(호주머니의 '호주' + money)
- 다이소(die +소) 등

④ 영어와 한국어의 음이 비슷하여 이용하는 경우
- 스파게티(습하겠지)

외국어의 사용은 수수께끼에는 없었던 것인데, 외국어와의 접촉이 많아지면서 외국어 어휘를 사용하는 경우가 많아졌다. 수수께끼에서는 주로 한자나 한자어를 이용하였었는데, 아재 개그에서는 한자어의 활용이 거의 보이지 않는다. 이것은 언어 사용자들의 속성에 따른 변화이다.

9.3.4. 청년어

오늘날 언어생활의 변화로 디지털 사용을 일상화하고 있는 청년들이 사용하는 소위 '청년어'들이 급속도로 확산되고 있다. 특히 휴대전화의 글자판으로 빨리 입력하여야 하는 환경이 이 젊은이들이 사용하는 국어 어휘들을 크게 변화시키고 있다. 그 대표적인 것이 거의 어원을 추측할 수 없는 어휘를 사용

하는 경우와 줄임말의 사용이다.

많은 사람들이 젊은이들이 사용하는 어휘와 줄임말을 전혀 이해하지 못하겠다는 푸념을 한다. 그래서 젊은이들의 이러한 말은 마치 젊은이들의 은어(隱語)와 같은 기능을 한다.

그 새로운 말이나 줄임말은 단순히 어휘의 줄임말보다는 문장의 줄임말이 훨씬 많다. 몇 예를 들어 보도록 한다.

간지나다 : 느낌이 있다, 멋있다　　갈비 : 갈수록 비호감

갑분싸 : 갑자기 기분이 싸해짐　　갠소 : 개인 소장

갑통알 : 갑자기 통장을 보니 알바를 해야 할 것 같다

그알 : 그것이 알고 싶다　　극혐 : 극도로 혐오

까비 : 아깝다　　깔미 : 깔수록 미운 사람

꼽주다 : 창피하게 만들다　　꾸꾸꾸 : 꾸며도 꾸질꾸질

꾸안꾸 : 꾸민 듯 안 꾸민 듯　　꿀잼 : 꿀처럼 재미있다

꿀템 : 꼭 필요하거나 도움이 되는 물건

낄끼 빠빠 : 낄 때 끼고 빠질 때 빠져라

남사친 : 남자 사람 친구　　남친 : 남자친구

내또출 : 내일 또 출근　　내뵈누 : 내일 봬요 누나

노답 : 답이 없다　　노잼 : 재미없다

대민만 : 대한민국 만세　　돌싱 : 돌아온 싱글, 이혼한 사람

딸배 : 배달사원을 비하하는 말　　똥송 : 동양인이라 죄송합니다

딸피 : 피가 딸린다(체력이 얼마 남지 않았다는 뜻)

맥날 : 맥도날드

마처세대 : 부모를 부양하는 '마'지막 세대이면서 자녀에게 부양받지 못하는 '처'음 세대.

문상 : 문화상품권   버카충 : 버스 카드 충전

별다줄 : 별걸 다 줄인다.   복세편살 : 복잡한 세상 편하게 살자

빼박 : '빼도 박도 못한다'의 줄임말로 이러지도 저러지도 못한다는 뜻

뺄글 : 아무 의미 없는 말   뽐뿌 : 물건을 사고 싶은 욕구

새등 : 새벽 등교   새터 : 새내기 배움터

센송 : 한국인이라 죄송합니다   심쿵 : 심장이 쿵, 설렐 때 쓰는 말

썰 : 말을 뜻하는 '설(設)'로 온갖 이야기란 뜻

애빼시 : 애교 빼면 시체   여사친 : 여자 사람 친구

여친 : 여자 친구   영고 : 영원한 고통

이세망 : 이 세상 망했어   인강 : 인터넷 강의

인조새 : 인생 조진 새끼

읽씹 : '읽고 씹다'의 준말로, 문자나 메시지 내용을 읽었음에도 아무런 답신을
    하지 않은 경우를 말한다.

짤 : 인터넷상에서 사진이나 그림 등을 일컫는 말이다.

짤방 : 사람들의 이목을 집중시키기 위해 인터넷상에 올리는 재미있는 사진이
나 그림, 동영상 등을 이르는 말이다. '짤림 방지(잘림 방지)'의 준말이다.

틀딱 : 틀니 부딪치는 소리. 즉 나이 든 사람.

학폭 : 학교폭력   할많하않 : 할 말은 많지만 하지 않겠다

위의 예들은 어절이나 음절을 줄여서 만든 신조어들인데, 예가 너무 많아서
일부만 제시하였다. 뿐만 아니라 한글 음절을 자모로 줄여서 표현하는 어휘
나 문장들도 많이 있다. 몇 예를 들어 보도록 한다.

ㄱㄱ : 고고, 즉 go go   ㄱㄷ : 기다려

ㄱㅊ : 괜찮아   ㄱㅂㅈㄱ : 가보자고.

ㄴㄴ : 노노. 안돼   ㄷㄷㄷ : 덜덜덜

IBM : 이미 버린 몸

KIN : 줄, 글자를 세워서 보면 한글 '줄'과 비슷하여 만든 말이다.

이들 청년어들이 유행어처럼 한때 사용되다가 사라질 것인지 계속 유지되어 사용될 것인지는 알 수 없다. 그러나 이렇게 사용되다가 일반화된 어휘들도 많은 편이다. 대표적인 것이 '내로남불, 대박, 남친, 여친, 노답, 꿀잼'등이다. 이렇게 줄인말들은 계속해서 사용빈도가 많아질 것으로 예측된다. 특히 신문지상에서 지면의 좁은 공간을 이용하기 위하여 이용할 뿐만 아니라 빠른 전달이란 목적을 위해서도 쉽게 사라질 것 같지는 않다. 따라서 이들 청년어들을 수집 · 조사하고 정리하여 연구할 가치가 있다고 생각한다.

9.3.5. 야민정음(野民正音)

'야민정음'은 디시인사이드(Dcinside)에 있는 국내 야구 갤러리인 '야갤'과 '훈민정음'의 혼성어이다. 한글 자모를 모양이 비슷한 것으로 바꾸어 단어를 다르게 표현하는 방식으로 표기된 것을 야민정음이라고 한다. 예컨대 '롬곡'은 '눈물'이란 글자를 거꾸로 읽은 것이며, '커여워'는 '귀여워'의 '귀'를 '커'로 해석한 것이고, '댕댕이'는 '멍멍이'에서 '멍'을 'ㄷ'과 'ㅒ'으로 분리시킨 것이다. 이렇게 한글을 바꾸거나 재해석하거나 모양을 변형시켜 바꾼 어휘들을 보면 다음과 같다.

떵곡 : '명곡'의 '명'을 달리 분해한 것.
떵작 : '명작'의 '명'을 달리 분해한 것.
머구광역시 : '대구광역시'의 '대'를 '머'로 바꾼 것.
머대리 : '대머리'에서 모양이 비슷한 '머'를 '대'로, '대'를 '머'로 대치시킨 것.
머통령 : '대통령'의 '대'를 모양이 비슷한 '머'로 바꾼 것.

싀빵 : '식빵'의 '식'을 '싀'로 바꾼 것.

싀혜 : '식혜'의 '식'을 '싀'로 표기한 것.

티본 : '일본'의 한자 '日本'의 '日'을 'ㅌ'과 'ㅣ'로 분해한 것.

푸라민 : '⽇라면'의 한자 '⽇'을 비슷한 한글인 '푸'로 바꾼 것.

이 야민정음은 다른 사람에게 숨기기 위해 사용하는 것이 아니라 다른 사람의 눈에 띄게 사용하여 글을 쓴 사람이 두드러지게 보이기 위한 목적으로 사용된다. 이러한 의미에서 야민정음은 은어는 아니다. 그래서 이 야민정음으로 쓴 어휘는 눈썰미가 있는 사람은 대번에 그 내용을 알아차릴 수 있다. 이러한 이유로 그 예도 예거할 수 없을 만큼 많다.

그러나 한글을 이용하는 것이어서 그 대치 방법에 일정한 유형이 있다. 즉 한글을 90도 또는 180도 회전시킨 모습으로 대치하거나, 좌우를 반전시킨 모습으로 대치하는 것, 또는 글자 여러 개를 입축하여 한 글자로 대치시키는것 등이다. 그러나 대부분은 그 형태가 유사한 것으로 대치시키는 것이다. 그 예를 몇 개 들어 보면 다음과 같다.

공 ↔ 꿍 : 머한주택꿍사(대한주택공사)

귀 ↔ 커 : 커엽다(귀엽다)

근 ↔ ㄹ : 당ㄹ(당근)

너 ↔ ㅂ : ㅂ구리(너구리)

대 ↔ 머 : 머한민국 (대한민국)

댕 ↔ 멍 : 댕댕이 (멍멍이)

며 ↔ 띠 : 띠느리 (며느리), 띵곡(명곡)

ㅂ ↔ 네 : 동ㅂ(동네)

파 ↔ 과 : 파일(과일)

피 ↔ ㄲ ↔ 괴 : 백ㄲ사전(백과사전), 괴아노(피아노)

이 야민정음은 정상적인 대화에서는 사용하지 않고 인터넷이나 SNS상에서만 사용되기 때문에 일반 어휘로 굳어질 가능성은 희박하다고 할 수 있다.

9.4. 신체 표시의 어휘

'신체 어휘'란 사람 몸의 부위나 기관 명칭에 쓰이는 어휘를 말한다. 신체 어휘의 개념을 기관이나 인체의 부위 명칭으로 한정하기 때문에 신체에서 특정한 기능을 담당하고 있지 않은 어휘는 신체 어휘에서 제외한다. 예컨대 신체 기능과는 상관없이 존재하는 '혹, 점, 사마귀' 등의 어휘나, 신체 부위의 명칭이지만 해당 기관의 기능과는 무관하게 모양이나 특징을 명시한 경우, 예컨대 '뱁새눈, 가는 눈' 등은 신체 어휘에 속하지 않는다. 또한 '땀, 피, 똥, 오줌, 기운, 골수' 등도 신체 어휘에서 제외된다. 왜냐 하면 이들은 신체 작용의 어느 기능을 담당하는 기관의 명칭과는 직접적인 관련이 없기 때문이다.

신체 어휘는 다음과 같은 기준에 의하여 결정된다.

	기준 내용	예	포함 여부
1	사람 몸의 외부 기관 또는 그 부위 명칭	손, 손등	포함
2	사람 몸의 내부 기관 또는 그 부위 명칭	심장, 뼈	포함
3	내외 기관 중, 육안으로 확인이 불가능한 경우	세포막, 시신경	제외
4	적용의 전이에 의해 사람의 신체를 가리키는 경우	주름, 가랑이, 거머리, 가선	제외

따라서 사람 몸의 내부, 외부 기관 또는 그 부위의 명칭만을 신체 어휘라고 할 수 있다. 이러한 적용기준에 따라 선정된 신체 어휘 538개는 다음과 같다.

① 고유어(433개)

- 가로막
- 가리마
- 가마
- 가슴
- 가슴등뼈
- 가슴뼈
- 가슴살
- 가슴속

- 가슴통
- 가운데골
- 가운데귀
- 가운데창자
- 가운뎃손가락
- 갈비
- 갈비뼈
- 갈빗대
- 거웃
- 검은자
- 검은자위
- 걸귀
- 곁눈썹
- 곁살
- 겨드랑
- 겨드랑이
- 곁손가락
- 곁콩팥
- 고개
- 고두리뼈
- 곧은창자
- 공알
- 광대뼈
- 궁둥이
- 궁둥이뼈
- 궁둥짝
- 귀
- 귀밑
- 귓바퀴
- 귀뺨
- 귀뿌리
- 귀안
- 귀젖
- 귀청
- 귓가
- 귓구멍
- 귓등
- 귀밑머리
- 귓바퀴
- 귓방울
- 귓불
- 귓뿌리
- 귓속
- 귓속뼈
- 귓전
- 근육(筋肉)
- 긴뼈
- 꼬리뼈
- 꼭뒤
- 나룻
- 낯
- 낯가죽
- 낯살
- 넓적다리
- 넓적다리마디
- 넓적다리뼈
- 넓적다리살
- 넓적뼈
- 눈구멍
- 눈까풀
- 눈꺼풀
- 눈동자
- 눈
- 눈가죽
- 눈두덩
- 눈망울
- 눈물뼈
- 눈살
- 눈시울
- 눈썹
- 눈썹꼬리
- 눈알
- 눈자위
- 눈조리개
- 눈주름
- 눈초리
- 다리
- 다리뼈
- 다리털
- 다릿골
- 다릿마디
- 다릿살
- 덜미
- 돌창자
- 두덩뼈
- 두매한짝
- 뒤꼭지
- 뒤꿈치
- 뒤통수
- 뒷가슴
- 뒷겨드랑이
- 뒷골
- 뒷덜미
- 뒷등
- 뒷머리
- 뒷목
- 뒷몸
- 뒷무릎
- 등
- 등가죽
- 등골
- 등골뼈
- 등날
- 등덜미

•등마루	•등뼈	•등살	•등심대
•등허리	•땀구멍	•똥구멍	•막창자
•막창자꼬리	•맛봉오리	•머리	•머리등골
•머리뼈	•머리카락	•머리털	•며느리발톱
•먹	•명치	•명치끝	•명치뼈
•모루뼈	•목등뼈	•목뼈	•목살
•목정강이	•목	•목구멍	•목덜미
•목뒤	•목젖	•목줄대	•목청
•목청문	•몸	•몸뚱이	•몸안
•몸통	•몸통뼈	•무릎	•무릎도리
•무릎마디	•무릎힘줄	•물렁뼈	•바깥귀
•바른발	•바른손	•바른염통집	•바른팔
•발	•발가락	•발가락뼈	•발끝
•발뒤꿈치	•발뒤축	•발등	•발목
•발목뼈	•발바닥	•발부리	•발뼈
•발톱	•발톱눈	•발허리	•발회목
•밥길	•밥줄	•밥통	•배
•배꼽	•배꼽노리	•뱃살	•뱃속
•보습뼈	•보조개	•보조개살	•보지
•복사뼈	•볼	•볼기	•볼기짝
•볼살	•볼치	•부자지	•불알
•빗장뼈	•뺨	•뺨가죽	•뺨뼈
•뼈	•뼈골	•뼈다귀	•뼈대
•뼈대살	•뼈마디	•사랑니	•삭신
•살	•살가죽	•살갗	•새끼발가락
•새끼가락	•새끼발톱	•새끼손가락	•새끼손톱

•속귀　　　•속눈썹　　•속발톱　　•속살
•속손톱　　•손　　　　•손가락　　•손가락뼈
•손거스러미　•손금　　　•손끝　　　•손등
•손목　　　•손목뼈　　•손바닥　　•손바닥뼈
•손발　　　•손발가락　•손발등　　•손발톱
•손뼉　　　•손톱　　　•손톱눈　　•손회목
•송곳니　　•숨구멍　　•시울　　　•실핏줄
•심줄　　　•쓸개　　　•쓸개관　　•씹거웃
•씹두덩　　•아기집　　•아늠　　　•아래턱뼈
•아래팔　　•아랫눈시울　•아랫눈썹　•아랫니
•아랫도리　•아랫몸　　•아랫배　　•아랫볼
•아랫입술　•아랫잇몸　•아래턱　　•안귀
•알통　　　•앞가슴　　•앞니　　　•앞머리
•앞머리뼈　•앞몸　　　•앞어금니　•앞이마
•약손　　　•어금니　　•어깨　　　•어깨마디
•어깨뼈　　•어깻죽지　•얼굴　　　•얼굴뼈
•엄지손가락　•엄지손톱　•엉덩이　　•엄지
•엄지가락　•엄지발가락　•엄지발톱　•염통
•염통주머니　•염통집　　•옆갈비　　•옆머리뼈
•오금　　　•오른귀　　•오른다리　•오른무릎
•오른발　　•오른발목　•오른뺨　　•오른손
•오른팔　　•오줌길　　•오줌깨　　•온몸
•왼귀　　　•왼눈　　　•왼다리　　•왼무릎
•왼발　　　•왼뺨　　　•왼손　　　•왼팔
•울대　　　•웃아귀　　•웃통　　　•위턱
•위턱뼈　　•위팔　　　•위팔뼈　　•윗나룻

- 윈눈시울
- 윗눈썹
- 윗니
- 윗도리
- 윗몸
- 윗배
- 윗수염
- 윗시울
- 윗입술
- 윗잇몸
- 이
- 이마
- 이맛살
- 이뿌리
- 이자
- 입술
- 입아귀
- 입안
- 입
- 입가
- 입속
- 잇몸
- 자개미
- 자뼈
- 자위
- 자지
- 작은골
- 작은창자
- 잠지
- 장딴지
- 장딴지살
- 정강마루
- 정강뼈
- 정강이
- 정강이뼈
- 젖
- 젖가슴
- 젖꼭지
- 젖꽃판
- 젖부리
- 젖털
- 젖퉁이
- 종아리
- 종아리마디
- 종아리뼈
- 종짓굽
- 주근깨
- 주름살
- 죽지
- 지라
- 진구리
- 창자
- 채뼈
- 코청
- 코털
- 코허리
- 콧구멍
- 코
- 코끝
- 코밑
- 코뼈
- 콧날
- 콧대
- 콧등
- 콧마루
- 콧방울
- 콩팥
- 큰가슴살
- 큰골
- 큰창자
- 터럭
- 턱
- 턱뼈
- 턱자가미
- 털
- 털구멍
- 털끝
- 티눈
- 팔
- 팔꿈치
- 팔다리
- 팔다리뼈
- 팔뚝
- 팔뚝뼈
- 팔목
- 팔뼈
- 팔오금
- 팔죽지
- 팔회목
- 팔힘살
- 핏대줄
- 핏줄
- 허구리
- 허리
- 허리등뼈
- 허리뼈
- 허벅다리
- 허벅살
- 허벅지
- 허파
- 허파꼬리
- 허파꽈리
- 혀
- 혀끝

- 혀뿌리
- 혓밑
- 혓바닥
- 혓줄기
- 회목
- 흙뒤
- 흰자
- 흰자위
- 힘줄

② 한자어(67개)

- 간(肝)
- 간담(肝膽)
- 간장(肝臟)
- 고막(鼓膜)
- 고환(睾丸)
- 골격(骨格)
- 골반(骨盤)
- 내이(內耳)
- 내장(內臟)
- 내장근(內臟筋)
- 뇌(腦)
- 늑골(肋骨)
- 담(膽)
- 대뇌(大腦)
- 대동맥(大動脈)
- 동맥(動脈)
- 두뇌(頭腦)
- 두부(頭部)
- 맹장(盲腸)
- 모세혈관(毛細血管)
- 미각유두(味覺乳頭)
- 미간(眉間)
- 방광(膀胱)
- 비위(脾胃)
- 비장(脾臟)
- 상체(上體)
- 성대(聲帶)
- 쇄골(鎖骨)
- 수염(鬚髥)
- 식도(食道)
- 신장(腎臟)
- 신체(身體)
- 심문(心門)
- 심실(心室)
- 심장(心臟)
- 안구(眼球)
- 안면(顔面)
- 연골(軟骨)
- 오장(五臟)
- 외이(外耳)
- 요도(尿道)
- 우심방(右心房)
- 위(胃)
- 유두(乳頭)
- 음낭(陰囊)
- 이목(耳目)
- 인신(人身)
- 인후(咽喉)
- 자궁(子宮)
- 장(腸)
- 장골(長骨)
- 장기(臟器)
- 좌심방(左心房)
- 지절(肢節)
- 폐(肺)
- 폐동맥(肺動脈)
- 폐부(肺腑)
- 폐정맥(肺靜脈)
- 피부(皮膚)
- 하체(下體)
- 항문(肛門)
- 혈관(血管)
- 흉골(胸骨)
- 흉곽(胸廓)
- 흉배(胸背)
- 흉복(胸腹)
- 흉부(胸部)

③ 고유어+한자어, 한자어+고유어(38개)

- 관자놀이뼈(貫子놀이뼈)
- 관자놀이(貫子놀이)
- 귀벽(귀壁)
- 내장살(內臟살)

363

- 내장힘살(內藏힘살)
- 맘대로근(맘대로筋)
- 뼈판(뼈板)
- 쌍꺼풀(雙꺼풀)
- 아랫수염
- 양볼(兩볼)
- 양어깨(兩어깨)
- 엉덩판(엉덩板)
- 오줌관(오줌管)
- 왼염통방(왼염통房)
- 위뒷문(윗뒷門)
- 입수염(입鬚髥)
- 젖통(젖桶)
- 콧수염(콧鬚髥)
- 큰정맥(큰靜脈)
- 허파동맥(허파動脈)
- 허파정맥(허파靜脈)

- 동맥줄기(動脈줄기)
- 미간살(眉間살)
- 뼛골(뼛骨)
- 아래큰정맥(아래큰靜脈)
- 약손가락(藥손가락)
- 양손(兩손)
- 양팔(兩팔)
- 염통방(염통房)
- 오줌통(오줌桶)
- 왼쪽염통방(왼쪽염통房)
- 위큰정맥(위큰靜脈)
- 입천장(입天障)
- 정수리(頂수리)
- 큰동맥(큰動脈)
- 턱수염(턱鬚髥)
- 허파문(허파門)
- 환도뼈(環刀뼈)

신체어휘는 고유어, 한자어와 고유어를 합성한 어휘, 한자어 등으로 이루어져 있다. 흥미로운 사실은 신체 어휘에 서양에서 온 외래어나 외국어가 아직은 없다는 점이다. 이것은 신체 어휘는 예부터 사용되어 온 어휘일 뿐이지 새로 생겨난 어휘가 아닌 것에 기인하는 것으로 생각된다. 그렇다고 새로운 서양의 외래어로 대치시키지도 않는다.

그런데 특징적인 것은 동일한 신체 부위를 지칭하는 것에 한자어와 고유어가 동시에 존재하는 어휘도 많다는 점이다. 그 예를 들어 보면 다음과 같다.

한자어	고유어
폐	부아
	허파
신장	콩팥
비장	지라
	말하
심장	염통
위	양
	밥통
담낭	쓸개
장	애
	창자

이 신체 어휘에 대해서는 옛날부터 많은 관심의 대상이 되어 왔다. 이전의 어휘 자료를 제공하는 문헌에는 대부분 이 신체에 관계된 어휘를 별도 항목으로 독립시켜 그 어휘들을 나열하여 제공하고 있다. 다음에 각 어휘 자료집 속에 신체 어휘들이 어떻게 분포되어 있는지를 보이면 다음과 같다.

구분	문헌명	간행/필사연도	분류항목명	신체어휘수/총어휘수
물명고류	竹欄物名考(가람문고본)	미상	身體類	80 / 1490
	物名考(일사문고본)	미상	身體類	74 / 1291
	物譜(한글학회소장본)	1770년경	身體	48 / 772
	物名考(가람문고본)	미상	身體類	74 / 1750
	物名纂	1901년~1902년	身體	88 / 1397
	物名括	19세기	身體類	79 / 1516
역학서류	譯語類解	1690년	身體	179 / 4690
	譯語類解補	1775년	身體補	58 / 2297
	倭語類解	18세기 말	身體	95 / 654
	方言類釋	1776년	身體類	149 / 5006
	蒙語類解	1790년	身體	108 / 3842
	蒙語類解補	1790년	身體補	34 / 1475
	同文類解	1748년	身體	126 / 4797

한자자석류	通學徑編	1916년	身體部	58 / 1235
	正蒙類語	1884년	人身大類	16 / 1008
	字類註釋	1856년	身體類	796 / 11018
기타	朝鮮館譯語	15세기 초	身體門	35 / 596
	事類博解	1855년	身體門	75 / 2669

역학서류의 어휘 자료집에는 대부분 신체 어휘가 포함되어 있다. 그러나 신체를 지칭하는 명사만 있는 것이 아니라 신체의 상태에 대한 어휘도 포함되어 있다. 예컨대 '마리 앏 내미다(前奔顱), 마리 뒤 내미다(後奔顱), 니 드러나다(露齒), 니 ᄀ다(退齒)' 등이 포함되어 있다. 즉 '머리 앞 내밀다, 머리뒤 내밀다. 이 들어내다, 이 갈다'처럼 신체어가 포함되어 나타나는 어구들이 포함되어 있다. 이러한 어구들을 제외하고 신체 어휘만을 보이면 다음과 같다. 역어유해와 역어유해보에 보이는 신체 어휘와 방언유석에 보이는 신체 어휘들을 보이도록 한다.

①『역어유해』

- ᄀᆞ는눈(密縫眼)
- 빅낙(白瘢)
- 준허리(軟腰)
- 틱(胎胞)
- 가리뼈(肋条)
- 가림자(分道子)
- 가슴(胸膛)
- 건담(粘痰)
- 겨드랑(肱子窩)
- 곡뒤(腦後)(腦杓子)
- 광ᄃᆡ썌(両臉骨)
- 구레나룻(連鬂鬍子)
- 궁둥이(外胯)
- 귀(耳朶)
- 귀밋 털(鬂毛)
- 귀밋(耳根)
- 귀ㅅ구무(耳孔)
- 귀ㅅ바회(耳輪)
- 귀ㅅ밥(耳垂)
- 귀ㅅ젼(耳城郭)
- 귀여지(耳矢)
- 기(陽物)
- 김의(痣子)
- 냥미간(印堂)
- 넙덕다리(大腿)
- 념통(心)
- 녕팔지(肋扇)
- 눈(眼)
- 눈망올(眼睛)
- 눈망울(眼珠)
- 눈ㅅ곱(眼脂児)
- 눈ㅅ두에(眼胞)
- 눈ㅅ물(眼淚)

•눈ㅅ부텨(眼瞳子)   •눈ㅅ섭(眉毛)   •눈ㅅ섭머리(眉頭)

•눈어엿(眼眶)   •눈초리(眼角)   •뉵가락 枝指

•니(牙齒)   •니마(頭顱)   •니마ㅅ두썰(額角)

•니마ㅅ박(額腦盖)   •니ㅅ무음(牙床)   •니ㅅ므음(牙根)

•니ㅅ삿(牙縫)   •니통소(爭食窩子)   •ᄎ(臉)

•ᄎ갓(面皮)   •다리ㅅᄆᄅ(腿頂骨)   •덧니(重牙)

•뎡박기예더핀뼈(天霊盖)   •뎡박이(腦蓋子)   •두귀밋(両鬢)

•두다리ㅅ스이(內胯)   •등(脊背)   •등ᄆᄅ(脊樑)

•딕골(腦帒)   •마리골슈(頭腦)   •마리ㅅ가마(頭旋)

•마리터럭(頭髮)   •만화(沙肝)   •명치(心窩)

•명치썌(胸岔骨)   •목(발)(項)(子)   •목구무(咽喉)

•목넘쥬뼈(嗓子骨)   •목줄썬(嗓子)(気嗓)   •몸(身子)

•몸삐(身分)   •무롭(曲膝)   •므샤마괴(黃子)

•밋구무(屁眼)   •발뒷측(脚後跟)   •발안ᄭᅮ머리(內踝)

•발(脚子)   •발가락(脚指頭)   •발목(脚腕子)

•발바당(脚底板)   •발ㅅ등(脚背)   •발ㅅ바당(脚掌)

•발자곡(脚印)   •보죠개우물(笑印)   •복쇼아뼈(踝子骨)

•볼기(臀子)   •볼기짝(股睊)   •부하(肺子)

•불(卵子)   •불(夗脬)   •불ㅅ거옷(卵毛)

•불ㅅ줄기(卵根子)   •비듬(浮皮)   •빅(肚子)

•빅ㅅ보록(肚臍兒)   •빅회(頭頂心)   •쓸개(肚子胆)

•산사룸의진영(喜身)   •三角鬚(三角鬚)   •샤티(雑頭髮)

•속눈섭(眼挾毛)   •손목(手腕了)   •손범아귀(手虎口)

•손ㅅ금(手紋)   •손ㅅ돕(手指甲)   •손ㅅ등(手背)

•손ㅅ바당(手心)   •손ㅅ삿(手了)   •손ᄭᅡ락(手指頭)

•손씀에고리(手破落)   •손씀에키(手籤箕)   •송곳니(月牙)

- 숨통(氣衝)
- 쉿구무(囟門)
- ᄲᅡᆷ(腮頰)
- 아릿ᄇᆡ(小肚)
- 아랫ᄑᆞᆯᄯᅩᆨ(小肐膊)
- 앏니(門牙)
- 암니(鬼牙)
- 양의마리(捲螺髮)
- 어금니(腮牙)
- 엄니(齙牙)
- 엇게(肩膀)
- 오좀통(尿脬)
- 웃ᄑᆞᆯᄯᅩᆨ(大肐膊)
- 음슈(腎水)(鬆水)
- 입아랫나롯(鬚)
- 입아랫시올(口下唇)
- 입웃나롯(髭)
- 입웃시올(口上唇)
- 입(口)(嘴)
- 입시욹(嘴唇)
- 입아귀(口吻)
- 쟝긔ᄲᅢ(接膝蓋)
- 저근챵ᄌᆞ(小腸子)
- 졋(妳子)
- 졋가ᄉᆞᆷ(妳膀)
- 졋곡지(奶頭嘴)
- 졋니(妳牙)
- 죵아리(攬筋)
- 주머귀(拳頭)
- 죽은ᄭᅢ(雀瘢)
- 즌굴이(腰眼)
- 코아래(人中)
- 코(鼻子)
- 코ㅅ구무(鼻孔)
- 코ㅅ구무엣털(鼻毛)
- 코ㅅ긋(鼻準)(鼻尖)
- 코ㅅ대(鼻柱)
- 코ㅅ물(鼻涕)
- 코ㅅᄆᆞᄅᆞ(鼻樑)
- 코ㅅ방올(鼻翅)
- 콩ᄑᆞᆺ(腰子)
- 큰챵ᄌᆞ(大腸子)
- ᄐᆞᆨ(下頦)
- ᄐᆞᆨ앳나롯(鬍)
- ᄑᆞᆯㅅ구머리(拐肘子)
- ᄑᆞᆯᄯᅩᆨ(肐膊)
- 항믄(糞門)
- 허리(腰身)
- 헛틔ㅅᄇᆡ(腿肚)
- 혀(舌頭)
- 혀ㅅ긋(舌尖)
- 황믄(肛門)

② 『방언유석』

- 가리(肋)
- 가림자(分道子)
- 가ᄉᆞᆷ(胸膛)
- 간(肝)
- 겨드랑(肐子窩)
- 곡뒤(腦後)
- 구레나롯(連鬢鬍子)
- 궁둥이(外胯)
- 귀(耳朵)
- 귀밋(耳根)
- 귀밋털(鬢毛)
- 귀ㅅ바회(耳輪)
- 귀ㅅ구무(耳孔)
- 귀ㅅ불(耳垂)
- 귀여지(耳失)
- 나롯(鬍鬚)
- 납쟉ᄒᆞᆫ 입(匾嘴)
- 냥미간(印堂)

•넉(魄)	•넙덕다리(大腿)	•념통(心)
•눈(眼)	•눈망올(眼珠)	•눈ㅅ부텨(瞳人)
•눈ㅅ두에(眼胞)	•눈ㅅ섭머리(眉頭)	•눈ㅅ섭(眉毛)
•눈어엿(眼眶)	•눈초리(眼角)	•뉵가락(贅指)
•니(牙齒)	•니마(額)	•니ㅅ므음(牙根)
•니ㅅ삿(牙縫)	•니통소(爭食窩)	•ᄎᆞᆫ(臉)
•ᄎᆞᆫ갓(面皮)	•다리(腿子)	•대쟝(大腸)
•덧니(重牙)	•뎡박이(頭頂)	•등(背)
•듸골(腦髓)	•령혼(魂)	•마리(頭)
•마리털(頭髮)	•만화(脾)	•명치(心窩)
•명치쎠(胸盆骨)	•목(발項)	•목구무(咽喉)
•목졋(重脣)	•몸(身子)	•믹(脈)
•발밧구머리(外踝)	•발안쑤머리(內踝)	•발(脚子)
•발뒤측(脚跟)	•발ㅅ등(脚背)	•발ㅅ바당(脚心)
•방광(膀胱)	•보조개우물(笑印)	•복쇼아쎠(踝子骨)
•볼기(屁股)	•볼기짝(股鵰)	•부화(肺)
•불(卵子)	•비듬(麩皮)	•비(肚子)
•비ㅅ보록(臍)	•쓸개(胆)	•살젹(鬢角)
•삼쵸(三焦)	•속눈섭(眼睫毛)	•손범아귀(手虎口)
•손(手)	•손가락(指頭)	•손등(手背)
•손목(手腕)	•손ㅅ금(手紋)	•손ㅅ돕(手指甲)
•손ㅅ바당(手心)	•손ㅅ삿(手丫)	•송곳니(月牙)
•쇼쟝(小腸)	•숨통(気喙)	•슋구무(顖門)
•신(腎)	•썀(腮)	•쎠(骨頭)
•아릿빅(小肚)	•압니(門牙)	•양(胃)
•엄니(齫牙)	•엇게(肩膀)	•오좀통(水脬)

•왼몸에털(汗毛)	•음모(陰毛)	•입(口)
•입시욹(脣)	•입하늘(巧舌)	•쟝긔쎄(接膝蓋)
•졋(妳頭)	•졋곡지(妳嘴)	•졋니(妳牙)
•졔삼지(中指)	•졔ᄉ지(無名指)	•졔오지(小指)
•졔이지	•졔일지(大指)	•죵아리(小腿)
•주머귀(拳頭)	•쥴듸(嗉)	•진익(津液)
•즌허리(軟腰)	•챵ᄌ(腸子)	•춤(唾沫)
•코(鼻子)	•코ᄉ구무(鼻孔)	•코ᄉ구무엣털(鼻毛)
•코ᄉ긋(鼻準)	•코ᄉ믈(鼻涕)	•코ᄉ무ᄅ(鼻樑)
•코ᄉ방올(鼻翅)	•코아래(人中)	•콩풋(腰子)
•털구무(毛孔)	•툭(下頦)	•피ᄉ대(血道)
•폴쏙(肱膊)	•항문(穀道)	•허리(腰)
•혀(舌頭)	•혀ᄉ긋(舌尖)	•힘ᄉ줄(筋)

9.4.1. 신체 어휘의 유의 관계 어휘

신체 어휘에는 한 부위의 명칭에 둘 이상의 어휘가 분포되어 있는 경우가 있다. 그리하여 둘 이상의 신체 어휘가 유의어 관계를 이루게 된다. 그 이유는 대략 다음과 같은 것으로 생각한다.

① 한자어와 고유어가 동시에 분포되어 있는 경우

•신체(身體) : 몸	•심장(心臟) : 염통
•안면(顔面) : 얼굴 : 낯	•폐(肺) : 허파 : 부아

이 중에서 한자어나 고유어 중에 어느 어휘가 더 일반화되어 사용된다고 하

기 어렵다. 사용되는 경우에 따라 달리 사용되기 때문이다. 대체로 한자어가 전문용어나 학술용어를 만드는 데에 많이 사용된다. 반면에 고유어는 일반 생활용어에 많이 쓰인다.

- 심장 : 심장마비, 심장병, 심장판막증 등
- 염통 : 염통구이, 염통머리, 염통주머니, 염통집

이것은 한자가 조어력이 크기 때문일 것이다. 그리고 신체 어휘를 이용하여 삼성을 나타내거나 할 경우에는 고유어가 더 많이 사용되는 것으로 보인다.

이와 반대되는 경우도 보인다. '안면을 바꾸다'는 '낯을 바꾸다'나 '얼굴을 바꾸다'로는 사용되지 않는다.

②신체 부위의 경계가 분명하지 않아서 둘 이상의 어휘가 동시에 사용되는 경우

㉠ 궁둥이 : 엉덩이

'궁둥이'는 볼기의 아랫부분이고 '엉덩이'는 볼기의 윗부분이지만, 그 경계가 명확하지 않다. 대개 '궁둥이'는 앉으면 바닥에 닿는 부분이고 닿지 않는 부분이 '엉덩이'라고 하지만 그러한 구분이 쉽지 않아서, '엉덩이'와 '궁둥이'를 혼용하고 있다.

㉡ 고개 : 목

'고개'는 '목'의 뒷등이 되는 부분이어서, '목'의 일부분이 된다. 그러나 '고개를 돌린다', '목을 돌린다' 라고 해도 그 차이를 알 수 없으므로 같이 사용되고 있다.

ⓒ 볼 : 뺨

'볼'은 '뺨'의 한 복판을 말한다. 그래서 '뺨'이 '볼'보다 더 큰 부위를 말하지만 '볼을 꼬집는다' '뺨을 꼬집는다'나, '뺨을 때리다', '볼을 때린다'고 해도 큰 차이를 알기 어렵다.

신체 어휘를 이용하여 각종 언어 표현에 사용되고 있어서 신체 어휘는 일상 사용 어휘 중 빈도가 높은 편에 속한다고 할 수 있다. 몇몇 예를 들어 보도록 한다.

① 가슴

ⓐ 가슴을

가라앉히다, 달래다, 도려내다, 설레다, 억누르다, 적시다, 조이다, 졸이다, 쥐어뜯다, 진정시키다, 짓누르다, 태우다, 후비다

ⓑ 가슴이

갑갑하다, 개운하다, 내려앉다, 답답하다, 덜컹하다, 두근거리다, 따뜻하다, 떨리다, 뛰다, 뜨겁다, 뜨끔하다, 막히다, 먹먹하다, 멍멍하다, 메어지다, 무겁다, 무너지다, 뭉클하다, 미어지다, 벅차다, 벌떡거리다, 벌렁거리다, 부풀다, 빠개지다, 뻐근하다, 뿌듯하다, 사무치다, 서늘하다, 설레다, 섬뜩하다, 섬찟하다, 쓰리다, 쓰라리다, 아리다, 아프다, 알알하다, 에어지다, 울렁거리다, 울컥하다, 저리다, 저미다, 조마조마하다, 조이다, 짜릿하다, 찌릿하다, 찡하다, 찢어지다, 차갑다, 철렁하다, 타다, 터지다, 후련하다

② 간

간 떨어진다, 간에 기별도 안 간다, 간에 붙었다 쓸개에 붙었다 한다, 간을 빼어

먹다, 간이 뒤집히다, 간이 떨어진다, 간이 붓다, 간이 얼다, 간이 오그라들다, 간이 콩알만 해 진다, 간이 크다, 간이 타다

③ 고개

고개를 갸우뚱하다, 고개를 갸웃거리다, 고개를 굽실거리다, 고개를 기웃거리다, 고개를 끄덕이다, 고개를 내두르다, 고개를 내젓다, 고개를 돌리다, 고개를 떨구다, 고개를 들다, 고개를 떨구다, 고개를 숙이다, 고개를 흔들다

④ 귀

귀담아 듣다, 귀를 기울이다, 귀를 막다, 귀를 먹다

⑤ 눈

눈 깜짝할 사이, 눈여겨 보다, 눈을 가리다, 눈을 감다, 눈을 뜨다, 눈이 멀다, 눈이 익다

⑥ 머리

머리가 나쁘다, 머리가 돌다, 머리가 둔하다, 머리가 똑똑하다, 머리가 복잡하다, 머리가 아프다, 머리가 어지럽다, 머리가 이상하다, 머리가 잘 돌아간다, 머리가 좋다, 머리가 지끈지끈하다, 머리가 텅 비었다, 머리가 핑핑 돌다, 머리를 깎다, 머리를 숙이다, 머리를 얹다

⑦ 목

목 마르다, 목 졸리다, 목놓아 울다, 목에 힘주다, 목을 비틀다, 목을 움츠리다, 목을 자르다, 목을 죄다, 목이 달아나다, 목이 마르다, 목이 메다, 목이 빠지다, 목이 타다

⑧ 목구멍

목구멍이 포도청, 목구멍에 풀칠하다

⑨ 발

발 벗다, 발붙이다, 발빠르다, 발뻗다

⑩ 배

배 아프다, 배 부르다

⑪ 손

손 내밀다, 손 놓다, 손 대다, 손 들다, 손 떼다, 손 벌리다, 손 보다, 손 빼다, 손 쉽다, 손 씻다, 손 잡다, 손 털다

⑫ 쓸개

쓸개 빠지다, 쓸개 나가다, 쓸개 없다

⑬ 입

입 다물다, 입 닥치다, 입 맞추다, 입 벌리다, 입 봉하다, 입 씻다, 입 아프다

⑭ 코

코 베어 가다, 코웃음 치다, 코가 높다, 코가 납작해지다, 코가 비뚤어지다, 코가 찡하다, 코가 깨진다, 코가 땅에 닿는다, 코가 석 자다, 코가 꿰이다, 코를 찌르다, 코를 풀다

9.5. 미각 표현 어휘

국어 어휘는 형용사 쪽에서 많은 발달이 되었다. 그 대표적인 것이 색채어와 미각 표현어이다. 그러나 구체적으로 그 발달이라는 것이 무엇을 의미하며, 그 분포는 어떠한지도 잘 파악하지 못한 실정에 있다.

여기에서는 미각을 나타나는 어휘들에 대해 주로 음성상징 등 음운론적인 입장에서, 그리고 어휘의 파생이나 굴절 및 합성 등 형태론적인 입장에서 설명함과 동시에 그 의미범주를 다루는 의미론적인 입장에서 고찰해 보도록 한다.

미각 표현 어휘란 국어 어휘 중에서 맛의 감각을 표현하는 어휘를 말한다. 감각을 표현하는 어휘들로는 시각, 청각, 미각, 후각, 촉각의 감각을 표현하는 어휘들이 있는데, 국어에서는 이 중 미각을 표현하는 어휘들이 다양하게 분포되어 있다.

9.5.1. 미각 표현어의 특성

어휘는 어떤 국어의 음운 자질이나 문법적 특징과 같은 방법에 의하여서는 철두철미하게 체계적인 기술을 할 수가 없다. 이것은 어휘가 많은 요소로 조직된 집합체이긴 하지만, 그 경계선이 유동적이어서, 명확한 것이 아니기 때문이다.

국어에서 미각을 나타내는 어휘는 맛의 뚜렷한 경계선을 그을 수가 없어서 미각을 나타내는 어휘 범주를 설정하기가 쉽지 않다. 특히 미각 표현 어휘들은 문화적, 사회적인 바탕 속에서 이루어졌을 뿐만 아니라 심리적인 원인이나 조건도 지니고 있기 때문에 그 어의(語義)를 파악하기란 쉬운 일이 아니다. 또한 이들 어휘는 항상 개방적이어서 신어(新語)나 신의(新義)를 지속적으로 첨가시킬 수가 있어서 과학적으로 기술하기가 매우 어렵다고 할 수 있다.

9.5.2. 미각 표현 어휘의 기본 어휘

미각을 표현하는 기본 어휘는 학자에 따라 각기 다르다. 단 맛, 짠 맛, 매운 맛의 세 가지를 미각 표현의 기본 어휘로 보는 학자가 있는가 하면, 여기에 쓴 맛을 첨가하여 네 가지로 분류하는 학자도 있으며, 여기에 다시 신맛을 더하여 다섯 가지로, 그리고 이 다섯 가지에 다시 떫은 맛을 추가하여 여섯 가지로 구분하기도 한다. 그러한 학자들의 견해를 보이면 다음과 같다.

	달다	짜다	맵다	쓰다	떫다	시다
천시권(1982)	○	○	○			
최현배(1984)	○	○	○	○	○	
이승명(1988)	○	○	○	○		○
임지룡(1994)	○	○	○			
손용주(1992)	○	○	○	○	○	○

물론 미각을 나타내는 어휘는 이 외에도 '싱거운 맛, 비린 맛, 고소한 맛, 아린 맛' 등이 있으며 복합적인 맛을 표현하는 어휘들도 있다. 이것들은 그 맛을 느끼는 감각 기관이 어디인가에 따라 구분되는 것으로 보인다. '달다, 쓰다, 시다, 짜다'는 혀의 미뢰(味蕾, 맛봉오리)에서, '맵다'는 통각의 한 가지로, 그리고 '떫다'는 혼합된 감각이라고 한다. 그것을 표로 보이면 다음과 같다.

달다	혀의 미뢰 (味蕾, taste bud)에서 感知
쓰다	
시다	
짜다	
맵다	통각에 의한 자극, 즉 통증을 수반한 감각
떫다	여러 맛이 혼합된 감각

또한 맛의 유무를 판단하는 지각에 의한 맛과 그것을 판단하는 맛이 차이가 있어서 그것을 구분하여 보면 다음과 같다.

미뢰에 의한 감각세포에 의한 맛 감각	달다, 쓰다, 시다, 짜다
외계의 자극(후각·통각·시각·청각)에 의한 맛	맵다, 떫다, 고소하다, 비리다
맛 지각이나 기호 과정에 의한 맛 표시	맛이 있다, 없다, 좋다, 나쁘다

	지각에 의한 맛	존재긍정, 존재 부정	맛이 있다, 맛이 없다
맛	판단에 의한 맛	유형에 의한 맛	단맛, 신맛, 쓴맛, 짠맛, 떫은 맛, 매운 맛, 비린 맛, 누린 맛, 고소한 맛, 상한 맛, 느끼한 맛
		기호에 적응하는 맛	나쁜 맛, 좋은 맛

이러한 여러 시각에서 필자는 미각 표현 어휘의 기본 어휘로서 '쓴 맛, 단 맛, 신 맛, 짠 맛, 떫은 맛, 매운 맛'의 여섯 가지로 구분하고자 한다. 비록 '떫은 맛'이 혼합된 감각이지만 맛의 감각 표현 어휘로서 그 사용 빈도가 높기 때문에 미각 표현 어휘의 기본 어휘로 설정하도록 한다.

9.5.3. 미각 표현 어휘의 목록

미각 표현 어휘로 사용되는 어휘로서는 다음과 같은 단어들이 있다. 이 목록에는 복합적인 맛을 표현하는 어휘들도 포함되어 있다.

① 단 맛(甘味)을 표시하는 어휘

- 달다
- 달곰매콤하다
- 달곰삼삼하다
- 달곰새곰하다
- 달곰새끔하다
- 달곰새콤하다
- 달곰씁슬하다
- 달곰하다
- 달금하다
- 달디달다
- 달보드레하다
- 달지근하다
- 달짜지근하다
- 달착지근하디
- 달치근하다
- 달콤씁살하다
- 달콤하다
- 달큼스레하다
- 달큼하다
- 들부드레하다
- 들쩍지근하다
- 들척지근하다
- 들치근하다
- 들큰하다

• 들큼하다

② 쓴 맛(苦味)을 표시하는 어휘

• 쓰다	• 쌉사래하다	• 쌉사름하다
• 쌉살하다	• 쓰디쓰다	• 씁스레하다
• 씁스름하다	• 씁슬하다	

③ 신 맛(酸味)을 표시하는 어휘

• 시다	• 새곰새곰하다	• 새곰하다
• 새그무레하다	• 새금새금하다	• 새금하다
• 새척지근하다	• 새치근하다	• 새콤달콤하다
• 새콤새콤하다	• 새콤하다	• 새콤하다
• 세큼새큼하다	• 세큼하다	• 시구스름하다
• 시굼시굼하다	• 시굼하다	• 시그무레하다
• 시금떨떨하다	• 시금시금하다	• 시금씁슬하다
• 시금털털하다	• 시금하다	• 시디시다
• 시지근하다	• 시척지근하다	• 시치근하다
• 시쿰시쿰하다	• 시쿰하다	• 시큼시큼하다
• 시큼하다	• 째곰하다	

④ 매운 맛(辛味)을 표시하는 어휘

• 맵다	• 매옴하다	• 매움하다
• 매콤달콤하다	• 매콤하다	• 매큼하다
• 맵디맵다	• 맵싸하다	• 얼근하다

⑤ 짠 맛(鹹味)을 표시하는 어휘

- 짜다
- 간간짭짤하다
- 간간하다
- 건건찝찔하다
- 건건하다
- 짜디짜다
- 짭짜름하다
- 짭짤하다
- 짭쪼름하다
- 쭙쯜하다
- 찝찔하다

⑥ 떫은 맛을 표시하는 어휘

- 떫다
- 떠름하다
- 삽삽(澁澁)하다
- 뜳다

이 기본적인 미각 표현 어휘 이외에 맛을 표현하는 어휘들도 많다. 그 예를 몇몇 들어 보도록 한다.

⑦ 싱거운 맛을 표시하는 어휘

- 싱겁다
- 심심하다
- 삼삼하다
- 밍밍하다

⑧ 비린 맛을 표시하는 어휘

- 비리다
- 비리척지근하다
- 비리치근하다
- 비릿하다
- 비척지근하다
- 비치근하다

⑨ 고소한 맛을 표시하는 어휘

- 고소하다
- 구수하다
- 꼬소하다
- 꼬숩다

⑩ 아린 맛을 표시하는 어휘

　　•아리다　　　　　　•아릿하다　　　　　　•아릿아릿하다

⑪ 그 이외의 맛을 표시하는 어휘

　　•싸하다　　　　　•알근하다　　　　　　•알싸하다

　　•알알하다　　　　•알작지근하다

　이외에도 미각을 나타내는 어휘는 상당수 있으리라 생각하나, 이상 신기철, 신영철의 표준국어사전에서 뽑은 어휘와 고등학교 2학년 학생 120명을 제보자로 하여 뽑은 약 100여 개의 어휘를 찾아낼 수 있었다. 물론 6개의 기본 미각 표현 어휘 이외의 것들까지도 포함된 숫자이다. 특히 고등학교 학생들이 적어 낸 미각 표현 어휘는 상당히 많았으나 필자가 들어 보지 못한 것들 및 신빙성이 없는 것들은 제외하였다. 예컨대 '달사그레하다, 달공달공하다. 시덕시근하다, 시서늘하다, 탑탈하다, 구스름하다, 야리다, 얍살하다, 쓸겅쓸겅하다' 등 약 80여 개이다.

　그리고 위의 예에서 ⑦, ⑧, ⑨, ⑩, ⑪에 해당하는 것은 취각(臭覺) 및 촉각(觸覺) 후각(嗅覺) 등에 의해서 미각을 표현하는 어휘들인에, 이들도 포함시켰다.

　위에서 언급한 사실들을 표로 그려 제시하면 다음과 같다.

맛	대표맛	한자어	고유어	수
단맛	꿀맛	甘味	달다, 달콤하다 등	25개
쓴맛	소태맛	苦味	쓰다, 씁쓸하다 등	8개
신맛	식초	酸味	시다, 새콤하다 등	32개
짠맛	간장	鹹味, 淡味	짜다, 간간하다, 짭짤하다 등	11개
떫은 맛	밤속	澁味	떫다, 떨떠름하다 등	4개
매운 맛	고추	辛味	맵다, 알싸하다 등	9개

9.5.4. 강도의 구별 및 서열

맛을 나타내는 어휘는 그 맛의 강도를 추량하기 힘들다. 색채어는 '파랗다'-'퍼렇다' 등에서 그 강도를 쉽게 파악할 수 있으나 미각 표시 어휘는 그 강도를 표시하기보다는 맛의 미세한 차이를 나타내는데 제1차적인 기능을 지니고 있기 때문이다. 그러나 몇몇 어휘 중에서 특별히 강도를 제시하는 어휘들이 있으니 그것은 모음의 음색에서, 그리고 반복어 등으로 나타내기도 한다. 예를 들면 '달다'를 '달디달다', '쓰다'를 '쓰디쓰다', '시다'를 '시디시다', '짜다'를 '짜니짜나', '비리다'를 '비릿비릿하다' 등으로 나타내는 것 등이다.

그러나 그 강도에 의해서 이 어휘들을 나열할 수는 없다. 왜냐 하면 그 미세한 감각의 차이를 인지할 수 없기 때문이다.

원래 언어기호는 1차적인 기능과 2차적인 기능을 겸한 기능을 하는 외에 기분 및 연상 작용이 뒤따르며 이들은 정서적 가치를 지니고 있는 것인데 이들 미각 표현 어휘들은 이 정서적 가치가 극도의 발달을 본 것이라 생각한다.

미각 어휘의 강도는 실제로 음색의 체계에서 찾아야만 할 것으로 보인다. 색채어에서는 색감의 음색과 직접 연관을 지니고 있어 '발갛다-빨갛다', '벌겋다-뻘겋다' 등에서는 음색에 따라 색감도 정서적 가치를 달리하고 있으나, 미각과 음색 사이에서는 커다란 연관성을 찾기가 힘들다.

몇 개의 어휘에서만 그 예가 보이나, 그것은 커다란 차이를 보여주는 것 같지는 않다. 다음에 모음의 음색의 차이에 따른 미각의 차이를 살펴 본다.

- 건건하다 - 간간하다
- 고소하다 - 구수하다
- 달그달근하다 - 덜근덜근하다
- 달보드레하다 - 들부드레하다
- 달짝지근하다 - 들쩍지근하다
- 달착지근하다 - 들척지근하다
- 달치근하다 - 들치근하다
- 달큼하다 - 들큼하다
- 시굼하다 - 새곰하다
- 시금털털하다 - 새금틀틀하다

- 시금하다 - 새금하다
- 시척지근하다 - 새척지근하다
- 시치근하다 - 새치근하다
- 시쿰하다 - 새콤하다
- 씁쓰레하다 - 쌉사레하다
- 씁스름하다 - 쌉사름하다
- 씁쓸하다 - 쌉살하다
- 짭짤하다 - 찝질하다

음색의 대립체계는 대략 '아-어', '오-우', '애-에' 등의 상관적 대립이 존재하며, '으'와 '이'는 분리적 대립을 이루어 오늘날 '으'와 '이'가 짝이 없는 모음이 되고 있다. 그러나 위의 어휘에서의 모음 대립은 이와 같은 상관적 대립은 찾아볼 수가 없다. '달큼하다'는 그 대립관계에서 '덜큼하다'로 되어야겠는데 실제 '덜큼하다'는 '들큼하다'로 나타나고 있는 것이다. 이것은 현대어에서 'ㅓ'[ɘ]의 음가가 실제 발음상에서는 그 모음이 장음일 때는 [ɘ:]('없다'의 'ㅓ'음)음으로 되고, 그 [ɘ:]음이 [ɨ:]음으로 변하여 가는 모습을 대변하고 있다고 보아야 할 것이다. 실제로 '없다'[ɘ:ptᵃl]는 [ɨ:ptᵃl]로 발음되고 있는 것이며, '멀다'도 [mu:lta]([ul]는 [m]에 의한 [ɨ] 모음의 원순모음화현상)로 원순모음화되고 있는 것이다.

'시쿰하다'와 '새콤하다'에서 '-쿰-', '-콤-'은 문제가 안되지만, '시-'와 '새-'는 어떻게 설명해야 할 것인가? 원래 '시-'의 'ㅣ'는 대립되는 짝이 없어 그 발음가치가 가까운 'ㅐ'를 취하였을지도 모른다. 우리는 양모음 계열이 가벼운 약도(弱度)를 보이고 음모음 계열은 강도(强度)를 보여 주며, 'ㅣ'와 'ㅡ'는 중성모음이라는 점을 쉽게 언급할 수 있을 것 같다.

자음에서의 음색의 차이는 거의 찾지 못하였으나, 경음 계열과 격음 계열이 약간 발달하였음을 볼 수 있다. 즉,

- 달금하다 : 달큼하다
- 달착지근하다 : 달짝지근하다
- 달곰하다 : 달콤하다
- 시쿰하다 : 시쿰하다
- 시금하다 : 시큼하다

이들 예에서 '평음 〉 격음 〉 경음'일수록 좀 더 자극성이 있으며 강도가 큰 맛을 나타냄을 간파할 수 있다.

이상의 논의를 표로 보이면 다음과 같다.

① 모음의 대립 관계

맛	모음대립	예	문법요소
달다	아 - 으	달큼하다 ~ 들큼하다	어간형태소
	오 - 으	달콤하다 ~ 달큼하다	접미사
쓰다	아 - 으	쌉쌀하다 ~ 씁쓸하다	어간형태소
시다	애 - 이	새콤하다 ~ 시쿰하다	어간형태소
짜다	아 - 이	짭짤하다 ~ 찝찔하다	어간형태소
	아 - 어	간간하다 ~ 건건하다	어간형태소

	양성모음	음성모음
달다, 짜다	농도가 높음	농도가 낮음
쓰다, 시다	농도가 낮음	농도가 높음

② 자음의 대립관계

맛	대립	예	문법요소
달다	평음 : 격음	달곰 ~ 달콤	접미사
	경음 : 격음	달짝지근 ~ 달착지근	접미사
쓰다	대립이 없음		
시다	평음 : 격음	새곰~ 새콤	접미사
짜다	대립이 없음		
떫다	대립이 없음		
맵다	평음 : 격음	얼근 ~ 얼큰	접미사

평음	낮다 ┐
경음	높다(중간) ┘ ┐ 높다 ┐
격음	높다(중간) ─ 낮다 ┘

9.5.5. 미각 표현 어휘의 조어법

대개 이 어휘들은 '-하다'가 붙어 형용사가 되는데('달다, 시다, 쓰다, 맵다' 등의
기본형은 변하지 않으나) 그 맛에 따라 다음과 같은 접미사가 붙음을 볼 수 있다.

① -금, -곰, -굼
  • 달금하다 : 시금하다　　• 달곰하다 : 시굼하다 등

② -콤, -큼, -쿰
  • 달콤하다 : 시쿰하다 : 매콤하다
  • 달큼하다 : 시큼하다 : 매큼하다 등

③ -옴, -움
  • 매옴하다 : 매움하다

④ -착, -척
  • 달착지근하다 : 들척지근하다 : 시척지근하다 : 새척지근하다 등

⑤ -짝, -쩍
  • 달짝지근하다 : 들쩍지근하다 등

⑥ -지근
  • 달착지근하다 : 달짝지근하다 : 달지근하다 : 시지근하다 등

⑦ -치근
  • 달치근하다 : 시치근하다 : 바리치근하다 등

⑧ -스름, -름

　　• 씁스름하다 : 시구스름하다 : 짭짜름하다 : 떠름하다 등

⑨ -스레

　　• 달콤스레하다 : 씁스레하다 등

⑩ -디

　　• 달디달다, 쓰디쓰다, 시디시다, 짜디짜다

　　물론 이들 어휘들 중에서 어간은 각각 '-달-', '-시', '쓰-', '짜-', '맵-' 등으로 볼 수밖에 없는데, 만약 그렇다면 '-착지근하다' '-금하다', '곰하다' 등은 모두 접미어로 볼 수밖에 없다. 이 '하다'를 분리해낸다고 하더라도 마찬가지가 될 것이다. 이들 접미어에서 특징적인 것은 그 말음이 '-m/-n' 계열이라는 것인데, 이 'm/n' 계열의 말음을 지닌 접미어는 아마 미각 표현 어휘에서만 볼 수 있는 특수한 것이 아닌가 한다. 그리고 합성어 중에서도 병립하여 복합어가 되는 경우에도 '달곰씁슬하다, 달곰새곰하다, 달곰쌉살하다, 달콤씁슬하다. 시금떨떨하다, 시금털털하다, 건건찝질하다, 간간짭잘하다, 얼근덜근하다, 알근달근하다, 시금짭잘하다,' 등과 같이 처음에 오는 단어의 말음이 -m/-n 계열의 것임도 흥미있는 사실이다. 한편 '-디'와 같이 반복을 나타내는 말은 원래 부사형으로 만드는데 쓰이는 '-이, -히, -기, -리' 등에서의 '-ㅣ'와 같이 '-디'도 부사형으로 다음에 오는 말을 강조시키고 있는 것이다.

9.5.6. 복합적인 맛의 표현

복합적인 맛을 표현하는 경우도 꽤나 많아서 그 현상을 보이면 다음과 같다.

번호	복합맛	고유어	한자어
①	단맛 + 쓴맛	달콤 쌉쌀하다	甘苦하다
②	단맛 + 신맛	달콤 새콤하다	甘酸
③	신맛 + 쓴맛	시큼 쌉쌀하다	×
④	신맛 + 떫은 맛	시큼 털털하다	×
⑤	매운 맛 + 단맛	알근 달근하다	×
⑥	매운 맛 + 신맛	×	辛酸하다
⑦	떫은 맛 + 쓴맛	×	澁苦하다

이 관계를 표로 보이면 다음과 같다.

이들의 특징을 보면

① 짠 맛은 다른 맛과 융합되지 않는다.

② 쓴 맛은 융합되는 어휘의 앞에 오지 않는다.

③ 가장 기본적으로 융합되는 맛은 '쓴맛, 단맛, 신맛' 세 맛이다.

그래서 "단맛, 쓴맛 다 보았다" 또는 "단맛, 쓴맛, 신맛 다 보았다"는 쓰이지만 "매운 맛, 신맛" "신맛, 떫은 맛" 등은 사용되지 않는다.

　④ 단맛은 다른 미각표현 어휘보다 대개 앞에 놓인다

　이것은 대개 미각에 대한 기호(嗜好)의 정도에 따른 것으로 보인다. 예컨대 단맛, 쓴맛 등을 "좋은 맛, 나쁜 맛" 등으로 구분하여 설명한다면

	좋은 맛	나쁜 맛
단 맛	+	−
쓴 맛	−	+
신 맛	−	+
매운 맛	−	+
떫은 맛	−	+
짠 맛	−	+

과 같이 되어 단맛이 주로 '좋은 맛'이 될 것이다.

　⑤ 매운 맛은 항상 앞에 온다.

　이것은 매운 맛이 통각에 의한 것이기 때문에 이루어진 것으로 보인다. 그리고 다른 표현을 빌어 매운 맛을 표시하기 때문이다.

9.5.7. 사물 대용 미각 표현 어휘

　사물을 빗대서 미각을 표현하는 어휘는 색채어에 비하면 무척 적은 편이다.
　우리는 이 어휘들의 표현이 과연 무엇에 대한 표현인가 하는 것을 기술할 필요를 느낀다. 왜냐 하면 특히 이들 미각 표현 어휘들은 우리 나라의 식생활의 양태와 직접으로 연관이 있기 때문이다. 물론 수많은 음식들이 있겠으나 대표적인 것만을 보면 다음과 같다. 이것도 국문과 대학생들을 대상으로 조사한 결과이다.

① 달다 : 꿀, 설탕 ② 쓰다 : 소태, 키니네

③ 시다 : 식초 ④ 맵다 : 고추

⑤ 짜다 : 소금, 간장 ⑥ 싱겁다 : 물

⑦ 떫다 : 날감 ⑧ 비리다 : 생선, 날콩

⑨ 고소하다 : 깨소금 ⑩ 아리다 : 생감자

이들 음식들은 대개가 우리들이 주식으로 삼고 있는 조미료 및 음식이다. 특히 조미료 부분에 대한 표현이 대표로 되어 있는 듯한 인상을 주는 것은 재미난 현상이 아닐 수 없다. 이들 음식의 맛을 기준으로 해서 각각 맛의 미세한 차이를 보이고, 이 미세한 맛의 차이에 따라 그 어휘는 조금씩 달라져 가는 것이다.

각 미각에 대응되는 대표적인 음식을 표로 보이면 다음과 같다.

맛	대표 음식	
달다	설탕, 꿀, 사탕, 엿	
쓰다	한약, 익모초, 소태, 쓸개진, 씀바귀	특히 '떫다'는 대표될 수 있는 것이 고정되어 있지 않다.
시다	식초, 풋과일류, 개미산	
짜다	소금, 간장, 바닷물, 땀.	
떫다	날감, 밤속 껍데기.	
맵다	고추, 마늘, 후추	

9.5.8. 미각 표현 어휘의 전의(轉義)

그런데 이들 미각 표현어들은 그 의미가 바뀌어 다른 뜻으로 변하는 법은 없으나, 다른 표현에도 많이 쓰이고 있다. 즉 '달콤하다'를 예로 든다면 '달콤한 사랑, 달콤한 음악, 달콤한 이야기, 달콤한 소리' 등으로 쓰인다. '짜다'는 매우 인색한 것을 말하며, '싱겁다'는 말이나 하는 짓이 제 격에 어울리지 않고 멋적은 것을 의미하게 된다. '짭짜름하다'는 그 성과가 크지는 않으나 어느 정도

만족할 만한 것일 때 말할 수 있으며, '씁슬하다'는 패배를 느꼈을 때 쓰인다. 이들 의미 변화는 이들 단어가 지니고 있는 함축의미(conotation)가 빈약해지면서 그 적용범위가 미각 표현에만 그치지 않고 지시의미(denotation)가 넓어진 의미의 확대다. 이들 기의(signifie) 사이의 유사로 말미암아 상당히 유머러스한 표현 방법으로 이 미각 표현어들이 다른 상황을 표현시켜 주고 있는 사실은 그 단어의 사용에 상당한 발전이 있었음을 증명하는 것이다.

'달다'는 '맛이 달다'가 중심의미인데, '입맛이 달다(식욕 증진), 달콤한 사랑(樂), 달콤한 이야기(유혹), 달콤한 음성(유혹), 잠을 달게 자다(滿), 벌을 달게 받다(거리낌 없음)' 등으로 쓰인다.

그래서 '달다'의 대립어인 '쓰다'와 함께 쓰이어 여러 가지 표현 효과를 나타낸다.

달면 삼키고 쓰면 뱉는다 ┐
쓰다 달다 말이 없다   ├ 달다 - 쓰다의 대립
단맛 쓴맛 다 보았다   ┘

쓰다 ——	맛이 쓰다	입맛이 쓰다
	뒷맛이 쓰다	쓰디쓴 인생
	쓴 웃음	쓴 잔
	씁쓸한 표정	

시다 ——	맛이 시다	신물이 난다
	하는 일이 눈에 시다	시큰둥한 사람
	시기는 모과 잔등이다	시기는 산 개미 똥구멍이다
	시지도 않아서 군동내(군내)부터 먼저 난다	

짜다 ——	맛이 짜다	사람이 짜다 (인색)

물건값을 짭짤히 받다 (알차다)

살림이 짭짤하다 (알차다)

떫다 —— 맛이 떫다　　　　　　　마음이 떨떠름하다

　　　　맵시가 떨떨하다　　　　　떫은 표정 (불만)

맵다 —— 음식이 맵다　　　　　　바람이 맵다

　　　　매운 눈초리　　　　　　　성격이 맵살스럽다

　이 미각 표현 어휘는 중심의미로서보다 내포의미로서 공감각적 은유의 방식으로 사용되고 있음을 알 수 있다. 그리하여

① 맛이 ┌ 달다, 쓰다, 시다, 짜다, 떫다 ┐

　　　　│　　　　　　　　　　　　　　│　'맵다'가 痛覺에 의한

　　　　└ *맵다 ──────────────┘　것이기 때문이다.

② 음식이 ┌ 달다, 쓰다, 시다, 짜다, 떫다 ┐

　　　　　└ 맵다 ──────────────┘

③ 매운 ─────────────────┐

　　　　　　　　　　　　　　　바람　예외: 짠 바람 - 소금기가 있는 바람

　　*단, *신, *쓴, *짠 ──────┘

④ 뒷맛이 ┌ 쓰다 (不快)

　　　　　└ *달다, *시다, *짜다, *떫다(?), *맵다

⑤ 쓰디 쓴 ──────────────┐

　　　　　　　　　　　　　　　　　인생

　　*달디 단 *시디 신 *짜디 짠 ──┘

390　제3부 어휘의 분류

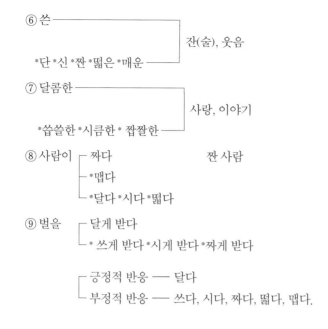

⑥ 쓴 ──────────┐
                              잔(술), 웃음
  *단 *신 *짠 *떫은 *매운 ─┘

⑦ 달콤한 ────────┐
                              사랑, 이야기
  *씁쓸한 *시큼한 * 짭짤한 ─┘

⑧ 사람이 ┌ 짜다   짠 사람
         ├ *맵다
         └ *달다 *시다 *떫다

⑨ 벌을 ┌ 달게 받다
        └ * 쓰게 받다 *시게 받다 *짜게 받다

       ┌ 긍정적 반응 ── 달다
       └ 부정적 반응 ── 쓰다, 시다, 짜다, 떫다, 맵다.

9.5.9. 미각 표현 어휘의 외국어와의 비교

국어에서는 미각 표현 어휘가 외국어에 비하여 월등히 그 분포가 큼을 알
수 있는데, 다음에 간단히 영어와 일본어를 그 예를 들어 보기로 한다.

① 영어

• 달다 : sweet, sweetisch, sweetflavored, sugary, honeyed

• 쓰다 : bitter

• 시다 : sour, acid

• 맵다 : hot, pungent

• 짜다 : salty, briny, saltish, savoury, piquant

• 싱겁다 : insufficiently, flavored, washy

• 떫다 : astringent, rough

- 비리다 : fishy, bloody
- 아리다 : bepungent, be tingling

　그 외 약간 많은 수가 있을 수 있겠으나 필자가 조사한 바로는 이에 그친다. 이들 단어들은 sugary, honeyed, salty, saltish, acid, washy, fishy, bloody 등 직접 그 맛을 느끼는 음식 등에 연관을 지어 형용사화시키고 있다. 그 발달은 매우 미약하지만, 이것은 식생활의 차이에서 근본적으로 달라지는 것이라 본다. 더구나 떫은 맛을 나타내는 astringent는 신 맛도 나타내며, rough는 쓴 맛, 신 맛, 아린 맛 등 자극성 있는 것을 말하며 pungent는 아린 것, 매운 것 등을 분간 하지 못하고 있는 것이다. 이들 어휘들의 의미상의 변화는 국어에서와 비슷 한 모습을 보이는 바, sweet voice, sweet love, sweet home, sweet talk 등 의미의 전이나 확대도 보인다. 국어에서 '달콤한 사람' 등의 어의 확대는 영어에서의 영향이 크리라 생각한다.

②일본어
　일본어는 영어보다 조금 더 발달된 인상을 준다.
- 달다 : あまい, あまつたるい
- 쓰다 : にがい, にがにがしい
- 시다 : すっぱい
- 맵다 : からい
- 짜다 : からい, しおからい
- 싱겁다 : あじが うすい, あまじお, しおがあまい
- 떫다 : しぶい
- 비리다 : なまぐさい
- 고소하다 : こうばしい
- 달콤하고 시다 : あまずっぱい

•달고 맵다 : あまから

이들 일본어도 영어와 별로 다를 것 없으나 두 가지 맛을 동시에 표현하는 어휘가 몇 개 발견된다는 점이 흥미 있으며, 매운 것과 짠 것은 미각적으로는 구분하지만, 어휘상으로는 구분할 수 없다는 것도 흥미 있는 사실이다. 그리고 にがな(苦菜)〈씀바귀〉, にがき(苦木)〈소태나무〉 등이 にがい에서 나온 말인지, 아니면 にがな 등에서 にがい가 나왔는지는 명확하지 않으나, 이들 미각 표현어를 중심으로 한 어휘(주로 복합어)가 많이 발견되어 있음을 볼 수 있는데 이것은 영어에서와 마찬가지다.

9.6. 색채 표현 어휘

9.6.1. 색의 개념

색(色)이란 빛에 의해 생기는 물리적인 현상이다. 그런데 그 물리적인 현상을 사람들이 생리적, 심리적으로 받아들이는 지각과정을 거쳐 사람들이 품게 되는 인식으로 나타나 보이는 것이 색채(色彩)이다. 이 색채를 언어로 표현한 것이 곧 색채어이다.

사람이 시각적으로 인식하는 요소는 형체(形體)에 대한 감각과 색에 대한 감각이다. 형체에 대한 인식은 '둥글다, 모지다' 등으로 표시될 수 있고, 색에 대한 감각은 색상(色相)과 명도(明度)와 채도(彩度)에 대한 것이다. 색상은 빨강, 노랑과 같은 색 이름으로 구분지어 표현되며, 명도는 색상이 밝고 어두운 정도를 말하며 채도는 색상의 탁하고 선명한 정도를 말한다. 그래서 이 색상, 명도, 채도를 색의 세 가지 속성이라고 말한다. 이것을 표로 보이면 다음과 같다.

시각	색의 감각	색상
		명도
		채도
	형의 감각	

색채어는 이들 중 주로 색상에 관계된 어휘이지만 명도와 채도의 의미까지도 포함하여 표현하기도 한다. '진분홍, 연분홍' 등이 그러한 경우이다.

색상은 다시 무채색(無彩色)과 유채색(有彩色)으로 구분된다. 무채색은 색상과 명도는 갖추고 있으나, 채도를 갖추고 있지 않은 색으로 하양과 검정, 회색이 있다. 유채색은 무채색인 검은색, 회색, 하얀색을 제외한 나머지 색상을 가진 색깔들을 총칭하는 것이다. 무채색을 제외한 나머지 색깔들이며 명도만 가지고 있는 무채색과는 달리 명도를 비롯하여 색상도, 채도를 가지고 있다. 이것을 표로 보이면 다음과 같다.

색의 감각	무채색(無彩色)	白 - 灰 - 黑
	유채색(有彩色)	赤, 橙, 黃, 綠, 靑, 紫 등

9.6.2. 기본 색채어

색은 그것을 보는 언어에 따라 기본색이 2개인 언어로부터 11개인 언어까지 매우 다양하게 분포되어 있다.

	white	black	red	green	yellow	blue	brown	purple	pink	orange	grey
2개	○	○									
3개	○	○	○								
4개	○	○	○	○							
4개	○	○	○		○						
5개	○	○	○	○	○						
6개	○	○	○	○	○	○					
7개	○	○	○	○	○	○	○				
8개	○	○	○	○	○	○	○	○			

8개	○	○	○	○	○	○	○		○		
9개	○	○	○	○	○	○	○	○	○		
9개	○	○	○	○	○	○	○	○		○	
10개	○	○	○	○	○	○	○	○	○	○	
10개	○	○	○	○	○	○	○	○	○		○
11개	○	○	○	○	○	○	○	○	○	○	○

알려져 있기로는 Jalè어(뉴기니아어)가 2개, Tiv어(나이제리아어)가 3개, 필리핀어가 4개, 그리고 중국어와 한국어가 5개, 영어가 11개, 러시아어가 12개로 알려져 있다.

한국어의 기본 색채어는 다음과 같은 5개로 알려져 있나.

① 하얗다 : 하양　　　② 검다 : 검정 (검 + 엉 → 거멍)

③ 붉다 : 빨강　　　④ 노랗다 : 노랑

⑤ 파랗다 : 파랑

이 기본 색채로부터 파생하여 표시되는 색채는 모두 12개다. 이것을 표로 보이면 다음과 같다.

	유채색	赤, 橙, 黃, 綠, 靑, 紫	
한국어의 색채(12종)	무채색	白, 灰. 黑	
	기타 색	光感	金빛, 銀빛
		종합적 색채	

9.6.3. 사물 대용 색채어

① 赤 : 핏빛, 혈색, 꽃분홍　　② 黃 : 달걀색, 오렌지색, 귤색

③ 靑 : 비취색　　　④ 黑 : 먹빛

⑤ 白 : 눈빛

식물명	밤색, 수박색, 살구색, 겨자색, 앵두색, 풀빛, 배추색, 가지색, 꽃분홍색, 오동색, 쑥색, 장밋빛, 가지색, 수박색, 앵두빛 등
동물명	쥐색, 비둘기색, 달걀빛, 조개색, 살색 등
광물명	산호색, 옥색, 유황색, 청동색, 진주빛, 구릿빛, 에메랄드색, 호박색, 코발트색, 금빛 등
음식물	차색, 간장색, 팥색, 커피색, 코코아색, 초콜릿색, 우유빛, 젖빛, 팥죽색 등
기타	똥색, 하늘색, 흙빛 등
일반 자연물	눈빛, 비취색, 옥색, 하늘색, 땅색, 잿빛, 카키색, 국방색 등

9.6.4. 혼합색

혼합색 : 20가지가 나올 수 있다. 그러나 실제로는 10가지다.

- •흑: 흑백 : 검뿌옇다   • 백 : 백백 : 희부옇다(?)
  흑적 : 검붉다   백적 : 희붉다
  흑청 : 검푸르다
  흑황 : 검누렇다
- •적: 적청 : 붉으락푸르락   • 황 : 황흑 : 노란 흑색
  청적 : 푸르락붉으락   황적 : 누르락붉으락
                            황청 : 누르락푸르락

이 혼합색이 결합되는 관계를 보이면 다음 표와 같다.

대립되는 어휘는 혼합되지 않는다. (예: 흑-백, 청-백)

9.6.5. 색채어의 수식 대상(색채어의 연합 대상)

색채어의 수식 대상, 곧 색채어의 연합 대상에 대해 C. Brook-Rose(1958;3)
에서는 다음과 같이 구분하고 있다.

　①種의 분류
　②유정물/ 무정물의 분류
　③사상에 의한 분류
　④가축에 의한 분류

국어의 경우를 보면 다음과 같다. 청색과 흑색과 황색은 주로 자연류에, 백
색과 적색은 주로 신체류에 연합되고 있다.

청	자연류	물, 하늘, 나무
백	신체류	살결, 머리, 얼굴, 눈썹, 이, 턱수염
적	신체류	얼굴
흑	자연류	돌
황	자연류	꽃

9.6.6. 한자 색채어

이전에는 색채 표시어를 한자를 이용하여 표현한 것으로 보인다. 1901년에 필사된 것으로 보이는『이담속문(俚談俗文)』이란 책의 '물색명(物色名)'의 항목에 한자어 색채어가 일부 나열되어 있는데, 그것을 보이면 다음과 같다.

•연도색(烟桃色)	•송화색(松花色)	•단목색(丹木色)
•다홍색(多紅色)	•검금색(黔芩色)	•분색(粉色)
•은색(銀色)	•남색(藍色)	•청화색(青花色)
•황경피(黃梗皮)	•자지색(紫芝色)	•초록색(草綠色)
•연색(練色)	•청다색(青茶色)	

마찬가지로『동몽요람』(1880년 필사)의 '염색류(染色類)'에 기재되어 있는 색채를 보면 다음과 같다.

•자지(紫芝)	•쵸록(草綠)	•친향싁(沈香色)
•야청(鴉青)	•타싁(駝色)	•장싁(醬色)
•다홍(多紅)	•진홍(眞紅)	•보라(普羅)
•류록(柳綠)	•금황(黔黃)	•진황(眞黃)
•싀양싁(薑色)	•지치보라(芝致甫羅)	•분홍(粉紅)
•쥬황싁(朱黃色)	•심청싁(深青色)	•옥싁(玉色)
•송화싁(松花色)	•히싁(灰色)	

9.6.7. 색채어의 전의(轉義)

• 백 : ① 하얀 마음   ② 백지상태

③ 흰소리   ④ 하얗게 밤을 새다.
- 흑 : ① 검은 마음   ② (새)까맣게 모르고 있었다.
  ③ 검은 손(魔手)   ④ 검둥이(黑人)
  ⑤ 눈앞이 깜깜하다.
- 적 : ① 붉은 마음   ② 붉은 정열
  ③ 빨갱이   ④ 새빨간 거짓말
- 황 : ① 노랭이   ② 앞이 노랗다
  ③ 싹이 노랗다
- 정 : ① 푸른 마음

9.7. 광산에서 사용하는 어휘

9.7.1. 서(序)

　광산에서 쓰이는 어휘는 1967년 6월 10일부터 15일까지에 걸쳐 서울대학교 문리과대학 국어국문학과의 방언 조사 계획에 따른 충북 영동(永同) 지방의 답사시 그곳 월류광산(月溜鑛山)에서 필자가 채취한 약 50개의 광산용어를 대상으로 한 것이다. 이 월류광산은 황간(黃澗)으로부터 약 3km 떨어진 월류산(月溜山) 밑에 자리잡은 금은광(金銀鑛)으로, 그 크기는 매우 빈약하지만, 금 함유량이 많아 제보자도 세금이 많이 나올까 보아 정확한 채광량을 말하기 꺼려하는 곳이다.

　금광 작업에 대한 전문적인 지식이 없는 필자가, 또한 서너 시간에 걸친 조사를 바탕으로 한 이 자료가 논구의 대상이 될 수 있을까 의문이다.

　광산용어 조사에 있어서 필요한 작업은 두말할 것 없이 채광작업에 대한 상세한 지식의 습득이며, 이와 병행하여 각 기계명에 대한 일반적인 견식(見識)을 갖추는 것이다.

필자는 우선 제보자의 안내를 받아가며 채석으로부터 금 산출에 이르기까지의 여러 과정을 현장으로부터 직접 관찰했고, 아울러 그 설명을 들었다. 갱내에서의 작업으로부터, 지상에서 금이 들어있는 돌(이를 감석이라 함)을 깨어 가루로 만들고, 이 가루를 침전(沈澱)시켜 금은으로 가려내는 과정에 이르기까지를 견학, 설명 받았지만, 워낙 생소한 것이어서 제보자에게 여러 가지 좋은 질문을 하지 못하여 필자가 목적한 바의 완전한 자료를 채취하지 못하였음을 유감으로 생각한다.

제보자는 충북 영동군 황간면 서원리(書院里)에서 출생하고 그곳에서 자란 정운용(鄭雲龍) 씨로 광산에서 일한 경력 8년을 가진 34~35세의 청년이다.

이 다소 균형을 잃은 자료를 가지고 특수어로서의 광산 용어를 고찰해 보고자 한다. 아직까지 광산에서 사용되는 어휘에 대한 보고가 없는 것 같아서 이 미약한 자료나마 소개하고자 한다.

9.7.2. 과학어의 일반적 성격

전문적인 일에 종사하고 있는 사람들은 전문적인 용어(technical terms)나 어법(locution)을 발달시키고 있으며, 특히 어부(漁夫), 목공(木工), 광부(鑛夫) 등이 쓰는 특수한 어휘는 그 기술 분야에 따라 오래 전부터 존재하여 왔다. 이러한 사람들이 쓰는 언어를 우리는 과학어(scientific language)라고 부른다.

특수어라 하더라도 은어(l'argo)와는 그 본질에 있어서 전혀 다르다. 과학어나 은어가 인공어(artificial language)인 점에서는 같으나 은어가 어떤 특수사회의 권익을 꾀하고 다른 사회인에게 그들의 의사를 감추려 하려는 어휘를 쓰는 것이라 한다면, 이 과학어는 직업상의 통용어로 은어와는 그 목적을 달리하는, 특정 분야의 전문 특수용어인 Jargon에 해당한다.

이 과학어들은 좀 더 세밀한 부분에 이르기까지 적확함을 생명으로 삼으며, 정성적인 인간이라면 누구에게든지 마찬가지의 반응을 일으킬 수 있는 것이라야만 한다. 과학어에서는 개인적인 성향이나 경험, 또는 함축적 의미가 과학의 대상의 주범주로부터 완전히 제외된다고는 할 수 없으나, 많은 할애를 해야 한다. 마치 모오스 부호에서 ‥‥이 ㄱ을, ‥‥-가 ㄹ을 나타내듯이 ‥‥은 누구에게나 ㄱ이며 ‥‥-는 누구에게나 ㄹ이지 ㄴ이나 ㄷ이 되어서는 안 되는 것처럼 정확, 세밀해야 하며, 결과의 동일성을 지향해야 하는 것이다.

이들 과학용어는 한편 어느 언어 지역사회에 존재하는 방언적 차별을 일으키는데 일익을 담당하고 있으며, 과학에서의 관찰범위가 일반생활의 관심사보다도 훨씬 넓기 때문에 과학에서 사용되는 어휘나 문장은 방대한 것이다. 언어행위가 언어학의 연구 대상이 됨은 말할 것도 없다. 그렇기 때문에 전문어의 화자며, 전문어에 대한 일정한 약속을 지키고 있는, 과학에 종사하는 사람들의 전문적인 발화행위도 충분한 언어학의 연구대상이 된다. 더구나 이들 어휘나 문장은 구미 각국의 과학용어가 라틴어나 고대 그리스어의 어간을 바탕으로 한 파생이나 합성에 의하여 이루어졌고 또 과학자들은 이를 바탕으로 하여 자유롭게 새로운 말을 만들어 낸 것과 마찬가지로, 만들어진 것이며, 이들 차용어를 그 습관성과 전통성에 의거하여 여직 사용하고 있는 것과 꼭같이, 우리나라에서도 일본인들이 36년간 압박정치를 하면서 남겨놓은 일본어가 차용어로서 그대로 유지되고 있고, 이 일본어의 특수어(의약업을 제외한 모든 과학어, 특히 건축, 기계 등의 언어)로서의 위치가 확고하게 자리잡고 있는 현상이므로, 이들에 대한 새로운 연구가 필요한 것이다. 따라서 그 일부분이나마 이들 어휘를 수집하고 정리하는 일은 과학용어의 통일을 위해, 그리고 외래어의 경향 파악 및 그 번역 가능성에 대한 문제 등을 위해 시급한 것이며 또 중요한 작업의 하나다.

9.7.3. 자료의 제시 및 분류

그러면 실제 그 자료를 검토해 보기로 한다. 이 자료의 분류는 여러 기준에 따라 분류할 수 있지만, 총체적으로 보아 기계명과 작업의 명칭, 그리고 기타 명칭으로 분류가 가능하다.

(1) 기계명

① 겐노 : 바위를 캘 때 쓰는 큰 쇠망치(hammer).

② 노미 : 바위를 깨기 위하여 쓰는 연장으로, 이것을 바위에 대고서 손으로 잡고 겐노로 두드린다.

③ 간드래 : 광산의 구덩이 안에서 불을 켜들고 다니는 까스등.

④ 기개 : 착암기(鑿巖機)(암석에 지름 약 2~3cm의 깊은 구멍을 뚫는 기계).

⑤ 에야 콤프라샤 : 공기 압축기(기체를 압축하여 그 압력을 높이는 데 쓰는 펌프).

⑥ 바이소리 : 쇠를 사이에 끼우고 나사를 죄어 쉽게 고정시키는 기계.

⑦ 가이노꾸 : 쇠를 끊는 톱.

⑧ 파이프 텐찌: 나사 조이는 기계.

⑨ 대싸꾸 : 큰 드럼통에 매달아 돌을 운반하는 철줄.

⑩ 시부 : 도르레(滑車).

⑪ 요디링 : 신호종(信號鐘, 돌이 담긴 통을 끌어 올리라는).

⑫ 마끼 : 돌이 담긴 통에 연결된 쇠줄을 둥글게 감아 놓은 것.

⑬ 마끼통 : 철줄을 감는 통.

(2) 작업의 명칭

① 생꼬 : 돌을 깨는 작업.

② 굼매긴다: 갱내가 무너지지 않게 하기 위하여 갱내의 위 옆을 나무로 버티

어 놓는 작업.

③ 타장을 깐다 : '굼미긴다'와 같음.

④ 콤푸라샤 돌린다 : 공기 압축기를 가동시킨다.

⑤ 방아 찧는다: 금이 들어 있는 돌을 잘게 부수는 작업.

⑥ 복쌔 방아 찐다. :금이 함유되어 있는 돌을 가루로 만든다.

⑦ 복쌔 친다 : 광석이 있는 돌가루와 돌을 채로 쳐서 골라 내는 작업.

⑧ 복쌔 암근다 : 돌가루를 침전(沈澱)시킨다.

⑨ 노다지 캔다 : 금이 많은 광맥을 캔다.

⑩ 작암기 놀린다 : 작암기를 가농시킨다.

⑪ 굿을 메긴다 : 받침대를 움직이지 않도록 꼭 고정시켜 놓은 작업.

⑫ 재 복쌔한다 : 완전히 빻아지지 않은 돌들을 다시 가루로 만든다.

(3) 기타 명칭

① 채강 : 갱, 구덩이.

② 우와방 : 갱내 벽의 위쪽.

③ 시다방 :갱내의 아래쪽.

④ 마구리 : 갱내에서 바로 좌우 옆으로 들어간 곳.

⑤ 사가리 : 갱내의 바닥.

⑥ 노다지 : 금이 많은 광맥.

⑦ 떡 : 다이나마이트.

⑧ 다이 : 다이나마이트.

⑨ 깡 : 다이나마이트의 내관(內罐).

⑩ 심지 : 다이나마이트의 도화선.

⑪ 에야 : 공기 바람(갱내에서 작업하는 광부들의 호흡을 위해, 그리고 폭발
방지를 위해 갱내에 공기를 넣어준다).

⑫ 오항굴 :광산에 있는 1호, 2호, 3호, 4호,5호의 굴 전체를 이름.

⑬ 겅궁다리 : 흔들거리는 다리(내를 가로질러 놓은 다리).

⑭ 다데꼬 : 땅 밑 수직으로 파 들어간 갱도.

⑮ 곧은 사까 : 지하로 곧게 수직으로 뻗은 사다리.

⑯ 버륵 : 금이 섞이지 않은 못쓰게 된 돌.

⑰ 감석통 : 돌을 갱내에서 파내어 달아 올리는 통.

⑱ 한들량 : 25톤짜리 셋, 즉 75톤의 총칭.

⑲ 동발 : 받침대(구덩이 양쪽에 세워서 버티는 통나무의 기둥).

물론 이외에도 많은 어휘나 문장이 있을 줄 아나 자료수집의 미비로 여기에서 그친다. 더구나 어휘보다는 문장에 치중하여야 할 자료들이 어휘에 그친 것에 무한히 섭섭함을 느낀다.

위에서 본 바와 같이 이들 어휘들에 있어 많은 수가 일본어나 기타 외국어임을 알 수 있다. 다시 이들을 단일어냐 아니면 구(句)냐에 따라 분류해 본다. 이 분류와 함께 그 어원을 밝히는데 도움이 되고자 한다.

(1) 단일어

① 순수 국어

㉠ 마구리 : '길쭉한 물건이나 구덩이 위의 양쪽 머리면'이라 원래의 의미에서 온 것이다.

㉡ 동발 : '동바리'의 준말로 '지게' 몸체의 하반부라는 의미가 원의미이다.

㉢ 떡 : '옴약이라는 뜻으로 원래 광산에서 나온 말이나 그 어원은 모르겠다.

㉣ 버륵 : '버럭'(광산에서 광물이 섞이지 않은 잡석을 말함)의 음운변화로 생긴 것이다.

② 영어

㉠ 콤프라샤 : compressor 일본어 コンプレッサ-

㉡ 파이프렌찌 : pipe wrench 일본어 パイプ-

ⓒ 에야 : air 일본어 エア-

ⓓ 간드래 : candle 〈네델란드어〉 kandelaar 일본어 *カンテラ*

ⓔ 바이소리 : vice or vise

ⓕ 다이 : dynamite의 약어

이 영어에서 온 어휘들은 대부분이 일본을 거쳐 왔기 때문에 일본어 음운체계에 맞게끔 변하여 있다.

③ 한자어

ⓐ 채강 : 어원은 아마 '채광(採鑛)'일 것이나 한자음의 이중모음이 단모음으로 변한 것이다. 이러한 현상은 일반어에서도 많이 발견된다.

ⓑ 기개 : 어원은 '기계(機械)'로 '채강'과 마찬가지로 단모음화된 것이다. 이 '기계'라는 것은 새로 도입된 자동식 또는 반자동식의 기계를, 다른 명칭을 붙이지 않고 그냥 '기계'라는 이름으로 사용한다. 예를 들면 농촌에서 '탈곡기'도 '기계'라고 한다.

ⓒ 오항굴 : 이 말의 어원은 '오갱굴(五坑窟)'인데, '坑'의 한자음이 '항'으로 잘못 인식되어 일컫게 된 것이 아닌가 한다.

ⓓ 오항통일굴 : '오갱통일굴(五坑統一窟)'도 '갱(坑)'의 한자음에 대한 착오에다가, 서로 통하도록 뚫린 굴이라 하여 '통일(統一)'이 더 개입된 것으로 보인다.

④ 일본어

ⓐ 겐노 : げんのう(玄翁). 일본에서 큰 쇠망치를 말한다.

ⓑ 생꼬: せんこう(穿孔). 구멍을 뚫음

ⓒ 우와방 : うわばん(下盤). 아래의 한자처럼 된 臺

ⓓ 사가리 : さがり(下がり). 내려감, 떨어짐, 낮아짐의 뜻

ⓔ 깡 : かん(罐罐). 영어의 can과 같은 의미로 네델란드어의 kan과도 같다.

ⓑ 대싸꼬 : たっさく (鐵索). 가공삭도(架工索道)

ⓢ 다데꼬 : たてこう(立て坑, 縱坑, 竪坑). 세로로 된 갱도

ⓞ 요디링 : よびりん(呼び鈴). 招人鐘이라는 뜻으로 '요비링'을 잘못 알아

듣고 '요디링'이 된 것 같다.

ⓩ 마끼 : まき(卷き) -감는 것

(2) 구(句)

① 굼머긴다 : '굽 + 먹인다'의 변화로 보아 '굽'은 '그릇' 따위의 밑바닥에 제물
로 붙은 나지막한 받침에서의 의미에서, 그리고 '먹인다'는 '대래나 작두
따위의 연장에 깎일 재료를 대다'라는 뜻의 의미사용 확대다.

② 방아 찐다 : 방아 + 찧는다. 돌을 잘게 부수는 작업이 마치 곡식을 절구에
담고 공이로 치는 것과 똑같은 데서 온 의미 전용이다.

③ 굿을 메긴다 : 굿 + -을 + 먹인다. '굿'은 '구덩이'가 줄어서 된 말 '굳( ) 굿'에
서 온 말이며, '굿을 먹인다'는 것은 '굿 단속한다'(구덩이가 무너지지 않도
록 단속한다)는 뜻이다.

④ 콤프라샤 돌린다 : compressor + 돌린다. 모-타와 프로펠러가 도는 것을 전
체에 작용시켜 '가동(可動)'의 의미를 말하였다.

⑤ 노다지 캔다 : 노다지(놀+ -다지(?)) + 캐다

이 노다지가 과연 no touch에서 연유한 것인지는 의문이다. 민간어원설에
기인한 것이다.

⑥ 복째방아 찐는다 : 복째 + 방아 + 찧는다. '복째'는 한자의 '覆沙'(일반으로
'북더기' 또는 '북대기'라고도 하며 물의 작용으로 모래가 밀려서 논밭 같
은데 덮인 모래를 말함)에서 온 말이다.

⑦ 복째 친다 : 모래 같이 가는 돌가루와 돌을 채로 치기 때문에 연유한 말
이다.

⑧ 복째 암근다. : '앙근다'는 용언이 존재하는지 모르겠으나 '앙금'에서 온 전

성동사이다.

⑨ 착암기 돌린다 : '돌린다'는 의미의 확대이다.

⑩ 곧은 사까 : 곧은 + さか(坂). 비탈진 곳 또는 비탈을 さか라 말한다.

⑪ 재 복쌔한다 : 재(再)+ 복사(覆沙)한다. '覆沙한다'는 특이한 동사를 만들어 냈다.

(3) 합성어

① 경궁 다리 : 허공에 떠 있는 다리

② 가이 노꾸 : 가이(어원 불명) + のこ(鋸), 톱의 일종으로 그 톱의 송뉴를 말할때 어간 앞에 그 톱의 모양을 나타내는 말을 붙인다. 예하면 あびのこ(帶鋸) まるのこ(丸鋸), 노꼬가 '노꾸'로 2음절 하에서 'ㅗ' 모음이 'ㅜ' 모음으로 변한 것이다. 이런 현상은 일반어에서도 많이 나타난다.

③ 심지 : 心 + 지, '지'가 무엇을 나타내는 접미사인지 알 수 없다.

④ 마끼 통 : まき +통(桶)

⑤ 감석통 : 감 + 석(石) +통(桶), '감石'은 '감돌'이라고도 하며 쓸만한 감이 되는 돌을 말한다.

이상에서 보는 바와 같이 여러 차용어 및 한자의 성분이 복합되어 어휘를 구성하고 있으며, 이 구가 합성어로서 구성되는 각 요소들은 그 원의가 그대로 나타나는 것이 아니라, 다분히 어의상의 변천이 일어나고 있고, 또 어형상에서도 변화가 많이 일어나고 있다. 이와 같이 그 성분들의 어의나 어형이 변하는 것은 그 결합을 더욱 긴밀하게 해주고 있으며, 새로운 다른 어의로써 변할 가능성을 많이 포함하고 있다.

특히 의미 전용은 일반대중들이 사용하는 자연어들의 의미가 확대되거나 축소되어 나타나는 양상을 엿볼 수 있다.

9.7.4. 광산 용어의 일반성과 특이성

광산에서 쓰는 어휘들은 모두가 특이한 것만은 아니다. 왜냐 하면 과학어라고 하는 것이 초등적인 물리학의 영역이나 화학의 영역에 나타나는 기본적인 용어들이 일상생활에 쓰이는 물리용어로부터 차용되어 온 것도 있으며, 일상생활에서 모든 사람에게 일반화되어 잘 알려져 있는 것도 있기 때문이다.

위에 든 자료 중에서 기계에 대한 명칭들은 매우 일반화되어 있는 명칭이다. 이 기계들은 비단 광산에서만 사용되는 것이 아니라, 각 공업 분야에서, 그리고 조그만 수공업 내지 가내공업에서도 많이 사용되고 있는 것이기 때문에 이것은 광산용어라 하더라도 일반적인 것이며, 만약 광산 용어 중 일반성을 이야기한다면 이것을 뺄 수는 없다. 모든 과학용어에서 그렇듯이 일본어 및 외래어의 개입이 비중을 많이 차지하고 있음도 무시 못할 일반성으로 간주할 수 있다.

한편 갱내에서의 여러 명칭은 물론 다른 공업 분야에서도 많이 사용되고 있지만, 그 의미에 있어서는 비록 연관성은 있다손 치더라도 방향에 의한 명칭의 변화나, 그 갱내의 안전과 인명피해를 막기 위한 제반 시설들에 대한 명칭은 다른 분야에서는 찾을 수 없는 독특한 점을 지니고 있다. 한편 작업과정에서의 명칭은 대부분이 세밀한 면까지의 명칭이 적고, 큰 범위 내에서 그 작업의 명칭을 붙여 그 어휘가 나타내는 의미영역은 매우 범위가 넓다. 광산용어의 특수성은 이런 작업의 절차에서 연유하는 것이다.

모든 과학 용어는 수학과 기호 논리학의 체계에 따라서 사용되며 수리(數理)에 의한 것이 많으나 이 광산용어에서는 그것이 조그마한 기계를 다루는 정밀공업이 아니기 때문에 그러한 수학적인 용어는 별로 볼 수 없다.

일반생활에서 쓰이는 어휘들이라 하더라도 광산에서 사용되는 어의는 상당한 변화를 거친 것이며, 여기에는 의미의 전이가 심하다. 그리고 그 의미의 전이는 대부분이 언어에서의 추상적인 면을 구체적인 행동의 면으로 바꾸어 사용되는 것이며, 그 의미영역이 하나의 인공적인 감각까지 느끼게 한다.

인공어와 자연어를 습득하는 과정도 전혀 다르지만 광산에서 사용되는 인공어들의 성격이 비언어적인 사물을 직접 묘사해 내는데 그 특징이 있다고 보겠다.

9.7.5. 광산 용어 중 외래어의 번역 가능성

과학은 원래 모든 사람들에게 똑같은 반응을 일으키는 면을 대상으로 하기 때문에 과학적인 관찰사항이나 일반적인 행위에 대한 언어형식은 공공성을 지닌다. 과학에 대한 대화를 할 때에는 양 화자가 공인할 수 있는 최대공약수적인 면만을 남겨놓고 사용하는 언어형식에 덧붙이는 개인적인 함축적인 의미를, 다시 말해서 자기류의 개인어와 같이 과학어의 세계에는 대화의 결과가 동일성이라는 중요한 점에 바탕을 두고 있다. 그렇기 때문에 곧잘 외국어로부터 들여온 차용어가 그 위치를 많이 점하고 있다. 광산 용어에서도 위에 보인 바와 같이 일본어나 영어 등이 많이 차용되고 있다. 과학어들의 이야기를 들을 때마다, 그들은 외국어 특히 일본어의 남용과 횡포에 대해 어떻게 하면 이들을 우리 국어로 번역할 수 없는가고 묻곤 한다. 여기에 이들 외래어를 번역할 필요성이 있는가 없는가와 그 번역할 가능성이 있느냐 없느냐 하는 문제는 매우 심각하게 제기된다. 우선 그 번역할 대상어가 우리 국어와의 차이점, 즉 음운과 형태, 그리고 의미면에서의 차이점을 크게 고려해야 하며, 이러한 문제에 입각하여 그 번역 가능성이 희박함을 이야기한다.

'에야 콤플샤'는 '공기 업축기'로 번역이 되는 등, 몇몇은 이미 번역되어 사용되고 있지만 '갠노, 노미' 등을 '큰 쇠망치'라 한다면 그 의미면에서 커다란 차이를 일으킨다. 그렇다면 이 번역어는 곧 인공어가 되며 이 인공어가 얼마나 그 전문인들에게 익숙해질 수 있는가도 문제된다.

지금까지의 연구 결과로는 그 번역 가능성은 보이지 않고, 그 필요성도 느끼지 않는다. 새로운 어휘를 만들어 낼 때의 문제로 남겨두어야 할 것 같다.

제 4 부

어휘사

어휘사란 어휘의 역사이다. 어휘의 역사는 개개 어휘의 역사일 수도 있지만, 원칙적으로는 어휘체계의 역사이어야 한다. 그래서 개개 어휘의 역사도 어휘 체계의 역사를 전제하여야 한다. 따라서 어휘사 연구의 목적은 어휘의 변화를 한 체계로부터 다른 체계로 변화한 것으로 보고 이를 역사적으로 고찰하는 것이다.

어휘의 변화는 음운, 문법의 변화에 비해 그 속도가 빠른 것이어서 음운, 문법의 변화보다도 관찰과 기술과 설명이 수월할 것으로 예상된다. 그래서 어휘사 연구는 매우 활발하게 이루어질 것으로 예상되지만 실제로 음운사나 문법사의 연구에 비해 매우 미진한 편이다. 이렇게 어휘사 연구가 부진한 데에는 다음과 같은 이유가 있을 것이다.

첫째는 어휘가 음운이나 문법에 비해 파생적인 요소라고 생각하여 어휘에 대한 본격적인 연구가 많지 않았기 때문이다. 기본적인 것은 사람의 자율능력으로는 어쩔 수 없는 자연적 성격을 띠고 있어서 쉽게 변화하지 않지만, 파생적인 것은 사람의 초극력(超克力)이 환경과의 조화를 통하여 발생하는 문화 환경에서 오는 것이어서, 정치적·경제적·사회적·문화적 환경의 영향을 받는다. 언어체계 중 음운체계나 문법체계는 기본적인 추상적인 것이어서 쉽게 변화하지 않지만, 어휘체계나 의미체계는 구체적인 것이며 파생적인 것이어서 쉽게 변화한다고 보고 있다.

둘째는 어휘는 언어 내적 구조에 의한 변화와 함께 언어 외적인 요소에 의해 변화하는 양상도 커서, 어휘 변화의 비언어학적인 요소를 언어체계 안에서 동시에 기술·설명하여야 하는 어려운 점이 있기 때문이다. 그래서 지금까지의 어휘사 연구는 가급적 언어 외적인 요소에 의해 변화하는 어휘는 제외시킨 채 이루어져 온 것이다.

셋째는 어휘 변화는 어휘의 형태, 음운, 의미 및 통사론적 변화를 동시에 기술·설명하여야 하므로 만족할 만한 어휘사 기술을 하기가 어려웠기 때문이다.

그러나 가장 큰 이유는 어휘사 연구 방법이 제시된 적이 없기 때문이다. 어휘사는 물론 어휘 자체에 대한 연구 방법조차도 아직까지 명쾌하게 설정된 적이 없는 실정이라고 할 수 있어서 어휘사 연구나 어휘 연구가 가장 흥미로운 주제이면서도 쉽게 다가가기 어려웠다.

언어의 가장 중요한 기능은 의사소통이다. 의사소통은 곧 의미 소통이다. 의미 전달의 중심적인 단위는 단어들이고 이 단어들의 집합이 어휘이기 때문에 어휘는 언어 연구의 가장 핵심적인 분야이다. 그럼에도 불구하고 언어 이론에서 어휘론 연구 이론이 낙후된 것은 어휘의미에 접근하는 방법론이 구체화되지 않았기 때문이다. 이러한 결과로 국어 연구에서 어휘론의 연구 방법은 물론이거니와 연구 영역조차도 설정된 적이 없게 되었다. 국어 어휘론 개설서도 몇 개 간행되지 못한 것이 그러한 실정을 단면적으로 보여 준다. 그래서 어휘에 관심을 가지면서도 무엇을 어떻게 연구해야 할지 모르게 된 것이다.

어휘 연구의 기본적인 작업은 어휘를 조사하여 어휘목록을 작성해서 그 의미를 기술하고 그 어휘구조와 어휘체계를 연구하는 것이다. 그리고 그 역사적 연구는 어휘사를 기술하는 일이다.

1. 종래의 어휘사 기술 방법

종래 국어 어휘의 변천이라고 한다면 대체로 몇 가지 방향으로 기술되어 왔다.
어휘사 기술은 외래어(한자어, 일본어, 기타 서양어 등) 등의 각 시대의 문헌에 출현하는 상황에 대한 기술이 대부분이었다. 그래서 김광해(1993, 273~284)에 의하면 국어 어휘사의 시대구분도 제1기(1원 체계의 시기), 제2기(2원 체계의 형성), 제3기(3원체계의 형성), 제4기(한자어 부문의 개변), 제5기(일본어의 영향), 제6기(서구 외래어 부문의 양적 증가)로 나누고 있는데, 1원체계의 시기란 한자어가 유입되기 이전의 국어 어휘체계를 말하며, 제2기인 2원체계의 형성은 한자어가 중국으로부터 도입된 시기이며, 제3기인 3원체계의 형성은 한자어를 필두로 하여 몽고어가 대거 유입된 시기이며, 제4기는 한자어 부문의 개변이 일어난 시기이고, 제5기는 일본어의 영향이 증대된 시기이며 제6기는 서구 외래어 부문의 양적 증가가 이루어진 시기이다. 이러한 기술은 결국 고유어에 외래어 즉 차용어가 어떻게 유입되었는가를 기준으로 한 것이다.

또 한 가지는 개개의 어휘의 역사를 기술하는 것이다. 이기문(1991), 이병근(2004), 홍윤표(2009) 등이 그러한 연구의 결과들이다. 이 방식은 한 어휘의 역사를 기술하면서 그 어휘의 변화 속에 내재되어 있는 모든 언어 내적인 구조를 밝히는 것이 일반적이다. 이 경우에는 대체로 언어 외적인 요소는 가능한 한 배제하는 일이 많다. 언어 외적인 요소가 어휘 변화(특히 의미 변화)에 큰 영향을 주는 것은 틀림없지만, 그러한 설명은 그 어휘 형태 속에서 증거를 찾을 수 있는 일이 아니기 때문인 것으로 이해된다. 어휘 변화에 언어 외적인 요소를 많이 반영하다 보면 자칫 민간어원설에 빠질 위험이 있는 것은 서실이지만, 언어 내적인 요인으로는 설명할 수 없는 것들은 그 어휘가 만들어지거나 사용되던 당시의 여러 가지 여건에 의해 설명이 가능한 것이 많기 때문에 언어 외적인 요소를 도입하여 설명하는 방법을 전혀 도외시해서는 안된다.

이러한 언어 외적인 요소를 찾아내기 위해서는 어휘 변화와 연관된 수많은 역사적 사실들을 찾아내지 않으면 안된다. 그러기 위해서는 '조선왕조실록'을 비롯한 엄청난 양의 역사 기록들을 검색할 수 있는 체제가 마련되어 있어야 하며, 다양한 정보에 접근할 수 있어야 한다.

또 한 가지는 어떤 어휘 범주에 속하는 어휘군들을 모아 어휘사를 기술하는 방식이다. 예컨대 유창돈(1975)이 대표적인 업적이라고 할 수 있다. 이 방식은 두 번째 방식에서 이루어진 개개의 어휘사를 그 어휘가 속한 어휘 범주 속에 포함시킨 것으로, 개별 어휘사를 체계화한 것이라고 할 수 있다. 그러나 개별 어휘의 어휘사에서 보이는 보편적 특질을 찾아 어휘체계의 변화사를 기술하지 못한다면 이러한 방식으로 기술한 개별 어휘사는 어휘 범주별로 묶어 놓은 것에 불과할 수도 있을 것이다.

또 한 가지 어휘사 기술의 한 방법은 특수 어휘의 변화사를 기술하는 것이다. 이것은 국어 어휘사에서 연구된 적이 많지 않은 분야이지만, 공시적으로는 많은 연구가 있었다. 예컨대 산삼채취인의 은어, 궁중 어휘, 유아어, 조직 폭력배 은어, 학생 은어 등에 대한 연구가 그것이다. 자료가 많지 않아서 그 연구가 어려운 것 같지만, 현대로부터 그리 멀지 않은 시기의 특수 어휘에 대한 역사적 변화는 연구가 가능할 것으로 예상된다. 예컨대 현대(2020년대의 현재)의 은어에 대한 정보는 쉽게 얻을 수 있을 것인데, 이것을 1세기 이전인 1925년의 은어와 비교하여 볼 수 있을 것이다. 그 자료들을 보면 현재도 사용되는 은어들이 흔하다. 육수천(陸壽川)(1925)에 보고된 은어와 현재 사용되고 있는 은어를 보면, 현재에도 사용되고 있는 은어와 그 당시에만 유행하였던 은어를 찾을 수 있다. 이 은어가 오늘날까지도 그대로 사용되고 있는 이유를 밝혀 볼 수도 있다.

외래어 및 차용어의 유입에 따른 어휘체계의 변화를 기술함에 있어서 외래어가 차용된 사실만을 기술하는 것만으로는 만족스럽지 못하다. 연구자들이 궁금해 하는 것은 그러한 외래어가 각 시대의 어휘체계에서 어떤 위치를 차지하였는가 하는 점이다. 예를 들어서 15세기 언해문에 보이는 한자어들은 과연 그 당시에 국어 어휘로 등재될 수 있는 것인가 하는 것 등이다. 훈민정음 언해문의 서문에 보이는 '訓은 ᄀᆞᄅ칠 씨오'에서 '訓'이란 한자어가 국어 어휘인가 아니면 단순히 한자일 뿐인가 하는 문제가 그러한 문제다.

또 한 가지는 그 문헌에 사용된 한자 어휘가 글자를 아는 사람들이 눈으로 보아야 이해할 수 있는 어휘였는지, 아니면 귀로 들어서도 이해할 수 있었던 어휘였는지 아니면 더 나아가서 입으로 말을 할 때 사용되었던 어휘였는지에 대한 의문이다. 그러나 안타깝게도 이른 시기에 편찬해 놓은 한자어나 외래어 사전이 없고, 또 역사적으로 구어 자료나 희곡 작품이 거의 없어서 이러한 의문에 대한 해답을 얻지 못하고 있는 현실이다. 단지 어휘 통계만으로는 그러한 문제를 해결할 수가 없기 때문이다. 아마도 이에 대한 답을 구하기 위한 방법론이 개발되어야 할 것이다. 꼭 타임머신을 타고 가서 확인해야 할 일만은 아닐 것이다.

뿐만 아니라 그러한 외래어가 그 당시의 언중들에게 어떻게 인식되었을까 하는 의문도 있다. 예컨대 15세기의 문헌인『월인석보』에 등장하는 불교 어휘들이 과연 서민들의 종교 생활 속에 침투하여 일상적으로 사용되었던 어휘일까 하는 점이 의문점이다. 예컨대 '비구니'란 불교용어는 일반 서민들에게도 널리 알려지고 사용되었던 어휘로 인식되지만, '도리천(忉利天)'이란 어휘는 일반 서민들도 다 알고 사용하였을까 하는 의문이 드는 것이다. 마치 국어학의 용어인 '형태소'란 어휘는 국어학자들에게는 매우 사용빈도가 높고 또 널리 알려진 어휘이지만, 일반인들에게는 친숙하지 않은 어휘일 수도 있는 것과 마찬가지일 것이다.

특수 어휘의 역사에 대한 연구는 아직 이루어진 적이 거의 없는 것으로 보인다. 예컨대 '장로(長老)'란 어휘를 들으면 오늘날 대부분의 일반인들은 기독교의 어휘로 인식할 것이다. 그러나 '장로'란 어휘는 원래 기독교의 어휘가 아니라 불교의 어휘였다.

• 長老 즁 위ᄒᆞᄂᆞᆫ 말 〈1690, 역어유해, 上:25a〉

이처럼 외래어나 특수어휘는 문화사적인 사실이 배경에 깔려 있기 때문에 설명하기 쉽고 또 주목도 받는다. 종전에 어휘사라고 하면 우선 이러한 것들이 중심적 화제로서 다루어진 이유가 여기에 있는 것으로 생각되는데, 외래어휘(한자어 제외)가 이만큼 넘치고 일반어휘화된 현대에 있어서도 그것이 어휘 전체 중에서 차지하는 비율은 얼마 되지 않는다. 그것도 상당 부분들은 특수 분야에 관한 명사나 학술어(전문용어나 유행어)가 차지하고 있다. 그렇기 때문에 외래어가 국어 어휘에서 얼마만큼의 비중을 차지하고 필연성을 지니는가에 대해서는 다시 한번 침착하게 고려해 보아야 할 일이다.

한자어는 인간, 사회, 사상 등에 관한 분야의 명사에 상당수 치우쳐서 분포하는데, 이 사실이야말로 한자어가 현대어로서의 유용성을 지니고 있음을 말해 주는 것이다. 그러나 구어상에서는 그 분포가 다를 수 있다. 한자어는 문어상에서 더 많이 사용되는 것으로 추정된다. 그러므로 이해할 수 있는 한자어, 글을 쓸 때 사용하는 한자어, 말할 때 쓰는 한자어들은 다른 층위에서 검토되어야 할 것인데, 문제는 그 한자어가 어느 부류에 속하는 어휘인지를 분별하기가 쉽지 않다는 데에 있다. 그래서 이들을 해결하기 위해서 다양한 부류의 글늘을 찾아서 그 속에서 사용되는 어휘의 성격을 파악해야 한다. 논설문, 희곡, 소설, 시, 일상대화, 드라마 등등의 자료를 별도로 처리하여 그 속에서 어느 어휘가 어느 부류의 글에 등장하는가를 찾아 어휘별로 그 층위를 설정해 두는 일이 필요하다고 생각한다. 국어 어휘사에서 그러한 선별은 쉽지 않은 일이지만, 다양한 부류의 글을 접할 수 있는 현대국어에서는 그러한 일은 그리 어려운 일이 아닐 것이다.

또한 한자어 사용이 남성과 여성, 그리고 노년층과 청년층에서도 차이가 있을 수 있다. 이것은 한자어의 역사와도 연관된다. 특히 서양에서 들어온 외래어 사용도 연령층에 따라서 성별에 따라서 다를 수 있다.

이러한 검토를 통하여 한자어 어휘나 외래어가 그 시대의 어휘 체계 안에서 차지하는 위치를 알고 그 비중을 파악하는 것이 어휘사 기술에는 필요하다. 그렇지 않고서는 외래어의 영향으로 국어 음운에 변화가 일어났다는 설명(예컨대 두음법칙이 사라진 원인 등)을 섣불리 할 수 없게 된다. 어휘사는 이러한 종합적인 시점이 우선적으로 정해지지 않으면 기술할 수 없는 것이다.

그러나 각 시대의 어휘 체계의 전체가 파악되어야 어휘사가 기술될 수 있는 것은 아니다. 과거의 어휘 자료가 완전히 갖추어질 날이 올 리가 없으므로 그 날을 기다리려면 영원히 어휘사를 기술할 수 없게 된다.

우리는 손댈 수 있는 부분부터 시작해야 할 것이다. 어느 한정된 종류의 어휘, 예를 들어 하나의 범주에 속하는 문학 작품 어휘의 인접한 두 시대간의 변천을 다루어도 어휘사를 충분히 논할 수 있다. 중요한 일은 이 때에 항상 전체를 시야에 두는 태도를 잃지 말아야 한다는 점이다.

이러한 시각 때문에 필자는 다음과 같이 주장한 일이 있다.

어휘사 연구는 국어사 연구의 하나다. 국어사 연구의 주된 목표는 각 시대 언어 체계의 변화를 기술하는 것이라고 하지만, 실은 그 변화에 나타나는 국어 표현 양식의 변화를 밝히는 일이기도 하다. 여기에서 더 나아가, 그러한 언어체계를 가지고 있는 각 시대 언어에 내재되어 있는 사고방식이나 사고방식의 변천을 정신사적인 사실로서 이해하는 일이다. 이것이 진정한 한국사로서의 국어사 연구의 주된 목표라고 할 수 있다(물론 대부분의 국어학자들은 언어체계 자체에만 집착하여 이 주장에 전혀 동의하고 있지는 않겠지만). 다시 말하면 우리 선조들이 국어라는 도구를 통해서 우리 역사에 어떤 질서를 어떻게 주었을까 하는 인간 정신 작용의 변천사를 설명하는 것이 국어사 연구의 본령인 것이다. 이것은 문법 현상이나 표기법상의 특징, 그리고 음운현상에서도 엿볼 수 있겠지만, 가장 민감하게 이것을 반영하는 것은 어휘 현상일 것이다. 이런 의미에서 어휘체계는 음운체계나 문법체계에 비해 변화하기 쉽다. 가장 민감하게 변화하기 때문에 어휘체계상의 변화는 음운체계나 문법체계의 변화처럼 언어 체계의 본질적인 변화와는 연관성이 없는 경우도 허다하다. 음운체계나 문법체계가 대부분 언어 내적인 구조에 영향을 받지만, 어휘는 언어 외적인 구조에 영향을 받는다는 사실을 깊이 인식하지 못한다면 어휘 변화를 정확하게 기술하지 못할 것이다. 한 어휘의 변화를 연구하면서 그 배후에 있는 체계적 변화(언어 내적인 것이든, 언어 외적인 것이든)를 상정하고, 이러한 변화를 가져온 사고방식이나 발상법의 변화까지도 고찰하는 것은 매우 중요한 일이다. 이것이 진정한 의미의 국어사적 사실로서 어휘를 고찰하는 중요한 방식이 될 것이다. 이 점은 음운사나 문법사를 연구하는 때와는 사뭇 다르다. 왜냐 하면 어휘의 경우에는 단어 하나하나와 관련된 내용이 지니고 있는 개별성이 두드러지기 때문이다. 예컨대 '개장국, 보신탕, 영양탕, 사철탕'의 경우가 대표적이라고 할 수 있다.

2. 어휘사 연구 방법

국어 어휘사의 연구방법을 구상해 내기 위해서는 어휘사에서 해야 할 일을 정확하게 규정하여야 할 것이다. 이기문(1991, 25)에서는 어휘사 연구의 중심과제를 다음과 같이 제시하고 있다.

어휘사 연구의 중심과제는 그 어휘항목의 변동, 즉 그 어휘를 구성하는 단어들의 생성과 소멸이 언제 어떻게 일어났는가를 확인하고 그 원인이 무엇인가를 설명하는 일이다. 음운사나 문법사에서 강조되는 것처럼, 여기서도 체계적 관점이 중요한 자리를 차지함은 사실이지만, 언어의 어휘를 볼 때, 어떤 부분은 체계가 분명한 것처럼 보이지만 전체적으로 넓은 들판과 같아서 좁은 의미의 체계의 개념을 고집할 수도 없는 형편이다.

어느 한 어휘의 변화양상과 그 원인을 규명하여 설명하는 일이 어휘사의 과제라고 하고 그 설명이 가능한 한 체계적 관점에서 행하는 것이 바람직하다고 하였다. 그러나 어휘사의 체계적 기술이나 설명이 쉽지 않음도 강조하고 있다. 물론 어휘 변화 과정을 전반적인 어휘체계와 관련시켜 폭넓게 기술, 설명하여야 하지만, 어휘체계가 대부분 단일적이며 고립적인 특성을 지니고 있고, 그 변화도 다른 어휘체계와 체계적 연관성이 거의 없이 진행되는 것이어서, 어휘체계와의 연관성을 고려하여 어휘사를 기술하는 것이 그리 수월한 편이 아니다. 어휘론이 정립되지 못하고 체계화되지 못한 것도 어휘의 이러한 특성 때문일 것이다.

3. 어휘 변화의 내용

어휘사의 중심과제는 어휘 변화를 기술·설명하는 것이며 그것은 곧 어휘의 생성과 소멸이 언제 어떻게 일어났으며 그 이유는 무엇인가를 밝히는 일이라고 하였다. 그렇다면 어휘 변화의 구체적인 내용은 무엇일까?

3.1. 어휘의 생성

새로운 어휘가 발생하는 예는 두 가지 경우가 있다. 하나는 새 어휘의 조성이고 또 하나는 외국어로부터 차용하는 경우이다.

새 어휘가 생겨나는 요인은 언어 내적인 요인과 언어 외적(비언어적)인 요인이 있다. 다른 언어체계들(예컨대 음운체계나 문법체계)은 언어 내적인 요인에 의한 변화가 일반적이지만 어휘체계는 비언어적인 요인에 의해 일어나는 것이 더 일상적이다.

1) 언어 내적인 요인

언어 내적인 조건으로 어휘가 새로 생성된 경우는 주로 기억을 용이하게 하고 다른 어휘와 대립적으로 이해하기 위해 일어나는 것이 대부분이다. 즉 기억의 노력을 최소화하려는 데에 있다. 몇몇 현상을 제시하면 다음과 같다.

①일반적으로 길이가 긴 어휘는 짧은 어휘로 재조정되어 새로운 어휘를 탄생시킨다. 특히 최근에 나타난 새 어휘의 생성은 이러한 경향이 높다. 예컨대 '아르바이트'가 차용어로 들어온 이후로 이를 '알바'로 바꾸어서 '알바'라는 새 어휘를 탄생시킨 것이다.

② 음운변화 등으로 변화한 어휘형태가 다른 어휘와 충돌할 때에 새로운 어휘를 발생시키기도 한다. 예컨대 충북지역어에서 '방귀'가 단모음화되어 '방구'로 변화하자, 그 지역 방언으로 '바위'를 지시하던 '방구'와 충돌을 일으키게 되었다. 그래서 '방귀 뀐다'를 '똥 뀐다'로 바꾸어 새로운 어휘를 탄생시켰다.

언어 내적인 요소에 의해 새로운 어휘가 생성되는 경우에는 전혀 새로운 어휘를 발생시키기도 하지만 대부분은 파생법이나 복합어 형성을 통해 이루어진다.

2) 언어 외적인 요인

새 어휘의 등장은 주로 다음과 같은 비언어적 요인에 의한다.

① 전에 없었던 개념이나 사물을 표현하기 위한 필요로 새로운 어휘가 생성된다.
최근세국어 시기에 서양 문물이 국내에 밀려들어 오면서 그것들을 표현하기 위해 조성된 어휘들이 그 예들일 것이다. '양말, 양철, 양동이, 양재기, 양은, 양회, 양궁, 양단, 양란, 양복, 양식, 양주, 양초, 양화점, 양장, 양배추' 등의 '양(洋)' 자가 붙어 생겨난 어휘들은 대부분 그 시기에 만들어진 어휘들이다.
아마도 '호(胡)'자가 붙은 '호고추, 호두, 호떡, 호밀, 호박, 호추, 호콩' 등이 발생한 시기와 '왜(倭)' 자가 붙은 '왜감자, 왜간장, 왜철쭉, 왜콩' 등의 발생 시기는 '양(洋)' 자가 붙은 어휘들에 비해 그 발생 시기가 훨씬 앞서는 것으로 생각되지만, 그 시기는 아직 연구된 바가 없다.

② 새로운 제도의 신설이나 도입 또는 각종 제도의 변화 등으로 만들어진다. 신용담보대출, 임대주택, 전세 사기, 문화 복지카드, 코로나 등은 최근에

421

야 발생한 어휘들일 것이다.

③ 과학, 기술이 발전하고 대상이나 현상에 대한 인간의 의식이 깊어지는 경우에도 새로운 어휘가 탄생한다. '인공지능' 등이 가장 대표적인 것이다.

④ 기존에 사용되던 어휘에 대한 대체어휘로 사용하기 위해 새로운 어휘를 탄생시킨다.

일제강점기를 거치면서 우리 국어에 들어온 일본어를 순화시키기 위해 만들어진 단어들이 그러한 예에 속한다. 즉 국어순화운동의 일환으로 한자어나 외래어에 대신하기 위하여 고유어로 만들어진 신조어가 이렇게 만들어진 경우이다. '언문'에 대해 '한글'을 만들어낸 것도 그 예의 하나이다. 특히 학술용어나 전문용어들이 새로 조성되는 어휘들이라고 할 수 있다.

소멸되는 어휘보다 새로 발생하는 어휘가 훨씬 더 많아서 어휘의 생성에 대해서는 더 많은 연구가 필요하다.

3) 차용어

문화와 문화가 접촉하면서 언어도 접촉하게 된다. 이때에 언어간에 차용이 이루어지게 된다. 언어의 일부가 그 언어 내 또는 다른 언어로부터 여러 가지 언어적 특징을 수입함으로써 변화를 받게 될 때 차용어가 발생한다.

어떤 언어이든 차용어의 영향이 그 언어의 어휘체계에 커다란 영향을 준다. 국어의 어휘체계에서 역사적으로 한자어 어휘, 일본어 어휘, 영어 어휘 등의 차용은 국어의 어휘체계에 큰 영향을 주었다. 그리하여 국어 어휘에 외래 요소가 증가하고 고유어의 증가력을 감퇴시키게 되었다. 한편 어휘항목들의 증가와 유의어의 발생으로 인하여 표현성을 풍부하게 해 줄 수 있다는 장점도 있다. 이들 차용어로 인하여 국어의 어휘체계뿐만 아니라 음운체계에도 영향을 줄 수 있다.

이러한 차용어에 대한 연구는 차용어가 어떠한 동기에서 어떠한 통로를 통해 언제 어떻게 들어왔으며 외국어로 들어온 새 어휘가 어떻게 외래어로 정착되었는지에 관심을 두어야 한다. 뿐만 아니라 이 차용어가 나타나는 양상과 차용어의 영향이 국어 어휘 체계에 어떠한 영향을 주었는지도 관심 있게 보아야 할 것이다.

3.2. 어휘의 변화

어휘의 변화는 어휘의 형태, 의미내용, 특성이 변화되는 현상이다. 어떤 어휘는 발생 초기에 화자들이 그것을 구성하는 형태소들에 대한 어원의식이 있어서 표기상으로도 의미내용이 파악되었지만, 음운변화로 말미암아 그러한 어원의식이 사라져 그 의미변화를 가져오기도 한다. 예컨대 오늘날의 '뽐내다'는 '(팔을) 뽑아 내다'의 의미를 지닌 '뽑내다'였는데, 음운변화에 따라 '뽐내다'가 되면서 '(팔을) 뽑아 내다'의 의미를 상실하여 어휘변화를 크게 가져온 예이다. 이처럼 어느 어휘가 겪는 변화를 기술하고 그렇게 변한 이유를 설명할 뿐만 아니라 그 시기까지도 밝히는 일이 국어 어휘변화에 대한 기술일 것이다.

어휘사에서 어휘 체계의 역사를 기술하지 않고 단순히 어느 한 어휘의 역사를 기술 설명하여도 무방하다고 생각한다. 음운사에서 어느 한 음운의 변화를 연구하거나 문법사에서 문법 범주에 속하는 어느 한 형태소를 연구하는 일이 가능한 것과 마찬가지이다. 그러나 어느 한 음운에 대한 역사를 기술할 때에는 대체로 그 음운체계와 연관시켜 연구하는 것이 일반적인 것과 마찬가지로 한 어휘의 역사를 기술할 때에도 어휘체계와 연관시키는 것이 바람직할 것이다. 'ㆍ'의 역사를 설명하면서 모음체계를 언급하여야 하는 것과 마찬가지이다. 마찬가지로 시제를 표시하는 한 형태인 '-었-'의 역사를 연구하면서 동시에 시제의 체계와 연관시켜 그 '-었-'의 변화가 시제체계에 어떠한 변화를 주었으며 그 시제체계에서 '-었-'이 어떠한 위치에 있는가를 언급하는 것과 마찬가지인 셈이다.

음운변화나 문법변화는 비교적 긴 시간을 거치는 공통성을 가지지만 어휘의 변화과정은 수백년 수세기에 걸쳐 진행되는 것이 있는가 하면 불과 수십년 사이에 진행되는 것도 있다. 심지어 몇 해 사이에 국가나 공공기관 또는 언론 등의 조치에 의해 표기나 특성이 달라지는 경우도 있다. 특히 정치용어나 학술용어 등의 경우에는 사람들의 의식적인 규범에 의해서 몇 해 사이에도 일어난다. 따라서 개별 어휘사에서는 이러한 변화양상도 함께 살펴야 할 것이다.

3.3. 어휘의 소멸

어느 시기에 어느 정도의 어휘가 사용되었는지는 아직 조사된 바가 없다. 현대국어에서는 국어사전에 등재된 표제항수가 곧 어휘수로 될 것이라고 생각하지만, 그 표제항수는 지금까지 역사적으로 사용되어 온 어휘의 집합일 뿐이다. 왜냐 하면 그 표제항에는 이미 소멸되어 사용되지 않는 어휘도 포함되어 있기 때문이다. 그래서 고어까지도 포함시킨 국어사전의 표제항수는 지금까지 역사적으로 생성되었던 어휘의 누적된 총량이라고 생각된다. 그러나 조사되지 않은 어휘가 많기 때문에 이보다는 훨씬 많을 것이다. 특히 방언 어휘와 어느 시기에만 사용되었던 은어나 유행어 등은 등재되어 있지 않다. 현대의 국어사전에서 소멸된 어휘가 어떤 것인지는 밝혀져 있지 않다. 표제어 중에서 '옛말' 표시가 되어 있는 어휘에는 소멸된 어휘가 많을 것으로 보인다. 이들 소멸된 어휘도 어휘사 연구의 주요한 연구 영역이다. 한 어휘가 언제 어떻게 소멸되고 그 어휘에 대치된 어휘는 무엇인지를 밝히는 일도 어휘사 연구의 한 과제이다. 예컨대 '일없다'란 어휘가 15세기 문헌에서도 보이는데, 20세기에 와서 '괜찮다'로 대치되는 현상 등도 어휘사에서 밝혀야 할 일 중의 하나이다.

15세기 문헌에 보이는 어휘들 중에서 현대에 사라진 어휘들이 많다. 이러한 어휘들에 대한 조사가 미진하여 그 어휘가 소멸한 시기가 언제인지, 그리고 그것이 오늘날에는 어떠한 어휘로 대체되어 쓰이고 있는지에 대한 조사가 필요하다. 필자는 이러한 점에 착안하여 이러한 어휘에 대한 조사를 진행하다가 중단한 적이 있다. 작업량이 너무 많아서 필자 개인으로는 감당하기 어려웠기 때문이다. 약 100여 개의 어휘만 그 자료가 필자의 컴퓨터에 저장되어 있다.

그 중 몇 가지를 보이도록 한다. 소멸된 어휘 중에서 대표적인 것이 '소변(小便)'과 '대변(大便)'과 '대소변(大小便)'에 대한 어휘이다. 15세기에 소변은 '져근 믈'이라고 하였고, 대변은 '큰 믈'이었다. 그리고 '대소변(大小便)'은 '쇼마'이었다. 이 '져근 믈'과 '큰 믈'과 '쇼마'는 17세기 문헌에까지 나타나다가 19세기 문헌에서부터는 보이지 않는다. 18세기에 '소변'과 '대변'과 '대소변'에 그 자리를 내어 주었다. 그 이유는 '적은 믈'과 '큰 믈'과 '쇼마'는 항상 뒤에 '보다'와 연결되어, '적은 믈 보다, 큰믈 보다, 쇼마 보다'와 같은 연어 방식으로만 사용되었기 때문인 것으로 추정된다.

필자가 만들어 놓았던 그 파일을 보인다. 필요 없는 항목들은 빼어 놓고 제시한다.

(1) 적은 믈

　•표제어: 져근믈

　•표준어: 소변

　•관련항: 쇼변, 소변, 小便, 오좀, 오좀, 오즘, 오즘, 져근믈

　•품사: 명사

　•15세기 이전 예문:

- 15세기 예문:
  - 大便不通(져근물 몯 보는 병) 〈1489, 구급간이방언해, 3:75b〉
  - 大小便不通(큰물 져근물 다 몯 보는 병) 〈1489, 구급간이방언해, 3:61a〉
  - 그장 덥게 ᄒᆞ야 흰 흰 뵈예 빠 빈 아랟 울호ᄃᆡ 져근물 훤히 보ᄃᆞ록 ᄒᆞ라 〈1489, 구급간이방언해, 3:89a〉
  - 아기 빈여셔 져근물 보디 몯ᄒᆞ야 빗기슭기 답답ᄒᆞ거든 뵈ᄹᅡᆼ이삐 ᄒᆞᆫ 량과 천대홧 불휘 반 량 사ᄒᆞ라 〈1489, 구급간이방언해, 7:13b〉
- 16세기 예문:
- 17세기 예문:
  - 小便 져근물, 尿 져근물 〈1690, 역어유해, 上:36b〉
  - 小見風 져근물 보신다, 小淨手 져근물 보신다 一云小解, 撒尿 져근물 보다 〈1690, 역어유해, 上:39a〉
  - 撒尿 져근물 보다 一云 撒水放水, 出外 져근물 보라 가ᄂᆞ이다 〈1690, 역어유해, 上:39a〉
- 연어: 져근물 보다

(2) 큰 물
- 제목: 큰물
- 표제어: 큰물
- 표준어: 대변
- 관련항: 대변
- 품사: 명사
- 15세기 예문:
  - 늘근 사ᄅᆞᆷ과 긔운이 허ᄒᆞᆫ 사ᄅᆞ미 큰물 몯 보거든 〈1489, 구급간이방언해, 3:73a〉
  - 비록 그러나 큰물 져근물 보는 딕이 서르 니서 잇ᄂᆞ니 사ᄅᆞ미 여러 날 몯

보거든 오직 화졔방애 신보원이어나 북덩원이어나 머겨 〈1489, 구급간
이방언해, 3:76a〉

◦도틱쓸게 둘기알만 크니를 더운 수레 녀허 머그라 쏘 큰믈 몯 보는 병도
고티느니라(猪膽大如鷄子者內熱酒中脹之亦治大便不通) 〈1489, 구급간이
방언해, 3:91a〉

아기 비여셔 큰 믈 져근믈 몯 보거든 〈1489, 구급간이방언해, 7:10b〉

•17세기 예문:

◦大便 큰믈 〈1690, 역어유해, 上:36a〉

◦大見風 큰믈 보신다. 大淨手 큰믈 보신다 〈1690, 역어유해, 上:39a〉

◦出恭 큰믈 보신다. 出後 큰믈 보라 가느이다. 撒屎 큰믈 보다[note] 〈1690,
역어유해, 上:39a〉

•연어: 큰믈 보다

(3) 쇼마

•제목: 쇼마

•표제어: 쇼마

•표준어: 대소변

•관련 형태: 소마

•관련항: 소변, 小便, 오좀, 오줌, 오쥼, 오즘, 오즘

•품사: 명사

•현대 뜻풀이: 대소변

•관련 형태: 소마

•유의어: 소변, 小便, 오좀, 오줌, 오쥼, 오즘, 오즘

•관련 한자어: 便, 小解, 去解

•16세기 예문 :

◦느룹은 셩이 믯믯ᄒ니 곡식 굴을 섯그면 룽히 댱위를 됴케 ᄒ며 견매며

쇼마를 휜휜케 ᄒᆞᄂᆞ니라 〈1554, 구황촬요(만력본), 6a〉

• 18세기 예문:

  ◦ 그 나라히 녜법이 바히 업서 남예 오좀 쇼마를 서로 피티 아니ᄒᆞ니 즘싱과 다ᄅᆞ미 업더라 〈1765, 을병연행록3, 43〉

  ◦ 뫼신 사름이 알고 더운 믈을 드리오니 이후ᄂᆞᆫ 즘을 ᄌᆞ지 아니시고 상황이 쇼마 보러 가실 제 직희여 가시더라 〈17××, 대송흥망록, 2:7〉

  ◦ 말ᄒᆞ디 못ᄒᆞ고 사름 ᄭᅮ짓디 못ᄒᆞ고 쇼마 보디 못ᄒᆞ니(說不得話 罵不得人 不能去大便) 〈1760, 손방연의, 4:7〉

  ◦ 댱인이 보고 황망히 쇼마 핑계ᄒᆞ고 섬 아래 ᄂᆞ려오나ᄂᆞᆯ 쇼동이 ᄀᆞ마니 시를 준대(張寅忽然看見 慌忙推小解 走到階下) 〈17××, 평산냉연, 8:108〉

• 19세기 예문:

  ◦ 쇼마 大小便 쇼마보다 〈1880, 한불자전, 433〉

  ◦ 쇼마 小便 (작을) (쇼변-변) 쇼마보다 → 오좀 〈1897, 한영자전, 604〉

  • 연어: 쇼마 보다

(4) 소변

이와 같이 사용되었던 '소변'도 함께 보이도록 한다.

• 제목: 소변

• 표제어: 쇼변

• 표준어: 소변

• 관련 형태: 소변, 小便

• 관련항: 져근믈, 오좀, 오좀

• 품사: 명사

• 현대 뜻풀이: 오줌

• 유의어: 오좀, 오좀

• 반의어: 大便

- 관련 한자어: 小便
- 15세기 예문:
  - 과マ리 주거 네 활기 몯 쓰고 대쇼변을 벗거든 믈 죵 ᄒ 되를 플 서마래 글혀두 마리 ᄃ외어든 싯기라 〈1489, 구급간이방언해, 1:43b〉
  - ᄒ다가 쇼변이 통티 아니커든 붇머리 닐굽을 ᄉ라 ᄀᆯ을 밍ᄀ라 므레 프러 머그면 즉재 통ᄒᄂ니라 〈1489, 구급간이방언해, 1:51b〉
  - 과マᄅᆯ 뎐갇병에 슈신 우희 오목ᄒᆫ ᄃᆡ 세 붓글 ᄠᅳ고 쇼변곳 보면 즉재 됴ᄒ리라 〈1489, 구급간이방언해, 1:99a〉
- 16세기 예문:
  - 도젹산은 힝역에 셜흔 긔운 잇고 쇼변이 훤츨티 아니ᄒ니를 고티ᄂ니라 〈1517, 창진방촬요, 061a〉
  - 쇼변이 븕고 져ᄀ니란 쇼변을 훤츨케 ᄒ면 셜흔 긔운이 스믜여 나ᄂ니 〈1517, 창진방촬요, 11a〉
- 17세기 예문:
  - ᄯ 굴오ᄃᆡ 큰 열이 잇거든 쇼변을 통니ᄒ고 쟈근 열이 잇거든 독긔를 프러 ᄇ리라 〈1608, 언해두창집요, 上:39b〉
  - 굴오ᄃᆡ 힝역 독으로 놀라며 뒤트ᄂᄂ는 심장 간장의 열이니 간장을 샤ᄒ면 ᄇ름이 절로 업고 쇼변을 통ᄒ면 열이 오ᄅ디 아닌ᄂ니 〈1608, 언해두창집요, 上:63b〉
  - ᄯ 법에 뎐포 고티기를 잉부를 ᄒ야곰 갓고로 셰ᄃ시 ᄒ야 티 아니 누르면 쇼변이 절로 나ᄂ니라 〈1608, 언해태산집요, 42b〉
- 18세기 예문:
  - 尿 쇼변 撒尿 쇼변보다 〈1778, 방언유석申, 18b〉
  - 더져 짐즛 일 만난 사람의 모양을 지을시 혹ᄌ 계괴 이지 못ᄒᆯ가 젼심 초죠ᄒ미 후셜(喉舌)이 타고 쇼변이 진젹(眞的)ᄒ여 과연 형용(形容)이 이운 곳 갓더라. 〈17××, 완월회맹연, 권12,26b〉

◦대개 금됴의 경잉이 동뉴와 흔가지로 잡혀 나올적 쇼변이 급흐여 측중
   의 드러갓더니 〈17××, 윤하정삼문취록, 권50,28a〉
•19세기 예문:
   ◦쇼변보다 小便 〈1880, 한불자전, 434〉
   ◦十七인의 긔거를 슬피게 흐고 압뢰 二명을 식혀 옥쇽에 十七인과 홈씌
   안셰 흐고 十七인이 쇼변을 누려 흐면 슈죡을 잠근치 큰 스블을 들이미
   러 쇼변도 임의로 못 누게 흐고 〈1898년 11월 14일 월요일 독립신문 제3
   권 제189호〉
•20세기 예문:
   ◦밤에 불이 업셔도 글즈를 보며 곡식을 먹지 아니흐고 빗 대쇼변을 누지
   아니흐고 〈1904, 대한매일신보, 01〉
   ◦칼을 도도아 눌니지 아니케 흐고 옥직이의게 부탁흐야 이 사름 대쇼변
   보기에 편흐게 흐면 너를 샹주리라 흐고 〈1906, 경향보감,2, 352〉
   ◦구룸 속에 다리짓듯 광풍에 붓친 곳시 진흑 속에 부두친듯 홰홰친친 감
   문 달리 되쇼변이 어려워라 〈1918, 춘향전(충주박물관소장본), 40a〉
•연어 : 쇼변을 빗다, 쇼변을 보다, 쇼변을 누다

4. 어휘 조사

국어 어휘사를 연구하기 위해서 가장 시급한 일은 어휘를 조사하는 일이
다. 어느 정도의 어휘항목이 설정되어 있지 않은 상태에서 어휘사를 기술할
수는 없기 때문이다.

지금까지 어휘항목을 조사하여 각 어휘에 대한 예문과 간략한 뜻풀이를 하
여 놓은 자료는 고어사전이다. 그러나 고어사전은 그 표제항수가 매우 부족
한 편이다. 지금까지 나온 고어사전의 표제항수를 보면 다음과 같다.

저자	책명	간행연도	출판사	어휘항수
辛兌鉉	古語集解	1940	正音 35	338개
方鐘鉉	古語材料辭典(前後集)	1946~1947	同省社	전집 약 1,870개 후집 약 3,530개 총 약 5,400개
丁泰鎭·金炳濟	朝鮮古語方言辭典	1948	一成堂書店	고어 약 2,000개 이두 약 1,630개 방언 약 9,600개
김종오	古語 例解	1949	조선어연구 1-1~1.8	
이상춘	조선 옛말 사전	1949	을유문화사	약 5,250개
정희준	朝鮮 古語辭典	1949	동방문화사	고어 약 6,400개 이두 약 1,600개
김근수	참고 고어사전	1949	필경	약 650개
김종오	古語 例解(完)	1950	조선어연구 2.3	
劉昌惇	古語辭典	1959	동국문화사	정희준(1949)의 증보판 (429-594)에 고어 약 3,000개 증보
南廣祐	古語辭典	1960	동아출판사	11,315개
劉昌惇	李朝語辭典	1964	연세대출판부	약 32,000개
리서행	조선어 고어 해석	1965	평양 고등교육출판사	고어 약 12,000개 이두 약 1,100개
南廣祐	補訂 古語辭典	1971	일조각	11,315개
全圭泰	古語辭典	1976	西江出版社	
全圭泰	古語辭典, 吏讀辭典	1981	三洋出版社	약 30,000개
한글학회	우리말큰사전 4, 옛말과 이두	1992	어문각	22,907개
김영황	중세조선말사전(1)	1993	과학백과사전종합출판사	약 9,000개
홍윤표·송기중·정광·송철의	17세기 국어사전	1995	태학사	27,716개
南廣祐	敎學 古語辭典	1997	敎學社	약 30,000개
박재연	고어스뎐	2001	선문대 중한번역문헌연구소	11,695개
박재연·김영·이민숙	홍루몽 고어사전	2004	선문대 중한번역문헌연구소	표제어 3,869개 예문 6,799개
고려언어연구원	조선말 고어사전	2006	흑룡강조선민족출판사	약 20,000여 개 김영황, 중세조선말사전(1)을 완성시킨 것

박재연 주편	(필사본) 고어대사전	2010	학고방	표제어 70,615개, 용례 188,034개
박재연, 이현희	고어대사전	2016	선문대 중한번역 문헌연구소	표제항 221,940개 용례 699,609개
김영	삼국지 고어사전	2022	중한번역문헌연 구소	표제어 6,002개 예문 8,017개

　지금까지 간행된 고어사전 중에 표제항수가 가장 많은 것은 박재연, 이현희 (2016)의 『고어대사전』이다. 이 사전의 표제항수는 221,940개이어서, 현대국어 사전 어휘수의 1/2 수준이다. 그러나 이 표제항 속에는 이표기 어휘를 제외하면 그 수가 대폭 줄어들 것이다. 따라서 더 많은 어휘를 조사하여 사전에 등재시켜야 하는데 그 방법에는 몇 가지가 있다.

　첫째는 모든 문헌의 어휘 색인을 만들어 이들을 토대로 하여 어휘와 어휘의 미 등을 추출하는 방식이다. 지금까지 알려져 있는 문헌을 총망라하여 이렇게 어휘를 추출한다면 많은 어휘를 추가할 수 있을 것이다.

　훈민정음 언해본의 한 문장을 예로 들어 본다.

•나랏 말ᄊᆞ미 中國에 달아 文字와로 서르 ᄉᆞᄆᆞᆺ디 아니홀 씨 〈훈언 1a〉

이 문장을 프로그램을 이용하여 용례사전을 만들면 다음과 같다.

나랏	나랏 말ᄊᆞ미 中國에 달아 文字와로 서르 ᄉᆞᄆᆞᆺ디 아니홀 씨 〈훈언 1a〉
말ᄊᆞ미	나랏 말ᄊᆞ미 中國에 달아 文字와로 서르 ᄉᆞᄆᆞᆺ디 아니홀 씨 〈훈언 1a〉
中國에	나랏 말ᄊᆞ미 中國에 달아 文字와로 서르 ᄉᆞᄆᆞᆺ디 아니홀 씨 〈훈언 1a〉
달아	나랏 말ᄊᆞ미 中國에 달아 文字와로 서르 ᄉᆞᄆᆞᆺ디 아니홀 씨 〈훈언 1a〉
文字와로	나랏 말ᄊᆞ미 中國에 달아 文字와로 서르 ᄉᆞᄆᆞᆺ디 아니홀 씨 〈훈언 1a〉
서르	나랏 말ᄊᆞ미 中國에 달아 文字와로 서르 ᄉᆞᄆᆞᆺ디 아니홀 씨 〈훈언 1a〉
ᄉᆞᄆᆞᆺ디	나랏 말ᄊᆞ미 中國에 달아 文字와로 서르 ᄉᆞᄆᆞᆺ디 아니홀 씨 〈훈언 1a〉
아니홀	나랏 말ᄊᆞ미 中國에 달아 文字와로 서르 ᄉᆞᄆᆞᆺ디 아니홀 씨 〈훈언 1a〉
씨	나랏 말ᄊᆞ미 中國에 달아 文字와로 서르 ᄉᆞᄆᆞᆺ디 아니홀 씨 〈훈언 1a〉

　왼쪽 어절에 나타난 활용형 및 곡용형에 어간을 밝혀 주면 다음과 같다.

나라	나랏 말ᄊᆞ미 中國에 달아 文字와로 서르 ᄉᆞᄆᆞᆺ디 아니홀 씨 〈훈언 1a〉
말ᄊᆞᆷ	나랏 말ᄊᆞ미 中國에 달아 文字와로 서르 ᄉᆞᄆᆞᆺ디 아니홀 씨 〈훈언 1a〉
中國	나랏 말ᄊᆞ미 中國에 달아 文字와로 서르 ᄉᆞᄆᆞᆺ디 아니홀 씨 〈훈언 1a〉
다ᄅᆞ다	나랏 말ᄊᆞ미 中國에 달아 文字와로 서르 ᄉᆞᄆᆞᆺ디 아니홀 씨 〈훈언 1a〉
文字	나랏 말ᄊᆞ미 中國에 달아 文字와로 서르 ᄉᆞᄆᆞᆺ디 아니홀 씨 〈훈언 1a〉
서르	나랏 말ᄊᆞ미 中國에 달아 文字와로 서르 ᄉᆞᄆᆞᆺ디 아니홀 씨 〈훈언 1a〉
ᄉᆞᄆᆞᆺ다	나랏 말ᄊᆞ미 中國에 달아 文字와로 서르 ᄉᆞᄆᆞᆺ디 아니홀 씨 〈훈언 1a〉
아니ᄒᆞ다	나랏 말ᄊᆞ미 中國에 달아 文字와로 서르 ᄉᆞᄆᆞᆺ디 아니홀 씨 〈훈언 1a〉
씨	나랏 말ᄊᆞ미 中國에 달아 文字와로 서르 ᄉᆞᄆᆞᆺ디 아니홀 씨 〈훈언 1a〉

이 문장에서 얻은 어휘수는 모두 9개다. 그러나 어미까지 계산하면 더 많아질 것이다. 예문을 통해 그 의미를 찾아 기술하기 위해 우리가 참조로 해야 할 문헌은 훈민정음 창제 이후의 한글로 표기된 모든 문헌이 여기에 해당한다. 15세기부터 20세기 말까지 입력된 말뭉치 목록이 되어 있고, 또 그 자료들을 이용할 수가 있어서 이 작업은 큰 문제가 아닐 것으로 생각한다.

이 방식은 지금까지 알려져 있지 않았던 어휘들을 모두 목록화하고 이 어휘의 역사를 밝히는 데에 매우 바람직한 일이지만, 수많은 노력과 시간이 소요된다는 점에서 실행하기 어렵다. 그러나 문헌별 고어사전을 만드는 과정을 거쳐 최종적으로 이를 종합하여 대고어사전을 편찬하여야 한다.

둘째는 위에서 본 바와 같이 여기에 등장하는 어휘(문법 형태소는 제외하고) '나라, 말ᄊᆞᆷ, 中國, 다ᄅᆞ다, 文字, 서르, ᄉᆞᄆᆞᆺ다, 아니ᄒᆞ다, 씨'의 9개를 하나하나 역사 말뭉치를 검색하면서 예문을 추가하고 그 의미를 추출하는 방식이다. 예컨대 '나라' 한 가지의 용례를 검색해 보이면 다음과 같다.

- •國은 나라히라 〈1446, 훈민정음언해본, 1a〉
- •中國은 皇帝 겨신 나라히니 우리나랏 常談애 江南이라 ᄒᆞᄂᆞ니라 〈1446, 훈민정음언해본, 1a〉
- •나라히 오ᅀᆞ로 便安코 즐거부미 몯내 니ᄅᆞ리러라 王이 〈1447, 석보상절, 3:5b〉
  〈중략〉
- •이와 ᄀᆞᆺ치 ᄇᆡᆨ셩 업는 나라이 업고 나라 업는 님군이 업는지라 〈1898, 협성회회보, 1〉
- •우리가 나라를 위ᄒᆞ야 ᄇᆡᆨ셩에 직칙을 ᄒᆞ랴면 〈1898, 협성회회보, 2〉
- •우리가 의리를 잡고 나라를 위ᄒᆞ야 죽기를 도라보지 안코 국가를 만분지일이라도 도흘가 〈1898, 협성회회보, 3〉

셋째는 지금까지 간행된 고어사전이나 각종 고문헌 주석서를 목록화하고, 그 주석에서 피정의항으로 등장하는 어휘들을 대상으로 하여 역사 말뭉치에서 검색하는 방식이다. 그러나 이러한 방식으로는 어휘수를 많이 추가하기는 힘들 것이다.

그 일례를 몇 개 보이면 다음과 같다.

• 子書 : 현인이 글월이라 〈소학언해, 5,113a〉
• 籩豆 : 籩豆는 대그릇과 나모 그릇시오 〈女四書, 3,66a〉
• 보갑법 : 송 왕안석의 도적 곰초면 죄 주던 법이라 〈諭中外大小臣庶綸音, 13a〉
• 寶坊 : 보방은 뎔이라 〈六祖法寶壇經序, 16b〉
• 保傳 : 부인 ᄀᄅ치고 기르ᄂᆞᆫ 사름이라 〈五倫行實圖, 3,2a〉
• 呆板 : 샛벗이 박히인 형상이라 〈增修無冤錄諺解, 1,34a〉
• 輔弼 : 도아 쥬시ᄂᆞᆫ 게라 〈三聖訓經, 교유문 1b〉
• 符同 : 둘이 서로 합ᄒᆞ단 말이라 〈增修無冤錄諺解, 1,67b〉
• 匪石 : 匪石은 고집흔 ᄆᆞ음이 동도곤 甚ᄒᆞ단 말이오 〈女四書, 3,18a〉

이 주석들은 오늘날의 뜻풀이와 차이를 보이기도 하여서 현대 국어사전의 오류를 수정하는 데에도 크게 기여할 것으로 기대된다. 다음 뜻풀이는 앞에 예를 든 어휘에 대한 표준국어대사전의 뜻풀이다.

• 子書 : 항목 없음
• 변두 : 제사 때 쓰는 그릇인 변(籩)과 두(豆)를 아울러 이르는 말.
• 보갑법(保甲法) : 중국 송나라 때에 왕안석이 만든 민병 제도. 군비의 절감과 군대의 강화를 위한 것으로, 10집을 보(保), 50집을 대보(大保), 10대보를 도보(都保)라 하고 유사시에 대비하여 무장(武裝) 훈련을 시켰으며 평상시에는 자치적으로 지방 경찰의 일을 맡게 하였다. ≒참보마법.
• 보방(寶坊) : 절을 아름답게 이르는 말.
• 보부(保傳) : 태자(太子)를 모시며 보살피는 사람. 또는 그런 벼슬.
• 呆板 : 항목 없음
• 보필(輔弼) : 윗사람의 일을 도움. 또는 그런 사람. 모심,
• 부동(符同) : 그른 일에 어울려 한통속이 됨.
• 비석(匪石) : 심지가 굳어서 어떤 일에 쉽게 동요하지 않는 일.

이 방법은 기존에 이 어휘에 대해 주석을 달아놓은 자료가 있기 때문에, 그 뜻풀이가 매우 용이할 뿐만 아니라, 또 효율적이라고 할 수 있다. 그러나 어휘 항목들의 수가 한정되어 있다는 것이 문제점이라고 할 수 있다.

필자는 이 작업을 계속하고 있는데, 현재 15세기 문헌(훈민정음 언해본)부터 17세기 중반까지의 문헌(1658년의 어훈언해)에 등장하는 주석을 채록하였다. 그 결과 얻은 어휘수는 3,370개에 불과한 형편이다. 그러나 의미 파악에 도움이 되기 때문에, 이 작업은 계속할 예정이다.

넷째는 어휘 자료집을 대상으로 하여, 그 어휘집에 등장하는 표제항들을 역사 말뭉치에서 검색하는 방식이다. 이 방식은 어휘집에 의미가 대체로 상세히 기술되어 있기 때문에, 어휘사를 기술하는데 큰 도움을 줄 수 있다. 그러나 어휘항목을 결정하는 데 한정이 있어서 문제가 있을 것이다. 예를 들어서 『물명고』에 저음 등상하는 단어는 두 종류인데, 하나는 '춤외'이고 도 하나는 '히귀엿골'이다.

- 슬고 슈박 춤외 감즈 셕류 비 외엿 잣 사탕 쑤레 조린밤 〈1517, 번역노걸대, 下: 38a-39a〉
- 가지로니 외로니 춤외 슈박 동홰로니 ᄒᆞ고셔 〈1569, 칠대만법, 13a〉
- 日瓜 히귀엿골ᄒᆞ다. 〈1748, 동문유해, 上:1a〉
- 日瓜 히귀엿골 〈1779, 한청문감, 1:3b〉
- 日瓜 히귀엿골ᄒᆞ다 〈1790, 몽어유해, 上:01a〉

그러나 첫 번째의 방법이 가장 바람직할 것이다. 즉 모든 문헌에서 어휘를 추출하는 방법인데, 이 일은 국가적인 지원을 필요로 하는 장기적인 과제의 하나이다.

5. 개별 어휘의 어휘사로부터 어휘체계사로

개별 어휘의 역사를 기술한 것을 보통 어사(語史) 또는 어지(語誌)라고 한다.[1] 개별 어휘사는 각각의 어휘가 각 시대에 의미, 용법, 어형상 어떤 위치를 차지했는가를 역사적으로 밝히는 것이다. 즉 한 어휘가 발생해서 한 언어의 어휘

---

1 田蒙秀(1947)에서는 개별 어휘의 어원에 대해 기술한 것을 '語源志'라고 하고 있다.

체계 속에 자리 잡고 전용 또는 변형되고 결과적으로는 폐기되기까지의 역사
를 기술하는 일이다. 그러나 수많은 단어들을 다 일일이 기술할 수는 없는 것
이 현실이다. 그래도 어느 특정한 한 단어를 골라서 그 개별 단어의 어휘사를
기술함으로써 어휘사의 일면을 부각시킬 수도 있다. 그러한 일면이 모여 전
체의 모습을 형성하는 것이며, 또한 단면으로서 전체를 파악할 수도 있는 것
이므로, 이러한 방법도 부질없는 일은 아니다.

　어느 한 어휘의 형태가 변화하는 경우에 그 시기를 파악하는 일은 그리 어
려운 일이 아니다. 상당히 많은 역사말뭉치를 검색하면 그 결과를 어느 정도
쉽게 알 수 있기 때문이다. 그렇게 검색한 결과를 표로 보이면 어휘 형태의 변
화를 한 눈으로 볼 수 있을 것이다. 다음에 현대국어 '가볍다'와 '가엽다'의 형
태 변화를 예로 들어 보이면 다음과 같다.[2]

〈'가볍다'의 형태변화〉

	15c	16c	17c	18c	19c	20c
가ᄇ.얍다	○	○	○	○	○	
가븨얍다		○		○	○	
가ᄇ.엽다		○		○		
가빈얍다			○	○	○	○
가브얍다			○			
가븨압다				○	○	
가뵈압다				○	○	
가ᄇ압다				○	○	○
가ᄇ엽다				○		
가븨엽다				○	○	○
가부압다				○	○	
가보압다				○	○	
가바압다					○	
가뷔압다					○	

---

2 이 도표는 21세기 세종계획의 '어휘역사'를 기술하면서 얻은 결과물에서 옮겨 놓은 것이다.

가뷔엽다					○	
가븨업다					○	
가븨옵다					○	
가배얍다					○	
가비엽다					○	○
가부엽다					○	
가뷔압다					○	
가볍다					○	○
가밥다						○
가벼웁다						○
가뱌웁다						○

〈'가엽다'의 형태변화〉

	15c	16c	17c	18c	19c	20c
ㄱᄼㅣ 없다	○	○				
ㄱㅣ 없다		○	○	○	○	
가없다					○	○
가엽다						○

이러한 형태변화들은 특별한 어휘들이 아니라면 대부분 언어 변화의 규칙으로 설명이 가능하다. 그러나 이러한 형태상의 변화를 더 쉽게 이해하려면 현대의 방언 어휘를 참고하는 것이 좋다. 오히려 국어사 관련 문헌에 등장하는 어휘들보다는 방언에 보이는 어휘들이 더 풍부하기 때문이다. 설령 그 설명이 복잡하고 어렵지만 국어 어휘사 기술을 훨씬 더 정밀하고 정확하게 해 줄 것이다.

다음에 '가볍다'와 '가엽다'의 방언형들을 보이면 다음과 같다.

〈'가볍다'의 방언형〉

방언형	지역
가갑다	함남, 평북(창성, 자성)
가갭다	함남(단천, 북청), 함북(경성, 성진, 경원, 온성, 종성, 회령, 무산)

가겁다	강원, 함남
가급다	평북
가뱁다	함북(길주, 명천)
가부엽다	평북(태천)
가붐다	평북(선천)
가붑다	평남(순천, 영원), 평북(위원, 초산, 벽동, 운산, 창성, 삭주, 귀성, 박천, 정주, 선천)
가븝다	황해
갑삭하다	평북(운산, 자성, 철산, 후창, 선천, 용천, 정주, 초산, 덕천, 벽동), 평남 (영원, 대동, 순천, 개천, 신천)
갑삭허다	평남, 평북, 황해(신천)
개갑다	함남(영흥, 함흥, 함주), 함북
개겁다	경남(진주), 함남
개굽다	강원, 함남, 함북
개급다	함남
거겝다	함북(학성)
베삽다	평북, 평북
하깝다	함북
해겁다	전남
해깝다	함북(경흥, 무산, 경원, 학성, 길주, 명천, 경성, 온성, 종성), 함남
해꿉다	평북
헌겁다	함북(경성)
헤겁다	함남(영흥)

⟨'가엾다'의 방언형⟩

방언형	지역
가이없다	평북(선천)
불쌍하다	함북(경흥, 명천, 경흥, 종성, 회령)
불쌍허다	평남, 평북
죄롭다	함남
좨롭다	함북(경흥, 경원, 온성, 종성, 회령)

이 방언형을 통해서 '가볍다'는 '가갑다, 가볍다, 개급다, 갑삭하다, 해깝다' 등의 부류가 있음을 알 수 있다. 이들은 상당수가 문헌자료에 보이지 않는 것

이어서 이것을 설명하려면 더 많은 정보가 필요할 것이다.

　마찬가지로 '가엾다'는 점차 소멸되어가고 '불쌍하다'로 대치되어 가는 현상을 볼 수 있고, '죄롭다'란 형태가 방언형에서 사용되고 있음을 볼 수 있어서 '가엾다'의 또 다른 어휘로 등장하였으므로 더 많은 설명이 필요하다.

　문제는 어휘 의미가 변화하는 경우에는 그 변화 시기를 파악하기란 쉽지 않다는 점이다. 예컨대 '겨집(女)'에서 '계집'으로 어형변화를 일으키기 시작한 것은 16세기 초이지만 이 '계집'이 '여자나 아내를 낮추어 부르는 말'의 의미로 변화한 시기는 파악하기 어렵다. 예문 하나하나를 일일이 검토하여야만 알 수 있기 때문이다.

　그러나 '겨집'과 '계집' 사이에는 의미의 연결성이 있다고 할 수 있다. 즉 어떠한 경우에도 의미 변화의 요인은 그 단어 안에 내재하는 것이며, 그 표층적인 의미가 시기별로 다르게 나타나고 있을 뿐이다. 특히 어떤 어휘에서 왜 어떻게 실현되고 일반화되는가를 그 시대와 관련시켜서 설명하는 것이 어휘사 연구의 한 분야라고 할 수 있을 것이다. 그런데 이것과 관련해서 예를 들어 어떤 시대 이후에 A라는 단어가 의미 '가'를 상실하고 오로지 의미 '나'를 나타내게 되고 어형 B가 의미 '가'를 나타내게 되었다고 했을 때, 이 시기에 A(가)의 시대가 끝나고 A(나)의 시대로 완전히 이행하였다고 할 수 있느냐는 문제가 야기된다. 예컨대 '지치다'가 '설사하다'란 의미에서 '기운이 빠지다'란 의미로 바뀌었다고 해서, 그리고 그렇게 의미가 바뀐 시기가 18세기라고 해서, 18세기에 '설사하다'란 의미를 가진 시대가 완전히 가고, '기운이 빠지다'란 의미를 가진 시대로 완전히 이행되었다고 기술할 수 있는지는 아직 의문이다. 그래서 '지치다'란 어휘와 '설사하다'란 어휘가 이전에는 유의어 관계로 인식되었는데(그 치이는 단지 고유어와 한자어의 차이이다), 그 의미가 바뀐 시기에는 다른 어휘체계를 이루었다고 기술할 수가 있어야 하는데, 그 단어들이 쓰인 예문들을 해석하면서 단지 연어적인 관계에서 변화한 것인지, 아니면 한정된 문헌에서만 발견된 것인지를 결정하기가 쉽지 않다.

이러한 점은 '겨집'과 '계집' 사이의 관계에서도 마찬가지이다. '계집'이 '여자나 아내를 낮추어 부르는 말'의 의미로 바뀌었다고 해서 '아내'나 '여자'의 뜻을 가진 시대가 사라지고 오직 '여자나 아내를 낮추어 부르는 말'의 의미를 가진 시대가 되었다고 하기가 쉽지 않다. 어느 어휘는 그러한 의미의 변별이 명확하지만, 어느 어휘는 그 구분이 명확하지 않아서 어휘사 기술을 어렵게 한다.

그러나 한 가지 기억해야 할 내용이 있다. 즉 어떻게 변화하였는가를 기술하는 것만이 어휘사가 아니다. 그 기저에 변화하지 않는 어떤 것이 존재했는가를 인식하는 것이야말로 역사를 고찰하는 근본적인 입장이라는 사실도 잊어서는 안된다.

이와 같은 개별 어휘사의 연구를 통해 전체 어휘 체계사를 기술하여야 한다. 어휘 체계사는 개별 어휘 간의 체계적 관계와 구조적 관계를 기술, 설명하는 것이다. 개별 음소의 변화사를 기술하고 그 음소 간의 관계를 구명하여 음운체계의 변화를 기술, 설명하는 방법을 원용하여 개별 어휘사를 기술하고 개별 어휘들 간의 관계를 설정하여 전체 어휘 체계사를 기술하는 것이 가능할 것이다. 다만 전체 어휘 체계를 기술하기 위해서는 다루어야 할 음소의 수보다 훨씬 많은 개별 어휘들을 다루어야 한다는 어려움이 있지만, 개별 어휘들을 다시 여러 가지 기준으로 묶어서 어휘 부류 간의 관계를 설정하는 방법을 고안해 내는 방법이 있을 수 있다. 예컨대 유의어의 발생과 그 유의어들과 반의 관계를 가지는 반의어의 변화 과정을 살피거나 한자어의 변화과정과 고유어의 변화 과정에서 각각 어떤 관계를 유지하게 되었는가 등을 기술하여 어휘 체계사를 기술하자는 것이다.

6. 개별 어휘사 기술에 필요한 항목

개별 어휘의 역사를 기술한 것 중에서 가장 많은 어휘를 수록하고 또 자세한 역사를 기술한 것은 21세기 세종계획의 한민족언어정보화 분과에서 시행한 과제인 '어휘 역사 검색 시스템 개발'에서 기술한 약 5,000여 개의 어휘사일 것이다. 이 보고서에서는 각 어휘에 대하여 다음과 같은 항목이 기술되어 있다.

① 표제어	② 표준어
③ 품사	④ 현대 뜻풀이
⑤ 관련 한자어	⑥ 15세기 형태와 예문
⑦ 16세기 형태와 예문	⑧ 17세기 형태와 예문
⑨ 18세기 형태와 예문	⑩ 19세기 형태와 예문
⑪ 20세기 형태와 예문	⑫ 종합설명

이에 덧붙여 한 어휘에 대한 어휘사를 기술하기 위해서는 다음과 같은 항목이 포함되어 있어야 할 것으로 생각한다.

① 표제어	② 방점	③ 표준어	④ 관련항
⑤ 품사	⑥ 현대 뜻풀이	⑦ 유의어	⑧ 반의어
⑨ 관련 한자어	⑩ 형태소 분석	⑪ 최초 출현 예문	
⑫ 최후 출현 예문	⑬ 15세기 이전 예문 - 20세기 예문		
⑭ 연어	⑮ 형태 변화	⑯ 방언형	
⑰ 의미 변화	⑱ 비언어적 요인		

이러한 내용이 모두 기술된다면 한 어휘의 역사는 개괄적이나마 기술될 수 있다. 그러나 ①~⑰까지는 모두 언어 내적인 내용이지만 ⑱은 언어 외적인 내용이다. 그러나 언어 외적인 내용만 별도로 기술될 수는 없다. 모든 항목에서 어휘 변화의 비언어적 요인들이 기술되어야 할 것인데, 비언어적 요인들이 단순한 추측만이 아니라 가능한 한 그 근거까지도 제시되어야 바람직할 것이다.

이중에서 가장 주의를 기울여 기술하여야 할 부분이 ⑥의 '현대뜻풀이'이 다. 고어사전의 현대뜻풀이는 대부분이 그 고어에 대한 현대국어의 대응형만 제시하고 있다. 그러한 뜻풀이 방식은 그 어휘 의미가 현대어의 의미와 동일 하다면 큰 문제가 아니겠지만, 그 의미가 오늘날 변화하였거나, 또는 현대국 어에서 사라진 어휘라고 한다면 이러한 방식의 뜻풀이는 바람직하지 않다. 오늘날 그 의미를 잘 알 수 없는 어휘도 많아서 그 뜻풀이를 할 수 없는 경우가 많다.

마찬가지로 뜻풀이에서 가장 어려운 일 중의 하나가 다의어 설명이다. 다 의어를 기술하고 있는 고어사전은 박재연, 이현희 주편의 『고어대사전』뿐인 것으로 보인다. 예를 들어 본다면 '공부(工夫)'는 오늘날의 '공부하다'의 '공부' 와는 달리 '겨를'이라는 뜻도 가지고 있었다.

① 시간, 겨를, 틈, 여가
  • 高麗로셔 온 秀才 잇다 ᄒᆞ여ᄂᆞᆯ 뎌를 ᄎᆞ자 글을 講論ᄒᆞ노라 이런 젼ᄎᆞ로 工夫 를 엇디 못ᄒᆞ여 拜望을 闕ᄒᆞ니 得罪 得罪ᄒᆞ여라 〈1677, 박통사언해, 下:56b〉
  cf. 흔 高麗로셔 온 秀才 잇다 ᄒᆞ매 내가 뎌를 ᄎᆞ자 글을 講論ᄒᆞ니 이런 젼ᄎᆞ 로 결을을 엇지 못ᄒᆞ여 拜望홈을 闕ᄒᆞ니 罪를 엇쾌라 〈1765, 박통사신석 언해, 3:54b〉
  • 내 네 농장에 가고져 호ᄃᆡ 工夫를 엇디 못ᄒᆞ여 가디 못ᄒᆞ노라 〈1677, 박통사 언해, 中:43a〉

② 학문과 기술들을 배우고 익히다.
  • 글 빅호ᄂᆞᆫ 공부ᄂᆞᆫ 모롬이 이예 일과 ᄒᆞᄂᆞᆫ 법을 嚴히 셰고 ᄯᅳ히 ᄒᆞ르도 노하 프러ᄇᆞ리디 몯홀 거시니 〈1588, 소학언해(도산서원본), 5:113a〉

이러한 요소들이 개별 어휘사를 기술하는데 필요한 항목이라면 이들을 종합하여 어휘체계상에서 전반적으로 어떠한 변화가 일어났는가를 판단하여야 한다. 어느 시기에는 'ㆍ'의 소실로 인하여 'ㆍ'로 인하여 대립되던 어휘들이 그 대립이 없어져서 어휘체계상에 어떠한 변화가 일어났으며, 원순모음화나 구개음화, 또는 i 움라우트 등의 음운변화로 어휘체계상의 어떠한 변화가 일어났는가 하는 점도 기술되어야 한다. 지금까지 어휘체계를 음운체계나 음운 변화 등의 관계 속에서 기술한 적이 없는데 앞으로는 이러한 면도 고려되어야 한다. 마찬가지로 어휘체계를 문법체계와의 연관성 속에서도 기술되어야 할 것으로 생각한다. 예컨대 어느 어휘의 문법화가 가져 온 어휘체계상의 변화 등노 어휘사 기술의 중요한 내용이다.

7. 개별 어휘의 의미를 기술하기 위한 방법

지나간 시기의 글을 읽다가 알 수 없는 어휘가 등장하면 고어사전을 찾기 마련이다. 그러나 고어사전에 등재되어 있지 않거나, 등재되어 있어도 그 뜻풀이가 없는 경우를 흔히 발견하는 경험을 하게 된다. 현대국어 사전에서는 뜻풀이가 매우 중요한 항목이어서 그 풀이에 큰 관심을 가지지만 고어사전에서는 그 뜻풀이에 크게 관심을 가지지 않는다. 그래서 한 어휘에 대한 뜻풀이를 보아서는 그 어휘가 어떠한 의미 변화를 겪었는지를 알 수 없다. 그래서 국어 어휘사 연구에서 그 뜻풀이는 매우 중요한 요소이다.

어휘의미의 기술은 대개 다음과 같은 세 가지 방법에 의해 기술될 수 있다.

① 어휘가 쓰인 예문에서 의미를 추출하여 기술하는 방법
② 대역된 한문 원문 등의 의미를 파악하여 기술하는 방법
③ 문헌에 기술되어 있는 의미 기술을 참조하여 기술하는 방법

1) 예문을 통해 의미를 기술하는 방법

이중에서 ①의 방법은 그 용례가 충분하고 사용 유형이 다양하여야 그 의미 기술이 가능하다. 그래서 가장 고된 뜻풀이 방법 중의 하나일 것이다. 이 방법은 가능한 한 지금까지 발견된 거의 모든 한글 문헌들을 망라하여 조사할 때 효과를 볼 수 있다. 오늘날에는 역사 말뭉치를 구축하고 검색 프로그램을 이용하여 용례를 검색하는 방법이 개발되어 있어서 이 방법은 오늘날 가장 흔히 사용되는 방법이다.

그런데 이들 문헌을 통해 어휘와 어휘의미를 추출하는 방법에는 세 가지가 있다.

하나는 모든 문헌의 어휘 색인을 만들어 이들을 토대로 하여 어휘와 어휘의미 등을 추출하는 방식이다.

또 한 가지 방식은 지금까지 간행된 고어사전이나 각종 고문헌 주석서를 목록화하고, 그 주석에서 피정의항으로 등장하는 어휘들을 대상으로 하여 역사 말뭉치에서 검색하는 방식이다. 이 방법은 기존에 이 어휘에 대해 주석을 달아놓은 자료가 있기 때문에, 그 뜻풀이가 매우 용이할 뿐만 아니라, 또 효율적이라고 할 수 있다. 그러나 어휘 항목들이 총목록화되기 힘들다는 점이 문제점이라고 할 수 있다.

또 한 가지 방식은 어휘 자료집을 대상으로 하여, 그 어휘집에 등장하는 표제항들을 역사 말뭉치에서 검색하는 방식이다. 이 방식은 어휘집에 의미가 대체로 상세히 기술되어 있기 때문에, 어휘사를 기술하는데 큰 도움을 줄 수 있다. 그러나 어휘항목을 결정하는데 한정이 있어서 문제가 있을 것이다.

2) 대역 한자를 통해 의미를 기술하는 방법

②의 방법은 언해본들을 이용할 때나, 한자 석음 자료들을 이용할 때 매우

수월하게 이용할 수 있는 방법 중의 하나다. 그러나 한문 원문과 언해문이 동시에 입력되어 있는 병렬 말뭉치가 흔하지 않아서 일일이 원본이나 영인본 또는 이미지 자료를 확인하여야 하는 어려움이 따른다. 가장 쉬운 방법은 한자 석음 자료, 예컨대 천자문이나 훈몽자회, 유합, 자전 등을 이용하는 방법이지만, 이들 자료에 나타나는 한자의 수가 한정되어 있어서 이에 등재된 국어 어휘수가 적다는 단점이 있다. 예컨대『훈몽자회』에는 3,360자의 한자가 올림말로 되어 있으나 동일한 새김을 가진 것이 많아서 실제로『훈몽자회』에서 추출할 수 있는 국어 어휘수는 1,991개에 지나지 않는다. '집'이 27개, '비, 붉다'가 각각 13개씩, '보다'가 12개 등등이기 때문이다.

한자 석음을 이용하여 그 의미를 기술하는 방법을『훈몽자회』중에서 선택하여 예를 들어 설명하면 다음과 같다.

- 瀉 즈칠 샤 〈訓蒙中, 16a〉
- 疶 즈칠 셜 〈訓蒙中, 16b〉
- 痢 즈칠 리 〈訓蒙中, 16b〉

여기에 등장하는 어휘 '즈츼다'는 이 문헌을 통해 오늘날처럼 '지치다', 즉 '힘든 일을 하거나 어떤 일에 시달려서 기운이 빠지다'란 뜻이 아니고 '설사하다', 즉 '변에 포함된 수분의 양이 많아져서 변이 액상(液狀)으로 되다'란 뜻임을 알 수 있다. 특히 '즈칠 리'로 새김과 음을 달아 놓은 뒤에 '俗稱走痢 又稱瘶下' (속칭 走痢라고 하고 또한 瘶下라고 칭한다)고 기술되어 있어서, 여기에 보이는 '주리'와 '대하'의 뜻을 알면 '즈츼다'의 뜻을 더 명확하게 알 수 있을 것이다. '走痢'는 역어유해에 '즈츼다'로 설명히였는데, 특히 '질병'의 항목 속에 들어 있다. 오늘날 '나 지쳤어'라고 말하는 사람을 병원으로 데리고 가는 사람은 없을 것이다.

•走瘌 즈츼다 〈역어유해 상, 61b〉

그러나 이 방식에도 문제는 있다. 왜냐 하면 거기에 사용된 한자의 의미가 매우 다양할 수가 있기 때문이다. 예를 한 가지만 들어 보이기로 한다. 훈몽자회(1527년)에서는 '집'이란 새김을 가지고 있는 한자가 무려 27개나 등장한다. (아래의 예는 훈몽자회 叡山本의 예문이다.)

•집 가 (家) 〈中, 3a〉	•집 각 (閣) 〈中, 3a〉
•집 갑 (匣) 〈中, 7b〉	•집 관 (舘) 〈中, 5a〉
•집 관 (觀) 〈中, 5b〉	•집 궐 (闕) 〈中, 3a〉
•집 뎐 (殿) 〈中, 3a〉	•집 뎨 (邸) 〈中, 4b〉
•집 듀 (宙) 〈上, 1a〉	•집 려 (廬) 〈中, 3a〉
•집 렴 (窟) 〈中, 7b〉	•집 무 (廡) 〈中, 3a〉
•집 샤 (舍) 〈中, 3a〉	•집 신 (宸) 〈中, 3a〉
•집 실 (室) 〈中, 3a〉	•집 옥 (屋) 〈中, 3a〉
•집 우 (宇) 〈上, 1a〉	•집 원 (院) 〈中, 3b〉
•집 하 (厦) 〈中, 3a〉	•집 궁 (宮) 〈中, 3a〉
•집 당 (堂) 〈中, 3a〉	•집 방 (房) 〈中, 3a〉
•집 샹 (廂) 〈中, 4b〉	•집 직 (廥) 〈中, 3a〉
•집 텽 (廳) 〈中, 3a〉	•집 틱 (宅) 〈中, 3a〉
•집 히 (廨) 〈中, 3a〉	

이 27개의 '집'은 '집'의 다의어에 해당할 것이다. 중국어에서 각각 다른 의미를 갖고 있는 어휘를 국어에서는 '집'이란 한 가지 어휘로 표현한 것이다. 여기에서 국어의 '집'의 다의어를 찾아 설명할 수 있을 것이다. 특히 고어사전에서는 이러한 다의어를 제시한 것이 거의 없다.

훈몽자회에는 이 한글 표기 이외에 한문으로 된 설명이 있는데, 지금까지 입력된 자료에는 이 부분을 생략하고 입력함으로써 우리가 알 수 있는 많은 의미정보를 알 수 없게 만들어 놓아 안타깝다. 그 예를 보이도록 한다.

- 家 집 가 俗呼家當自稱 寒家 寒居 〈1527, 訓蒙叡中, 3a〉
- 匣 집 갑 俗呼匣兒 〈1527, 訓蒙叡中, 7b〉
- 舘 집 관 客舍亦作館 〈1527, 訓蒙叡中, 5a〉
- 觀 집 관 道宮又平聲볼관見下卷 〈1527, 訓蒙叡中, 5b〉
- 闕 집 궐 君居俗呼內府內裏又失也過也少也 〈1527, 訓蒙叡中, 3a〉
- 殿 집 뎐 君居俗呼正殿偏殿 〈1527, 訓蒙叡中, 3a〉
- 邸 집 뎨 郡國朝宿之舍在京者必有外貨叢集爲市亦曰邸店 〈1527, 訓蒙叡中, 4b〉
- 宙 집 듀 又舟車所極覆也往古來今曰宙 〈1527, 訓蒙叡上, 1a〉
- 廬 집 려 民居又喪居曰倚廬 〈1527, 訓蒙叡中, 3a〉
- 奩 집 렴 俗呼鏡奩 〈1527, 訓蒙叡中, 7b〉
- 廡 집 무 堂下周廊學宮有東西廡 〈1527, 訓蒙叡中, 3a〉
- 舍 집 샤 大曰家小曰舍 〈1527, 訓蒙叡中, 3a〉
- 宸 집 신 君居稱紫宸又太子居曰儀宸 〈1527, 訓蒙叡中, 3a〉
- 室 집 실 後爲室 〈1527, 訓蒙叡中, 3a〉
- 屋 집 옥 俗呼房屋 〈1527, 訓蒙叡中, 3a〉
- 宇 집 우 四方上下曰宇又屋邊也詹宇 〈1527, 訓蒙叡上, 1a〉
- 院 집 원 垣墻內又院落뜰 〈1527, 訓蒙叡中, 3b〉
- 廈 집 하 大屋又音沙俗稱披廈東西夾室 〈1527, 訓蒙叡中, 3a〉
- 宮 집 궁 君居 〈1527, 訓蒙叡中, 3a〉
- 堂 집 당 前爲堂又詹階內曰堂 〈1527, 訓蒙叡中, 3a〉
- 房 집 방 俗呼房子瓦房草房 〈1527, 訓蒙叡中, 3a〉
- 廂 집 샹 堂下舟廊又東西夾室又軍士奇息之所 〈1527, 訓蒙叡中, 4b〉

- 廎 집 지 燕居茅舍俗稱作廎學宮有東西廎〈1527, 訓蒙叡中, 3a〉

- 廳 집 텽 俗稱正廳公廳〈1527, 訓蒙叡中, 3a〉

- 宅 집 틱 俗呼大宅子〈1527, 訓蒙叡中, 3a〉

- 廨 집 히 公廳俗呼廨舍〈1527, 訓蒙叡中, 3a〉

이들 기록에서 알 수 있듯이, '집'에는 '누가 거주하는가'에 따라, 예컨대 임금이 거주하는 '君居'에는 '闕, 殿, 宸, 宮'이 있고, 서민이 살고 있는 집은 '廬' 등이 있는데, 임금이 거주하는 '闕, 殿, 宸, 宮'들도 용도에 따라 각기 달리 쓰이고 있음을 알 수 있다.

그런데 오늘날의 국어사전의 '집'에 대한 뜻풀이를 보이면 다음과 같은 의미를 지니고 있다(『표준국어대사전』의 경우).

① 사람이나 동물이 추위, 더위, 비바람 따위를 막고 그 속에 들어 살기 위하여 지은 건물. ≒사옥04(舍屋).

② (수량을 나타내는 말 뒤에 쓰여) 사람이나 동물이 살기 위하여 지은 건물의 수효를 세는 단위.

③ 가정을 이루고 생활하는 집안.

④ 칼, 벼루, 총 따위를 끼거나 담아 둘 수 있게 만든 것.

⑤ 『운』 화투나 마작 따위의 놀이에서 어느 한 편을 이르는 말.

⑥ 『운』 바둑에서, 자기 돌로 에워싸 상대편 돌이 들어올 수 없게 한, 바둑판의 빈자리.

⑦ 『운』 (수량을 나타내는 말 뒤에 쓰여) 바둑에서, 자기 돌로 에워싸 상대편 돌이 들어올 수 없게 한 빈자리를 세는 단위.

⑧ ('우리 집에서', '집에서' 꼴로 쓰여) =집사람〔1〕.

⑨ 『북』 원생동물 따위의 하등 동물의 몸을 이르는 말.

또한 황필수(黃泌秀)가 지은 것으로 알려진『명물기략(名物紀略)』을 보면 대강의 의미구별을 할 수가 있다. 즉'宮'은 옛날에는 귀한 사람이나 천한 사람의 거하는 곳이 모두 '宮'이었는데, 진시황 때부터 '지존'(임금)이 거주하는 곳을 '宮'이라고 하였다. '殿'은 '천자(天子)'가 사는 곳이며, '室'은 지어미가 사는 곳, '家'는 한 가문 내에서 쓰는데, 지어미가 지아비를 '家'라고 부르며, '宅'은 존인(尊人)이 사는 곳을 '딕'이라고 하며, '廳'은 관청의 일을 보는 곳이며, '堂'은 정침(正寢, 제사를 지내는 몸채의 방)이며, 등등으로 설명하고 있다.

- •宮 궁 屋見垣 上黃帝作以避寒氣古者 貴賤所居皆 稱宮至秦始定爲至尊之居
- •殿 전 高大堂天子所居
- •室 실 城郭之宅 夫以婦爲室
- •家 가 一門之內 夫曰家
- •宅 딕 居處也 俗尊人居曰딕
- •廳 청 廳事之處
- •堂 당 正寢向陽地字
  〈名物紀略, 권3 宮室部, 2a〉

반면에 한자 자석 자료들은 유사 한자들을 나열하거나 또는 반의어가 되는 한자들을 나열하여서, 유의어 연구나 반의어 연구에 큰 도움을 줄 수 있을 것이다. 천자문에서 '天地玄黃' '宇宙洪荒'에서 '天地'는 각각 반의(反義에) '宇宙'는 다의(多義)에 속하는 한자이고 이들의 새김에 해당하는 '하늘, 땅'은 반의어에, '집'은 다의어에 속하는 국어 어휘들이라고 할 수 있다.

한자 어휘수가 한정되어 있기 때문에, 천자문, 유합, 훈몽자회, 이친자문 등을 뛰어넘어 19세기 말부터 많이 출간된 옥편이나 자전류를 많이 참고하는 편이 좋을 것으로 생각한다. 그중에서 특히 필사본들로서 많이 편찬하였던『音韻反切彙篇』이나『字解』,『兒字』등처럼 항목이 많은 자석 자료들을 활용하는 것이 좋을 것이다.

3) 옛문헌의 의미 기술을 참조하는 방법

고어의 의미를 찾아내려면 이들 어휘 의미를 기술해 놓은 문헌들을 찾아 참고하는 것이 가장 효율적이다. 그러나 안타깝게도 우리말 어휘를 표제어로 제시하고 그 의미를 기술해 놓은 자료, 즉 국어사전은 19세기 말 이후부터나 보인다. 앞에서 예시한 바와 같이 대부분 외국인이 편찬한 대역사전이거나 우리나라 사람들에 의해 편찬된 국어사전들이다. 이 자료들에 보이는 우리말 어휘 의미를 한자나 영어 및 불어, 일본어 등으로 기술하고 있어서 그 의미를 파악할 수 있다.

사전을 제외한 어휘사 관련 자료들이 많이 있다. 예를 들어 보도록 한다.

오늘날 다음 그림과 같이 '대나무의 끝을 손가락처럼 구부리어 손이 미치지 아니하는 곳을 긁도록 만든 물건'을 '효자손'이라고 한다.

누가 이름을 붙였는지 매우 재치있게 붙였다고 생각했는데, 이 어휘는 최근에 만들어진 것이 아니라 오래 전부터 있었던 어휘임을 자료를 통해 알 수 있었다. 예컨대 앞에서 언급한 名物紀略에 다음과 같은 기록이 있다.

• 爻楕子 호츕ᄌ 搔背具 俗訓 등글기 〈명물기략, 권3. 10b〉 ('호'는 '효'의 오기)

이것으로 '효자손'이란 단어가 오래 전부터 '효츈ᄌ'란 이름으로 불려 왔다가 '효자손'으로 바뀌었음을 알 수 있다.

8. 어휘 변화의 원인

어휘가 변화하는 요인은 언어 자체에 내재하는 요인과, 언어와는 유리되어 있는 외적 요인으로 구분할 수 있다. 전자는 어휘를 구성하는 단어의 어형이나 단어의 의미가 변화하는 요인으로, 그것에 의해서 어휘의 지역적 변용이나 역사적 변천이 이루어진다.

8.1. 언어 내적 요인에 의한 변화

언어 내적 요인으로서는 우선 언어가 좀 더 간단하게 또는 편리하게 변하려는 언어 경제성과, 언어 표현을 좀 더 분명하고 명확하게 하려는 언어 자체의 끊임없는 변화를 모색하는 경향을 들 수 있다. 이를 요약하면 다음과 같다.

① 경제성의 추구
 ㉮ 단축
 ㉯ 음의 동화
  ㉠ 순행동화 : 앞의 음이 뒤따르는 음에 영향을 줄 때(구개음화 등)
  ㉡ 역행동화 : 뒤의 음이 앞에 있는 음에 영향을 줄 때 (움라우트 등)
② 명확성의 추구
 국어에서 '역전(驛前)'을 '역전앞', '무궁화'를 '무궁화꽃' 등으로 말하거나 '수건(手巾)'을 '손수건'이라고 하는 등이 이 예에 속할 것으로 보인다. 이러한 예들은 명확성을 추구하려는 언어의 내적 노력이 작용한 것이라고 할 수 있다.

이러한 요인에 의해서 어형과 어휘의미의 변화 유형은 여러 가지 형으로 나타난다. 중요한 것을 요인별로 정리하면 다음과 같다.

8.1.1. 어형의 변화

1) 음만의 변화

① 음의 첨가
'고티다'가 구개음화되어 '고치다'가 되고 이것이 '곤치다'로 변화하였는데, 이것은 오늘날에는 방언어휘의 의미를 가진다고 할 수 있으나 고문헌에서는 그러한 의미차이를 가져 오지 않는 것으로 보인다. 역시 'ᄀ초다'가 'ᄀᆫ초다'가 되어 'ㄴ'이 첨가되었어도 의미변화는 보이지 않는다.

- 만일 다시 샤교에 깁히 ᄲᆯ드러 그 젼습을 곤치지 아니ᄒᆞ고 〈1881, 어제유대소신료급중외민인등척사윤음, 4a〉
- 그 지조를 곤치지 안ᄉᆞ오니 〈1898, 제국신문, 1010〉

② 음의 탈락
'날개'가 '날애'가 되는 경우와 같이 'ㄱ'이 탈락하는 경우가 흔히 보인다. 그러나 의미변화까지는 초래하지 않는 것으로 해석된다.

- 迦樓羅ᄂᆞᆫ 金 ᄂᆞᆯ개라 혼 ᄠᅳ디니 〈1459, 월인석보, 1:14b〉
- 舊은 매 ᄂᆞᆯ애 티ᄃᆞᆺ시 가ᄇᆡ얍고 ᄲᆡᄅᆞᆯ씨오 〈1459, 월인석보, 10:78a〉

③ 음의 교체
음이 교체되면서 의미가 변화하지 않는 예들이 있다. 예컨대 '곶(花)'이 '꽃'

으로 그리고 다시 '꽃'으로 변화하였지만, 의미상의 변화는 일어나지 않았다.

- 빗곶 爲梨花 〈1446, 훈민정음해례본, 42〉
- 梧오桐동花화는 薔쟝薇미꼬즐 니르니라 〈1567, 몽산화상육도보설, 31a〉
- 쪼 원츄리꼬츨 흐고 〈1608, 언해태산집요, 12a〉

상당수의 음운변화 현상은 이러한 어형의 변화를 가져옴으로써 어간재구 조화를 이루게 된다. 대표적인 것이 구개음화, 원순모음화, 치찰음 밑에서의 고모음화, 비원순모음화 등에 의한 음의 교체는 역시 의미변화를 가져 오지 않는다. 그러나 움라우트는 어느 경우에는 의미변화를 가져오는 것으로 해석되기도 한다. 즉 '보기싫다'가 '뵈기싫다'가 되었을 때에는 의미가치의 하락이란 현상이 보이는 것으로 해석된다. '아비〉애비, 어미〉에미'의 변화에서도 의미 변화를 볼 수 있다.

④ 음의 융합

현대국어의 '다니다'는 '돋다'와 '니다'의 합성어였다. 그리하여 '돋니다'이었지만 음운변화로 인하여 '둔니다'가 되고 이것이 다시 '다니다'가 된 것인데, 이것은 음의 융합이라고 할 수 있다.

- 太子ㅣ 뫼히며 므리며 글히디 아니흐야 돋니실 씨 〈1447, 석보상절, 3:35b〉
- 前生애 둔니다가 〈1459, 월인석보, 1:45b〉
- 길쩌리로 가 둔니며 〈15××, 장수경, 30b〉

마찬가지로 '드르(野)'가 '들'로 변화한 것도 일종의 음의 융합으로 해석된다.

- 드르헤 龍이 싸호아 〈1447, 용비어천가, 069〉

•逃亡ᄒᆞ야 들헤 가 수무믈 두세 번 ᄒᆞ고 〈1514, 속삼강행실도, 열:16a〉

⑤ 음질(音質)의 변화

자음의 변화와 모음의 변화가 보이는데, 이것은 대체로 의미의 분화를 가져오는 것으로 보인다. '감다(玄)'가 '검다'로 되는 것 등이 그러하다.

•玄 가믈 현 〈1527, 훈몽자회(존경각본), 中:30a〉
•黑 거믈 흑 〈1527, 훈몽자회(존경각본), 中:29b〉

⑥ 음의 전도(顚倒)

'빗복'이 '빗곱'이 된 것은 일종의 'ㅂ'과 'ㄱ'의 음의 전도라고 할 수 있다.

•부텻 菩提ᄅᆞᆯ 求ᄒᆞᆫ들 빗복 너흘 싸ᄅᆞᆷ ᄀᆞᆮ거니 므스글 일우리오 〈1461, 능엄경언해, 6:112b〉
•눈망울이며 빗곱이며 〈1792, 증수무원록언해, 1:25a〉

마찬가지로 '하야로비'가 '히오라비'로 변화한 것은 모음 'ㅏ - ㅗ'가 'ㅗ - ㅏ'로 순서가 바뀌어 음의 전도 현상이 일어난 것이라고 할 수 있다. 그러나 의미 차이는 일어나지 않았다.

•鶩子ᄂᆞᆫ 舍利弗의 어믜 누니 붉고 조ᄒᆞ야 하야로비의 누니 ᄀᆞᆮᄒᆞᆯᄊᆡ 鶩子ㅣ 라 ᄒᆞᄂᆞ니라 〈1459, 월인석보, 11:96a〉
•닛ᄀᆞ의 히오라비 무스 일 셔 잇ᄂᆞᆫ다 〈1713, 악학습령, 229〉

2) 의미, 문법과 관련된 변화

① 의미의 혼동

오늘날 잘못 쓰는 예로 흔히 제시하는 '막역하다'와 '막연하다'를 들 수 있다. '막역하다'는 '허물이 없이 아주 친하다'란 뜻이고, '막연하다'는 '갈피를 잡을 수 없게 아득하다'란 뜻인데, 이 두 단어를 혼동하여 '막역한 친구'를 '막연한 친구'로 사용하는 경우가 흔히 있다. '막역하다'의 의미와 '막연하다'의 의미를 혼동한 예로 보인다.

마찬가지로 '公'의 새김이 원래는 '구의'(公)였었는데, 이 음이 변화하여 '귀'가 되자 이 '귀'를 '귀하다'의 '귀(貴)'로 그 의미를 혼동하게 된 것도 있다.

② 어원의식

'나쁘다'는 '마음에 들지 않아 만족하지 않다'란 뜻이다. 그래서 그 어원으로 '낮다'와 연관시켜서 설명하려고 한다. 즉 '나쁘다'가 '낮다'의 어간 '낮'에 접미사 '-브다'가 붙어서 파생된 파생형용사로 착각하는 것이다. 그러나 '낮다'(低)는 중세국어에서 '낮다'가 아니라 '눗다'였으며, '나쁘다'는 '낟브다'였다. 그래서 어원해석이 잘못되었음에도 불구하고 오늘날의 의식으로 인식하는 것이 그러한 예로 보인다.

마찬가지로 '삼팔 따라지'는 '38'이란 화투놀음의 가장 작은 숫자를 '38선'이란 것에 비유되어 부른 것으로 보인다.

③ 문법변화

'보다'는 본래 비교 표시의 조사로 쓰이다가 '보다 나은'처럼 부사로 쓰이게 되어 문법적인 변화를 겪었다. 그래서 어휘의 사용 영역이 넓어졌다. 이러한 현상은 '마냥'에서도 볼 수 있다.

- 씨름하는 것보다 더 正確한 眞理를 探究할 수 있을런지, 보다 더 많은 知識을 獲得할 수 있을는지, 보다 더 效果的인 成果가 있을지를 누가 否認하겠습니까. 〈1955, 하늘과바람과별과시(윤동주), 181〉
- 어제마냥 개울을 건느는 사람이 있어야 자리를 비킬 모양이다. 〈1952, 소나기(황순원), 07〉
- 도리깨 사건이 있은 후로, 훈은 도섭 영감이 마냥 무섭게만 생각되었다 〈1954, 카인의후예(황순원), 048〉

④ 모음충돌

'言'을 뜻하는 단어는 '말'이었고, '馬'를 뜻하는 단어는 '물'이었으나 'ㆍ'의 소실로 모두 '말'로 변화하여 모음간의 충돌이 일어나게 되었는데, 이러한 현상은 'ㆍ'의 소실로 수많은 이러한 예가 등장하게 되었다.

⑤ 동음충돌 현상

단어는 의미상으로 유사하지 않은 다른 단어와 음성상 일치해 버렸으므로 소멸하기도 하였다. 즉 동음충돌 현상으로 사라지기도 하는 것이다. 예컨대 '바위'(岩)는 충북 영동 지역어에서는 '방구'라고 하는데, 바위를 뜻하는 '방구'와 '방귀 뀐다'의 어형 '방구'가 음성상 일치해서 그 지역에서는 '방구 뀐다'의 '방구'는 사라지고 말았다. 대신 '방구 뀐다'는 '똥 뀐다'로 변화를 겪은 것이다.

⑥ 동음어의 존재

동일하거나 또는 유사한 의미를 가진 다른 단어가 병존하기 때문에 소멸하는 일도 있다. 즉 동의어가 존재함으로써 사라지게 되는 것이다. 오늘날 '천(千)'을 뜻하던 '즈믄'이 사라지고 '백(百)'을 뜻하던 '온'도 사라지게 된 것이나, '가람'이나 '뫼'가 '강(江)'이나 '산(山)'이란 한자어에 밀려 사라지게 된 것 등이 그러한 예이다.

⑦ 새로운 어간을 만듦

어간을 새로이 만듦으로써 새로운 단어가 만들어지기도 하고, 어간의 변화를 이용해서 파생시키든지, 특히 접두사나 접미사를 사용해서 파생시켜서 만들기도 한다. 이것은 매우 일반적인 현상이다.

8.1.2. 어휘 의미의 변화

1) 의미 폭의 변화

① 의미의 확대

의미의 확대란 단어가 나타내는 의미의 외연이 넓어짐을 말한다. 의미의 외연이란 의미가 나타내는 전체 범위를 말한다. 예컨대 '부엌'은 중세국어에서는 '브섭, 브석'으로 쓰이었었는데, 이것은 주로 '아궁이'란 의미였었다.

- 안호로 붓그료되 브석 굽기 검디 몯혼 나를 여리 차반으로써 주누다 〈1481, 두시언해(초간), 22:50b〉
- 브섭 爲竈 〈1446, 훈민정음해례본, 57〉
- 쏘 브레 덴 술흘 고툐되 츤 브섭 안ㅅ 가온딧 흘글 細末호야 甘草ㅅ 글을 녀허 〈1466, 구급방언해, 下:12a〉

그러나 이 단어는 외연이 넓어져서 '아궁이, 부뚜막'을 포함하여 '음식을 만드는 곳'으로 변화하였다.

역시 '아침, 점심, 저녁'은 원래 때를 나타내던 뜻이었는데, 오늘날에는 '아침(점심, 저녁)에 먹는 밥도 의미하게 되었다.

'겨레'는 원래 '친척'을 뜻하는 말이었는데, 이것이 '단체'의 뜻으로 바뀌고 어느 개인에 의해 이것을 '민족'이란 의미로 바꾸어 쓰게 하였는데, 이것은 의미가 확대된 것으로 볼 수 있다.

오늘날 '섹시하다'란 어휘가 쓰이고 있는데, 이것은 '爲하다, 願하다, 囚하다' 등과 같이 한자에 '하다'를 붙여 만들던 조어법을 영어에 그대로 적용시켜 '스마트(smart)하다, 스무스(smooth)하다' 등처럼 만든 새로운 조어 중의 하나다. 이것은 이전에는 '육감적이다'란 의미를 가지고 있었던 것으로, 특히 여성들에게는 사용을 회피하던 어휘였지만, 오늘날에는 오히려 여성들이 듣고 싶은 어휘로 의미가 확대된 것으로 보인다.

② 의미의 축소

'얼굴'의 의미는 본래 '모양'이란 뜻이었다. 그래서 훈몽자회에서는 '얼굴'은 한자로서 '形, 狀, 型, 模, 式'으로 나타나고, 신증유합에서도 '狀, 體, 形, 象'으로 나타난다.

- 形 얼굴 형 〈1527, 훈몽자회(존경각본), 上:24b〉
- 狀 얼굴 장 〈1527, 훈몽자회(존경각본), 上:35b〉
- 型 얼굴 형 〈1527, 훈몽자회(존경각본), 下:16a〉
- 模 얼굴 모 〈1527, 훈몽자회(존경각본), 下:16a〉
- 式 얼굴 식 〈1527, 훈몽자회(존경각본), 下:21a〉
- 狀 얼굴 상 〈1576, 유합초, 上:15a〉
- 體 얼굴 톄 〈1576, 유합초, 上:22b〉
- 形 얼굴 형 〈1576, 유합초, 下1a〉
- 象 얼굴 샹, 고키리 샹 〈1576, 유합초, 下51a〉

그러던 것이 오늘날처럼 '낯'이란 의미를 가지게 되었는데, 이것은 의미가 축소된 예라고 할 수 있다.

• 손발 얼굴을 斂ᄒ여 즉제 葬ᄒ야 〈1632, 가례언해, 7:16a〉

'설'은 '설날'과 '나이'를 표현하는 어휘였으나 이 '설'이 '살'로 변화하면서 오늘날은 '나이'를 뜻하는 어휘로 축소되었다.

• 아ᄎ 설말 ᄉ경의 〈1542분문온역이해방 (중간본), 4A〉

그 아기 닐굽 설 머거 〈1459, 월인석보8, 101b〉

③ 의미의 분화

'낡'은 '木'과 '樹' 및 '薪(땔나무)'의 의미를 다 가지고 있었다. 그러나 방언형에서는 '나무'와 '낭구'가 '생나무'와 '장작'을 나타내는 말로 분화하기도 하였다.

2) 의미 가치의 변화

① 의미의 하락

의미 가치가 하락한 대표적인 예는 '겨집'이라고 할 수 있다. '겨집'은 원래 '여자' 또는 '처(妻)'라는 의미였었는데, '여자'를 낮추어 말하는 경우에 쓰이게 되었다. 특히 '계집'으로 어형변화를 겪으면서 이루어진 결과로 보인다. '손님'은 원래 '빈객(賓客)'의 의미로 쓰이어 왔으나 이것이 '천연두'를 뜻하는 의미로 그 의미가 악화되어 사용된 경우도 있었으며, '도둑'을 '양상군자(梁上君子)'라고 하여 '도둑'이란 어휘를 회피한 적이 있는 것도 어휘의미의 하락을 경험한 것이라고 할 수 있다.

② 의미의 향상 및 개선

'정음'이란 말은 원래 '바른 소리'란 뜻이었는데, 오늘날 '정음'은 '훈민정음' 즉 우리 글자를 말하는 뜻으로 그 의미가 향상되었다고 할 수 있다. '운전수'라고 부르던 것을 '운전기사'로 '식모'를 '가정부'로 바꾼 것은 의미를 개선시켜 부정적인 요소를 개선시킨 것이라고 할 수 있다.

3) 의미의 전환

① 비유적(比喩的) 전환(轉換)

'노루발'은 '과녁에 박힌 화살을 뽑는 도구', 그리고 이것이 다시 '장도리'의 못을 빼는 도구를 뜻하게 되었는데, 이것은 '노루의 발'에서 비유적으로 전환되어 사용된 것이다.

② 연쇄적(連鎖的) 전환(轉換)

어떤 단어의 의미가 연쇄적으로 변화한 것을 말한다. 국어의 다의어 현상은 대부분 이러한 연쇄적 전환에 의한다고 할 수 있다.

8.2. 언어 외적 요인에 의한 변화

언어 외적 조건으로는 타 언어와의 언어 접촉을 통한 차용어의 영향과 사회 변화나 새로운 사물의 생성과 함께 나타나는 사물 즉 단어 관계의 새로운 정립 등을 들 수 있다.

① 사물의 쇠퇴

그것을 나타낸 사물이 쇠퇴했기 때문에, 어떤 단어는 사멸하는 일이 흔하다. 농기구로서의 '번지'는 오늘날 젊은이들은 전혀 이해하지 못하는 단어가 되었다.

② 생활의 영향

어휘 변화는 생활 속에서 이루어지는 행위에 기인하는 것도 있다. 예컨대 '장땡'이라는 단어가 생기고 이 단어의 의미가 '10끗짜리 두장'이란 뜻에서 '만사형통'이라는 의미로 변화한 것이다. '따라지'는 원래 '작은 물고기'를 뜻하다가, '몸집이 작은 사람'을 비유하여 말하던 것인데, '작다'는 뜻이 놀이에서 가장 작은 숫자인 '1'을 '따라지'라고 한 것도 마찬가지일 것이다.

③ 인식의 영향

어휘 변화가 사회적으로 그 대상에 대한 인식이 바뀌어서 그 개념이 변화하는 경우가 흔히 있다. 이를테면 '처녀'라는 말은 '성의 순수성'을 가진 여성을 나타내다가 최근에는 '결혼하지 않은 여성'을 지칭하는 뜻으로 변화를 겪은 것으로 보이는데, 이것은 곧 개념이 바뀐 것이다. 개념이 점차적으로 정밀화하고 분화함에 따라 내용에 한정이 생기는 경우도 있다. 이를테면 '가방'과 '핸드백'과 '책가방' 등으로 정밀화하였거나, '주머니'와 '포켓'이 다른 개념을 가진 단어로 변화를 겪은 것 등이 그러한 예이다.

언어는 문화의 다른 영역에서 흘러 들어오는 새로운 의미 내용이 끊임없이 채워지는데, 내용의 변천은 널리 종교, 문화, 정치, 경제, 사회의 변천에 기인한다. 이를테면 '하느님'이 원래는 기독교에서 믿는 '하느님'과는 달리 넓은 의미로 사용되었지만, 오늘날에는 기독교적인 의미로 받아들여지고 있다.

④ 의도적인 힘의 영향

어휘의 변화는 대체로 무의식의 영역에서 실행된다. 이와는 반대로 단어가 새로이 만들어질 때에는 의도적인 힘이 작용한다. 그러한 몇 가지 예를 들어 보이도록 한다.

㉠ 시인어에 있어서의 신조어는 때로는 의식적이고(예컨대, 최승범의 시집명인

'여리시 오신 당신'의 '여리시'나, 황순원의 『소나기』에 등장하는 문장 '그는 천천한 걸음이었다'의 '천천한' 등이 이에 해당한다고 할 수 있다), 때로는 무의식적인 것이다.

ⓒ 상품, 특히 약품에 명칭을 붙일 때에 보통 나타나는 의식적이고도 인공적인 조어도 보인다. 최근에는 이러한 현상이 두드러진다.

ⓒ 회사명이나 관청명의 단축도 점점 더 유행하고 있는 것도 의식적인 것이다. '국민은행'이 'KB'로, 그리고 담배 인삼공사가 '담배'와 '인삼'과는 전혀 관계없는 'KT&G'(Korea Tomorrow & Global, 한국의 미래 그리고 세계화)로 바꾸었다든가 하는 등의 예는 너무 많아서 일일이 예거할 필요조차 없다.

ⓔ 상품명의 조어에는 또 언어 내용과의 관계가 인정되는데, 단축형의 것은 보통 설명 없이는 그 의미를 알 수 없는 것이 대부분이다.

ⓜ 단어가 새로운 의미를 가질 경우에도 의식적인 작용에 기인하는 일이 많다. 이 경우에 신어가 만들어질 때에도 오늘날에는 기술, 경제, 선정광고, 정치가 특별한 중요성을 띠고 있다.

이러한 언어 외적 조건으로는 언어 접촉의 결과로 야기되는 언어 현상들과 새로운 개념의 생성과 관련된 단어의 출현을 들 수 있다.

(1) 언어 접촉의 결과
　　① 언어 접촉을 통한 차용어
　　② 언어 접촉을 통한 언어 대치 현상
　　③ 언어 접촉을 통한 차용 번역

(2) 사물과 단어간의 새로운 관계의 정립

그중에서 가장 큰 요인은 외래어나 외국어의 차용이다. 특히 외국어와의 접촉은 어휘에 커다란 변화를 일으킨다. 국어에서 국어 어휘에 영향을 준 외국어는 한자어와 중국어, 일본어, 영어 등이다. 언어 내적 요인에 의한 변화가 대개는 시대적 순서에 따라 일어나는 것이 아닌데 비해서, 이러한 언어 외적 요인에 의한 변화는 문화사적 관점에서 이루어지기 때문에 대개는 시대적 순서에 따라 일어나게 된다. 그래서 삼국시대에는 한자어와 같은 중국 계통의 언어가, 그리고 조선시대 말기에는 일본어가, 그리고 20세기 중반 이후에는 영어가 국어 어휘에 많은 영향을 주게 된다.

언어 외적 요인에 의한 국어 어휘 변화의 요인 중 가장 많은 비중을 차지하는 것이 외래어이다. 다른 언어(예컨대 영어)와 마찬가지로 국어도 국어의 총 어휘량에서 외래어가 차지하는 비중이 매우 높다. 특히 한자어의 비중이 그러하고, 최근에는 특히 영어 외래어의 비중이 급속도로 늘어나고 있다. 이것은 모두 우리나라의 정치사적, 외교사적, 문화사적 요인에 의한다

삼국시대 이래 19세기 말까지는 중국과의 관계로 인하여 한자어의 유입이 지속적으로 이루어져 왔다. 중국 고전의 유입이 유교 관련 문헌이 들어오며 유교 경전에 나타나는 한자어휘가, 불교 관련 문헌이 들어오면 불교 관련 어휘가 유입되었고, 16세기 이후에는 백화문의 어휘가 들어왔다. 이러한 한자어의 유입은 중국과의 관계에서 자연발생적으로 이루어져 왔고 또 그 유입속도도 매우 완만하였다. 그러나 19세기 말부터 20세기 중반까지는 일제강점기를 맞아 강제로 일본어를 습득하고 접하면서 일본어가 대량으로 유입되었다. 매우 급속도로, 그리고 강제로 이루어진, 매우 부자연스러운 일본어의 유입이었다.

그러나 중국이나 일본의 영향으로 들어 온 외래어는 주로 한자어가 많은데, 이때 들어온 한자어는 한국식 한자음으로 바꾸어 들어왔기 때문에, 엄밀히 말하면 중국어나 일본어를 들여온 것이라고 하기 어렵다. 중국의 한자어와 일본어의 한자어라고 할 수 있다. 물론 중국어나 일본어를 직접 차용한 어휘도 있었지만 그 비중은 그리 많은 편은 아니었다.

1945년의 8.15 광복 이후와 6.25 한국 전쟁이 발발하면서 한국에 미군이 주둔하고 미국과의 외교 관계가 급속도로 가까이 되면서 영어 외래어의 유입도 급속도로 이루어지게 되었다. 특히 국어 교육보다는 영어 교육이 더 활발히 이루어지면서 영어 차용이 일반화되었고, 영어의 유입은 우리가 상상하는 이상으로 빨리, 그리고 전면적으로 이루어지게 되었다. 특히 디지털 시대가 되면서 컴퓨터로 문자를 입력하는 시대가 되면서 한글과 알파벳만 사용할 수 있는 컴퓨터 자판 때문에 알파벳의 용이한 사용으로 영어와 알파벳의 사용이 일반화되었다.

중국이나 일본을 통한 어휘의 영향은 주로 중국의 문자인 한자의 영향을 받은 것이지만, 영어를 통해 벌어진 국어의 영향은 영어와 언어 전반에 걸친 영향이어서 국어의 체계를 전반적으로 뒤흔드는 영향이라고 할 수 있다.

오래 전부터 사용하여 왔던, 등에 짐을 지는 도구를 '등짐 보따리'라고 하여 왔는데, 한자어가 들어오면서 이것이 '배낭(背囊)'(등에 지는 주머니)으로 사용되었다. 그러나 독일어의 차용으로 이것이 '륙색(Rücksack)'으로 변화하여 오랜 동안 사용되어 왔다. 1960년대부터 2000년대 초반까지는 '륙색'이 사용되어 왔다. 최근에 이것이 영어의 영향을 받아서 '백팩'으로 변화하여 쓰이는데, 이것은 영어의 '백패킹(backpacking)'의 준말이다. 이처럼 고유어에서 한자어로, 다시 독일어 차용어로, 다시 영어 차용어로 바뀌는 원인은 국어 어휘의 언어학적인 요인에 의한 것이 아니라 언어 외적인 요인에 의한 것이다.

그리고 고려말에 몽고어의 영향을 받았다는 점을 강조하는 학자도 있지만, 그것은 국어 어휘사에서는 거의 무시할 만한 영향이라고 할 수 있다. 국어에 미친 영향이 두드러지게 보이지 않기 때문이다.

한자어의 유입은 자연스러운 과정을 거친 면이 있고 일본어 어휘의 사용은 강제적인 면이 있었다면, 영어의 유입은 한국인 스스로 자초한 면이 있다고 할 수 있어서, 현대의 국어 어휘에 주는 변화는 매우 우려스러운 상황이라고 할 수 있다. 더군다나 영어의 영향은 어휘에만 그치는 것이 아니라 국어 문장

전체에 걸쳐 일어나기 때문에, 중국 한자어나 일본어나 일본 한자어의 영향에 비교할 수 없을 만큼 국어 존폐에까지 문제가 발생할 우려가 있는 셈이다.

뿐만 아니라 도시형성이 급속도로 이루어지면서 어휘변화에 매우 큰 변화를 가져 오기도 한다. 예컨대 아파트 생활로 '부엌'이란 어휘는 사라지고 대신 '주방'이란 어휘가 사용되고 있는 것도 도시형성으로 인한 대표적인 어휘변화일 것이다. 생활의 도시화는 곧 도시생활의 서양화이다. 서양의 문물이 들어오면서 거의 모든 새로운 어휘가 원어 그대로 들어오는 면이 있어서 국어 어휘의 변화는 단지 수십년간에 일어난 변화가 지난 19세기 동안 일어난 변화를 능가하는 엄청난 변화를 초래하고 있다고 할 수 있다.

제 5 부

국어 어원 연구

1. 서언

언어를 연구해온 인류의 역사를 보면 그 중심이 어휘나 단어에 있음을 알수 있다. 인도에서의 언어 연구가 단어를 분석적으로 파악함으로써 문법적인 고찰을 한 것은 인도의 언어 연구가 구체적이고 실증적인 방법을 취했기 때문이다. 희랍의 언어 연구에서는 언어는 자연 발생적인 것(phüsei)인가, 관습에 의한 것(thései)인가에 관심을 가졌다. 이것은 희랍의 언어연구가 철학적이고 사유적(思惟的)인 경향을 지니고 있었기 때문이다. 이중에 희랍의 스토아학파에서는 언어에 사물의 진리가 나타난다고 하면서 단어에서 이 진리(etymon)를 탐구하는 학문을 etymologia라고 불렀다. 언어의 변화에 의해서 명확해지지 않은 단어의 형태와 의미와의 본래의 관계를 밝히려고 한 것이 희랍인들이 가지고 있던 etymologia이다. 이 학문은 물론 오늘날의 어원론(또는 어원학)의 개념과는 차이가 있지만, 이렇게 인간은 오래 전부터 어원에 대한 관심이 높았었음을 알려주는 셈이다. 어휘나 단어에 관한 역사적 관심의 하나가 이러한 태도에서 발원했기 때문에, 오늘날 소위 민간 어원설이 성행하고 있는지도 모른다.

우리나라에서 현대적인 의미의 국어학이 등장하기 이전까지 우리 선조들이 국어에 대해 관심을 나타냈던 대상은 음운(또는 '音')과 어휘였다. 그 중에서도 어휘에 대한 관심은 언어의 다른 층위에 대한 관심보다도 높았었다. 특히 어원에 대한 관심은 오래 전부터 있어 왔다. 고대사에 보이는 고유명사(인명, 지명, 관직명 등)에 대한 해석 노력이 그러한 일면이었다. 삼국사기의 기록에 보이는, 김대문의 '次次雄, 尼師今, 麻立干' 등에 대한 해석이 그 시초라고 할 수 있다.[1] 그 이후 19세기에 이르기까지 그 관심은 계속되었고, 20세기에 와서도 어원 해석에 대한 노력은 있었으나, 다른 분야의 연구에 비해 그 결과는 빈약

---

1 〈南解〉次次雄立,[次次雄或云慈充.〈金大問〉云: "方言謂巫也. 世人以巫事鬼神尙祭祀, 故畏敬之, 遂稱尊長者, 爲慈充."]〈三國史記1卷, 新羅本紀1, 南解次次雄, 元年〉

한 편이었다. 그 이유는 어휘론에 대한 연구 방법의 정립되어 있지 않았기 때문이라고 할 수 있다.[2]

최근에 많은 사람들이 우리말의 어원에 관심을 많이 가지고 있는 것으로 보인다. 인터넷에 들어가서 '어원'을 검색해 보면 그러한 관심을 알 수 있다. 국어 어원에 대한 관심은 대개 전문가들의 몫이다. 국어학자들 중에서도 국어사 연구자, 그중에서도 특히 몇몇 학자들만이 이에 관심을 가지고 있는 형편이다. 그럼에도 불구하고 언중들이 이처럼 국어의 어원에 관심을 가지는 이유를 필자는 다음과 같다고 생각한다.

첫째 그 관심은 민족에 대한 새로운 인식에서 비롯된 것이라고 본다. 대개 민족에 대한 인식은 몇 가지 특징을 가지고 나타나는데, ① 민족의 역사에 대한 재평가, ② 역사적 인물에 대한 재평가, ③ 민족어에 대한 새로운 인식, ④ 문화재에 대한 새로운 인식 등으로 표현된다. 이중에서 특히 국어에 대한 새로운 인식을 하면서 우리말의 뿌리를 찾으려는 노력이 어원에 대한 관심으로 나타나고 있는 것으로 생각한다.

둘째는 국어의 어원풀이에 다분히 민간어원설적인 요소가 있기 때문일 것이다. 민간어원설은 시간적 공간적 배경을 가지고 있는 일정한 이야기 줄거리, 소위 소토리(story)를 지니고 있어서, 언중들에게 흥미를 유발시키는 것으로 보인다. 또한 신화, 전설, 민담처럼 객관적, 과학적 근거를 제시하지 않아도 되는 장점이 있는 것이다. 한자를 공부했던 시대에는 많은 사람들이 한자 성구, 특히 고사성어(故事成語)에 관심을 가지고 있었듯이, 한자를 잘 모르는 세대에는 우리말에 대한 '고사(故事)'에 관심을 가지게 된 것으로 보인다.

---

2 국어 어원 연구사는 趙恒範 編(1994) 참조. 특히 이 책에 실린 심재기 교수의 '語源'이라는 논문을 참조하기 바란다. 그리고 어원 관련 논저목록은 국립국어원에서 만든 파일이 있다. 이 목록은 국회도서관과 중앙도서관의 논문/잡지 부분에서 '어원, 형태, 조어, 기원, 형성 ……' 등의 검색어를 사용하여 검색한 결과를 기본 목록으로 만들고, 이외에 여러 참고 문헌을 뒤져서 보충한 것이다. 또한 각 어휘의 어원에 대한 여러 견해들을 모은 내용도 필자가 연구책임자가 되어 작성한 파일을 공개하고 있다.

2. 어원에 대한 인식

학문적인 의미로서의 어원연구는 개개의 형태에 대해서, 언어학적으로 할 수 있는 한의 합리적인 그 원형과 의미를 해명하기 위한 것이다. 어원론은 지금까지의 연구사를 종합해 보면 다음과 같은 내용을 포괄하고 있는 것으로 보인다.

① 동일한 계통의 언어로부터 갈라져 나온 다른 언어에서 국어 어휘와 동일한 기원을 가진 어휘를 찾아내는 것.
② 국어 어휘의 역사적 유래를 다른 언어에서 찾아 그 차용관계를 연구하는 것.
③ 각 어휘의 성립과 그 기원 및 음상과 의미의 연합이 성립된 과정을 검토하면서 각 단어의 역사적 변천을 연구하는 것.

이전 시기의 국어학자들은 어원 연구의 최종목표는 국어와 동일한 계통을 가진 언어의 어휘들과의 관계를 찾아서, 계통론적으로 어느 언어의 어느 어휘로부터 국어 어휘로 차용 또는 변화하여 왔는지를 밝히는 것이라고 인식하여 왔다.

그러나 오늘날의 국어학자들이나 일반인들 중에는 그렇게 생각하는 사람은 극히 드물어졌다. 언어의 역사를 거슬러 올라가는 데에 한계가 있어서 그 계통을 밝히는 일이 쉽지 않은 일일 뿐더러, 비교언어학의 학문적 전통이 단절되면서 그러한 연구는 아예 가능하지 않다고 생각하게 되었기 때문일 것이다.

그 결과 현대의 어원 연구는 어휘의 역사를 현대로부터 거슬러 올라갈 수 있는 과거까지 더듬어 올라가서 그 음상, 의미의 변화사를 밝히는 것이 목적인 것처럼 알려지게 되었다. 곧 어휘의 역사를 밝히는 일이 어원 연구의 전부인 것처럼 알게 되었다.

뿐만 아니라 국어에 외래어가 범람하면서 이들 외래어가 어느 나라의 언어로부터 유래한 것인지를 알려고 하는 것도 어원 연구의 일환으로 생각하게 되었다.

이러한 이유로 인해, 국어의 어원론은 대체로 세 가지 방향으로 연구되게 되었다.

① 국어 어휘와 국어와 동일한 계통을 가진 언어의 어휘들과의 관계(제 알타이어와의 관계)의 연구
② 국어 어휘와 다른 언어 어휘와의 관계, 즉 차용 관계(특히 한자어를 비롯한 다른 외국어로부터 차용된 외래어 관계)의 연구
③ 각 어휘의 형태론적 분석을 포함한 어휘 역사의 연구

①의 어원 연구는 동일 계통의 언어의 조어에까지 소급하여 그 기원형과 그 의미를 재구하고 그 이후 그 단어의 역사적 변화과정을 기술·설명하는 것이다. 그래서 국어의 어원 연구는 동일 계통의 알타이어 제어와의 비교연구를 필연적으로 요구한다. 예컨대 Ramstedt(1949), 송민(1999), 송민(2024)과 같은 것이 그 연구결과물이라고 할 수 있다. 그러나 이러한 연구는 반공 이데올로기와 반일 이데올로기 때문에 해방 이후 그 연구가 전혀 성립되지 못하거나 기피되었다. 그러다가 1990년대 이후 공산권 국가들과 국교가 트이면서 이러한 국가들의 언어에 대한 연구가 시작되었으나, 주로 현대언어에만 관심을 가지게 되어, 실상 비교언어학적 연구는 진척되지 못하였다.

②의 어휘 차용 관계 연구는 주로 어휘론이나 의미론 연구자들의 몫이다. 소위 원어 정보를 연구히는 것인데, 대부분의 이러한 원어정보는 국어사전에 밝혀져 있어서 그 어원을 알기 어렵지 않지만, 어느 경우는 사전에 잘못 되어 있기도 하다. 예컨대 북한의 조선말대사전에는 '노다지'가 영어의 'no touch'에서 온 것으로 되어 있으나, 거의 신빙성이 없다. 오히려 '놀다'(드물다, 귀하다)

에 접미사 '-다지'('꽃다지'의 '다지'처럼 뭉쳐 있는 모습)가 붙었다고 해석하는 편이 좋다. 한 편 '노다지'의 '노다'는 '노두(露頭)'일 가능성이 있고, '노두(露頭)'는 '광맥, 암석이나 지층, 석탄층 따위가 땅거죽에 드러난 부분'을 가리켜 '광물이 묻혀 있는 광맥'을 뜻하는 '노다지'와 의미상 관련된다는 주장도 있다. 그런데, '지'가 무엇인지는 잘 알 수 없다.

③의 어휘의 역사를 밝히는 연구는 어느 한 어휘가 역사적으로 검증할 수 있는 방법을 통하여(그 자료가 문헌자료이든, 금석문 자료이든 또는 한글 이외의 자료이든) 시대적으로 검증이 가능한 시대까지 거슬러 올라가서 그때부터 현대까지의 음상과 형태와 의미의 변화를 기술·설명하는 것이다. 그래서 어원은 문헌상에서 확인되는 단어의 최초의 출현 연도와 그때의 형태와 의미, 그리고 시대적으로 그 이후의 문헌에 출현되는 용례 및 그 형태와 의미 변화 등이 포함된다.

이와 같은 인식은 지금까지 나온 어원사전의 태도에서도 찾아 볼 수 있다. '고양이' 항목을 비교해 보면 다음과 같다.

- 고양이 몡 포유류 고양잇과의 짐승. 살쾡이를 길들인 것으로 밤눈이 밝아 쥐를 잘 잡음. 〔어원 √고이/괴[猫]+앙이[접사]. 변화 *괴앙이 〉 고양이. ※ 괴(능엄 8:122). 중세어에서 '괴'는 이중 모음 [koj]로 발음되었으므로 '고이[koi]'라는 형태와는 음절수에 의한 변이 관계에 있을 뿐이다. 참고 ① √고이[猫]+앙이[縮小接辭](崔鶴根 1956.9.30). 민간 ① 虎樣伊(東韓譯語). ② 高樣+이[접사](東言攷略 3-4: 高句麗와 百濟의 國姓이 皆 高氏、ㄴ 故로 新羅人이 斥惡ᄒᆞ야 言必稱 高ᄒᆞ니, 猫의 形容이 惡毒혼 거슬 '고양이'라 謂ᄒᆞᄂᆞᆫ 者ᄂᆞᆫ 高氏의 模樣이 有홈을 指홈이오.)〕
- 고양이 목에 방울 달기 (구) 그렇게 하면 매우 좋기는 하겠지만 실지로는 불가능한 경우를 두고 하는 말이다.〔※ 이 말은 다음과 같은 유래를 가지고 있다. 옛날에 쥐들이 모여서 고양이의 해를 어떤 방법으로 막을 것인가를 의논하였다. 한 쥐가 말하기를 "고양이 목에 방울을 달면 고양이가 오는 것을 알 수 있을 것이다."라고

하였다. 모든 쥐가 "정말 그렇겠다."고 칭찬했다. 이 때 한 쥐가 "그런데 누가 고양이 목에 방울을 달겠는가"라고 하자 그만 모두 입이 꽉 막히고 말았다고 한다. (安玉奎 1989.11)] ☞ 묘항현령(猫項縣鈴).

〈김민수, 최호철, 김무림(1997), p.92〉

• 고양이 [명] 猫

고양잇과의 집짐승으로 살쾡이를 길들인 것이라고 한다. 鬼尼(猫)〈遺事〉. 괴 가히(猫犬)〈楞8:122〉. 괴 묘(猫)〈字會上18〉. 괴는 '고이'가 준 말이다. '곧〉골〉골이〉고이〉괴'의 변화이다. kəskə(猫)[나나이]. kosuku(猫)[아이누]. kəsikə(猫)[滿]. kəəkə(猫)[오로촌]. xəəxə(猫)[에벤키]. 유구(琉球) 아마미오섬(奄美大島)이나 기카이섬(喜界島)에서는 guru(猫)가 있는데, '괴'의 조형(祖形)이 '곧'일 개연성을 보여 주는 예가 된다. 鬼尼는 '귀니' 또는 '괴니'일 것이다. '괴니'는 '괴'와 '니'의 합성일 것이다. 사투리에 '고냉이, 고냥이, 괴냉이, 고내기, 고넹이, 고니' 등이 있는데, 후행어 '냉이, 냥이, 넹이, 내기, 넹이, 니' 등도 실사(實辭)로서 고양이(猫)의 뜻일 개연성이 있다. neko(猫)[日]. ne와 ko의 합성어로서 이음동의어(異音同義語)일 것이다. 일본어 ne는 국어 '니, 내기, 냉이'등과 동원어라 하겠다. 옛말에 고양이 뜻을 지니는 '닏'계가 있었을 것임을 시사하고 있다. '고낭이〉고냥이, 고양이'의 변화다.

〈서정범 지음 박재양 엮음(2018), p.87〉

• 고양이

고려. 《계림》 猫曰鬼尼 귀니:*k(i)uəi-niɨ(강신항 55) 조선 괴(=고양이). 고양이(유창동) 사투리 괴내기/괴냉이/고내이. 괴넹이/해내기, 고내기, 고넹이, 고냥이, 고내 참고 고시아어 긷략어 k'isk '고양이'; 알타이어(만주퉁구스어군) 솔론어 xəxə (kaka-keke-xexe) '고양이', 어원어 kərkə(kərkə, kərkə), 네기달어(kəskə[*kərkə, 오로치어 kəskə, 오로크어 kəskə, 나나이어 kəskə[*kəksə] 만주어 kəsikə(C 외 I:481, S&T 138) ♣ 퉁구스어를 보면 우리말 '귀〉괴'도 퉁구스어 kərkə에서 변한 말 같다.

'kər-)*거이〉*거이〉*구이〉귀〉괴'로 변한 것이 아닐까?

〈조영언(2004), p.40〉

• 고양이 [명] 포유류 고양잇과의 동물. 살쾡이를 길들인 것으로 송곳니가 발달되어 있고, 발바닥에 살이 많아 소리를 내지 않고 걸을 수 있어 다른 동물에 접근하기 쉬움. 밤눈이 밝아 쥐를 잘 잡음.

　　[一] '고양이'의 중세국어 형태는 '괴'이므로 '고양이'는 '괴[猫]+앙이(접사)'의 구조로 분석된다는 것을 알 수 있다.

　　[二] 중세국어에서 '괴'는 하향 이중모음인 [koj]로 발음된다. 따라서 '고양이'는 '괴[koj]+앙이[aɲi]에서 반모음 [j]가 다음 음절로 넘어가 [ko-jaɲi]로 재구조화된 형태이다.

　　원 괴[猫]+앙이(접사) 변 괴〉*괴앙이〉 고양이

　　예 사ᄅᆞ미게 질드ᄂᆞ니 곧 괴 가히 돍 돈 類라(능엄경언해 8-122)

　　〈김무림(2015), p.144〉

• 고양이

고양잇과의 동물을 통틀어 이르는 말 〈준〉 괭이. 〈계림유사〉에 猫曰鬼尼[*고니], 〈고려사〉에 方言猫曰高伊[*고이/괴]라 하였다. 고양이는 '고니/괴+-앙이'로 분석된다. '고냉이'는 경상도 사투리다. 고양이를 부를 때에 쓰는 말 '나비'는 원숭이를 가리키는 '납, 잰나비'에 넘겨 주었다.

'괭이-잠'은 깊이 들지 못하고 자주 깨면서 자는 잠이다. '들-고양이'는 '살쾡이. 들이나 산에서 사는 고양이'를, '도둑-고양이'는 집에서 기르지 않아 돌아다니며 음식을 훔쳐 먹는 고양이를 말한다. ◇고양이와 개 -서로 앙숙인 관계를 이르는 말. [고양이 쥐 생각] 속으로는 해칠 마음을 품고 있으면서, 겉으로는 생각해 주는 척함을 이르는 말 = 고양이 쥐 사정 보듯.

〈백문식(2014), p.53-54〉

서정범(2018), 조영언(2004)에서는 동일계통의 언어라고 생각하는 알타이어 계통의 언어의 예를 들어서 그 언어로부터 기원하였음을 밝히려고 하였는데, 한국어 자료로서 가장 오래된 기록들과 비교하고 있다. 여기에서 알타이어라고 한 '나나이, 아이누, 오로촌, 에벤키, 솔론, 네기달, 오로치, 오로크, 만주, 일본' 등의 언어에 대한 어떠한 정보도 없다. 몽고어군, 토이기어군, 퉁구스어군에 대한 구별도 하지 않음으로써 체계도 없이 나열하고 있는 셈이다. 또한 이들의 형태적 변화가 어떻게 이루어졌는지에 대한 기술도 없다. 반면에 방언형과의 비교를 통해 그 기원으로부터의 변화형임을 밝히려는 노력을 하고 있음을 볼 수 있다.

반면에 김무림(2015), 백문식(2014)에서는 동계 언어와의 비교는 전혀 보이지 않는다. 김무림(2015)에서는 변화 양상을 언어지식과 결부시켜 설명하고 있어서 철저히 언어학적인 기술로 일관하고 있다. 언어 외적인 요소는 전혀 기술하지 않고 있다. 백문식(2014)에서는 속담이나 숙어 등도 함께 설명하고 있어서 어원과는 연관이 없는 요소들도 설명하고 있다.

이에 비해 '홍윤표 등(미간), 국어 어휘 역사 사전, 태학사'에서는 다음과 같이 기술하고 있다.

- //표준어: 고양이 ⌣//현대 뜻풀이: 고양잇과의 동물을 통틀어 이르는 말. 원래 살쾡이를 길들인 것으로, 턱과 송곳니가 특히 발달해서 육식을 주로 한다. 발톱은 자유롭게 감추거나 드러낼 수 있으며, 눈은 어두운 곳에서도 잘 볼 수 있다. //관련 한자어: 가리(家狸), 묘(貓, 猫), 묘아(猫兒)

	15c	16c	17c	18c	19c	20c
괴	○	○	○	○	○	○
외			○			
고양이			○		○	○
괴양이					○	
고양					○	

《15세기》【괴】네 사루물 븓던 견추로 사루미게 질드느니 곧 괴 가히 둙 돋 類라 〈1461, 능엄언, 8,122b〉 (이하 예문 생략)

《16세기》【괴】오직 다민다민 無字를 드러 十二時中 四威儀內예 모로매 숣숣ᄒ야 괴 쥐 자봄 ᄀ티ᄒ며 둙기 알아봄 ᄀ티ᄒ야 긋닛이 업게 호리라 〈1517, 몽법어, 고,2a〉 猫 괴 묘 〈1527, 훈몽자, 상,10a〉 猫 괴 묘 〈1576, 신유합, 上,14a〉

《17세기》【고양이】猫喫齋 고양이소 〈1690, 역어유, 하,51b〉【괴】괴 니ᄂ 열독을 잘 프ᄂ니 괴 니 업거든 사룸ᄆ 니만 뻐도 므던커니와 〈1608, 두창언, 下,30b〉 (이하 예문 생략)【외】斑猫 갈외 芫青 청갈외 〈1613, 동의보, 2,14b〉

《18세기》【괴】猫兒 괴 〈1748, 동문해, 하,40a〉 猫兒 괴 〈1768, 몽유하, 33a〉 猫 괴 黑猫 거믄괴 花猫 어롱괴 〈1778, 방언유,해부방언, 16a〉

《19세기》【고양】위에 안즌 우리 하나님과 고양의게 구완ᄒ물 돌리라 〈1887, 예수성, 요한묵시록, 07:10절〉【고양이】고양이 描 〈1880, 한불자, 183〉 고양이 描 〈1895, 국한회, 26〉 猫 고양이 〈18××, 광재물, 獸獸, 3〉 엇지 살난ᄒ 군스를 거ᄂ려 강악ᄒ 진나라에 드러가미 쥐를 모라 고양이 입으로 드러가이라. 〈18××, 쵸한젼징실기, 021〉【괴】괴 猫 〈1880, 한불자, 183〉 괴 묘(猫) 〈1884, 정몽유, 7b〉 (이하 예문 생략)【괴양이】괴양이 모 猫 〈1895, 국한회, 33〉 쳥긔고리 신샹토 쓰고 동닉 얼운 ᄎᄌ보고 괴양이 셩젹ᄒ고 싀집가고 암씨 셔답ᄎᄒ고 월후ᄒ고 너구리 넛손 ᄌ 보고 〈18××, 남원고사, 1,6a〉 놀뷔 이 형상을 보고 식혜 먹은 괴양이 갓튼지라 〈18××, 흥부젼, 15a〉

《20세기》【고양이】猫 고양이 묘 〈1913, 부별쳔, 29a〉 고양이 묘(猫) 〈1918, 초학요, 102〉 지렝이 똥이 몽글몽글하게 올나온 긔습잇는 밧이랑과 고양이밥이 나 잇는 빈 터져ㅣ을 쓸째업시 돌아다닐 째 〈1922, 녯날쑴은, 2〉 가슴에다 손을 대고 앙까님을 쓰며, 낙태한 고양이 상을 한다. 〈1936, 상록수, 3,382〉【괴】貓 괴 묘 〈1908, 신정쳔, 24〉 猫 괴 묘 〈1923, 한훈몽, 11b〉

《해설》'고양이'는 '고양이'를 뜻하는 '괴'에 접미사 '-앙이'가 결합하여 이루어진 것으로 설명되어 왔다. 접미사 '-앙이'는 '무말랭이, 조랭이' 등에서 볼 수 있는 것처럼 '작은 것'을 나타내는 의미를 가진 것이다. 접미사 '-앙이'를 다시 접미사 '-앙' 과 '-이'로 분석하는 경우도 있다.

'괴'는 15세기 문헌에서부터 나타나는데 당시에는 '고이【koi】'처럼 소리나는 것이었다. '괴'에 접미사 '-앙이'가 결합한 '고양이'는 17세기에 간행된 『역어유해』 에서 처음 보인다. 괴 + -앙이는 '괴앙이, 괴양이'로도 나타날 수 있으나, '괴앙이' 는 문헌에 보이지 않고 '괴양이'가 19세기에 나타난다. 특히 '괴양이'가 19세기에 이루어진 것으로 보이는 여러 고소설류에 다양하게 나타나는 점으로 미루어 볼 때, '-앙이'가 결합한 형태에서도 '괴'에 대한 어원을 이해하고 있었던 것으로 추정 된다.

18세기에 '고양이, 괴양이'가 나타나지 않는 것은 우연히 문헌에서 그와 같은 형 태가 드러나지 않는 것이라고 볼 수밖에 없다.

'고양이'가 '괴양이'보다 더 널리 쓰이게 되는 것은 19세기 말에 들어서인 것으로 보인다. 특히 『한불자전』처럼 19세기 말에 이루어진 문헌에서는 '고양이'가 보다 대표적인 형태인 것으로 기록되어 있다. '괴양이'보다 '고양이'가 널리 쓰이게 된 것은 '괴양이, 고양이'를 '괴'와 직접 연관짓는 어원의식이 희박해진 탓이라고 볼 수 있다. 즉, '괴양이'가 명사 '괴'와 관련되어 있다고 이해하지 못하고, 당시 만연해 있던 'ㅣ 모음 역행동화' 현상이 적용된 것으로 이해하게 된 것이다. 즉, '고 + 양이' 가 '괴양이'로 'ㅣ 모음 역행동화' 현상의 적용을 받은 것으로 보고, 이를 잘못 되돌 림으로써 '고양이'라는 형태가 탄생하게 된 것이다.

20세기 초에 간행된 한자 학습서에 "괴 묘"가 나타나는 것은 『천자문』류의 전 통을 답습한 것일 가능성이 높다. 이는 '고양이'의 형성 과정에서 명사 '괴'와의 연 관관계를 국어 화자들이 잘 인식하지 못하고 있었을 뿐 아니라, 실제 20세기 초 에 창작된 산문에서 '괴'가 쓰인 예가 발견되지 않는 점을 통해서 추리되는 사실 이다.

이 기술은 철저하게 한 어휘가 문헌상에서 언제부터 보이며 그것이 세기별로 어떻게 사용되었으며 그 용례들에 어떠한 것이 있는가를 밝히고 이에 대한 종합적인 설명을 하고 있다. 여기에서는 동계 언어와의 관계는 언급하지 않고 있다.

이에 비해 차용관계를 다룬 것은 어휘항목의 성격에 따라 기술되어 있다. 예컨대 김민수, 최호철, 김무림(1997)과 김무림(2015)에서는 외래어의 차용 관계를 밝히고 있는데, 몇 예를 보이면 다음과 같다.

- 베테랑(veteran) 몡 ▷ 숙련가. 전문가. 전문인. 〔어원 (라)vetus[나이 늙은]. 변화 (라)vetus 〉 veteranus[고참병, 노병] 〉 (프)vétéran 〉 (영)veteran 〉 (일) 〉 베테랑〕〈김민수, 최호철, 김무림(1997), p.458〉
- 베트콩(vietkong) 몡 베트남 민족 해방 전선. 〔어원 (베)越(南)+共(産黨). 변화 (베)越(南)[viet(nam)]+共(産黨)[kong (sandang)] 〉 越共 〉 Vietkong 〉 베트콩〕〈김민수, 최호철, 김무림(1997), p.458〉
- 아르바이트(독arbeit) 몡 본래의 직업 이외의, 임시로 하는 부직. ▷ 부업. 〔어원 (독)arbeit[일, 勞苦]. 변화 (독)arbeit 〉 (일) 〉 아르바이트〕〈김민수, 최호철, 김무림(1997), p.683〉

그러나 이 차용어가 언제 차용되었으며 어떻게 사용되었으며, 또 어떻게 변화하였는가에 대해서는 아무런 언급이 없다. '베테랑'이 프랑스어로부터 유래되었는데, 일본어에서 사용하던 것을 우리나라에서 1960년대에 '베테란'으로 들어와 사용되다가 '베테랑'으로 굳어졌음을 밝힌다면 더욱 정밀한 기술이 되었을 것이다. 그리고 예문도 함께 제시하여 주면 더욱 좋았을 것이다.

- 웨베르는 大津 주재공사를 거쳐 벌써 十여년 동안이나 대한 외교를 도맡아 온 베테란이다. 〈1968, 대한제국(유주현), 428〉
- 곽예도(郭銳刀)형사는 연락을 받은 즉시 변두리인 은학동에서 고물수집상을 하

고 있는 김팔용에게로 달려갔다. 김팔용은 전과 7범의 베테랑이었다. 〈1979, 성
역(유재용), 422〉

마찬가지로 '아르바이트'에 대한 설명도 더 세밀하게 기술하여야 소위 최근
에 사용되고 있는 '알바'에 대한 궁금증을 해소시킬 수 있을 것이다. 즉 '알바'
는 독일어 'Arbeit'(일하다)로부터 유래한 것인데 1950년대에 '알바이트'로 우리
나라에 들어와 '아르바이트'로 변화하였다. 이것이 축약되어 2000년대부터
'알바'로 쓰이게 되었다고 기술하여야 할 것이다. 물론 일본으로부터 차용한
것인지는 더욱 연구되어야 할 점이다.

• 그건 다 내가 실없이 한 말이구, 터놓구 얘기가 지금 김 형은 알바이트 자리를 구
  하기가 급한데, 이 형두 좋은 데 아시는 것 있건 소개해 주슈 〈1955, 젊은세대(염
  상섭), 240〉
• 나두 그런 말 들은 일은 있지만 그건 명자 얘기가 아니더라. 아르바이트라던가 한
  다는 불량 여학생이 더러 그런다더면 〈1963, 유수암(한무숙), 74〉

• 가라 : 가짜, 헛
  '가라'는 일본어 'から'[KARA, 空]에서 온 말이다.
• 가라오케
  '가라오케'는 일본어 '空オケ'에서 온 말이다. 'オケ'[oke]는 영어 'orchestra'를 줄인
  이론식 외래어이다. 그러므로 '가라오케'의 의미를 국어로 풀면 '가짜 관현악단'
  이 된다. 〈김무림(2015), p.28〉

김무림(2015)에서도 그 사정은 마찬가지이다.

지금까지 나온 어원사전의 목록과 성격을 보면 다음과 같다. 물론 '사전'이란 이름을 붙인 문헌만을 대상으로 하였다. '사전'이란 이름을 붙이지 않은 연구 업적들을 검토해 보아도 그 결과는 다를 바 없을 것으로 판단된다.

- 안옥규(1989), 『어원사전』, 동북조선민족교육출판사.
- 박일환(1995), 『우리말 유래 사전』, 우리교육.
- 김민수 편, 최호철 김무림 편찬(1997), 『우리말 語源辭典』, 태학사.
- 徐廷範(2000), 『國語語源辭典』, 보고사.
- 조영언 (2004), 『한국어 어원사전』, 다솜출판사.
- 강길운(2010), 『비교언어학적 어원사전』, 한국문화사.
- 김무림(2012), 『한국어 어원사전』, 지식과교양.
- 백문식(2014), 『우리말 어원사전』, 박이정.
- 김무림(2015), 『전면개정판 한국어 어원사전』, 지식과교양.
- 서정범 지음 박재양 엮음(2018), 『새국어 어원사전』, 보고사.
- 염광호(2021), 『우리말 어원 산책』, 역락.
- 조항범(2022), 『우리말 어원사전』, 태학사.

	어원사전	어휘의 계통	어휘의 차용	어휘의 역사
1	안옥규(1989)	×	○	○
2	박일환(1995)	×	○	○
3	김민수, 최호철, 김무림(1997)	×	○	○
4	서정범(2000)	○	×	○
5	조영언(2004)	○	×	○
6	강길운(2010)	○	×	×
7	김무림(2012)	×	○	○
8	백문식(2014)	×	×	○
9	김무림(2015)	×	○	○
10	서정범 지음 박재양 엮음(2018)	○	×	○

11	홍윤표 외(미간)	×	○	○
12	염광호	×	×	○
13	조항범	×	×	○
	계	4	6	10

이 표를 보면 국어 어원에 대한 연구는 주로 어휘의 역사에 치중해 왔음을 알 수 있다. 어휘의 계통도 어휘 역사 기술에 포함되는 것이지만, 어휘의 계통을 제외한 어휘의 역사 기술에 집중해 왔음을 알 수 있다. 그만큼 우리나라에 비교언어학이나 계통론 연구의 기반이 빈약한 것을 보여 주는 것이라고 생각한다. 그리고 국어 어휘의 차용에 관한 연구도 매우 빈약함을 알 수 있다. 심민수, 최호철, 김무림(1997)과 김무림(2015)에 어휘 차용에 관한 기술이 있다고 했으나 그 항목은 극히 일부분이라고 할 수 있다. 그것은 근대화 이후에 들어온 외래어에 대한 관심이 적음을 보여 주는 것이며, 또한 한자어를 차용 관계로 보지 않고 있음을 보여 주는 것이다. 국어의 한자어를 차용어로 본다면 차용 관계를 다루어야 하지만, 만약에 국어 어휘의 하나로 인식한다면 단순한 한자어의 역사 기술로 끝나고 말 것이다.[3]

그렇다면 어원 연구의 범위를 어디에 두어야 할 것인가? 필자는 앞의 세 가지를 다 고려하여야 할 것이라고 생각한다. 그래서 국어의 어원 연구는 한 어휘의 알타이어 계통을 밝히는 것과 어휘의 차용 관계를 밝히는 것, 또는 한 어휘의 역사를 기술하는 일을 하나로 묶고, 그 큰 틀에서 이 세 가지를 다 포괄하는 개념으로 설정하고자 한다.

알타이어의 다른 언어로부터 계통을 찾는 일이나, 어느 외국어로부터 차용을 하여 사용한 것이나, 모두 한 어휘의 역사에 포함된다. 그리하여 어원 연구의 범위를 한 어휘의 역사를 기술하는 내용 속의 하나로 규정하는 것이 바람

---

3 최근에는 이러한 한자어에 관심을 가지고 연구를 진행하고 있는데, 특히 중국, 일본, 한국, 베트남의 한자어의 차이와 그 근원을 밝히려는 노력을 하고 있는 것으로 보인다. 경성대학교 한자연구소에서 하영삼 교수가 중심이 되어 이 연구를 진행하고 있다.

직하다. 한 어휘의 역사를 기술하되, 그 어휘의 알타이어와의 관계를 기술할 수 있다면 기술·설명해 주고, 만약 그 계통을 알 수 없다면 그 기술에서 제외하며, 또한 다른 외국어로부터의 차용이라고 한다면 그 차용 관계를 기술할 뿐만 아니라 차용 이후의 역사도 기술, 설명하는 것이 국어 어휘의 어원 연구일 것이다.

그리하여 다음 그림과 같이 설명할 수 있다. 곧 어휘 역사에 대한 기술은 계통의 기술과 차용의 기술을 포함하며, 차용의 기술은 계통의 기술을 포함한다고 생각한다.

따라서 앞으로 어원 연구의 범위를 어휘 역사 기술 속에서 해결하여야 할 것이라고 생각한다.

그러기 위해서는 한 어휘에 대한 역사적 연구가 쌓아온 모든 지식이 조직적으로 총동원되는 것이어서 넓은 의미의 어사(語史) 및 어지(語誌)의 기술이 곧 어원 연구라고 할 수 있을 것이다.

2.1. 어원과 차용 관계

일반적으로 어휘체계의 변화라고 한다면 김광해(1993)에서 볼 수 있듯이,[4] 국어에 외래어(한자어·서양어 기타)가 각 시대에 출현하는 상황에 대한 변화를

말하고 있다.[5]

외래어의 차용과 이 어휘가 국어로 정착되는 현상은 국어 어휘사에서 중요한 문제다. 한자어는 특히 더 그러하다. 한자어는 체언과 용언뿐만 아니라 부사로서도 정착되었고, 고유어와 결합하여 쓰이기도 하고, 심지어는 접두사와 접미사로서 단어 구성에 참여하여 오기도 하였다. 그리고 한자어에 의한 새로운 단어 구성법의 발생이 일어나기도 하였으며, 한자어의 언해 어휘(또는 번역어휘)로서 만들어진 새 단어가 출현하여 국어의 문법적 성격을 바꾸어 놓기도 하였다.[6] 한자어를 도외시해서는 국어사를 고찰할 수 없다는 것은 두말 할 나위도 없다. 이러한 점은 일본어나 영어의 차용도 마찬가지일 것이다.

그런데 우리가 가장 궁금해하는 것은 이들 한자어나 한자어를 포함한 외래어가 각 시대의 어휘 체계에서 과연 어떤 위치를 차지했는가 하는 점이다. 언해문에 사용된 한자어 등은 글자를 아는 사람이 눈으로 보아야 이해할 수 있는 어휘였는지, 아니면 귀로 들어서도 이해할 수 있고 말로도 표현한 어휘였는지 알 수 없다. 이른바 거시적인 입장에서 한자어나 외래어가 그 시대의 어휘 체계 안에서 차지하는 위치를 알고 그 비중을 파악하는 것이 어휘사 기술에는 필요한 것이다.[7]

---

4 1기(1원체계의 시기 : 한자어 유입 이전의 국어 어휘체계)
2기(2원 체계의 형성 : 한자어의 유입, 직접차용어 간접차용어의 정착)
3기(3원 체계의 형성 : 몽고어 등 외래어 유입)
4기(한자어 부문의 개변 : 신문명어의 유입과 의미의 개신)
5기(일본어의 영향)
6기(서구 외래어 부문의 양적 증가)
5 그러나 외래어의 차용도 문헌에 대한 구체적인 검토를 거친 결과로 이루어진 것으로는 보이지 않고, 단지 정치·문화적으로 있었던 역사적 사실을 토대로 하고 관념상으로 그러한 어휘들이 많이 차용되었을 것이라는 선입관에 의한 것으로 해석되기도 한다.
6 이러한 현상에 대한 증거들을 주제의 제약으로 여기에 일일이 예거하지 않는다.
7 예컨대 외래어가 명사에 치우쳐 분포하는지, 학술용어에 주로 분포하는지 등이 검토되어야 한다.

그런데 이 외래어에 대한 연구를 하기 위해서는 그러한 어휘들이 어떤 언어로부터 어떻게 차용되었는지를 밝히는 일이 전제되어야 한다. 그래서 그러한 차용 관계를 밝히는 일을 우리는 일반적으로 그 어휘의 어원을 밝히는 일이라고 생각하고 있다. 이러한 인식은 국어사전이나, 몇 개 되지 않는 국어 어원사전을 한 쪽만 읽어 보아도 쉽게 읽을 수 있을 것이다. '원어정보'를 '어원정보'로 인식하고 있는 것이다.

2.2. 동일 계통 언어의 어휘와 국어 어휘와의 관계

국어가 알타이어라는 가정 하에 알타이어에 속하는 언어들의 어휘와 국어 어휘와의 관계를 기술하는 것이 어원 연구의 목적으로 인식되기도 한다. 대표적인 것은 서정범(2000)이라고 할 수 있다. 어원에 관한 이러한 인식은 자료상으로 중세국어 이전으로 거슬러 올라갈수록 희박한 자료의 한계를 극복하기 위해 취해진 것으로 보인다. 그러나 동일 계통의 언어라고 하는 제 알타이어에 대한 폭넓은 지식과 깊은 비교언어학적 소양이 없다면, 국어 어휘와 알타이어 어휘에 대한 비교연구는 난해한 과제일 것이다. 특히 조어(祖語)를 재구하면서 일정한 음운대응 관계를 고려하지 않는다면, '믿거나 말거나'의 어원 연구가 될 것이다. 한국어와 일본어의 어휘를 비교한 비전공자들의 많은 책들이 그러한 예일 것이며, 근래에 출간된 몇몇 어원사전도 그 예에서 크게 벗어나지 못한다고 할 수 있다. 서정범 저(2000)와 조영언(2004)이 대표적이다.

이러한 방식의 어원 연구는 매우 중요하지만, 비교언어학적 연구를 과학적·체계적으로 연구하는 학자가 없어서 앞으로 그 연구의 맥이 끊어질 것으로 예상되어 안타깝기 그지없다. 각 대학에서 국어계통론이나 비교언어학 등의 강의가 거의 개설되지 않고 있으며, 개설된다고 해도 강의를 담당할 교수가 없을 것으로 추정된다. 천상 이 연구는 외국의 언어학자에 의존할 수밖에 없을 것으로 보인다. 따라서 뒤에서 설명하겠지만, 어원 연구가 어휘 역사 연구로 좁혀질 가능성이 높아졌다.

2.3. 어원과 어휘사

필자는 국립국어원의 온라인 소식지인 '쉼표, 마침표'에 한 달에 한 번씩 한 어휘의 역사를 기술하여 게재한 적이 있는데, 이 제목이 '-의 어원'이란 제목으로 되어 있다. 이 제목은 '쉼표, 마침표'의 전신인 '새국어소식'(2002년 3월부터 게재 시작)에 처음 게재될 때, '-의 어원'으로 쓰기 시작하면서 마련된 제목이었다. 그러나 이 글은 그 어휘의 역사를 기술한 것이다. 어원 연구가 아님에도 불구하고 곳곳의 웹사이트에 인용되면서 '-의 어원'이라는 이름으로 계속 번져나가고 있는 셈이어서, 필자가 '어원'에 대한 잘못된 인식을 심어준 장본인이 된 느낌이어서 답답한 심정이다.

물론 어휘사는 고대국어부터 현대국어까지의 한 어휘의 역사를 말하지만, 필자는 고대국어에 대한 지식이 부족하여 아예 이 부분에 대한 검토를 고려하지 않고 가능한 한 훈민정음이 창제된 이후의 역사만을 기술하고 있다. 그래서 필자의 그 글은 어휘의 어원 연구라고 할 수 없다. 그럼에도 불구하고 어원 연구로 인식되는 것은 어원을 어휘사와 혼동한 데에 기인하는 것으로 보인다. 결론부터 말하면 어원 연구는 어휘사 연구를 포괄하지만, 어휘사 연구는 어원 연구를 포괄할 수도 있고, 또 제외될 수도 있는 것이다. 결국 어원 연구에서 어휘사 연구는 필수적이라고 할 수 있다.

국어 어원 연구는 국어 어휘사 연구를 포괄하기 때문에 국어 어원 연구에서 이 점을 깊이 고려하여야 할 필요가 있다.

2.4. 어원과 어휘의 형태적 분석

어휘사를 기술할 때에, 가장 쉽게 접근할 수 있는 것들은 합성어나 파생어라고 할 수 있다. 소위 기술할 내용이 많기 때문이다. 예컨대 현대국어의 '다니다'를 기술할 때에는 '닫다 + 니다'의 복합어임을 기술할 수 있으며, 마찬가지로 '뽐내다'도 '뽑다 + 내다'로 기술할 수 있다. 이들은 음운변화(예컨대 '닫- + 니- 〉 단니- 〉 다니-'나, '뽑- + 내- 〉 쏩내- 〉 뽐내-')를 설명할 수 있으며, 복합어 구성의 원칙도 함께 기술할 수 있다. 그리고 역시 의미 변화도 기술할 내용이 많은 것이다. '뛰어 가다'란 뜻이 '다니다'란 뜻으로, 그리고 '(팔을) 뽑아 (앞으로) 내다'란 뜻이 '잰 채하여 우쭐대다'란 뜻으로 변화하는 과정을 흥미롭게 기술할 수 있을 것이다.

그렇기 때문에 마치 한 어휘의 형태소 분석이 곧 그 어휘의 어원을 밝히는 것으로 잘못 이해되기도 한 것으로 보인다. 뿐만 아니라, 이렇게 되면 그 어휘의 옛 어형을 밝힐 수 있어서 마치 어원을 밝힌 것처럼 인식되기 때문에 이러한 생각이 굳어진 것으로 보인다. 그래서 단일어는 옛 어형을 밝히는 것이, 그리고 합성어나 파생어들은 그 형태 분석을 하여 조어 방식을 밝히는 것이 곧 어원을 밝히는 것으로 잘못 인식되기도 한 것이다.

이것은 소위 중국어학계나 일본어학계에서 언급하는 '어지(語誌)'에 해당한다고 할 수 있다. 어지(語誌)란 한 어휘, 또는 한 단어가 한 어휘로 수용될 때까지의 생성과정과 그것이 전용 또는 변형되어 폐기될 때까지의 역사를 기술한 것이기 때문이다.

어원 연구는 물론 합성어나 파생어만을 대상으로 하는 것은 아니다. 단일어에 대한 어원 연구도 가능하다. 단일어의 의미나 형태가 변화한 사실을 검토하는 것도 어원 연구의 중요한 과제이다. 예컨대 '지치다'가 원래 '설사하다'란 의미로부터 '기운이 빠지다'란 의미로 변화하였다고 하는 것이 그러한 예들이다.

2.5. 민간어원설

그런데도 사람들은 시중에 떠돌아다니는 민간어원설을 믿으려 한다. 국어 어원에 관심을 가지는 이유 중의 하나가 바로 이 민간어원설 때문이기도 하다. 민간어원설은 소위 '믿거나말거나'설로서, 국어 어휘의 어원의식을 흐려 놓기도 한다. 대표적인 것이 '화냥년'의 '화냥'에 대한 것이다. 병자호란 때 청나라에 붙잡혀 갔던 여자들이 우리나라에 돌아왔을 때, 몸을 버린 여자여서 '환향(還鄕)'에 '-년'을 붙인 것이라는 설이다. 너무 그럴 듯해서 많은 사람들이 아직도 그 설을 믿으려 한다. 이제는 그 어원이 밝혀져서 이 설이 터무니없는 설이 되었지만, 그 어원이 밝혀지지 않았을 때에는 꼬리에 꼬리를 물고(오늘날에는 인터넷을 통해), 수천리 수만리를 날라 퍼져 나가곤 한다. 원래 '화냥년'의 '화냥'은 '화랑(花娘)'에서 온 말이다. 즉 '남자와 통간하는 여자'란 뜻인데, 중국어 발음이 '화냥'과 같다. '화냥'은 그 어원이 '화랑(花娘)'이라고 할 수 있다. 그런데 이 '화랑(花娘)'이 '화랑(花郞)'과 발음이 같고 또 실제로 '화랑(花娘)'을 '화랑(花郞)'으로도 표기한 예들이 있어서 '화냥년'을 무당이나 신라 화랑과 연관시켜 풀이한 것도 나오게 된 것이다.

이처럼 민간어원설이 위용을 떨치는 이유는 대개 다음과 같은 이유 때문으로 해석된다.

① 민간어원설은 단순한 객관적 언어학적 분석이나 설명에는 무관하고 거의 대부분 일정하고 그럴듯한 이야기 줄거리가 붙어 있어서, 언중들의 흥미를 유발한다.

예컨대 '삼팔따라지'는 광복 이후에 삼팔선을 넘어 남하한 사람이 '딸'을 많이 낳아서 이들의 별명을 '삼팔따라지'라고 했다는 것인데, 국문과 교수가 버젓이 공영방송에 나와서 설명하는 것을 보고 놀란 적이 있다. 마찬가지로 '단군왕검'의 '왕검'을 고조선 시대에 그 시대에 '왕거미'를 숭상해서 이것이 줄어들어 '왕검'이 되었다고 하거나, '메아리'의 어원을 설명하면서, 조선왕조 때, 이성계의 권유를 거절한 고려의 신하와 학자들이 한강을 거슬러 올라 깊은 곳에 피신하여 산속에서 과거를 회고하면서 '소리', 즉 노래로 신세타령을 하였는데, 그것이 산에서 울리는 소리, 즉 '메아리(뫼 + 아리)'라고 하였으며, 그 '메아리' 속에서 서글픈 '아리랑'이 나왔다고 주장한다. 정말 그럴 듯하게 소설을 쓴 것이어서, 멋모르는 사람들은 그것이 진짜로 '메아리'의 어원인 것으로 믿을 것 같다. 그러나 그것은 허구이다. 별의별 상상력을 다 동원하여 그 어원에 대해 작문을 하고 있는 것이다. '노다지'를 설명한 어느 글을 인용해 본다.

조선 말기 우리나라는 힘이 매우 약했어요. 그래서 외세에 많은 경제적 이권을 빼앗겼어요. 그 가운데 하나가 금광 채굴권이에요. 우리나라의 광산을 외국 사람에게 헐값에 넘긴 거지요. 평안도 운산 지역은 유명한 금광 산지로서, 미국인들이 사들여 막대한 이득을 올린 곳이에요.

"빨리빨리 금맥을 찾아라!"

미국인 사자의 하수인 노릇을 하는 조건달 씨가 일꾼들을 마구 부려먹고 있었어요.

"뭘 꾸물대고 있는 거야, 빨리 하라니까!"

조건달 씨는 일꾼들에게 눈을 부라렸어요.

"쳇, 같은 조선 사람이면서 더 지독하게 구는군."

일꾼들은 투덜거리며 속으로 울분을 삼켰어요.

그러던 어느 날 일꾼들의 환호성이 터졌어요. 땅 속을 파 들어가던 인부들이 드디어 금맥을 찾아냈던 거지요.

"와와, 찾았다. 금이다, 금!"

일꾼들은 어렵게 찾아낸 금맥을 보며 기쁨에 차 있었어요. 잠시 후 이 소식을 들은 미국인 사장이 헐레벌떡 굴 속으로 달려왔어요. 그는 일꾼들이 금맥 주위에 둘러서서 웅성거리는 것을 보자 이렇게 외쳤어요.

"노 터치, 노 터치!"

'노 터치'란 손대지 말라는 뜻의 영어예요. 하지만 영어를 모르는 일꾼들은 서로 멀뚱멀뚱 쳐다볼 뿐이었어요.

며칠 후 일꾼 몇 명이 사무실에 들렀어요. 광산에 터뜨릴 폭약을 가지러 간 거지요.

폭약이 담긴 상자 앞에는 나무 상자가 수북이 쌓여 있었어요. 일꾼들이 상자를 옮기려고 손을 대자 사장은 깜짝 놀라 소리쳤어요.

"노 터치, 노 터치!"

일꾼들은 상자에서 얼른 손을 뗐어요.

'노 터치라니? 이게 노 터치라는 건가? 이게 도대체 뭐길래 손도 못 대게 하는 걸까?'

호기심이 생긴 일꾼 하나가 뚜껑을 살짝 열어 보았어요. 그랬더니 상자 속에는 광산에서 캐낸 금덩이가 가득 담겨 있었어요.

그제야 알겠다는 듯 일꾼들은 말했어요.

"미국 코쟁이들은 금을 노 터치라고 하나 봐….."

이와 같이 일꾼들이 광산에서 캐낸 광물을 만질라치면 미국 사람들이 놀란 듯이 '노 터치'라고 외쳤는데 영어를 잘 모르는 우리나라 사람들은 '노 터치'가 금이나 은 따위의 값비싼 광물을 뜻하는 말이라고 생각했던 거지요.

이 말이 나중에 '노다지'로 변해 '한 군데서 많은 이익이 쏟아져 나오는 일이나 물건'을 가리키게 되었다고 해요.

이 글에는 평안도 운산이라는 지역적 배경과 조선 말기의 미국과의 관계, 그리고 조건달이라는 허구의 인물까지 등장하여 마치 실화처럼 꾸며 놓아서 '노다지'의 어원이 사실인 것인 양 설득시키고 있다.

②민간어원설은 대부분이 민담, 전설, 신화 등과 연관시키기 때문에, 민족적 감정을 유발시켜서 그 내용을 믿으려 하는 속성이 있다. 예컨대 '행주치마'

의 '행주'를 '행주산성'과 연관시키는 것이 그 대표적인 것이라고 할 수 있다.

③ 한자성구에는 고사성어가 있어서 이 고사성어에 대한 인식이 국어 어휘에도 전이된 것으로 해석된다.

④ 민간어원설은 부담이 없다. 즉 철저한 검증이나 언어학적 규명을 통하지 않아도 큰 무리가 없기 때문에, 믿어도 큰 부담이 없고 또 책임질 일이 아니기 때문에, 그 근거에 대해서는 입을 다물어 버려도 상관이 없다.

그래서 민간어원설은 다음과 같은 특징을 지닌다.

① 그럴 듯한 이야기 줄거리가 있어서, 그것이 진실이 아니라고 해도 믿고 싶어 한다.

② 상당수의 언중들은 그것이 사실이 아닐 것이라는 사실을 알고 있으면서도, 흥미 본위로서 인정하려 한다.

③ 상당수는 한자에 연관시키는 경우도 많다. 예컨대 '고린내'를 옛날에 '고려' 사람들이 몸을 씻지 않아서 몸에서 냄새가 났는데, 그것 때문에 그 냄새를 '고려+ㅅ+내', 즉 '고린내'가 되었다고 하는 것 등이다. '생각'이 '生覺'으로부터 왔다고 하거나, '사랑'을 '思郎'에서 왔다고 하거나 하는 것들이 그것이다.

④ 언어가 변화하는 과정은 설명하지 않고, 그 어휘가 발생한 시기에 초점이 맞추어져 있고, 그 이후의 역사적 변화는 거의 고려되지 않는다.

⑤ 어휘의 변화가 전제되지 않기 때문에 언어 변화의 규칙성이나 언어 변화

의 유형 등은 무시되어도 좋다. 예컨대 앞에서 언급한 '노다지'와 같은 경우가 그것이다. '노터치'가 '노다지'로 변화하려면 그 설명이 거의 가능하지 않을뿐더러 그러한 변화유형을 보이는 다른 예들도 없다.

⑥ 많은 사람들에게 기억이 쉽게 각인되기 때문에 쉽사리 그 통념을 깨기가 쉽지 않다.

⑦ 외국의 역사가 아닌 한국의 역사에 견강부회식으로 붙이는 경우가 대부분이어서, 민족주의적 색채가 짙다. 예컨대 아직은 확성할 수 있는 자료가 없지만 '미역국을 먹는다'는 말은 요즈음 '시험에 합격하지 못하고 미끄러져서 떨어진다'는 뜻으로 사용된다. 많은 사람들은 미역국의 미역이 미끌미끌하니까, 그렇게 사용된다고 믿고 있는 것 같다. 그러면 어름도 있을 텐데, 하필이면 미역국을 비유의 대상으로 삼았을까? 아직까지 이 말의 원래 뜻은 분명히 알려져 있지 않지만, 다음과 같은 설이 있다. '미역국을 먹는다'는 말은 원래 취직자리에서 떨어졌을 때를 속되게 일컫는 말이었다. 일제강점기에 일본이 우리나라를 강점하면서, 우리나라 군대를 강제로 해산시켰을 때, 그 '해산(解散)'이란 말이 아이를 낳는다는 '해산(解産)'과 말소리가 같아서, 해산할 때에 미역국을 먹는 풍속과 관련하여 이 말이 나왔다고 하는 것이다. 그래서 '미역국을 먹었다'는 말은 '해산' 당했다는 말의 은어로 사용되었다는 것이다. 그래서 취직자리가 떨어진 것과 시험에 떨어진 것과 같아서 '미역국을 먹었다'는 말이 나왔다고 한다. 이 설은 아직 과학적으로 증명된 것은 아니다.

3. 국어 어원 연구의 역사

그렇다면 우리나라 사람들은 언제부터 이러한 우리말의 어원에 대해 관심을 가지고 있었을까? 전술한 바와 같이 삼국사기의 기록에 보이는, 김대문의 '次次雄, 尼師今, 麻立干' 등에 대한 해석이 그 시초일 것이다.

〈南解〉次次雄立, [次次雄或云慈充. 〈金大問〉云: "方言謂巫也. 世人以巫事鬼神尚祭祀, 故畏敬之, 遂稱尊長者, 爲慈充."] (남해차차웅이 즉위했다. 차차웅은 혹은 자충(慈充)이라 한다. 김대문은 이렇게 말했다. 차차웅은 방언으로 무당을 가리킨다. 세상 사람들은 무당이 귀신을 섬기고 제사를 받들기 때문에 이를 경외하여 마침내 존장자를 가리켜 자충이라 부르게 되었다) 〈三國史記 1卷, 新羅本紀 1, 南解次次雄, 元年〉

삼국사기 지리지에는 지명에 대한 설명으로 지명의 어원에 대한 정보를 제공하고 있음은 잘 알려진 사실이다.

醴泉郡 本水酒郡, 景德王 改名 今甫州 領縣四
永安縣 本下枝縣 景德王 改名 今豐山縣
安仁縣 本蘭山縣 景德王 改名 今未詳
嘉猷縣 本近(一作〈巾〉)品縣 景德王 改名 今山陽縣
殷正縣 本赤牙縣 景德王 改名 今 殷豐縣
〈三國史記 卷34 잡지3, 地理, 新羅〉

예천군(醴泉郡)은 본래 수주군(水酒郡)으로, 경덕왕(景德王)이 개명하였다. 지금의 보주(甫州)이다. 거느리는 현(領縣)은 넷이다.

영안현(永安縣)은 본래 하지현(下枝縣)으로, 경덕왕(景德王)이 개명하였다. 지금의 풍산현(豊山縣)이다.

안인현(安仁縣)은 본래 난산현(蘭山縣)으로, 경덕왕(景德王)이 개명하였다. 지금은 그 위치가 분명치 않다.

가유현(嘉猷縣)은 본래 근품현(近品縣)(巾品縣이라고도 한다)으로, 경덕왕(景德王)이 개명하였다. 지금의 산양현(山陽縣)이다.

은정현(殷正縣)은 본래 적아현(赤牙縣)으로, 경덕왕(景德王)이 개명하였다. 지금의 은풍현(殷豊縣)이다.

古昌郡 本古陁耶郡, 景德王改名 今安東府 領縣三

直寧縣 本一直縣 景德王 改名 今復故

日谿縣 本熱兮縣 (或云〈泥兮〉) 景德王改名 今未詳

高丘縣 本仇火縣(或云 高近) 景德王 改名 今合屬〈義城府〉

〈三國史記 卷34 잡지3, 地理, 新羅〉

고창군(古昌郡)은 본래 고타야군(古陁耶郡)인데 경덕왕(景德王)이 이름을 고쳤다. 지금은 안동부(安東府)이다. 영현이 셋이다.

직녕현(直寧縣)은 본래 일직현(一直縣)인데 경덕왕(景德王)이 이름을 고쳤다. 지금은 옛 것으로 돌아왔다.

일계현(日谿縣)은 본래 열혜현(熱兮縣) (혹은 니혜(泥兮)라고도 이른다).인데 경덕왕(景德王)이 이름을 고쳤다. 지금은 알 수 없다.

고구현(高丘縣)은 본래 구화현(仇火縣)(혹은 고근(高近)이라고도 이른다).인데 경덕왕(景德王)이 이름을 고쳤다. 지금은 의성부(義城府)에 합해져 속해 있다.

특히 '本'으로 설명을 붙인 곳에서 고유어 지명을 추출해 낼 수 있다. 대부분의 지명은 음상(音相)만 남아있고 의미는 남아있지 않아 의미추정이 힘든데, 삼국사기 지리지에는 이렇게 음상(醴泉郡)과 의미(水酒郡)가 함께 제시되어 있다.

이와 같은 어휘에 대한 해석은 문헌 곳곳에 보이는데, 삼국유사에는 편자 자신의 어원 해석과 최치원의 어원 해석이 붙어 있다.[8]

그리고 용비어천가, 동국여지승람에서 함경도 지방의 몇몇 지명이 여진어에서 왔음을 밝히는 내용이 있었다. 그리고 용비어천가, 동국여지승람에서 함경도 지방의 몇몇 지명이 여진어에서 왔음을 밝히는 내용이 있다.

실학시대에는 국어 단어의 어원을 중국어나 한자어에서 왔다고 보았다. 이수광의 '지봉유설(芝峯類說)'이나 황원석의 화음방언자의해('華音方言字義解)', 박경가(朴慶家)의 '동언고략(東言考略)', 무명씨의 '해동방언석(海東方言釋)', 이의봉의 '고금석림(古今釋林)' 등에서 국어 어휘를 견강부회적으로 한자에 그 어원을 돌리고 있음을 볼 수 있다.

> 今俗謂 父曰阿父 謂母曰阿孃 疾痛則呼阿爺 恐則呼阿母 此卽古人所謂疾病慘怛未嘗不
> 呼父母之義也 阿孃字出李長吉傳及崔致遠眞鑑碑序蓋本唐語也〈芝峯類說, 권16, 語言部
> 俗諺〉

아버지의 '아부(阿父)'를 아플 때 '아야'라고 한 데에서, 그리고 어머니의 '아미(阿孃)'를 두려울 때 '아모'라고 하는 데서 찾은 것이다.

> 今世 方言 稱男子爲 思那海 盖高麗陽城人 李那海 初名 守那 官至判密直司四子俱大顯
> 榮寵冠一世 奉使入元 元帝賜名那海 人皆慕與之匹故思那海之稱自此始焉見陽城李譜(四
> 子元富光富仁富春富皆侍中)〈頤齋集 권25, 雜著, 華音方言字義解 25a-b〉

오늘날 우리나라 말에 이르기를 남자를 사내해라고 한다. 대체로 고려 양성인 이나해의 초명은 수나요, 벼슬이 판밀직사사에 이르고 네 아들이 모두 현달하여 왕의 은총이 일세를 덮었다. 사신이 되어 원나라에 들어가니 원제가 '나해'라고 이름을 하사하니 사람들이 모두 그를 흠모하여 무리를 이루는 고로 '사나해'의 칭호는 이에서부터 시작되었다. 양성이씨의 족보에 나타나 있다.(네 아들의 이름은 원

---

8 현대 이전의 어원에 대한 관심은 매우 소략하게 기술한다.

부, 광부, 인부, 춘부니 모두 시중의 벼슬을 하였다.

'사나이'의 어원을 원나라 임금이 하사한 것으로 설명하고 있다.

개화기 시대에는 고대사 연구에 관심이 많은 국사학자의 연구가 있었다(이병도, 최남선 등). '아사달, 단군' 등에 대한 고유명사의 어원론 연구를 하였는데 그것은 큰 모험이었다. 왜냐 하면 어원을 연구하기 위해서는 음상, 의미가 필요한데 고유명사는 '음상'만을 제시하기 때문이다. 따라서 억측이거나 허무맹랑한 해석이 많았다.

1920년대에는 권녁규, 선몽수, 양주동, 이희승 등의 국어학자들의 연구가 있었지만 반세기가 가까운 1970년대까지 두드러진 업적이 없다. 그 이유는 ① 국어의 역사에 대한 연구가 그 폭, 깊이에 있어서 충분하게 이루어지지 않은 점과 ② 15세기 중엽 이후의 국어의 역사 연구에 몰입해 있어서 여유가 없었다는 점이다.

1980년대부터는 15세기 국어, 방언에 대한 연구, 차자표기법 연구 등의 전기 중세국어에 대한 연구가 상당히 축적되었다.

현대의 시점에서는 어원론 시도에 따른 기본적인 것은 구축되어 있다고 본다.

즉 19세기에 이르기까지 그 관심은 계속되었고, 20세기에 와서도 어원 해석에 대한 노력은 있었으나, 다른 분야의 연구에 비해 그 결과는 빈약한 편이었다. 그 이유는 어휘론에 대한 연구 방법이 정립되어 있지 않았기 때문이라고 할 수 있다.

국어 어원 연구사는 강헌규(1988), 강헌규(2003)에 자세히 소개되어 있다. 또한 국어 어원에 대한 1910년~1930년 사이의 연구논문들은 조항범(1994)에 소개되어 있다.

4. 사전에서 어원 및 역사적 변화 표시

어원에 대한 고려는 사전에서 매우 중요한 영향을 미치게 된다. 예컨대 '한숨'이란 단어를 기술할 때에, 한글학회에서 편찬한 '큰사전'은,

    ① 잠을 계속하여 자는 한동안(한 소금)
    ② 근심이나 설움으로 말미암아 속에 맺힌 기운을 내뿜노라고 길게 쉬는 숨(②태식 = 太息) (②옛말 : 한숨)

과 같이 기술하고 있고, 역시 이희승 선생의 '국어대사전'에서도

    ① 한 번의 호흡이나 그 동안.
    ② 잠깐 동안의 휴식이나 잠.
    ③ 근심이나 서러움이 있을 때 길게 몰아서 쉬는 숨, 태식(太息)

과 같이 기술하고 있다. 금성사판 국어대사전도 마찬가지이다. 이희승 선생의 국어대사전의 풀이를 한 글자도 다르지 않게 옮겨 놓았다.

이것을 수정한 것은 연세 한국어사전(1998년)이다.

    한숨1 당장의 어려운 고비를 넘기고 마음을 놓는 것
    한숨2 (근심이나 슬픔이 있을 때) 길게 내쉬는 숨.

『고려대 한국어대사전』(2009)에서도 이것을 수정하였다.

    •한숨 1 : 걱정이 있거나 서러울 때 또는 긴장이 풀려 안도할 때 길게 몰아서 내쉬는 숨.

•한숨 2 : ① 잠깐 동안의 휴식이나 잠. ② 한 번의 호흡이나 그동안.

위에서 설명한 두 가지 의미들은, 즉 ①과 ②는 원래 그 기원이 다른 단어이다. ①은 중세국어에서 '흔숨'이고 ②는 '한숨'으로 나타나는데, 그 역사적 변화 과정을 이해하지 못하면 이와 같은 오류를 범하게 된다. 즉 ①은 수사 '흔'(1)과 '숨'의 복합어이고, ②는 형용사 '하다'의 관형형 '한'과 '숨'의 복합어이다. 따라서 이 두 단어는 표제항을 두 개로 하여야 할 것임에도 불구하고 하나의 표제항으로 설명하고 있게 된 것이다.

흔숨
•둘잿 간의 와 흔숨 자고 쏘 드러가 금고 〈번역박통사, 상,53a〉
•第二間에 흔숨 자고 쏘 드러가 금고 〈박통사언해, 상,47b〉
•흔숨의 듯다 〈역어유해, 58a〉
•므릣 진 버리기를 모로미 흔숨의 뎡호티 버릴 쌔의 도적으로 ᄒ여곰 알게 말미 더옥 묘ᄒ니라 〈병학지남, 19b〉
•흔숨에 一息 〈한불자전, 87〉

한숨
•嗚呼ᄂ 한숨 디톳 혼 겨치라 〈월인석보, 서1,23a〉
•미샹 눈믈 디며 한숨 디흐샤 〈내훈언해, 2,65b〉
•四生五道애 窮困ᄒ리러니 어루 기리 한숨 디흐리로다 〈법화경언해, 2,226b〉

한숨
•우는 소리 시름ᄒ야 한숨 디ᄂᆞᆫ 소리 골와랏 소리 갓붑 소리 쇠붑 소리 〈석보상절, 19:14b〉
•시혹 시름커나 시혹 한숨 디커나 시혹 恐怖커나 ᄒ면 〈월인석보, 21,94b〉

497

•그 각시 하늘 울워러 한숨 디코 갈로 머리를 딜어 죽거늘 〈삼강행실도, 열,8b〉

　사전에서 어원 표시를 해 놓으려고 했던 것들은 주로 고유어, 한자어, 외래
어들이라고 할 수 있다. 사전에서 어원에 대한 관심이 어떻게 나타나고 있는
가를 살펴 보도록 한다.

1) 조선어학회 편찬 『큰사전』

> 5. 어원의 표시
>
> 1. 어휘 자체로서 이미 어원이 나타난 것은 따로 어원 표시를 하지 아니하고, 그렇지 아니한
> 것은 될 수 있는 대로 해석 가운데 짐짓 어원 된 말을 써서 설명을 겸하기도 하고, 혹은 주해
> 끝에 옛말을 소개함으로써 대신하기로 하였음. 이를 테면:
>
> 껄끔거리다 - 껄끄럽고 뜨금거리다. 멥쌀 - (옛말 : 뫼뿔).
>
> 따위와 같음.
>
> 2. 한자 말이나 외래어는 (　) 안에 한자나 로마 글자를 적되, 로마 글자에는 각각 원어(原語)의
> 국명(國名)을 부호로써 밝히고, 만일 발음이 변한 것은←표를 앞에 두었음. 이를 테면:
>
> 문명(文明)　아이스크림(영 Ice-cream) 가나(일 カナ =假名) 고무(←프 Gomme)
>
> 따위와 같음.

2) 이희승 편 『국어대사전』

> 어원의 표시
>
> 1. 한자어와 외래어는 그 말 바로 옆 (　) 안에 각각 한자·로마자·일본 가나를 넣어 주고, 외래
> 어에서는 영어·인명·지명을 제외하고는 그 원어의 국명을 밝혔다.
> 보기: 승리(勝利) 몡 주석 ……
> 　　　페이퍼(paper) 몡 주석 ……
> 　　　안단테(이 andante) 몡 〔연〕 주석 ……
> 　　　다꾸앙(일 タクアン : 澤庵) 몡 주석 ……
> 2. 어원은 확실하나 발음이 달라진 말은 주석의 첫 머리에 [←표로 그 어원을 밝혔다.
> 보기: 보조개 몡 [볼조개] 주석 ……
> 　　　고무 몡 [← 불 gomme] 주석 ……
> 3. 한자어에서 뜻과 음이 같은 말들은 그 말 바로 옆 (　) 안에 한자를 병기해 주었다.
> 보기: 유독(惟獨·唯獨) 몡 주석 ……

3) 신기철·신영철 편 『새우리말 큰사전』

4) 국립국어연구원 편 『표준국어대사전』

이 사전에는 각 단어의 원어 정보와 어원 정보를 구분하고 어원 정보 내에서 '어원적 분석'과 '최초 출현형 및 역사적 변천'을 부분적으로 기술하고 있다. 이 사전의 '일러두기'에 보인 '어원적 분석'과 '최초 출현형 및 역사적 변천' 항의 일부를 소개하면 다음과 같다.

① 어원적 분석

하였다. 그 구성 요소 가운데 현재 남아 있지 않은 단어가 들어 있으면 그 속에서 최초 출현형을 밝혔다.
　〈예〉 단무지 명 …… 〔←달- + -ㄴ + 무지〔디이〈디히〈가언〉〕
　　　　부랴부랴 閉 …… 〔←불+-이-+-야+불+-이-+-야〕
〈중략〉
(4) '디딜-방아', '솟을-대문'처럼 '동사 어간 + 관형사형 어미 -ㄹ명사'의 구성을 갖는 복합어의 경우는 전형적인 통사적 구성과 의미상의 차이가 있으므로 '디디-+-ㄹ+방아', '솟-+-을+대문'처럼 어원적 분석을 제시하였다.

② 최초 출현형 및 역사적 변천

(1) 표제어가 15~17세기에 처음으로 문헌에 나타난 예를 찾아 어원 정보에서 제시하였다. 필요한 경우 시대에 따라 형태가 바뀌는 과정을 보였는데 출전은 최초 출현형에만 밝혔다.
　〈예〉 고치다1 〔고치어[-어/--여](고쳐[-처]), 고치니 동 …… 고티다〈용가〉
(2) 최초 출현형은 뒤에 수록한 〈최초 출현형 조사 문헌〉에 나타난 것만을 제시하였다. 따라서 18세기 이후에 나타난 어형은 제시하지 않았다. 다만 필요한 경우 중간 변화 단계에서 보여 준 경우는 있다.
　〈예〉 기와1 명 …… 〔지와{-瓦} 지새〈디새〈석상〉←딜 +새〕
　　☞ '지와'는 18세기 문헌인《물명고》에 나타나는 어형이나 현대 국어의 '기와'와 그 중세 국어 어형인 '디새'를 연결하는 데 반드시 제시되어야 할 어형이므로 변화의 중간 단계로 보이기로 하였다.
(3) 최초 출현형이 있으면 가능한 모든 경우에 최초 출현형에 대한 어원적 분석을 제시하였다.
　〈예〉 알-리다[-리어[-어/-여](-려), -리니 동 …… 〔←알외다〈용가〉←알-+-오-+-이-〕
(4) 같은 시대에 두 가지 형태가 공존하면 '/' 기호로 보여 주었다.
　〈예〉 개미3[개:-] 명 …… 〔개야미〈석상〉/가야미〈월곡〉〕
(5) 의미가 변화한 경우에는 '《 '를 사용했고 ( ) 안에 한자로 그 의미를 밝혀 주었다.
　〈예〉 어리다3 〔어리어[--어/--여](어려), 어리니〕 …… 《어리다(愚)〈용가〉》
(6) 옛말과 현대 국어의 단어가 형태상으로는 매우 유사할지라도 의미상의 차이가 너무 커서 단순히 의미의 변화로 보기 어려운 경우에는 어원 정보로 제시하지 않았다.
　〈예〉 스치다1 〔스치어[-어/--여](스쳐[-처]), 스치니 형 …… 슷치다〈소언〉
　　☞ 중세 국어 문헌에 현대 국어의 '스치다'와 형태가 똑같은 '스치다'가 나오지만 의미상의 차이가 너무 커서 최초 출현형으로 제시하지 않았다.
(7) 문헌에서 확인할 수 없는 형태이나 역사적 변천을 분명히 드러내기 위해 제시한 경우도 있다. 이 때는 '＊'를 붙였다.
　〈예〉 추위1 명 …… 〔치위〈치뷔〈석상〉〈＊치븨 ← 칠-+-의〕
　　☞ '＊치븨'는 문헌에 나타난 형태가 아니다.
(8) 현대 국어의 형태와 이전 시기의 형태를 비교했을 때 구성 형태소가 일부 다른 경우에는 '←' 기호로 표시하였다.
　〈예〉 아울러 閉 …… 〔아오로〈법화〉←아올-+-오〕
　　☞ 현대 국어의 '아울러'는 '← 아우르-+-어'의 구성이나 중세 국어의 '아오로'는 '← 아올-+-오'의 구성이므로 서로 차이가 있다.
　　　파리1[파:-] 명 …… 〔프리←폴 〈훈해〉〕
　　☞ '프리'는 '폴'에 접미사 '-이'가 결합된 것이라 생각되므로 '←'로 표시하였다.

이러한 시도에 의해서 실제로 사전에 기술된 '어원 정보'는 다음과 같이 기술되어 있다.

〔어원 미상. 변화 머육(속삼 효:24) 〉 머육(역어 상:54) 〉 메육(교시조 43) 〉 미역〕
〔어원 √고이/괴[猫]+앙이[접사]. 변화 *괴앙이 〉 고양이.

'미역'은 단일어이어서 형태소 분석은 하지 않았다. 대신 최초 출현형이 '머육'인데 이것이 『속삼강행실도』에 출현함을 보이고 있다. 그리고 국어사전의 '머육' 항을 찾아가 보면 '미역의 옛말'로만 기술되어 있어서 '미역'의 이전 형태가 '머육' 이외에는 없는 것처럼 기술되어 있다. '미역'과 연관시켜 등재되어 있는 단어들은 다음과 같은데, 대부분이 '미역'의 방언형을 제시한 것이다.

- 매욱 : '미역'의 방언(경북)   • 메약 : '미역'의 방언(경남)
- 메역 : '미역'의 방언(제주)   • 미약 : '미역'의 방언(경남)
- 믹 : '미역'의 방언(전남)   • 멱 : '미역'의 준말

지나간 시기의 문헌에 나타나는 형태인 '머육(15, 16, 17, 18, 19세기에 나타나는 형태), 머욱(17, 18세기), 메욱(18세기), 메육(18세기), 며육(19세기), 머역(19세기), 메역(19세기)'들에 대해서는 아무런 언급도 없다. 그리고 방언형들도 모두 제시된 것이 아니어서 '매액, 메:약, 메기, 메악, 메악:, 메역, 메욱, 멕, 멕:, 미억, 미역, 믹:, 자:반, 자반' 등의 방언형들은 제외되어 있는 셈이다.

'고양이'는 파생어이어서 초기 출현 형태는 '괴'이었는데, 『능엄경언해』에 처음 나타나고, 이것이 '-앙이'와 결합되어 '고양이'가 되었다고 기술되어 있다. '괴' 항목을 찾아 보면 역시 '고양이의 옛말'로 기술되어 있다. 그러나 '-앙이'는 접미사로서 표제항에 없다. 그리고 '고냉이, 개내이, 갱구, 고애, 고엥이, 고앵이, 고이, 고쟁이, 공애, 과내기, 광이, 공지, 괘내기, 괘이, 괴냉이, 괴데기,

괴래기, 괴생이, 굉이, 궹이, 귀엥이, 꽹이, 꾀이, 살찌, 살쩡이, 살키, 새까미, 애옹구, 앵개미, 앵구' 등의 방언형과, '꽹이'와 같은 준말이 사전에 각각 등재되어 있는데, 이들이 서로 관련이 있는 단어임을 알 수는 없다. 결국 입력되어 있거나 또는 프로그램화되어 있는 것이면 컴퓨터로 검색을 하여서 알 수 있지만, 종이사전에서는 '고양이'와 연관된 단어 중에서 방언형이나 역사적으로 나타나는 형태들을 찾기란 매우 번거로운 일이다. 뿐만 아니라 이들이 방언형을 모두 반영하였다고 할 수는 없다. '고양이'에 대한 방언형은 지금까지 조사된 방언형을 종합하여 보면, '개냉이, 개생이, 개앵이, 개이, 갱이, 게내기, 게대기, 게네기, 게대기, 게생이, 겡이, 계내기, 계대기, 고내기, 고내이'를 비롯하여 거의 100개가 넘는다. '고양이'는 초기 출현 형태가 '괴'이었었는데, 이것이 15세기부터 오늘날까지도 쓰이고 있으며, '고양이'는 17세기 이후에 나타나기 시작하여 지금까지 사용되며, 이외에도 '괴양이'란 형태가 19세기에 쓰이었음을 보여 주는 기술은 전혀 없다.

『표준국어대사전』의 어원을 밝히려는 시도는 매우 참신한 것이고 새로운 것이어서 사전에서 국어 어휘의 역사에 대한 기술을 시도하는 데에 큰 기여를 할 것으로 예상된다. 그러나 이 사전이 주로 현대국어를 중심으로 한 사전이어서 한 단어의 역사를 자세하게 기술할 수가 없을 것이다. 따라서 어휘 역사 기술의 정밀성을 기하기는 어렵다.

한 어휘의 역사적 변화과정을 기술하기 의해서는 국어사의 연구결과가 그것을 기술할 만한 수준에 도달하였을 때가 되어야 가능한 것으로 인식되어 왔다. 또한 그 연구를 바탕으로 하여 각 시대별 국어사전의 편찬이 있은 후에라야 가능한 것으로 생각되어 왔다. 그 사전이 고대국어 사전, 중세국어 사전, 근대국어 사전, 현대국어 사전처럼 시대구분에 따른 사전이든, 아니면 15세기 국어사전, 16세기 국어사전 등의 세기별 국어사전 등의 편찬 이후에야 한 어휘의 역사적 변천을 기술할 수 있을 것으로 생각되기 때문이다. 그러나 최근에는 국어사 자료의 말뭉치(코퍼스)가 구축되고 이것을 검색할 수 있는 도구들이 개발되면서, 시대별 사전이 편찬되기 이전에도 상당수의 어휘에 대해서는 그 역사를 기술할 수 있게 된 것으로 보인다. 물론 이 어휘 역사 사전 편찬에는 그 어휘에 대한 국어사적 지식을 바탕으로 함은 물론이다.

고유어의 어원 표시에 관심을 나타낸 최초의 사전은 '큰사전'이었다. 이 사전의 권1 첫머리에 있는 범례의 다섯째 항으로 '어원의 표시'를 마련한 데에서 편찬자들의 어원에 대한 관심을 알 수 있다. 대부분의 사전에서는 고유어에 대한 기록을 거의 하지 않고 있으나 큰사전과 표준국어대사전에서 고유어에 대한 관심을 보이고 있다. 그러나 종래의 국어 사전들의 어원 표시의 한계가 드러난다. 그 어원 표시를 보면 단편적인 고형(古形)의 제시에 그칠 뿐, 파생어나 복합어에 대한 고려가 거의 없어서 형태소 분석조차 해 주지 않고 있다.

이에 비해 Martin(1968), New Korean-English Dictionary에서는 다음과 같은 사항들이 보여 대조를 보인다.

① 바가지 - [박 + -아지]
② 바깥 - [?〈밖 + -알(?〈밭); cf. 풀-알
③ 부삽 - [n.abbr. 〈불 + 삽]
④ 사람 - [der. subst. 〈살다]
⑤ 시내 - [〈var. 실 + 내]

그런데 이러한 사전들에서 흔히 문제가 되는 것들은 신조어에 대한 것들이다. 예컨대 1900년대 초 이후의 어휘 조사들이 되어 있지 않아서 신조어에 대한 역사를 검토할 수 없는 문제점이 있다.

5. 어원 연구와 어휘 역사 연구의 성과

어원 연구의 성과들은 많이 축적되어 있다고 할 수 있다. 어원사전도 여러 편 나와 있는 셈이다.

모든 어휘의 역사적 변화과정을 기술하여 놓은 어휘 역사사전은 존재하지 않지만, 임의로 선택된 어휘에 대해 어원을 기술해 놓은 사전도 여럿 있다. 어원사전 목록은 앞에서 제시하여서 여기에서는 생략한다.

또한 국어의 어원에 관한 수많은 저서도 있다.

• Ramstedt(1949), "Studies in Korean Etymology" Studies in Korean Etymology. Helsinki.
• 강길운(2010), 『비교언어학적 어원사전』, 한국문화사.
• 국립국어원(2015), 『단어별 어원 정보』, 생각셈표.
• 김동진 저, 조항범 평석(2001), 『선인들이 전해 준 어원 이야기』, 태학사.
• 김무림(2012), 『한국어 어원사전』, 지식과교양.
• 김무림(2015), 『전면개정판 한국어 어원사전』, 지식과 교양.
• 김선기(2007), 『한국어의 어원』, 한울.
• 김인호(2001), 『조선어 어원편람』(상,하), 박이정.
• 김인호(2005), 『어원 유래 상식(1)』, 사회과학출판사, 평양.
• 김인호(2012), 『어원 유래 상식(1)』, 연변인민출판사, 연길, 중국.
• 렴종률(2001), 『조선말 단어의 유래』, 금성청년종합출판사, 평양.
• 류웅하(2017), 『우리말의 어원을 찾아』, 한빛.
• 리규찬(2019), 『단어 유래집』, 과학백과사전출판사, 평양.
• 리득춘(1987), 『조선어 어휘사』, 연변대학출판사.
• 박갑천(1995), 『(재미있는) 어원 이야기』, 을유문화사.
• 박갑천(1995), 『재미있는 어원 여행 : 말의 고향을 찾아』, 을유문화사.
• 박영홍(2017), 『우리말과 한자어 –알기 쉽게 쓴 우리말 어원풀이-』, 백암.

• 백문식(1998), 『우리말의 뿌리를 찾아서』, 三光出版社.

• 백문식(2014), 『우리말 어원사전』, 박이정.

• 서정범(1989), 『우리말의 뿌리』, 고려원.

• 서정범(1996), 『서정범의 어원별곡』, 앞선책.

• 서정범(2018), 『새국어 어원사전』, 보고사.

• 송정석(1975), 『우리말의 語源考』, 박애출판사.

• 송정석(1977), 『우리말의 語源考(3)』, 박애출판사.

• 송정석(1996), 『韓國語의 語源雜記(4)』, 중앙문화사.

• 송성석(1997), 『韓國語의 語源雜記(5)』, 중앙문화사.

• 송정석(1998), 『韓國語의 語源雜記(6)』, 중앙문화사,

• 송정석(2003), 『韓國語의 語源雜記(7)』, 중앙문화사.

• 송정석(2009), 『살아 움직이는 어원 이야기(上, 下)』, 정인출판사.

• 송정석(1988), 『韓國語의 語源雜記』, 중앙문화사.

• 신난다(1993), 『재미있는 어원 이야기(1)』, 서광학술자료사.

• 신용태(1993), 『재미있는 어원 이야기』, 박이정.

• 염광호(2021), 『우리말 어원 산책』, 역락.

• 유창돈(1971), 『語彙史 研究』, 宣明文化社.

• 유창돈(1975), 『語彙史 研究』, 二友出版社.

• 이기문(1991), 『國語 語彙史 研究』, 東亞出版社.

• 이남덕(1985-6), 『한국어 어원연구 I - IV』, 이화여대 출판부.

• 이덕해(2010), 『불교 어원산책』, 집옥재.

• 이동석(2015), 『시어의 어원 연구』, 한국문화사.

• 이병근(2004), 『어휘사』, 태학사.

• 이왕근 편저(2014), 『유기화학의 어원과 용어』, 전남대학교출판부.

• 이재운 외(1995), 『알아두면 잘난척하기 딱 좋은 우리말 어원사전』, 노마드.

• 이재운, 박숙회, 유동숙 편저(2008), 『(뜻도 모르고 자주 쓰는) 우리말 어원 500가

지』, 위즈덤하우스.

- 田蒙秀(1947), 『朝鮮語源志』, 平壤 赤誠社.

- 전재호(1987), 『국어 어휘사 연구』, 경북대 출판부.

- 정상우(2009), 『의학 어원론』, 군자출판사.

- 조항범(1994), 『국어어원연구 총설(I)(1910-1930년대)』, 태학사.

- 조항범(1996), 『국어 친족 어휘의 통시적 연구』, 태학사.

- 조항범(1997), 『다시 쓴 우리말 어원이야기』, 한국문원.

- 조항범(2009), 『국어 어원론』, 도서출판 개신.

- 조항범(2022), 『우리말 어원 사전』, 태학사.

- 천소영(2000), 『우리말의 속살-우리가 꼭 알아야 할 재미있는 어원 이야기-』, 창해.

- 천소영(2007), 『우리말의 문화 찾기 : 고유어 어원에 담긴 한국문화』, 한국문화사.

- 최창렬(1988), 『어원 산책』, 한신문화사.

- 최창렬(1998), 『우리말 어원연구』, 일지사.

- 최창렬(2002), 『어원의 오솔길』, 한국학술정보.

- 최창렬(2005), 『아름다운 민속 어원』, 한국학술정보.

- 최창렬(2006), 『어원 산책』, 한국학술정보.

- 최창열(1998), 『우리말 어원연구』, 일지사.

- 현진건(1990), 『조선말의 어원을 찾아서』, 연변인민출판사.

- 홍사만(2003), 『국어 어휘의미의 사적 변천』, 한국문화사.

- 홍윤표(2009), 『살아있는 우리말의 역사』, 태학사.

지금까지 각 어휘에 대한 어원정보를 조사하여 놓은 연구 결과물도 공개되어 있다.[9] 1996년에 국립국어연구원에서 필자에게 의뢰하여 표준국어대사전의 어원 설명 항목을 기술할 목적으로 어원 관련 논저 목록과 어휘별 어원정

---

9 국립국어원(2015), 『단어별 어원 정보』, 생각쉼표.

보를 정리해 놓은 것이 있는데, 그 작업 내용은 다음과 같다.

(1) 시기 : 개화기 이후 1996년까지 발표된 모든 어원 관련 논저를 작업 대상으로 하였다.
(2) 사전 등재용 선별 작업 : 정리된 어휘들에 대하여, 사전에 올릴 만큼 근거 있고 타당한 어원 설명을 제시한 어휘들을 선별하여 최종 결과물을 만들었다.
(3) 내용 : 대상 어휘의 어원 설명을 요약하되 어원 설명의 범위는 다음과 같다.
  ① 고유어의 조어 방식 설명
  ② 형태·의미 변화 설명
  ③ 고유어화된 차용어(외래어)의 원어 제시
  ④ 국어와 계통상 비교되는 알타이 제어의 공통 조어 제시

이러한 결과를 통해 제시된 어원 관련 연구논저 목록은 다음과 같다.

•Ramstedt, G. J.(1949) "Studies in Korean Etymology" Studies in Korean Etymology. Helsinki
•강길운(1959), '겨집'의 어원(上), (下) 현대문학 5권 7, 8호(통권 55, 56호)
•강길운(1975), 삼한 신라어는 토이기 어족에 속한다 : 수사·계절어·방위어의 체계적 비교, 국어국문학 68·69
•강길운(1979) 한국어의 형성과 계통 : 민족적 기원 국어국문학 79·80
•강길운(1980) 수사의 발달 (I), 충남대 논문집 7-1 남광우 박사 회갑 기념 논총
•강길운(1981), 고조선 삼국에 대한 비교 언어학적 고찰, 언어 2 충남대
〈이하 생략〉

그리고 제시된 어휘별 어원 정보는 다음과 같다.

#1K 가닥 #3 우리말에서 *kat-/kar-어근이 파생된 말들을 생각해 보면 kat-의 원
뜻은 線條를 나타냄과 동시에 분파되어 가는 뜻도 겸한 듯하다. '한 가닥의 희망'이
라 할 때에는 한 줄기의 뜻에 그치지만 '가닥가닥 사연의 줄거리가 흥미롭다'에서
는 한 줄기의 뜻이 아니고 갈라져 나간 줄거리가 복잡한 여러 줄거리임을 말한다.
#4 가닥 〈 갇(線條) + 악(명사 형성 접미사) #5 갈래. 가락 #8 이남덕 (1985-6) [한국어
어원연구 I - Ⅳ] $ 이화여대 출판부〉

　　〈이하생략〉

또한 한자의 어원에 대해서 밝혀 놓은 성과도 있었다. 홍윤표·심경호(1993)
에서는 1,850개 정도의 한자어 어원을 밝히려고 하였다. 이 연구보고서에서
는 15세기에 사용된 고유 한자 어휘의 실상을 가장 풍부하게 보여주는 『朝鮮
王朝實錄』의 해당 권을 대상으로 하여 고유 한자어를 조사하고, 15세기에 완
성된 법전집인 『經國大典』을 참고로 하여 당시에 통용되었던 고유 한자어를
보충하고 의미 내용을 밝혔다. 그 중 3개의 예만을 보이기로 한다.

- 加之介 : 매의 한가지. 『훈몽자회』 상권에서 黃鷹을 '갈지게'라고 하였다. 『오체청
  문감』 보편4에서 매를 몽고어로 '가지치개'라 하였다. 몽고어의 차자이다.
- 脚力 : 사신들에게 시중을 들면서 따라다니는 사람들 중에서 비교적 높은 층에 속
  하여 제발로 걸어다니지 않는 사람들에게 내어주는 탈 것 또는 그 비용을 말함.
  『이문집람』 권2에서는 "사신들이 왕래할 때에 그중의 벼슬없는 사람들이 타는
  노새나 나귀를 '각력'이라고 한다"라고 하였다. (태종실록)
- 江監 : '한강가에 있는 軍資監, 또는 繕工監을 가리키는 말. 군자감이나 선공감과 같
  은 관청은 여러곳으로 나뉘어 있었는데 그 가운데 한강가에 있는 관청을 '경감'이
  라고 불렀다. 『속대전』 권2 창고 항목을 보면 군자감에 전에는 3개의 '감'이 있었
  는데 지금에 와서는 京監과 分監은 없어지고 오직 '강감'만이 남아 있다고 하였다.
  『신증동국여지승람』 권2 京都 下에서 繕工監이란 말아래에 "용산강에 있는 것을

'강감'이라 하고 창덕궁 금호문밖에 있는 것을 紫門監이라 한다"고 하였다. (세조 21-6-8정묘)(경국2-호전)

6. 어원 연구의 궁극적 목적

그렇다면 어원 연구란 구체적으로 어떠한 것을 말하며 그 연구의 궁극적 목적은 무엇인가? 사실 따지고 보면 앞에서 언급한 모든 내용들을 망라하는 것이 어원 연구이며 또 그것이 어원 연구의 궁극적 목적이기도 하다.

앞에서 언급한 모든 내용들을 포괄하는 것이 어원 연구라고 한다면, 어원 연구는 동일 계통의 언어와의 비교 연구에 의해서 완성되는 것이라고 할 수 있다. 어떤 단어의 원래의 형태와 의미는 친족관계에 있는 어족과의 비교를 통해서 그 공통조어를 재구할 수 있는 단어에까지 이르러야 그 연구가 마무리된다고 할 수 있기 때문이다.

그러나 이러한 어원 연구는 동일한 언어 계통이 성립된 후에나 가능하다. 어원 연구가 주로 서구의 인구어(印歐語)를 중심으로 연구되어 왔기 때문에 국어의 어원 연구도 처음에는 동일한 계통에서 갈라져 나온 어휘들의 상호 관계를 연구하면서 이루어졌었다. 그러나 국어의 계통론은 학자들마다 각각 다른 견해를 가지고 있고, 또 국어가 알타이어라고 하는 견해도 그 증거로 삼는 실증적 자료는 수백 개의 단어밖에 없는 실정이다. 그래서 국어학에서 어원론은 알타이어 계통으로 추정되는 몽고어, 터키어, 만주어, 여진어, 한국어, 일본어 등에 대해서만 비교가 가능한 형편이다. 그것도 서로 대응시킬 수 있는 단어가 한정되어 있기 때문에, 이러한 시각에서 국어 어원론을 기술하려면, 기술될 수 있는 단어가 한정될 수밖에 없는 형편이다. 따라서 국어의 어원 연구는 상당히 많은 한계를 지닐 수밖에 없다.

이러한 조건에서 국어의 어원 연구는 두 가지 방식으로 나누어 생각할 수밖에 없을 것이다. 하나는 동일 계통의 언어의 조어에까지 소급하여 그 기원형과 그 의미를 재구하고 그 이후 그 단어의 역사적 변화과정을 기술·설명하는 것이다. 이것은 광의의 어원 연구라고 할 수 있다. 광의의 어원 연구는 국어사뿐만 아니라 계통론이나 비교언어학의 연구방법까지도 총동원되지 않으면 안될 것이다. 그래서 국어의 어원 연구는 동일 계통의 알타이어 제어와의 비교연구를 필연적으로 요구한다. 예컨대 Ramstedt(1949)와 송민(1999), 송민(2024)[10]과 같은 것이 그 연구 결과물이라고 할 수 있다.

또 하나는 협의의 어원 연구라고 할 수 있다. 이것은 어휘의 역사를 현대로부터 거슬러 올라갈 수 있는 과거까지 더듬어서 그 음상, 형태 및 의미의 역사를 밝히는 것이다. 즉 광의의 어원 연구에서 동일 계통의 다른 언어와의 비교를 통한 어느 단어의 기원형을 밝히는 일을 제외한 것이라고 할 수 있다.

하나하나의 단어나 어휘의 내력을 밝히고 그 본원까지 거슬러 올라가는 일은 그 언어에 대한 역사적 연구가 쌓아온 모든 지식이 조직적으로 총동원되어야 밝힐 수 있다. 음운, 문법, 어휘, 의미의 역사적 연구가 이루어져야 가능한 분야이다.

7. 어원 연구의 과학적 방법

국어의 어원 연구는 광의의 의미로 연구가 되어 왔든, 협의의 의미로 연구가 되어 왔든, 국어 자료 및 동일계통의 언어 자료의 불투명성과 불명확성 때

---

10 송민 교수의 저서는 한일 양국 언어의 역사적 관계를 체계적으로 증명한 연구이다. 이 연구를 위하여 한국어와 일본어의 비교연구에 대한 연구업적들을 평가하고, 양국어의 계통을 치밀하게 추적하였다. 그리고 한국어와 일본어의 비교 연구에 대한 한일 양국어의 새로운 자료를 방대하게 제시하여 두 언어의 비교 연구 방법론을 새롭게 제시하였다. 뒤에 633개의 한·일어 어휘 비교색인이 붙어 있다. 이외에도 이영일(1996)과 이영일(1999) 등이 있다.

문에 무리한 재구를 통해 이루어지거나 민간어원설에 의존하여 연구되어 오기도 하였다. 오히려 언중들은 민간어원설에 의한 어원 설명에 더 매료되기도 한다. 왜냐 하면 그 설명이 언어학적 설명보다는 매력적이고 또 이해하기 쉽기 때문이다. 이러한 이유로 인하여 어원론을 과학적으로 연구하기 위한 연구 방법론도 제시되기 힘들었다.

이러한 처지에서 어원론 연구가 과학적이기 위해서는 어떻게 하여야 하는가? W. Skeat는 그의 『영어어원사전』(An Etymological Dictionary of the English Language)에서 '어원연구의 준칙'이라고 하여 다음과 같이 어원 연구의 방법을 제시하였다(강헌규, 1988 : 21-22의 내용을 재인용한 것이다).

① 어원 연구에 앞서 최초의 어형 및 방법을 확인하고 연대기를 관찰하라.

② 역사와 지리에 대하여 주목하라. 차용은 실제적 접촉으로 생기기 때문이다.

③ 음운법칙을 관찰하라. 특히 여러 인구어 자음의 대응관계를 규정하는 음운법칙을 관찰하라. 동시에 모음 대응의 음운법칙도 관찰하라.

④ 동일한 언어에 속하는 두 단어 즉 A와 B를 비교함에 있어서 A가 좀 더 적은 수의 음절로 구성되어 있을 때, 그 단어에 축약이나 변형(corruption)의 증거가 없는 한, A가 보다 원어(the original word)임에 틀림이 없다.

⑤ 동일 언어에 속하고 동수(同數)의 음절로 구성된 두 단어 즉 A와 B를 비교함에 있어서 고형태(古形態)는 대개 주모음(主母音, the sound of principal vowel)에 의해 구별된다.

⑥ 튜튼어의 강변화동사 및 라틴어의 불규칙동사들은 보통 원형의 것으로 추측되고 여타의 어형들은 여기서 파생된 것으로 생각된다.

⑦ 일부분이 아닌 단어의 전체가 합리적으로 설명되어야 한다. 그리고 어형의 변화를 탐색함에 있어서 어떤 음운법칙의 예외에 대하여는 주의를 해야 한다.

⑧ 상이한 음운법칙 또는 아무런 관련성(connexion)이 없는 두 단어간에 어형의 유사나 명백한 의미의 관련성은 대체적으로 착오이니 고려되지 말아야 한다.

⑨상이한 두 언어들의 단어들이 정상적인 음운법칙이 허용하는 것보다 더욱 유사할 때 한 언어가 다른 언어로부터 단어를 차용해 왔을 것이라는 높은 가능성이 있다. 진실로 동족어라면 너무나 유사해서는 안된다.

⑩영어 단어의 설명에 무익한 것은 모두 친연성(親緣性)이 있는 어형들의 설명에도 무용(無用)하다.

W. Skeat의 위의 견해 중에서 ①, ②, ③, ⑦, ⑧은 우리 국어의 어원 연구에도 유효한 것이라고 생각된다. 즉 이들을 국어와 연관시켜 재해석하고 또 어원 연구의 과학적 방법이라고 생각되는 내용을 더 덧붙인다면 다음과 같다.

①한 어휘의 역사를 음운, 형태, 문법, 의미면에서 정확히 그리고 고르게 기술하여야 한다.

이러한 방식의 역사적 기술은 국어에서는 세기별로 제시하는 것이 좋다. 고대국어, 중세국어, 근대국어, 현대국어로 구분하여 제시하면 한 시대구분 내에 존재하는 어휘의 형태나 의미가 너무 다양하여 기술하는 데 어려움이 따를 것이기 때문이다. 또한 그 어휘의 음운, 형태, 의미의 변화과정을 고르게 제시하여야 한다. 국어의 어휘 역사를 종합적으로 기술하게 될 때, 음운론 전공자는 음운현상을 집중적으로 언급하고, 형태론 전공자는 형태분석에 치중하며, 의미론 전공자는 의미에 집착하여 기술하는 현상을 경험한 적이 있다. 이러한 기술 방법은 지양되어야 하겠지만, 이렇게 다양한 분야에 대해 해박한 지식을 갖춘 국어학자들이 많지 않아서 이 원칙을 지키는 것이 어려운 실정이다. 원로학자들이 왜 국어 어휘사나 어원에 관심을 가지는지를 알 수 있게 하는 대목이다.

②문화적으로 접촉할 수 있는 다른 언어에 주목하여야 한다. 즉 인근 국가들의 언어에 대해 알고 있어야 한다.

이것은 우리나라가 문화적으로 접촉해 왔던 시대적, 지리적 여건을 고려하라는 의미일 것이다. 즉 한자나 중국어와의 접촉, 특수 분야에서 몽고어의 차용, 백화문의 수용, 일본어로부터의 차용, 불교 분야에서 산스크리트어와의 관련 및 중국에서의 차자표기 형태 등등에 대해 주목하라는 것이다.

③ 알타이어들의 음운대응 관련 및 음운법칙을 관찰하여야 한다.

이 준칙은 여러 번 강조되어도 좋다. 아마추어 어원 연구자들에게 이 준칙을 지키라고 하는 주장은 가혹한 요구일지 모른다. 이 요구에 응하게 되면 아마도 그늘의 주장은 상당수가 거짓일 수가 있기 때문이다. 이러한 대응 관계를 살피기 위해서는 이미 비교언어학자들의 연구업적들을 꼼꼼히 살피는 섬세함이 필요하다. 물론 서정범(2000), 국어 어원사전의 앞에 '국어 어원 연구 방법론'이 기술되어 있고, 거기에 조어 재구와 소실어 재구의 규칙을 제시하고 있다. 그러나 아직 검증되지 않은 내용들이 많다. 예컨대 '조어는 단음절어로서 폐음절이다', '동사와 형용사의 어근은 명사에서 전성된 것이다', '조어의 어근 말음은 ㄷ이다'는 등이 그러한 규칙이다.

④어휘체계 내에서 개별 어휘를 기술하되, 음운법칙의 예외에 대해서는 주의하여야 한다.

이 주장도 매우 유효한 내용이다. 왜냐 하면 A 어휘에 적용시켜 설명한 음운법칙과 B 어휘에 적용시켜 설명한 음운법칙이 서로 어긋나는 경우를 여러 어원사전에서 볼 수 있기 때문이다. 어휘 변화의 전반에 나타나는 음운규칙은 그 언어의 음운사의 진수라고 할 수 있을 것이므로, 이러한 체계적인 연구가 어원 연구에 적용되어야 하는 것이다.

⑤서로 연관이 없는 단어들 간에 어형이 유사하다고 해서 이들을 함부로 연관시키지 말아야 한다.

예컨대 성조가 다른데 형태가 동일하다고 해서 이들을 하나로 인식하거나, 또는 'ㆍ'와 'ㅏ'의 차이가 있는데, 이것을 하나로 인식하는 잘못 등을 저질러서는 안된다.

이 외에도 어원을 과학적으로 연구하기 위한 내용이나 주의해야 할 점을 지적할 수 있을 것이지만, 다음 항목에서 보완 설명할 것이다.

8. 어원 연구를 위한 연구자의 국어학적 지식

어원 연구는 앞에서 언급한 바와 같은 다양하고 폭넓은 내용을 과학적으로 탐구하는 것이기 때문에 이를 연구하기 위해 국어학자들은 다음과 같은 면의 지식을 갖추고 있어야 한다. 즉.

① 국어사(음운사, 형태사, 의미변화)에 대한 해박한 지식이 필요하다.
왜냐 하면 어휘변화는 음운변화에 의해서는 그 음상이 변하며, 또한 형태론적으로 변화하여 이전의 어형과 다른 어형으로 변화할 수 있으며, 또한 사회적·문화적·역사적 여건에 따라 그 의미 변화의 폭이 매우 크기 때문에, 그것을 정확하게 기술하기 위해서는 국어학의 모든 분야에 대해 폭넓은 지식을 갖추지 않으면 안된다.

② 한자의 고훈(古訓)에 대한 지식과 고대 한자음에 대한 지식이 필요하다.
이것은 차자표기법을 통하여 고대국어를 재구하는 데에 매우 중요한 역할을 할 것이다.

③ 문헌자료와 방언자료에 대한 풍부한 지식이 필요하다.

어느 어휘의 어형은 문헌상에는 나타나지 않고 오히려 방언형에서만 나타나는 경우도 있으며, 또 방언에서만 변화하기 이전의 의미를 유지하고 있는 어휘들도 허다하기 때문에 중앙어나 표준어만 알고 있는 학자들을 당혹케 하기도 할 것이므로, 이러한 지식이 필요하다.

④ 차용어에 대한 지식이 필요하다.

특히 한자 차용어나 일본어 차용어가 그러하다. 국어사와 차용어에 대한 전문적 지식이 부족한 학자들이 곧잘 실수하는 가장 흔한 예들은, 이전의 국어 사료로 나타난다는 사실을 알지 못해서 어느 어휘가 일본어에서 유래한 것인 양 주장하기도 하고(예: 自由, 十分 등), 또 어느 것은 한자어임에도 불구하고 고유어인 양 주장하기도 하고('탈이 났다'의 '탈(頉)') 어느 어휘는 고유어인데도 한자어인 양 기술하기도 하는(사랑과 思郞)것들이다. 이러한 사실은 어휘면에서만 보이는 것이 아니고, 문법면에서도 발견되곤 하는데(예컨대, 불완전명사 '것'의 활발한 쓰임이 일본어 'の'의 영향이라고 보거나, 조사 '-에의'가 일본어 'への'에서 차용한 것이라고 하는 등), 이러한 잘못을 저지르지 않기 위해서도 차용어에 대한 지식이 필요하다.

⑤ 친족관계에 있는 다른 언어에 대한 지식이 필요하다.

알타이어와의 친족관계 뿐만 아니라 어휘비교를 위해서 필요한 지식인데, 전공자의 대끊김으로 심각한 위기에 있다.

⑥ 정치사, 사회사, 문화사 등에 대한 지식이 필요하다.

어휘는 언어 외적인 요소에 의해 영향을 받기 때문에, 이러한 언어 외적 지식이 어휘사 기술에 큰 도움을 줄 수가 있다. 예컨대 '부시'와 연관된 어휘들(부싯깃, 부싯돌)의 역사를 설명하기 위해서는 '부싯돌 사용법'을 익히 알고 있어야 할 것이다.

⑦ 컴퓨터 프로그램 사용법에 대한 지식이 있어야 한다.

어휘 역사의 기술은 검색을 통한 자료 추출로부터 출발한다. 그래서 말뭉치를 관리할 수 있고, 프로그램을 이용하여 어휘들을 색출해 낼 수 있는 능력을 갖추고 있어야 할 것이다.

이렇게 폭넓고 깊은 국어학적 소양이 필요하다고 하면 어원 연구에 애착을 가질 젊은 학자는 없을 것으로 보인다. 한 언어의 어휘수가 많기 때문에, 이 어원을 연구하는 작업(특히 어원사전의 편찬작업)은 공동작업으로서만 가능할 것으로 생각한다.

9. 어원 연구의 국어학 발전에 대한 기여

어원 연구를 통해 우리가 얻을 수 있는 내용은 매우 다양하고 많다. 그중의 몇 가지를 제시하면 다음과 같다.

① 어원 연구를 통해 가장 보편적인 언어 변화의 유형을 찾을 수 있다.

왜냐 하면 어휘 변화를 유발하는 언어 규칙은 매우 다양하며, 또한 개별적인 것을 제외하고는 매우 보편적이기 때문이다. 특히 어간 재구조화가 일어나는 과정을 면밀히 관찰해 보면, 그 변화가 일정한 규칙에 말미암는 것임을 알 수 있을 것이다.

② 어원 연구는 새로운 국어사 연구 방법을 개발하게 한다.

국어사 연구는 고대에서 현대로 오며 연구하는 방법과 현대에서 소급하여 근대, 중세, 고대로 올라가면서 연구하는 방법의 두 가지가 있을 것이다. 어원 연구는 현존하는 어휘를 주된 대상으로 하기 때문에, 후자의 방법을 택하게 된다. 국어사 연구는 고대로부터 현대에 이르는 과정을 시간적 질서에 따라 기술하지만, 어원 연구는 비록 기술은 시간적 질서에 따라 이루어지면서도, 그 역사적 변화를 바라보는 시각은 거꾸로 현대로부터 근대로 다시 중세로 그리고 최종적으로 고대로 거슬러 올라가는 방향을 택하게 된다. 이러한 이유로 어느 어휘의 어원은 반드시 고대국어 시기까지 올라가지 않아도 된다. 그 어휘가 19세기에 발생한 어휘일 수도 있기 때문이다. 19세기에 발생한 어휘는 19세기부터 기술을 시작하게 된다. 여기에서 어원 연구와 어휘사 연구의 모호성이 발생하기도 한다.

③어원 연구를 통해 국어의 변화가 언어 외적인 요소의 영향을 받는다는 사실을 인식할 수 있다.
어원 연구를 통해 언어가 단순히 언어학적 연구의 대상만이 아니라, 문화 연구의 중요한 대상이 된다는 사실을 이해할 수 있게 될 것이다.

④어원 연구를 통해 어느 어휘가 갑자기 생성되지 않고 어느 형태로부터 변이되어서 서로 유기적 관계를 가지고 변화함을 알 수 있다.

⑤어원 연구를 통해서 외국어가 한국어에 편입되면서 어떻게 변화하는가를 알 수 있다.

⑥어원 연구를 통해 어느 어휘가 앞으로 어떻게 변화할 것인가를 예견할 수 있다.

⑦어원 연구를 통해 언어 생활사를 알 수 있다.

⑧우리 민족의 생활의식을 알 수 있다.

10. 어원사전 편찬을 위한 준비 작업

10.1. 자료 조사

어원사전을 편찬하기 위해서는 기존의 어원사전이나 어휘역사 연구에 대한 연구업적을 먼저 검토하여야 할 것이다.

국어 어휘의 역사적 변화과정을 모두 기술하여 놓은 어휘 역사사전은 존재하지 않지만, 임의로 선택된 어휘에 대해 어원을 기술해 놓은 어원 사전은 많이 있다.

- 안옥규(1989),『어원사전』, 동북조선민족교육출판사.
- 박일환(1995),『우리말 유래 사전』, 우리교육.
- 김민수 편, 최호철 김무림 편찬(1997),『우리말 語源辭典』, 태학사.
- 徐廷範(2000),『國語語源辭典』, 보고사.
- 조영언(2004),『한국어 어원사전』, 다솜출판사.

또한 국어의 어원에 관한 수많은 논문과 저서도 있다.

- 田蒙秀(1947),『朝鮮語源志』, 平壤 赤誠社.
- Ramstedt(1949), "Studies in Korean Etymology" Studies in Korean Etymology, Helsinki.
- 劉昌惇(1971),『語彙史 硏究』, 宣明文化社.
- 이남덕(1985-6),『한국어 어원연구 I - IV』, 이화여대 출판부.
- 리득춘(1987),『조선어 어휘사』, 연변대학출판사.
- 전재호(1987),『국어어휘사연구』, 경북대 출판부.
- 현진건(1990),『조선말의 어원을 찾아서』, 연변인민출판사.

- 이기문(1991), 『國語 語彙史 研究』, 東亞出版社.
- 조항범(1996), 『국어 친족 어휘의 통시적 연구』, 태학사.
- 조항범(1997), 『다시쓴 우리말 어원이야기』, 한국문원.
- 최창열(1998), 『우리말 어원연구』, 일지사.
- 렴종률(2001), 『조선말 단어의 유래』, 금성청년종합출판사, 평양.
- 김인호(2005), 『어원유래상식(1)』, 사회과학출판사, 평양.
- 염광호(2021), 『우리말 어원 산책』, 역락.
- 조항범(2022), 『우리말 어원 사전』, 태학사.

그러나 이들 사전과 연구논저 중에서 우리가 진실로 믿고 이용할 수 있는 것은 몇 저서에 국한된다고 할 수 있다. 최근에는 일반인들이 국어의 어원에 대한 관심을 크게 보이고 있어서, 웹상에서 국어 어원에 대한 풀이를 제공하는 곳이 많아졌다. 최근에 나온 몇 가지 책들만 보아도 그러한 관심을 알 수 있다.

- 백문식(1998), 『우리말의 뿌리를 찾아서』, 三光出版社.
- 최창렬(1988), 『어원산책』, 한신문화사.
- 서정범(1989), 『우리말의 뿌리』, 고려원.
- 김동진(2001), 『선인들이 전해 준 어원 이야기』, 태학사.

그러나 이들은 일반인들을 대상으로 한 수필식 글이라고 해도 과언이 아니다.

10.2. 말뭉치의 구축 및 정리

어원사전을 편찬하기 위해서는 다음과 같은 말뭉치를 마련하여 가지고 있어야 할 것이다.

① 역사 자료 말뭉치

② 현대국어 말뭉치

③ 현대국어 구어 말뭉치

④ 사전 말뭉치 : 고어사전과 현대국어 사전

⑤ 한자 자석 자료 말뭉치

⑥ 한자어 자료 말뭉치

현재 만족하지는 않지만 상당한 양의 역사 자료 말뭉치가 구축되어 있고, 또 그것들을 검색할 수 있는 프로그램도 마련되어 있다. 역사 자료 말뭉치는 21세기 세종계획에 의하여 입력된 세종말뭉치가 주를 이룬다. 15세기부터 20세기 초까지의 문헌자료를 입력한 약 350만 어절(3,453,963 어절)이 구축되어 있다. 뿐만 아니라 한국학 중앙연구원, 국사편찬위원회 등에서 입력한 말뭉치를 합치면 1,000만 어절이 훨씬 넘는다. 그리고 현대국어 말뭉치는 약 1억 어절이 될 것이다. 이들을 이용하면 어원 연구를 위해서는 어느 정도의 만족할 만한 말뭉치가 있다고 할 수 있다.

또한 입력되어 있는 국어사전 및 각종의 사전들이 있다.

- 17세기 국어사전(홍윤표 외)
- 가사문학집성(임기중)
- 고전소설독해사전(이광호 외)
- 국어대사전(금성사)
- 국어어원사전(김민수 외)
- 로한자전[푸찔로(1874)]
- 신어사전(1946년)
- 신어사전·인명사전(1935년)
- 神話·想像世界辭典
- 어휘의미망사전(KAIST)
- 연세한국어사전
- 우리말큰사전(한글학회)
- 의성의태어사전
- 이조어사전(표제항)
- 조선말대사전(북한)
- 조선말사전(북한, 1962년판)
- 조선어사전(문세영)
- 조선어사전(심의린)

- 조선어사전(조선총독부)
- 표준국어대사전(국립국어원)
- 한불자전(리델)
- 한영자전(게일)
- 중조대사전(색인)
- 한국어사전(배주채)
- 한어대사전(중국)
- 외국인을 위한 한국어 학습사전(서상규 외)

한자 자석 자료도 필자는 천자문을 비롯한 약 350여 책의 자료를 입력하여 놓고 있다. 한자 자석 역사사전을 간행하기 위한 작업으로 준비되어 있다.

뿐만 아니라 21세기 세종계획의 '한민족 언어 정보화' 팀에서 구축한 방언 자료들도 있어서 그 검색이 용이할 뿐만 아니라 이미 각 단어마다 방언형과 그 분포지까지 파일로 제시되어 있어서 국어의 어원 연구를 위해서는 매우 유용한 자료가 될 것이다. 그 목록은 이미 방언 어휘를 설명하는 곳에서 제시하였다.

이만한 자료들이라고 한다면 어원사전을 편찬하는 데에 기초적인 자료로서 충분하다고 할 수 있다. 문제는 어원사전을 집필할 수 있는 인력과 예산과 시간이 확보되는 일이다.

10.3. 프로그램의 구축

또한 이들 자료를 검색할 수 있는 도구로 소강춘 교수 연구진이 개발한 일명 '깜짝새'(SynKDP V.1.5)가 공개되어 있다. 이 '깜짝새'는 용례를 찾아 줄 뿐만 아니라 용례를 보이는 문헌의 연도별로 정렬해 주는 기능까지 가지고 있어서 어원 연구를 위한 자료의 검색이 매우 용이하다. 어느 단어가 다른 어형으로 나타난다고 하더라도, 그것이 전혀 다른 어형이 아닌 이상, 표기법의 차이로 인한 것도 추정해서 검색할 수 있다. 물론 그 검색 자료에서 취사선택하는 어려움이 있지만, 그래도 그 효용성은 매우 뛰어나다고 할 수 있다.

10.4. 어원사전의 기술 내용

어원사전에 등재될 내용에 대해서는 이기문(1992)에서 인용한 Patrick Drysdale ('Dictionary Etymologies: What? Why? and for Whom?,' Papers of the Dictionary Society of North America, 1979)에서 제시한 10개 항을 참조할 만하다. 그 내용을 재인용하면 다음과 같다.

   ① 근원(根源) 언어 또는 어족(語族)

   ② 최초의 영어 어형과 (또는) 직접적 근원

   ③ 영어에 들어온 연대 또는 시대

   ④ 영어에서 나타나는 어형들과 의미의 변화

   ⑤ 중간 단계들

   ⑥ 문헌상 확인되는 궁극적 근원

   ⑦ 의미의 발달

   ⑧ 궁극적 기저형 또는 가구형(假構形). 가령 인구어 어근

   ⑨ 친족 제어(諸語)에서 발견되는 동원어(同源語)들

   ⑩ 동일 어기(語基)에서 파생된 다른 영어 단어들

우리 국어의 모든 단어에 대하여 이들 10개 항목의 내용을 만족시킬 수 있는 어원표시를 하는 일은 쉬운 일이 아닐 것이다. 그러나 이중에서 ①~③은 국어의 선사(先史)를 이해하는 친족관계에 대한 것이어서 그 기술이 쉽지 않지만, ④~⑦과 ⑩은 그 기술이 용이하다.

이러한 점을 고려하여 국어 어원사전에서 다루어야 할 내용을 제시한다면 다음과 같은 것일 것이다.

   ① 근원 언어 또는 어족

② 궁극적 기저형 또는 재구형

③ 최초의 어형과 그 용례

④ 마지막 어형과 그 용례(사어인 경우)

⑤ 문헌상 확인되는 최초 출현 문헌명 및 연도

⑥ 문헌상 확인되는 최후 출현 문헌명 및 연도

⑦ 형태소 분석(가능한 것만 직접구성성분 분석)

⑧ 형태의 시대별 변화

⑨ 의미의 변화

⑩ 관련어(동일 어기에서 파생된 다른 단어들)

이러한 기술은 항목별로 제시하여도 좋고 또 어느 항목은 묶어서 제시하여 주어도 좋다. 예컨대 ②~⑤는 한 항목 속에서 다루어질 수 있다. 또한 ⑦은 도표로 제시하여 주어도 좋다.

10.5. 맺는말

국어 어원 연구는 연구를 위한 많은 기초작업이 이루어져 왔다. 일부에서는 어원사전 편찬이 이루어져 왔다. 그리고 거의 완성단계에 있는 어원사전도 있는 것으로 알고 있으며, 필자도 같은 연구진들과 함께 현재 약 3,700여 개의 어휘에 대한 어휘 역사사전의 간행을 계획하고 있다.

그러나 막상 국어 어휘의 어원을 밝히는 작업을 해 보면서 이 작업이 얼마나 험난한 길인가를 알 수 있었다. 10명의 연구진이 2박 3일의 합숙을 하면서 기존에 기술해 놓은 어휘 역사 원고를 정리한 결과 약 50여 개밖에 검토하지 못했던 경험은 어휘 역사 사전 편찬에 대한 희망을 꺾어 놓았는데, 하물며 어원사전의 편찬은 어떠할 것인가를 짐작하고도 남음이 있다.

그러나 국어 연구의 꽃이 사전에 있듯, 국어사 연구의 꽃도 국어 어원사전

에 있다고 할 것이다. 그러므로 어원 연구가 아무리 험난한 고난의 길이라고
해도 우리는 그 길을 가야 할 것이다. 외국에서는 이미 18세기부터 방대한 어
원사전이 등장하였다는 사실에 자극을 받아야 할 것이다.[11]

　이 글은 국어 어원 연구에 대한 지금까지의 연구에 대한 반성과 앞으로의
전망을 해 본 것이지만, 어원 연구가 지금까지 체계적으로 이루어지지 않은
것 같아서, 국어 어원 연구에 대한 개괄적인 필자의 관견을 피력하였을 뿐
이다.

---

11 예를 든다면 다음과 같은 어원사전들을 볼 수 있다.

　Friederich Kluge(1975), Etymologisches Wörterbuch Der Deutschen Sprache, Walter de Gruyter · Berlin · Newyork.

　Günther Drosdowski, Paul Grebe, et al(1963), Die Etymologie der deutschen Sprache, Dudenverlag.

　Jan de Vries(1962), Altordisches Etymologisches Wörterbuch, Leiden E. J. Brill.

　Julius Fokorny(1959), Indogermanisches Etymologisches Wörterbuch, Francke Verlag Bern und München.(I Band, II Band)

　WARTBURG (Walther von). *Französisches etymologisches Wörterbuch*. Eine Darstellung des galloromanischen Sprachschatzes. 25 vol. [paraissant par fascicule] : t. I, Bonn, K. Schroeder, fasc. 1-6, 1922-1925; im Selbstverlag, fasc. 7-8, 1926-1927; puis à partir du fasc. 47, Basel, Zbinden Druck und Verlag AG, 1953; t. XXIV (I), 1969-1983; t. XXV (*Apaideutos-azymus*), depuis 1970; fasc. 148 (*armoracea-artificialis*), 1987. [Les deux derniers t. sont une refonte complète du t. premier].

제 6 부

어휘 자료론

어휘 자료론에서는 어휘 자료를 수집, 정리해서 이를 체계적으로 분류하는 일을 한다. 그 중에서 제일 먼저 해야 할 일은 어휘를 발굴하는 일이다. 그래서 어휘 자료론은 두 가지 방면으로 나누어 생각할 수 있다.

첫째는 옛날 문헌에 적혀 있는 어휘를 발굴하여 그 뜻을 분명히 밝혀 두는 일과 아직껏 문헌에 적힌 바가 없으나 방언 속에 살아 있는 어휘를 발굴하여 역시 그 형태와 뜻을 분명히 밝혀 두는 일을 하는 것이다.

둘째는 이미 발굴 조사된 어휘를 체계적으로 정리하여 사전이나 어휘집을 만드는 작업을 하는 것이다.

지금까지 이 분야들이 어떻게 연구되어 왔는가를 간략히 보이도록 한다.

1. 어휘 자료의 발굴과 정리

어휘 자료의 발굴과 정리에 일찍이 관심을 기울인 분은 방종현 교수이었다. 그는 한편으로는 『계림유사』, 『조선관역어』 등 훈민정음 창제 이전의 문헌에 나타난 국어 어휘에 대해 관심을 두면서, 또 다른 한편으로는 우리나라 안에서 한자로 차용 표기한 향약명의 원형을 밝히는 작업에도 손을 댔다. 그의 국어 어휘에 대한 탐색 작업은 범상한 낱말의 어원을 밝히는 일에서부터 『훈민정음』 창제 이후의 이른바 정음 문헌에 적혀 있는 모든 어휘를 사전화하는 작업에까지 일관된 모습을 보인다. 이들 업적은 『고어재료사전(古語材料辭典) 上』(1946), 『고어재료사전(古語材料辭典) 下』(1947), 『일사국어학논집』(1963) 등에 간추려져 있는데, 후대의 연구는 크건 작건 이 연구의 영향을 받고 있다.

뒤를 이어 연구를 진행시킨 학자는 남광우, 유창돈, 이기문 교수 등이다. 특히 이들 중 앞의 두 분은 각각 중세국어 어휘를 근간으로 하는 어휘집을 간행하여 중세국어 어휘를 정리함으로써 어휘 연구에 기초를 쌓았다는 점에서 그 공로가 높이 평가된다. 『고어사전』과 『이조어사전(李朝語辭典)』은 오늘날에도 그 이용이 활발한 사전이다. 이기문 교수의 업적으로는 '향약구급방, 근세 중국어 차용어, 응골명(鷹鶻名), 훈몽자회 연구, 한자의 석에 대한 연구 등과 『국어 어휘사 연구』(1991) 등이 있는데, 이들은 국어의 사적 연구의 일환으로 추진된 것이지만, 어원 및 어형의 변화를 제시해 주고 있다.

이들 업적은 서로 중첩이 있으나 대략 세 분야로 정리될 수 있다.

첫째, 어떤 어휘의 어원을 밝히는 일

둘째, 차용어의 유입과 그 변천 경로를 밝히는 일

셋째, 한자 자석에서 잊혀졌던 어휘를 발굴 정리하는 일

이 가운데에 세 번째 분야는 1970년대 후반부터 천자문 자석 연구열을 고조시킨 기폭제가 되었다.

해방 이전에는 전몽수, 해방 이후 1950년대 초반은 방종현, 그 뒤를 남광우, 유창돈, 이기문 교수가 계승하여 1960년대와 1970년대에 걸쳐 상당한 업적을 쌓아 왔다.

차용어 연구에서 특기할 업적으로는 김완진 교수의 '이른 시기에 있어서의 한·중언어 접촉의 일반에 대하여(어학연구 6-1), 국어 어휘 마멸의 연구(1973, 진단학보 35) 등을 들 수 있는데, 이것은 상당히 이른 시기에 한·중 문화 접촉의 결과로 유입된 차용어가 고유어처럼 느껴진다는 사실에 착안하여 그러한 어휘를 정리한 논문이다.

어휘 자료집으로 『17세기 국어사전』(홍윤표, 송기중, 정광, 송철의)이 있다. 이 사전은 컴퓨터로 처리하여 만든 최초의 사전인데, 17세기에 간행된 모든 한글 문헌을 대상으로 하여 상당량의 어휘를 담은 사전을 만든 것이다.

박재연 교수의 일련의 업적도 중요한 자료집이다. 『홍루몽 고어사전』(2004), 『고어ᄉ뎐』(2001), 『(필사본) 고어 대사전』(2010), 『고어대사전』(2016) 등이 그러한 업적이다. 지금까지 간행된 고어사전 중에서 가장 많은 어휘를 제공하

고 있다.

우리의 관심을 기다리는 분야는 15세기에서 19세기에 걸치는 시기의 어휘라고 할 수 있다. 이 시기 문헌의 상당량은 책명은 잘 알려져 있지만, 거기에 수록된 어휘가 면밀히 검토된 바는 없다. 가령 19세기 말에 간행된 많은 소설들은 어휘 연구의 보고(寶庫)라고 할 만한데, 그것들이 국어학자의 관심 밖에 밀려나 있다는 것은 실로 기이한 현상이라 아니할 수 없다.

19세기 말이나 20세기 초에 나온 많은 자료들이 있는데, 대표적인 것이 시가와 신소설일 것이다. 개화기의 시가에 등장하는 어휘에 대해서는 송기한, 김교식, 박태옥(2011), 한국 개화기 시가사전, 국학자료원에서 그 업적을 볼 수 있다. 이 사전의 뒤에는 인명 사전까지도 첨부되어 있어서 시가를 이해하는데 많은 도움을 받을 수 있을 것이다.

신소설 어휘사전은 한국학중앙연구원의 과제로 김병선 교수가 연구책임자로 연구를 진행하여 그 결과물을 얻었으나 공개가 되어 있지 않아서 활용을 하지 못하고 있어서 안타까울 뿐이다.

김진영, 차충환, 김동건(2007), 판소리 문화사전, 박이정은 춘향전 이본 109편, 심청전 이본 128편, 토끼전 이본 64편, 흥부전 이본 28편, 적벽가 이본 55편의 판소리 소설을 대상으로 하여 여기에 등장하는 어휘들에 대한 주석과 용례들 달아 낸 사전이다.

이와 같은 고소설을 대상으로 하여 어휘 조사를 하여 이를 사전으로 출판한 업적이 곧 전술한 바와 같은 서대석, 이광호, 이남순, 정하영, 조희웅(1999), 한국 고전소설 독해사전, 태학사이다. 이 사전은 고전소설 강태공전을 비롯하여 60 작품을 대상으로 하였다.

고시조에 나오는 어휘들을 조사하여 만든 사전도 있는데, 朴湧植, 黃忠基(1994) 古時調註釋事典, 국학자료원이 있다.

현대국어 어휘 중에서도 특히 문인들이 사용하거나 또는 문학작품에 등장하는 어휘들에 대한 조사를 해서 이를 사전으로 편찬한 업적들이 꽤나 등장하였으나 일시적인 현상으로 끝나고 지속되지 않아서 안타까울 뿐이다. 이 사전들에 대한 내용은 이미 전문어 분야에서 소개하였다.

이 외에도 다양한 분야의 어휘들에 대한 사전이 있다. 예컨대 상징어에 대한 사전으로는 다음과 같은 사전을 들 수 있다.

- 靑山秀夫(1990), 『朝鮮語象徵語辭典』, 大學書林, 東京.
- 박선자, 김문기, 정연숙(2014), 『한국어 시늉말 사전』, 세종출판사.

한 문헌에 등장하는 어휘에 대한 주석서로서는 다음과 같은 것을 들 수 있다.

- 박성훈(2010), 『飜譯朴通事辭典』, 태학사.
- 박성훈(2012), 『朴通事諺解辭典』, 태학사.
- 박성훈(2009), 『老乞大諺解辭典』, 태학사.

고전용어 사전은 다음의 두 가지를 참고할 수 있다.

- 法制處(1979), 『古法典用語集』, 法制處.
- 한국고전용어사전편찬위원회(1991), 『한국고전용어사전 1』, 세종대왕기념사업회.

현대어 분야로 넘어오면 새로운 어휘의 발굴은 방언 조사자의 노력에 의존하게 된다. 그러나 대부분의 방언학자들이 방언 연구의 주목적을 조사 대상 지역의 음운론적 특성이나 통사적 특성을 밝히는 데에 두고 연구를 진행하였기 때문에 그 속에서 어휘론적 성과를 기대한다는 것은 매우 어려운 형편이었다. 그래도 많은 방언사전이 편찬되어 이들에게서 방언 어휘에 대한 정보를 얻을 수 있다. 지금까지 간행된 방언사전의 목록을 보이면 다음과 같다.

- 경남방언연구보존회 편(2017), 『경남 방언사전』, 경상남도.
- 곽충구(2019), 『두만강 유역의 조선어 방언사전(1·2)』, 태학사.
- 기세관(2015), 『광양방언사전』, 한국문화사.
- 金履浹(1981), 『평북방언사전』, 한국정신문화연구원.
- 김병제(1980), 『방언사전』, 과학백과사전출판사.
- 金炳濟(2011), 『우리말 사투리 사전』, 연변교육출판사.
- 김영배(1997), 『평안방언연구(자료편)』, 태학사.
- 김영태(1975), 『경상남도 방언연구(Ⅰ)』, 진명문화사.
- 김용호(2013), 『풀어보고 엮어 보는 거제 방언 사투리』, 한국문화사.
- 김용호(2021), 『재밌는 거제도 사투리』, 거제문화원.
- 김인기(1998), 『강릉방언총람』, 한림출판사.
- 김인기(1998), 『구수하게 살아 숨쉬는 강릉사투리 맛보기』, 한림출판사.
- 김인기(2004), 『강릉방언총람(증보판)』, 한림출판사.
- 김정균(2009), 『안동 방언사전』, 안동문화원.
- 김종도·김우태(2005), 『남해 사투리 사전』, 남해신문사.
- 김태균(1986), 『함북방언사전』, 경기대학교 출판국.
- 김학준(2021), 『제줏말 작은 사전』, 제라헌.
- 김형규(1974), 『한국방언연구』, 서울대 출판부.
- 낱말 어휘정보처리연구소(2010), 『넓은풀이 우리말 방언 사전』, 낱말 어휘정보 처리연구소.
- 리운규 등(1992), 『조선어 방언사전』, 연변인민출판사.
- 박미연, 강아네스, 금성원(2020), 『이야기가 있는 방언사전』, 학교도서관저널.
- 박성종, 전혜숙(2009), 『강릉 방언사전』, 태학사.
- 서보월 외(2019), 『경북 북부지역 방언사전』, 한국문화사.
- 서울대학교 국어국문학과 국어학연구실(1997), 『방언자료집』.
- 宣德五 외(1990), 『조선어 방언조사 보고』, 연변인민출판사.

• 성기각(2019), 『창녕방언사전』, 북인.

• 소강춘 외(2019), 『전라북도 방언사전』, 전라북도.

• 小倉進平(1924), 『朝鮮語方言の硏究』, 朝鮮史學會.

• 손순옥(2020), 『경상도 말모이 니캉내캉 -경상도 사투리 모음집-』, 좋은땅.

• 송상조(2007), 『제주말 큰사전』, 한국문화사.

• 신기상(2013), 『울산 방언사전』, 북스힐.

• 안길남(2005), 『낙동강 하류 가락 지역어 조사, 연구』, 세종출판사.

• 안태봉(2013), 『(최신) 부산사투리 사전』, 삼아.

• 양희주(2008), 『부산말 사전 〈니 어데 갔더노?〉』, 도서출판 조양.

• 오홍일(2005), 『전남 무안 지방의 방언사전』, 무안문화원.

• 위평량(2022), 『팔도 말모이 -내 고향 사투리의 뿌리-』, 21세기사.

• 이걸재(2019), 『공주말사전』, 민속원.

• 이경진(2004), 『강원도 영동남부지방 방언』, 예문사.

• 이기갑 외(1998), 『전남방언사전』, 태학사.

• 이돈주(1978), 『전남방언』, 형설출판사.

• 이명재(2012), 『예산말사전 1권』, 이화.

• 이명재(2013), 『예산말사전 2권』, 이화.

• 이명재(2016), 『예산말사전 3권』, 이화.

• 이명재(2019), 『예산말사전 4권』, 이화.

• 이명재(2021), 『속 터지는 충청말 1, 2』, 작은숲.

• 이상규(2000), 『경북방언사전』, 태학사.

• 이상규, 홍기옥(2015), 『시어 방언사전』, 역락.

• 이익섭(2022), 『강릉 방언자료사진』, 신구문화사.

• 이해호(2018), 『표준어와 경상도 대구 말씨 : 방언, 속담, 고사성어 사전』, 북랜드.

• 이희순(2004), 『방언사전: 여수편』, 어드북스.

• 장경윤(2017), 『정다운 우리말 서산 사투리』, 서산문화원.

- 장일영(2002), 『진주 지역 방언집』, 금호출판사.

- 정석호(2007), 『경북동남부 빙언사전-영천, 경주, 포항을 중심으로-』, 글누림.

- 정선문화원, 서종원, 이영수, 심민기(2017), 『정선 방언사전』, 더메이커.

- 정현창(2021), 『사투리사전 -전라도말 모음-』, 전남대학교 출판부.

- 제주특별자치도(2009), 『제주어사전(개정증보)』, 제주특별자치도.

- 조병현(2014), 『진도 사투리 사전』, 진도문화원.

- 조선말방언사전 편찬소조 편(2019), 『조선말 방언사전』, 연변인민출판사.

- 주갑동(2005), 『전라도 방언 사전』, 수필과비평사.

- 최학근(1962), 『전라남도 방언 연구』, 한국연구원.

- 최학근(1978), 『한국방언사전』, 현문사.

- 한국정신문화연구원(1987), 『한국방언자료집 3(충북 편)』.

- 한국정신문화연구원(1987), 『한국방언자료집 5(전북 편)』.

- 한국정신문화연구원(1989), 『한국방언자료집 7(경북 편)』.

- 한국정신문화연구원(1990), 『한국방언자료집 2(강원도 편)』.

- 한국정신문화연구원(1990), 『한국방언자료집 4(충남 편)』.

- 한국정신문화연구원(1991), 『한국방언자료집 6(전남 편)』.

- 한국정신문화연구원(1993), 『한국방언자료집 8(경남 편)』.

- 한국정신문화연구원(1995), 『한국방언자료집 1(경기도 편)』.

- 한국정신문화연구원(1995), 『한국방언자료집 9(제주 편)』.

- 현평효 외(1995), 『제주어사전』, 제주도.

- 현평효(1962), 『제주도 방언 연구(자료편)』, 태학사.

- 현평효·강영봉(2018), 『표준어로 찾아보는 제주어 사전』, 박문각.

- 황금연·강희진(2010), 『담양 방언사전』, 담양문화원.

- 석주명(1947), 『제주도 방언집』, 서울신문사.

- 현평효·강영봉(2011), 『제주어 조사·어미 사전』, 제주대학교 국어문화원.

- 국립국어원(2006, 2007), 『지역어 조사 자료집』.

이들 방언 자료들을 종합하여 전자책으로 간행한 것들도 있다.

- 편집부(2017), 『우리나라 방언사전(강원도편)』, 온이퍼브.
- 편집부(2017), 『우리나라 방언사전(경기편)』, 온이퍼브.
- 편집부(2017), 『우리나라 방언사전(경상남도편)』, 온이퍼브.
- 편집부(2017), 『우리나라 방언사전(경상도편)』, 온이퍼브.
- 편집부(2017), 『우리나라 방언사전(경상북도편)』, 온이퍼브.
- 편집부(2017), 『우리나라 방언사전(전라남도편)』, 온이퍼브.
- 편집부(201/), 『우리나라 방언사전(전라도편)』, 온이퍼브.
- 편집부(2017), 『우리나라 방언사전(전라북도편)』, 온이퍼브.
- 편집부(2017), 『우리나라 방언사전(제주편)』, 온이퍼브.
- 편집부(2017), 『우리나라 방언사전(충청남도편)』, 온이퍼브.
- 편집부(2017), 『우리나라 방언사전(충청도편)』, 온이퍼브.
- 편집부(2017), 『우리나라 방언사전(충청북도편)』, 온이퍼브.

아마 앞으로의 방언 연구는 어휘 분야에도 보다 큰 관심을 기울여야 할 것이다.

사전 편찬 및 사전 편찬술에 관한 논의도 있다. 우리나라에서 사전 편찬이 본격적으로 논의된 것은 1910년대 조선광문회에서 비롯한다. 여기에서 말모이(고본)라는 사전이 계획되었으나 그것은 끝내 햇빛을 보지 못하고 말았다. 그동안 이병근 교수에 의하여 알려진 '최초의 국어사전 말모이'(1977)와 '말모이의 편찬에 대하여'(김민수, 1983) 등에 의해 그 편찬 경위가 알려진 정도이다.

말모이에 이어 1920년 조선총독부에서 조선어사전이 간행되고 1938년 문세영의 조선어사전이 나온다. 19세기 말의 외국인의 손에 의하여 간행된 『한불자전』(1880년), 『한영자전』(1890년), 『노한자전』(1874년) 등을 제외한다면 한국인의 손으로 만들어진 최초의 사전은 이준영 등이 편찬한『국한회어』와 문세영의 조선어사전이다. 그 뒤 조선어학회에서 추진해 온 우리말 큰사전은 1957년에 가서야 완간을 보게 되었다. 이 사전을 바탕으로 하고 신기철·신용철의 표준국어사전(1958년)과 이희승의 국어대사전(1961년)이 나옴으로써 우리나라의 사전은 비로소 자리가 잡힌다. 신기철 신용철의 표준국어사전은『새우리말큰사전』이란 이름으로 1974년에 새로이 초판을 만든 이래 계속 증보판이 나오고 있으며, 이희승의 국어대사전도 계속 수정 증보판이 나오고 있다. 이들 사전에 관한 전반적인 검토는『국어사전 편찬론』(조재수, 1984)에 간결하게 정리되어 있다. 사전 편찬에서 가장 획기적인 작업이 20세기 말과 21세기 초에 이루어지게 되었다.『연세 한국어 사전』은 최초로(아마 세계 최초로), 말뭉치를 대상으로 하여 만든 사전일 것이다. 그리고 국립국어연구원에서 편찬한『표준국어대사전』도 비록 국가가 주도하여 만든 것이기는 하지만, 최근에 이루어진 쾌거로 보인다.『금성사판 국어대사전』(1996), 고려대 민족문화연구원에서 편찬한『고려대 한국어대사전』(2009)도 중요한 업적이다. 최근에는 온라인상에서 국어사전을 검색하고 이용자가 자료를 제공할 수 있는 '우리말샘'이 운용되고 있으나, 거기에 제공되는 어휘의 신빙성에는 의심이 가는 면이 있다. 검증을 거치지 않아서 발생하는 문제점이다.

그러나 앞으로 보다 좋은 국어사전을 갖기 위해 우리는 사전편찬술 자체를 더욱 정밀화하여야 할 것이다.

2. 어휘 문헌 자료

국어 연구자가 국어의 어느 분야를 연구할 것인가에 따라 국어자료를 취사선택할 수 있다. 그래서 국어 자료는 국어 연구의 각 층위별로, 즉 음운론, 형태론, 통사론, 의미론, 어휘론 등을 연구하기 위한 자료로 구분할 수 있다. 그러나 실제로 모든 문헌은 음운론 연구 대상의 자료가 될 수 있으며, 문장 형식으로 되어 있는 자료들은 통사론, 어휘론, 의미론 연구를 위한 자료에 해당될 수 있다.

어느 문헌자료이든 국어 연구에 불필요한 자료는 없을 것이나, 특히 어느 문헌이 국어의 어느 분야의 연구를 위해 좋은 자료를 제공하는가 하는 것을 아는 일은 효율적인 자료의 추출을 위해 필요한 것이다. 예컨대『오대진언(五大眞言)』과 같은 자료는 음운 연구를 위해서는 중요한 자료이지만, 나머지 분야의 연구를 위해서는 거의 불필요하다고 할 수 있다.『천자문』이나『유합』능은 음운이나 의미, 또는 어휘 분야의 좋은 자료이지만, 문법(특히 통사론) 연구를 위해서는 거의 이에 대한 정보를 제공하지 않는다.

2.1. 어휘 정보를 제공하지 않는 자료

대부분의 국어자료는 국어의 어휘에 대한 정보를 제공하여 준다. 그러나 어휘 정보를 전혀 제공하지 않는 자료도 있다.

① 외국어음을 전사하여 놓은 자료
　(예)『오대진언』,『해동제국기(海東諸國記)』,『진언집(眞言集)』,『불설천지팔
　　양신주경(佛說天地八陽神呪經)』,『천수경(千手經)』,『음역지장경(音譯地藏
　　經)』,『삼문직지(三門直指)』등

② 운서(韻書)
　(예)『동국정운(東國正韻)』,『홍무정운역훈(洪武正韻譯訓)』,『속첨홍무정운
　　(續添洪武正韻)』,『삼운성휘(三韻聲彙)』,『배자예부운략(排字禮部韻略)』,『화
　　동정음통석운고(華東正音通釋韻考)』,『규장전운(奎章全韻)』,『전운옥편(全
　　韻玉篇)』등

③ 구결 자료

(예)『예기대문언두(禮記大文諺讀)』,『주역전의구결(周易傳義口訣)』등

2.2. 주로 어휘 정보만을 제공하여 주는 자료

주로 어휘 정보만을 제공하여 주는 자료는 사전이라고 할 수 있다. 그러나 우리나라에서 국어사전은 19세기 말에 처음 편찬되었기 때문에 그 이전의 어휘 자료는 주로 대역어휘집이라고 할 수 있다.

대역어휘집이나 국어사전, 그리고 20세기 초부터 편찬되어 나타나는 신어사전(新語辭典), 그리고 한자 어휘의 목록을 제시하고 이에 대한 주석을 해놓은 척독 자료, 그리고 20세기 전반기에 나온 각종 교과서에 등장하는 어휘를 풀이해 놓은 각종 참고서 등이 있다.

이러한 자료의 목록은 아직까지 면밀하게 검토되거나 정리되어 있지 않다. 지금까지 국어 어휘를 조사하기 위한 자료로 이용되는 문헌은 주로 대역 어휘집이다.『물명고』등은 전혀 이용되지 못하고 있다. 이것은 이 자료들이 컴퓨터로 입력되어 있지 않은 것에 기인한다. 일부 국어사전, 예컨대 게일의『한영자전』, 리델의『한불자전』등은 입력되어 있어서 어휘 검색에 이용되고 있다. 그러나 신어사전은 1934년에 출판된『신어사전, 인명사전』만이 입력되어 있어서 신어에 대한 정보는 부족한 편이다.

3. 훈민정음 창제 이전의 어휘 문헌 자료

1)『삼국사기(三國史記)』「지리지(地理志)」(권34)

삼국사기는 김부식이 고려 인종의 명을 받아 1145년(인종 23년)에 편찬한 삼

국시대의 정사이다. 이 책에는 인명, 지명, 관직명 등이 음독표기(音讀表記)와 석독표기(釋讀表記)가 있어서, 고대국어 연구에 중요한 자료를 제공하여 준다. 특히 지리지(地理志) 중 권34 등이 중요하다. 이 문헌은 지명을 통해 그 어휘를 연구할 수 있다. 대부분의 지명은 음상(音相)만 남아있고 의미는 남아있지 않아 의미추정이 힘든데, 삼국사기 지리지에는 음상과 의미가 함께 제시되어 있다.

(예) 永同郡(의미) = 吉同郡(음상)

永同郡 吉同郡, 景德王改名 今因之. 領縣二
陽山縣, 助比川縣, 景德王改名. 今因之.
黃澗縣, 本召羅縣, 景德王改名. 今因之.

영동군(永同郡)은 본래 길동군(吉同郡)이었는데, 경덕왕이 이름을 고쳤다. 지금[고려]도 그대로 쓴다. 영현이 둘이었다. 양산현(陽山縣)은 본래 조비천현(助比川縣)이었는데, 경덕왕이 이름을 고쳤다. 지금도 그대로 쓴다. 황간현(黃澗縣)은 본래 소라현(召羅縣)이었는데, 경덕왕이 이름을 고쳤다. 지금도 그대로 쓴다.

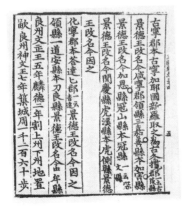
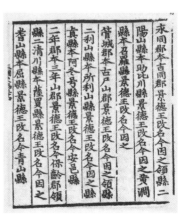

위의 예로 보아 신라 경덕왕 당시에 국어 지명 어휘에 대한 태도를 몇 가지 살펴볼 수 있다.

첫째, 우리 지명이 원래는 우리 고유어로 되어 있었다는 증거를 알 수 있다. 즉 지명을 지을 때에, 처음부터 한자어로 조어한 것이 아니라 우리 고유어로 조어하였음을 알 수 있다. 이것은 국어 어휘의 역사가 고유어로부터 출발하였고, 후대에 한자어가 차용되었음을 보여 주는 것이다.

둘째, 고유어 표기를 신라 경덕왕 때에 중국식 한자어로 바꾼 것은 이 시기에 벌써 상당수의 어휘가 (특히 행정적인 도구로서 사용되는 어휘는) 한자어 중심으로 되어 있었음을 증명하여 준다.

셋째, 행정편의를 위하여 중국식 한자어로 바꾼 결과는 오늘날의 한자어 지명의 단초가 되고, 지명의 유래와 역사를 알 수 있는 길을 차단하는 결과를 가져오게 되었다.

넷째, 삼국의 지명에 차이가 있었음을 알 수 있다. 그러나 이 지명 자료만으로는 삼국의 언어가 전반적으로 차이가 있었던 것인지, 한 언어의 방언 차이 정도의 차이가 있었는지를 판단하기는 어렵다.

2) 『삼국유사(三國遺事)』

삼국유사는 고려 후기의 고승(高僧) 일연(一然)이 1281년(충렬왕 7년)경에 편찬한 사서(史書)이다. 5권 2책의 목판본으로 일연이 이 책의 저술을 위해 사료를 모은 것은 청년시절부터였고 그 원고의 집필은 대개 70세 후반으로부터 84세로 죽기까지 주로 만년에 이루어졌다. 이 삼국유사에는 특히 향가(鄕歌) 14수가 전하여 오고 있어서 국어 연구의 보고(寶庫)를 제공하여 주고 있다.

아울러 이 삼국유사에는 인명(人名), 지명(地名), 관직명(官職名) 등에 음독표기와 석독표기도 있어서, 고대국어 연구에 중요한 자료를 제공하여 준다. 이 문헌에는 신라어 중 어원을 해석한 경우가 있다.

예) 辰人爲 奈박爲朴 以初大卵如박故以朴爲姓 (三國史記)

삼국사기와 삼국유사에 보이는 어휘는 宋基中 南豊鉉 金永鎭 共編(1994), 『古代國語語彙集成』, 韓國精神文化硏究院에 수록되어 있다. 이 책에는 삼국사기, 삼국유사, 이십오사(二十五史)와 각종 금석문과 고문서에 보이는 고대국어의 어휘들을 집대성해 놓은 것이어서 고대국어 어휘 연구에 큰 도움을 준다.

3) 『계림유사(鷄林類事)』

중국 북송(北宋)의 손목(孫穆)이 편찬한 일종의 견문록(見聞錄)이며 역어집(譯語集)이다. 저자가 1103년(숙종 8년)에 서장관으로서 사신을 수행하여 고려에 와서 당시 고려조의 조제(朝制), 토풍(土風), 구선(口宣), 석각(刻石) 등과 함께 고려어 약 360 어휘를 채록하여 3권으로 분류, 편찬한 책이다. 다음에 몇 예를 보이도록 한다(국어 해독은 강신항(1980), 鷄林類事 高麗方言 硏究, 成均館大學校 出版部를 따랐음).

001 天曰漢捺	하ᄂᆞᆯ	002. 日曰姮	ᄒᆡ
003. 月曰契	ᄃᆞᆯ	004. 雲曰屈林	구롬, 구룸
005. 風曰孛纜	ᄇᆞᄅᆞᆷ	006. 雪曰嫩	눈
007. 雨曰霏微	비	008. 雪下曰嫩眞	凡下皆曰恥 눈디(다)
009. 雷曰天動	텬동	010. 雹曰霍	pak-sɛ
011. 電曰閃		012. 霜露皆曰率	서리
013. 霧曰蒙		014. 虹曰陸橋	(한자어임)
015. 鬼曰幾心	귀신	016. 神曰神通	(한자어임)
017. 佛曰孛	불	018. 仙人曰遷	(한자어임)
019. 一曰河屯	ᄒᆞ나ㅎ, ᄒᆞᄃᆞᆫ	020. 二曰途孛	둘ㅎ, 두블

021. 三曰酒 㪺乃切	세ᅙ	022. 四曰酒	네ᅙ
023. 五曰打戌	다숫	024. 六曰逸戌	여슷
025. 七曰一急	닐굽	026. 八曰逸苔	여듧, 여둛
027. 九曰鴉好	아홉	028. 十曰噎	열ᅙ
029. 二十曰戌沒	스믈(ᅙ)	030. 三十曰實漢	셜흔
031. 四十曰麻兩	마슨	032. 五十曰舜	쉰

『계림유사』는 최초의 중세국어 자료이다. 그러나 이의 해독은 쉽지 않다. 왜냐 하면 여기에 사용된 한자는 저자인 손목의 발음으로 읽어야 하는데, 12세기 초의 중국 한자음에 대하여 전면적으로 밝혀져 있지 않기 때문이다. 한편으로는 12세기 초의 송나라 때의 한자음을 밝히고, 또 한편으로는 국어사의 관점에서 12세기 초의 어형의 재구를 시도하여 이 두 가지가 조화를 이루도록 하여야 할 것이다. 이 책의 체재를 보면 다음과 같다.

天	雲	馬	高	黃	暮	亡
曰	曰	曰	曰	曰	曰	曰
漢하	屈구	末물	那노	那누	占져	朱주
栚늘	林룸		奈폰	論린	捺믈	幾거
〈명사〉			〈형용사〉		〈동사〉	

그러나 이 표기를 보면 손목이 직접 고려인들의 발음을 듣고 음차해서 기록한 것인지 의문이다.

① 剪刀曰 割子蓋　ᄀᆞᆯ개
　花曰滑　　　　곶
　刀子曰割　　　갈

'割'은 중국어의 '갸'에 해당한다. 11세기 당시 중국어에는 중세국어 'ㄹ' 말음을 갖는 한자어가 없었기 때문이다. 그래서 음절말 'ㄹ'을 갖는 것에 대해 보조적인 무엇인가를 사용했을 가능성이 있다.

②心曰 心
  人曰 人 → 이에 해당하는 국어가 있었는데 한자를 그대로
  海曰 海   반복하였다.(마ᅀᆞᆷ, 사름, 바를)

당시 기본적인 한자를 훈(訓)으로 읽는 전통이 있었을 가능성이 있어 단어들 중 일부에 대해서는 필담(筆談) 형식으로 조사했을 가능성이 있다. 즉 손목의 물음에 고려인들이 제시한 것으로도 해석된다.

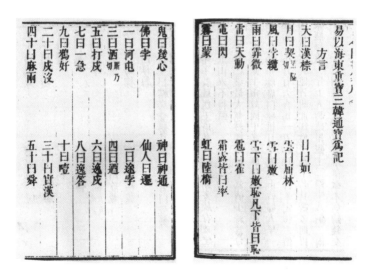

4) 『향약구급방(鄕藥救急方)』

『향약구급방』은 고려때 대장도감(大藏都監)에서 간행한 것을 영락(永樂) 丁酉 (1417) 7월 윤상(尹祥)의 발(跋)을 붙여 최자하(崔自河)가 의흥군(義興郡)에서 중간

(重刊)한 것이다. 현재 국내에는 전하는 것이 알려진 바 없고 그 유일본이 일본 궁내청 서릉부(宮內廳 書陵部)에 소장되어 있을 뿐이다.

상, 중, 하 3권의 방문(方文, 본문)과 부록으로 되어 있다. 상권 18목(目), 중권 25목, 하권 12목으로 나뉘어져 있는데 난상에 후인(後人)이 그 항목의 차례를 숫자로 기입해 넣어 찾아 보기 쉽도록 하였다.

부록은 방중향약목초부(方中鄕藥木草部) 12면과 중간 발문, 그리고 중간 관계인의 열명(列名)이 있다. 편자는 알 길이 없다. 국립중앙도서관에 마이크로 필름이 있다. 본문 중 70여 동식물명과 180에 달하는 어휘를 썼다. 52張이다. 권말 부록 중 '방중향약목초부(方中鄕約目草部)' 내에 180항 정도의 동·식물명이 나온다. 이 책은 13세기 중엽의 국어 어휘, 특히 동식물명에 대한 자료를 제공해 주며, 계림유사 이후부터 15세기까지의 자료의 공백을 메우는 유일한 자료이다. 3세기의 공백을 메우는 자료이다. 이 중 몇 가지를 예로 보이면 다음과 같다.

	漢語名	借字表記	解讀(南豊鉉)
1	葛根	叱乙根, 叱乙	즐불휘, 즐
2	乾藕	蓮根	년근
3	決明子	狄小豆	되퐁(ㄱ)
4	京三稜	結次邑根, 結叱加次	미즙간불휘, 미줏갓불휘
5	鷄冠	鷄矣碧叱	둙의볏
6	戒火(景天)	塔菜	탑ᄂ물
7	苦蔘	板麻	널삼
8	苦瓠	朴葉, 朴	박닙(닢), 박
9	括蔞	天叱月乙 天原乙 天乙根	하ᄂᆶ둘 하늘틀 하늘틀불휘

5) 『조선관역어(朝鮮館譯語)』

『화이역어(華夷譯語)』 속에 들어 있는 중국어와 국어의 대역 어휘집이다. 화이역어란 명나라 초엽에서 청나라 중엽에 걸쳐 중국에서 편찬된 중국어와 인근 제어(諸語)의 대역 어휘집의 총칭이다. 화이역어는 다음의 4계통이 있는 것으로 생각되고 있다.

첫째, 홍무 22년(1389년)에 간행된 중국어와 몽고어의 대역 어휘집이다.

둘째, 영락 5년(1407년) 사이관(四夷館)이 설치된 이래, 여기서 편찬된 것들이다. 이 계통에 속하는 책들의 특징은 해당 외국어 단어를 한자로 표기한 외에, 그 고유문자를 아울러 기록하고 있는 점이다.

셋째, 회동관(會同館)에서 편찬된 것으로 추측되는 책들이다. 회동관이란 예부(禮部)에 속하여 외국사절과의 통변(通辯)에 당한 기관이었다. 이 계통의 역어에서는 일체 외국문자는 볼 수 없다.

넷째, 건륭 13년(1748년)에 회동관과 사역관(四譯館)이 합하여 「회동사역관(會同四譯館)」이 된 뒤, 여기서 편찬된 것이다.

조선관역어는 위의 셋째 계통에 속하는 십삼관역어(十三館譯語) 중의 하나다.

- 天 哈嫩二 忝 하늘
- 日 害 忍 히
- 月 得二 臥 둘
- 星 別二 省 별
- 風 把論 捧 ᄇᆞ름
- 雲 故論 穩 구롬
- 雷 別刺 루 벼락
- 雨 必 五 비
- 霜 色立 爽 서리
- 雪 嫩 사 눈

조선관역어는 모두 596항을 포함하고 있으며, 각항은 "天哈嫩忝, 日害忍"

과 같이 3단으로 되어 있다. 상단(天)은 중국어, 중단은 국어단어('하늘'의 표기), 하단(忝)은 아마도 우리나라 한자음을 각각 표기한 것으로 보인다. 최초의 분류어휘집인 것이 그 특징이라고 할 수 있다.

天	日	月	雨	土	路	星	有
哈	害	得둘	必비	黑	吉	稀	雨
嫩	忍	二	五	二ㄹ	二	別별	必비비
忝	臥			兎	落	二	以이이
						得드	思ㅅ시
						莫므	大다다
						大다	寺
						省	五
						喜	

6)『향약채취월령(鄕藥採取月令)』

1431년(세종 13년) 12월에 왕명으로 집현전(集賢殿) 직제학(直提學) 유효통(兪孝通), 전의감정(典醫監正) 노중례(盧重禮), 부정(副正) 박윤덕(朴允德) 등이 편찬한 책으로, 우리나라에서 산출되는 약재(藥材)들을 민간에서 바르게 채취(採取)할 수 있도록 그 시기에 따라 월별로 약재명을 기록하고 그 밑에 약재의 향명(鄕名)을 기록한 것이다. 춘하추동 12개월로 나누어서 토산 약재를 배열하고 채취에 중점을 두어 각 약초들의 채취에 적합한 월령과 약초의 이름 아래에는 이두로 된 향약명이 부기되어 있다. 이 향약명은 약용식물의 연구뿐만 아니라 우리 국어 어휘의 연구에도 귀중한 자료가 되는 것이다. 이 향명은 훈민정음 창제 직전의 우리말이므로 국어의 발달사를 살피는 데 중요한 자료가 된다. 차자표기법은『향약구급방』과 차이가 없다.

이 책은 134종의 한어 약재명에 대하여 143종의 향명 표기를 보여주는데, 이 가운데 주서(朱書)라고 한 것은 본래부터 이 책에 있던 것이 아니고 전사자(轉寫者)가 다른 책에서 옮겨 적은 것으로 보인다.

- 萎蕤 鄕名 豆應仇羅　　　둥구레
- 雲母 鄕名 石鱗　　　　돌비늘
- 麥門 鄕名 冬沙伊　　　겨슬사리
- 獨活 朱書 虎驚草　　　(?)둘흡
- 升麻 知骨木 雉鳥老草　　티골목, 씨됴로플
- 細辛 緦 '細心'의 誤寫　　셰심
- 龍膽 觀音草　　　　관음플
- 黃耆 甘板麻　　　　단너삼
- 茜根 古邑豆訟　　　곱도숑

7) 『향약집성방(鄕藥集成方)』

1431년 가을에 세종의 명으로 집현전 직제학 유효통(兪孝通), 전의감정 노중례(盧重禮), 동 부정 박윤덕(朴允德)에게 명하여 1년여에 걸친 작업 끝에 1433년 6월에 완성한 것으로 여러 의약서를 참고하여 우리 나라의 한문방(漢方文)을 집대성한 책인데 난(欄) 위에 약재로 쓰이는 고유어의 동식물명을 차자(借字)로 적어놓았다. 85권 30책이다. 그 뒤 1478년(성종 9)에 중간되었으며, 1633년(인조 11)에 훈련도감 소활자로 다시 간행되었다. 이 책은 현재 한독의약박물관과 서울대 규장각에 소장되어 있다.

질병을 크게 57가지로 나누고 그 아래에 959조의 항목을 두어, 각 질병의 증세와 방약(方藥)들을 출전과 함께 열거하였으며, 권두에는 침구목록(鍼灸目錄)을 수록하고 권말에는 향약본초 및 포제법(炮製法) 등을 수록하였다. 이 책에

는 한(漢)·당(唐)·송(宋)·원(元)의 의서에서 채록된 방문 외에 우리 고유의 의
서에서 채록된 방문이나 민간의 향약방이 많이 수록되어 있어 우리 의학사 연
구에 중요한 자료가 된다. 또한 약재명 아래에 고유의 향명을 차자로 표기한
것들이 있어서 국어사 자료로서도 이용될 수 있다.

그 예를 몇 가지만 들어 보이면 다음과 같다. 한글로 재구해 놓은 표기도 함
께 보이도록 한다.

• 鼎今音臺英 / 솓금디영(鐺墨) (77, 13a)

• 蛇都羅叱 / 빈얌도랏(蛇床子) (78, 26a)

• 介伊日伊 / 개나리(百合) (79, 9a)

• 加外左只 / 가외자기(茵蔯蒿) (78, 27b)

• 豆音矣羅耳 / 두름의나싀(葶藶) (79, 31a)

• 都乙羅叱 / 도랏(桔梗) (79, 31b)

• 吾獨毒只 / 오독도기(蘭茹) (79, 48a)

• 加亇五知 / 가마오디(鸕鷀) (82, 11a)

• 久音方伊 / 굼방이(蠐螬) (83, 6b)

• 眞乃 / 지내(蜈蚣) (83, 23b)

• 衰也只 / 쇠야기(雀甕) (83, 26a)

• 阿郁 / 아욱(冬葵子) (85, 1a)

• 金非廩 / 쇠비름(馬齒莧) (85, 15b)

• 月乙賴伊 / 둘뢰(小蒜) (85, 17a)

8) 『농사직설(農事直說)』

세종이 각도 관찰사에게 명하여 농사 경험이 많은 농부로부터 그 기술을 물
어 정초(鄭招)로 하여금 편찬케 하여 1444년에 간행한 책이다. 원간본은 전하

지 않고 효종 9년(1655)에 간행한『농가집성(農家集成)』속에 수정 수록되어 있다. 이 책의 표지서명은 '농사직설(農事直說)'이나 실제로는『농사직설』과『금양잡록(衿陽雜錄)』의 2부작으로 이루어져 있다. 이 중『금양잡록』이 국어 어휘사 자료를 제공한다.

- 救荒狄所里 구황되오리 一名氷折稻 어름것기 〈19a〉
- 於伊仇智 에우디 〈19b〉
- 所老狄所里 쇠노되오리 〈19b〉
- 沙老里 사노리 〈19b〉
- 牛狄所里 소되오리 〈20a〉
- 高沙伊沙老利 고새사노리 〈20a〉
- 所伊老里 쇠노리 〈20a〉
- 晩倭子 늣왜자 〈20b〉
- 東謁老里 동아노리 〈20b〉
- 牛得山稻 우득산도 亦名 두이라 〈20b〉
- 白黔夫只 힌검부기 〈20b〉
- 黑黔夫只 거믄검부기 〈20b〉
- 東鼎艮里 동솥ㄱ리 〈20b〉
- 靈山狄所里 령산되오리 〈20b〉

4. 훈민정음 창제 이후의 어휘 문헌 자료

4.1. 한자 석음(釋音) 자료

한자 석음 자료에서 국어 어휘를 추출하는 일은 매우 간단한 일이다. 한자

석음 문헌 자료의 대표적인 것이 천자문인데, 이 천자문을 비롯한 한자 석음 자료들의 구조는 대체로 다음과 같아서 국어 어휘를 목록화하기가 용이하다.

부류	예 (광주천자문에서)	형식
용언	玄 가물 현	Vs- + -을/은 + 한자음 型
체언	天 하늘 텬	N + 한자음 型
허사	也 입겻 야	입겻 + 한자음 型
부사	惟 오직 유	부사 + 한자음 型

예를 『석봉천자문』(박찬성 소장본)에서 들어 보도록 한다. 앞의 한 쪽만 예를 들어 보도록 한다.

〈石千, 1a〉

• 天 하늘 텬　　• 地 싸 디　　• 玄 가물 현　　• 黃 누를 황

• 宇 집 우　　　• 宙 집 듀　　• 洪 너블 홍　　• 荒 거츨 황

이들 자료는 다음과 같이 변환할 수 있다.

〈石千, 1a〉

• 하늘 텬(天)　• 싸 디(地)　• 가물 현(玄)　• 누를 황(黃)

• 집 우(宇)　　• 집 듀(宙)　• 너블 홍(洪)　• 거츨 황(荒)

이들 중에서 명사들인 '하늘, 싸, 집'을, 용언인 '가물 현, 누를 황, 너블 홍, 거츨 황'에서는 이들을 기본형으로 바꾸어 '가믈다, 누르다, 넙다, 거츨다'를 국어 어휘로 목록화시킬 수 있다. 그리하여 다음과 같은 어휘 목록을 만들 수 있다.

- 하늘(天) ·짜(地) ·가믈다(玄) ·누르다(黃)
- 집(宇, 宙) ·넙다(洪) ·거츨다(荒)

이와 같은 작업을 통해서 석봉천자문(박찬성 소장본)에서는 731개의 어휘를 추출할 수 있다. 그 몇 예를 제시하면 다음과 같다.

- 가다(之,去,往) ·가온대(中) ·가지(枝) ·가지다(持)
- 가비얍다(輕,輶) ·가ᅌᅧ멸다(富) ·갈(劍) ·갈략(簡)
- 갈몰나(藏) ·감다(玄) ·갑(甲) ·갓붑(鼓)
- 갓갑다(近,邇,逼) ·거동(儀) ·거두다(收) ·거름(步)
- 거믄고(琴) ·거우루(鑑) ·거의(幾) ·거츨다(茂)
- 건너다(濟) ·것(物) ·겨(糠) ·겨집(女)
- 겨르(閑) ·겨ᅀᅳ(冬) ·견주다(比) ·겯(傍)
  〈중략〉
- ᄎ다(滿,盈,允) ·춤(眞) ·춤되다(莊) ·촛다(尋)
- 치식(彩) ·포랍(嘯) ·ᄒ고져ᄒ다(欲) ·ᄒ다(爲)
- 혼(壹) ·ᄒᆞᆰ(土) ·ᄒᆡ(年) ·ᄒᆡ가(稀)
- ᄒᆡ다(白,素) ·ᄒᆡ여디다(弊) ·힛귀(暉,羲) ·힝낭(廊)
- 힝혀(幸)

이러한 국어 어휘 자료를 찾아낼 수 있는 한자 자석 문헌들은 다음과 같다.

① 千字文 類 ② 訓蒙字會 類
③ 類合 類 ④ 新增類合 類
⑤ 兒學編 類 ⑥ 二千字文 類
⑦ 音韻反切彙編 類 ⑧ 기타

각 부류에 속하는 문헌들도 그 종류가 매우 다양하여 천자문만 하더라도 그
수가 매우 많다. 이들 한자 자석 문헌 자료의 목록은 필자의 『한자 학습 문헌
자료 연구』를 참조하기 바란다.

4.2. 사전(辭典) 자료

현대 국어사전에 실려 있는 어휘를 조사하는 것은 기초 조사 중의 하나이
다. 현대의 국어사전에는 지나간 시기에 사용되었던 어휘도 등재되어 있을
뿐만 아니라 현재 사용되고 있는 신어까지도 실려 있어서 지금까지 편찬된 국
어사전이 어휘를 조사하는 일은 어휘 연구에서 매우 중요한 일이다.

지금까지 나온 사전들을 살펴보면 다음과 같다.

4.2.1. 대역사전(對譯辭典)[1]

종류	편저자	사전명	편찬연도	표제어수
한국어-한자	이준영, 정현, 이기영, 이명선, 강진희	국한회어	1895년	약 27,000개
한국어-프랑스어	Félix-Clair Ridel	Dictionaire Coréen-Francais (한불ᄌ뎐)	1880년	약 27,000개
한국어-영어	H. G. Underwood	A Concise Dictionary of Korean Language (영한 한영자전)	1890년	
	J. Scott	Introduction, English-Corean Dictionary (영한사전)	1891년	
한국어-일본어	趙義淵 井田勤衛	日韓 韓日 言語集	1910년	
	조선총독부	조선어사전	1920년	58,639개 한자어 40,734개 언문어 17,178개 이두 727개
	조선어연구회	鮮和新辭典	1942년	

---

1 방종현(1938), 「朝鮮語辭典 年代記」, 『博文』 제1호, 20-22 참조.

영어-한국어	James S. Gale	A Korean-English Dictionary (한영자전)	1897년	약 34,000개
	George H. Jones	An English-Korean Dictionary (영한자전)	1914년	
	J. W. Hodge	Corean words and phrases	1897년	약 240개
러시아어-한국어	푸칠로	露朝辭典	1874년	약 4,000개
프랑스어-한국어	Charles Allévêque	Petit Dictionaire Français-Coréen (法韓字典)	1901년	
라틴어-한국어		Parvum Vocabularium Lation-Coreanum ad usum studiosae (羅韓小辭典)	1891년	
일본어-한국어	趙義淵 井田勤衛	日韓 韓日 言語集	1910년	
	日語雜誌社	日韓 會話辭典	1907년	
	船岡獻治	鮮譯 國語大辭典	1919년	약 6,300개

1) 『국한회어(國漢會語)』

1895년에 이준영(李準榮) 정현(鄭玹) 이기영(李琪榮) 이명선(李明善) 강진희(姜璡熙)에 의하여 우리 국어를 표제어로 하여 편찬된 국어사전이다. 이 『국한회어』는 서울대 규장각 소장의 필사본으로서 건·곤의 2책으로 되어 있다. 건책은 초고이고 곤책은 이 초고를 정리·증보한 것이다. 그래서 곤책에 들어 있는 약 25,000개의 표제항이 이 사전의 어휘수가 된다.

곤책의 서문에서 보듯이 『국한회어』는 우리나라가 외국과의 교류가 많아져서 사린(四隣)이 강화(講和)할 때에 언어를 통해서 그 정의(情誼)의 친소가 결정되므로 통역할 기준과 틀을 설정하는 것이 일차적인 것이라고 생각하여 편찬된 것이다.

『국한회어』의 편찬동기는 그 이후에 나온 조선광문회의 '말모이'나 조선총독부의 '조선어사전'과는 다르다. '말모이'는 민족계몽사상에 입각하여 만들어졌고, '조선어사전'은 일본의 한국에 대한 식민정책적 바탕에서 이루어졌다. 이에 비해 『국한회어』는 외국과의 교류를 통한 신문화·문명의 도입이라는, 개화기의 개화사상에서 편찬된 것이다. 이것은 1895년 당시의 시대적인 상황과도 일치한다. 1894년의 갑오경장에서부터 1895년의 을미개혁에 이르기까지의 개화초기의 사상이 그대로 반영되어 있다. 이러한 사상은 이『국한회어』의 표제항에서도 발견할 수 있다. 그래서 새로운 제도 및 학문에 대한 용어가 매우 많이 실려 있다.

『국한회어』가 이 사전의 표제어에 대해 국문으로 주해를 하지 않고 한자·한문으로 풀이를 한 것도 그 당시의 시대적 배경에서 해석될 수 있다. 1894년에 법령이나 칙령은 모두 국문으로 본을 삼고 한문으로 번역하여 붙이며 혹 국한문(國漢文)을 혼용(混用)한다는 칙령 등은『국한회어』의 "國文으로 語之柄을 建하며 漢文으로 語之義를 釋하고"와 상통되는 것이다.『국한회어』는 문자 그대로 '국문을 한문으로 풀이한 말모음'이라는 뜻이다. 이 사전에서는 '국문(國文)'이란 말을 사용하고 '언문(諺文)'이란 말은 사용하지 않고 있다. "國文으로 語之柄을 建하며", "國文의 隔入相生한 本例을 踵하고", "國文解" 등에서 보이는데 이것은 개인의 글이나 저술에서 처음 사용한 것이 아닌가 생각된다. 그리고 '회어(會語)'란 말이 뒤에 '말모이'와 연관되어 주목되는 것이다.

이『국한회어』는 우리나라 사람이 국어를 표제어로 하여 만든 최초의 국어사전이다. 따라서 이『국한회어』는 사전편찬사상 중요한 위치를 차지한다. 그러한 의미에서『국한회어』는 그 가치가 우선 인정된다.

이 국한회어는 다음과 같은 구조로 되어 있다. 그 일부를 보이면 다음과 같다.

- 가 去 往 適 逝
- 가가 假家 街家 哥哥
- 가가호호 家家戶戶
- 가가례 家家禮
- 가간사 家間事
- 가감부득 加減不得
- 가감지인 可堪之人
- 가감승제 加減乘除
- 가객 歌客
- 가거라 去矣 往哉
- 가깝다 鬱沓
- 가결 加結

- 가겟소 裁將去矣
- 가계 家計
- 가게 호오 使人行之
- 가계 加計
- 가고 可考 相考
- 가고 오고 하는 동안 去來之間 往返之間
- 가교 駕轎 君王之轎 法駕
- 가괴 可怪
- 가구 家口 戶數 戶摠
- 가국 家國
- 가고 십우냐 將欲往乎
- 가고 십소 願往
- 가군 家君 家夫
- 가꾸다 護養培養
- 가규 家規
- 가극 家棘 流謫加罪
- 가급인속 家給人足
- 가긍 可矜 矜惻 矜悶
- 가긔 家基
- 가기 어려운 곳지오 難行之處
- 가관 可觀
- 가권 家眷 家眷
- 가난흔 자 貧者
- 가난하다 艱難
- 가내 家內
- 가노 家奴
- 가는 길에 들다 去路入 歷訪
- 가늘다 纖細 細瑣
- 가늘 섬 纖

이들을 어휘 자료로 활용하기 위해서는 자료의 가공이 필요하다.

①국어에 대한 한자의 대역이어서 한자를 괄호 안에 넣어주는 작업을 하여야 한다.

- 가 (去 往 適 逝)
- 가가 (假家 街家 哥哥)
- 가가호호 (家家戶戶)
- 가가례 (家家禮)
- 가간사 (家間事)
- 가감부득 (加減不得)
- 가감지인 (可堪之人)
- 가감승제 (加減乘除)

② 동사는 어느 것은 어간만 밝혀 놓은 것이 있다. 따라서 이들을 기본형으로 바꾸는 작업을 하여야 한다.

•가 (去 往 適 逝) → 가다 (去 往 適 逝)

③ 어느 표제항은 품사 단위로 되어 있지 않아서 이들을 분류하는 작업이 필요하다.

•가거라 (去矣 往哉)　　　•가게 ㅎ오 (使人行之)

•가겟소 (裁將去矣)　　　•가고 오고 하는 동안 (去來之間 往返之間)

•가고 십우냐 (將欲往乎)　•가고 십소 (願往)

•가기 어려운 곳지오 (難行之處)　•가는 길에 들다 (去路入 歷訪)

이들 표제항은 '가다'의 용례로 처리하여 표시하여 두어야 한다.

2) 『한불자전(韓佛字典)』

이 책은 파리 외지선교회가 편찬하여 일본의 요꼬하마(横濱)에서 1880년에 간행한 사전이다. 원명은 Dictionaire Coréen- Francais(한불ㅈ뎐)이다.

이 책은 리델(Ridel, Felix Clair : 李福明, 1830-1884) 신부가 요동반도의 한 마을인 계암현(季巖縣) 차구(岔溝, 천주교촌)에 10여년간 피신하면서 한국인 신도 최지혁(崔智爀)의 도움으로 그동안 한국문법서와 함께 자전원고를 완성하였다고 한다. 이 자전원고를 가지고 일본으로 건너가 파리외지선교회(Par les Missionnaives de Coree de la Societe des Missions etrangers de Paris) 이름으로 1880년에 요꼬하마(横濱)에서 연활자본으로 한불자전이 출판되었다.

이 사전은 어휘사전, 문법사전 및 지명사전의 3부로 되어 있다. 어휘사전에는 약 3만 5천 개의 한국어 어휘에 대하여 프랑스어류의 철자법, 그 단어에 상당하는 한자의 제시, 프랑스어의 설명 순으로 설명하여 놓았다. 배열은 한국어의 서양식 알파벳순이다.

이 사전의 배열순서는 모음 자모인 '아야ᄋ 어여으이오요우유'순으로, 모음이 앞에 오고 자음 자모인 'ᄒ ᄀ ᄭ ᄏ ᄆ ᄇ ᄈ ᄑ ᄅ ᄉ ᄊ ᄃ ᄯ ᄐ ᄌ ᄶ ᄎ'의 순으로 배열하여 자음이 뒤에 오게 하였다.

이 사전은 그 뒤에 편찬된 여러 사전, 즉 언더우드, 게일의 영한사전이나 조선어사전 등의 저본이 되었을 것으로 생각한다.

이 사전의 구조는 한국어를 표제항으로 하고 불어로 풀이를 하였다. 따라서 불어를 알지 못하는 사람은 이용이 매우 불편하다. 이것을 이은령, 김영주, 윤애선(2014), 현대 한국어로 보는 한불자전, 소명출판에서 풀이하여 놓아서 이를 이용하면 국어 어휘 자료로서 용이하게 이용할 수 있다. 이 책에서는 배열도 가나다순으로 해 놓았기 때문에 더욱 유용하게 활용할 수 있다. '가'의 예를 들어 본다.

- 가 vrai 옳음
- 가 Désinence du nominatif pour les mots terminés pur une voyelle. 모음으로 끝나는 단어의 주격의 곡용
- 가 Aprè les noms de famille, signifie nom de famille er se décline: 가 ka, 가의 ka-eui, 가를 ka-râl, etc 김가 Kim-ka, nom de famille Kim 성씨 뒤에 붙어서, 성씨를 나타내며 어미가 변한다. 가 Ka, 가의 ka-eui, 가를 ka râl 등 김가, 김씨성
- 가 (邊) plage, bord, rivage, rive 바닷가, 연안, 물가, 강가
- 가(歌) En agr. Chant, surtout chant grave et religieux, c.a. de cantique 한자어로 노래, 특히 엄숙하고 종교적인 노래, 즉 성가.
- 가(家) En agr. Habitation, maison. 한자어로 거주지, 집
- 가(價) Prix, 가격

이 자료에서는 불어를 빼면 그대로 한국어 어휘 자료로 활용할 수 있다.

3) 『한어자전(韓語字典)』

언더우드(H. G. Underwood)가 편찬하여 일본의 요꼬하마에서 1890년에 출판
해낸 사전이다. 원서명은 A Concise of the Korean Language로, 연세대학교 도
서관에 소장되어 있다.

이 사전은 한국어 · 영어 대조의 최초의 사전으로서 한영사전 · 영한사전의
2권으로 되어 있다.

제1권 영한사전(Korean English Dictionary)은 일상생활에서 사용되는 약 4,500
여 어휘를 표제어로 하고 그 단어에 대한 한자의 병기, 영어의 순서로 되어 있
다. 한글의 배열순서는 한국어를 학습하는 외국인에게 편리를 도모하기 위해
한불자전과 같이 한글 부분의 배열을 알파벳순으로 맞추어 배열하였다.

제2권의 영한사전(English Korean Dictionary)은 약 6,300개의 영어 단어를 수록
하고 있는데, 전편이 간결을 위주로 한데 반하여 여기에선 문법적 설명, 숙어,
용례 등의 비교적 자세한 설명이 있다.

이 두 권을 합철하여 단권으로 된 '한영 · 영한사전'(A Concise Dictionary of the
Korean Language, in two parts Korean-English and English-Korean)이 같은 해에 요꼬하
마에서 출판되었는데, 앞의 책과 다른 점은 앞의 것이 포켓판이나 학생판인
데, 이보다 크기가 좀 더 작아진 것뿐이지 별다른 차이는 없다.

이 사전은 다음과 같이 되어 있다.

- 악습 惡習, A bad habit,a wicked practice
- 악쓰오 用惡, To bawl, scream, cry loudly
- 악식 惡食 Unwholesomenurture, bad mourishment.
- 악심 惡心, Bad temper, ill nature

- 악담ㅎ오 惡談 To speak evil of a man, to curse.
- 악독ㅎ오 惡毒, To be wicked, cruel, hardened.

이 사전에서는 동사가 '하다'로 끝나는 것을 'ㅎ오'로 표시하여서 이들을 '하다'로 바꾸는 작업을 해 주어야 한다. 영어는 그대로 사용하지 않게 될 것이지만, 그 뜻이 오늘날 변화한 것들은 참고로 할 수 있다.

4) 『영한사전(英韓辭典)』

스코트(James Scott)가 한성부 영국기독교전도회에서 1891년에 간행한 사전이다. 원명은 English-Corean Dictionary, being a Vocabulary of Corean Colloquial World in Common Use이다.
이 사전은 다음과 같은 구조로 되어 있다.

- An 흔, 흐나
- Abacus 수판
- Abandon ㅂ리다, 버리다, 벗놋타
- Abandoned, (forsaken) 외롭다
- Abandoned, (depraved) 악ㅎ다, 몹쓸
- Abase, abasement ㄴ초다
- Abash 편잔주다
- Abashed 붓그럽다, 무안ㅎ다, 무싀ㅎ다
- Abate, abatement 감ㅎ다, 덜다, 졔ㅎ다
- Abbreviate, abbreviation 조리다, 주리다, 간단ㅎ다

이 예들을 역으로 사용하면 국어 어휘를 목록화할 수 있다.

- 혼 (An)

- 하나 (An)

- 수판 (Abacus)

- 브리다 (Abandon)

- 버리다 (Abandon)

- 벗놋타 (Abandon)

- 외롭다 (Abandoned, forsaken)

- 악하다 (Abandoned, depraved)

- 몹쓸 (Abandoned, depraved)

- 낫초다 (Abase, abasement)

- 핀잔주다 (Abash)

- 붓그럽다 (Abashed)

- 무안하다 (Abashed)

- 무식하다 (Abashed)

- 감하다 (Abate, abatement)

- 덜다 (Abate, abatement)

- 제하다 (Abate, abatement)

- 조리다 (Abbreviate, abbreviation)

- 주리다 (Abbreviate, abbreviation)

- 간단하다 (Abbreviate, abbreviation)

이처럼 영어 한 단어에 국어 어휘를 복수로 대응시켜서 영어 단어보다 더 많은 국어 어휘를 찾아낼 수 있다.

5) 『조선어사전』(조선총독부)

일본 강점기 때 조선총독부에서 한국에 대한 식민통치의 일환으로 편찬 간행된 사전이 조선어사전(1920년)이다.[2] 한일대역사전(韓日對譯辭典)이다. 1911년 4월 조선총독부의 취조국(取調局)에서 편찬 사업이 시작되어 1920년 3월에 간행된 이 사전은 처음에 1,000부가 인쇄되어 필요한 기관에 배부되었는데, 이때에는 이 사전의 편찬경위를 밝히지 않았다가, 일반인들에게 발매하기 위해 12월에 발행하였을 때에는 인쇄자의 의뢰에 의해 소전간치랑(小田幹治郎)이 쓴 '조선어사전(朝鮮語辭典) 편찬(編纂)의 경위(經緯)'를 붙여 그 편찬 경위를 개략적으로 밝히게 되었다. 이 사전의 편찬과정에서 심사를 위해 등사본으로 가인쇄된 '조선어사서원고(朝鮮語辭書原稿)'(국립도서관 소장)와 조선어사전 편찬에 대한 총독부의 사서편찬 관계의 서류철 및 그 부속서류들이 서울대 규장각에 소장되어 있는데, 그 중에서 조선어사전 원고(1918년)가 있어서 그 원본을 알 수 있게 되었다. 원고본은 그 풀이가 한국어로 되어 있었지만, 발간할 때에는 풀이말을 일본어로 하였다.

1911년 4월 조선총독부 취조국의 방침에 따라 조선어사전 자료수집이 염천일태랑(鹽川一太郎) 주임 아래에서 시작되었는데, 박이양(朴彝陽) 현은(玄櫽) 송영대(宋永大) 김돈희(金敦熙) 등 위원이 이에 종사하였다. 이듬해 4월에 총독부의 관제개편으로 이 사업은 참사관실로 넘어 갔고, 위원은 촉탁으로 불리게 되었는데, 이때부터 주임이 소전간치랑(小田幹治郎)이었다.

총 표제어수는 58,639어로 한자어 40,734어, 언문어 17,178어, 이두 727어가 포함되어 있다.

원고본은 한국어로 되어 있어서 그것을 이용하는 편이 훨씬 용이하다. 그 몇 예를 보이면 다음과 같다.

---

2 이 조선어사전에 대해서는 이병근(1985), 「조선총독부 편 조선어사전의 편찬목적과 그 경위」, 『진단학보』 59 참조.

- 가 初聲 'ㄱ'과 中聲 'ㅏ'의 合成音.
- 가 『助』 終聲을 不附한 名詞를 主格으로 하야 表할 時에 用하는 語. (例) "새가 난다" "비가 온다"
- 가 『助』 疑問을 表示하는 語. (例) "누구신가" "꽂치 피엿슬가"
- 가 『名』 邊圍한 綠線의 稱.
- 개加 더할.
- 加減(가·감) 『名』 或增或刪하는 稱.
- 加減不得(가감부득) 『句』 '加不得減不得'의 略稱.
- 加減乘除(가감승제) 『名』 算術의 四則이니 加法減法乘法除法의 並稱.
- 加結(가결) 『名』 「法」 田畓의 稅率을 增加하는 稱.(加卜).
- 加耕田(가경뎐) 『名』 「法」 原田畓에 附屬한 新墾地.
- 加計(가·계) 『名』 種類가 殊異한 錢幣가 法定한 價格에 低昻이 有하야 相換할 時에 其差額을 計算하는 稱.
- 加階(가계) 『名』 品階를 陞하는 稱.
- 加冠(가관) 『名』 冠禮를 行하는 稱.

이들을 이용하기 위해서는 괄호 안의 한글을 앞으로 끄집어 낼 필요가 있다.

- 가감(加減) 『名』 或增或刪하는 稱.
- 가감부득(加減不得) 『句』 '加不得減不得'의 略稱.
- 가감승제(加減乘除) 『名』 算術의 四則이니 加法減法乘法除法의 並稱.
- 가결(加結) 『名』 「法」 田畓의 稅率을 增加하는 稱.(加卜).

6) 『선화신사전(鮮和新辭典)』

조선어연구회(朝鮮語研究會)에서 1942년에 편찬한 한국어 일본어 대역 사전이다. 책의 크기는 세로 17.5cm, 가로 9.7cm의 수진본이다. 앞에 범례가 있는데, 배열, 발음, 수록의 범위, 병렬의 형식, 해석 등에 대한 자세한 설명이 4쪽에 걸쳐 있다. 그리고 가나다 순으로 배열된 한국어 표제 아래에 일본어로 뜻풀이를 하고 있다. 한국어 중 고유어는 물론이고 한자어까지도 수록하였다. 본문만 모두 833쪽이다. 약 20,000여 단어가 들어가 있는 셈이다.

7) 『한영자전(韓英字典)』

게일(Gale, James Scarth, 奇一, 1863-1934)이 편찬하여 1897년에 일본의 요코하마에서 간행해낸 사전이다. 원서명은 'A Korean-English Dictionary'이다.

초판은 1897년 요코하마에서 출판하였다. 리델 편의 『한불자전』에 의거하여 편찬된 것으로 제1편은 韓英辭典(Korean-English Dictionary), 제2편은 漢英辭典(Chinese-English Dictionary)으로 되어 있다. 제1편의 한영사전은 이 책의 골자를 이루는 부분으로 약 35,000여의 단어를 알파벳 순으로 배열하였다. 각 단어마다 한자의 새김, 모음의 장단, 숙어, 반대어, 출전, 동사활용, 방언, 동의어, 존칭어 등 지금까지 다른 사전에 없었던 내용들을 담고 있다. 뒤에 6페이지의 증보가 첨가되어 있다.

제2편의 한영사전(漢英辭典)은 한자 11,110단어를 제1편과 같은 순으로 배열하였다.

제2판은 1911년에 역시 요꼬하마에서 간행되었는데, 제2판은 초판을 정정증보한 것이다.

제3판은 1931년에 경성 조선야소교회에서 제2판을 크게 수정, 증보하여 출판하였다. 조선총독부 편의 조선어사전(1920년)과 그 당시의 새로운 출판물에서 신어를 채집하여, 그 수록 어휘수도 약 82,000여 개로 증보하였다. 그래서 제3판 서명도 '한영대자전'(韓英大字典, The Unabridged Korean-English Dictionary)으로 개명하였다.

이 사전은 한국어 사전으로는 1945년 이전에 출판된 것들 중 가장 어휘 수집과 정리가 잘 되어 있는 사전이라고 할 수 있다. 그리고 고유어와 한자어를 가능한 한 많이 수록하였을 뿐만 아니라, 그 대비에서 뜻과 새김까지도 언급하고 이것을 다시 영어로 해설하여서 한, 한, 영 대조사전의 구실을 하게 하였다.

이 사전은 흥미롭게도 한자에 대하여 새김과 음을 달아 놓아서 다양한 어휘를 보여 주고 있다.

- 아 Ah! oh! marking surprise etc. See 아야
- 아야 Oh! marking surprise, fear, pain etc. See 에고
- 아얌 額掩 (니마 익) (ᄀ리울 엄) A fur cap worn by women (쓰다) See 이염
- 아양스럽다 阿樣 (아당홀) (모양)러워, 은. To be pretty; to look nice ; to be beautiful See 아당스럽다
- 아ᄋ 弟 (아오- 뎨) Younger brother; younger sister –used only between or in reference to persons of the same sex. (Comp) also 아오
- 아예 From the first. Entirely ; altogether. See 아이.

이들에게서는 표제항뿐만 아니라 한자 석음으로부터도 국어 어휘를 추출할 수 있다.

8) 『영한사전(英韓辭典)』

존스(Jones, George Herber, 1867-1919)가 편찬하여 동경의 교문관(敎文館)에서 1914년에 간행해낸 사전이다. 원서명은 'An English-Korean Dictionary'이고 한국어명은 '영한ᄌ뎐'이다.

사전부와 부록으로 되어 있는데, 사전부에서는 5,086여에 달하는 중요한 단어에 대하여 품사 표시, 영문, 한자 상당어의 순으로 배열하고 있다. 그리고

한 단어에 관계되는 모든 뜻을 한꺼번에 주어 일용어(日用語) 문장어의 순으로 되어 있고, 가능한 한 예문까지도 제시하고 있다.

부록으로는 약 1만여 항목의 한국어 색인을 붙여 거기에 대하는 영어, 한어 (漢語)를 찾아 볼 수 있도록 하여 주고 있다. 색인은 ㅏ ㅑ ㅓ ㅕ ㅗ ㅛ ㅜ ㅠ ㅡ ㅣ ㅂ ㅅ ㄷ ㄱ ㅎ ㄴ ㄹ ㅁ ㅍ ㅌ ㅈ ㅊ 순으로 독특하게 배열하였다.

9) 『노한사전(露韓辭典)』

푸칠로(Putsillo, M.)가 고종 11년(1874년)에 페테르스부르크(Petersburg)에서 간행해 낸 사전이다.[3] 원명은 Opytie Russko-Koreiskago Siobarya(더션책이)이다.

러시아어와 한국어의 대역사전으로서 구미어와 한국어의 최초의 대역사전이라고 할 수 있다.

푸칠로는 한국과 접경지역인 연해주에 이민해 온 무학(無學)의 한국 노동자들을 상대로 어휘를 수집하였기 때문에 수록된 어휘의 대부분이 함경북도 및 연해주에 거주하는 한국인의 방언에 속해 있고, 저자가 도회지와 떨어진 벽지의 땅에 있었던 관계로 참고자료도 손에 넣을 수 없었으며 메드허스트 (Meshurst)의 "Translations of a Comparative of the Chinese and Japanese Languages"(1834)를 참고한 것 이외에는 하등의 참고한 책이 없다. 이 책은 일명 『조선위국자회(朝鮮偉國字彙)』로 알려진 책인데, 이 책에는 『왜어유해』와 『천자문』이 들어 있다. 푸칠로는 이 책의 한국어 어휘를 이 사전에 전재하여 놓았다. 그러므로 이 사전에 보이는 어휘를 동북방언이라고 이용하는 데에는 세심한 주의가 요망된다. 그래서 키릴문자로 전사된 한국어나 한글자모로 전사된 한국어나 모두 오식이 많고, 또 표제어에 대한 한글 주석도 오류가 많다. 수록자수는 약 3,000여 단어다.

---

3 이 구미어 사전에 대한 것은 朴尚均(1984), 「開化期 歐美語辭書考」, 『圖書館學』 제2집을 참조한 것이다.

이 책은 1870년대 당시의 우리나라 함경도 방언 연구의 귀중한 자료로 이용하지만 전술한 바와 같이 주의를 요한다. 이 책은 현재 서울대학교 도서관과 고려대학교 도서관에 각각 1부씩 보관되어 있다.

이 사전은 앞에 러시아어를 러시아 문자로 쓰고 거기에 대응되는 한국어를 한글로 표기하여 놓았다. 따라서 러시아어를 모르는 사람에게는 매우 불편하지만, 이를 다시 재편하여 만든 것이 있어서 이것을 사용하기 편하게 하였다. 홍기순, 어건주의『노한사전』(2012, 이회)이 그것이다. 러시아 문자를 전사하고 여기에 대응되는 풀이말을 한글로 적었으며, 앞에 쓰인 러시아어를 번역하여 대응시켜 놓았다.

한국어	러시아어 번역
노듸스	노대사, 대주교
살귀	살구
팔워리	8월
신사	(軍)부관
닉기/나기	내기, 도박
다루피	아카시아
광듸	광대, 배우
부워리	도끼, 극(도끼 모양의 무기)
언무니 / 언셔	언문, 알파벳
황단	새빨간, 선홍색의
볼미 / 뎐쟝이	인질(보증, 저당, 담보)

이 사전에서는 명사형이 '-이'로 끝나는 것이 많은데(팔워리, 부워리, 언무니 등), 이것은 함경도 방언을 반영하여 나타나는 현상이다.

10)『시편노한소사전(試篇露韓小辭典)』

이 사전은 1904년 러시아 정교선교회(正敎宣敎協會)에 의해 출판된 사전으로서 번역위원회의 대표자는 카잔대학의 마샤노프 교수이다.[4] 이 책의 편찬은 당시 카잔사범학교에 재학 중인 6인의 한국인의 참여하에 이루어졌다. 가로 10.2cm, 세로 15.2cm의 책으로 총면수는 138페이지이다.

　내표지와 간기, 간행사 그리고 일러두기와 같은 성격의 글인 서문을 포함하여 18페이지, 사전 본문 138페이지로 이루어졌다.

　이 사전의 편찬 동기는 연해주의 남우수리에 거주하는 한국인 자녀들의 러시아어 학습을 돕기 위함이었다. 그리고 표제항의 선정은 톨스토이가 지은 『새로운 철자 교과서』(1900)라는 책 속에 포함되어 있는 단어들이다. 이 책이 이국인들을 위한 학교에서 많이 사용되었기 때문에 표제항목의 선정기준이 된 것이다. 이 사전의 한국어는 남우수리의 안치혜 출신인 한씨(韓氏)의 개인어를 바탕으로 한 한국어 방언이다. 그러나 이 한국어 방언은 한씨(韓氏)의 한국에서의 선대거주지(先代居住地)가 밝혀져 있지 않기 때문에 동북방언의 어느 하위 지역어인지는 자세히 알 수 없다. 그러나 여기에 사용된 한국어는 육진 방언을 나타내는 것이라고 할 수 있다.

11) 『나한소사전』

　파리 외방전교회의 신부 다블뤼(Daveluy, Marie. Nicolas Antoine, 安敦伊, 1818-1866), 혹은 한국인 신부 방달지(方達智)와 공편한 것으로 보이는 사전으로 1891년에 홍콩에서 간행되었다. 원책명은 'Parvum Vocabularium ad Usum Studiosae Juventuis Coreanae'이다. 그런데 표제명이 다른 이 책의 사본에는 "Dictionarium Latino-Coreanum, ditio recentior, accuratē Correcta, multis Vocabulis locapletate et ad Usum alumnorum accommodatissima, Auctore Clerico"이라 되어 있다. 이 제명의 한글 서명은 'ᄌ회문법'으로 기록되어 있는데, 이것은 '자회문법(自會文法)'의 음으로서 이 책의 한국명인 것이다.

---

4 이 사전에 대해서는 곽충구(1994), 『함북 육진방언의 음운론』 참조.

이 책은 간행된 지 45년 후인 1936년 7월에 수정, 증보되어 윤을수(尹乙洙)가 편찬하여 경향잡지사에서 '나한사전'으로 개제되어 출판되었다. 그리고 해방 후인 1959년에 경향신문사에서 그 증보판이 780페이지로 간행되었다.

이 책은 라틴어를 표제어로 하고 거기에 한국어로 대역한 수진용 사전이다. 각 단어마다 품사, 동사, 형용사의 변화, 기타 문법적 설명과 그 단어에 속하는 여러 가지 숙어를 예시하고 있다.

12) 『일한회화사전(日韓會話辭典)』

서울의 일어잡지사(日語雜誌社)에서 1906년에 편찬하여 간행해낸 휴대용 사전이다. 문고판으로 탁사문고(濯斯文庫)의 하나이다. 일어잡지사의 대표인 일본인 도뢰상길(渡瀨常吉)이 편찬하였다고 하나, 편찬자에 대한 정보를 알 수 없다.

앞의 예언(例言)에서 이 책이 아이우에오의 50음의 일본어 순서에 따라 일본어와 한국어 중 보통회화용의 단어를 대역하고 또 그것을 응용한 예를 드는 것을 목적으로 하였다고 하였으니, 한국인들에게 일본어를 이해시키기 위해 편찬한 것이다. 모두 4,500여 개의 어휘가 표제어로 실려 있고, 각 어휘에 예를 든 것이 셋 내지 네개씩 들어서 모두 14,000여 단어가 들어 있는 셈이다. 예언(例言)이 3쪽이고 목차가 2쪽이며, 본문이 모두 491쪽이다. 그 형식은 다음과 같다.

- 嗚呼 아- (一) 怖イ 무섭다 (二) 面白イ 주미난다 (三) 情ナイ 무정ᄒ다
- 赤子 갓난아히 (一) ガ乳ヲ飮ム 가 젓을 먹는다 (二) ガ生レタ 가 싱겟다 (三) ヲ抱イテ居ル 을 안고 잇다

13) 『선역국어대사전(鮮譯國語大辭典)』

이 사전은 1919년에 일본인 선강헌치(船岡獻治)가 편찬하여 일본의 대판(大阪)의 옥호서점(屋號書店)에서 발행해 낸 책이다. 일본인 금택장삼랑(金澤庄三郎), 소창진평(小倉進平)과 한국인 이완응(李完應), 현헌(玄櫶)이 함께 교열하여 간행한 책이다. 식민지 정책에 의해 만들어진 사전이다. 5년간에 걸쳐 편찬한 책인데, 약 63,000여 개의 표제항은 일본어로 되어 있고, 뜻풀이는 한국어로 되어 있다. 예문은 일본어와 한국어를 동시에 제시하였다. 총 1,259쪽이나 되는 방대한 책이다. 현재 연세대학교 도서관과 국립중앙도서관에 소장되어 있다.

4.2.2. 국어사전(國語辭典)

단일어 사전으로 국어사전 중에서 중요한 사전을 보이면 다음과 같다.

편찬자	사전명	편찬 연도	표제어수
조선광문회(주시경, 김두봉, 이규영, 권덕규 등)	말모이	1911-	'ㄱ-갈죽' 부분만 남아 있음
심의린	보통학교 조선어사전	1925	6,106개 최초의 국어학습사전
계명구락부(최남선, 정인보, 이윤재, 임규, 변영로, 양건식 등)	조선어사전	1927	'마름질- 봐승'부분만 원고 형태로 남아 있음
문세영	조선어사전	1938	약 89,000개
이윤재	표준조선어사전	1947	
조선어학회	조선어큰사전	1947	164,125개
문세영	수정 증보 조선어사전	1949	
신기철·신영철	표준국어사전	1958	
이희승	국어대사전	1961	약 230,000개
신기철, 신영철	새우리말큰사전	1974	약 310,000개
이희승	국어대사전(수정증보판)	1982	

금성사(김민수, 고영근, 임홍빈, 이승재)	국어대사전	1996	약 300,000개
국립국어연구원	표준국어대사전	1999	509,076개
한글학회	우리말큰사전	1991	약 450,000개
연세대 언어정보개발연구원	연세한국어사전	1998	약 50,000개
고려대 민족문화연구원	고려대 한국어대사전	2009	약 390,000개
북한 사회과학원 언어학연구소	조선말사전(6권)	1961-1962	187,000개
북한 사회과학원 언어학연구소	조선말대사전	1992	약 330,000개
북한 사회과학원 언어학연구소	조선말대사전(증보판)	2006	약 400,000개

1) 「말모이」

우리나라 사람이 우리나라 말을 대상으로 하여 만든 최초의 국어사전은 「말모이」이다. 이 「말모이」는 최남선(崔南善)·박은식(朴殷植) 등이 우리나라의 문화를 선양할 목적으로 설립한 조선광문회(朝鮮光文會)에서 주시경(周時經)·김두봉(金枓奉)·권덕규(權悳奎)·이규영(李奎榮) 등의 국어학자들이 민족주의적인 애국계몽의 수단으로 편찬하려 했던 원고이다.

「말모이」는 조선광문회에서 1911년부터 편찬하게 하여 편찬된 사전이지만 출판되지 못하고 원고로만, 그것도 부분적으로만 남아 있는 사전이다. [5]

「말모이」에 직접 참여하였던 사람들은 주시경, 김두봉, 이규영, 권덕규 등 모두 4명이었다. 1914년에 주시경이 세상을 떠나자, 1916년에는 이 말모이의 바탕이 되는 문법책으로 김두봉이 조선말본을 간행하기도 하였으나 그가 상해로 망명하고, 이규영이 작고함으로써 「말모이」의 편찬은 완성단계에서 멈추어졌고 그 원고조차 산실되어 현재는 그 첫째권으로 보이는 'ㄱ-걀죽'까지의 표제항이 있는 한 권(이병근 교수 소장, 현재는 국립한글박물관 소장)만이 남아 있을 뿐이다. 앞의 몇 예만 보이면 다음과 같다.

---

5 말모이에 대해서는 이병근(1977), 「최초의 국어사전 말모이(원고) - '알기'를 중심으로」, 『언어』 2-1 참조.

- ㄱ 닷소리의 첫재 소리니 서바닥 뒤를 입천정 뒤에 닿이고 어느 홀소리와 어울어 목으로 붙어 헤치어 냄. 제소리만은 낼 수 없으므로 홀소리「ㅣ」와「ㅡ」를 어울어 「기윽」이라 이름함.

- 가 (제) 두 옆으로 늘인 것(세로 말고 -로).

- 가 (심) 어느 임을 다만 임이 되게 하는 홀소리 밑에 쓰는 토(배 - 뜨).

「말모이」

2) 계명구락부의 「조선어사전」

조선광문회에서 편찬 계획한 「말모이」와는 달리 계명구락부에서 편찬한 국어사전의 일부도 원고 상태로 남아 있다. 조선광문회에서 완성하지 못한 「말모이」를 완성시키려는 노력이 있었다.

1927년 6월 6일자『동아일보』기사에 다음과 같은 기사가 보인다.

> 기사제목 : 朝鮮語辭典 編纂 -시내 인사동 계명구락부에서-
>
> 시내 인사동(仁寺洞)에 잇는 계명구락부(啓明俱樂部)에서는 전자에 긔관잡지 계명(啓明)으로서
> 조선 고뎐(古典) 연구에 힘써 오든 바 이번에 다시 조선어사전(朝鮮語辭典)을 편찬키로 하고 최
> 남선(崔南善) 씨를 수뇌로 뎡인보(鄭寅普) 리윤재(李允宰) 림규(林圭) 변영로(卞榮魯) 량건식(梁
> 建植) 등 각 방면의 권위를 망라하야 작일부터 위선 어휘(語彙) 모집에 착수하엿다는데 지금까지
> 위선 약 일만오천원의 경비를 예산하는 바 대부분 동 구락부원의 출자가 될 터이라 하며 편찬에
> 는 이전 조선광문회(光文會)에서 모아 둔 것을 긔초로 시작하리라더라
>
> ─『동아일보』1927년 6월 6일

즉 계명구락부에서 최남선이 주동이 되어 다시 조선어사전 편찬을 시도하
였는데, 이전의 조선광문회에서 모아 둔 자료를 기초로 하여 시작하겠다는
내용이다. 따라서 이때까지는 「말모이」의 원고가 남아 있었을 가능성이 높은
것이다.

「말모이」의 편찬 목적에 대해서는 정확하게 기록되어 있는 것이 없어서 그
내용을 잘 알 수 없다. 그러나 1927년에 「말모이」를 편찬하려고 했던 육당 최
남선이 주축이 되어 다시 조선어사전을 편찬하려고 하였을 때의 목적이 들어
나 있어서 그것을 토대로 하여 말모이의 편찬 목적을 미루어 짐작할 수 있다.

1927년 6월 9일 『동아일보』 기사를 보도록 한다.

> 기사 제목 : 朝鮮語辭典 編纂의 計劃
>
> 내용 :
>
> 一
>
> 啓明俱樂部에서는 今番에 六堂 崔南善氏의 主宰下에 朝鮮語辭典 編纂의 計劃을 세웟다. 그는 매우
> 適當한 事業인 줄을 안다. 啓明俱樂部는 朝鮮의 知識分子를 만히 網羅하여 잇스니 어느 意味에 잇
> 서서 現下 朝鮮에 잇서서의 知識의 淵叢이라 할 수 잇고 또 그 會員 中에는 相當한 資力을 가진 이
> 가 만히 잇스니 文化事業에 貢獻할 可能性이 充分히 잇다고 하겟다. 이 團體에서 計劃된 이 事業에
> 對하여는 우리는 그것이 잘 有終의 美를 이룰 것을 밋는 바이다.
>
> 二
>
> 天地自然의 聲이 잇슨 즉 天地自然의 文이 잇는 것이니 우리 朝鮮文의 發達도 쏘한 天地自然의 理
> 에 依하야 된 것이다. 그러나 過去에는 여러 가지 事情으로 因하야 朝鮮文의 發達이 매우 遲遲한
> 바가 잇섯고 싸라서 朝鮮語를 朝鮮文으로 써서 記錄해 둔 것이 적엇섯다. 語와 文은 서로 因果關係
> 를 지어서 發達되는 것이니 文으로 因하야 語가 더욱 發達되고 語에 依하야 文이 더욱 整理 向上되

이 기사에 있는 三에서 언급한 바와 같이 비록 외국인이 조선어사전을 편찬하였어도 조선어감(朝鮮語感)을 지니지 못하였을 뿐만 아니라 조선어에 대한 지식이 부족한 상태에서 만들어졌으므로 우리나라 사람에 의한 우리나라 사전 편찬이 필요함을 강조하고 있다.

그러나 1927년에 계명구락부에서 계획했던 사전편찬도 무위로 끝난 것으로 보인다. 이에 대하여 1929년 11월 2일자 동아일보는 다음과 같이 전하고 있다.

이 내용으로 보아 조선광문회에서 계획했던 조선어사전, 즉 '말모이'의 편찬과, 계명구락부에서 추진했던 조선어사전의 편찬은 무산된 것으로 보인다.

이 기사를 통해 현재 고려대학교 육당문고에 소장되어 있는 조선어사전 편찬 원고가 바로 계명구락부에서 편찬을 시도했던 조선어사전 편찬 계획에 의해 만들어진 조선어사전 원고임도 알 수 있게 되었다. 육당 문고에 소장되어 있고, '말모이' 원고와는 다른 또 하나의 원고가 있어서, 이 원고가 '말모이' 편찬 원고의 하나라고 추정하였던 것이 사실은 계명구락부에서 추진하였던 원고의 일부라는 사실도 알게 된 것이다.

김민수 교수는 이 원고가 '말모이' 원고일 가능성이 높다고 추정하였다. 이 원고의 앞에 김민수 교수가 초(草)해 놓은 다음과 같은 글이 붙어 있는데, 그것을 보이면 다음과 같다.

朝鮮光文會 編纂, 『辭典』 稿本 零本

1914년 9월경(?)부터 金枓奉, 李奎榮, 權悳奎 등에 의하여 편찬된 國語辭典의 원고, 잔존한 이 원고는 ㅁ 項 274면, ㅂ 항 394면.

이것은 朝鮮光文會에서 周時經(1876-1914) 주관 하에 1913년 9월부터 金枓奉, 李奎榮, 權悳奎 등이 『朝鮮語辭典』을 편찬하기 시작하여 『말모이』이란 책명으로 완결지으려고 하다가 周時經 작고 후 光文會의 뜻에 따라 이와 같은 『辭典』으로 개편한 것으로 짐작된다. 그래서 1916년 4월에 출판된 김두봉 『조선말본』 판권 후면 新文館 광고에 朝鮮語法 五萬의 朝鮮光文會 編纂 『辭典』 近刊이라는 豫告까지 나오게 된 것이다. 그러나 事情으로 출판에 이르지 못하고 이처럼 원고로 그 흔적만 남게 되었다.

1986. 4. 1.

金敏洙 草

그러나 현전하는 '말모이'의 원고와 육당문고의 조선서사전의 원고는 원고지도 다를 뿐만 아니라 가로쓰기와 세로쓰기 등의 체제도 달라서 전혀 다른 원고이다. 이것은 계명구락부에서 계획했던 '조선어사전'의 원고임에 틀림이 없다고 생각한다.

고려대학교 소장 조선어사전 원고를 보이면 다음과 같다.

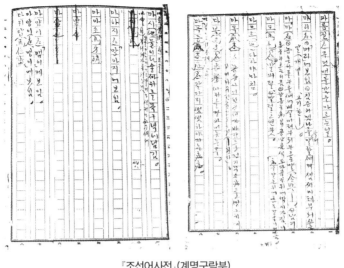

『조선어사전』(계명구락부)

3) 『보통학교 조선어사전』

이 사전은 경성사범학교 교원이었던 심의린(沈宜麟)이 편찬하여 1925년에 간행해낸 책이다. 초등학교용 학습사전으로서, 우리나라 최초의 학습사전이라고 할 수 있다. 이 책은 그 서문이나 범례에서 밝히고 있듯이 보통학교 학생들과 이들을 지도하는 사람들에게 참고가 되도록 만들었다. 그리하여 조선어 독본을 배우는 사람들에게 편의를 주기 위해 편찬된 것이다. 표제어는 보통학교 교과서에서 뽑은 것으로 뜻풀이의 뒤에 교과서의 출전을 밝히고 있다. 예컨대 (4.8)은 권4의 第8課라는 뜻이다.

표제어는 모두 6,106개이다. 부록으로 '보통학교 한자자전(普通學校 漢字字典)'이 실려 있다. 내용의 일부를 보이면 다음과 같다.

• 가 牙音初聲「ㄱ」와 開口音中聲「ㅏ」의 合成音.
• 가[歌] 노래. (4, 8)

- •가[邊 변] ●여가리. ●가장자리. (2, 16)
- •가[軻] 孟子님의 名이니넑을째에는敬意를表하기爲하야(某)라고읽소. (6, 7)
- •가ㅌ[終聲이잇는말밋혜는[이]를쓰고中聲만잇는말밋혜는가를씀. (1, 20)
- •가경[佳境] 아름다운景致. (6, 8)
- •가계[家計] 살님. (6, 3)
- •가권[家眷] ●家率(가솔). ●한집안食口. (補)
- •가긍[可矜]하기로 불상하기로. (5, 3)
- •가는[細 셰] 굵지못한. (2, 2)
- •가당[可當] 適當한것. (補)
- •까닭 ●理由(리유). ●緣故(연고). (2, 12)
- •가두엇소[囚 슈] ●나오지못하게집어너엇소. ●獄에넛는것. (5, 12)
- •가득한[滿 만] ●꼭찬. ●잔쯕한. (3, 12)
- •가득히[滿 만] ●잔쑥. ●꼭차게. (2, 9)
- •가라안- 물밋흐로잠기는것. (4, 21)
- •가량[假量] 거진되는것. (3, 22)
- •가려[擇 퇵] ●골나서. ●퇵하야. ●조흔것을取하야. (2, 12)
- •가려[佳麗] ●아름다웁고고흔것. ●美麗(미려). (5, 2)

4) 『대한민보』

『대한민보』는 1909년(융희 3년) 6월 2일에 오세창, 장효근, 최영목, 심의성 등
이 중심인물이 되어 창간된 일간신문으로 1910년 8월 18일까지는 '대한민보'
라는 이름으로 353호, 그 이후 1910년 8월 31일까지는 '민보'라는 이름으로 357
호를 발행하였다.

　여기에는 신래성어문답(新來成語問答), 이훈각비(俚訓覺非), 명사집요(名詞輯
要), 사전연구초(辭典研究草), 보감(寶鑑)과 같은 언어에 대한 기사가 연재되었는

데, 신래성어문답(新來成語問答)은 새로운 어휘를 소개하는 난이었고, 이훈각비(俚訓覺非)는 한자의 새김 중 잘못된 것들을 바로잡는 난이었으며, 명사집요(名詞輯要)는 우리말에 대응되는 한자어를 밝혀주는 난이었다. 그리고 사전연구초(辭典研究草)는 우리말사전의 초안 형식을 보여 주며, 보감(寶鑑)에서는 새로 유입된 속담에 대하여 기술한 것이다.[6]

그 내용의 일부를 보이면 다음과 같다.

- 가가 : 家家 ㅣ 나잡집
- 가가 : 假家ᄂᆞ 헛십 △ 小商店의 俗稱
- 가가대소 : 呵呵大笑 ㅣ 니 크게 웃는 것
- 가거라 : 往을 命홈
- 가거지단 : 可據之端이니 可히 證據홀 事端
- 가거문자 : 可據文字 ㅣ 니 可히 證據홀 書字

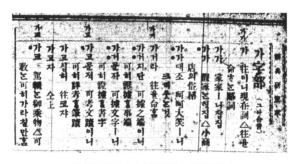

「사전연구초 1」, 『대한민보』 제175호

---

6 대한민보의 국어 자료에 대해서는 다음 논문을 참조할 것.
　이병근(1988), 「개화기의 어휘정리와 사전편찬-대한민보의 경우-」, 『주시경학보』 1.
　방영심(2008), 「대한민보의 언어 관련 기사에 관한 연구」, 『국어사연구』 8호.

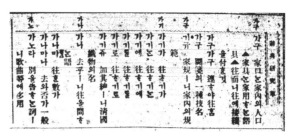

「사전연구초 2」, 『대한민보』 제176호

4.2.3. 고어사전(古語辭典)

어휘의 역사를 알 수 있는 사전, 즉 고어사전은 이미 어휘사 분야에서 전술한 바와 같다.

고어사전의 어휘수는 대개 30,000개 이내이어서, 현대국어 사전 어휘수의 1/10도 되지 못한다. 뿐만 아니라 대부분의 고어사전은 표제어와 품사 정보와 간략한 뜻풀이와 예문이 전부이어서 이 고어사전만으로는 어휘들의 역사적인 변화과정을 알 수 없다.

필자가 조사한 고어사전의 목록을 보이면 다음과 같다.[7]

- 고려언어연구원(2006), 『조선말 고어사전』, 흑룡강조선민족출판사.
- 김근수(1949), 『참고 고어사전』, 필경.
- 김영(2022), 『삼국지 고어사전』, 중한번역문헌연구소.
- 김영황(1993), 『중세조선말사전(1)』, 과학백과사전종합출판사.
- 김종오(1950), 「古語 例解(完)」, 『조선어연구』 2.3
- 김종오(1949), 「古語 例解」, 『조선어연구』 1-1~1.8
- 南廣祐(1960), 『古語辭典』, 동아출판사.
- 南廣祐(1971), 『補訂 古語辭典』, 일조각.

---

7 고어사전에 대해서는 황용주(2013)를 참고할 것.

• 南廣祐(1997), 『教學 古語辭典』, 教學社.

• 리서행(1965), 『조선어 고어 해석』, 평양 고등교육출판사.

• 박재연 주편(2010), 『(필사본) 고어대사전』, 학고방.

• 박재연(2001), 『고어ᄉᆞ뎐』, 선문대 중한번역문헌연구소.

• 박재연, 이현희(2016), 『고어대사전』, 선문대 중한번역문헌연구소.

• 박재연·김영·이민숙(2004), 『홍루몽 고어사전』, 선문대 중한번역문헌연구소.

• 方鐘鉉(1946-1947), 『古語材料辭典(前後集)』, 同省社.

• 辛兌鉉(1940), 「古語集解」, 『正音』 35.

• 劉昌惇(1959), 『古語辭典』, 동국문화사.

• 劉昌惇(1964), 『李朝語辭典』, 연세대출판부.

• 이상춘(1949), 『조선 옛말 사전』, 을유문화사.

• 이영철(1949), 『옛말 사전』, 을유문화사.

• 全圭泰(1976), 『古語辭典』, 西江出版社.

• 全圭泰(1981), 『古語辭典, 吏讀辭典』, 三洋出版社.

• 丁泰鎭·金炳濟(1948), 『朝鮮古語方言辭典』, 一成堂書店.

• 鄭熙俊(1949), 『朝鮮 古語辭典』, 東邦文化社.

• 한글학회(1992), 『우리말큰사전 4, 옛말과 이두』, 어문각.

• 홍윤표·송기중·정광·송철의(1995), 『17세기 국어사전』, 태학사.

4.3. 주석(註釋) 자료

4.3.1. 문헌의 주석 자료

1) 언해 문헌의 주석 자료

각 언해 문헌에는 협주를 달아 그 문헌에 나오는 어휘의미를 설명한 것이 매우 많다. 모든 문헌을 조사하여 이 어휘의미를 찾아 정리해 놓아도 매우 귀중한 어휘의미들을 기술할 수가 있다.

언해 문헌의 주석은 세 가지 유형으로 나타난다.

하나는 다음과 같은 한자에 대한 주석이다.

- 製는 글 지을 씨니 〈1446, 훈민정음언해본, 1a〉
- 訓은 フ르칠 씨오 〈1446, 훈민정음언해본, 1a〉
- 民은 百姓이오 〈1446, 훈민정음언해본, 1a〉
- 音은 소리니 〈1446, 훈민정음언해본, 1a〉
- 國은 나라히라 〈1446, 훈민정음언해본, 1a〉

또 하나는 다음과 같은, 그 글의 내용주이다.

- 子思子 : 子思는 지오 일호믄 伋이니 孔子ㅅ 손지라 아랟 子ㄷ ᄌᆞᄂᆞᆫ 존칭ᄒᆞᄂᆞᆫ 말이라 〈1588, 소학언해(도산서원본), 1:1b〉
- 孟子 : 일홈은 軻ㅣ오 ᄌᆞᄂᆞᆫ 子輿ㅣ라 〈1588, 소학언해(도산서원본), 1:8b〉

또 하나는 한자어에 대한 주석이다. 이들 한자어에 대한 주석이 국어 어휘자료로서 사용될 수 있다.

- 譯은 翻譯이니 ᄂᆞ믹 나랏 그를 제 나랏 글로 고텨 쓸씨라 〈1459, 월인석보, 1:釋序 6a〉
- 殿下 : 太子를 일콛는 말이라 〈1588, 소학언해(도산서원본), 6:42b〉
- 矛盾 : 矛는 槍이오 盾은 防牌니 창으로 사ᄅᆞᆷ을 디ᄅᆞ려 ᄒᆞ거든 방패로 막음이니 서르 어긔윰을 니름이라 〈1736, 어제내훈, 1:13b〉
- 東宮 : 셰ᄌᆞ 겨신 집이라 〈1588, 소학언해(도산서원본), 4:47b〉

- 公案은 그윗 글와리니 사르미 다 從호씨 話頭를 公案이라 호니라 〈1577, 몽산화상 법어약록언해(송광사판), 5b〉
- 三삼才징는 天텬과 地띵와 人신괘라 〈1482, 금강경삼가해, 序:3a〉

이러한 주석 자료는 어휘의 의미를 파악하는 데에 많은 도움을 준다. 현대의 국어 사전의 뜻풀이와 비교를 해 보면 그 의미의 변화를 파악할 수 있다. 앞에서 예를 든 몇 개의 어휘와 비교를 해 보면 그 차이를 알 수 있다. 표준국어대사전의 풀이말과 대비해 보도록 한다.

	주석	표준국어대사전
飜譯	느미 나랏 그를 제 나랏 글로 고텨 쓸씨라	어떤 언어로 된 글을 다른 언어의 글로 옮김
殿下	太子를 일콛는 말이라	조선 시대에, 왕을 높여 이르거나 부르던 말.
矛盾	矛는 槍이오 盾은 防牌니 창으로 사름을 디르려 호거든 방패로 막음이니 서르 어긔윰을 니름이라	어떤 사실의 앞뒤, 또는 두 사실이 이치상 어긋나서 서로 맞지 않음을 이르는 말. 초나라의 상인이 창과 방패를팔면서 창은 어떤 방패로도 막지 못하는 창이라 하고 방패는 어떤 창으로도 뚫지 못하는방패라 하여, 앞뒤가 맞지 않은 말을 하였다는 데서 유래한다.
東宮	셰즈 겨신 집이라	동궁 황태자나 왕세자를 달리 이르던 말
公案	公案은 그윗 글와리니 사르미 다 從호씨 話頭를 公案이라 호니라	공무(公務)에 관한 문안(文案)
三才	三삼才징는 天텬과 地띵와 人신괘라	관상에서 이마와 코와 턱을 이르는 말. 이마를 천(天), 코를 인(人), 턱을 지(地)로 본다.

필자는 현재 언해 자료에서 이들 주석 자료들을 추출하여 어휘 자료로 이용하기 위한 작업을 진행하고 있는데, 현재까지 15세기 한글 문헌에서부터 18세기 중기까지의 한글 문헌(1837년의 여사서언해)에서 약 3,600개의 주석 자료를 추출하였다. 물론 이 추출된 자료는 한자에 대한 주석과 한자어에 대한 주석을 모두 대상으로 하고 내용주는 제외하였다.

이처럼 어휘 의미의 변화는 이러한 주석 자료를 통해 알아볼 수 있다.

이와 같이 언해문에 주석을 단 문헌의 목록은 너무 많아서 여기에 목록화시키지 않는다.

반면에 언해문에 주석을 달아 놓은 몇 문헌을 소개하도록 한다.

	문헌명	저자	권책	시기	소장처
1	整理儀軌	미상	필사본(48권)	1796-1797	파리동양어학교
2	玉嬌梨	미상	필사본(3책)	19세기	일본 동경대학
3	法寶壇經大義略錄	미상	필사본(1책)	1909	규장각

2)『뎡니의궤(整理儀軌)』

한글본 의궤인『뎡니의궤』는 1796년과 1797년의 원행(圓行)과 화성성역(華城城役), 혜경궁 홍씨의 탄신을 경하하는 잔치(1796-1799) 등을 보여 주는 기록이다. 파리 동양어학교 소장본이다. 전체 48권으로 분권되어 있었으나, 현존하는 것은 12권(권 29-36, 40, 46-48)뿐이다. 권29-권30은 병진년(丙辰年) 원행(園幸), 권33은 병진(丙辰)의 탄신경하(誕辰慶賀), 권34-권36은 정사년(丁巳年) 원행(園幸), 권40, 권46-48은 화성성역의 내용을 담고 있다.

이 의궤는 모든 내용이 순한글로 기록되어 있는데 곳곳에 협주로 주를 달아놓았다. 협주로 된 주석도 역시 한글로 되어 있다. 다양한 분야의 어휘들이 주석되어 있어서 국어 어휘를 연구하는 데 많은 도움을 준다.[8]

•샹슈 : 웃듬스미란 말슴 〈권30, 7b〉

---

[8] 이 정리의궤에 보이는 협주에 대한 연구는, 옥영정(2009), 「『華城城役儀軌』의 한글 자료에 관한 연구 -한글본『뎡니의궤』에 수록된 '화성성역'의 분석과 비교-」(『書誌學硏究』42), 옥영정(2015), 「한글 의궤문헌의 주석 유형과 물명 기록 연구」(『국어사연구』20)에서 자세히 볼 수 있다.

•거지 : 농뷔 발을 드러 농수ᄒ단 말슴 〈권30, 18b〉

•누리 : 셩쳡 〈권32, 10b〉

•쥬관 : 칙 일홈 〈권32, 21a〉

•화천 : 지믈이 십ᄀᆞ치 흐륵단 말슴 〈권32, 21a〉

•단빅 : 비단 〈권32, 21a〉

•포면 : 뵈무명 〈권32, 21a〉

•변두 : 음식 담ᄂᆞᆫ그릇 〈권32, 32a〉

•준조 : 술준과 도마 〈권32, 32a〉

•새아 : 삿술 〈권32, 48a〉

•강슌 : 싱강슐 〈권32,48a〉

•강분 : 싱강분 〈권32, 48a〉

•슈쟝 : 무쟝 〈권32, 48a〉

•덩근 : 팔의 놋ᄂᆞᆫ 힘 〈권32,48b〉

•져포 : ᄉᆞ긔 모시로 믈 바티ᄂᆞᆫ 틀 〈권32, 49b〉

•쵸셩 : 솔 〈권32, 56a〉

•뉴오 : 버들고리 〈권32, 50b〉

•쟉셔 : 새와 쥐 〈권34, 23a〉

•샹위 : 군ᄉᆞ향으로 시위ᄒᆞ옵단 말슴 〈권34, 58a〉

•포셩 : 휘댱 치단 말슴 〈권35, 21b〉

•치션 : 날마다 드리ᄂᆞᆫ 싱치와 싱션 〈권35, 25a〉

•거류 : 뉴슈란 말슴 〈권 40,3a〉

•홍예 : 무지게문이란 말슴 〈권40, 9a〉

•거듕 : 무거온 거슬 ᄃᆞ리고 무거온 거슬 드단 말슴 〈권40,10a〉

•셕등 : 돌층졔 〈권40, 10b〉

•누조 : 셩문 우희 쥬조부리ᄀᆞᆺ튼 슈쳑돌 〈권40, 10b〉

•착호 : 희ᄌᆞ 프단 말슴 〈권40,10b〉

- 현안 : 셩을 쭈러 아릭로 보ᄂᆞᆫ 길게 드리운 구멍 〈권40,10b〉
- 셜치 : 치셩 베프단 말ᄉᆞᆷ 〈권40, 10b〉
- 오셩지 : 다ᄉᆞᆺ별 모양으로 쭈른 구멍 〈권40, 13a〉
- 보유련 : 칙 일홈 〈권40, 16b〉
- 쟝지 : 비여실이란 말ᄉᆞᆷ 〈권40, 19b〉
- 봉산 : 봉ᄒᆞ야 둔 뫼 〈권40, 21a〉

주석이 두 번 겹친 것도 있다.

- 홍예 : 무지게문이란 말ᄉᆞᆷ 〈권40, 10a〉
- 홍예 : 무지게란 말ᄉᆞᆷ 〈권40, 25a〉

동일한 주석이 필요한 것은 '우희 주닌 것'이라고 하여 앞의 주를 참조하라고도 하였다.

- 현안 : 셩을 쭈러 아릭로 보ᄂᆞᆫ 길게 드리운 구멍 〈권10, 10b〉
- 현안 : 우희 주닌 것 〈권40,13b〉

- 누조 : 셩문 우희 쥬조부리 ᄀᆞ튼 슈치돌 〈권40, 10b〉
- 누조 : 우희 주닌 것 〈권40 14a〉

물론 주석은 없지만 물명을 나열해 놓은 부분도 있어서 물명에 대한 정보를 볼 수 있다.

각종 절가식
- 빅쳥   · 황쳥   · 진임   · 흑임   · 진발   · 목말

•녹말	•슈임	•싱뉼	•대초	•홍시	•건시
•준시	•싱니	•되호도	•리빅ᄌ	•셕뉴	•유ᄌ
•감ᄌ	•황눌	•은힝	•산사	•들쥭	•오미ᄌ
•목과	•대전복	•듕전복	•쇼전복	•홍합	•히슴
•싱복	•슉전복	•대문어	•광어	•황대구	•반건대구
•건대구	•건민어	•셕어	•홍어	•오적어	•청어
•사어	•북어	•츄복	•은구어	•대하	•던어
•대합	•계란	•슌됴	•슈어	•부어	•금닌어
•눌어	•싱히	•셰하히	•교침히	•대구란히	•셕화히
•감동히	•감동유	•싱복히	•홍합히	•셕난히	•아감히
•하란	•어란	•명난	•년난	•숑난	•방어
•숑어	•년어	•빅어	•낙졔	•황셕어	•셕화
•쥭합	•가리마	•빅미	•졈미	•적두	•흑두
•녹두	•황두	•청녕미	•화녕미	•황육각죵	•져육각죵
•청근	•싱총	•숑치	•슈간	•향애	•슈애
•숑저	•박고지	•청태	•길경	•고비	•고사리
•청라	•개ᄌ	•싱강	•죠고	•셕이	•셰간반
•션	•쳔초	•숑이	•고돌박이	•낭이	•숄쟝이
•목슉	•토련	•녹두치	•청근치	•태아	•동과
•빅당	•계되	•청포	•대포	•진초	•빅면
•염	•오싴지	•장지	•장유지	•빅기	•빅유기
•홍듕승	•듕승	•홍셰승	•셰승	•마ᄉ	•져ᄉ
•던쥭	•힝담	•쵸셔	•인셕	•강요쥬	•연복
•화복	•불염민어	•미하	•히양	•각싴당쇽	〈권 32, 45a-48a〉

『정리의궤』 권32, 39a　　　　　『정리의궤』 권32, 32a

3) 『옥교리(玉嬌梨)』

『옥교리』는 일명『쌍미기연(雙美奇緣)』이라고도 불리는 고소설이다. 중국 청나라의 장균이 지은 염정소설을 우리나라에서 언해한 책인데 3책의 20회로 구성된 필사본으로 전한다. 일본 동경대학 도서관 소장의 한글 필사본 옥교리는 상단에 주석이 붙어 있는데, 주로 본문의 고유어 어휘에 대해 주석을 한 것이 특이하다. 따라서 고유어의 의미나 국어 어미(語尾)의 의미를 파악하는데 큰 도움을 준다. 모두 112개가 주석되어 있다. 몇 예를 보이면 다음과 같다.[9]

- 너겨 : 如也 〈1책, 1a〉

- 드록 : 終至之意味 〈1책, 1b〉

- 마다 : 筒筒之意 下同 〈1책, 1b〉

---

[9] 『옥교리』에 나오는 주석은 박재연, 정병설 교주(2003),『玉嬌梨』, 鮮文大學校 中韓飜譯文獻硏究所에 부록으로 실려 있다.

- 투록 : 終至意 承上而促其音順 故ㄷ與ㅌ不同 ⟨1책, 1b⟩

- 쏜룸 : 而已之意 ⟨1책, 2b⟩

- 도 : 語有連續貌 ⟨1책, 2b⟩

- 뇨 : 何故之意 下倣此 ⟨1책, 3a⟩

- 롸 : 自爲文辭 下倣此 ⟨1책, 3a⟩

- 샨 : 而已之意 ⟨1책, 6b⟩

- 료 : 問將來之辭 下同 ⟨1책, 6a⟩

- 랏다 : 始知之辭 ⟨1책, 7b⟩

- 도곤 : 比較之意 ⟨1책, 17a⟩

- 못ㄱ지 : 會也 ⟨1책, 17a⟩

주석된 표제어 112개 중에서 겹치는 항목이 몇 개 있다. 그 목록을 보이면 다음과 같다.

• 너겨 : 如也 ⟨1책, 1⟩		• 너겨 : 如也 不快如也 ⟨1책, 8⟩
• 돠 : 快行之意 言詣上皇之外 必爲也 ⟨1책, 22⟩		• 돠 : 与로다同 荅平交之語 ⟨3책, 16⟩
• 둧 : 似也 ⟨1책, 11⟩		• 둧 : 然也 ⟨1책, 54⟩
• 랏다 : 始知之辭 ⟨1책, 7⟩		• 랏다 : 始覺悟之狀 ⟨2책, 33⟩
• 랴 : 不可之意 ⟨1책, 9⟩	• 랴 : 랴字与려字同 下倣此 ⟨2책, 23⟩	• 랴 : 与리오同 簡語也 ⟨2책, 29⟩
• 롸 : 自爲文辭 下倣此 ⟨1책, 3⟩		• 롸 : 上同 ⟨1책, 3⟩
• 료 : 問將來之辭 下同 ⟨1책, 6⟩		• 료 : 与리오同 簡其語也 ⟨2책, 29⟩
• 마다 : 簡簡之意 下同 ⟨1책, 1⟩		• 마다 : 簡簡之意 ⟨1책, 11⟩
• 믄득 : 便也奄也 ⟨1책, 2⟩		• 믄득 : 忽也便也 ⟨1책, 10⟩
• 법 : 或有可望之意 下同 ⟨1책, 22⟩		• 법 : 似然也 ⟨3책, 28⟩
• 업슈이 : 蔑視兒, 下視也 ⟨1책, 9⟩		• 업슈이 : 侮也 ⟨1책, 22⟩
• 쟉 : 若也 似非同年之意 下同 ⟨1책, 5⟩		• 쟉 : 同也 ⟨2책, 50⟩
• 젼혀 : 全也 ⟨1책, 35⟩		• 젼혀 : 全然之意 ⟨3책, 24⟩

이 옥교리에 나타나는 고유어에 대한 주석은 우리나라 문헌에서 한자어가 아닌 고유어에 대한 주석으로는 최초의 문헌으로 평가된다. 그 이후의 고유어에 대한 주석은 『국한회어』에서 볼 수 있을 뿐이다.

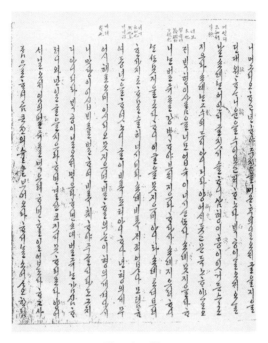

『옥교리』, 1책 9

4) 『법보단경⊡의약녹(法寶壇經大義略錄)』

서울대학교 규장각 소장의 1책(38장)의 필사본이다. 당나라 혜능(慧能, 638-712)의 어록인 『육조단경(六祖壇經)』(일명 『육조법보단경』)의 의(義)를 약술(略述)한 책이다. 순한글로 표기되어 있는데, 이 책의 상단에 본문에 보이는 어려운 어휘에 대하여 풀이를 해 놓았다. 마지막 장에 '긔유 츅셔'라는 기록이 있어 필사연도가 기유년(己酉年)이라는 것은 알 수 있으나 정확한 연도는 알 수 없다.

단, 지질 등으로 미루어 19세기 이후임은 짐작해 볼 수 있다. 즉 1909년의 필사기로 해석할 수 있다. 몇몇 주석을 보이면 다음과 같다,

- 조성은 저마다 잇는 셩품이라 〈1b〉
- 의발은 가샤옥과 발이니 여귀의 젼호신 것시라 〈2a〉
- 엽인은 서녕호는 샤룸이라 〈2a〉
- 톄발은 머리 깍다 〈2b〉
- 비구은 즁이라 〈2b〉
- 신아션은 산님스의 셩명이라 〈2b〉
- 좌구는 안는 졔구라 〈2b〉
- 샤시는 시쥬호단 말이라 〈3a〉
- 원락옥문은 즐겨 듯기를 원호다 〈3b〉
- 무렴은 스렴이 업다 〈4a〉
- 경졍졍블은 본성을 보와 부쳐를 일우다 〈4a〉
- 동죵션근은 한가지로 착훈 근본을 심우다 〈4a〉
- 돈교법은 돈연이 씨다는 법을 가르치다 〈4a〉
- 훈습은 쏘이고 익히미라 〈4a〉
- 범어는 셔역 방어라 〈4b〉
- 졍화는 고요이 안다 〈5a〉
- 단견은 업다 호는 소견이라 〈5a〉
- 염토는 더러운 셰계오 졍토는 극낙셰계라 〈5b〉
- 셰균은 셰샹 법이오 〈5b〉
- 출셰간은 셰의 쑤어나는 법이라 〈5b〉
- 취샤심은 가지고 바리는 마음이라 〈5b〉
- 증이심은 뮈워호고 샤랑호는 무음이라 〈6a〉
- 피안은 져 언덕이라 〈6a〉

- 추안은 언덕이라 ⟨6a⟩

- 번노ᄂᆞᆫ 번거이 걱정ᄒᆞ미라 ⟨6a⟩

- 신명은 제 몸과 목슘이라 ⟨7a⟩

- 직가자ᄂᆞᆫ 속인이오 츌가자ᄂᆞᆫ 즁이라 ⟨7b⟩

- 지계ᄂᆞᆫ 지계를 직희다 ⟨8b⟩

- 보시ᄂᆞᆫ 널니 시쥬ᄒᆞ다 ⟨8b⟩

- 샤견은 샤특ᄒᆞᆫ 쇼견이라 ⟨8b⟩

- 공용은 공부가 일용에 븨미라 ⟨9a⟩

- 반법건립은 만가지 법을 만드러닉다 ⟨9a⟩

- 셰죤은 셕가여릭라 ⟨9b⟩

- ᄉᆞ위국은 나라 일홈이라 ⟨9b⟩

- 하근은 근긔가 나즌 샤롬이라 ⟨9b⟩

- 샹근은 근긔가 놉흔 샤롬이라 ⟨9b⟩

- 블토ᄂᆞᆫ 셔방정토라 ⟨10a⟩

- 육근은 여섯가지 쑤리라 ⟨11a⟩

- 탐진치습독은 탐닉고 셩닉고 어린 마음이 독긔 되ᄂᆞ니라 ⟨12a⟩

- 듕싱은 샤롬과 즘싱을 모도 닐은 말이라 ⟨12b⟩

- 셜계ᄂᆞᆫ 게문을 말ᄒᆞ미니 게문ᄂᆞᆫ 블가글이라 ⟨13a⟩

- 젼미ᄂᆞᆫ 돈과 뿔이라 ⟨13a⟩

- 육도ᄂᆞᆫ 여섯 가지 힝실이라 ⟨13b⟩

- 노력은 힘을 쓰다 ⟨13b⟩

- 열반은 도라가시다 ⟨14a⟩

- 지계수복은 지계를 직희여 복을 닥다 ⟨14a⟩

- 승ᄉᆞᄂᆞᆫ 얼굴을 밧드러 셤기다 ⟨14a⟩

- 최샹승은 가쟝 제일 놉흔 법이라 ⟨14a⟩

- 희유ᄂᆞᆫ 희한ᄒᆞᆫ 일이라 ⟨14a⟩

- 진어는 참말이오 실어는 실다은 말이오 블망어는 망녕쬐지 아니ᄒᆞ미오 블이어는 두 말을 아니타 〈14a〉
- 무명업화는 컹컴ᄒᆞᆫ 블명이라 〈15b〉
- 슘계화틱은 셰계가 블 븟는 집이라 〈16b〉
- 진공은 진실ᄒᆞᆫ 허공이라 〈17a〉
- 묘유는 긔묘히 갓츄 잇다 〈17a〉
- 피장부 아장부는 져도 샤나희오 나도 샤나희라 〈17b〉
- 화두는 의심나는 구절이라 〈18b〉
- 질통은 샤ᄅᆞᆷ의 몸을 비ᄒᆞ니라 〈18b〉
- 힝쥬좌와는 당기나 머무나 안즈나 누으나 〈19a〉
- 공안은 방변법이라 〈19a〉
- 범쇼유싱은 온갖 싱긴 거시라 〈19b〉
- 현젼닐넘은 압히 뵈는 한 싱각이라 〈20a〉
- 회광반죠는 안광을 도로혀 안으로 보다 〈20a〉
- 기양은 직죽타 〈20a〉
- 무명번노는 컹컴ᄒᆞᆫ ᄆᆞ음으로 걱정ᄒᆞ다 〈20b〉
- 삼취계난 세풍치계힝이 되다 〈20b〉
- 미물ᄌᆞ싱은 부쳐를 팔아 싱이를 삼다 〈21a〉

『법보단경대의약록』, 10a   『법보단경대의약록』, 6a

그리고 다른 문헌에 대한 주석만을 모아 놓은 자료들도 보인다.

	문헌명	저자	권책	시기	소장처
1	옛말풀이	미상	필사본(1책)	20세기 초	김상석
2	干文類聚	미상	필사본(1책)	19세기	연세대도서관
3	家禮釋義	高汝興	목판본(1책)	1792년	규장각
4	小學釋義	오선기	목판본(1책)	1823년	홍윤표

5) 『옛말풀이』

『옛말풀이』는 1책의 필사본으로 한문성구인 '문자'를 우리말로 풀이하여 한글로 적어 놓은 책이다. 김상석 씨 소장본으로 모두 한글로 표기되어 있다. 표제어와 풀이가 456개가 있다. 이 책은 소위 '문자연습장'이라고 하는 문헌과 동일한 종류에 속하는 것이다. 필사기가 없어서 필사연도는 알수 없으나 표기법으로 보면 20세기 초반으로 추정된다. 몇 예를 보이면 다음과 같다.

- 목장지미 : 나무는 큰 나무 히을 본다 ᄒ미라 〈1b〉
- 천인지각이 온닷 : 멀고먼 산을 바릭보미 묏쑤리가 하날 갓쓸 갓단 말인듸 셔로 오고 가미 업시면 천인지각 갓단 말 〈1b〉
- 인즈무젹 : 어진 ᄉ람은 당할 직 업다 하미라 〈1b〉
- 츌어기ᄌ반오기라 : 션악간 제게로 도라진단 말이라 〈1b〉
- 무하시옥이 의셜리라 : 슷결 업ᄂ 옥이 이그러지기가 쉽단 말〈2a〉
- 염염직ᄌ : 미ᄉ을 항시 잇지 안니한단 말 〈2a〉
- 심한골경 : 마음이 츠고 쎄가 놀닌단 말이라 〈2a〉
- 황구소이 : 쏭지젹지 쇽에 아히라란 말 〈2a〉
- 구싱유취 : 님에셔 젓닉 나단 아히라 하미라 〈2a〉

이 책은 박재연 교수가 교주(校註)하여 2006년에 중한번역문헌연구소에서 간행하여 소개되었다. 영인본도 함께 싣고 있다.

『옛말풀이』, 1a

6) 『간문유취(干文類聚)』

『간문유취』는 저작 시기가 구한말로 추정되는 필사본 1책의 한자 분류어휘집이다. 어휘들을 일(一)부부터 금수(禽獸)부까지 모두 18부로 나누어놓고 물명 등 11편을 부록으로 살었다. 一二三四五六七八九十百千萬이라는 숫자를 표제 어휘의 첫글자로 한 다양한 어휘들을 제시하고 이에 대해 설명을 한문 또는 한글로 풀이하였다.

예컨대 一部에는 '일절(一截), 일방(一方), 일조(一遭), 일파(一把). 일렬(一列)' 등이, 二部에서는 '이화(二華), 이광(二廣), 이사(二肆), 이경(二敬), 이어(二魚)' 등이, 百部에는 '백록(百祿), 백합(百谷), 백영(百盈), 백월(百越), 백합(百合)' 등이, 萬部에는 '만세(萬歲), 만기(萬幾), 만민(萬民), 만인(萬人), 만석군(萬石君)' 등이 표제항으로 올라 있다.

숫자 표제어와 관련하여 사방부(四方部) 사시부(四時部), 오행부(五行部), 오색부(五色部) 등 주제별 범주도 설정하여 함께 수록하고 있다. 연세대학교 도서관 소장본이다. 표기법으로 보아 19세기 말의 자료로 추정된다.

각 부에 소속된 표제 어휘 수는 일정치가 않아서, 18부까지는 약 2,374개, 그 나머지는 약 2,313개로 이루어져 총 표제 어휘의 수는 약 4,687개이다. 이중 견문유취(犬文類聚), 서문유취(鼠文類聚), 우문유취(牛文類聚)는 풀이식으로 기술하지 않고 개, 쥐, 소에 관한 글들을 모아 놓았다.

전반적으로 보아 어휘사전의 형태를 보이지만, 일부는 유서의 형태를 취하고 있다. 표제어에 대해서는 한문, 한글 또는 국한문으로 설명하기도 했다. 그러나 한글로 풀이한 항목은 그리 많다고 할 수 없다. 예컨대 '一部에는 표제항이 889개인데, 한글 또는 국한문으로 풀이한 표제항은 30개이다.[10] 한글 또는 국한문으로 표기한 부분을 몇 개 예를 보이면 다음과 같다.

---

10 심경호(2009), 「연세대 소장 유서 및 한자어휘집의 가치」, 『동방학지』 146 참조.

- 一場 흔바탕 〈1a〉

- 一把 흔줌 〈1a〉

- 一樣 흔가짓 〈1a〉

- 一向 흔갈갓티 〈1a〉

- 一遭 흔번 猶一番 〈1a〉

- 赤瘶 리질 婦人 대하증 〈4a〉

- 瓵甇 적은독 부 큰독 당 〈6b〉

- 罷罷 두어라 두어라 亦曰也 罷也 〈8a〉

- 默默 어리고 미욱 也 〈8a〉

- 무무 어서 〈8a〉

- 惺惺 씻씻다 삷삷다 悟也〈8a〉

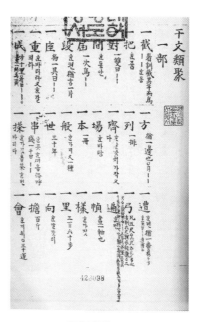

『간문유취』, 1b   『간문유취』, 1a

7) 『가례석의(家禮釋義)』

『가례석의』는 고여흥(高汝興, 1617-1678)의 문집인『요은집(鬧隱集)』권지2의
6-21장에 실려 있는 주자가례에 대한 석의로서 한문 해석 이외에 한글과 국한
문혼용으로 석의 그리고 한자음 표기가 포함되어 있는 어휘자료집이다. 이
문집은 1792년에 목활자본으로 간행된 것인데, 이 문집의 저자와 편찬자가 모
두 전북 고창 출신이어서 고창지역어 자료로도 사용될 수 있다. 한글로 표기
된 표제항은 모두 47개이다.[11]

- 歆 모다
- 假髻 쏜머리
- 長裾 할옷
- 帬 束髮繒 당기
- 儈 흥정의 금치고 갑 밧다
- 帔 女帽上의 두로는 것
- 榮 박공 바근 모히라
- 拊 가슴 두드리다
- 眥相 여긔 이러코 쥐커 져러케 그린 것
- 緊急 되오다
- 絞帶 쓴 씌
- 罩 그믈 덥치다

- 托 미치 통흔 잔듸라
- 大衣 긴 져구리
- 洗 소라
- 馳 장모도의
- 花勝 간화
- 同牢 牢牲을 어리예 가도앗다가
- 中霤 움막
- 薦 지즑 씨다
- 不紐 고 내여 밋지 말고 막 밋다
- 苫 길희양
- 殷奠 큰 전

---

11 이 문헌에 대해서는 이병근(1990),「家禮釋義 國語資料」,『강신항 교수 회갑기념 국어학논
문집』을 참고할 것.

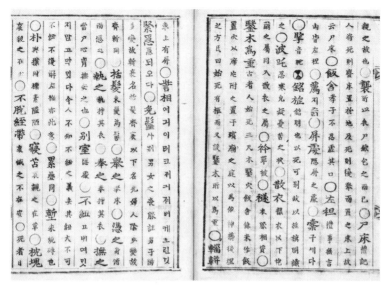

『가례석의』, 11b, 12a

8) 『소학석의(小學釋義)』

『소학석의』는 조선 후기의 학자인 오선기의 시가와 산문을 엮어 1823년에
간행한 시문집인 『한계선생문집(寒溪先生文集)』에 실려 있는 것으로서 소학의
어려운 문구를 한글로 주석한 것이다. 총론(總論) · 범례(凡例) · 서제(書題) · 제
사(題辭) · 입교(立敎) · 명륜(明倫) · 경신(敬身) · 계고(稽古) · 가언(嘉言) · 선행(善行)
등의 편목으로 구성되어 있다. 필자가 소장하고 있다.

한자어에 대한 주석이 아니라 한문 문장에 등장하는 한자어에 대한 주석
이 주를 이루고 있다. 많은 부분을 어록에 기대어 주석을 달고 있음을 볼 수
있다.

• 那箇是做人底樣子 語錄 那箇 뎌거시라 做作也 짓다 或밍그다 底音 지 語辭樣子쏜이
  니 俗所謂見樣也 뎌거시 이 人을 做홀 樣子라 〈1a〉

- 點點擴也變化也 語錄些 죠곰만 又 잠깐이라 精采 씻씻다 點化ᄒ야 잠깐 精采를 出홀 디니라 〈1a-1b〉

- 理會 語錄 출와아다 〈1b〉

- 檋栝 檋도디게 栝 살잡ᄂ거시니 語錄檋音隱 檋栝皆正木器揉曲者曰檋正方者曰栝檋栝 마초흘위곧타다 〈2b〉

- 有順無疆 順홈이 잇고 疆홈이 업ᄂ니라 〈3a〉

- 器之漑者不寫寫 ᄀ라쏟단 말이라 〈8b〉

- 信事人信婦德 人을 事홈을 信ᄒ며 婦의 德을 信ᄒ단 말이라 〈9a〉

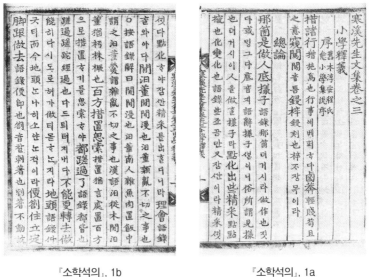

『소학석의』, 1b 　　　　　　　　　　　　　　『소학석의』, 1a

4.3.2. 척독(尺牘) 주석 자료

1900년대 초에는 우리 나라의 언어정책이 바뀌어서 한글이 국가의 공용문자로 지정되자, 지금까지 한글이 다른 사람의 글을 해독하는 도구로부터, 우리말을 적는 도구로 격상되게 되었다. 그 결과로 개개인이 글을 쓰게 되었는데 처음에 개인이 글을 쓰는 가장 많은 것이 편지였다. 그래서 편지(그 당시에는 '척독') 쓰는 형식 등이 등장하면서 각종의 척독 자료가 등장하게 된다. 모두 연활자로 출판되었는데, 그때까지만 해도 그 글이 대부분 국한혼용문이어서 척독에 주로 사용하는 한문구의 척독에서 이해하기 어려운 한자나 한자어 또는 한문 성구들을 이해시키기 위해 예문이 있는 글의 상단에 한자에 대한 석음을 달아 놓거나 한자어에 그 뜻풀이를 해놓은 책이 등장하여 크게 유행하였었다. 대체로 1930년대 말까지 이러한 척독 자료가 유행하였었다.

척독 자료들은 세 가지 종류가 있는데, 주석을 달아 놓지 않은 척독 자료와 한자의 석음을 달아 놓은 척독 자료와, 한자어에 대한 뜻풀이를 해 놓은 척독 자료가 그것이다. 척독 자료 중에서 한자의 석음을 달아 놓은 문헌들은 다음과 같은 것들이 있다.

- 김우균(1916), 『增補字典尺牘完編』, 同文書館.
- 光東書局編輯部(1925), 『釋字附音 最新金玉尺牘』, 光東書局.

그 몇 예를 보이면 다음과 같다.

(본문) 椒花가 獻瑞에 梅萼이 呈詳이로다 〈增補字典尺牘完編 권11, 1〉
(주석) 椒 산쵸 (쵸) 似茱萸而實辛香烈

　　　　萼 곳밧침 (악) 花跗

대부분의 척독 자료에는 주로 척독에 등장하는 한자어에 대한 주석을 책의 상단에 써 놓았다. 이들 자료를 통해 그 당시의 국어 어휘, 특히 한자어에 대한 많은 정보를 얻을 수 있다. 그 예를 몇 개 들어 보이면 다음과 같다.

<table>
<tr><td>

最新式註解尺牘

〈1〉
惠風 온화흔 바룸
綻蕾 꽂피는 쯧
伊來 요사이
定省 昏定晨省
所幹 볼 일
旅窓 客地

〈2〉
拙夫 난편이 겸수의 말
賢卿 난편이 안히을 이름이니 존칭
海諒 깁히 혜으리는 쯧
堅忍 굿게 춤는단 말
蕭瑟 쓸쓸흔 쯧
柴門 싸리짝문
恒習 慣習

</td><td>

註解附音新式簡牘便覽

〈1〉
靡時不切 간절치 아니한 째 읍난 쯧
慈王 어마님
水陸 슈로 륙로
周行 두로 다니난 쯧
遠遙 멀고멀은 쯧
關慮 넘여하난 쯧
澣濯 쌜레하난 쯧
做去 쥬연하야 가난 쯧
簿略 약쵸한 쯧

〈2〉
窘塞 군색한 쯧
措處 처결하난 쯧
巧値 공교히 당한 쯧
旅況 위임벼살

</td></tr>
</table>

이 척독 자료들의 표제어는 편지에 쓰이는 어려운 한자어들을 국어 또는 한자로 풀이한 것이어서 특히 한자어 해독에 많은 도움을 준다. 이와 같이 한자어에 주석을 달아 놓은 척독 자료의 목록을 보이면 다음과 같다. 몇 권을 제외하고 거의 대부분이 필자의 소장이다. 이 외에도 이 목록의 2배에 가까운 문헌이 있지만, 그 문헌들은 대부분 이 목록 속의 문헌들을 이름만 바꾸어 재간행된 문헌들이어서 중복되지 않은 것만 제시하였다.

- 李容漢(1915), 『신식언문 무쌍척독(新式諺文 尺牘)』, 東美書市.
- 南宮濬(1921), 『備註 時行簡牘』, 朝鮮圖書株式會社.
- 李容漢(1923), 『最新式 註解尺牘』, 滙東書館.
- 미상(1923), 『如面談尺牘』, 미상.
- 姜夏馨(1923), 『附音註解 流行尺牘』, 太華書館.
- 池松旭(1924), 『附音註釋 新式金玉尺牘』, 新舊書林.
- 趙男熙(1926), 『新式備門尺牘』, 東洋書院.
- 宋完植(1927), 『最新 百科新辭典』, 東洋大學堂 등.

• 노익형(1927), 『註解附音 新式尺牘』, 博文書館.

• 永昌書館 編纂(1927), 『增補流行 新式普通尺牘』, 永昌書館.

• 姜義永(1928), 『註解附音 無雙金玉尺牘』, 永昌書館.

• 池松旭(1929), 『附音註釋 新式金玉尺牘』, 博文書館.

• 姜殷馨(1930), 『附音註解 新式流行尺牘』, 大成書林.

• 朝鮮圖書株式會社 編輯部 編纂(1930), 『附音註解 自習尺牘』, 朝鮮圖書株式會社.

• 대한교육학회(1930년), 『오육학년용 조선어학회 학습참고서』, 대한교육학회.

• 姜夏馨(1931), 『獨習實用 新式萬里尺牘』, 太華書館.

• 姜義永(1932), 『註解附音 無雙金玉尺牘』, 永昌書館.

• 朝鮮總督府(1933), 『中等敎育 朝鮮語及漢文讀本(권2)』, 朝鮮書籍印刷株式會社.

• 世昌書館編輯部(1933), 『懸吐具解校正增補 新無雙明心寶鑑』, 世昌書館.

• 高丙敎(1933), 『大增補 無雙金玉尺牘』, 滙東書館.

• 金東縉(1934) 『無雙註解 普通新式尺牘』, 德興書林.

• 姜夏馨(1934), 『註解附音 新式簡牘便覽』, 太華書館.

• 李鐘國(1934), 『增註 流行金玉尺牘』, 德興書林.

• 申泰三(1934), 『新式流行 無雙珠玉尺牘』, 世昌書館.

• 明文堂編輯部(1935), 『中等敎育 朝鮮語及漢文讀本通解(권3)』, 明文堂.

• 林南日(1935), 『註解附音 新式簡牘便覽』, 太華書館.

• 姜殷馨(1935), 『附音註解 新式流行尺牘』, 大成書林.

• 李宗壽(1936), 『大增補 無雙金玉尺牘』, 盛文堂書店.

• 李晃宇(1936), 『註解附音 最新文明尺牘』, 大山書林.

• 盧永鎬(1936), 『中等敎育朝鮮語及漢文讀本 學習書(권3)』, 博文書館.

• 盧益亨(1936), 『中等敎育朝鮮語及漢文讀本 學習書(권4)』, 博文書館.

• 姜殷馨(1936), 『註解附音 新式大成簡牘』, 大成書林.

• 盛文堂書店 編纂(1938), 『普通流行成文尺牘』, 盛文堂書店.

• 金炳濟 丁泰鎭 校閱(1946), 『중등국어교본 學習書(1,2년용-)』, 硏學社.

- 宋憲奭(1946), 『現代美文 靑年學生尺牘』, 德興書林.
- 世昌書館 編輯部(1961), 『註解附音 模範金玉尺牘』, 世昌書館.

이 척독 주해에 보이는 한자어는 현대의 국어사전에도 등재되어 있지 않은 것들이 많다. 이들 한자어는 한문구에 쓰인 것이 아니라 한글 편지에 쓰인 것들이어서, 비록 한문구가 많이 있으나 국어 어휘로 취급하여야 한다. 따라서 이들 어휘에 대한 연구가 시급한 편이라고 생각한다. 그리고 이들 어휘들이 사전에 등재된다면 반드시 그 예문을 제시하여 그 사용환경을 보여 주는 편이 좋다.

『註解附音 新式簡牘便覽』(1934년)을 예로 들어 보도록 한다. 그 첫 페이지에 보이는 어휘는 모두 9개이다.

- 靡時不切 : 간절치 아니한 째 읍난 쯧
- 慈王 : 어마님
- 水陸 : 슈로 륙로
- 周行 : 두로 다니난 쯧
- 遠遙 : 멀고멀은 쯧
- 關慮 : 넘여하난 쯧
- 澣濯 : 쌜레하난 쯧
- 做去 : 쥬연하야 가난 쯧
- 簿略 : 약쇼한 쯧

그런데 이 9개의 항목 중에서 『표준국어대사전』에 실려 있지 않은 어휘는 靡時不切, 慈王, 遠遙, 關慮의 4개다. 이 4개의 어휘가 쓰인 예문을 보이면 다음과 같다.

- 歲初에 拜退하온 後로 安候를 莫承하오니 下情伏鬱이 靡時不切이오며
- 氣體候ㅣ 一向하시옵고 慈王 氣力이 康寧하시닛가
- 水陸周行에 道路가 遙遠하압고
- 寄宿買食이오면 衛生의 關慮가 不無하오며

이처럼 편지에 쓰이는 어휘는 다른 어휘들과는 다른 면이 있어서 이들 총목록을 만들고 이의 예문과 함께 제시해 주어 국어 어휘 사용에 대한 연구를 진행시켜야 할 일이다.

편지에 사용된 어휘들에 대한 자료집이 두 가지가 보고된 적이 있다.

- 하영휘 외 편자(2011),『옛편지 낱말 사전』, 돌베개
- 황문환 외 6인(2016),『조선시대 한글 편지 어휘사전(1-6)』, 역락.

전자는 옛 편지에 나오는 어휘들을 모아 풀이하여 제공해서 많은 도움을 주지만, 이 책은 한문 간찰에 쓰이는 어휘이어서 국어로 쓴 간찰에 등장하는 한자어와는 차이가 있다. 예컨대 앞에서 예를 든『最新式註解尺牘』에 보이는 어휘, 즉 '惠風, 綻蕾, 伊來, 定省, 所幹, 旅窓, 拙夫, 賢卿, 海諒, 堅忍, 蕭瑟, 柴門, 恒習'의 13개 어휘 중에서 이 사전에 등재되어 있는 어휘는 '伊來, 定省, 海諒'의 3개에 불과하다.

후자는 한글 편지에서 발견된 국어 어휘의 목록을 만들고 그 어휘에 대한 뜻풀이, 출전, 용례 등을 보이고 있다. 그러나 이 사전은 순한글 편지에 나타나는 자료를 대상으로 하였기 때문에, 척독 자료에 보이는 한자어와도 거리가 있다. 예컨대 앞의『最新式註解尺牘』에 보이는 13개 어휘 중에서 '伊來'가 '이리' 항목으로 등장하는데, 그 풀이조차도 '미상'으로 되어 있다.[이리 : 미상(未詳)]

척독 자료 중 몇 가지를 종합하여 거기에 등장하는 어휘 중 한자어 중 첫음

절이 '가'에 해당하는 어휘만 밝혀 보면 다음과 같다. (출전은 밝히지 않는다, 동일한 표제어에 주석이 다른 것은 문헌이 다르기 때문이다.)

- 呵呵 : 웃는 것
- 可考 : 가이 방거하난 듯
- 架空 : 根據가 無ᄒᆞᆫ 事
- 加冠 : 관례할 쌔
- 家君 : 아바지
- 可旣 : 다하난 쯧
- 呵凍 : 언손 록임이라
- 佳麗 : 경개 조흔 쯧
- 歌陵 : 츅슈하난 쯧
- 假面 : 탈
- 家務 : 집안 일
- 嘉排 : 八月十五日

- 可堪 : 견댈만한 쯧
- 可考件 : 可考 文蹟
- 加冠 : 冠禮ᄒᆞᄂᆞᆫ 쯧
- 家君 : 부친
- 家近 : 근처
- 駕犢重輈 : 감내 못하난 쯧
- 街童走卒 : 無智ᄒᆞᆫ 者의 稱
- 家累 : 집안 일
- 加勉 : 더 힘씀이라
- 家冒 : 人의 名을 冒稱ᄒᆞᄂᆞᆫ 事
- 賈門三虎 : 賈彪 三兄弟
- 嘉俳盛節 : 추석절

- 加俳節 : 陰月 十五日의 稱新羅女主 儒理 尼師今의 時에 國內의 女子를 宮庭에 集ᄒᆞ고 二部에 分ᄒᆞ야 七月 十五日부터 晝夜 紡績케 ᄒᆞ야 八月 十五日에 至ᄒᆞ야 其 多寡를 較ᄒᆞ야 負者에게 酒肴를 出케 ᄒᆞ야 宴을 開ᄒᆞᆫ 事

- 家法 : 집 규묘
- 可否 : 올코 그른 것
- 加不得減不得 : 加減을 不得ᄒᆞᄂᆞᆫ 事
- 家山 : 고향
- 可尙 : 가히 슝샹할 일
- 稼穡 : 농사
- 家聲 : 집이 일흠나는 것
- 呵手 : 손 부는 것

- 加捧子 : 더음바지
- 葭莩之義 : 지친간
- 假使 : 가령
- 家産 : 살님
- 嘉尙 : 충찬하난 말
- 佳緖 : 조흔 자미
- 家聲 : 죠업
- 佳勝 : 아름다은게 상시보다 나은 쯧

•家信 : 집소식

•家室 : 안해 두난 뜻

•家兒 : 아들

•加額 : 이마에 손 언꼬 바라는 뜻

•家樣 : 一家의 生活程度

•家釀劣品 : 집에서 흔 좃치 못흔 뜻

•家嚴 : 가친

•家隷 : 집흐인

•嘉韻 : 슈연운

•葭誼 : 사돈간용

•葭誼 : 혼인한의 치

•可以東可以西 : 어듸로던지 可흔 事

•加一層 : 더구나

•可將 : 밧드난 뜻

•佳節 : 名節

•可憎 : 憎흔 事

•加餐 : 음식 잘 먹난 뜻

•加饌善攝 : 음식을 갓초와 잘 조셥ㅎㄴ 뜻

•加餐 : 음식 먹ㄴ 뜻

•加策 : 채치난 뜻

•加取 : 더음

•家風 : 퐁도 인난 뜻

•家刑 : 집안 법도

•佳況 : 아릿다운 모양

•嘉會 : 아름다온 긔회

•佳實 : 감 일홈

•可訝 : 가히 아흑

•家鵝 : 거위

•家釀 : 가양쥬

•家釀 : 집에셔 흔 술

•嘉言善行 : 조흔 말과 조흔 행실

•柯葉 : 가지와 입새

•加外 : 身分에 不當흔 事

•家園 : 고향

•加意 : 特히 注意ㅎㄴ 事

•可弛 : 풀니난 뜻

•家人 : 그 사람 안해

•可將 : 가히 밧드난 뜻

•佳廸 : 아름답고 편안한 뜻

•佳悰 : 흥치

•家直 : 妾의 別稱

•苛責 : 쑤지람

•加喋 : 구변을 더하난 뜻

•嘉平節 : 臘日의 別稱

•家函 : 집에서 붓친 편지

•佳況 : 됴흔 일

•佳況 : 조흔 재미

•葭懷 : 친구 생각

603

4.4. 문자(文字) 관련 자료

여기에서 '문자'란 '글자'란 뜻이 아니라 '한자로 된 성구'를 말한다. 국어 생활에서 말할 때에도, 글을 쓸 때에도 이 한자 성구를 즐겨 사용하였기 때문에, 조선시대에는 별도로 이 '문자'에 대해 학습해 왔다. 대표적인 것이 한문으로 된 『문자유집(文字類輯)』이다. 많은 판본과 필사본이 현존한다.

이러한 한문 성구인 '문자'를 학습하기 위해 이 '문자'들을 우리말로 풀이한 책이 전해 온다. 여기에는 한자어들이 있어서 한자어를 연구하는데 많은 도움을 준다.

그 목록을 보이면 다음과 같다(별도 표시가 없는 것은 필사본이다).

	문헌명	저자	권책	시기	소장처
1	규문간독식	미상	1책	1859년(?)	백두현
2	文字收合	崔梧田	1책(석판본)	1897년	단국대 율곡기념도서관
3	문ᄌ연습중	미상	1책	19세기	단국대 율곡기념도서관
4	新編文字類集抄	미상	1책	19세기	한국학중앙연구원
5	문ᄌ칙	미상	1책	19세기	단국대 율곡기념도서관
6	文字類聚抄	미상	2책중 1책 현존	1900년	양승민
7	文字白凡	미상	1책	1902년	홍윤표
8	諺文註解 普通文字集	李柱浣	1책	1914년 (연활자본)	홍윤표
9	行用新式文字語	미상	1책	1916년	홍윤표
10	無雙註解 新舊文字集	金東縉	1책(연활자본)	1923년	국립중앙도서관
11	常識顧問 新式文字集	영창서관	1책(연활자본)	1926년	홍윤표
12	行用漢文語套	李昌東	1책(연활자본)	1939년	홍윤표

이들 문자 주석 문헌 자료들은 국어 어휘에 대한 몇 가지 정보를 제공해 준다.

하나는 한자어에 대한 정보를 제공해 준다는 점이다. 이것은 『언문주해 보통문자집(諺文註解 普通文字集)』이나 『무쌍주해 신구문자집(無雙註解 新舊文字集)』에서 볼 수 있다.

- 남녀로쇼(男女老少) : 산이 계집 늙은이 젊은이 〈보통문자집, 12〉
- 불문곡직(不問曲直) : 잘 잘못은 뭇지도 아니ㅎ고 덥헝이공ᄉ 〈보통문자집, 39〉
- 老少年 : 당비름 〈신구문자집, 27〉
- 餘事風景 : 不必要ㅎ야 念頭에 置치 아니ㅎ는 事 〈신구문자집, 51〉

또 하나는 오늘날에는 사라진 어휘이지만 그 문헌이 간행되거나 필사된 시기의 어휘 정보를 알 수 있다는 점이다. 몇 예를 들어 보도록 한다. 신구문자집에 많이 보인다.

- 蟹行文 : 西洋文字의 稱 〈신구문자집, 37〉
- 全無識 : 一字無識 〈신구문자집, 33〉
- 疑妻症 : 理由가 無히 妻를 猜疑ㅎ는 病證 〈신구문자집, 32〉
- 幽宅 : 무덤의 別稱 〈신구문자집, 16〉
- 白稻酒 : 추석에 먹는 술 〈신식문자집, 3〉

해행문(蟹行文)은 글자 그대로 '게가 걸어간 글자'란 뜻이어서 알파벳을 비롯한 서양 문자를 일컫는 것이었는데, 오늘날에는 이 어휘를 쓰지 않으며, 전무식(全無識)은 오늘날 '一字無識'으로 바뀌어 쓰이고 있어서 이 당시의 어휘사용 양상을 알 수 있다.

또 하나는 한문구에 사용되었던 한자 성구의 뜻을 알 수 있다는 점이다. 한자 성구에 보이는 한문구, 곧 '문자'를 제공하고 그 뜻을 풀이한 자료가 곧 문자 주석 자료들이어서 이들은 국어 어휘사 연구에 큰 도움을 준다. 대부분의 '문자' 주석 문헌들은 이들을 포함하여 놓았다.

- 近墨者黑 : 먹을 가차이 하면 검어 〈문자수합〉
- 食小事煩 : 먹난 것슨 적고 일은 만해 〈문자수합〉
- 東不着西不着 : 동에도 못 붓고 서에도 못 붓터 〈문자수합〉
- 同時洛陽人 : 京城의 人이 他郷에셔 相逢혼 時語 〈신구문자집, 65〉

어느 문자 주석 자료에는 우리말 문자에 대한 목록과 그 풀이가 들어 있어서 국어의 관용어 연구에도 좋은 자료를 제공해 주고 있다. 대표적인 것이 『신구문자집』이다.

- 가로 지나 셰로 지나 : 成否未定의 義
- 가리산 지리산 : 갈팡칠팡
- 가물에 콩나기 : 極히 稀少혼 事에 豐
- 가치 빅바닥 갓다 : 誇張ᄒ기를 好ᄒᄂᆫ 人에 豐
- 청기와 장사 : 秘密히 獨占홈에 豐
- 청보에 기똥 : 外貌는 善ᄒ나 內心이 惡혼 人에 豐
- 콩팔칠팔 : 雜談을 爲ᄒᄂᆫ 事
- 한 잔 술에 눈물 난다 : 些少혼 事도 人의 感情을 害홈에 豐

특히 문자 주석 문헌에는 한자어와 고유어가 동시에 존재하는 어휘들을 한자어로 적어 놓고 풀이말에 우리말을 표시해 놓아서 어휘사 연구에 도움을 준다. 다음에 『신구문자집』에 보이는 예를 몇 가지 들어 보도록 한다.

- 甘苽 : 참외
- 甘苔 : 김
- 甘棠 : 팟빅
- 糠蝦 : 보리싀우

- 芥菜 : 갓
- 魟魚 : 가오리
- 蚰蜒 : 그리마
- 鰈魚 가자미
- 多士麻 : 다시마
- 杭米 : 메쌀
- 郭公 : 벅국이
- 唐雁 : 거위
- 忘憂草 : 원추리

이들 문자집들은 항목 수가 많아서 어휘량도 많은 편이다. 예컨대『언문주해 보통문자집』에는 1,211개의 표제항이 있고,『무쌍주해 신구문자집』에는 ㅗ 범례에서 밝히고 있듯, 2자로 된 문자 1,566개, 3자로 된 문자 658개, 4자로 된 문자 1,175개, 5자, 6자로 된 문자 103개, 3자~10자의 문자 153구절(이상 모두 3,655개). 조선문으로 된 문자 203구절, 수수쎡기 269구절, 글자 파자(破字) 105구절이 표제항으로 되어 있다.

1)『규문간독식』

1859년경에 필사한 백두현 교수 소장의 필사본으로 책의 말미에 "긔미스월일 셔여촌녀 김씨부"란 기록으로 보아 1859년에 필사된 것으로 추정된다. 규문 간독이란 아마도 규문(閨文), 즉 여인이 쓰는 간독(簡牘), 곧 여인이 쓰는 편지란 의미로 보인다. 그래서 여인이 쓰는 편지에 사용되는 문자들을 모아 풀이한 책으로 보인다.
규문 간독에 등장하는 문구를 한글로 쓰고 이에 대한 뜻풀이를 해 놓은 책이다. 뒤에 '규문계〻'가 붙어 있다.

- 샹슬이 : 우흐로 슬운단 말이라 〈1a〉
- 기체후 : 긔운과 몸이란 말이라 〈1b〉
- 긔후 : 그톄와 갓튼 게라 〈1b〉

607

•하셔 : 아리로 주신는 글이란 말이라 〈1b〉

•하감 : 아리로 보신단 말이라 〈1b〉

•하렴 : 아리로 싱각ㅎ신든 말이라 〈1b〉

•하송 : 아리로 보ㄴ신단 말이라 〈1b〉

•복모 : 업듸려 싱각ㅎ단 말이라 〈1b〉

•복힝 : 업듸려 다힝ㅎ단 말이라 〈2a〉

•복념 : 업듸려 넘녀ㅎ단 말이라 〈2a〉

•안녕 : 평안ㅎ단 말이라 〈2a〉

•만안 : 만법 평안ㅎ단 말이라 〈2a〉

•문안 : 편안흔 것 묻는단 말이라 〈2a〉

•신샹 : 몸이란 말이라 〈3a〉

•혜셔 : 은혜로온 글이른 말이라 〈3a〉

•일안 : 흔글굿치 편안ㅎ단 말이라 〈3a〉

•긔력 : 긔운이란 말이라 〈3b〉

•비렴 : 슬푸게 싱각ㅎ단 말이라 〈4a〉

•츈화일란 : 봄이 화ㅎ고 날이 덥단 말이라 〈5a〉

『규문간독식』

2) 『무쌍주해 신구문자집(無雙註解 新舊文字集)』

이 책은 김동진(金東縉)이 한자어와 한문 성구 1,566개를 '가' 부(部)에서 '하' 부(部)까지로 구분하여 표제항을 삼고 이에 대해 각각 한글과 한자로 그 뜻풀이를 하여 1923년에 덕흥서림(德興書林)에서 신식활자본으로 간행해 낸 책이다. 이 책의 범례에 이 책의 구성을 다음과 같이 설명하고 있다.

漢文 二字로 成흔 普通用의 俗談文字(문자)를 가, 나, 다, 라 順序로 蒐集ㅎ야 其義意를 解釋흔것이니 例컨딕 가部의 '家直'은 妾의 別稱, '加外'는 身分에 不當흔 事, '江韻'은 困難흔 事에 譬等이니 凡一千五百六十六句節이라

이와 동일한 방식으로 3자, 4자, 5자, 6자로 된 문자들을 대상으로 하고 그 이후의 것들은 '문자'가 아닌 다른 구절들을 해석한 것이다. 그것들을 표로 보이면 다음과 같다.

문자수	예	개수
2자	家直 : 妾의 別稱	1,566
3자	加捧子 : 더음바지	658
4자	街童走卒 : 無智흔 者의 稱	1,175
5자, 6자	擧石而紅顔 : 事를 爲치 아니ㅎ면 利益이 無흠에 譬	103
소계		3,502
3자 - 10자	三綱은 君臣, 父子, 夫婦의 道	153
조선문	가물에 콩나기 : 極히 稀少흔 事에 譬	203
수수쩍기	가죽 속에 털 ᄂᆞᆫ 것이무엇이냐(옷수수)	260
글자 破字	곰비팔이 사름 치는 字가 무슨 字냐 (以)	105
소계		721
총계		4,223

국립중앙도서관 소장이다. 다음에 몇 예를 보이도록 한다. 3자의 '가' 부(部)의 몇 예를 들도록 한다.

가部

- 加捧子 : 더음바지
- 加一層 : 더구나
- 可考件 : 可考文籍
- 嘉俳節 : 陰月十五日의 稱 新羅女主 儒理尼師今의 時에 國內의 女子를 宮庭에 集호고 二部에 分호야 七月十五日부터 晝夜紡績케 호야 八月十五日에 至호야 其多寡를 較호야 負者에게 酒肴를 出케 호야 宴을 開호 事
- 嘉平節 : 臘日의 別稱
- 褐寬博 : 貧賤호 人에 譬
- 江心水 : 漢江 中流에셔 汲取호는 水
- 剛斷性 : 果斷力이 有호 性質
- 强素風 : 강쇠바람
- 降眞香 : 紫藤香
- 强項令 : 强直호야 屈치 아니호는 人의 綽名
- 强號令 : 無故히 叱責호는 事
- 開門方 : 吉無호 方位
- 開市場 : 外國 通商을 許可호 市場
- 開眼處 : 樂無호야 滋味가 有故호 處
- 客食口 : 寄食호는 者
- 居間軍 : 仲介者
- 居留地 : 他國人의 居留를 許可호 地域

이 『신구문자집』에는 1920년대에 사용되던 문자들이 어떠한 것이 있었으며 그 뜻이 무엇인지를 알 수 있는 중요한 어휘집이라고 할 수 있다. 뿐만 아니라 '蟹行文'과 같은, 이 당시에 서양에서 새로 도입된 사물의 명칭을 찾아볼 수 있다.

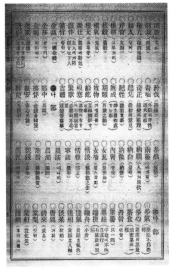
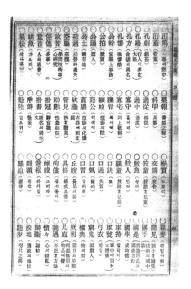

『신구문자집』, p.5   『신구문자집』, p.4

3) 『문자범백(文字凡百)』

표지와 내지(內紙)에 '세재임인삼월일(歲在壬寅三月日)'이란 필사기가 있어서 1902년에 필사한 자료로 추정된다. 휘록(彙錄)이라 하고 그 이하에 '황도(皇都), 조선(朝鮮), 내직(內職), 외직(外職), 향칭(鄕稱), 관부(冠部), 물색부(物色部), 의복부(衣服部), 궁실부(宮室部), 즙물기명부(汁物器皿部), 농기부(農器部), 기계부(機械部), 음식부(飮食部), 어물부(魚物部), 육축부(六畜部), 주수부(走獸部), 빅금부(飛禽部), 오곡부(五穀部), 과당부(果棠部), 채소부(菜蔬部)'로 분류하여 각 어휘를 한자로 제시하고 그 아래에 한글로 그 물명을 써 놓은 것이 있어서 국어 어휘사 연구에 도움을 준다. 필자의 소장이다. 모두 23장이다.

•長老 령좌라 〈4a〉   •顧主 단골 〈4a〉

•鰥夫 홀아비라 〈5b〉   •寡婦 홀어미라 〈5b〉

- 銀搔 동곳시라 〈6a〉
- 竹笠 삭갓시라 〈6a〉
- 金鳳釵 비닉라 〈6a〉
- 銀竹節 비닉라 〈6a〉
- 冠纓 갓쓴이라 〈7b〉
- 烟竹 담빅따라 〈10b〉
- 杯圈 도슬악이라 〈11b〉

- 平凉子 펼앙이라 〈6a〉
- 屈笠 굴갓 〈6a〉
- 玉搔頭 : 머리극는 게라 〈6a〉
- 月子 달의라 〈6a〉
- 水油 들기음이라 〈10a〉
- 砧石 다듬이쏠이라 〈11b〉
- 坐版 안딜싯라 〈12a〉

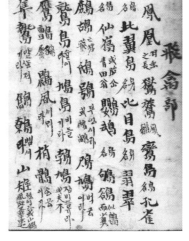

『문자범백』, 16b 『문자범백』, 16a

4) 『문자수합(文字收合)』

1897년에 최오전(崔梧田)이 편찬하여 남원(南原)에서 석판본으로 간행한 책으로, 한자 어귀를 한문 또는 한글로 풀이한 책이다. 뒤에 "丁酉之秋 編輯者 崔梧田, 印刷者 南原 元興堂石版印刷部 主 李熙東 技術員 梁澤準"이란 기록이 있다. 표지에는 '간독요람(簡牘要覽)'이라고 되어 있는 데 반해 내지에는 '문자수합(文字收合)'이라고 되어 있다. 단국대 율곡기념도서관 소장본이다.

- 閨秀 텨자 〈6b〉

- 郎子 신낭 〈6b〉

- 居媒 듕신아비 〈6b〉

- 庚帖 사성 〈6b〉

- 星期 혼일 〈6b〉

- 桃夭 복셩꼿 비고 〈6b〉

- 氷泮 어음 녹고 〈6b〉

- 吉行 장개간 거응 〈6b〉

- 中饋 : 음식지공 〈7a〉

- 必敬必戒 : 공경하고 경계해 〈7a〉

- 無違君子 : 가장의 말을 어기지 말 일 〈7a〉

- 婦德 : 여자의 덕 〈7a〉

- 婦容 : 여자의 얼골 〈7a〉

- 松栢之榮 : 솔과 잣나무 기치 오애 산 영화 〈7b〉

- 氷淸 : 졔자가 선생보다 낫단 말 〈8a〉

- 鐵樹花開六十春 : 쳘수에 꼿시 육십연만에 열어 〈8a〉

- 忍之爲德 : 찬난 것시 덕이 되아 〈9b〉

- 緣木求魚 : 남우을 부들고 고기을 구해 〈9b〉

- 言則是也 : 말인즉 올나 〈10a〉

- 不問曲直 : 글쇼 올은 거 묻지 안이하여 〈10a〉

- 風打竹浪打竹 : 바암 차난 대로 물결 치난 대로 〈10a〉

- 風聞 : 바람결에 들어 〈10b〉

- 種豆得豆 : 팟심어 팟 나 〈11b〉

- 軒軒丈夫 : 덩덩한 장부 〈11b〉

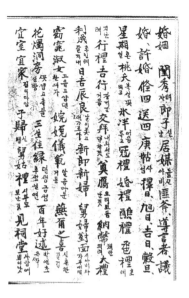

『문자수합』, 1

5) 『문자연습장(文字鍊習帳)』

1937년에 필사한 책으로, 앞에 '문자연습장이라'란 내지제가 있고 말미에는 '정축 수월 십육일 셔ᄒ노라'란 기록이 있어서 1937년의 자료로 추정한다. 'ㆍ'의 사용 등으로 보아 1877년의 필사본으로 보기는 어려울 것 같다. 한글로 한 문구를 써놓고 다음 행에 그 한문구를 우리말로 풀이해 놓은 책이다. 각종 다양한 '문자'들을 제시하고 풀이한 책이다. 앞에 '인지위덕'으로부터 시작하여 뒷부분에는 각종 호칭이나 시절을 표시하는 문자들도 포함되어 있다. 단국대학교 율곡기념도서관 소장본이다.

- 인지위덕 : 참으면 덕이 된단 말 〈1a〉
- 이오지심으로 타타인지심 : 닉 마음을 졉어 남의 마얌을 안단 말 〈1a〉
- 츙언니 역니나 이어힝이라 : 올른 말리 귀에 거슬이나 힝실에는 일 읍단 말 〈1a〉

- 독약니 고구나 이어병이라 : 독헌 약이 닙에난 씨나 병에난 이롭단 말 〈2b〉
- 금일견지여이로다 : 오날날 봄이 쏫과 갓쪼다 〈3a〉
- 모골리 송영 : 터럭과 쎄가 두렵단 말 〈6b〉
- 우이송경 : 소귀에 경 일그란 말 〈7a〉
- 함구무언 : 닙을 닷고 말리 업단 말 〈7b〉
- 좃역난 피역난 : 이러기도 어렵고 져러기도 어렵단 말 〈8a〉
- 비홍이상반 : 나진 일과 조흔 일리 쏙갓단 말 〈8b〉

한문구만 있는 것이 아니라 한자어도 같이 실려 있어서 중요한 자료를 제공하여 준다.

- 영중당쥬 : 남의 조부나 조모나
- 영이 : 남의 손여나 쌀리나
- 츈부장 : 남의 부쥬
- 완장씨 : 남의 삼촌
- 사삼 : 더덕
- 수근체 : 미나리나물
- 슈유화 : 어스리꼿
- 이화 : 외얏꼿
- 어스화 : 잉금이 주신 꼿
- 갈류화 : 칙꼿

- 열딜 : 남의 딜여나 족카나
- 영훤당 : 남의 모친
- 영함씨 : 남의 족카
- 진균 : 참나무버섯
- 궐아 : 쇠사리
- 청화 : 장다리꼿
- 노화 : 쌀찌꼿
- 부용화 : 연꼿
- 목종화 : 나발꼿
- 혼화 : 혼인꼿

이 문자연습장은 한국학중앙연구원에도 소장되어 있다(도서번호 A10A 3). 1 책 31장의 책인데 필자가 직접 조사하지 못했다.

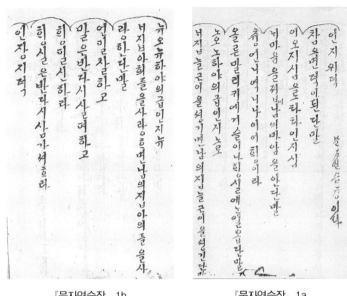

『문자연습장』, 1b　　　　　　　　　　『문자연습장』, 1a

6)『문자유취초(文字類聚抄)』

'황구건용일장(黃狗乾用日粧), 광무오년 경자삼월(光武五年 庚子三月)'이란 기록이 있어서 1900년에 필사된 것으로 보이는 책으로 필사본이다. 한자 표제어에 한글로 음만 달아 놓은 자료이다. 표지 하단에 '共二'로 되어 있는 것으로 보아서 2책이 완질인 것으로 보인다. 모두 50장이다. 양승민 교수 소장본이다.

이 문자유취초에 표제어로 실려 있는 한자어에 대해 국어로 주석한 것이 아니라 한자어의 국어음을 적어 놓은 것이어서 이 문헌에서 고유어 정보를 얻을 수는 없다.

- 昆侖 곤륜 〈1a〉
- 璿璣 渾天儀 선기 〈1a〉
- 兜率 上天 도솔 〈1a〉
- 穹隆 天形 궁융 〈1a〉
- 閶闔 天門 탕합 〈1a〉
- 楓宸 풍신 〈1a〉

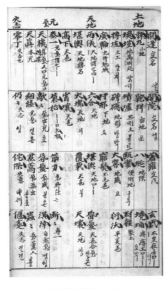

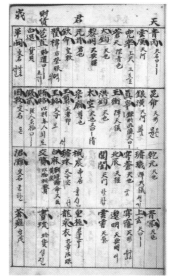

『문자유취초』, 1b   『문자유취초』, 1a

7) 『문ᄌ칙(文字冊)』

앞에 '문ᄌ칙라'란 책제가 있고('문ᄌ칙이라'가 아님) 이어서 한글로 표제어를 쓰고 그 다음 행에 그 표제어에 대해 한글로 풀이를 한 문헌이다. 모두 41장이다. 19세기 필사본으로 추정되며, 앞에서 설명한 『문자연습장』과 유사한 책이다. 앞의 문자연습장의 한글 서체가 거의 동일한 것으로 보아서 동일인의 필사본으로 보인다. 단국대 율곡기념도서관 소장본이다. 경희대학교 도서관과 숙명여자대학교 도서관에도 동일한 제명의 책이 있다.

• 인지위덕이라 : 참으면 덕이 된단 말 〈1a〉
• 노오노ᄒ야 일급인지늘 : 닉 집 눌근이을 셤기면 남의 집 늘근이을 셤긴단 말 〈1a〉
• 유응서ᄒ야이가인지유 : 닉 집 아의들을 사랑하면 남의 집 아의들을 사랑한단 말 〈1a〉
• 츙언니욕니나이어힝이라 : 올른 말리 귀에는 거슬나나 힝실에난 일읍단 말 〈1a〉

- 언즉시야라 : 말인즉 올탄 말 ⟨1b⟩

- 정구죽천 : 가이 우습단 말 ⟨1b⟩

- 분방지초난 난성이라 : 곳다은 풀은 성하기 어렵단 말 ⟨2a⟩

- 견회지접 : 곳 본 나부란 말 ⟨2a⟩

- 입망지어 : 금물에 걸인 고긔란 말 ⟨2b⟩

- 흥진비너요 고진감너 : 조흔 일리 다하면 나진 일리 도라오고 씬 거시 가면 단 거시 온단 말 ⟨3a⟩

- 곡셩이침 : 팔둑을 쇠부리여 베기한단 말 ⟨4b⟩

- 모골이 송연 : 터럭과 쎄가 두렵단 말 ⟨4b⟩

- 츤츤이 녹아 : 모듸모듸 녹는단 말 ⟨4b⟩

- 뉴소거무소귀 : 잇실 듸난 잇셔도 갈듸난 업단 말 ⟨4b⟩

- 뉴셔불로면부지과 : 글이 잇고 가라치지 아니면 아비과 살리란 말 ⟨4b⟩

- 뉴전불경이면 창늠이 허ㅎ여 가빈 : 전답이 잇셔도 벌지 아니면 곡간이 비고 집이 가난하단 말 ⟨4b⟩

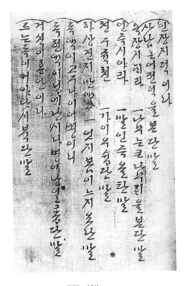

『문자책』, 1b

『문자책』, 1a

8) 『상식고문 신식문자집(常識顧問 新式文字集)』

1926년에 영창서관에서 신식연활자본으로 간행한 책으로 표제어인 한자어에 대해 한글 또는 한자로 주석을 달아 놓았다. 표제어는 한자로 쓰고 그 오른쪽에 한글로 한자음을 써 놓았다.

이 책은 '상식고문신식문자집(常識顧問新式文字集)', '신구보통문자집(新舊普通文字集)', '실용상식고문(實用常識顧問)'의 3부분으로 되어 있다. '상식고문신식문자집'은 '천도부(天道部)·천시부(天時部)·지도부(地道部)·인사부(人事部)·인륜부(人倫部)·복식부(服食部)·궁실부(宮室部)·기용부(器用部)·금수부(禽獸部)·수목부(樹木部)·화훼부(花卉部)'로 나누어 물명을 적었고, 그 뒤를 이어서 '신구보통문자집'은 2음절어를 가나다순으로 나누어 배열한 뒤에 다시 2음절 이상의 문자들을 가나다순으로 다시 덧붙였다. 이어서 '실용상식고문'이라고 하여 '관청(官廳)·회사(會社)·조합(組合)·은행(銀行)·상업(商業)·농업(農業)·공업(工業)·우편(郵便)·철도(鐵道)·운송부(運送部)·법률부(法律部)·저금(貯金)·병원(病院)·신발명(新發明)·신문사(新聞社)·철로선(鐵路線)·보통신사(普通新辭)·오대양(五大洋)·육대주(六大洲)·육대강국급수부(六大强國及首府)·인종(人種)·조선십삼도도청소(朝鮮十三道道廳所)·항구(港口)·축일(祝日)·대축일(大祝日)' 등에 대한 한자 어휘를 모아놓고 설명을 하고 있다. 필자의 소장이다.

- •靑冥 : 한을 모양 〈1〉
- •太虛 : 크고 빈 뜻 〈1〉
- •穹蒼 : 놉고 푸른 뜻 〈1〉
- •玉宇 : 옥황 계신 집 〈1〉
- •碧霄殿 : 碧空 푸른 공중 〈1〉
- •白玉樓 : 상뎨 계신 집 〈1〉
- •首庶物 : 만물 웃듬 〈5〉
- •參三才 : 텬지인 〈5〉
- •黔首 : 검은 머리 〈5〉
- •心性 : 마음 성품 〈5〉
- •眙謀 : 손자의게 쇠 주는 뜻 〈9〉
- •含飴 : 손자 희롱하는 뜻 〈9〉

이 책은 1920년대에 새로 들어온 문명에 대한 어휘를 조사하는 데 좋은 자료를 제공해 준다.

- 加意 : 특별히 주의하는 일 〈新舊普通文字集, 가部〉
- 加取 : 더음 〈新舊普通文字集, 가部〉
- 加外 : 신분에 당치 못한 일 〈新舊普通文字集, 가部〉
- 架空 : 근거가 업는 일 〈新舊普通文字集, 가部〉
- 假面 : 탈 〈新舊普通文字集, 가部〉
- 可憎 : 퍽 믜운 것 〈新舊普通文字集, 가部〉
- 家樣 : 一家의 生活 程度 〈新舊普通文字集, 가部〉
- 顯微鏡 : 至極히 적은 것 보는 것이라 〈實用常識顧問, 新發明〉
- 望遠鏡 : 먼 곳이 갓가이 보이는 眼鏡이라 〈實用常識顧問, 新發明〉
- 輕氣球 : 가벼운 空氣를 큰 주머니에 느어서 空中으로 나가게 하고 그 밋헤서 사람이 타고 올나가는 것이라 〈實用常識顧問, 新發明〉
- 飛行船 : 空中으로 단이는 배이라 〈實用常識顧問, 新發明〉
- 寒暖計 : 氣候가 차고 더운 것 보는 器械이라 〈實用常識顧問, 新發明〉

『상식고문 신식문자집』

9) 『신편문자유집초(新編文字類輯抄)』

편자 미상의 필사본 1책 43장으로 한국학중앙연구원의 장서각 소장본이다. 천부(天部), 지부(地部), 거처부(居處部), 인부(人部), 승불부(僧佛部), 문부(文部), 무부(武部), 신부(身部), 교예부(巧藝部), 기용부(器用部), 옥백부(玉帛部)[부 관복(付 冠服) 공양(供養), 잡물류(雜物類)], 음식부(飮食部)[부 채소(付 菜蔬)], 초목부(草木部)[부 화목류(付 花木類)], 금수부(禽獸部)[부 곤충(付 昆蟲) 인개(鱗介)], 다훈부(茶薰部), 농부(農部), 행부(行部), 잡부(雜部)의 18개 부류로 분류하고 한자어 표제항에 한글과 한자로 거기에 해당하는 우리말을 적어 놓은 책이다. 천부와 지부에는 한글로 주석을 단 부분이 하나도 없고, 거처부에서부터 한글로 주석을 단 것이 보인다. 각 부별로 둘씩만 용례를 든다.

- 炕洞 : 구둘고릭 〈거처부〉
- 舒腕 : 기지기 〈인부〉
- 尼婆 : 늘근 즁 〈승불부〉
- 鈜槩 : 분관 〈문부〉
- 吹筒 : 불통 〈무부〉
- 鼓腔 : 북테 〈신부〉
- 蹋踘 : 널쒸기 〈교예부〉
- 馱轎 : 쌍가마 〈기용부〉
- 唐巾 : 탕건 〈옥백부〉
- 塩淹 : 져리다 〈음식부〉
- 胡蘿葍 : 당근 〈초목부〉
- 白丁香 : 춤식똥 〈금수부〉
- 蒼鷹瓜 茶也 〈다훈부〉
- 靑稞 : 가을보리 〈농부〉

- 打杴 : 달구질 〈거처부〉
- 板齒 : 너분 니 〈인부〉
- 比丘尼 : 승 〈승불부〉
- 手本 : 명함 〈문부〉
- 舮頭 : 고도리 〈무부〉
- 琴扣 : 거문고줄 밋돕 〈신부〉
- 格五 우물고누 〈교예부〉
- 磑子 밋돌 〈기용부〉
- 煖耳 풍차 〈옥백부〉
- 攤餠 부치기 〈음식부〉
- 九英菘 단무우 〈초목부〉
- 花牛 어룽소 〈금수부〉
- 浮銅葉 茶盞 〈다훈부〉
- 胡麻 가문씨 〈농부〉

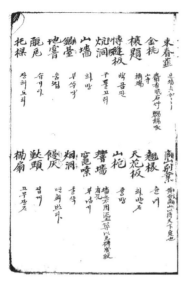
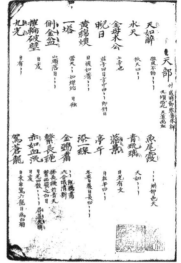

『신편문자유집초』, 1b   『신편문자유집초』, 1a

10) 『언문주해 보통문자집(諺文註解 普通文字集)』

1914년에 이주완(李柱浣)이 편찬하여 영풍서관에서 연활자본으로 간행해 낸, 책의 크기가 13.0×9.5cm인 수진본 책이다. 한자어와 한자 성구를 들고 이들에 대해 한글로 뜻풀이를 하였는데, '가' 행부(行部)에서부터 시작하여 '화' 구부(句部)까지 1,211개의 항목이 들어 있다. 필자의 소장이다.[12]

책의 앞에 있는 '서(序)'에서 이 책을 편찬하게 된 동기를 다음과 같이 기술하고 있다.

> 文字ㅣ 與言語札翰으로 相爲表裡라 故人與人相與交涉問答之際에 言語札翰의 所須
> 文字之用이 係是萬不可已之自然低勢也라

---

12 이 책에 대해서는 박형익(2007)을 참조할 것.

문자는 언어와 편지와 더불어 서로 겉과 속을 이룬다. 그리하여 사람과 사람이 서로 교섭하여 문답할 때 언어와 편지에서 문자의 사용은 무시해서는 안되는 자연스럽고 낮은 수준의 역할이다.

결국 이 책은 언어를 사용할 때나 편지를 쓸 때 문자를 사용하거나 이해하는데 필요한 자료를 제공하기 위해 편찬된 책임을 알 수 있다.
그 예를 보이면 다음과 같다.

사行部

• 근뎌(根柢) : 쳐음 일 시작된 색리.
• 규각(圭角) : 쯧이 어근버근ᄒ고 쏙 화합지 못ᄒᄂ 것.
• 갈등(葛藤) : 원슈ᄀᆺ치 보고 서로 얽어 ᄭᅳ을며 다토ᄂ 것.
• 가증(可憎) : 퍽 뮈운 것.
• 경륜(經綸) : 속에 잇ᄂ 일을 싱각.
• 계륵(鷄肋) : 닭의 힘줄을 씹어 삼키자 ᄒ니 괴롭고 거져 ᄇ리자 ᄒ니 앗가운 것쳐럼 무슨 일을 ᄒᆯ 수도 아니 ᄒᆯ 수도 두 가지 다 어려운 것.
• 구긔(拘忌) : ᄉ휘홈이니 부정과 날ᄌ와 방위를 아니보지 못ᄒᄂ 것.
• 경계(經界) : 젼답이나 퇴ᄃ나 산림에 네 것 내 것을 분별ᄒᄂ 것.
• 공극(孔劇) : 병이 미우 심흔 것.
• 긔미(幾微) : 무슨 일의 잘되고 못될 거시 대강 몬져 비쳐 뵈이ᄂ 것.

다行部

• 뎐형(典型) : 얼골 모습
• 덕ᄉᆨ(德色) : 남이 내게 ᄃᆯᄒ여 위례이ᄒᆯ 대ᄉ롭지 아니ᄒᆯ 거슬 ᄒ여주면셔 별노히 ᄒ여 쥬ᄂ 것ᄀᆺ치 넉이ᄂ 것
• 답답(沓沓) : 속이 시원치 아니ᄒ고 터질 듯 흔 것.

- 도필리(刀筆史) : 문필만 가지고 힘쓰는 아전
- 도힝쟝(桃杏腸) : 이놈의 속이나 저놈의 속이 거의 굿흔 것
- 대방가(大方家) : 여러 가지 방법을 널니, 다 아는 것.
- 딕인난(待人難) : 사룸 기딕리기 어려온 것.
- 도부동(道不同) : 사룸의 호는 도가 각각 다른 것.
- 대관졀(大關節) : 크게 관계되는 짜닭.

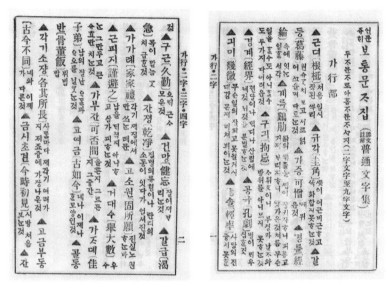

『언문주해 보통문자집』, 2 　　　　　 『언문주해 보통문자집』, 1

11) 『행용신식문자어(行用新式文字語)』

이 책은 1916년에 필사한 문헌으로 이 시대에 사용되던 '신식문자어'를 국한
문으로 풀이해 놓은, 필자 소장의 1책의 필사본이다. 책의 뒷면에 '대정오년
병진춘가(大正五年丙辰春梁)'라는 기록이 있어서 필사연도를 알 수 있다. 표지제
는 '신식행문(新式行文)'이라고 하고 '현용신식문자어(現用新式文字語)', '신식단

찰(新式短札)', '문자대류(文字對類)', '싀ᄉ돈집의 안덜 편지ᄒᄂᆞᆫ 튀거리', '명심록(銘心錄)', '각군부명칭(各郡府名稱)이라' 등으로 구성되어 있는데, '문자(文字)'에 관한 내용은 앞의 '현용신식문자어'에만 있다. 한자로 된 표제어 130개에 대하여 국한문으로 주석을 달아 놓았다. 뿐만 아니라 그 주석의 뒤에는 '例ᄒ건듸' 라고 하고 예문을 달아 놓았다. 주로 '신어(新語)'를 게재하고 국한 혼용문으로 뜻풀이를 하여 놓았다.

- 取締 : 幹攝 又ᄂᆞᆫ 管理의 意라(例ᄒ건듸 家事의 取締, 商店의 取締 等 과 如함)
- 組合 : 同業者ㅣ 相互聯合ᄒᆞ야 一組을 成ᄒᆞᄂᆞᆫ 意라(例ᄒ건듸 手形組合, 金融組合 等 과 如함)
- 手形 : 前日 魚驗과 同히 得債이 證書나 魚驗은 不規則ᄒᆞᆫ 白紙의 私證이요 手形은 法定ᄒᆞᆫ 印刷紙에 法律上 效力이 有ᄒᆞᆷ (例ᄒ건듸 約束手形等과 如함)
- 開放 : 洞開의 意니 (例ᄒ건듸 門戶을 開放 新港을 開放 等과 如함)
- 小包 : 書函 外의 郵便으로 付送ᄒᆞᄂᆞᆫ 物을 云함

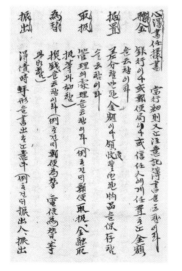

『현용신식문자어』, 1b

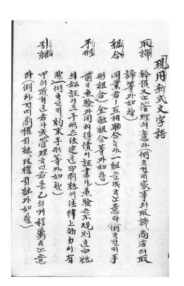

『현용신식문자어』, 1a

12) 『행용한문어투(行用漢文語套)』

이창동(李昌東)이 1자류(字類)부터 10자류(字類)까지의 한자어의 표제항에 대하여 한글로 뜻풀이를 하여 1939년에 대구의 해동사(海東社)에서 석인본으로 간행해낸 책이다. 판권지에 '소화십사년육월십일 발행(昭和十四年六月十日 發行), 발행소 해동사(發行所 海東社)'라 되어 있다. 필자의 소장본이다.

앞에 '대정십년천중절(大正十年天中節)'에 쓴 서문이 있다. 그 일부를 보이면 다음과 같다.

> 吾東國이 有箕聖敷敎以來로 末有自國文字하고 專尙漢文일식 言語酬酢의無非以漢字로 承接方言而行用者也라 習俗이 己慣이 讀書之人은 尙矣勿論이어니와 至於樵牧之輩와 婦孺之愚하야도 縱有音韻之眞鷹眞 이나 口不道非漢之言則余嘗嘆其不學而能知일식 試問其字義與所引處則皆瞢然莫解하니 譬如捉影而忘眞하고 嗜飯而昧粟이라 此余之所云漢文語套之所有作也] 러니

범례에서 밝히고 있듯이, 자류로 나누었는데 1자류(한 자 말)로부터 시작하여 10자류(열 자 말)까지 되어 있다. '1자류(한 자 말)'에는 '東(동) 동역', '通(통) 통할'처럼 한자의 석음을 달아 놓았고, '2자류(두 자 말)'부터는 한자를 쓰고 오른쪽에 한글로 그 음을 달아 놓고 그 아래에 한글로 주석을 붙여 놓았다.

1자류(한 자 말)에서 10자류(열 자 말)까지의 몇 예를 보이면 다음과 같다.

- •東(동) : 동역 동 〈一字類〉
- •功(공) : 공 공 〈一字類〉
- •公誦(공송) : 남의 말을 위하야 공변되기 하난 것 〈二字類〉
- •公議(공의) : 여러 사람 합당한 의논 〈二字類〉

•同去就(동거취) : 거취을 한가지 하난 것 〈三字類〉

•同周旋(동주션) : 일을 한가지 쥬션하난 것 〈三字類〉

•東問西答(동문셔답) : 이 말하난듸 져말 답하난 것 〈四字類〉

•同宮異室(동궁니실) : 쳐음 한집으로 논아 두 집 되난 것 〈四字類〉

•孰敢曰不可(슉감왈불가) : 뉘가 감히 굴오듸 올치 안이 하다 하리요 〈五字類〉

•福人逢吉地(복인봉길지) : 복잇난 사람이 조흔 쌍을 마난단말 〈五字類〉

•窮心志之所樂(궁심지지소락) : 마암과 뜻이 질긴 바를 다 하단 말 〈六字類〉

•忠言逆耳利於行(충언력니리어힝) : 충곡한 말이 귀이난 거살리나 힝실이난 니하
단 말 〈七字類〉

•崇高莫大乎富貴(숭고막듸호부귀) : 놉흐고 놉흔 거시 가멸고 귀한 듸보담 큰 거시
업단 말 〈七字類〉

•服之不稱身之灾也(복지불층신지지야) : 의복이 참남히 맛지 안이하면 몸이 지 알
리란 말 〈八字類〉

•其妻不識其友識之(기쳐불식기우식지) : 그듸은 모르고 그 벗은 안다 하니 다암으
로 아단 말 〈八字類〉

•辱人之父人亦辱其父(룍인지부인력룍기부) : 사람이 아비을욕하면 사람도 쏘한 그
아비를 룍한단 말 〈九字類〉

•是可忍也孰不可忍也(시간인야숙불가인야) : 이를 가히 참아 할진듸 뉘를 가히 참
아 못할리요 〈九字類〉

•知之爲知之不知爲不知(지지위지지지불지위불지) : 아난 거선 안다 하고 아지 못한
거선 아지 못한단말 〈十字類〉

•不顧父母之養一不孝也(불고부모지양일불효야) : 부모 섬기믈 도라보지 안이 하
난 거시 첫가지 불효란 말 〈十字類〉

『행용한문어투』, 1b   『행용한문어투』, 1a

4.5. 역학서(譯學書) 자료

어휘를 목록화할 수 있고 이에 대응되는 한자어를 통해 어휘의 의미를 기술할 수 있는 문헌들 중의 대표적인 문헌이 역학서의 유해서들이다. 주지하는 바와 같이 역학서의 유해서 자료들은 다음과 같다.

	문헌명	저자	판식	시기	소장처
1	譯語類解, 譯語類解 補	愼以行 金敬俊 金指南 등	목판본	1690년 1775년	규장각 등
2	同文類解	玄文恒	목판본	1748년	규장각
3	蒙語類解	方孝彦에 의해 改訂	목판본	1790년 중간본	규장각
4	方言類釋	洪命福	필사본 (4권 2책)	1778년	규장각
5	倭語類解	洪舜明	목판본	18세기 말	국립중앙도서관 등

6	漢淸文鑑	李湛 金振夏	목판본	1779년	小倉進平文庫 파리동양어학교 한국학중앙연구원(필사본)
7	漢語抄	미상	필사본 (3책)	1779년 이후	규장각
8	華語類抄	미상	활자본 목판본	1883년경	곳곳

역학서 유해류 문헌에서 표제어에 대한 대역어로 제시한 부분에서 국어 어휘를 추출할 수 있다. 특히 역학서 자료들은 여러 부류의 어휘들을 제시하고 있어서 매우 다양한 분야의 어휘들을 찾아낼 수 있다는 장점이 있다.

이들 역학서 문헌들은 표제어가 한자어들이다. 그 뜻풀이에서 우리말을 한글과 한자로 표기하여 놓았다. 표제어에 쓰인 한자어들의 성격도 명확하지 않은 편이다. 즉 전통적인 한자어인지 아니면 백화문의 한자어인지를 구분할 수가 없다. 따라서 이들 문헌의 표제항에 보이는 한자어가 한어(漢語)임에는 틀림 없겠지만, 이 한자어들이 국어의 한자어는 아니다. 그러나 어느 것은 현대국어에서도 사용되는 어휘들이 많아서 이들을 모두 국어 어휘에서 배제하기도 어렵다. 국어 어휘를 찾아내기 위한 가장 쉬운 방법은 뜻풀이에 쓰인 한글표기를 이용하는 것이다.

역학서는 대상 언어에 따라 그 기술 방식이 다르지만 그 표제항이 한자어로 되어 있는 것은 동일하다. 표제항의 한자어는 한어의 한자어로 추정되는데 한어 관계인 역어유해와 왜어 관계인 왜어유해에만 한자음이 한글로 표기되어 있고, 몽어유해와 동문유해는 한자음이 표기되어 있지 않다. 이것은 그 대상언어의 학습과 연관된 것이기 때문이다.

역어유해는 각 한자에 한자음을 한글로 표기해 놓았는데, 정음(正音)과 속음(俗音)을 표기해 놓았다. 그리고 그 아래에 ○ 표를 하고 한글 또는 한자로 표제어에 대응되는 우리말을 써 놓았다. 이에 비해 몽어유해와 동문유해는 한자만 써 놓고 그 아래에 한글 또는 한자로 우리말을 써 놓고 그 아래의 ○ 표아래에 몽고어, 만주어의 발음을 한글로 써 놓았다. 왜어유해는 한자를 써 놓고 오른쪽에는 우리말을, 왼쪽에는 일본음을 써 놓았으며 그 아래의 ○ 아래에 일본의 새김을 한글로 써 놓았다.

역어유해는 그 대역 방식에서 몇 가지 특징을 지닌다.

① 한자 표제어에 대해 고유어로 대역된 것이 있다. 이것은 그것을 역으로 대치시켜 놓으면 훌륭한 국어 어휘에 대한 정보를 얻을 수 있다. 예를 몇 가지 들어 본다.

- 月兒 둘 〈上 1a〉
- 明星 새별 〈上 1b〉
- 濛鬆雨 ᄀ랑비 〈上 2a〉
- 菜餡 치소 〈上 51b〉
- 盪流去 뻐나다 〈上 7b〉
- 罵他 쑤짓다 〈上 31b〉
- 暖和 ᄃᄉ다 〈上 5a〉
- 照会 알외다 〈上 11a〉

- 月暈 둘모로 〈上 1a〉
- 天杠 므지게 〈上 1b〉
- 閃電 번게 〈上 2a〉
- 灘裡 여흘 〈上 7a〉
- 嚇他 저히다 〈上 31b〉
- 天旱 ᄀ므다 〈上 1a〉
- 漂流去 뻐나다 〈上 7b〉
- 塌了 믄허디다 〈상 14b〉

이들의 표제항과 대역어를 대체해 놓으면 훌륭한 국어 어휘정보를 얻을 수 있다.

- 둘 (月兒) 〈上 1a〉
- 새별(明星) 〈上 1b〉
- ᄀ랑비(濛鬆雨) 〈上 2a〉
- 치소(菜餡) 〈上 51b〉
- 뻐나다(盪流去) 〈上 7b〉

- 둘모로(月暈) 〈上 1a〉 등
- 므지게(天杠) 〈上 1b〉
- 번게(閃電) 〈上 2a〉
- 여흘(灘裡) 〈上 7a〉
- 저히다(嚇他) 〈上 31b〉

- • 꾸짓다(罵他) 〈上 31b〉
- • マ므다(天旱) 〈上 1a〉
- • 드스다(暖和) 〈上 5a〉
- • 떠나다(漂流去) 〈上 7b〉
- • 알외다(照會) 〈上 11a〉
- • 믄허디다(塌了) 〈上 14b〉

② 표제어 한자어에 동일한 한자어로 대역한 것이 있다. 이것은 대역항에 그 한자어의 음절수에 맞추어 'ㅣ'로 표시하였다. 예컨대 '月蝕 ㅣ ㅣ', '潞州紬 ㅣ ㅣ ㅣ' 등으로 표시하였다. 이것은 표제어를 국어에 차용한 한자어로 인식된 것이어서 국어 어휘로 처리해야 한다. 그 예를 몇 개 들면 다음과 같다. (『역어유해』의 卷下에서 들도록 한다.)

- • 寶貝 ㅣ ㅣ 〈1a〉
- • 真珠 ㅣ ㅣ 〈1a〉
- • 珊瑚 ㅣ ㅣ 〈1b〉
- • 琥珀 ㅣ ㅣ 〈1b〉
- • 瑪瑠 ㅣ ㅣ 〈1b〉
- • 水晶 ㅣ ㅣ 〈1b〉
- • 通天犀 ㅣ ㅣ ㅣ 〈1b〉
- • 烏犀角 ㅣ ㅣ ㅣ 〈1b〉
- • 黃犀角 ㅣ ㅣ ㅣ 〈1b〉
- • 青金石 ㅣ ㅣ ㅣ 〈1b〉

이들 예들을 출전을 밝히지 않고 어휘들만 제시하면 다음과 같은 것들을 들 수 있다(『역어유해』 상하권에서).

• 袈裟	• 橄欖	• 柑子	• 強盜	• 桂樹	• 曲尺	• 孔雀
• 孔雀石	• 寡婦	• 果園	• 關子	• 口子	• 菊花	• 菊花酒
• 葵花	• 金箔	• 金簪花	• 金錢花	• 來月	• 奴婢	• 路祭
• 潞州紬	• 菉豆	• 多謝	• 團領	• 單衫	• 端午	• 禫祭
• 玳瑁	• 大祥	• 大布	• 道童	• 道士	• 道袍	• 冬至
• 頭巾	• 豆腐	• 燈臺	• 橙丁	• 瑪瑙	• 末伏	• 梅花
• 盟誓	• 名帖	• 木蓮花	• 民魚	• 蜜蠟珠	• 薄荷	• 牛氷

•紡絲紬	•寶相花	•寶石	•寶貝	•幞頭	•鳳凰	•佛堂
•椳子	•沙果	•紗帽	•謝帖	•算盤	•珊瑚	•三角鬚
•參兒	•象牙	•常行酒	•犀角	•書案	•石榴	•石鱗
•石炭	•聖旨	•小祥	•燒酒	•孫子	•水獺	•秀魚
•水銀	•水晶	•繩床	•時祭	•神主	•雙窓	•櫻桃
•藥材	•梁冠	•養子	•荔支	•煙臺	•蓮子	•禮數
•烏犀角	•玉簪	•王女	•王妃	•王孫	•王子	•龍眼
•雨傘	•虞祭	•元告	•鴛鴦	•月經	•月蝕	•琉璃
•柚子	•銀箔	•銀魚	•耳匙	•鯉魚	•印	•日蝕
•咨文	•紫薇	•雜職	•將軍	•薔薇	•壯元	•宰相
•竊盜	•接客	•正犯人	•頂子	•朝官	•朝服	•朝士
•卒哭	•廚子	•中綾	•中伏	•辰兒	•眞珠	•蒺藜木
•茶房	•遮陽	•饌盒	•槍	•氅衣	•菖蒲	•菜園
•靑金石	•靑魚	•淸酒	•初伏	•寸白虫	•七夕	•土官
•通天犀	•珮玉	•牌子	•品帶	•寒食	•檻車	•海參
•鄕試	•琥珀	•柶椒	•紅蓮花	•洪魚	•花梨木	•花斑石
•花絲紬	•皇曆	•黃犀角	•皇帝	•會試	•回帖 등	

이들 자료에서 찾을 수 있는 것은 당연히 모두 명사들이다. 위에서 제시한 자료들 중에서 현대국어에서 한자어로 쓰이지 않는 것은 많지 않다.

③대역어에서 표제어에 접사 '-ᄒ다'를 붙인 것들이 있다. 즉 표제어의 대역어에 '표제어 + ᄒ다'가 붙여진 것이다. 이것은 한어에서는 명사인 것이 국어에서는 동사나 형용사와 같은 용언으로 사용되고 있는 것이어서 국어 어휘에 유용한 정보를 제공해 준다. 역어유해에서 이 어휘목록을 모두 제시하면 다음과 같은 34자이다.

- 呈文 呈文ㅎ다 〈上 11a〉
- 念佛 念佛ㅎ다 〈上 25b〉
- 中惡 中惡ㅎ다 〈上 62b〉
- 可憐 可憐ㅎ다 〈下 43a〉
- 仔細 仔細ㅎ다 〈下 44b〉
- 守寡 守寡ㅎ다 〈下 49a〉
- 啓奏 啓奏ㅎ다 〈補 8a〉
- 革職 革職ㅎ다 〈補 9b〉
- 討論 討論ㅎ다 〈補 11a〉
- 班師 班師ㅎ다 〈補 15a〉
- 合掌 合掌ㅎ다 〈補 18a〉
- 納幣 納幣ㅎ다 〈補 26b〉
- 發熱 發熱ㅎ다 〈補 33b〉
- 落痂 落痂ㅎ다 〈補 34b〉
- 收稅 收稅ㅎ다 〈補 38b〉
- 擅斷 擅斷ㅎ다 〈補 52a〉
- 預備 預備ㅎ다 〈補 54a〉

- 慶賀 慶賀ㅎ다 〈上 11b〉
- 吐 吐ㅎ다 〈上 54a〉
- 告官 告官ㅎ다 〈上 65a〉
- 分明 分明ㅎ다 〈下 44b〉
- 收拾 收拾ㅎ다 〈下 45a〉
- 陰冷 陰冷ㅎ다 〈補 4a〉
- 御覽 御覽ㅎ다 〈補 8b〉
- 祈禱 祈禱ㅎ다 〈補 10b〉
- 飜譯 飜譯ㅎ다 〈補 11a〉
- 裝藥 裝藥ㅎ다 〈補 15a〉
- 搖動 搖動ㅎ다 〈補 25b〉
- 引導 引導ㅎ다 〈補 33a〉
- 破腫 破腫ㅎ다 〈補 34b〉
- 救療 救療ㅎ다 〈補 35a〉
- 飄風 飄風ㅎ다 〈補 46b〉
- 停當 停當ㅎ다 〈補 53b〉
- 爲頭 爲頭ㅎ다 〈補 54a〉

④ 대역어에서 한어와 동일한 한자어에 다른 부가어를 덧붙여 한 어휘를 만든 것이 몇 개 보인다. 예컨대 '-비단'을 덧붙이거나 '-문'을 덧붙인 것이 그것이다.

- 明綠 明綠비단 〈下 4a〉
- 油綠 油綠비단 〈下 4a〉
- 天靑 天靑비단 〈下 4a〉
- 鴉靑 鵝靑비단 〈下 4a〉

- 草綠 草綠비단 〈下 4a〉
- 柳靑 柳靑비단 〈下 4a〉
- 柳黃 柳黃비단 〈下 4a〉

한어에서는 '明綠'이 비단 이름이지만, 국어에서는 '明綠'보다는 '明綠비단'처럼 '비단'이 붙어야 한 단어가 되는 것으로 인식한 자료라고 생각한 것으로 추정된다.

마찬가지로 '문'이나 '저울'이 통합되어 한 어휘가 된 것이 있다.

- 六花 六花문 〈下 4b〉
- 四雲 四雲문 〈下 4b〉
- 天平 天平저울 〈下 16a〉

이들은 모두 역어문과 표제항을 바꾸면 역어문이 한국어 어휘가 될 것이며, 표제항은 그 의미를 파악하기 위한 중국어 대역어가 될 것이다.

⑤ 표제어와 다른 한자어로 대역한 것들이 있다. 역어유해에만 약 646개가 보인다.

- 參兒 參星 〈上 1b〉   - 辰兒 辰星 〈上 1b〉
- 年終 歲末 〈上 4a〉   - 拜年 歲拜 〈上 4a〉
- 拜節 歲拜 〈上 4a〉   - 拜歲 過歲問安 〈上 4a〉
- 館驛 站驛 〈上 23a〉   - 漁戶 漁父 〈上 22b〉
- 外婆 外祖母 〈上 53a〉   - 佃戶 農人 〈下 8b〉

표제어에 보이는 한자어가 국어에서는 사용되지 않으며 대역어에 보이는 한자어가 국어에서 한자어로 쓰이고 있음을 보여 주는 예들이다. 그리하여 국어에서 '歲拜'는 쓰이지만 '拜年, 拜節'은 쓰이지 않고, '漁父'는 국어 한자어이지만, '漁戶'는 한어의 한자어임을 보여 주고 있다. 그러나 주석 부분에 한자로 썼다고 해서 그것이 그 당시의 국어 어휘였는지는 검토를 요한다. 다음의 예들이 그러하다. 이들은 풀이말에서 쓰인 것들이다. 'ㄱ' 부분만 보인다.

•假蘭	•袈裟	•家屬	•可合者	•各	•肝	•看場
•間諜之人	•橄欖	•柑子	•强盜	•講說	•舡倉	•箇月
•客商	•客商	•客	•更	•更點	•擧子	•去核綿花
•去核綿花	•乾石首魚	•乾魚	•臉鳴	•擊錚	•謙言	•謙稱
•經	•京圻	•經人女	•稽首	•桂樹	•叩算	•袴子
•高祖母	•高祖父	•庫直	•糓糠	•曲曲虫	•曲城	•穀食
•曲尺	•公事	•孔雀	•孔雀石	•工作廳	•公座簿	•公座簿
•科擧	•課命	•寡婦	•過歲問安	•果園	•冠	•官門機木
•官員	•官人	•關字	•關子	•官衙	•貫革	•廣多
•光陰	•怪奇	•九成銀	•九月	•九日	•口子	•菊花
•菊花酒	•軍官	•軍士	•軍中	•權知	•貴於金	•旗
•起動	•寄生草	•忌祭	•葵花	•跟隨人	•㘞齒	•噲
•金箔	•金簪花	•金錢花	•及第			

위의 예에서 국어의 어휘가 아닌 것처럼 보이는 것들도 꽤나 있음을 발견할
수 있다.

어느 것은 한자 어휘로 대역하지 않고 한문으로 대역한 것도 있다. 이것은
국어 어휘 속에서 제외될 것으로 생각한다. 왜냐 하면 한 단어가 아니기 때문
이다.

•嫂子 兄弟之妻 〈上 57a〉 •姑夫 同姓叔母夫 〈上 56b〉

⑥ 대역어에 표제항의 한자어와 동일하다는 의미의 '上仝'이란 표시를 한 것
들이 많다. '上仝'의 '上'은 표제어를 말한다. 그러나 표제어와 국어 대역어가

동일한 경우에는 그 음절수에 따라 'ㅣ' 표시로 하였는데, 이와는 별도로 '上仝'이라 하여 별도의 표시를 한 이유를 찾아내기가 쉽지 않다.

이 표제 한자어들은 국어 어휘에서 잘 쓰이지 않는 것들이 많은 편이어서 그 궁금증을 더욱 가중시킨다. 이들 '上仝'으로 표시된 항목들은 후대에 편찬된 『동문유해』나 『몽어유해』에서는 별도로 뜻풀이를 한 것이 많아서, 아마도 한어의 어휘가 한국어의 어휘처럼 쓰일 수 있음을 보인 것으로 해석된다.

우선 『역어유해』에서 '상동'으로 대역한 항목을 몇 개 들어 보고 그것들이 『몽어유해』와 『동문유해』에서 어떻게 대역하였는가를 보도록 한다.

표제항	대역어		
	『역어유해』	『몽어유해』	『동문유해』
太陽	上仝	볏	볕
日圈	上仝		
太陰	上仝		
月亮	上仝	둘 붉다	둘 붉다
月圈	上仝		
虹蜺	上仝		
雷震	上仝		
驟雨	上仝	쇠나기	쇠나기
凍雨	上仝		
霖雨	上仝	댱마	댱마
水滿漕	上仝		
苦霜	上仝		

몇 가지 사항으로 보아서 『역어유해』에서 '上仝'으로 표시한 것은 국어 어휘도 있지만, 한자어도 같이 사용되고 있었을 것이라는 추정을 할 수 있다. 따라서 그 당시에 한어 어휘가 우리나라에 들어와 사용되었지만, 널리 알려져 있지 않았던 어휘들에 대해 '上仝'으로 표시한 것으로 추정된다. 즉 '쇠나기'가 국어 어휘로 사용되고 있지만, '驟雨'도 동시에 사용되고 있었다는 의미로 해석된다.

⑦뜻풀이로 대역한 것이 많다. 이것은 한어의 한 단어를 대응되는 한국어 단어가 없어서 뜻풀이 형식으로 풀이해 놓은 것으로 짐작된다.『역어유해』의 앞부분을 몇 개 보이도록 한다.

- 日頭上了 히 돗다.
- 日頭発紅 히 ᄀᆞᆺ 비쵀다.
- 日欄風 日暈ᄒᆞ면 ᄇᆞ람 잇다.
- 日頭圧山 히 山에 거디다.
- 月明 ᄃᆞᆯ 붉다.
- 月亮 ᄃᆞᆯ 붉다.
- 月欄雨 月暈ᄒᆞ면 비 온다.
- 月児落了 ᄃᆞᆯ 디다.
- 流星 ᄡᅩ아 가ᄂᆞᆫ 별.

이 자료들은 다른 언해 문헌에 보이는 예들처럼 처리하여 국어 어휘 목록을 찾아낼 수밖에 없다. 그리하여 위의 예에서 '히, 돗다, ᄀᆞᆺ, 비쵀다, 日暈ᄒᆞ다, ᄇᆞ람, 잇다, 山, 거디다, ᄃᆞᆯ, 붉다, 디다, 비, 오다, ᄡᅩ다, 가다, 별'의 17개의 어휘를 목록화할 수 있고 예문으로도 활용할 수 있다.

⑧『몽어유해』와『동문유해』에는 대역어에 '通稱'이라고 표시되어 있는 항목이 있다. 이 부분은 대부분 고유어로 되어 있어서 관심을 가지게 한다. 예컨대 '浮'의 대역어에 '通稱 ᄡᅳ다'라고 되어 있다. 여기에서 언급한 '通稱'이 무엇을 의미하는 것인지 알 수 없으나 뒤에 대역된 어휘들이 거의 모두가 고유어인 점이 특이하다. 혹시 다의어 중에서 상위어를 의미하는 것인지 알 수 없다.

몽어유해에 35개, 동문유해에 24개가 있지만, 두 문헌에서 겹치는 항목은 '掛住'(걸리다)와 '片'(조각)'의 두 개뿐이다. 그 목록을 보이면 다음과 같다. ('통칭' 이란 표시는 제외하고 출전도 제시하지 않는다.)

㉠『몽어유해』

- 光潔 조출ᄒᆞ다
- 加鹽 저리다
- 化生 삼겨나다

- 可厭 슬희여ᄒ다
- 封了 封ᄒ다
- 掛住 걸리다
- 改正 고치다
- 熟了 닉다
- 瘐 여외다
- 聲響 소리
- 蓋着 덥다
- 選了 ᄲᅡ다
- 長成 ᄌᆞ라다
- 烙爆 복다

- 喫了 먹다
- 抽了 쌔히다
- 揉摩 부븨다
- 浮 ᄯᅳ다
- 熱阿 덥다
- 皮子 가족
- 胖阿 슬씨다
- 被拏住 잡히이다
- 釣鉤 갈고리
- 靶子 ᄌᆞ릐
- 冷阿 ᄎᆞ다

- 害羞 붓그리다
- 拏了 잡다
- 收了 거두다
- 湯 국
- 片 조각
- 窟籠 구무
- 膾鮏 회
- 遞任 ᄀᆞ다
- 鋪着 ᄭᆞᆯ다
- 香 향

ⓛ 『동문유해』

- 瘸了 저다
- 掛住 걸리다
- 埋着 뭇다
- 細阿 ᄀᆞᄂᆞ다
- 量量 되다
- 裁了 시므다
- 抽拿 쌔혀드다
- 片 조각

- 盖子 두에
- 蠱阿 굵다
- 死了 죽다
- 顔色 빗
- 舡縫 틈메오다
- 種子 ᄡᅵ
- 打戰 ᄠᅥ다
- 下垂了 느러지다

- 空殼子 뷘주거리
- 塗擦 칠ᄒ다
- 牲口 즘싱
- 撮了 쟙다
- 援一援 골 박다
- 鐵箍 테
- 踢了 ᄎᆞ다
- 禍事了 일 만나다

각 문헌에 표제어는 겹치는 항목은 없다. 그러나 한 문헌에서도 다른 표제어에 대한 대역어가 동일한 것이 많이 보인다. 이 문헌에서 '天文'에 해당하는 대역어 중에서 찾아 예를 보이면 다음과 같다. (출전은 모두 '天文' 부분이다.)

대역어	표제어		
	『역어유해』	『동문유해』	『몽어유해』
굷션ᄆ지개	雙杠, 虹橋, 虹蜺		
둘 붉다	月亮, 月明		
둘모로	月圈, 月暈		
ᄇ람 자다	風息風定, 風住了	風息	
뽀아 가는 별	流星, 賊星		
히	日頭, 太陽		
히ㅅ 귀엣골	日環, 日珥		
히ㅅ모로.	日圈, 日暈		
구롬 훗터디다	雲綻了, 雲散了		
노올	火雲		霞
댱마비	連陰雨, 霖雨		
된서리	苦霜, 嚴霜		
번게	閃電	電	
별악 티다	雷震, 雷打了		
산고딕	樹稼, 花霜		
쇠나기	過路雨, 凍雨, 驟雨	驟雨	驟雨
시위 나다.	水滿漕, 水漲発洪		
五色 구롬	彩雲, 五色雲彩		
호로래 ᄇ람	倒捲風	旋窩風	旋窩風

1) 『역어유해(譯語類解)』 『역어유해보(譯語類解補)』

중국어 어휘사전인 『역어유해』는 사역원 역관인 신이행(愼以行), 김경준(金敬俊), 김지남(金指南) 등이 편찬하여 1690년에 2권 2책의 목판본으로 간행하였다. 어휘를 상권은 '천문(天文)·시령(時令)·기후(氣候)·지리(地理)·궁궐(宮闕)' 등의 43개 부류로, 그리고 하권은 '진보(珍寶)·잠상(蠶桑)·직조(織造)·재봉(裁縫)·전농(典農)' 등 19개 부류로 나누어 배열하고 그것의 중국어 발음과 뜻을 한글로 적은 유별사서(類別辭書)이다.

상하 2단으로 나누어 한자로 중국어의 표제어를 쓰고 매자 아래의 좌우 양쪽에 중국어 발음을 한글로 표기하였는데, 왼쪽은 운서의 규정음(規定音)을, 오른쪽에는 그의 교정음(校正音)을 표기하였다. 그리고 그 바로 밑에 우리말의 뜻을 적었다.

그 보편(補篇)은 1775년에 편찬되어 『역어유해보』라는 이름으로 간행되었는데, '천문류, 시령류, 기후류, 지리류' 등 62개 부류로 나누어 배열하였다. 표제어는 역어유해 상권에 2,624개, 하권에 4,690개, 보편에 2,297개가 실려 있어서 모두 9,611개이다.

그 형식을 보이면 다음과 같다.

- 天道 (텬do{,} 텬땋) ○ 하늘
- 日頭 (ᄉ\]투, 싱뚷) ○ 히
- 太陽 (태양, 태양) ○ 上소
- 日頭上了(ᄉ\]투샹do{,} 싱뚷쌍랗) ○ 히돗다
- 日頭發紅(ᄉ\]릅아훙, 싱뚷밯훙) ○ 히 ㅈ 비쵀다

2) 『동문유해(同文類解)』

현문항(玄文恒)이 『청문감(淸文鑑)』, 『대청전서(大淸全書)』, 『동문광휘(同文廣彙)』 등의 문헌을 참고하여 한어 어휘를 풀이하고 청어(淸語) 발음을 한글로 써 놓아 1748년 운각(芸閣)에서 상하 2권 2책의 목판본으로 간행해 낸 책이다. 청어 발음을 한글로 써 놓은 것을 제외하고는 『역어유해』와 마찬가지로 표제항의 한어를 우리말로 풀이하여서 우리말로 풀이한 것에서 국어 어휘를 추출할 수 있다. 상권에 '천문, 시령, 지리, 인륜, 인품' 등의 26개 부류로, 하권은 '전농, 미곡, 채소, 과품, 질명' 등의 29개 부류로 나누어 표제어를 실었는데, 상권에 2,448개, 하권에 2,349개, 모두 4,797개의 표제어가 실려 있다.

상하 2단으로 되어 있는데, 위에 한자로 된 한어 어휘를 싣고 그 아래에 국어

를 그리고 그 아래에 청어를 한글로 표기하여 실었다.

그 형식을 보이면 다음과 같다.

- 天道 하늘 ○ 압카
- 蒼天 ㅣㅣ ○ 뇨○혼 압카
- 天文 ㅣㅣ ○ 압캐 슈
- 天變 ㅣㅣ ○ 압캐 쿠부린
- 天變了 ㅣㅣ ᄒ다 ○ 압카 어허러허
- 天河 은하슈 ○ 숭가리 비라
- 天涯 하늘ㅅ ᄀ ○ 압캐 부턴

3) 『몽어유해(蒙語類解)』

한어 어휘를 우리말로 적고 다시 몽고어 발음을 우리말로 적은 몽학서이다. 원간본은 언제 편찬되었는지는 알 수 없고, 다만 1768년에 이억성(李億成)이 개간했다는 기록이 있으나, 이 개간본 역시 전하지 않는다. 현존본으로는 서울대 규장각본이 유일하고 일본의 동경외국어대학에 그 사본이 있다. 규장각본은 1790년에 방효언(方孝彦)에 의해서 개정(改訂)된 중간본이다. 이 책은 상권, 하권, 보편, 어록해로 구성되어 있는데, 모두 3책이다. 각 한어 어휘를 한자로 싣고 그 아래에 한국어, 몽고어를 한글로 써 놓았다.

상권은 '천문, 시령, 지리, 인륜, 인품' 등 27개 부류에 1,916개의 표제어가 있고, 하권에는 '전농, 미곡, 채소, 과품, 질병' 등의 27개 부류에 1,926개의 표제어가, 그리고 보편에 '천문보, 시령보, 지리보, 인륜보, 인품보' 등의 48개 부류에 1,475개의 표제어가 있어서 모두 5,317개의 표제항이 있는 셈이다.

그 형식을 보이면 다음과 같다.

- 天道 하눌 ○ 텅거리
- 蒼天 ｜ ｜ ○ 쿠커 텅거리
- 天文 ｜ ｜ ○ 텅거리 연 운하
- 天變 ｜ ｜ ○ 텅거리 연 후 빗할
- 天河 은하슈 ○ 텅거리 연 오요달
- 天涯 하눌 ㅅ ᄀ ○ 텅거리 연 홀뫼
- 日頭 히 ○ 나란

4) 『왜어유해(倭語類解)』

홍순명(洪舜明)이 일본인 우삼방주(雨森芳洲)에게 물어서 편찬하여 2권 2책의 목판본으로 간행한 일본어 학습서이다. 간기가 없으나 하권의 말미에 역관의 이름이 나열되어 있어서 18세기 말에 간행된 것으로 추정된다.

이 책은 다른 사학(四學)의 역학서류(譯學書類)와는 그 계통을 달리한다. 한자어 또는 한자 어휘를 상단에 표제어로 실었는데, 그 1자류는 천자문이나 유합의 방식을 따라 한자의 석과 음을 달아 놓았고, 2자류 이상은 그 한자의 조선한자음을 달아 놓고 있다. 물론 일본한자음도 싣고 있다.

상권은 '천문, 시후, 간지, 지리, 강호' 등 34개 부류에 1,697개의 표제어가 있으며, 하권은 '국호, 전농, 화곡, 채소, 과실' 등 19개 부류에 1,654개의 표제어가 실려 있다. 그리하여 모두 3,429개의 표제어가 있다.

또한 이 책을 저본으로 하여 金澤庄三郞은 1912년에 『일어유해(日語類解)』를, 그리고 Medhurst. W. H는 1835년에 『조선위국자회(朝鮮偉國字會)』를 편찬해 내기도 하였다(서울대 도서관 소장).

『왜어유해』의 형식을 보이면 다음과 같다.

- 天 하눌 텬, 뗀 ○ 소라 又云 아메

- 日 날 일, 이쯔 ○ 히
- 月 둘 월, 계쯔 ○ 즈기
- 日蝕 일식, 이쯔쇼구 ○ 닏쇼구
- 月蝕 월식 계쯔쇼구 ○ 괄쇼구
- 日暈 일운, ㅅ이쯔운 ○ 히노가사
- 月暈 월운 계쯔운 ○ 즈기노가사
- 星 별 셩, 셰이 ○ 호시

5) 『방언유석(方言類釋)』

『방언유석』은 한어(韓語)·한어(漢語)·청어(淸語)·몽어(蒙語)·왜어(倭語)의 대역어휘집(對譯語彙集)으로서 홍명복(洪命福) 등이 1778년(正祖 2년)에 편찬한 4 권 2책의 필사본이다. 이 책은 일반적으로『방언집석(方言集釋)』또는『방언집 석(方言輯釋)』으로 알려져 있지만 원책명은『방언유석(方言類釋)』이다. 이 책은 한자로 된 중국어 단어를 표제어로 삼아 그 아래에 이 단어에 대한 한국어를 국문으로 대역하여 놓고 그 아래에 다시 한어(漢語)·청어(淸語)·몽어(蒙語)·왜 어(倭語)의 순으로 대역하여 국문으로 표기하여 놓았다.

서울대학교 고도서에 소장되어 있는 이『방언유석』은 원래 서명응(徐命膺, 1716~1786)이 편찬한『보만재잉간(保晩齋剩簡)』에 수록되어 있다.『보만재잉간』 은 사본으로 전하는데 원래 25책으로 추정되지만 현재 13책만 전하는 영본(零 本)이다.『방언유석』은 이『보만재잉간』의 제24책과 제25책에 있다.

우리나라가 중국 청나라 몽고 일본과 접해 있어 왕래가 많은데, 사역원(司譯 院)을 설치하여 사국방언(四國方言)을 여러 가지로 강습하여 왔지만 이 방언들 의 변화로 중국인을 만나도 한 마디도 통할 수 없게 되었으므로 정조 2년(1778 년)에 역관(譯官) 홍명복(洪命福) 등을 시켜 그 당시에 소용이 될 수 있는 사국방 언(四國方言)을 유별(類別)로 분류하여 국문으로 새김을 달아『방언유석(方言類

釋)』이라고 하였다는 것이다.

이『방언유석』은 모두 4권으로 되어 있는데, 권1에는 천문류·시령류·지여류·존비류·친속류 등의 19개 부류에 1,319개의 표제어가 실려 있으며, 권2에는 가취류·새안류·상장류·연회류·접대류 등의 27개 부류에 1,242개의 표제어가, 권3에는 다주류·음철류·지병류·지질류·이약류 등 25개의 부류에 1,113개의 표제어가, 권4에는 제조류·기희류·주선류·차량류·안마류 등의 16개 부류에 1,332개의 표제어가 실려 있다. 모두 5,006개의 표제어가 실려 있다. 이 5,006개 중 50여 개는 부분적으로 또는 전체가 훼손되어 있으며, 그 중 20여 개는 그 재구조차 힘들다. 그리고 석(釋) 대신 한자로 석을 쓴 것도 하나가 보인다. 이『방언유석』은『역어유해』,『역어유해보』,『몽어유해』,『몽어유해보』,『동문유해』,『왜어유해』 등을 정리 보충한 것으로 보인다. 그러나 그 배열에 있어서, 그리고 국문석(國文釋)의 표기에서 약간의 차이를 보인다. 이 책은 홍문각에서 영인하여 널리 사용되고 있으나 영인본은 교정된 곳을 확인하여 이용하여야 할 것이다.

그 형식을 보이면 다음과 같다.

- (天 하늘) 漢 天 텬 又 天道 텬도 淸 압카 蒙 텅거리 倭 소라
- (上天 샹텬) 漢 上天 샹텬 淸 덜기, 압카 蒙 터거두 텅거리 倭 우예, 소라
- (靑天 프른 하늘) 漢 靑天 칭텬 淸 뇨혼, 압카 蒙 쿠커 텅거리 倭 아오, 소라
- (天文 텬문) 漢 天文 텬운 淸 압ㅋ, 슈 蒙 텅거리, 연, 운하 倭 텐몬
- (天河 은하슈) 漢 天河 텬허 淸 숭가리, 비라 蒙 텅거리, 연, 오요달 倭 아마농가와
- (天淸亮 하늘 청명ᄒ다) 漢 천청량 텬칭량 淸 압카, 거훈 蒙 텅거리, 거거건 倭 소랑가, 기요시, 마시짜

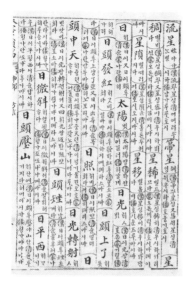

『방언유석』, 2a   『방언유석』, 1b

6) 『한청문감(漢淸文鑑)』

　『한청문감』은 1779년(정조 3년)경에 한학검찰관(漢學檢察官) 이담(李湛, 본명
洙)과 청학검찰관(淸學檢察官) 김진하(金振夏) 등이 펴낸 만주어 겸 한어(漢語 : 당
시의 北京官語) 사전이다. 목판본으로 15권의 유별(類別) 사전으로 청나라의 『어
제증정청문감(御製增訂淸文鑑)』(1771)을 대본으로 하여 편찬되었다.
　각 항목의 기술은 4단으로 구성되어 있다. 맨 위 제1단은 한어(漢語) 표제어
(구)이다. 제2단은 제1단의 표제 한어와 제3단의 만주어에 대한 우리말 풀이
인데, 때로는 한문으로 제4단의 만주어로 된 풀이를 번역하여 놓은 것도 있다.
표제 한어가 우리말 한자어로 관용되고 있는 경우에는 줄을 그어 놓았다. 제3
단은 표제 한어에 대응하는 만주어 또는 만주어 어구인데, 그 오른쪽에는 만
주어음을 한글로 전사하여 놓았다. 제4단은 제3단의 만주어에 대한 만주어
풀이이다.

『한청문감』은 오늘날 완질본 2질이 알려져 있다. 일본 동경대학(東京大學) 도서관의 구 소창문고 소장본, 그리고 프랑스 파리 동양어학교 도서관 (Bibliothéque de l, École Nationale des Langues Orientales Vivan-tes) 소장본인데, 이 둘은 동일판본으로 추정된다. 1971년에 또 하나의 색다른 완질본이 박은용(朴恩用)에 의하여 소개되었다. 그것은 동경대학 법학부 연구실의 구 미야자키(宮崎道三郎) 소장본인데, 미야자키본은 7책으로 장정되어 있다. 그런데 이 책에는 오구라본에서 볼 수 있는 권1 앞에 붙은 목록 10장과, 권15 끝에 있는 편찬관여자명단 3장이 없다. 그보다도 미야자키본의 문제점은 권1·권2·권10·권12·권13·권15가 교정쇄(校正刷)로 짝채워져 있다는 사실이다. 그 밖의 것은 오구라본과 같은 판본이다. 또 하나의 이본이 한국학중앙연구원에 소장되어 있는데, 이것은 필사본이다. 또한 목판본 권2와 권5가 국립중앙도서관에 소장되어 있으며, 권9-13, 권15가 고려대학교 도서관에 소장되어 있다. 필사본도 권2-4가 서울대 일사문고에 소장되어 있다.

이 사전에 수록된 표제어(구) 항목의 총수는 1만2840여 개가 된다. 여기에 만주말 풀이 끝에 붙은 한어 소표제어와 그 만주어 어(구) 200여 항목과, 일운(一云)의 만주어 600여 개를 합하면 『한청문감』 속의 만주어 어(구)의 총수는 1만3640여 개가 된다.

이 책은 1956년 동경대학의 오구라본이 연희대학교(현재의 연세대학교) 동방학연구소에서 『한한청문감(韓漢淸文鑑)』이라 개제(改題)되어 영인하였다. 그리고 이것을 1998년에 홍문각에서 다시 영인하였다.

그 형식을 보이면 다음과 같다.

• 天 (톈) 하늘 (압카) 우머시던, 투마쟈카, 얼버헝거
• 上天 (샹톈) ｜ ｜ (덜기 압카) 투먼쟈카, 버얼,버허 버죠리머기수러헝거
• 蒼天 (창톈) ｜ ｜ (뇨혼 압카) 압캐 보쵸 버죠리 머기수러헝거
• 淸天 (칭톈) 묽은 하늘 (경견 압카) 투기숙둔 아쿠우머시블호거투건압카

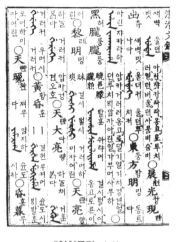

『한청문감』 1,1b   『한청문감』 1,1a

7) 『한어초(漢語抄)』

『한어초(漢語抄)』는 중국어 단어를 한글 또는 한문으로, 그리고 중국어 단어
를 만주어로 주석한 역학의 유서다. 천(天), 지(地), 인(人)의 3책으로 되어 있는
서울대 규장각 소장의 필사본이다. 서문이나 발문이 없어 편찬연대 및 필사
연대는 알 수 없다. 역시 편찬자도 알 수 없다.

한자로 된 중국어 단어마다 그 오른쪽에 그 속음을 한글로 표기하고 그 아
래에 한글로 된 한국어 또는 한문으로 뜻풀이를 해놓았으나 제2책의 뒤에 붙
어 있는 '청어초' 부분에서는 한자음은 표시하지 않고 한글로 전사된 만주어
로 뜻풀이를 하고 있다.

이 책은 『한청문감』의 일부 내용을 취사 선택해서 옮겨 쓴 것으로 보인다.
이 같은 사실은 이 책의 부(部)·유(類)·단어 등의 순서와 어형 그리고 한어 표
제어에 붙여진 한글 주음(注音)이 『한청문감』과 일치하는 것 등으로 보아 알
수 있다. 그래서 이 책은 『한청문감』이 간행된 1779년 이후에 필사된 것이다.

이 필사본은 『한청문감』을 옮겨 쓰면서도 그 편집이 완료되지 않은 것으로

보인다. 왜냐 하면 '한어초'의 부분에 한자음 표기가 많이 생략되어 있다는 점, '청어초'가 제3책의 끝에 있지 않고 엉뚱하게 제2책의 끝부분에 있다는 점 등이 그러한 추정을 가능케 한다. 이 책은 어휘사 연구 및 만주어 연구에 좋은 자료를 제공하여 줄 것이다.

그 형식을 보이면 다음과 같다.

- 淸天 칭탼, 묽은 하늘
- 東方明 둥방밍, 동트다
- 昏暮 훈무, 어둡다
- 日光轉射 이캉쥰셔, 日光之照應被者

- 晨光 천캉, 새벽빗
- 天大亮 탼다량, 하늘채 붉다
- 晴明 칭밍, 일긔 졍명ᄒ다
- 日暖 이놘, 일긔 ᄃᆞᆺᄒ다

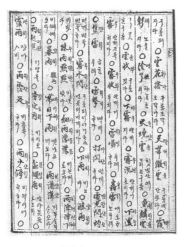
『한어초』 1, 1b

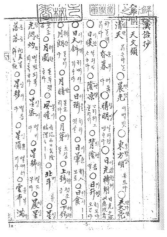
『한어초』 1, 1a

이 한어초가 다른 문헌에 등재되어 있기도 하다.

한국학중앙연구원에 소장되어 있는 『휘저(彙著)』에 '한어초(漢語抄)'란 부분이 보이는데, 아마도 중국어를 배우기 위해 필사해 놓은 부분으로 보인다. 따라서 위에 소개한 『한어초』와는 전혀 다른 책이다. 이 책에서는 한자의 오른쪽에 중국음을 한글로 달아 놓고 그 아래에 한글로 그 뜻을 써 놓은 것이다. 몇 예를 보이는데, 중국음은 괄호에 넣도록 한다.

- 多(도) 만타
- 沒有(무뉘) 읍다
- 耳(얼) 귀
- 墨(머) 먹
- 雲髻(윤갈) 샹투
- 太陽溫(틔양운) 다슈ㅎ다
- 狠熱(흔예) 너무답다

- 小(쇼) 적다
- 念書(년슈) 글 익는 것
- 紙(쪼) 조희
- 酒(쥬) 슐
- 醎菜(쎤채) 짠김치
- 蔥(츙) 파
- 火盆(호푼) 화로

- 有(뉘) 잇다
- 眼睛(안증) 눈
- 筆(셰) 붓
- 關門(콴문) 관문
- 請座(칭조) 안져라
- 痛呵(퉁아) 아푸야

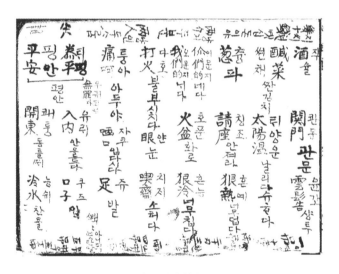

'휘저' 안의 한어초

8) 『화어유초(華語類抄)』

『화어유초』는 1883년경에 간행된 것으로 추정되는 한어(漢語)-한국어(韓國

語)의 대역 어휘집이다. 총 표제어가 2,222개(활자본), 2287개(목판본)가 수록되어 있다. 63개의 의미 항목으로 분류되어 있다. 곳곳의 도서관이나 개인이 소장하고 있다. 활자본과 목판본의 두 종류가 있다.

그 형식을 보이면 다음과 같다.

- 老天(랏텬) ○ 하늘
- 日暈(이훈) ○ 히ㅅ모로 日圈(이쳔)
- 日蝕(이시) ○ ｜ ｜
- 月亮(워량) ○ 둘 붉다
- 星(싱) ○ 별

- 日頭(이투) ○ 히 太陽(틱양)
- 日紅(이훙) ○ 히돗다
- 月頭(워투) ○ 둘 太陰(틱인)
- 天河(텬허) ○ 銀河
- 流星(류셩) ○ 쏘아가는 별

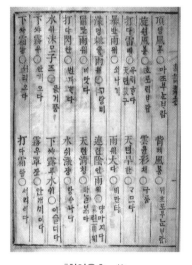

『화어유초』, 1b

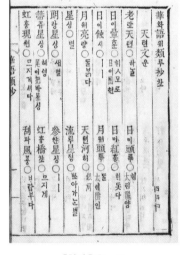

『화어유초』, 1a

4.6. 재물보류(才物譜類)

재물보(才物譜)란 '재보(才譜)'와 '물보(物譜)'를 합친 말이다. '재보'의 '재'란 천지인(天地人) 삼재(三才)를 뜻하는 것이어서 '재보'는 '천보(天譜), 지보(地譜), 인보(人譜)'를 말한다. 그러므로 재물보란 천보, 지보, 인보, 물보란 의미이다.

	문헌명	저자	권책	시기	소장처
1	재물보	李晩永	8권4책	1798년	규장각, 버클리대학도서관 등
2	광재물보	미상	4권 4책	미상	규장각, 연세대 도서관

1) 『재물보(才物譜)』

『재물보』는 호가 성지(成之)인 이만영(李晩永)이 1798년(정조 22년)에 편찬한 일종의 백과사전으로 8권 4책의 필사본이다. 책의 앞에 있는 김정견(金庭堅)의 서문에서 이 책의 편찬목적과 유래, 내용 등을 알 수 있다.

이 책은 천보 지보 인보와 물보로 분류하고 이를 다시 약 130~140개의 소부문으로 재분류하고 있다. 표제어를 한자로 쓰고 그 밑에 한문 또는 한글로 주를 달아 설명하고 있다. 이 한글로 설명한 부분이 곧 국어 어휘연구의 중요하고도 방대한 자료가 된다. 이 재물보는 『만물록(萬物錄)』 또는 『만물초(萬物草)』 등의 책제를 가진 여러 가지 이본이 있다. 국립중앙도서관, 한국정신문화연구원(구 장서각 도서), 서울대 규장각, 가람문고 등에 소장되어 있다. 이 이본들은 약간의 차이들이 있으나 규장각본은 국립중앙도서관본에 보이는 표제어보다 적어서, 줄여 필사한 것으로 보인다. 반면에 규장각본에는 국립중앙도서관본에 보이지 않는 특이한 사항들이 들어 있다[예컨대 고거전서(考據諸書) 등]. 한글 표기 부분도 서로 이동이 보이나 어디까지나 표기상의 이동(異同)이지 어휘상의 이동이 아니다. 규장각본에 한글표기가 더 많이 보인다. 그리고 구장서각본은 국립중앙도서관본과 유사하다. 원찬본은 아직 발견되지 않고 있고 위의 것들은 모두 전사본으로 보인다. 구장서각본은 책제가 『만물초(萬物草)』로 되어 있는데, 1835~1869년 사이에 이루어진 것으로 보인다.

이들 이외에도 많은 도서관과 개인이 소장하고 있는 이본이 있는 것으로 보인다. 광재물보는 홍문각에서 영인 소개한 적이 있다.

재물보는 모두 필사본으로 필사본마다 차이가 조금씩 있으므로 여유가 있다면 모두 살펴 보는 것이 필요할 것이다. 그 소장처를 보이면 다음과 같다.

(1) 8책
- 국립중앙도서관(한古朝91-23)
- 일본 소창진평문고(동경대학교)(l174866-73)

(2) 4책
- 서울대학교 규장각한국학연구원(奎 4400-v.1-4)
- 서울대학교 규장각한국학연구원(奎 7694-v.1-4)
- 한국학중앙연구원 도서관(k3-682)
- 고려대학교 도서관(육당 E1-A29-1-4)
- 미국 버클리대학교 도서관(35.12)
- 일본 오사카부립 니카노시마도서관(韓2-25)
- 고려대도서관 8권 4책(대학원 E1 A31)

(3) 3책
- 연세대도서관 3책(夏秋冬)(고서(1) 031.1 재물보)

(4) 2책
- 일본 동양문고(VII-3-38)

(5) 1책
- 국립중앙도서관(古031-35)

- 서울대학교 규장각한국학연구원(가람 古 039.51-J178)
- 서강대도서관(고서 재37)

재물보에 보이는, 한글이 들어 있는 어휘의 예를 몇 들어 본다.

- 野馬 田野浮氣 아즐앙이 〈권1, 2b〉
- 日晃眼 눈의 희빗 ㅂ의다 〈권1, 2b〉
- 日暈 氣圍日也 히무리 〈권1, 2b〉
- 日㷳 히귀엣골희 〈권1, 2b〉
- 晨 새벽 〈권1, 3a〉
- 晝 낫 〈권1, 3a〉
- 矮于矬漢 난장니 〈권2, 1a〉
- 軃 身內前也 굽다 〈권2, 1a〉
- 仰子 텬상ㅂ라기 〈권2, 1a〉
- 痟膚 酸削也春時有之 봄타다 〈권2, 1a〉
- 跪 屈膝 쑤러안짜 〈권2, 1a〉
- 義父 의붓아비 〈권3, 1a〉
- 乾爺 시양아비 〈권3, 2a〉
- 乾娘 시양어미 〈권3, 2b〉
- 長子 맛아들 〈권3, 3a〉
- 次子 버검아들 〈권3, 3a〉

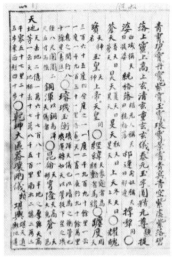
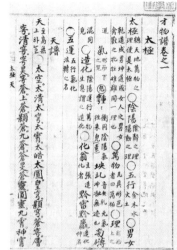

『재물보』1, 1b   『재물보』1. 1a

2)『광재물보(廣才物譜)』

『광재물보』는 19세기 초에 쓰인 것으로 추정되는 일종의 백과사전식 유서(類書)이다. 다른『재물보(才物譜)』류와 마찬가지로 필사본이다. 4권 4책으로 되어 있는 서울대 가람문고본이다.

『광재물보』는『재물보』를 확대하여 편찬한 것이다. 편저자를 알 수는 없으나, 19세기 초의 실학자일 가능성이 높다. 왜냐 하면 이 당시에 실학자들에게 '명물도수학(名物度數學)'이 널리 퍼져 있어서, 18세기와 19세기에 걸쳐 실학자들에 의해『물명고(物名攷)』,『물보(物譜)』,『물명찬(物名纂)』,『물명괄(物名括)』,『재물보(才物譜)』 등의 이름을 갖는 유서들이 대량으로 편찬되었기 때문이다.

이 필사본『광재물보』가 19세기에 이루어진 것으로 추정되는 것은, 이의 저본이라고 할 수 있는 이만영(李晚永)의『재물보』가 1798년에 이루어진 것으로 추정되고, 또한 19세기 초에 이러한 종류의 유서들이 대량으로 편찬되어 전하고 있으며, 또한 이 필사본에 쓰인 한글 표기법의 특징이 19세기 초의 언어현상을 많이 반영하고 있기 때문이다.

유서는 그 표기 형태로 보아 크게 두 가지로 분류할 수 있다. 하나는 표제항과 그 풀이가 모두 한문으로만 기술되어 있는 것이고 또 하나는 표제항은 한자로 되어 있으되, 풀이를 한글로도 하여 놓은 것이다. 이『광재물보』는 다른『물명고』류나『재물보』류와 마찬가지로 후자에 속하는 것이다.

그래서 이들 자료는 국어 연구에 큰 도움을 준다. 특히 이 당시의 다양한 어휘를 보여 준다. 일반 다른 언해 자료들은 주로 편중된 어휘를 반영하고 있는 반면에, 이들 재물보류나 물명고류들은 다양한 분야의 어휘 모습을 보이기 때문에, 어휘 연구에는 더할 나위 없이 좋은 자료이다.

특히『광재물보』는 지금까지 발견된『재물보』류나『물명고』류에 비해 가장 많은 표제항을 가지고 있으며, 또한 한글 풀이도 가장 많은 자료이다. 따라서 국어 어휘사 연구에서는 없어서는 안될 자료로 생각한다.[13] 이 광재물보는 연세대학교 도서관에도 소장되어 있다.

- 太極 태극
- 曦 히빗
- 影 그림ᄌ
- 日環野馬 아즈랑이
- 晨 식벽
- 小禺午 싯기낫
- 黃昏 어스름ᄢ
- 五更 오경
- 天 하늘
- 睨 히기운
- 日食 일식
- 仮陰天 흐린날
- 晝 낫
- 夕陽 전역ᄢ
- 夜 밤
- 日 히
- 陰 그늘
- 日暈日珥 히귀에골이
- 東發亮 동트다
- 亭午 졍낫
- 薄暮 젼역
- 三更 삼경

〈이상 1a〉

---

13 『廣才物譜』에 대한 자세한 해제는 沈慶昊 교수의 논문(鄭良婉 洪允杓 沈慶昊 金乾坤(1997), 『朝鮮 後期 漢字語彙 檢索辭典』, 韓國精神文化硏究院의 앞에 실린 「朝鮮後期 漢字語彙 分類集에 대하여」란 논문)을 참고하기 바란다.

- 更点 경점
- 点子 경점 치ᄂᆞᆫ 사람
- 人定鍾 인경
- 罷漏 파루
- 月 달
- 広寒殿 월궁
- 月芽 초싱달
- 月食 월식
- 月暈 달무리
- 星辰 별

⟨이상 1b⟩

풀이말에 한글로 나타나는 것들을 정리하여 보면 다음과 같다. 일부분만
보이도록 한다.

- 가미다 (旱)
- 거번 (曩)
- 겨을 (冬)
- 경점 (更点)
- 경점 치ᄂᆞᆫ 사람 (點子)
- 구룸 (雲)
- 귀신날 (耗磨日)
- 그늘 (陰)
- 그림ᄌᆞ (影)
- 그뭄 (晦)
- 그젹긔 (再昨)
- 글피(外後日)
- 긋그젹긔 (大前日)
- ᄀᆞ을 (秋)
- 낫 (晝)
- 노을 (火雲)
- 누슈 (漏)
- 눈 (雪)
- 눈송이 (鵝毛)
- ᄂᆡ일 (明)
- 달 (月)
- 달무리 (月暈)
- 대보름 (上元)
- 도지바람 (颶風)
- 동트다 (東發亮)
- 된ᄂᆡ기 (嚴霜)
- 립츈부치다 (春帖子)
- 마날 (馬日)
- 모릭 (再明)
- 무덥다 (熰熱)
- 무셔리 (眂霜)
- 무지긔 (虹霓)
- 바람 (風)
- 번긔 (電)
- 별 (星辰)
- 별악 (雷轟)
- 보름 (望)
- 보ᄌᆞ락비 (一犁雨)
- 봄 (春)
- 비 (雨)
- 비개다 (晴)
- 비방울 (雨起泡)
- 삼경 (三更)
- 셔리 (霜)
- 소나기 (過雨)
- 스무날 (念)
- 식벽 (晨)
- 싯기낫 (小晑午)
- 싸라기눈 (米雪)
- 아ᄌᆞ랑이 (日環野馬)
- 아츰노을 (早霞)

•안기 (霧) •어스름씨 夜 (밤)(黃昏) •어적긔 (昨)

•여름 (夏) •열흘 (旬) •오경 (五更)

•우뢰 (雷) •우박 (雹) •월궁 (廣寒殿)

•월식 (月食) •윤달 (閏) •은하슈 (河漢)

•이슬 (露) •이슬비 (濛鬆雨) •이제 (今)

•인경 (人定鍾) •일식 (日食) •잇다금 (有時)

•장마 (霖雨) •전역 (薄暮) •전역노흘 (晚霞)

•전역씨 (夕陽) •정낫 (亭午) •진고딕 又 산고딕 (霧淞)

•진눈갑이 (霰) •ᄌ명종 (白鳴鍾) •ᄌ최눈 (霰一抹雪)

•초사흘 (哉生魄) •초싱달 (月芽) •초이틀 (初吉上日旁死魄)

•초하로 (朔) •태극 (太極) •토우 (霾)

•파루 (罷漏) •하늘 (天) •혜셩 (彗星)

•호믜ᄌ락비 (一鋤雨) •회호리 바람 (廻風) •흐린날 (假陰天)

•히 (日) •히귀에골이 (日暈日珥) •히기운 (晛)

•히빗 (曦)

『광재물보』(규장각본)　　　　『광재물보』(연세대본)

4.7. 『박고(博攷)』

편자 미상, 필사연도 미상의 천(天)·지(地)·인(人) 3책으로 되어 있는 필사
본이다. 국립중앙도서관 소장본이다(한古朝 91-7). 그 체재는 재물보와 매우
유사하다. 그러나 그 분류 방식은 재물보와는 전혀 다르다. 대분류 중분류 등
의 분류 항목이 없고, 세분류만 표시되어 있다. 예컨대 '천(天)'의 책에는 '태극
(太極), 천(天), 천지(天地), 일시(日時), 월(月), 성신(星辰), 풍(風), 운우(雲雨)' 등으
로 목록만 제시되어 있고, 그 항목에 해당하는 한자어를 쓰고 그 아래에 한문
또는 한글로 상세한 주석을 하여 놓았다. 현재까지 전혀 알려지지 않았던 자
료라서 면밀한 검토를 요한다.

- 魖 독갑니 〈天 6b〉
- 大起 每月望晦 한사리 〈天 13a〉
- 法琅 파란 〈天 15a〉
- 自然銅 色靑黃如銅石 산골 〈天 16a〉
- 鑐鐵 시우쇠 〈天 16a〉
- 鏽 鐵生衣 쇠본의 〈天 16b〉
- 蜜蠟珠 밀화 〈天 17b〉
- 剔齒纖 挑出齒間肉 니쑤시기 〈天 34a〉
- 齒垽 니에 씨인 곱 〈天 34a〉
- 喀吐 춤밧다 〈天 34a〉
- 膁 목구멍심줄 〈天 34a〉
- 帝鐘風 목젓 붓는 병 〈天 34a〉
- 帽子 마으라기 〈天, 6a〉
- 桔槹 引水具 룡드레 〈天 14a〉
- 鉀 補破曰鉀 그릇째다 〈天 15a〉
- 倭鉛 함석 〈天 16a〉
- 跳鐵 봉쇠 〈天 16a〉
- 明珀 色若松黃 명태 〈天 17b〉
- 重牙 덧니 〈天 34a〉
- 牙簽筒 초여집 〈天 34a〉
- 牙杖 양치째 〈天 34a〉
- 嗓佾 솝통 〈天 34a〉
- 囫圇吞 외니로 슨키다 〈天 34a〉

'지(地)' 책의 '어록(語錄)' 항목에는 주로 국어의 부사에 해당하는 어휘들만
모아서 제시하였는데, 그것들을 보이면 다음과 같다.

•엇지(怎)　　•여긔(這)　　•져긔(那)

•이러타(恁)　　•ᄀᆞ장(很)　　•그져(白)

•문득(却)　　•드듸여(遂)　　•도로여(反曾顧還)

•아니(匪 否)　　•말나(勿毋莫)　　•만일(儻脫)

•ᄎ라리(寧無寧)　　•오히려(猶尙)　　•다만(但第只)

•진실노(苟寔)　　•올타(可然得是)　　•즐겨(肯)

•견듸여(堪)　　•쳐음(始做初)　　•아즉(姑且)

•아오ᄅ지(聊)　　•ᄌᆞ못(殊)　　•ᄆᆞ롬즉이(須)

•ᄆᆡ양믄득(每輒動)　　•갓(卽)　　•본릭(本元)

•다(皆咸盡都)　　•스스로(自)　　•ᄀᆞ쟝(最十分)

•문득(奄)　　•이것(這個)　　•아니냐(得無無乃)

•ᄎᆞᆷ(眞個)　　•여긔(這裡)　　•비록(雖縱)

•임의로(恁憑)　　•마라(罷呀)　　•아나(適兒口氣)

•그리셔(自然口氣)　　•못ᄒᆞ엿다(咳末)　　•믈건(東西)

•잇다가(一回兒)　　•너아론것가(管你麽)　　•이리져리(支支吾吾)

•이리나져리나(索性)　　•되ᄂᆞᆫ듸로(撈把住)　　•죡ᄒᆞ다(句了)

•마츰(遭是)　　•어나덧(不覺)　　•겨오(剛剛的)

•온(渾普)　　•즈음ᄒᆞ다(隔了)　　•ᄒᆞ염즉(該堪)

•져마작(往那邊)　　•요ᄉᆞ이(這一向)　　•이윽고(有些時)

•듸듸로(倍倍)　　•슈샹ᄒᆞᆫ긔쳑(蹺蹊)　　•일ᄒᆞ다(作用)

•잘ᄒᆞ다(罕)

『박고』, 2   『박고』, 1

4.8. 『물보(物譜)』

이철환(李哲煥), 이재위(李載威) 두 부자가 공저한 물명 어휘집으로 필사본으로 전한다.[14] 1770년경에 이철환(1722-1780)에 의해 초고가 이루어지고 1802년에 이철환의 아들 이재위(1755-1825)와 이우성이 체계화하여 화곡(禾穀), 소채(蔬菜), 목과(木果), 초과(草果), 화훼(花卉), 약초(藥草), 잡초(雜草), 잡목(雜木), 인충(鱗蟲), 개충(介蟲), 수족(水族), 주충(走蟲), 비충(飛蟲), 육금(陸禽), 수조(水鳥), 모충(毛蟲), 신체(身體), 혼인승도부(族姻僧道附), 관복(冠服), 음식(飮食), 박희(博戱), 제택(第宅), 주차(舟車), 질병(疾病), 인륜(人倫), 잡물(雜物)의 26개 부문으로 정리 분류하였다. 앞에 이재위(李載威)가 쓴 '물보서(物譜序)'가 있다.

이철환(1722~1779)은 조선 후기 예산 출신의 실학자로 덕산에 정착해 살았다. 이철환의 본관은 여주(驪州)이며 자는 길보(吉甫), 호는 예헌(例軒)이다. 아

---

14 곳곳에 '이철환'을 '이가환'으로 기록한 곳을 볼 수 있다. 표준국어대사전조차도 그렇게 기술하고 있다. 이것은 한자 '喆' 자를 '嘉'로 잘못 읽은 데에 연유한다.

버지는 이광휴(李廣休)이며『물보』의 서문을 쓴 이재위는 그의 맏아들이다.

이철환은 덕산 장천리[현 예산군 고덕면 상장리]에서 태어났다. 사촌 아우 이창환, 이삼환과 함께 종조할아버지인 성호 이익에게 입문하여 안산에서 학문을 익히다가 제일 먼저 덕산으로 돌아와 평생 은거하였다. 시·서·화에도 능통하였다고 하며 표암(豹菴) 강세황(姜世晃) 등과 교류하였다고 한다.

이『물보』의 편찬과정은 이 책의 서문과 발문에 자세히 기록되어 있다. 서문은 이철환의 아들 이재위가 썼고 발문은 이철환의 제자인 이기경(李基慶)이 썼다. 이 서문과 발문을 통해 알 수 있는 내용은 다음과 같은 것이다.

① 현존하는『물보』는 둘째 아들 이우성(李虞成)이 편집한 것이다.
②『물보』라는 이름을 붙인 사람도 이우성(李虞成)이다.

一日虞成 出所謂物譜者示之 乃先生所嘗授基慶者 其州次部屋 各以類從虞成所自編也 目以物譜亦虞成所自名也〈物譜跋〉

하루는 우성이 물보라는 책을 내놓고 보였다. 바로 선생께서 일찍이 기경에게 준 책이었다. 그 주차부옥은 각각 유(類)를 따른 것이니, 우성이 스스로 엮은 것이다. 제목을 물보로 한 것도 우성이 스스로 이름을 붙인 것이다.

③ '물보'라고 이름을 붙인 것은 옛사람들이 화보(禾譜), 기보(器譜), 화보(花譜), 국보(菊譜) 등이 있었기 때문에 이를 총체적으로 이름을 붙여 '물보'라고 하였다.

古人有禾譜器譜花譜菊譜等故此則總名之曰物譜云爾〈物譜序〉

옛사람들이 禾譜, 器譜, 花譜, 菊譜 등이 있어서 이를 총체적 이름으로 '物譜'라고 하였다.

④ 이철환은 물명을 아는 것은 '유자(儒者)'가 하여야 할 일이라고 생각하였다.

基慶年十四五 先生以一卷書授之曰 此萬物之名錄也 是亦儒者事不可不知也 〈物譜跋〉

기경의 나이 14, 5세 때에 선생께서 한 권의 책을 주면서 말씀하시기를 이것은 만물의 이름을 기록한 것이다. 이것 또한 儒者의 일로 알지 않으면 안 된다.

이 『물보』의 필사본에는 현재까지 네 가지 이본이 알려져 있다.

① 한글학회 소장본
② 이돈형(李暾衡) 씨 소장본
③ 한양대 도서관 소장본
④ 국립중앙도서관 소장본

국립중앙도서관본은 1차로는 상편(上篇)과 하편(下篇)의 두 가지로 나누고 상편은 다시 초목부(草木部) 등의 4부로 분류하였으며, 초목부는 다시 화곡(禾穀) 등 여덟 가지로 분류하고 이 중 몇 가지는 다시 세분하는 등의 분류법을 사용하고 있다. 그것을 표로 보이면 다음과 같다.

1차	2차	3차	4차
上篇 (天生萬物)	草木部	禾穀	
		蔬菜	三之一
			三之二
			三之三
		木果	

		草果	
		花卉	二之一
			二之二
		藥草	二之一
			二之二
		雜草	
		雜木	
	虫魚部	鱗虫	
		介虫	
		水族	
	虫豸部	走虫	
		飛虫	
	鳥獸部	羽虫	陸禽
			水鳥
		毛虫	草宿
			窟居
下篇 (人爲萬事)	身體部	形體	
		氣血	
	人道部	族姻 (僧道附)	
		衣服	冠服
			服飾
		飲食	米穀
			魚肉
		博戲	
		第宅	椽桶
			窓戶
		舟車	舟橋
			車輿
		牛馬	
		文士	
		商賈	
	雜部		
	器械部	耕農	
		蠶績	
		工匠	

		佃漁	
		酒食	
		服飾	
	器用部	鼎鑑	
		筐筥	
		几案	
		兵仗	

한양대 소장본도 이 분류법을 따르고 있다. 이에 비해 한글학회 소장본은 편(篇)과 부(部)는 생략한 채 세부적인 부류로만 구분하여 분류하였다.

이 네 책의 분류는 거의 유사하지만, 이돈형씨 소장본이 표제어를 더 세목화한 것에 차이가 있다. 한글학회 소장본은 경문사(景文社)에서 유희(柳僖)의 물명고(物名攷)와 함께 영인하였으며, 이돈형씨 소장본은 이가원(李家源) 교수에 의하여 인문과학 5집에 활자로 소개되었다. 한글학회본의 영인본은 『물보(物譜)』의 뒤에 합철되어 있는 『몽유(蒙牖)』를 빼어 버리고 영인한 것이다. 이 『몽유(蒙牖)』에도 '동물훈(動物訓)', '식물훈(植物訓)', '잡물훈(雜物訓)', '잡명훈(雜名訓)', '어록(語錄)', '아동이두(我東吏讀)'로 분류된 곳에 물명(物名)과 이두(吏讀)가 실려 있어서 국어 어휘연구에 큰 도움이 된다. 한양대 소장본은 윤향림·정연정(2019)에서 주해를 하면서 소개가 되었다. 한양대 소장본은 한글학회본에 비하여 소략한 부분이 있다.

한글학회본은 발문이 없으나 다른 이본들에는 발문이 붙어 있다.

다음 예문들은 '화곡(禾穀)' 부분이다.

- 강남죠 (高麗穀)
- 귀밀 (穬)
- 돌피 (稗)
- 벼 (稻 稌)
- 삼 (火麻 炱苴麻 貫綿麻)

- 강남팟 (蛇豆 戎菽)
- 글씨 (蘦 佳苼)
- 메밀 (蕎麥)
- 보리 (大麥 牟)
- 슈슈 (黍蜀黍)

- 광적이 (虹斗)
- 녹두 (菉豆)
- 밀 (小麥)
- 빅변두 (藊豆)
- 슈울슈슈 (苕帚黍)

- 옥슈슈 (玉蜀黍)
- 율모 (薏苡)
- 죠 (粟)
- 찰기쟝 (秫)
- 찰슈슈 (黏蜀黍)
- 참벼 (黏稻 糯米)
- 챵씨 (脂麻 油麻芝麻)
- 츠조 (粱 苞蘴)
- 콩 (大豆 菽)
- 팟 (小豆)
- 피 (稷 明粢 穄)
- 피마쟈 (萆麻 大麻)

이 물보에 보이는 한자어들은 대부분이 국어 어휘라고만 말할 수 없다. 그러나 풀이항은 국어 어휘이다. 그 중에서도 주로 고유어에 대한 설명이 주종을 이루고 있음이 그 특징이라고 할 수 있다.

- 강남죠 (高麗穀) 〈1a〉
- 강남팟 (蛇豆) 〈1a〉
- 겨쟈 (芥) 〈1a〉
- 계쥭이 (薺苞) 〈2a〉
- 고샤리 (蕨) 〈2a〉
- 고새 (蒝荾) 〈2a〉
- 곤달닉 (馬蹄菜) 〈2a〉
- 광젹이 (豇豆) 〈1a〉
- 귀밀 (穬) 〈1a〉
- 근딕 (若蓬菜) 〈2a〉
- 나니 (蕃) 〈2a〉
- 난듸 (秦椒) 〈2a〉
- 녹두 (菉豆) 〈1a〉
- 달닉 (山韭) 〈2a〉
- 당근 (胡蘿) 〈1a〉
- 돌피 (稗) 〈1a〉
- 둥구리 (瑠管菜) 〈2a〉
- 듁슌 (竹萌) 〈2a〉
- 들씨 (蘇) 〈1a〉
- 등갓 (蓳芥) 〈1a〉
- 딕샤리 (地膚) 〈2a〉
- 마늘 (蒜) 〈2a〉
- 머희 (白菜) 〈2a〉
- 명회 (灰藋) 〈2a〉
- 모밀 (蕎麥) 〈1a〉
- 무임달닉 (蒲公英) 〈2a〉
- 물쑥 (萎蘩) 〈2a〉
- 물쑥 (萎蒿) 〈2a〉
- 미나리 (芹) 〈2a〉
- 밀 (小麥) 〈1a〉
- 밋갓 (菘芥) 〈1a〉
- 벼 (稻) 〈1a〉
- 벼름 (莧) 〈2a〉
- 보리 (大麥) 〈1a〉
- 부루 (萵苣) 〈1a〉
- 불근명회 (藜) 〈2a〉
- 비챠 (白菘) 〈1a〉
- 샴 (火麻) 〈1a〉
- 샵쥬 (鎗頭菜) 〈2a〉
- 쉰무우 (蔓菁) 〈1a〉
- 슈근츄 (赤根菜) 〈2a〉
- 슈란 (白芋) 〈2a〉
- 슈슈 (黍蜀黍) 〈1a〉
- 슈훌슈슈 (苕帚黍) 〈1a〉
- 싀영 (酸模) 〈2a〉
- 쑥갓 (茼蒿) 〈1a〉
- 쑥봉오죵니 (艾毬) 〈2a〉
- 야ᄒ (蘘荷) 〈2a〉
- 역괴 (苦蓼) 〈2a〉
- 연취 (香蘇) 〈2a〉
- 옥슈슈 (玉蜀黍) 〈1a〉

- 요화 (葒) 〈2a〉
- 제졉니토란 (芋魁) 〈2a〉
- 죵지 (小蒜) 〈2a〉
- 참벼 (黏稻) 〈1a〉
- 쳔쵸 (花椒) 〈2a〉
- 콩 (大豆) 〈1a〉
- 팟 (小豆) 〈1a〉
- 피마쟈 (蓖麻) 〈1a〉
- 히방풍입 (杏葉菜) 〈2a〉

- 율모 (薏苡) 〈1a〉
- 죠 (粟) 〈1a〉
- 찰기쟝 (秫) 〈1a〉
- 참나믈 (旱芹) 〈2a〉
- 츳죠 (粱) 〈1a〉
- 토편 (芋頭) 〈2a〉
- 평지 (蕓薹) 〈2a〉
- 회방풍돔 (杜蘅菜) 〈2a〉

- 젹노 (土踊) 〈2a〉
- 죨 (韭) 〈2a〉
- 찰슈슈 (黏蜀黍) 〈1a〉
- 참씨 (脂麻) 〈1a〉
- 치가샤리 (률管菜) 〈2a〉
- 파 (蔥) 〈2a〉
- 피 (稷) 〈1a〉
- 회향 (茴香) 〈2a〉

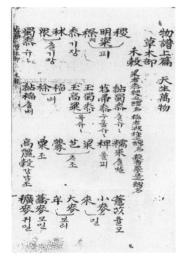

『물보』(국립중앙도서관본)

『물보』(한글학회본)

『물보』(한양대도서관본)

4.9. 유희의『물명고(物名攷)』

1820년대에 유희(柳僖)가 여러 가지의 물명을 모아 한글 또는 한문으로 풀이하여 만든 일종의 어휘사전이다. 원래 유희(1773~1837)의 저술을 모은, 100여 권이나 되는 유고인『문통(文通)』속에 포함되어 있었던 것이다. '물명류고(物名類考)'라고도 한다. 5권 1책의 필사본이다.

유희의『물명고』는 현재까지 다섯 가지 이본이 전하고 있다.

① 유희 후손 소장본(현재 한국학중앙연구원 소장본)

② 서울대 가람문고본(가람古-031-Y91g)

③ 일본의 鮎貝房之進 소장본으로 조선학보(16~20)에 영인된 것

④ 국립중앙도서관 소장본(위창古 740-2)

⑤ 정양수(鄭亮秀) 씨 소장본

일본의 점패방지진(鮎貝房之進) 소장본은 『조선학보』(16~20)에 영인되었고, 1972년에 경문사(景文社)에서 『물보』와 함께 영인하여 널리 알려졌다. 정양수 씨 소장본은 2000년에 『어문연구』 108호에 영인되어 소개되었다. 서울대 가람문고본과 국립중앙도서관본은 아직 널리 알려져 있지 않다. 유희 후손 소장본은 2007년 한국학중앙연구원에서 『진주유씨 석파유희전서(晋州柳氏 石陂柳僖全書) I』에 영인되었다.

이 중에서 어느 문헌이 원본이거나 원본에 가까운가를 결정하는 일은 쉽지 않다. 서울대 가람문고본과 국립중앙도서관 소장본만 실물을 접할 수 있고, 나머지는 실물을 볼 수가 없어서 서지학적 접근이 가능하지 않으며, 각 문헌에 쓰인 한글 표기가 거의 유사하여 시대의 선후를 가리기도 쉽지 않다.

위의 다섯 가지 책은 내용에도 별 차이가 없다. 단지 동일한 의미를 가진 한자어를 나열하면서 각 한자어와 한자어 사이에 구두점을 찍어 놓은 책이 있는가 하면(유희 후손 소장본과 정양수 씨 소장본과 『조선학보』 영인본), 구두점을 찍지 않고 한자어와 한자어 사이를 띄어서 쓴 책이 있다(가람문고본과 국립중앙도서관본). 한글 표기가 어느 이본이 더 많거나 적거나 한 것도 아니다. 한글 표기가 있는 곳은 어느 이본이든 모두 한글로 표기하였는데, 전술한 바와 같이 한글 표기 사이에도 차이가 심하지 않아서 어느 이본이 원본에 가까운지를 확인하기 어렵다. 정양수 씨 소장본은 유희 후손 소장본을 전사한 것이어서 장차와 행자수까지도 동일하다. 특히 가람문고본과 국립중앙도서관 소장본은 그 장차(張次)나 행자수(行字數)까지도 거의 동일하여 이 중의 어느 하나를 저본으로 하여 전사한 것으로 보인다. 필체나 책의 체재 등으로 보아 국립중앙도서관본을 저본으로 하여 전사한 것이 가람문고본인 것으로 보인다.

『물명고』는 '물명류고(物名類考)'라고도 하지만, 지금까지 전하는 어떠한 책에도 책의 내제(內題)나 외제(外題)에 '물명류고(物名類考)'라 한 책은 없다.[15]

---

15 『文通』에 전하는 책의 제목에 '類說, 類訂' 등의 이름이 붙은 것이 많은 것으로 보아, 『물명고』의 원본은 '물명류고'로 되어 있을 가능성이 높다. 후대에 전사되면서 '물명고'로 바뀐

『물명고』의 분류를 보이면 다음과 같다.

- 卷一 有情類 : 羽蟲, 毛蟲, 嬴蟲
- 卷二 有情類 : 水族, 鱗蟲, 介蟲, 昆蟲
- 卷三 無情類 : 草
- 卷四 無情類 : 木
- 卷五 不動類 : 土, 石, 金

　　　　不靜類 : 火, 水

이 분류방식은 기존의 다른 유서들과는 전혀 다른 분류방식이다. 어휘 분류에서 '유정(有情)'과 '무정(無情)'이라는 양분법을 사용한 유서는 흔하지 않다. '부동(不動)'과 '부정(不靜)'도 마찬가지이다. '부동(不動)'을 '정(靜)'으로, '부정(不靜)'을 '동(動)'으로 하지 않은 것은 '부동(不動)'과 '정(靜)'이 동일하지 않고 역시 '부정(不靜)'이 '동(動)'과 동일하지 않기 때문인 것으로 해석된다. '부동(不動)'이라고 해서 모두 '정(靜)'이 아니기 때문이다. '부정(不靜)'은 '동(動)'으로도 변화할 수 있는 것이다. 이처럼 사물의 본질을 유기적(有機的) 관계나 유동적(流動的) 관계로 해석하려 한 것이다. 이와 같은 양분법은 유희의 『물명고』의 창의적이고 현대적인 분류방식이라고 할 수 있다.

이 책은 이만영(李晩永)이 편찬한 『재물보(才物譜)』와 밀접한 관계에 있는 것으로 보인다. 『재물보』의 '물보(物譜)'와 '지보(地譜)'에서 그 표제어와 주해를 취사선택하여 정리 편집한 것으로 보인다. 『재물보』의 '물보'(특히 권7, 권8)를 '유정류'와 '무정류'로 분류하고 '지보'를 '부동류'와 '부정류'로 분류한 것이다. 유희의 『물명고』와 이만영의 『재물보』의 대응표를 보이면 다음과 같다.[16]

것으로 추측되지만 단언하기는 어렵다.

16 이 대응표는 홍윤표(1988:61)를 참조할 것.

柳僖의『物名攷』			李晚永의『才物譜』			
卷1	有情類	羽蟲	卷7	物譜 2	羽蟲
		毛蟲	卷7	物譜 2	毛蟲
		蠃蟲	卷7	物譜 2	毛蟲의 일부
卷2	有情類	水族	卷7	物譜 2	鱗蟲의 漁
		鱗蟲	卷7	物譜 2	鱗蟲
		介蟲	卷7	物譜 2	介蟲
		昆蟲	卷7	物譜 2	昆蟲
卷3	無情類	草	卷8	物譜 3	草
卷4	無情類	木	卷8	物譜 3	木
卷5	不動類	土	卷1	地譜, 地	土
		石	卷1	地譜, 地	石
		金	卷1	地譜, 地	金
	不靜類	火	卷1	地譜, 地	火
		水	卷1	地譜, 地	水

이상의 분류방법을 비교하여 보면 유희의『물명고』가『재물보』의 분류를 더 세분한 것에 지나지 않음을 알 수 있다. 표제항의 나열과 이에 대한 주석까지도 매우 유사하다. 단지 유희의『물명고』가 오히려 그 설명이 간단할 뿐이다. 그러나『재물보』의 모든 표제어를『물명고』에서 모두 취한 것은 아니다. 그중에서 취사선택한 것이다. 그 예를 몇 개만 들어 보도록 한다.

표제어	재물보의 주석 (卷8 物譜3)	유희의 물명고 주석 (無情類 草)	비교
穀	草實人所食以爲粮者	草實人取爲粮者	부분 수정(내용 축소)
九穀	黍稷稻粱三豆二麥(酉)	黍稷稻粱三豆二麥	동일
五穀	稻黍稷粱麥 或曰 無粱有菽	稻黍稷菽麥	부분 수정 (일부 내용 삭제)
黃茂	嘉穀	없음	
苗	穀始生	穀始生	동일
達	苗出土毛	없음	
方	穀始生未實詩其方卽早	없음	
庭碩	苗直而大也詩其庭且碩	없음	
驛驛	苗生兒	없음	

泬然	苗長兒	없음	
穗	禾黍之秀 이삭	禾黍之穗 이삭	동일
莢	音劫麻豆實之穀 고토리	草實之穀 고토리	부분 수정(音 표시 삭제)
芒	禾麥之鬚 가스라기	穀鬚 가스룩기	부분 수정(내용 범위 확대)

유희의『물명고』가 이만영의『재물보』에서 영향을 받았다는 사실은 유희와 이만영의 교류관계에서도 알 수 있다.[17] 특히 유희는 이만영의『재물보』를 읽고 답장을 썼는데, 그 글은『담원문록(薝園文錄)』(pp.412-419)에 "附西陂與李進士 晚永書(四月)[西陂가 李進士 晚永에게 준 便紙(四月)를 덧붙이다]"란 제목으로 실려 있다. 그 중에서 이만영에게 요구한 내용은 삭제 요구와 수정 요구의 두 가지인데, 실제로 유희는 이만영에게 요구한 내용을 그의『물명고』에서도 지키지 못했다. 예컨대 삭제 요구 사항 중에는 '어떤 물건의 모양이나 어떤 것의 소리 - 이를테면 閃閃은 빛이 움직이는 모양이고, 馮馮은 담 쌓는 소리라는 따위'가 들어 있는데,『물명고』에는 이러한 종류들이 그대로 실려 있다.

•吁 (驅鳥之聲)
•咳咳 (聚食聲)

유희『물명고』의 표제항에는 협주로 주석을 붙였지만 앞에서 주석을 붙인 표제항과 동의어나 유의어 관계에 있는 것은 '同'이라는 주석을 하였다.

•雄 (鳥父) 公的 (同)
•雌 (鳥母) 母的 (同)

주석문은 표기상에서 몇 가지 방식을 사용하고 있다.

---

① 한문으로 주석을 다는 경우

• 羽翼 (鳥毛曰羽 在傍曰翼)[18]

② 한글로 주석을 다는 경우

• 毛 (털)
• 尾 (꼬리)

③ 한글과 한자로 주석을 다는 경우

• 刷羽 (깃다듬다 整毛)
• 脂餅 (尾上肉 기름쇠옹)

주석문에는 다음과 같은 내용들이 포함되어 있다.

① 표제항에 대한 뜻풀이가 있다. 그러나 이 경우에는 한글로 하지 않고 한문으로 하고 있다. 이것은 다산의 물명고와는 대비되는 것이다.

• 涅 (朝鮮洌水之間 謂雞抱卵曰涅)
　　cf. [豹脚蚊] 다리에 검은 점 아롱아롱 박인 모긔 〈물명고(가람문고본)〉.
　　　[蟋敄(진어)] 즉금 박굴통이라 흔 풍유홀 씩 이거시로 치느 고로 속담의 풍유
　　　의 박굴통이라 ᄒᆞ나니라. 〈물명고(가람문고본)〉

───────────────────────

18 주석문은 괄호 안에 넣어 표시하였다.

②한글로 주석을 달아 놓은 경우에는 표제항과 한글 주석이 1:1의 대응관계를 이룬다.

- 毛 (털)
- 絨毛 (소옴털)

③ 한자의 음을 제시하여 주기도 한다.

- 蚰蟱(蚰音屈)

④유의어를 구별하는 방법을 사용하여 기술하기도 한다. 이것은 기존의 유서 방식을 가져 온 것이다.

- 羽翼 (鳥毛曰羽 在傍曰翼)

⑤梵語, 僧語, 道語, 蠻語, 番語, 秦語, 胡語, 東俗語 등의 전문어도 표시하여 두고 있다.

- 鳩七咤(梵語)
- 鱗蟲 魚, 水花草, 須, 水桫花(僧語), 婀碼(蠻語)
- 黑暗 低密(番語)
- 豹 표범 程(秦語)
- 豆腐 두부 黎祈, 黃泡(東俗語)
- 豉 며조 幽菽, 醬黃, 燻造, 末醬(東俗語)

『물보(物譜)』나『재물보(才物譜)』등과 마찬가지로 한자로 된 표제어 밑에 한글 또는 한자로 그 물명을 써 놓았다. 그 예를 조금만 보인다.

〈卷一 1a, 羽蟲, 점패〉

- 翅膀 둑디.
- 毛 털.
- 尾 쏘리.
- 嘴黃 콩부리.
- 肶胵 音皮蚩, 멀더구니.
- 尾 새흐레=趾榮, 媒躧了.
- 伏 알안다=孚菢.
- 下蛋 알낫타.

- 刷羽 깃다듬다, 整毛=梳翎
- 絨毛 소옴.
- 尾把 미우.
- 嗉份 산멱.
- 脂尾上肉, 기름쇠옹.
- 卵 알=蛋(단), 穀.
- 嘎蛋 알것다.

『물명고』(유희)(국립중앙도서관본)

『물명고』(유희)(가람문고본)　　　『물명고』(유희)(정양수씨 소장본)

4.10. 다산의 『물명고(物名攷)』

유희(柳僖)의 『물명고(物名攷)』와는 다른 종류의 물명고가 있다. 필사본의 물명고 중 가장 많이 전하고 있는 책이다. '물명괄(物名括)' 또는 '물명류(物名類)'라고도 한다. 이본에 따라 대개 1,000개 내지 1,600개 정도의 표제어가 실려 있다.

대체로 초목류(草木類), 조수류(鳥獸類), 충어류(蟲魚類), 궁실류(宮室類), 주차류(舟車類), 복식류(服食類), 경직류(耕織類), 공장류(工匠類), 공봉류(供奉類), 문무류(文武類), 희속류(戲俗類), 신체류(身體類), 사정류(事情類), 친속류(親屬類), 잡인류(雜人類), 어렵류(漁獵類), 잡사류(雜事類), 잡물류(雜物類) 의 18개로 분류되어 있다. 이 18개의 부류 이외에 더 많은 부류로 나뉘어 있는 다산의 물명고도 있다.

이 물명고는 다산(茶山) 정약용(鄭若鏞)이 지은 것이다. 다산의 『여유당전서

(與猶堂全書)』에 필사본『청관물명고(靑館物名考)』가 전하고 있고 진동혁 교수 소장의『물명괄(物名括)』의 표지에 '다산(茶山)'이라 묵서가 되어 있으며, 다산의 『여유당전서』에 '죽란물명고발문(竹欄物名考跋文)'이 있는 것 등으로 보아 이러한 추정을 가능케 한다.『청관물명고』와『물명고』는 그 표제어의 수에서 약간의 차이가 있을 뿐 그 분류는 동일하다. 단지『물명고』의 '초목류(草木類)'가 『청관물명고』에는 '야초류(野草類)'라 되어 있을 뿐이다. 한편 서울대학교 일사문고에는 1884년(고종 21년)의 필사기를 가진 것도 있다.

이 다산의 물명고는 몇 가지로 분류된다. 하나는 앞에서 언급한 18개의 부류로 나뉘어 있는 것이 있고(이것을 임시로 A류라고 한다), 또 하나는 이들 앞에 '천문(天文)'과 '지리(地理)'의 부류가 더 첨가된 것이 있으며(이것을 B류라고 한다), 또 하나는 이들 18개 이외에 부류를 정하지 않은 채 다른 물명이 적혀 있는 것이 있다(이를 C류라고 한다).

A류는 그래서 초목의 첫 물명인 '苽 외'로부터 시작된다. 이에 비해 B류는 '天文'의 '日퐈 히귀엿골'로부터 시작된다. 반면에 C류는 '藏鉤 一名 藏闔 음鳩 풍계무지'로부터 시작된다.

그리고 이들과 부류를 달리 하는 물명고도 있다. 그러나 이들 '물명고'(책제목이 '物名攷'로 되어 되어 있든, '物名考'로 되어 있든 마찬가지이다)는 모두 다산이 지은 물명고에서 첨삭을 한 것들이어서 모두 다산의 물명고라고 할 수 있다.

다산의 물명고 이본들을 보이면 다음과 같다.

A류

연번	책명	소장처	도서번호	형태사항	필사 연도
1	物名攷	충남대도서관	總.事典類-35	1책	
2	物名考	薪菴文庫(고려대)	신암C11-A13A	1책	日用備覽
3	物名考	버클리대학도서관		어록해와 합철	
4	物名考	서강대 도서관	고서 물34	西廂(記語 탈락)錄解 합철	

5	物名考	홍윤표 C		1책	1871년
6	物名括	규장각(서울대)	규12298	1册(41張)	
7	物名類	진동혁 교수		1책	丙寅三月 日抄
8	物名備考	일본 동양문고	L174346	1책	
9	竹欄物名考	가람문고(서울대)	가람古 031-M918h	1책(14장)	
10	物名考	박재연 교수		甲子七月十六日 書	
11	物名括	일사문고	일사 031-M918mg		
12	物名括	일본 동경대학 오구라문고	L44762	1829년 己丑二月初六日 畢題仲春後崗書	
13	物名括	일본 동양문고	Ⅶ-1-39		
14	物名考	진동혁 교수			
15	物名考	율곡기념도서관	437256		
16	物名考	신암문고(고려대)	신암 c-11 A-13	고문진보와 합철	
17	物名考類解	부산대 도서관	OMO3-9-16		
18	物名考	홍윤표 A		7장	
19	物名考	홍윤표 D		漢書評林 합철	

B류

연번	책명	소장처	도서번호	형태사항	필사 연도
1	物名攷	羅孫문고(단국대)	359463	23.3×19.6cm	
2	物名攷	만송문고(고려대)	만송E1-A82	1책	
3	物名攷	숙명여자대학교도서관	CL412.311-물명고-물	1책	
4	物名攷	영남대학교 도서관	古도031-물명고	1책	
5	物名考	홍윤표 B		1책(13장)	
6	物名攷	羅孫文庫(단국대)	356802 古454.3유322ㅁ	1책	
7	物名攷	일사문고	일사古 031-M918m	甲申七月日天養 洞精舍新書	
8	物名攷	박재연 교수		丙寅九月重陽之 越三莊出	
9	物名攷	대구 유림원		26.4×15.7cm	

C류

연번	책명	소장처	도서번호	형태사항	필사 연도
1	物名考	가람문고(서울대)	가람 031M918a	1책(31장)	
2	物名考	국립중앙도서관	위창고 740-2	1책	
3	物名考	국회도서관	20237 1책		
4	萬物名解	국립중앙도서관	남양홍씨 정효공파 소장본		
5	物名錄	단국대퇴계기념도서관	60468	李鶴教 轉寫	

이 A, B, C류 이외의 다산의 물명고도 꽤나 많은 편이다. 이 중에서 가장 널리 알려진 다산의 물명고는 『죽란물명고』와 『청관물명고』이다.

1) 『죽란물명고(竹欄物名考)』

서울대 가람문고(가람031M918h) 소장본이다. 다산의 저작이 틀림없다. 첫 장의 오른쪽 하단에 '洌上 池荷齊'라고 쓰이어 있는데, 池荷齊는 정승혜(2013)에 의하여 구한말 궁궐에 그릇을 납품하는 공인(貢人)으로 활동하였던 '지규식(池圭植)'(1851-?)으로 밝혀진 바 있다. 이 문헌의 필사자이다.

『여유당전서』에 '발죽란물명고(跋竹欄物名考)'를 통하여서나, 또 이 발문에서 다산이 지적하고 있는 바와 같이 『죽란물명고』가 30엽으로 되어 있는 점 등으로 보아 이 『죽란물명고』가 『청관물명고』보다 다산의 원저에 더 가까운 것으로 추정할 수 있다.

'열상 지하제(洌上 池荷齊)'의 '열상(洌上)'은 '한강의 상류'란 뜻인데, 다산이 즐겨 사용하였던 단어이다. 실학자들이 흔히 사용하였던 단어라고 할 수 있다. 『여유당전서』의 여러 곳에 보이는 '죽란(竹欄)'을 근거로 저자가 다산임을 확신할 수 있다. 시의 제목으로 '죽란사회(竹欄社會)'와 서문으로 '죽란시사서(竹欄詩社序)', 그리고 기(記)에 '죽란화목기(竹欄花木記)', '죽란물명고(竹欄物名考)'의 발문에 다산이 스스로를 죽란정자(竹欄靜者)라고 하고 있는 것이 그 근거다.

표제항은 초목류(草木類), 조수류(鳥獸類), 충어류(蟲魚類), 궁실류(宮室類), 주차류(舟車類), 복식류(服食類), 경직류(耕織類), 공장류(工匠類), 공봉류(供奉類), 문무류(文武類), 희속류(戲俗類), 신체류(身體類), 사정류(事情類), 친속류(親屬類), 잡인류(雜人類), 어렵류(漁獵類), 잡사류(雜事類), 잡물류(雜物類) 등의 18개 부류로 분류되어 있다. 한자로 된 1,092개의 표제어 밑에 대부분 한글로 물명을 써 놓았으며 전거와 주해가 부분적으로만 보인다.

또한『죽란물명고』의 분류항목과 다른『물명고』류의 분류항목이 동일하며, 표제항의 수가 대동소이한 것으로 보아 현존하고 있는 대부분의 필사본『물명고』는 다산의『죽란물명고』를 전사하여 전해 내려 오는 것이라고 볼 수 있다.

〈1a, 草木〉

•苽 춤외.

•甜瓜 춤외.

•胡瓜 외.

•南瓜 호박.

•倭瓜 호박.

•冬瓜 동와.

•白芝 동와.

•地芝 동와.

•寒瓜 슈박.

•西瓜 슈박.

•白菘 빅ᄎᆞ.

•牛肚菘 빅ᄎᆞ.

•白菜 빅ᄎᆞ.

•蔓菁 쉰무우.

•蘿蔔 딘무우.

•九英菘 딘무우.

•芥菜 갓.

•菘芥 밋갓.

•薹芥 동갓.

•赤根菜 시금ᄎᆡ.

•菠陵 시금ᄎᆡ.

•菠菜 시금ᄎᆡ.

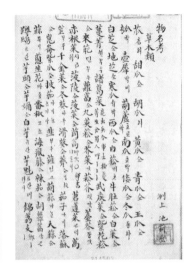

『죽란물명고』, 1b   『죽란물명고』, 1a

2) 『청관물명고(靑館物名考)』

『청관물명고』는 『여유당전서』에 영인·소개되어 있는 것인데 현재 그 책은 연세대학교 도서관에 소장되어 있다. '청관총서(靑館叢書)'의 하나이다. 『여유당전서』에 영인된 자료는 연세대 소장본을 영인한 것은 틀림없지만, 연세대 소장본에는 붓으로 ○ 등으로 표시해 놓은 부분이 많다. 다산 정약용의 저술이다. 다산 물명고의 대표적인 것으로 알려져 있지만, 저술연도나 필사연도는 알 수 없다. 야초류(野草類), 조수류(鳥獸類), 충어류(蟲魚類), 궁실류(宮室類), 주차류(舟車類), 복식류(服食類), 경직류(耕織類), 공장류(工匠類), 공봉류(供奉類), 문무류(文武類), 희속류(戲俗類), 신체류(身體類), 사정류(事情類), 친속류(親屬類), 잡인류(雜人類), 어렵류(漁獵類), 잡사류(雜事類), 잡물류(雜物類), 약명(藥名), 관직류(官職類), 잡류(雜類)로 구분되어 있고, 마지막에 잡물류(雜物類)를 하나 더 넣었다. 죽란물명고에서 '약명, 관직류' 등이 보완된 것으로 볼 수 있다. 이 『청관물명고』는 다산의 아들인 유산(酉山) 정학연(丁學淵)이 아버지의 『죽란물명고』

를 보완하여 쓴 것으로 밝혀진 바 있다.[19]

- 天茄子 가마종이 〈1a〉
- 天名精 둣겁스름 〈1a〉
- 蒲公英 무임돌의 〈1a〉
- 萹蓄 모녀흘이읏듭 〈1a〉
- 鐙籠果 꼬아리 或云 승아 〈1a〉
- 酸模 싀영 〈1a〉
- 酢漿草 고싀영 〈1a〉
- 鷄腸草 드려이씨거비 〈1a〉
- 白頭翁 할미씨거비 〈1a〉
- 芋魁 토란데집이 1a〉
- 蹲鴟 토란 1a〉
- 蔓繁 물쑥 〈1a〉
- 羊蹄菜 소롯 〈1a〉
- 菖蒲 요양 〈1a〉
- 蓀 챵포 〈1a〉
- 龍鬚草 당골 〈1a〉

『청관물명고』, 1b

『청관물명고』, 1a

---

19 『청관물명고』에 대해서는 이덕희(2006), 「물보와 청관물명고의 사전적 특징」, 『새국어교육』 제73호를 참조할 것.

4.11. 기타 물명고(物名考)

'물명고'란 명칭을 가진 문헌은 무척 많다. '물명고'는 유희의 물명고, 다산의 물명고 이외의 것들이 많은데, 그 차이는 대체로 그 분류법에 따른다고 할수 있다. 다산의 물명고류들은 그 분류방식이 일정하여 다산의 물명고임을 쉽게 식별할 수 있다. 유희의 물명고나 다산의 물명고와는 다른 그 이외의 물명고들을 여기에 소개하도록 한다.

1) 『물명고(物名考)』(김백규 소장본)

전남 장성군 북하면 약수리 화룡마을에 사는 김백규(金白圭) 씨 소장본으로 그의 고조(高祖)인 거연정[居然亭, 이름은 김문일(金文鎰)]이나 증조인 경초(鏡樵)공이 필사한 것으로 알려져 있다. 첫 장에 "이 物名考는 金文鎰 高祖父께서 필사본, 서기 一八四六年生, 高孫 白圭(一九三五年生)"이란 기록이 있다. 모두 34장이다. 이상보 교수가 고문연구 8권에 소개한 책이다.

천문(天類), 인류(人類), 건복류(巾服類), 음식류(飮食類), 곡류(穀類), 과과류(果瓜類), 소채류(蔬菜類), 목류(木類), 초류(草類), 화류(花類), 어합류(魚蛤類), 수류(獸類), 금류(禽類), 충류(蟲類), 시충류(翅蟲類), 서화류(書畵類), 악기류(樂器類), 금석류(金石類), 화류(火類), 실옥류(室屋類), 상석류(牀席類), 박혁류(博奕類), 잡희류(雜戱類), 기물류(器物類), 교칠류(膠漆類), 질병류(疾病類), 잡어류(雜語解), 과조류(果瓜類), 조수류(鳥獸類), 충어류(蟲魚類), 궁실류(宮室類), 주차류(舟車類), 의복류(衣服類), 음식류(飮食類), 경직류(耕織類), 공장류(工匠類), 공봉류(供奉類), 문무류(文武類), 신체류(身體類), 사정류(事情類), 신속류(親屬類), 잡인류(雜人類), 어렵류(漁獵類), 잡사류(雜事類), 잡물류(雜物類), 희속류(戱俗類) 등 모두 46개의 부류로 나누어 모두 1,651개의 어휘 항목을 보이고 있다. 이 중 뒤의 과조류 조수류 충어류 이후의 19개 부류는 주로 다산의 물명고에 따른 것이지만 이전의 27개 부류는 어디에서 취한 것인지는 알 수 없다.

- 蔚藍天 플은 하랄 〈1a〉

- 卵色天 알빗 ᄀᆞᆺ튼 하랄 唐詩一方卵色楚南天 〈1a〉

- 絳河 一名 銀河 一名 銀漢 一名 天津 은하슈 〈1a〉

- 黃道 ᄂᆞᆯ단이ᄂᆞᆫ 길 〈1a〉

- 赤道 하랄 혼반을 계ᄒᆞ야 赤道라 ᄒᆞ니라 〈1a〉

- 白道 달 단이ᄂᆞᆫ 길 〈1a〉

- 日脚 ᄂᆞᆯ빗치 실ᄀᆞᆺ치 흣터신 섯 古詩落暉散長足 又杜詩崢嶸赤雲西日脚下平地 〈1a〉

- 黃綿襖子 히빗치 누로고 극히 더운 고로 녯ᄉᆞ람이 소옴 등거리라 닐으니라 見鶴林
  玉露 〈1a〉

- 宿 音슈 별 뵈ᄂᆞᆫ 즈리니 世俗 이별슈라 닐ᄋᆞ나 크게 그르니라 〈1a〉

- 霖 雨三日曰霖 〈1a〉

- 一犁雨 혼 보ᄌᆞ락 비 古詩江上雨一犁雨 〈1a〉

- 雨足 一名雨脚森森散雨足 又杜詩雨脚盡西靡 又兩脚如麻殊未絶 비발 〈1a〉

- 雲葉 구룸조각 李商隱詩吐詩雲葉鮮 又王士複詩雲葉當頭山雨來 〈1a〉

- 雷楔 音泄 별락 블덩이 ᄂᆞ려져 싸의 뭇친 것 〈1a〉

- 穄雪 本名霰 쓰락눈 〈1a〉

- 本稼 本名霧淞 샨고디 有二種 霧種所成曰霧淞霜重所成曰霜淞 〈1a〉

- 虹霓 雄曰虹雌曰霓 〈1a〉

- 霞 노올 卽日傍紅雲今俗以안ㄱㅣ爲ㅣ 非也안ㄱㅣ者卽霧也 〈1a〉

- 花轎扇 곳뛰거흐ᄂᆞᆫ 봄바람 〈1a〉

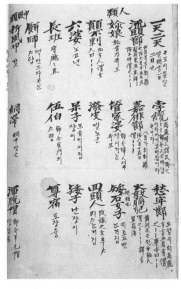
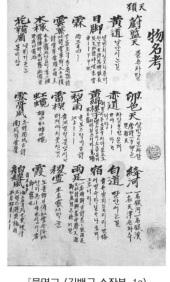

『물명고』(김백규 소장본, 1b)　　　　　『물명고』(김백규 소장본, 1a)

2) 『물명고(物名考)』(장택고씨가 소장본)

경남 통영의 장택고씨가 소장본(고석윤 소장본)으로 국사편찬위원회에서 조사한 목록 속에 포함되어 있다. 앞부분에 천류(天類)·인류(人類)·건복류(巾服類)·음식류(飮食類)·곡류(穀類)·과고류(果苽類)·소채류(蔬菜類)·목류(木類)·초류(草類)·화류(花類)·오합류(奧蛤類)·수류(獸類)·금류(禽類)·충류(蟲類)·시충류(翅蟲類)·서화류(書畵類)·악기류(樂器類)·금석류(金石類)·화류(火類)·궁실류(宮室類)·상석류(牀席類)·박혁류(博奕類)·잡희류(雜戲類)·기물류(器物類)·교칠류(膠漆類)·질병류(疾病類)·잡어해(雜語解)의 27개 부류로 나눈 부분이 있고, 그 뒤를 이어서 초목류(草木類)·조수류(鳥獸類)·충어류(蟲魚類)·궁실류(宮室類)·주차류(舟車類)·의복류(衣服類)·음식류(飮食類)·경직류(耕織類)·고양류(工匠類)·공봉류(供奉類)·문무류(文武類)·신체류(身體類)·사정류(事情類)·친속류(親屬類)·잡인류(雜人類)·어렵류(漁獵類)·잡사류(雜事類)·잡물류(雜物類)·희속류(戲俗類)

의 19개 부류로 나눈 부분이 있다. 후자 부분은 다산의 물명고류에 속하는 것이어서, 두 종류의 물명고를 기록해 놓은 것이다. '石油' 등이 등장하는 것을 보면 20세기의 문헌으로 추정된다.

앞에서 기술한 김백규 소장본의 『물명고』와 거의 유사한 편이다. 표기법도 거의 유사해서 어느 한 책이 모본이 된 것 같은 생각이 된다. 그러나 장차가 달라서 다른 책임이 분명하다.

- 蔚藍天 플은 하랄 〈1a〉
- 卵色大 알빗 궃튼 하랄 〈1a〉
- 黃道 날 단이는 길 〈1a〉
- 赤道 하랄 흔반을 계ᄒᆞ야 赤道타 ᄒᆞ니라 〈1a〉
- 白道 달 단이는 길 〈1a〉
- 日脚 날빗치 실 궃치 훗터진 것 〈1a〉
- 黃綿襖子 히빗치 누로고 극히 더운 고로 넷스룸이 소옴 등거리라 닐으니라 〈1a〉
- 宿 音슈 별 뵈는 즈리니 世俗 이별슈라 닐ᄋᆞ나 크게 그르니라
- 一犁雨 흔 보즈락 비 〈1a〉
- 雷楔 音泄 별락 블덩이 ᄂᆞ려져 짜의 뭇친 것 〈1a〉
- 稷雪 本名霰 쓰락눈 〈1a〉
- 本稼 本名霧淞 산고딕 有二種 霧種所成曰霧淞霜重所成曰雷淞 〈1b〉
- 虹霓 쑉뮤 지계를 虹이라 ᄒᆞ고 암무 지계를 蜺라 ᄒᆞ니라 〈1b〉
- 霞 노올即日傍紅雲今俗以안긔爲ㅣ 非也안긔者即霧也 〈1b〉
- 花䭔扇 꼿픠게 ᄒᆞᄂᆞ 봄바람 〈1b〉
- 雪骨風 계을 남풍이라 古詩南風作雪骨 〈1b〉

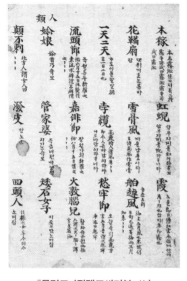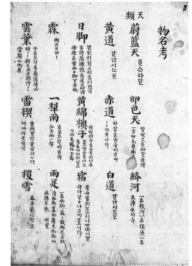

『물명고』(장택고씨가본, 1b)   『물명고』(장택고씨가본, 1a)

3) 『물명고』(단국대 한문교육과 소장본)

단국대학교 한문교육과 소장본이다. 표지에 '융희 삼년 팔월 이십삼일(隆熙三年八月二十三日)'이라는 내용의 묵서(墨書)가 있어서 1909년의 필사임을 알 수 있다. 천문류(天文類)·문장류(文章類)·신체류(身体類)·의복류(衣服類)·음식류(飲食類)·기용류(器用類)·기예(技藝)·사정류(事情類)·장반(長班)·악기류(樂器類)·초목류(艸木類)·조수류(鳥獸類)·충어(虫魚)·초목(草木)·궁실(宮室)·주차(舟車)·의식(衣食)·경직(耕織)·공장(工匠)·공봉(供奉)·문무(文武)·신체(身體)·사정(事情)·친속(親屬)·잡인(雜人)·어렵(漁獵)·잡사(雜事)·희속(戲俗) 등 28개의 부류로 분류되어 있는데 부류의 분류에서 다른 종류의 물명고와는 상당한 차이를 보여주고 있다. 부류의 이름이 신체(身体)와 신체(身體), 초목(艸木)과 초목(草木), 사정류(事情類)와 사정(事情)으로 반복된 것들도 있다. 이것은 필사 과정에서 누락된 표제항들을 수록하기 위해 반복한 것으로 생각된다. 따라서

단국대 한문교육과 소장본『물명고(物名攷)』는 25개의 부류로 이루어졌다고
할 수 있다.

- 黃道 날다니는 길 日行道 〈1a〉

- 虹霓 숙무지게니 암무지게는 霓라 〈1a〉

- 稷雪 本名霞 싸락문 〈1a〉

- 邪色天 알빗갓탄ᄒᆞᆫ날 唐詩云一方邪色楚南天 〈1a〉

- 雷楔 音泄 베락덩이 나러저 닷에 뭇친 것 〈1a〉

- 雪骨風 겨을 南風이라 〈1a〉

- 赤道 ᄒᆞᄂᆞᆯ 한반을 게ᄒᆞ야 赤道라 ᄒᆞᄂᆞ니라 〈1a〉

- 硾紙 다듬은 죵히 〈1b〉

- 石鼓篆 始於秦相李斯 획이 쌧쌧ᄒᆞᆫ 篆字ㅣ라 〈1b〉

- 兜龜背 內外 곱싀 〈2a〉

- 偸針 눈의 다라치라 〈2a〉

- 瘧母 자릐 〈2a〉

- 雀目 半眼 못보는 것 〈2a〉

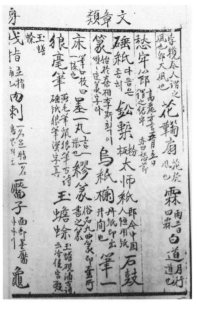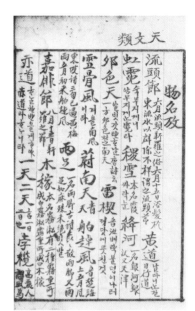

『물명고』(단국대 한문교육과본)

4) 『물명고』(우산거사)

이 물명고(物名攷)는 1908년에 『대동학회월보』제11호에 본문이 소개되어 그 내용을 알 수 있는 책이었다. 최근까지 그 책의 소장처를 알 수 없었으나 최근에 국립한글박물관에서 구입하여 소장하게 되었다. 앞에 우산거사(藕山居士)의 다음과 같은 글이 있다.

藕山居士

昔在三王之世年頒新字通用於天下蓋緣物類之充塞顯晦有時晦而顯者奮而新也日用常行之事情亦隨時萬變有一解則另立一字用之於當用之地爾雅廣雅等書皆是類也説詩者多識於鳥獸草木之名仰觀宇宙之大俯察品彙之微斯先王敎民之政也日本之人新製字定物名以補漢文之闕我韓之人幷與古製之字而率多謬解誤稱漢文之未闕者自我闕之誠不可

使聞於鄰國也略擧一

二以訓於同文者

•翅膀 죽지 〈1a〉　　•絨毛 쇼음털 〈1a〉

(이하의 출전은 모두 〈1b〉)

•睃嵤 산멱　　•肌胵 멀터구니　　•嗄蛋 알것다

•艬 알골다　　•腌 시덧　　•鶴鴟 왜거리

•鷺鷥 히오리　　•朱鷺 쟈오기　　•鵾 곤이 又 名天鵝

•鴨 집오리　　•鳧 물오리　　•鸊鵜 비오리

•鵜鶘 사다시　　•鴇 너시　　•魚狗 쇠시

•鶺鴒 할미시　　•造化鳥 죵달이　　•鴿 집비둘기

•鴶 흰비둘기　　•鳲鳩 벅국이　　•杜鵑 슷젹시

•練鵲 씻가치　　•慈鳥 가마귀　　•鴉鳥 갈가마귀

•角鷹 조고리　　•茅鴟 말똥더휘기　　•花鴇 걸푸역이

•角鴟 수알치　　•鵰 수리　　•鶾 결의

•鶗鴂 나진이　　•越燕 졔비　　•胡燕 명막이

•蒿雀 촉시　　•茶鳥 콩시　　•鴛鴦 징경이

•燕鶻 칼시　　•隼 죠롱치　　•鶪 구진이

•鶂 옷빔이　　•獸 毛蟲總稱　　•齫牙 엄니

•洞腹 녑창　　•肪 기름　　•脅 肉夾肋

•髇 소음치

(이하의 출전은 모두 〈2a〉)

•求子 암니　　•果下馬 朝鮮産極小　　•哨靑 풀쓷기다

•蕡 食餘草　　•鐁刀 작도　　•庌廐 放牧處爲廐以掩者

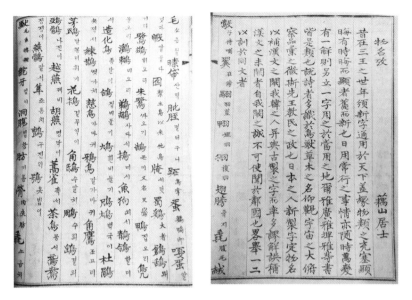

『물명고』(우산거사 편찬)

5) 『물명고』(남권희 소장본)

남권희 교수가 소장하고 있는 1책의 필사본인 물명고이다.

신체(身體)·의복(衣服)·안구(鞍具)·기명(器皿)·사기(沙器)·도기(陶器)·목기(木器)·석물(石物)·포진(鋪陳)·피물(皮物)·식물(食物)·정과종류(正果種類)·조과종류(造果種類)·우육류(牛肉類)·절육소입(切肉所入)·가첨(加添)·소육소입(小肉所入)·곡부(穀部)·어부(魚部)·과부(果部)·채부(菜部)·금부(禽部)·수부(獸部)·충부(蟲部) 등의 24개 부류로 구분하고 그 아래에 한자 또는 한글로 뜻풀이를 하였다. 의미 부류가 매우 세밀한 특징이 있다.

- 冠帶 관딕 〈1a〉
- 道袍 도포 〈1a〉
- 團領 덜넝 〈1a〉
- 加其末 더그릭 〈1a〉
- 彰衣 챵의 〈1a〉
- 直領 직녕 〈1a〉

- 赤莫 둥터막 〈1a〉
- 齒垽 니예 브튼 적 〈2b〉
- 頭垢 머리예 띠 〈2b〉
- 尿 오좀 뇨 〈2b〉
- 齒牙 어금니 〈2b〉
- 䯻 샹토 계 우 女冠曰加䯻 〈2b〉
- 耳 귀 이 ᄌ 〈2b〉
- 鼻 코 비 ᄌ 〈2b〉
- 天翼 텰닉 〈1a〉
- 耳塞 귀에지 〈2b〉
- 屎 모른 쏭 히 〈2b〉
- 婦人胞衣 ᄌ식나흔 안쎄 〈2b〉
- 頭髮 머리털 〈2b〉
- 月外 녀편닉 드리 〈2b〉
- 口 입 구 ᄌ 〈2b〉
- 胸 가슴 흉 ᄌ 〈2b〉

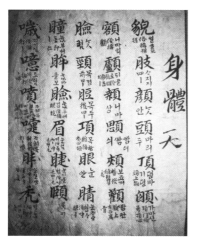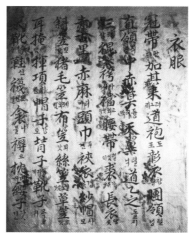

『물명고』(남권희본)

　다산의『물명고(物名考)』는 매우 많은 이본의 필사본이 전하고 있다. 각 대학 도서관에서 소장도서를 검색해 보면 '물명고'가 많이 보인다. 그러나 일일이 방문하여 조사하여야 하므로 그 물명고가 어떠한 물명고인지를 파악하기 어렵다.

4.12. 『시경언해(詩經諺解)』의 물명(物名)

『시경언해』는 교정청에서『시경』에 토를 달고 풀이하여 1613년에 간행한 언해서이다. 이 책 각권의 앞 부분에는 '물명(物名)' 이라고 하여 각 권에 등재 되어 있는 한자나 한자어에 대하여 한글로 주석을 달아 놓은 것이 있는데, 이 것을 '시경언해 물명(詩經諺解 物名)'이라고 한다. 각 표제어는 시경에 나오는 순 서에 따라 제시하고 있다.

『시경언해』의 물명에 보이는 표제어수를 보면 다음과 같다.

권수	항목수	권수	항목수
권1	43개	권11	9개
권2	17개	권12	11개
권3	25개	권13	2개
권4	38개	권14	10개
권5	25개	권15	7개
권6	52개	권16	12개
권7	17개	권17	없음
권8	33개	권18	없음
권9	21개	권19	8개
권10	5개	권20	16
총계		351개	

총 351개에 대한 물명의 표제어가 있고 이에 대한 한글 주석이 달려 있는 것 이다(간혹 한문 그대로 기록되어 있는 것도 보인다). 그러나 내각장판에서는 이 한 문의 각자(各字)에 한자음(漢字音)을 달아 놓았다.

어느 것은 어휘만을 제시하고 있지만 어느 것은 그 어휘의 유래도 제시하고 있다.

예)

- 騶虞 : 埤雅의 닐오딕 셧녁 즘승이니 님금이 지극흔 믿븐 덕이 이시면 나ᄂᆞ니라 山海經의 닐오딕 쇼리 몸두곤 길고 다ᄉᆞᆺ 가지 비치 다 ᄀᆞᄌᆞ니 ᄐᆞ면 ᄒᆞᄅᆞ 쳔리를 가ᄂᆞ니라 〈권1, 4a〉

각 권마다 그 권에 실려 있는 시의 제목과 그 제목에 이어 '물명(物名)'이라 하여 우리말 풀이가 있는데, 모두 351항목에 이른다.

현존하는 시경언해 중 가장 빠른 시기의 책은 1613년(광해군 5)에 간행된 책이다. 특히, '불명'에 실려 있는 동식물명은 어휘사연구에 중요한 자료가 될 수 있다.

- 雎鳩 증경이 〈권1, 1a〉
- 荇 말암 도악이 猪蓴 〈권1, 1a〉
- 葛 츨 〈권1, 1a〉
- 黃鳥 괴ᄭᅩ리 〈권1, 1a〉
- 卷耳 돗ᄭᅩ말이 〈권1, 1a〉
- 馬 물 〈권1, 1b〉
- 兕 說文에 닐오딕 들쇼 ᄀᆞᆮ고 털이 프르고 얼굴이 코키리 ᄀᆞᄐᆞ니라 交主記예 닐오딕 兕ㅣ 九德의셔 나니 쓸 기릐 석 자 남고 얼굴이 馬鞭柄 ᄀᆞᄐᆞ니라 〈권1, 1b〉
- 薖 멸애 ○ 묏멸외 〈권1, 1b〉
- 螽斯 뵈짱이 〈권1, 1b〉
- 桃 복숑아 〈권1, 1b〉
- 兔 톳기 〈권1, 2a〉
- 茉苢 뵙장이 ○ 길경이 〈권1, 2a〉
- 楚 가싀나모 ○ 說文에 닐오딕 뗠기나모 〈권1, 2a〉
- 蔞 물뿍 〈권1, 2a〉

•駒 믕아지 〈권1, 2a〉

•魴 방어 〈권1, 2a〉

이 시경언해의 물명을 모아 다시 정리하여 낸 책이 있는데, 그것은 바로『시물명고(詩物名考)』이다.『시물명고』는 정양수(鄭亮秀) 소장본으로 본문의 처음에 '방편자찬(方便子纂) 문통(文通) 권지오(卷之五)'라 되어 있어 편찬자가 유희임을 알 수 있다. 원래 '시물명고'는『시경언해』의 권1-권20에 등장하는 물명을 풀이하여『시경언해(詩經諺解)』의 각 권 앞에 붙여 놓았던 것이다. 경서를 이해하기 위한 방편으로서 물명에 대한 관심이 집중되면서 물명을 모아서 주남(周南), 소남(召南)에서 상송(商頌)까지 세밀하게 주석을 붙인 책이 바로 유희의『시물명고(詩物名考)』이다. 문통(文通) 권지오(卷之五)에 '시물명고(詩物名考)', '독시삼백(讀詩三百)', '서제전보설(書祭傳補說)'과 함께 실려 있으며 한자로 된 표제어 밑에 한글 또는 한자로 그 물명을 써 놓았다. 총 22장으로 이루어져 있다.[20] 이『시물명고』는 시경에 나오는 물명을 풀이한 것인데, 시경언해의 각권에도 각 권에 등재되어 있는 물명을 풀이한 것이 실려 있기도 하고, 각 권의 물명만을 모아 한 책으로 묶어 놓은 것도 있다. 어느 책은『파경물명(葩經物名)』(파경은 시경의 다른 말)이라는 이름을 붙인 것도 있다. 1613년 판본의 시경언해 물명과 거의 동일하지만 표기상의 차이가 보인다.

•雎鳩 증경이 〈1a〉   •荇 말암 도약이 猪藫 〈1a〉

•葛 츩 〈1a〉   •黃鳥 쾨고리 〈1a〉

•卷耳 돋고말이 〈1a〉   •馬 몰 〈1b〉

•뮌 說文에 닐오듸 들쇼 곧고 털이 프르고 얼굴이 코키리 ㄱ튼니라 交主記예 닐오듸 뮌ㅣ 九德의셔 나니 쓸 기릭 석자 남고 얼굴이 馬鞭柄 ㄱ튼니라 〈1b〉

20『시물명고』는『語文研究』108호에 영인되어 있다.

시경언해에 붙어 있는 물명과 유희의 『시물명고』의 내용을 비교하여 보도록 한다(권1 중 '周南' 부분만 비교한다).

『시경언해』의 '물명'			유희의 『시물명고』	
周南	關雎	雎鳩 증경이	關雎	雎鳩 一名王雎…俗謂증경이
		荇 말암 ○ 도악이		荇…舊釋謂말암 又謂 도악이
	葛覃	葛 츩	葛覃	葛 츩
		黃鳥 괴쏘리		黃鳥 쾨고리
	卷耳	卷耳 돗쇠말이	卷耳	卷耳 돋고말이
		馬 물		馬 물
		兕 說文에 닐오뒤 ……		兕 似牛一角靑色……
	樛木	蘲 멸애	樛木	蘲 一名巨苽……
	螽斯	螽斯 뵈짱이	螽斯	螽斯 疏云蚣蝑蝗類……
	桃夭	桃 복숭아	桃夭	桃 복셩이
	兎罝	兎 톳기	兎罝	兎 톤기
	茉苢	茉苢 뵙장이 ○ 길경이	茉苢	茉苢 길경이 ○ 烈女傳謂……
	漢廣	楚 가시나모	漢廣	楚 荊也……
		蔞 믈뿍		蔞 믈쑥
		駒 뭉아지		駒 망아지
	汝墳	魴 방어	汝墳	魴 今以爾雅……
麟之趾		麟 긔린	麟之趾	麟 긔린

이 비교표를 보면 유희의 『詩物名考』는 『시경언해』의 '물명'에 나오는 항목들을 상세하게 고증하고 교정하고 보충하고 해설한 것이다.

시경언해 권1 물명에 보이는 것과 『시물명고』의 물명에 보이는 것은 거의 모두 『물명고』에 나타난다. 그러나 한 가지 상이한 점은 원래의 표제어에 보이는 한자가 다르다고 하는 점이다. 예컨대

━ 雎鳩 증경이 (詩經諺解)
━ 雎鳩 증경이 (物名攷)
━ 元史 증경이 (物名攷)

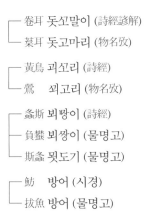

- 卷耳 돗ᄉᆞ말이 (詩經諺解)
- 菜耳 돗고마리 (物名攷)

- 黃鳥 괴ᄉᆞ리 (詩經)
- 鶯　 쇠고리 (物名攷)

- 螽斯 뵈ᄯᅡᆼ이 (詩經)
- 負蠜 뵈쌍이 (물명고)
- 斯螽 묏도기 (물명고)

- 魴　 방어 (시경)
- 拔魚 방어 (물명고)

등과 같다. 이렇게 표제항의 한자가 다른 것은 『시경』에 나타나는 한자어는 '한문'의 한자어인데 비하여, 물명고에 보이는 표제항의 한자어는 '한문' 이외의 한자어(예컨대 백화문 등의 한자어)이기 때문으로 해석된다. 그렇다면 유희는 『시물명고』를 다른 문헌을 통하여 고증하여 수정한 것인지도 모른다.

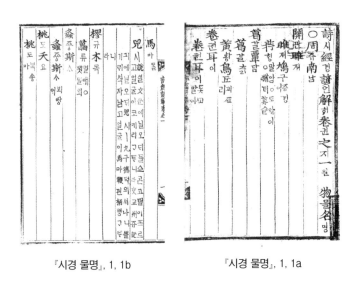

『시경 물명』, 1, 1b　　　　　　　『시경 물명』, 1, 1a

4.13. 백화문(白話文) 관련 대역 어휘 자료

중국의 정주(程朱)가 문인들에게 쉽게 이해하도록 하기 위해서 사용한 속어인 어록이 우리나라에 알려지면서 이를 이해하기 위해 그 어록에 등장하는 어휘들을 정리하여 출판하거니 필사한 자료가 꽤나 많이 전하고 있다. 이들 어록에 등장하는 어휘들은 소위 백화문의 어휘들이다.

특히 현대 한국어에서 사용되고 있는 한자어 중의 상당수가 백화문의 어휘들이어서 이들 자료에 보이는 어휘들을 조사 연구한다면 그 백화문 어휘의 역사를 쉽게 알 수 있을 것이다. 이늘 백화분의 어휘를 정리, 편집하여 편찬한 문헌들을 보이면 다음과 같다.

	문헌명	저자	판식	시기	소장처
1	老朴集覽	최세진	목판본 1책	1517년	동국대 도서관
2	語錄解(초간본)	정양	목판본 1책	1657년	규장각 등
3	語錄解(개간본)	송준길 발	목판본 1책	1669년	규장각 등
4	語錄解(개간본)		목활자본 1책	1860년-1870년	규장각 등
5	註解語錄總覽	백두용	목판본 1책	1919년	규장각 등
6	晦菴語錄	미상	필사본 1책	미상	한국학중앙연구원 (뒤에 이두편람이 합철되어 있음)

1) 『노박집람(老朴輯覽)』

중종 때 최세진이 『번역노걸대』와 『번역박통사』의 어려운 어구와 고유명사 등을 뽑아서 설명한 책이다. 1517년에 간행된 것으로 추정한다. 체재와 내용은 범례, 1음절어에 대한 단자해(單字解)와 다음절어에 대한 누자해(累字解), 노걸대집람, 박통사집람으로 되어 있다. 간혹 한글로 고유어를 표기하고 있어서 국어 어휘 연구에 중요한 자료가 되고 있다. 정광·양오진 역주(2011), 『노박집람 역주』(태학사)에 영인본이 실려 있다.

그 형식을 보이면 다음과 같다.

• 喫 : 正音 키, 俗音 치, 啖也, 喫酒 又被也, 喫打, 맛다. 字雖入聲而俗讀去聲 或呼如上聲,
  俗省文作吃

• 休 : 禁止之辭 休去 가디 말라

• 等 : 候待也, 等他, 等着, 기들우다. 又等子, 저울. 又史語用此爲等輩之意. 又等閑, 釋見
  下

• 每 : 本音上聲, 頻也. 每年 每一個. 又平聲, 等輩也. 我每 咱每 俺每, 우리 恁每 너히. 今俗
  喜用們字

• 待 : 擬要也, ᄒ마 그리 호려 ᄒ다라. 又欲也. 待賣幾個馬去, 여러 ᄆᆞᆯ 폴오져 ᄒ야
  가노라
  〈이상 단자해에서〉

• 一劃 : 믜오로시 亦曰劃地

• 劃新 : 새로이

• 收拾 : 간슈ᄒ다 又 설엇다 又 거두다

• 一面 : 호은자 又 ᄒ녀고로 又 ᄒᆞᆫ번

• 一就 이믜셔 又 홈끠

• 一發 : 홈끠 又 이믜셔 又 최어

• 由他 : 뎌뎌두라 又 제 ᄆᆞᅀᆞᆷ대로 ᄒ게 ᄒ라

• 自他 : 네 ᄆᆞᆺ모로 ᄒ라

• 利害 : ᄆᆞᆺ 업다

• 根底 : 앏픠 比根前稍卑之稱

• 自在 ᄆᆞᅀᆞᆷ 편안히 잇다
  〈이상 누자해에서〉

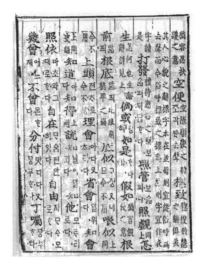

『노박집람』 누자해

2) 『어록해(語錄解)』

어록(語錄)은 원래 송나라 때 유학자들이 스승의 강학 내용을 구어(백화문)로 적은 것이다. 백화문(白話文)에 나타나는 어휘들은 전통적인 한자의 의미로 이해되지 않기 때문에 백화문을 이해하기 위해 이들 어휘들에 대한 지식이 필요하였다. 우리나라에서도 마찬가지였다. 즉 성리학은 난해한 어귀들로 이루어져 있어 퇴계(退溪)나 미암(眉巖) 등이 주해 작업을 많이 하였다. 이주해 작업의 산물이 『어록해』인데 이들을 공식적으로 책으로 펴낸 것은 없었다.

『어록해』는 중국 송나라의 정자 주자 등의 제현들이 후학들을 훈회하고 서한에 사용하였던 이어(俚語) 즉 속어(俗語)를 수집 편찬하여 우리말과 한자로주해하여 놓은 책인데 판본으로서 네 가지가 현존한다. 즉 정양(鄭瀁)의 『어록해』, 남이성(南二星)의 『어록해』, 그리고 목활자본의 『어록해』와 백두용(白斗鏞)의 『주해어록총람(註解語錄叢覽)』이 그것이다. 그리고 많은 필사본이 현존한다. 앞의 세 가지『어록해』는 주자어록해에 해당하는 반면,『주해어록총람』은 이 주자어록해 이외에 소설어록해들, 즉 수호지어록해(水滸志語錄), 서유기어록(西遊記語錄), 삼국지어록(三國志語錄), 서상기어록(西廂記語錄)과 이문어록(吏文語錄)이라고 하여 이두문 목록이 추가되어 있다.

『어록해』, 특히 주자어록해는 그 내용에 따라 원간본인 정양의『어록해』와 개간본인 남이성의『어록해』의 두 가지 계열로 나뉜다. 목활자본의『어록해』와 백두용의『주해어록총람』속에 들어 있는 주자어록해는 남이성의『어록해』에 속하고 필사본들의 대부분도 남이성의『어록해』계열에 속한다.

① 정양의『어록해』

정양이 편찬한『어록해』는 1657년 당시 경북 비안 현감으로 있던 정양이 용흥사에서 간행해 낸 1책의 목판본이다. 우리나라 최초의『어록해』이다.

서울대 규장각 등 곳곳에 소장되어 있는데, 모두 29장이다. 무계(無界)의 3단으로 나누어 표제어를 쓰고 그 아래에 쌍행으로 주석을 달아 놓았다. 그 주석은 한문 또는 한글로 하였다. 모두 1,182개의 표제항이 있다.

- 十分 : ᄀ장 〈5a〉
- 合當 : 맛당 〈5b〉
- 平人 : ᄆ던흔 사ᄅᆞᆷ이라 〈7a〉
- 自由 : 제 쥬변, 제 ᄆᆞ음으로 ᄒᆞ다 〈7b〉
- 形而下 : 形인 下애 〈19a〉

- 初頭 : 처엄 근 〈5b〉
- 多小 : 언메나 〈6a〉
- 報道 : 알외여 니ᄅᆞ다 〈7a〉
- 形而上 : 形로 上이 〈19a〉

이 정양의『어록해』에 실려 있는 표제어 중 오늘날에도 국어에서 사용되고 있는 어휘들을 보면 다음과 같다.

- 家事 (갸ᄉᆞ) 〈6b〉
- 骨子 (읏드미라) 〈6b〉

• 公案 (귀글월) 〈6a〉

• 幾曾 (어늬 제) 〈23b〉

• 撞著 (다디ᄅ다) 〈5b〉

• 都是 (오로이) 〈15a〉

• 報道 (알외여 니ᄅ다) 〈7a〉

• 分外 (분 밧기라) 〈10a〉

• 上面 (운 녁) 〈6a〉

• 十分 (ᄀ장) 〈5a〉

• 悠悠 (힘힘타) 〈7a〉

• 一段 (흔 편) 〈5b〉

• 一場 (흔 바탕이라) 〈7a〉

• 仔細 (ᄌ셰) 〈10a〉

• 白由 (제 쥬변) 〈7b〉

• 除去 (말오) 〈7b〉

• 早晩 (일늣도록) 〈23a〉

• 主張 (쥬변) 〈5a〉

• 破綻 (뻐디다) 〈10a〉

• 合當 (맛당) 〈5b〉

• 形而下 (形인 下애) 〈19a〉

• 寄生 (겨으사리) 〈10b〉

• 多小 (언메나) 〈6a〉

• 大段 (ᄀ장) 〈15a〉

• 等閑 (힘드렁이) 〈11a〉

• 分付 (당부ᄒ다) 〈23b〉

• 思量 (혜아리다) 〈10b〉

• 收拾 (간슈ᄒ다) 〈23a〉

• 容易 (쉽사리) 〈10b〉

• 一間 (흔동안) 〈5b〉

• 一般 (흔 가지라) 〈7a〉

• 自別 (自然히 各別ᄒ니라) 〈6a〉

• 自由 (제 ᄆ음으로 ᄒ다) 〈23b〉

• 點檢 (술피다) 〈7a〉

• 提起 (잡드러) 〈10a〉

• 從前 (젼브터) 〈8a〉

• 剔出 (글희뎌 내여) 〈13b〉

• 平人 (므던흔 사름이라) 〈7a〉

• 許多 (만타) 〈11a〉

• 渾身 (온 몸) 〈14b〉

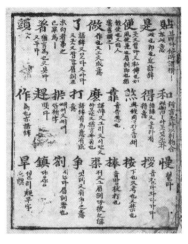 

『어록해』(정양), 1b   『어록해』(정양), 1a

② 개간본 『어록해』

개간본 『어록해』는 정양의 『어록해』가 소루하게 만들어져 이 원간본이 나온지 12년 뒤에 수정작업을 거쳐 1669년에 교서관에서 간행되었다. 송준길의 발문이 붙어 있다. 표제항수는 모두 1,050개이다.

개간본 『어록해』는 초간본 『어록해』보다 132항이 줄어든 셈이어서 초간본 『어록해』의 수정·보완편이라고 할 수 있다. 정양의 『어록해』에 보이는 표제항 중 삭제한 부분과 다시 보완한 부분이 함께 등재되어 있다. 초간본 『어록해』와 표기법상의 차이들만 보일 뿐, 어휘 자체의 주석에는 차이가 거의 없다.

예는 2자류에서 든다.

- 查滓 : 즉긔
- 揍合 : 뫼호다 又 블다 揍當作湊 猶輻輳也
- 這簡 : 이 又 이거시
- 伶俐 : 슬갑다 眉訓分明也
- 只管 : 다함 又 슬이여 ○다만 ㄱ음아다
- 跌撲 : 跌박츳다撲두드리다
- 一截 : 眉訓截其半而一截 훈동
- 單提 : 또로드다 眉訓獨擧也
- 十分 : ㄱ장
- 那裏 : 뎌긔 又 어닉 眉訓一彼處一何處

•太極 : 太ᄀ장

•拈出 : 자바내다

•就中 : 이듕에

•理會 : 혜아리다 又싱각다 又아다 又츨호다 又省察也

•初頭 : 처엄굿

•蕭疏 : 죠타 疏一作騷

•儘多 : ᄀ장 만타

•向來 : 아리

•合當 : 맛당

•的當 : 合當之意猶言번득다

•箇中 : 이듕에

•放著 : 두다

•逐旋 : 똘와 又ᄌ곰 又조초

•主張 : 쥬변 自主己意而張皇之猶져즈다

•推排 : 밀며 벗 바다 올리다

•些子 : 죠고만 又잠깐

•知道 : 아다

•自家 : 저 亦云我也指彼而稱自己曰自家

•一把 : 흔줌

•照顧 : 슬피다

•一間 : 흔 동안

•衰颯 : 쇼됴흔 거동

•撞著 : 다디ᄅ다 又맛돈나 眉訓衝着也

•一段 : 흔편 猶言一片也

•硬來 : 구틔여와

개간본 『어록해』, 1b

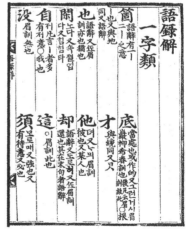

개간본 『어록해』, 1a

③ 목활자본 『어록해』

목활자본의 『어록해』는 1860년~1870년(동치년간)에 간행된 것으로 추정된 다. 이 목활자본의 뒤에 청나라의 오성란(吳省蘭)이 찬집한 『예해주진(藝海珠塵)』의 책 21에 들어있는, 정제성(程際盛)이 찬한 '병자분전(駢字分箋)'이 합철되어 있다.

목활자본 『어록해』는 주로 개간본 어록해의 내용을 중심으로 편찬되었지 만 항목수를 추가하여 놓았다. 南二星의 『어록해』가 6자류까지 되어 있는 반 면에 목활자본 『어록해』는 7자류까지 되어 있다.

개간본 『어록해』의 어록해 범례가 있고, 본문은 1자류부터 7자류까지 되어 있으며 송준길의 어록해발도 같이 붙어 있다. 이 목활자본의 『어록해』에 보 이는 표제어수는 1,126개이다.

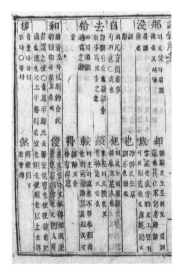 

목활자본 『어록해』, 1b   목활자본 『어록해』, 1a

④ 『주해어록총람』

백두용이 편찬하고 윤창현(尹昌鉉)이 증정(增訂)하여 1919년 한남서원에서 목판본으로 간행해낸『주해어록총람』속에 '주자어록해'라고 하여 수록한 어록해가 있다. 이 책은 남이성의 어록해에 보이는 발문까지 들어가 있다.

주해어록총람 범례(註解語錄總覽 凡例) 1장, 주해어록총람(註解語錄總覽) 20장, 어록해발(語錄解跋) 1장, 수호지어록(水滸誌語錄) 36장, 서유기어록(西遊記語錄) 41장, 삼국지어록(三國志語錄) 2장, 서상기어록(西廂記語錄) 12장, 이문어록(吏文語錄) 3장으로 되어 있다.

이 책에는 기존의 어록해에 비해 소위 소설어록해들(수호지어록, 서유기어록, 삼국지어록, 서상기어록)과 이문어록이라고 하여 이두문 목록이 추가되어 있는 셈이다.

『주해어록총람』에는 전술한 바와 같이 이전의 초간본 어록해나 개간본 어록해에서는 보이지 않던 소위 소설어록해, 즉 수호지어록, 서유기어록, 삼국지어록, 서상기어록과 이문어록이 추가되어 있다.

이처럼 소설 어록해가 추가된 것은 경서에 보이던 어록에만 관심을 가지다가 차츰 중국과의 문화적 교류가 많아지면서 소위 재자가서(才子佳書)와 연관된 소설이 도입되고 그 소설들에 보이는 백화문을 이해하기 어려워 이 소설들에 나타나는 속어들에 대해 관심을 가지게 되었기 때문이다. 그 시기는 대체로 19세기 말이었던 것으로 보이는데, 실제로 중국 소설이 한국에 들어와 번안되기 시작한 것은 대체로 18세기 이후부터인 것으로 보인다.

이문어록은 이두문에 대한 것이어서 실제로 경서나 재자가서와는 연관이 없는 것인데, 여기에 덧붙인 것은 어록에 대응된다고 생각되는 모든 자료들을 모아놓기 위한 것으로 보인다.

다음에 수호지어록, 서유기어록, 서상기어록, 삼국지어록, 이문어록에서 몇 예씩만 들어 보이면 다음과 같다.

① 수호지어록
  • 另 : 각별

- 怎生 : 엇지

- 便袋裏 : 주머니 속의

- 喫得口滑 : 입 다시다

- 爭口撩撥他 : 져를 힘써 겨르다

- 驢兒大的行貨 : 조시 크단 말

- 搠不出的鱉老婆 : 셔방ᄒᆞᄂᆞᆫ 계집

② 서유기어록

- 偸禮 : 도젹질ᄒᆞ는 법

- 這服水 : 이 물줄기

- 弄虛頭騙 : 거짓부렁이로 소긴단 말

- 格剌星扯住 : 格剌星函殺星扯執也擊也

- 欲作生意無本 : 밋쳔 읍는 징ᄉᆞ를 ᄒᆞ랴 ᄒᆞᆫ단 말

③ 서상기어록

- 眄 : 音惠眄字之誤 바라본단 말

- 囊揣 : 에엿부니란 말

- 顫不刺 : 外方所貢美女 어여쓴 기집아희

- 厭的倒褪 : 붓그러워 피ᄒᆞᆫ단 말

- 牛晌恰方言 : ᄒᆞᆫ참 잇다 계우 말ᄒᆞᆫ단 말

④ 삼국지어록

- 飛將下來 : 나는 드시 ᄂᆞ려와

- 奪路 : 길을 ᄎᆞ져

⑤ 이문어록

- 同 : 윈
- 緣由 : 연유
- 爲有置 : ㅎ잇두
- 是乎等以 : 이온들노
- 爲有臥乎所 : 하잇두온바
- 敎是臥乎在亦 : 이시누온견여
- 望良白內臥乎事是亦在 : 바라ㅇ닉누온일이여견

이 소설어록해들은 각 소설의 어록해들이 한 책으로 묶여 간행된 적도 있다. 그러나 그『주해어록총람』에 보이는 소설어록해와 크게 다르지 않다.

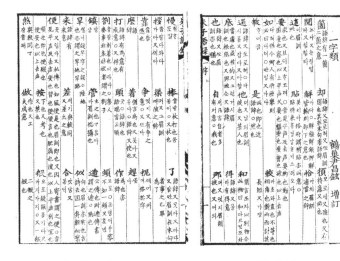

『주해어록총람』, 1b   『주해어록총람』, 1a

⑤『신교리석중화어록주해(新校俚釋中華語錄註解)』

이들 어록해를 모두 종합 정리하여 편찬한 필사본 어록해도 있다. 국립중앙도서관 소장본이다. 『신교리석중화어록주해(新校俚釋中華語錄註解)』란 이름을 가지고 있는데, "퇴계 이황 편주(退溪 李滉 編註), 미암 유희춘 주해(眉巖 柳希春 註解), 정양 집주(鄭瀁 集註) 동춘당 송준길 남이성 봉교산정(同春堂 宋浚吉 南二星 奉敎刪訂), 우암 송시열 신교(尤齋 宋時烈 新校)"란 기록이 있다.

『신교리석중화어록주해』, 1b   『신교리석중화어록주해』, 1b

3) 『회암어록(晦菴語錄)』

한국학중앙연구원 소장본으로 앞에 회암어록해범례(晦菴語錄解凡例)가 있고 이어서 1자류(一字類)부터 6자류(六字類)까지 나열되어 있는데, 정양의 어록해나 송준길이 발문을 쓴 어록해 등과는 다른 표제항들을 보인다. 뒤에 '이두편람(吏讀便覽)'이 붙어 있는데, '이두편람범례(吏讀便覽凡例)'가 앞에 있다.

'물명(物名)'은 책의 말미에 1쪽이 붙어 있다. 52개의 한자 표제어에 한글로 주석을 달고 있다.

- 鑿子 끌
- 鎌 낫
- 鑢 줄
- 揚 비딩
- 鑽 주물쇠
- 鉅 톱
- 槃 미레
- 壓車 씨아기
- 綳 최
- 剪子 가이
- 苙 북
- 功板 도민
- 麵棍 홍둥기
- 檠 등경
- 溪藤 조의
- 手鑹 홀손
- 鑽 부비
- 碓臼 방아고
- 碓 방이
- 破落 고리
- 掃帚 쓸리뷔
- 密篦 춤빗
- 靠墩 안석
- 燈草 심지

『회암어록』의 물명   『회암어록』, 1a

4) 『자학(字學)』

『자학(字學)』은 이형상(李衡祥, 1653-1733)이 소학의 개론서로서 편찬한 1책의 필사본이다. 한자학 전반을 다룬 책으로 훈고학, 성운학, 문자학 등의 내용을 담고 있다. 이 책은 본래 이형상이 편찬한 『갱영록(更永錄)』 권2에 수록되어 있었던 것으로, 영양록(永陽錄), 영양속록(永陽續錄)과 함께 병와전서(瓶窩全書)의 7, 8책의 하나이다. 이형상은 한자에서 육서의 체계가 혼란스러움을 한탄하고 이 혼란은 자학을 연구하지 않은 데에 비롯된다고 생각하여 이 『자학』을 편찬한 것이다. 이 책에는 어록(語錄), 유가어록(儒家語錄), 수양가은어(修養家隱語), 선가범어(禪家梵語), 한어록(漢語錄) 등이 실려 있는데, 이 중 유가어록(儒家語錄)과 한어록(漢語錄)에 한글로 쓰인 주해가 있다. 이것이 어록해에 해당하는 부분이다. 2008년 푸른역사에서 이의 번역과 영인이 들어 있는 『역주자학(譯註字學)』을 간행하였다.

아래의 예는 '유가어록'의 '2자어록(二字語錄)' 부분이다.

- 過意 가장
- 一意 ᄒᆞᆫ ᄀᆞᆯᄀᆞᆺ치
- 自由 제쥬변
- 閒界 힘힘ᄒᆞᆫ
- 方挫 모나다
- 遮莫 므던이 너기다

아래의 예는 '한어록(漢語錄)' 부분이다.

- 酥 ᄆᆞᆯ젓 고은 것
- 檁 집의 납
- 甛 ᄃᆞ다
- 腥 비리다
- 淡 승겁다
- 臭 더럽다
- 咬 무다
- 箴 ᄇᆞ듸
- 香 고소다
- 苦 쓰다
- 葷 누리다
- 辣 맵다
- 臊 노리다
- 梭 북
- 薰 구우다
- 酸 ᄉᆡ다
- 鹹 ᄧᆞ다
- 澁 ᄠᆞᆲ다
- 鞦 고돌개

『자학』, 2   『자학』, 1

5) 『염몽만석(艶夢漫釋)』

중국의 소설『서상기(西廂記)』에 등장하는 어휘에 대한 주석서이다. 『서상기』는 중국 원나라 때의 왕실보(王實甫)가 지은 잡극책(雜劇冊)인데, 조선시대에 널리 읽혔던 소설이었다. 중국의『서상기』는 다양한 형태로 주석본과 언해본이 등장하게 되었고, 특히 여기에 나오는 어구(語句)를 풀이하되, 한글로 주석을 해 놓은 책도 등장하게 되었는데, 이것이『염몽만석』이다. 앞부분에 "수실선생 주석 당산주인 참교(守實先生 註釋 儻山主人 參校), 황계구어고정(璜谿舊漁考訂)" 등의 기록이 있다. 필사기가 있는 문헌들은 대부분 19세기 중기로부터 19세기 말로 되어 있는 것이 특징이다. 단국대 퇴계기념도서관 소장본은 "기미계동낙계우서(己未季冬樂溪偶書)"(1859년)란 기록이 있는가 하면, 이화여대 도서관 소장본은 "기해답청일필사우하서별서(己亥踏靑日畢寫于霞西別墅)"(1899년)의 필사기가 있다. 서울대 규장각 도서(奎古 93-1)와 일본 동경대학 오구라

문고본에는 아무런 필사기도 없다. '염몽만석(艶夢漫釋)'이란 명칭은 서상기의
앞부분인 제1본의 '경염(驚艷)'과 정본(正本)의 마지막 편인 제4본의 마지막 부
분인 '경몽(驚夢)'의 편명에서 각각 끝 글자를 따 조합하여 만든 것으로 보인다.
이것으로 보아서 염몽만석은 서상기 제4본까지의 주석만 수록하고 있는 셈
이다. 서상기 제5본은 후인이 덧붙인 부분이라고 알려져 있기 때문이다. 다음
의 예는 미국 하버드대학 소장본에서 든 것이다.

그 형식을 보이면 다음과 같다.

- 傀儡 東言 숀듸노름 華諺 희즛노름 〈1b〉

- 投至得 猶比至于 又 일으노라 ᄒ면 〈2b〉

- 怕你不 猶恐不免也 一云 비룸이 어엿버 ᄒ다 又 아니할까 보냐 〈3a〉

- 店小二 숫막즁놈이 〈3b〉

- 那里 져긔 〈3b〉

- 這里 녀긔 〈3b〉

- 甚麼 무슨 〈3b〉

- 撒和了馬 撒放也 和調也 一云 말 먹이다 〈3b〉

- 却早 벌셔 〈3b〉

- 隨喜 琓寺之稱 구경ᄒ다 〈4a〉

- 一發 ᄒ줌에 〈4a〉

- 儘人調戲 스름의게 일굿인케 ᄒ다 〈4a〉

- 宜嗔宜喜 셩을 닉여도 곱고 깃거ᄒ여도곱다 〈4a〉

- 宜貼 부친 것시 맛당ᄒ다 〈4b〉

- 翠花鈿 看閣貼紅 곤지 〈4b〉

- 洽 適當辭 흡죡이 〈4b〉

- 可人憐 스름이 어엿버 ᄒ다 〈4b〉

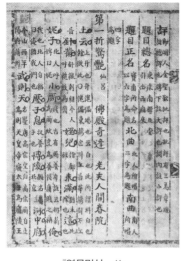

『염몽만석』, 1b   『염몽만석』, 1a

4.14. 『군두목(群頭目)』

'군두목'이란 원래 한자어가 아닌 낱말을 소리가 비슷한 한자를 빌려 표기하는 방법을 말한다. 1923년에 연활자로 간행된 『신구문자집(新舊文字集)』에는 '군도목(軍都目)'을 "字義는 不拘ᄒᆞ고 音訓만 取ᄒᆞ야 物名을 書ᄒᆞ는 事"라고 풀이하고 있어서 그러한 사실을 알 수 있다.

한자를 빌려 한국어를 적는 차자표기법에 속하지만, 취음은 특히 적는 사람의 주관에 따라 그럴듯한 어원풀이를 덧붙인 것을 가리킨다. 이런 점에서 부회표기라고 하기도 한다. 또한, 한자어라도 소리는 같되, 바른 글자가 아닌 자를 붙인 것도 여기에 포함된다. 예를 들어 생각을 '生覺'으로, 편수(공장 두목)를 '編首' 또는 '변수(邊首)'로, 각시를 '閣氏'로 적는 것이다. 여러 책에서 '群都目'으로도 표기한다. 천문, 시령, 지리 등 약 40개의 부류로 나누고 한자를 쓰고 그 아래에 한글로 그 명칭을 썼다.

이 책은 여러 이본이 전하는데 서강대학교, 서울대 도서관 등에 전한다. 서울대 도서관 소장본은 뒤에 "개국오백오년 병신오월일(開國五百五年 丙申五月日)"이란 필사기가 있어서 1896년에 편찬된 것임을 알 수 있다.

이 『군두목』은 한자어가 아닌 낱말을 한자를 빌려 우리말을 표기해 놓은 것이라고는 하지만, 실제의 예들을 보면 기존의 물명고와 크게 다를 바가 없다.

기존의 물명고가 어휘 교육 자료집으로서 꾸준한 생명력을 가지고 전해 오다가 19세기 말에 새로운 어휘 교육 자료집의 필요성을 의식한 사람이 편찬한 것이 어느 정도 설득력을 가지고 유행하다가 기존의 물명고에 밀려 사라진 것이 아닌가 하는 생각을 가지게 된다. 그것은 그 분류항목에서 알 수 있다. 기존의 물명고에서는 볼 수 없는 새로운 항목들이며 그 당시의 최신의 물명들을 담으려고 노력한 흔적이 보이기 때문이다.

1) 『군도목(群頭目)』(서울대 도서관 소장본)

서울대 도서관 소장본(古3820-1)은 수충부(獸虫部)·금수부(禽獸部)·충부(虫部)·어물부(魚物部)·과당부(果棠部)·조과부(造果部)·초식부(草食部)·곡식부(穀食部)·음식부(飮食部)·병부(餠部)·유부(油部)·각색염부(各色鹽部)·육찬부(肉饌部)·시부(柴部)·주부(酒部)·장부(漿部)·남초부(南草部)·연대부(烟臺部)·촉화부(燭火部)·혜부(鞋部)·낭구부(囊具部)·패물부(佩物部)·간죽부(簡竹部)·선자부(扇子部)·지속부(紙屬部)·필묵부(筆墨部)·철물부(鐵物部)·기용부(器用部)·행장부(行裝部)·혼구부(婚具部)·포진부(布陳部)·가사부(家舍部)·두식부(頭飾部)·관대부(冠帶部)·의복부(衣服部)·각필목부(各疋木部)·주단부(紬緞部)·국도부(國都部)·인신부(人身部)·인사부(人事部) 등의 40개 부류로 분류되어 있고 마지막에 4자성어로 된 '문자초(文字抄)'가 붙어 있다. 앞에 "건양원년일(建陽元年日)"이란 기록이 있어서 1896년에 필사한 것으로 보인다. 아래의 예는 모두 1a의 예들이다.

- 狸兒 슥
- 水獺 슈달피
- 騾駝 약씨
- 黃鼠 족져비
- 猿狌 원숭이
- 狡兔 톡기
- 象牙 코기리

- 刺蝟 고솜도치
- 獅子 스지
- 玄龜 니복
- 獤皮 돈피
- 狼狗 이리
- 野狐 여호

- 怒馬 두한 말
- 牙獐 슈노로
- 山君 범
- 應龍 나리 잇다
- 虬龍 쓸 잇다
- 螭龍 쓸 업다

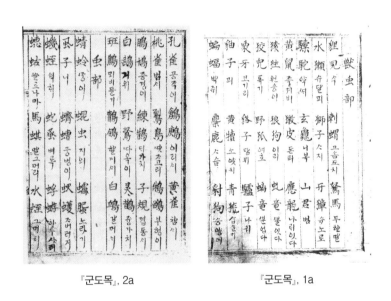

『군도목』, 2a　　　　　　　　『군도목』, 1a

2) 『군두목초(群頭目抄)』(서강대 소장본)

서강대 소장본은 표지 서명과 내지 서명이 모두 '군두목초(群頭目抄)'로 되어 있는데, 3개 부분으로 나뉘어 있다. 즉 '이어집록(俚語集錄)'이라 하여 4자류의 성구가 실려 있고, 이어서 '군두목(群頭目)'이, 그리고 이어서 '물명속어(物名俗語)'가 이어진다. '군두목(群頭目)'은 천문(天文)·시령(時令)·지리(地理)·인류(人

715

倫)·인품(人品)·신체(身體)·용모(容貌)·정성(情性)·언어(言語)·동정(動靜)·인사(人事)·궁실(宮室)·관직(官職)·관부(官府)·성곽(城郭)·문학(文學)·무비(武備)·군기(軍器)·정사(政事)·예도(禮度)·악기(樂器)·잉산(孕産)·소세(梳洗)·음식(飮食)·물명(物名)의 25개 부류로, '물명속어(物名俗語)'는 의복류(衣服類)·인석류(茵席類)·음식(飮食)·과당류(果棠類)·백지류(白紙類)·어물류(魚物類)·바안류(馬鞍類)·채색류(綵色類)·목기류(木器類)·은금류(銀金類)·사기류(沙器類)·광물류(鐵物類)·유기류(鍮器類)·저단류(苧緞類)·재목류(材木類)·피물류(皮物類) 등의 16개 부류로 나뉘어 있다. '이어집록(俚語集錄)'만을 제외하고 모두 한글 주석이 있다. 아무런 필사 기록이 없어 필사 연도는 알 수 없다.

아래의 예는 '천문(天文)' 부분의 예들이다.

•日烞 히기다	•日暈 히무리ᄒ다
•日珥 히귀어골ᄒ다	•日亮 달 박다
•月華 달빗	•月暈 달무리ᄒ다
•火雲 노을 쓰다	•霧濃 안기 ᄌ옥ᄒ다
•明星 싯별	•天鼓鳴 천동ᄒ다
•雷打 벽녁ᄒ다	•雨點 빗발
•雷鳴 우릐ᄒ다	•下雨 비 오다
•驟雨 소나기	•傾盆雨 붓다시 온다
•打閃 번기 친다	•天杠 무지게
•虹見 무지게 셧다	•虹消 무지게 삭다

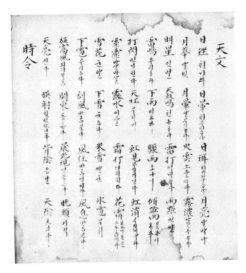

『군두목초』(서강대본)

3) 『군도목(軍都目)』(양승민 교수 소장본)

양승민 교수 소장본은 '군도목(群都目)'으로 되어 있는데, "무진이월이십오일(戊辰二月二十五日)"이란 필사기가 있어서 1868년이나 1928년의 문헌으로 보인다. 천문소속(天文所屬) 지리소속(地理所屬)으로 분류되어 있다.

- 頭顀 딘골 〈5a〉
- 顖門 가마 〈5a〉
- 腦俉 골쏨 〈5a〉
- 頭髮 머리털 〈5a〉
- 耳郭 귀 〈5a〉
- 玉柁 귀뒤쎄 〈5a〉
- 眼睛 눈망울 〈5a〉
- 眦膠 눈곱 〈5a〉
- 淚水 눈믈 〈5a〉
- 丹脣 입구무 〈5a〉
- 齒牙 니 〈5b〉
- 板齒 압니 〈5b〉
- 咽喉 목구무 〈5b〉
- 呵欠 하픠흠 〈5b〉
- 氣息 슘 〈5b〉
- 鼻孔 코구무 〈5b〉

717

- 鼻準 코 〈5b〉
- 象掃 솔쟉미리 〈10b〉
- 梳子 어레빗 〈10b〉
- 書皮 칙쟝 〈10b〉
- 竹籔 둥우리 〈10b〉
- 竹籃 과다기 〈10b〉

- 鼻梁 코마로 〈5b〉
- 密箆子 참빗 〈10b〉
- 鑷兒 족각자 〈10b〉
- 柳筒 셜 〈10b〉
- 竹筐 광쥬리 〈10b〉

『군도목』(양승민 소장본), 1b

『군도목』(양승민 소장본), 1a

4.15. 의학 관련 어휘 자료

의학 관련 어휘 자료들은 약초명을 다루고 있어서 향약명을 우리말로 써 놓은 책들이 대부분이다. 따라서 농업 관련 어휘 문헌 자료와 그 성격이 매우 유사하다고 할 수 있다. 그러나 그 어휘의 분포는 다르다.

1) 『동의보감(東醫寶鑑)』 탕액편(湯液篇)

『동의보감』은 허준(許浚)이 우리나라와 중국의 의서를 모아 집대성하여 1613년(광해군 5)에 내의원(內醫院)에서 훈련도감(訓鍊都監)의 개주갑인자로 간행해 낸 25권 25책의 한의서다. 특히 이중 탕액편(湯液篇) 3권 3책은 약물명에 대해 한글로 써 놓은 부분이 있어서 국어 어휘 연구의 귀중한 자료를 제공하여 준다. 이 탕액편은 주로 향약과 아울러 당약(唐藥) 등의 한약(漢藥)과 그 용법에 대하여 쓰고 있다. 여기에는 한글로 쓰인 향약명이 약 640개가 등재되어 있나.

이 책은 이본이 매우 많다. 원간본인 활자본은 서울대 규장각, 국립중앙도서관 등에 소장되어 있다. 중간본은 "기해중추내의원교정영영개간(己亥仲秋內醫院校正嶺營開刊)"(성균관대, 고려대에 소장, 1659년이나 1719년 간행), "세갑술중동내의원교정영영개간(歲甲戌仲冬內醫院校正嶺營開刊)"(1754년 간행), "세갑술중동내의원교정완영중간(歲甲戌仲冬內醫院校正完營重刊)"(1754년 간행) "형보구갑진년경도서림곤정등병위판행(亨保九甲辰年京都書林梱井藤兵衛板行)"(1724년 일본에서 간행), "건륭계미포월전 번각필구(乾隆癸未蒲月鐫翻刻必九)"(1766년 중국에서 간행)의 간기를 가진 것 등이 있다. 탕액편을 수정하여 별도로 간행한 책도 있다(서울대 일사문고). 1896년 태학사에서 여러 이본을 함께 영인하였다.

- 井華水 새배 처엄 기른 우믈믈 〈1, 14b〉
- 寒泉水 춘 심믈 〈1, 14b〉
- 菊花水 구화 퍼기 미틔셔 나는 믈 〈1, 15a〉
- 臘雪水 섯돌 납향 찍 온 눈 노근 믈 〈1, 15a〉
- 春雨水 정월 처엄 온 빋믈 〈1, 15a〉
- 秋露水 マ을 이슬믈 〈1, 15b〉
- 冬霜 겨울에 온 서리 〈1, 15b〉

•雹 무뤠 〈1, 15b〉

•夏氷 어름 〈1, 15b〉

•方諸水 불근 둘애 죠개예 바든 믈 〈1, 16a〉

•梅雨水 미실 누를 제 온 빈믈 〈1, 16a〉

•半天河水 나모 구무과 왕대 스르히 고은 빈믈 〈1, 16a〉

•屋霤水 디새집 우희셔 흘러ᄂ린 믈 〈1, 16a〉

•茅屋漏水 새집 우희셔 흘러ᄂ린 믈 〈1, 16a〉

•玉井水 옥 나ᄂ 디셔 십ᄂ 믈 〈1, 16b〉

•碧海水 바다 믄 믈 〈1, 16b〉

•千里水 멀리셔 흘러오ᄂ 강믈 〈1, 16b〉

•甘爛水 만히 동당이텨 거품진 믈 〈1, 16b〉

•逆流水 거스리 도라 흐르ᄂ 믈 〈1, 17a〉

•順流水 슌히 흘러오ᄂ 믈 〈1, 17a〉

•急流水 여흐레 셜리 흐르ᄂ 믈 〈1, 17a〉

•溫泉 더운 십믈 〈1, 17a〉

•冷泉 맛시 ᄠᅥᆯ고 츤 믈 〈1, 17b〉

•漿水 조ᄫᆞᆯ 죽 운 믈 〈1, 17b〉

•地漿 누른 흙 믈 〈1, 17b〉

•潦水 뫼골애 비 와 고은 믈 〈1, 17b〉

•生熟湯 글흔 믈과 츤 믈 ᄠᅳ니 〈1, 17b〉

•熱湯 덥게 글힌 믈 〈1, 18a〉

•麻沸湯 싱삼 술믄 믈 〈1, 18a〉

•繰絲湯 고티 현 믈 〈1, 18a〉

•甑氣水 밥 ᄢᅵᄂ 시르 둡게예 미친 믈 〈1, 18a〉

•銅器上汗 퉁그릇싀 미친 믈 〈1, 18a〉

•炊湯 무근 슉닝믈 〈1, 18a〉

- 伏龍肝 오란 숄 미틱 누른 흙 〈1, 18b〉

- 東壁土 히 몬져 쬐는 동녁 ㅂ롬 흙 〈1, 18b〉

- 西壁土 션녁 히 딜 제 쬐는 ㅂ롬 흙 〈1, 19a〉

- 好黃土 조흔 누른 딜흙 〈1, 19a〉

- 赤土 ᄀ장 블근 쥬토 〈1, 19a〉

- 白堊 빅토 〈1, 19a〉

- 井底沙 우믈 미틱 몰애 〈1, 19b〉

- 六月河中熱沙 뉴월 믈ᄉᆡ애 더온 몰애 〈1, 19b〉

- 道中熱塵土 녀름 길 가온대 더온 흙 〈1, 19b〉

- 土蜂窠上土 쌋버리 집 온 흙 〈1, 19b〉

- 鍛鐵竈中灰 불무질ᄒᆞᄂᆞᆫ 브억의 지 〈1, 19b〉

- 冬灰 명회 술 지 〈1, 19b〉

- 桑柴灰 뽕나모 술 지 〈1, 19b〉

『동의보감』 탕액편, 2

『동의보감』 탕액편, 1

2) 『제중신편(濟衆新編)』

『제중신편』은 태의(太醫) 강명길(康命吉)이 정조의 명을 받아 고금의 의서를 참고해서 엮어 1799년(정조 23년)에 8권 5책의 활자본으로 간행해낸 의서다. 『제중신편』은 허준(許浚)의 『동의보감(東醫寶鑑)』이 지니는 단점인, 글이 번잡스럽고 뜻이 중첩되며 소루한 것이 많은 점을 수정하고, 제방(諸方)을 널리 모으되 번잡한 것은 버리고 긴요한 것만을 취하여 원편 8권과 목록 1권을 합하여 9권으로 간행한 것이다.

이 『제중신편』의 권지8은 약성가(藥性歌)다. 이 약성가는 중요한 약물의 효용을 4언 4구로 엮어서 기억하기 쉽게 한 것으로 원 303수와 증 83수로 모두 386수가 실려 있다. 그런데 이 약성가의 한 수 한 수마다 그 아래에 소자(小字)의 한글로 약물명을 쓰고 있어서 이것이 국어 연구에 좋은 자료가 된다.

이 책의 원간본인 활자본은 성균관대학교와 고려대학교에 소장되어 있다. 이의 복각본인 목판본도 현존한다.

이 『제중신편』에는 여러 이본이 존재한다. 그러나 이 이본들은 한결같이 간기가 명시되어 있지 않다. 모두 목판본들인데 광곽의 크기가 조금씩 다르고 어미가 상흑어미인 것도 있다(서울대 규장각 7645). 모두 사주쌍변으로 되어 있다. 그러나 그 내용에는 차이가 거의 없다. 이 책의 약성가만 1986년에 태학사에서 영인하였다.

아래의 예는 권8의 약성가 부분이다.

- 심 (人參) 〈1a〉
- 삽둧 불휘 (白朮) 〈1a〉
- 궁궁 (川芎) 〈1b〉
- 겨으ᅀ리 불휘 (麥門) 〈2a〉
- 황벽나모 겁질 (黃柏) 〈2a〉

- 단녀슴 불휘 (黃芪) 〈1a〉
- 승엄초 불휘 (當歸) 〈1b〉
- 함박곳 불휘 (白芍) 〈1b〉
- 속서근풀 (黃芩) 〈2a〉
- 지지 (梔子) 〈2b〉

- 어어리나모 여름 (連翹) 〈2b〉
- 쟝군풀 (大黃) 〈2b〉
- 사양칫 불휘 (前胡) 〈3a〉
- 도랏 (桔梗) 〈3a〉
- 츩 불휘 (葛根) 〈3b〉
- 병풍나모 불휘 (防風) 〈3b〉
- 강호리 (羌活) 〈3b〉
- 구리댓 불휘 (白芷) 〈3b〉
- 팅즈 여름 (枳實) 〈4a〉
- 동뎡귤 (陳皮) 〈4a〉
- 끠물웃 (半夏) 〈4b〉
- 변두콩 (扁豆) 〈5a〉
- 으흐름나모 불휘 (木通) 〈5a〉
- 괴좃나모 불휘 겁질 (地骨) 〈5a〉
- 술위나물 불휘 (葳靈) 〈5a〉

- 곱돌 (滑石) 〈2b〉
- 묏미나리 (柴胡) 〈3a〉
- 끠덜가릿 불휘 (升麻) 〈3a〉
- 츳조기 (紫蘇) 〈3a〉
- 영싱이 (薄荷) 〈3b〉
- 뎡가 (荊芥) 〈3b〉
- 짯들흅 (獨活) 〈3b〉
- 향부즈 (香附) 〈3b〉
- 프른 귤 (靑皮) 〈4a〉
- 두여머조자기 (南星) 〈4b〉
- 노야기 (香薷) 〈5a〉
- 쇠귀나모 불휘 (澤瀉) 〈5a〉
- 길경이 叫 (車前) 〈5a〉
- 모과 (木瓜) 〈5a〉
- 모란꼿 불휘 (牧丹) 〈5a〉

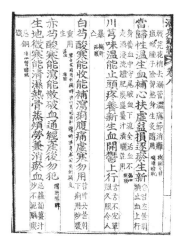

『제중신편』 약성가, 2　　　『제중신편』 약성가, 1

3) 『의종손익(醫宗損益)』

『의종손익』은 혜암(惠庵) 황도연(黃度淵)이 편찬하여 1868년(고종 5년)에 무교 (武橋) 찬화당(贊化堂)에서 12권 7책의 목판본으로 간행해 낸 의서다. 고금의 의 서가 허다하여 이들을 다 활용하기에는 불편한 점이 너무 많다고 해서 허준의 『동의보감』을 기본으로 하되 당시의 실정에 맞도록 뺄 것은 빼고 더할 것은 더하여(損益하여) 만든 것이다. 황도연이 원래 1867년(고종 4년)에 『의종손익』 6권(6책을 말함)을 편찬하였는데 그 이듬해에 약성 1권(1책을 말함)을 또 만들 어 이를 『의종손익부여』라 이름을 붙여서, 모두 7책으로 간행하였다.

이 제7책의 약성가는 강명길의 『제중신편』에 보이는 약성가와 마찬가지로 약성의 요점을 가사로 엮어 기억하기에 편리하게 만들었는데, 각 약성가의 밑에 약물명을 한글로 써 놓았다. 우리의 관심을 끄는 것은 바로 이 한글 표기 의 향약명이다. 한글로 쓴 향약명이 약 280여 개가 보이는데 『제중신편』이나 『동의보감』에 보이는 것들과 차이를 보이는 것들이 있다. 1986년에 약성가만 을 태학사에서 영인하였다.

다음 예는 『의종손익부여』의 예들이다.

- 심 (人蔘) 〈1a〉
- 계로기 (薺苨) 〈1b〉
- 듁딧 불휘 (黃精) 〈2a〉
- 삽듀 불휘 (白朮) 〈2b〉
- 아기풀 불휘 (遠志) 〈3a〉
- 외나믈 불휘 (地楡) 〈3b〉
- 딕왓풀 (白芨) 〈3b〉
- 망초 불휘 (秦艽) 〈4b〉
- 사양칫 불휘 (前胡) 〈4b〉

- 단너슴 불휘 (黃芪) 〈1b〉
- 도랏 (桔梗) 〈1b〉
- 슈즈히좃 (天麻) 〈2a〉
- 회초 밋 불휘 (貴衆) 〈2b〉
- 삼지구엽풀 (淫羊藿) 〈3a〉
- 지치 (紫草) 〈3b〉
- 속서근풀 (黃芩) 〈4b〉
- 묏미나리 (柴胡) 〈4b〉
- 병풍나모 불휘 (防風) 〈5a〉

•강호리 (羌活) 〈5a〉
•싹둘흅 (独活) 〈5a〉
•싀덜가릿 불휘 (升麻) 〈5b〉
•쁜 너슴 불휘 (苦參) 〈5b〉
•검홧 불휘 (白鮮) 〈5b〉
•가치무릇 (慈菰) 〈6a〉
•쯧 불휘 (茅根) 〈6a〉
•과남풀 (龍胆) 〈6a〉
•족도리풀 불휘 (細辛) 〈6a〉
•이마존 (白薇) 〈6b〉
•승엄초 불휘 (当帰) 〈6b〉
•궁궁 (川芎) 〈6b〉
•빅얌도랏 삐 (蛇床) 〈7a〉
•구리댓 불휘 (白芷) 〈7a〉
•함박곳 불휘 (白芍) 〈7a〉
•심황 (欝金) 〈8b〉
•一名 蓬莪茂 (莪朮) 〈8b〉
•믹자깃 불휘 (三稜) 〈8b〉
•향부ᄌ (香附) 〈9a〉
•소야기 (香薷) 〈9a〉
•명가 본명 仮蘇 (荊芥) 〈9a〉
•영싱이 (薄荷) 〈9b〉
•ᄎ죠기 (紫蘇) 〈9b〉
•ᄎ죠기 씨 (蘇子) 〈9b〉
•감국 (菊花) 〈10a〉
•사ᄌ발쑥 (艾葉) 〈10a〉
•더위지기 (茵蔯) 〈10a〉
•져비쑥 (青蒿) 〈10a〉
•암눈바앗 (益母草) 〈10b〉
•암눈바얏 삐 (茺蔚子) 〈10b〉
•져븨쑬 (夏枯草) 〈10b〉
•하국 (金沸草) 〈10b〉
•민ᄃ라미 삐 (青箱子) 〈10b〉
•닛 (紅花) 〈11a〉
•항가시 (大薊) 〈11a〉
•초방가시 (小薊) 〈11a〉
•검산풀 불휘 (續斷) 〈11a〉
•졀국딕 (漏蘆) 〈11a〉
•모시 불휘 (苧根) 〈11b〉
•우웡 삐 (鼠黏子) 〈11b〉
•돗고마리 (蒼耳子) 〈11b〉
•여의 오좀 (鶴蝨) 〈12a〉
•속싀 (木賊) 〈12a〉
•골속 (灯草) 〈12a〉
•쇠무릅디기 (牛膝) 〈12b〉
•팃알 (紫菀) 〈12b〉
•겨으ᅀ리 불휘 (麥門) 〈12b〉

725

『의종손익』(부여), 2   『의종손익』(부여), 1

4)『방약합편(方藥合編)』

혜암(惠庵) 황도연(黃道淵)이 지은『의방활투(醫方活套)』와『손익본초(損益本草)』를 합하여, 그의 아들 황필수(黃泌秀)가 편술해서 1884년(고종 21)에 불분권 1책의 목판본으로 간행한 의서이다.『의방활투』와『손익본초』이외에 증맥요결(證脈要訣), 용약강령(用藥綱領), 석은보방(石隱補方) 등 10여 종을 더하여 편집하였다.

상중하 삼단에 나누어 의방(醫方)과 약방(藥方)을 일목요연하게 집성하였는데, 이것은 청나라 왕인암(王忍庵)의『의방집해(醫方集解)』의 편집방식을 따른 것이다. 이 책은 1885년(고종 22)에『증맥방약합편(證脈方藥合編)』이란 이름으로 다시 간행되었다. "을유중추야동신간(乙酉仲秋冶洞新刊)", "을유중추미동신간(乙酉仲秋美洞新刊)"의 간기를 가지고 있는 것들이 그것이다. 모두 방각본들이다. 그 이후에도 1916년에 완산신간으로 간행되기도 하였다. 이 책에는 한글로 쓰인 415개의 향약명이 실려 있어서 국어사 연구 및 국어 어휘 연구에 도움을 준다. 특히『동의보감』,『제중신편』과 비교가 된다.

- 黃芪 단너슴불휘 〈1b〉
- 桔梗 도랏 〈2a〉
- 天麻 슈ᄌᆞ히좃 〈3a〉
- 貫衆 회초밋불휘 〈3b〉
- 淫羊藿 삼지구엽풀 〈4a〉
- 紫草 지치 〈4b〉
- 黃芩 속서근풀 〈5b〉

- 薺苨 계로기 〈2a〉
- 黃精 듁딧불휘 〈2a〉
- 白朮 삽듀불휘 〈3a〉
- 遠志 아기풀불휘 〈3b〉
- 地楡 외나물불휘 〈4b〉
- 白芨 딕왐풀 〈4b〉
- 秦艽 망초불휘 〈6a〉

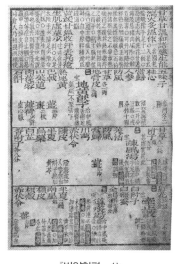

『방약합편』, 1b

『방약합편』, 1a

5) 『시재직지방 해혹변의(時齋直指方 解惑辨疑)』

이진하(李鎭夏)가 쓴 의서의 하나로 필사본이다, 한국학중앙연구원(구 장서
각 소장본)에 소장되어 있다. 역대 의서에서 난해한 부분을 뽑아 풀이한 책이
다. 이 책은 시제직지방해혹변의(時齊直指方 解惑辨疑), 시제동원십서해혹변의
(時齊東垣十書 解惑辨疑), 시제의학정전해혹변의(時齊醫學正傳 解惑辨疑)로 되어 있

다. 이 중에서 시제직지방해혹변의(時齊直指方 解惑辨疑)에 한자의 아래에 한글로 주석을 하여 놓은 부분이 있다. 1책 35장이다. 저술 시기는 1827-1831년 사이로 추정된다.

- 嚏 音톄 자치음 〈1a〉

- 陰玄精石 소금 밋최 얼윈 거시니 鹽精之類 〈1b〉

- 一炊久 한솟 밥지을 스이 〈1b〉
- 拌 音반 셕다 〈2a〉
- 皂角 俗듀염 〈2a〉
- 噴嚏 音분톄 俗즈치음 〈2a〉
- 自然銅 俗산골 〈2a〉
- 糕 音고 빅셜기 〈2a〉
- 燻 音훈 쏘이다 〈2a〉
- 碾 音젼 俗미될 〈2a〉
- 熨斗 熨音울 俗다류리 〈2a〉
- 氷泫 音현 살얼음 〈2b〉
- 蘸 音즘 무치다 〈2b〉
- 蒜 音션 마날 〈2b〉
- 豌豆 豌音완 俗션비자비콩 〈2b〉
- 杉 音삼 俗익시나모 〈2b〉
- 鉢 其狀如乳故名俗발이 〈2b〉
- 兔絲子 俗시삼씨 〈3a〉
- 猪胰 胰音 니 俗발거름 〈3a〉
- 漿飾 俗풀먹이다 〈3a〉
- 車蛾賣 俗가지껍질 〈3a〉
- 氈 音젼 俗비리다 〈3a〉

『해혹변의』, 1b   『해혹변의』, 1a

6) 『임원경제지(林園經濟志)』의 본리지(本利志)

『임원경제지』는 서울대 규장각에 소장되어 있는 책으로, 서유구(徐有榘)가 우리 나라의 영농정책, 영농기술의 확립을 위하여 지은 농촌경제정책 및 영농 백과전서적인 책이다. 모두 51책으로 본리지(本利志)·관휴지(灌畦志)·예원지(藝畹志)·만학지(晚學志)·전공지(展功志)·위선지(魏鮮志)·전어지(佃漁志)·정조지(鼎俎志)·섬용지(贍用志)·보양지(葆養志)·인제지(仁濟志)·향례지(鄕禮志)·유예지(游藝志)·야운지(怡雲志)·상택지(相宅志)·예규지(倪圭志)의 16지(志)로 되어 있어서 임원십육지(林園十六志)라고도 한다.

이 책의 인제지는 일종의 의서와 농서인데, 특히 의서에는 약에 쓰이는 각종의 향약명이 한자어와 고유어가 제시되고 있다. 특히 고유어들은 한글로 표기되어 있어서, 많은 국어 어휘를 찾아 볼 수 있다.

임원십육지 제38책의 인제지 권23, 24는 의서에 해당하는데, 약재로 쓰이는 식물명이 한글로 표기되어 있다. '수채시령(收採時令)'의 '草部'에 등재되어 있는 향약명을 보이도록 한다.

- 沙蔘 더덕 〈56b〉
- 薺苨 겨로기 〈56b〉
- 吉更 도랏 〈56b〉
- 黃精 듁댓불희 一名 둥구레 〈56b〉
- 天麻 슈자히좃 〈57a〉
- 尤 습줏불희 〈57a〉
- 貫衆 회쵸밋불희 〈57b〉
- 遠志 아기풀불희 〈57b〉
- 淫羊藿 습지구엽풀 〈58a〉
- 地楡 외ㄴ물불희 〈58a〉
- 紫草 지초 〈58b〉
- 白頭翁 할미십가비불희 〈58b〉
- 白及 딕왐풀 〈58b〉
- 黃芩 속썩은풀 〈59a〉
- 秦芃 망쵸불희 〈59a〉
- 柴胡 묏미ㄴ리 〈59b〉
- 前胡 샤양불희 〈59b〉
- 防風 병풍ㄴ물불희 〈59b〉
- 獨活 짜둘홉 〈60a〉
- 羌活 鄕名云 강호리 〈60a〉

- 升麻 싀덜가릿불희 〈60a〉
- 苦蔘 너암풀불희 〈60a〉
- 白鮮 검홧불희 〈60b〉
- 山慈姑 가티무릇 〈61a〉
- 茅根 쒸불희 〈61a〉
- 龍膽 과남풀 〈61a〉
- 白薇 아마존 〈62a〉
- 當歸 승엄초불희 〈62a〉
- 芎藭 궁궁이 〈62b〉
- 蛇牀子 비얌도랏씨 〈62b〉
- 白芷 구리딋불희 〈62b〉
- 芍藥 함박곳불희 〈63a〉
- 牧丹 모란곳불희겁질 〈63a〉
- 鬱金 싱황 〈63b〉
- 三稜 왕고식불희 〈63b〉
- 茅香花 흰씨곳 〈64a〉
- 香薷 노야기 〈64b〉
- 荊芥 뎡가 〈64b〉
- 薄荷 영싱이 〈64b〉
- 紫蘇 츳죠기 〈64b〉
- 苦薏 들국화 〈65a〉
- 菴蘭子 딘쥬봉 〈65a〉

〈중략〉

- 蒲黃 부들곳ᄀ로 〈84a〉
- 海藻 메욱 〈84b〉
- 石斛 셕곡플 〈84b〉
- 景天 딤우디기 〈85a〉
- 卷柏 부처손이 〈86a〉
- 馬勃 말불버섯 〈86b〉

『본리지』, 2　　　　　　『본리지』, 1

7) 『양방금단(良方金丹)』

『양방금단』은 일종의 의서로 서울대 규장각 소장본이다(奎7842-v.1-2). 18세기에 필사한 것으로 추정된다. 저자 및 필사자 미상의 2책이다. 권말 193-206장에는 藥材俗名이라 하여 970여 약재의 속명을 소개하고 있는데, 그 대다수가 한글로 적혀 있어서 어휘사 연구에 큰 도움이 된다. 초부(草部)·목부(木部)·옥부(玉部)·석부(石部)·금부(金部)·어부(魚部)·충부(蟲部)·과부(果部)·채부(菜部)·수부(水部)·토부(土部)·곡부(穀部)·인부(人部)·금부(禽部)·수부(獸部)·누부(漏部)로 나뉘어 있다.

물론 본문의 중간 중간에 약재나 병증을 한글로 적은 곳이 더러 있다. 각 부류에서 2개씩만 예를 들어 보이도록 한다.

- 黃精 듁씩블회 〈草部〉
- 桂皮 계피 〈木部〉
- 枸杞子 괴좃나무여름 一名 地仙 一名 仙人杖 〈木部〉
- 玉屑 옥가로 〈玉部〉
- 滑石 곱돌 〈石部〉
- 自然銅 산골 〈金部〉
- 鯽魚 부어 〈魚部〉
- 蜂子 벌의 삭기 〈蟲部〉
- 荷葉 연닙 〈果部〉
- 芋子 토란 〈菜部〉
- 井花水 식벽 쳐음 길으은 우믈믈 〈水部〉
- 菊花水 국화 퍼기 밋히셔 나모 믈 〈水部〉
- 伏龍肝 오란 숏 밋히 누른 흐리 〈土部〉
- 東壁土 히 믄져 쇠는 발음흙 〈土部〉

- 菖蒲 셕챵포 〈草部〉
- 雲母 돌비늘 〈石部〉
- 銅靑 동녹 〈金部〉
- 鯉魚膽 니어 슬기 〈魚部〉
- 白蜜 빗흰꿀 〈蟲部〉
- 蓮棠 연밤 〈果部〉
- 乾薑 발은 싱강 〈菜部〉
- 胡麻 검은 참씨 〈穀部〉

- 白油麻 흰참씨 〈穀部〉

- 亂髮 절노 써러진 머리털 一名 血餘灰 〈人部〉

- 髮髭 버혀달의 민 털 〈人部〉 ・ 丹雄鷄肉 블근 슷둙 〈禽部〉

- 肪 검문 슷둙의 기름 〈禽部〉 ・ 龍骨 농의 쎠 〈獸部〉

- 麝香 국노로 비곱 一名 四味臭 〈獸部〉

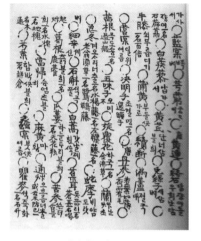

『양방금단』, 1b   『양방금단』, 1a

8) 『사의경험방(四醫經驗方)』

국립한글박물관 소장의 1책의 목판본이다. 표지 제목은 '경험신방(經驗神方)'이지만, 내지 제목은 없다.

이 책은 이석간(李碩幹), 채득기(蔡得己), 박렴(朴濂), 허임(許任) 등 조선 후기 4인의 명의 경험방과 『동의』, 『본초』, 『문견방』에서 채록한 것을 모아 편집한 것이다. 인조년간에 간행된 것으로 추정하고 있다.

앞에 '약물명(藥物名)'이라 하고 초부(草部, 101개)·목부(木部, 47개)·금부(禽部, 11개)·수부(獸部, 11개)·곡부(穀部, 21개)·채소부(菜蔬部, 17개)·과부(果部,

15개) · 목부(木部, 8개) · 토부(土部, 3개) · 화부(火部, 1개) · 금부(金部, 1개) · 인부(人部, 2개) · 석부(石部, 2개) · 충부(虫部, 49개)로 나누어 한자어 아래에 한글로 그 약재명을 달아 놓았다.

이석간, 채득기, 박렴, 허임 등의 명의의 저서와 본초강복, 동의보감 등을 참조하고 보고 들은 방문을 합쳐서 간행한 책이다. 고려대학교 도서관, 영남대학교 도서관에도 소장되어 있다.

- 威靈仙 줄위나물 불휘 〈草部〉
- 蒼茸 독고마리 〈草部〉
- 秦椒 분디여름 又云난늬 〈木部〉
- 烏梅 늬쇠여 거믄 미실 〈木部〉
- 鴎 소르기 〈禽部〉
- 鷹肪 그르기 기롬 〈禽部〉
- 牛酪乳 타락젓 〈獸部〉
- 烏犍牛 검은 수쇼 〈獸部〉
- 糯米 춥쌀 〈穀部〉
- 粳米 됴한 니쌀 〈穀部〉
- 蘿葍 댓므오 〈菜蔬部〉
- 紫蘇 ᄎ조기 〈菜蔬部〉
- 桃梟 남긔셔 믈나 셧돌의 싼 거시라 〈果部〉
- 榧子 비ᄌ 〈果部〉
- 井花水 새배 처암 기른 우믈니라 〈水部〉
- 白沸湯 빅번이나 슬흔 물 〈水部〉
- 伏龍肝 오랜 손밋틔 누른 흙 〈土部〉
- 百草霜 오랜 브럭 검듸양 〈土部〉
- 糠火 겻블 〈火部〉
- 砥石 숫돌 〈石部〉
- 白礬 ᄇ아 블의 노기면 枯礬 又云礬石 〈石部〉
- 蝸 고솜돗 〈虫部〉
- 田螺 울엉이 〈虫部〉

이 『사의경험방』의 필사본이 국립한글박물관에 소장되어 있다. 1책의 필사본이다. 표지서명은 '경험신편(經驗新編)'이지만 본문이 시작되는 곳에는 '경험방(經驗方)'이란 서제(書題)가 있다. 『사의경험방(四醫經驗方)』을 등초한 것이다. 표기상으로 보아 19세기 중기의 문헌으로 보인다. 권두에 본문에 앞서 약물명(藥物名)이 수록되어 있는데, 한자로 된 약명 아래 한글로 우리말로 된 이

름을 표기해 놓은 것이 『사의경험방』과 동일하다. 약물명에 수록된 약재는
초(草)·목(木)·금(禽)·수(獸)·과(果)·채소(菜蔬)·수(水)·화(火)·충(蟲)·금(金)·
인(人)·토(土)·석(石) 13부 300여 종에 달하는 것도 목판본 『사의경험방』과 동
일하다. 다만 한글 표기법에 약간씩 차이를 보일 뿐이다.

　곳곳에 『사의경험방』 필사본이 소장되어 있지만, 앞부분의 약물명은 기재
되어 있지 않다.

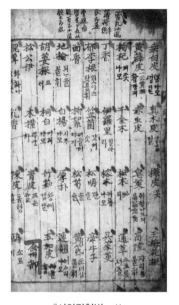 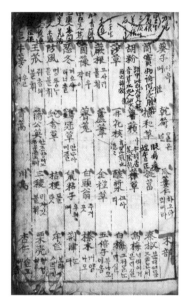

『사의경험방』, 1b　　　　　　　　　　『사의경험방』, 1a

9) 『경험신방(經驗新方)』

　『경험신방』[21]은 『경험방(經驗方)』을 새롭게 개편하여 만든 의학서로서 버클

---

21 『경험신방』은 필사 문헌에 따라 '經驗新方', 또는 '經驗神方'으로 쓰이어 있다. 그러나 다른
　의서들에서는 '神方'보다는 '新方'이 더 많이 사용되고 있다. 辟瘟新方, 舟村新方 등.

리대학 소장의 필사본이다. 여기 나오는 향약물명(鄕藥物名)에 한글 번역이 있다. 『경험신방』에는 향약명을 한글로 써 놓은 것이 많다. 물론 본문에도 간혹 한글 번역을 해 놓은 것이 보인다. 이 책의 앞부분에 '휘선집주 약성가(彙選集註 藥性歌)'가 있는데, 여기에 향약명을 한글로 표기한 부분이 있다.

- 防風 병풍나물불휘 〈1a〉
- 羌活 강호리 〈1a〉
- 薄荷 영싱이 〈1b〉
- 白芷 구리찍불휘 〈2a〉
- 蘇子 ᄎ조긔삐 〈2b〉
- 葳靈 술위나믈 불휘 〈2b〉
- 蔓荊 승법실 〈3a〉
- 鼠粘 우웡씨 〈3b〉
- 白附子 흰바곳 〈3b〉
- 瓜蒂 ᄎ뫼곡지 〈4a〉
- 何首烏 江原道名 은조롱 黃海道名 식박불휘 〈4a〉
- 白殭蠶 누에 죽어 ᄆᆞ른니 〈4b〉
- 全蝎 전갈 〈4b〉
- 牛黃 쇠 속에 난 우황 〈5a〉
- 菊花 강셩황 〈5a〉
- 靑箱子 민드라미삐 〈5b〉
- 木賊 속시 〈5b〉
- 桑上寄生 ᄲᅩᆼ나무 우희 겨ᄋᆞ살리 〈6a〉
- 漏蘆 졀국ᄃᆡ 〈6a〉

- 獨活 짯두읍 〈1a〉
- 荊芥 뎡가 〈1b〉
- 升麻 씌덜가릿불휘 〈1b〉
- 紫蘇 ᄎ조긔 〈2b〉
- 柴苃 망초불휘 〈2b〉
- 天麻 슈ᄌ희좃 〈3a〉
- 蒼耳 돗고말리삐 〈3a〉
- 南星 두여머초자기 〈3b〉
- 藜蘆 박시 〈3b〉
- 皂角 쥬엽나무여름 〈4a〉
- 蟬退 미ᄋᆞ미 허물 4b〉
- 蛇蛻 비얌허물 〈4b〉
- 虎脛骨 갈범에쎠 〈5a〉
- 白蒺藜 납가시 〈5b〉
- 草決明 초결명 〈5b〉
- 白薇 아마존 〈6a〉
- 五加皮 짜둘훕 불휘겁딜 〈6a〉

『경험신방』, 2　　　　　　　　　『경험신방』, 1

10) 『침구경험방(鍼灸經驗方)』

　　1644년 허임(許任)이 찬술한 침구에 관한 의서이다. 1책의 목판본이다. 앞에
"하양 허임(河陽許任)"이 쓴 서문이 있고 발문에 "세갑신사월 내의원제조 자헌
대부 의정부 우참찬겸지 경연춘추관사 오위도총부 총관 이경석근발(歲甲申四
月 內醫院提調 資憲大夫 議政府 右參贊兼知 經筵春秋館事 五衛都摠府 摠管 李景奭謹跋)"이란
간기가 있어서 허임이 편찬하여 1644년에 간행된 것을 알 수 있다. 곳곳에
병명을 한글로 표기해 놓았다. 이 문헌에서 필자가 찾은 모든 예를 들어 보도
록 한다.

- 燥 노리다 〈27b〉
- 腥 비리다 〈27b〉
- 腐 구리다 〈27b〉
- 單蛾 목 안히 흔편 도든 증 〈29a〉
- 雙蛾 목 안히 두 편 다 도든 증 〈29a〉
- 齒䘌痛 버레먹는 니 〈30a〉
- 脚氣 슈듕다리 〈37a〉
- 便毒 가랫돗 〈37b〉

- 龍疽 농청증 〈56a〉
- 腋腫馬刀挾癭 겻ㄱ리증 〈57a〉
- 癭瘤 혹 도든 증 〈59a〉
- 蠱毒 노올 〈59b〉
- 驚癎瘈瘲 주리 힐호는 증 〈70a〉
- 昏睡露睛 자며 눈뜨는 증 〈70b〉
- 痘疹 역질 〈71a〉

- 附骨疽 무나는 증 〈56b〉
- 皮風瘡 것브름증 〈57a〉
- 肉瘤 슬혹 〈59a〉
- 淋瀝 오좀 츤든는 증 〈66a〉
- 搐搦 뷔트는 증 〈70b〉
- 撮口 입 오그리혀다 〈70b〉

11) 『본초목록(本草目錄)』

중국 명(明)나라 때의 본초학자(本草學者) 이시진(李時珍: 1518~1593)이 엮은 약학서(藥學書)인 『본초강목(本草綱目)』의 목록 부분을 한글로 번역한 책이다. 본초강목은 현재까지로는 한글로 언해된 문헌이 발견된 적이 없는데, 이 책은 목록 부분에 한글로 향약명을 번역한 부분이 있어서 향약명 어휘 연구에 도움을 준다. 필자의 소장본이다. 필사본이지만 매우 정갈하고 반듯하게 필사하여 마치 활자본처럼 인식될 정도이다. 표기법도 혼란되어 있지 않아서 매우 정성 들여 만든 책으로 보인다. 판식은 상하삼엽화문어미(上下三葉花紋魚尾)이고 판심제는 '본초목록(本草目錄)' 이다. 모두 53장이다. 필사기가 없어서 필사연도는 알 수 없다. 표기법으로 보아서는 18세기 이전의 문헌으로 추정된다. 어두합용병서로 'ㅉ, �새, ㄸ' 등이 쓰이고 'ㆍ'가 'ㅏ'와 혼기되지 않으며, 구개음화가 발견되지 않는 것으로 보아 그러하다.

이 책은 원(元)·수(水)·화(火)·토(土)·금석(金石)·석(石)·형(亨)·초(草)·곡(穀)·채(菜)·과(果)·목(木)·충(蟲)·인(鱗)·개(介)·금(禽)·수(獸)·인(人)으로 분류되어 있다.

- 鼢鼠壤土 두지쥐 닌 흙 〈6a〉
- 黃芪 둔너삼불휘 〈11a〉

- 人蔘 심 ⟨11a⟩
- 薺苨 계로기 ⟨11a⟩
- 黃精 듁댓불휘 ⟨11a⟩
- 朮 삽듓불휘 ⟨11b⟩
- 遠志 아기밋불휘 ⟨11b⟩
- 白頭翁 주지곳 又云 할미십갑빗불휘 ⟨11b⟩
- 白芨 대왕플 ⟨11b⟩
- 秦艽 망초불휘 ⟨12a⟩
- 前胡 샤양칫불휘 ⟨12a⟩
- 獨活 짯둘흡 ⟨12a⟩
- 升麻 싀털가릿불휘 ⟨12a⟩
- 白鮮 거홧불휘 ⟨12a⟩

- 沙蔘 더덕 ⟨11a⟩
- 桔梗 도랏 ⟨11a⟩
- 萎蕤 둥구레 ⟨11a⟩
- 貫衆 회초밋불휘 ⟨11b⟩
- 淫羊藿 삼지구풀 ⟨11b⟩
- 黃芩 속서근플 ⟨12a⟩
- 柴胡 묏미나리 ⟨12a⟩
- 防風 병풍나믈 불휘 ⟨12a⟩
- 羌活 강호리 ⟨12a⟩
- 苦蔘 쁜너삼 ⟨12a⟩

이처럼 한글로 표기된 향약은 약 380여 개가 된다.

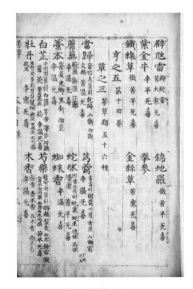
『본초목록』, 13a

『본초목록』, 12b

12) 『본초정화(本草精華)』

『본초정화』는 서울대 규장각에 소장되어 있는 2권 2책의 필사본 의서이다. 본초학의 중요한 의서로 알려져 있는데, 저자는 알 수 없다. 이 『본초정화』는 중국의 『본초강목』처럼 우리나라의 동물과 식물 그리고 광물 자원에 이르기까지 다양한 종류의 본초의 이름을 망라하고 이에 대한 자세한 설명을 붙이고 있어서 약물학적, 박물학적 가치가 높은 책으로 알려져 있다.

이 책의 편찬연대는 알기 어렵지만, 여기에 쓰인 한글표기로 볼 때 이 필사본은 18세기 초기에서 18세기 중기 사이에 필사된 것으로 추정된다. 'ㆍ'의 표기가 혼란되어 있고, [e]는 '에'로 표기되지만, [ɛ]는 'ㅐ'와 'ㅣ'로 혼기되고 있으며, 구개음화가 일어나는 등의 현상으로 그 시기를 추정할 수 있다.

이 책에는 원문의 상단에 한글로 써 놓은 향약명이 쓰이어 있어서 국어 어휘사 연구에 많은 정보를 제공해 준다. 152개가 한글로 향약명이 쓰이어 있다.

『본초정화』는 앞에 목록이 나오고, 이어서 인용서목(引用書目)이 제시되어 있으며, 그 뒤에 '본초정화강령'(本草精華綱領)이 나온다. 그리고 본문이 이어진다.

본문은 상권에 초부(草部) 등 5부로, 하권은 목부(木部) 등 11부로 되어 있고 마지막에 보유가 있다. 각 부는 다시 '유별(類別)'로 세분하였다. 그 구성을 보면 다음 표와 같다.

권	부류	유별
上	草部	山草類, 芳草類 濕草類 毒草類 蔓草類 水草類 石草類 苔類
	穀部	麻麥類 黍稷類 菽豆類 造釀類
	菜部	葷菜類 柔滑類 蓏菜類 芝栭類
	果部	五果類 山果類 夷果類 味果類 蓏果類 수과류
下	木部	香木類 喬木類 灌木類 寓木類 苞木類
	蟲部	卵生類 化生類 濕生類
	鱗部	龍蛇類 魚類 無鱗魚類
	介部	龜鱉類 蚌蛤類

禽部	水禽類 原禽類 林禽類 山禽類	
獸部	水禽類 原禽類 林禽類 山禽類	
人部		
金石部	金類 玉類 石類 鹵石類	
水部	天水類, 地水類	
火部		
土部		
補遺		

이 책의 앞에 한자로 목록화되어 있는 향약명은 모두 960여 개인데, 이 중에서 152개의 한글 향약명이 있는 셈이다. 『동의보감』이 649개, 『제중신편』이 279개, 『의종손익』이 416개, 『방약합편』이 415개인 것에 비하면 매우 적은 편이지만, 한 어휘라도 찾아내야 하는 국어사 어휘자료로서는 매우 소중한 자료이다.

그 자료를 출전 순서대로 보이면 다음과 같다. 원문에는 장차 표시가 없지만, 여기의 장차 표시는 필자가 본문에서부터 구별표기를 해 놓은 장차를 표시한 것이다.

- 둔너슘불희(黃耆) 〈上1a〉
- 듁댓불휘(黃精) 〈上2b〉
- 삽듀불휘(白朮) 〈上3b〉
- 아기플 불휘(遠志) 〈上4b〉
- 딕홤플(白芨) 〈上5b〉
- 속서근플(黃芩) 〈上6b〉
- 묏미나리(柴胡) 〈上7a〉
- ᄉ양칙불휘(前胡) 〈上7b〉
- 쌋둘흡(獨活) 〈上8a〉
- 강호리(羌活) 〈上8a〉
- 씌뎔가릿불휘(升麻) 〈上8b〉
- 가치무릇(山慈菰) 〈上10a〉
- 과남플(草龍膽) 〈上10a〉
- 빅얌도랏씨(蛇床子) 〈上12a〉
- 구리댓불희(白芷) 〈上12a〉
- 노아기(香薷) 〈上16b〉
- 영싕이(薄荷) 〈上17a〉
- 더위지기(茵蔯) 〈上18b〉
- 하국(旋覆花) 〈上19a〉
- 절국딕(漏蘆) 〈上19b〉

741

- 갓씨(芥子) 〈上55a〉
- 댄무우(蘿蔔根) 〈上55b〉
- 고싀(胡荽) 〈上57a〉
- 낭이(薺菜) 〈上57b〉
- 비름(莧菜) 〈上57b〉
- 고즛바기(苦菜) 〈上58a〉
- 외초미(薇味) 〈上58a〉
- 외(胡瓜) 〈上59a〉
- 수박(西瓜) 〈上67b〉
- 올미(烏芋) 〈上69b〉
- 엄나모겁질(海桐皮) 〈下6a〉
- 느릅나무겁질(楡白皮) 〈下8a〉
- 무프레ᄂ모진(蟲白蠟) 〈下17b〉
- 도나기누에나뷔(原蠶蛾) 〈下18b〉
- 갈외(斑猫) 〈下19a〉
- 거머리(水蛭) 〈下19b〉
- 도로리(螻蛄) 〈下20a〉
- 머구리(黽) 〈下20b〉
- 슝어(鯔魚) 〈下22b〉
- 쥰치(勒魚) 〈下22b〉
- 노어(鱸魚) 〈下23a〉
- 가물치(鱧魚) 〈下23b〉
- 드렁허리(鱓魚) 〈下23b〉
- 머어기(鮎魚) 〈下24a〉
- 가자미(比目魚) 〈下24a〉
- 낙지(章魚) 〈下24b〉

- 쉰무우(蔓菁) 〈上55b〉
- 평지(蕓薹) 〈上56b〉
- 근딕(菾蓬) 〈上57b〉
- 거여목(苜蓿) 〈上57b〉
- 쇠비름(馬齒莧) 〈上58a〉
- 고사리(蕨菜) 〈上58a〉
- 호박(南瓜) 〈上59a〉
- 참외(甜瓜) 〈上67a〉
- 거싀년밤(芡棠) 〈上69a〉
- 무릇(慈姑) 〈上69b〉
- 재괴나무겁질(合歡皮) 〈下7b〉
- 뫼이스랏씨(郁李仁) 〈下12b〉
- 보리나모여름(五倍子) 〈下17b〉
- 즌자리(蜻蜓) 〈下18b〉
- 청갈외(芫靑) 〈下19a〉
- 믈쭝구으리(蜣蜋) 〈下19b〉
- ᄀ고리(蝦蟇) 〈下20a〉
- 독ᄉ(蝮蛇) 〈下22a〉
- 조긔(石首魚) 〈下22b〉
- 부어(鯽魚) 〈下23a〉
- 소괄이(鱖魚) 〈下23a〉
- 비얌쟝어(鰻鱺魚) 〈下23b〉
- 미꾸리(鰍魚) 〈下24a〉
- 복(河豚魚) 〈下24a〉
- 사어(鮫魚) 〈下24b〉
- 싀오(鰕) 〈下24b〉

•야긔겁질(玳瑁) 〈下26a〉

•굴근조긔(蚌肉) 〈下27b〉

•가막조긔(蜆肉) 〈下27b〉

•가리맛(蟶肉) 〈下28b〉

•홍합(淡菜) 〈下29a〉

•무슈리(鶖鷲) 〈下29b〉

•가마우듸(鸕鷀) 〈下30a〉

•집비들기(白鴿肉) 〈下32b〉

•박쥐(蝙蝠) 〈下33a〉

•벅국싀(鳴鳩肉) 〈下34a〉

•담뷔(貉肉) 〈下46a〉

•명우리(水獺) 〈下46b〉

•항가싀(大薊) 〈下68b〉

•금동화(紫葳) 〈下68b〉

•굴죠긔(牡蠣粉) 〈下27a〉

•믈십조긔(馬刀殼) 〈下27b〉

•춤조긔(蛤蜊) 〈下28a〉

•조긔(貝子) 〈下28b〉

•우롱이(田螺) 〈下29a〉

•곤이(天鵝) 〈下29b〉

•뫼추아기(下鴽肉) 〈下32b〉

•촉싀(蒿雀肉) 〈下33a〉

•뫼비들기(斑鳩) 〈下33b〉

•국놀의(麝香) 〈下45b〉

•승냥이(豺肉) 〈下46a〉

•계로기(薺苨) 〈下68a〉

•조방가싀(小薊) 〈下68b〉

〈본초정화〉 2

〈본초정화〉 1

13) 『의학어휘(醫學語彙)』

이 책은 일본의 소창진평 문고(小倉進平 文庫)에 소장되어 있다. 책제목은 이 책의 분류자가 임의로 붙인 것으로 보인다. 책의 어디에도 이러한 제목은 보이지 않는다. 미농지에다가 붓으로 필사한 것인데, 한자 표제어에 한글로 뜻을 풀이한 책이다. 모두 23장이다.

- 中風偏枯 ㅂ룸마자 몸이 마르는 거시라 〈1a〉
- 正頭痛 머리 앗푼 거시오 〈1a〉
- 偏頭痛 흐즉 머리 앗푼 거시라 〈1a〉
- 腦痛 뒤꼭지 앗푼 거시라 〈1a〉
- 眉稜 눈썹이 앗푼 거시오 〈1a〉
- 口眼喎斜 눈과 입이 기운 거시오 〈1a〉
- 瘰癧 목의 부시럼이오 〈1b〉
- 舌風生棟 혜의 白苔 난 거시오 〈1b〉
- 舌下腫 혜 밋틔 부시럼이오 〈1b〉
- 粗目白膜 눈의 白苔 이셔 앗푼거시라 〈1b〉

烏珥白膜 눈童子의 白膜이 이셔 앗푼 거시오 〈2a〉

風癎 ㅂ룸 마자 지랄ㅎ는 病 〈2a〉

陽癎 陽症으로 지랄ㅎ는 病 〈2a〉

陰癎 陰症으로 지랄ㅎ는 病 〈2a〉

肩臂痛 엇개와 폴이앗푼 거시라 〈2b〉

心胸痛 가슴이 앗프단 말 〈2b〉

腹痛 비 속이 압푼 거시라 〈2b〉

耳聾 귀 막킨 거시오 〈2b〉

兩耳聾 냥귀가 막킨 거시라 〈3a〉

耳町生瘡 귀 바 우회 부으럼 난 거시라 〈3a〉

靑盲 눈이 셩ᄒ고 보지 못ᄒ 병 〈3a〉

半身不遂 ᄒ즉 몸이 불리난 병이라 〈3a〉

全身不遂 왼몸이 不利ᄂ 病 〈3a〉

脚部風不行 脚氣로 압푼 거시라 〈3a〉

牛頭不利 癲癎로 단 病 〈3b〉

蛇咬 바얌이 믈리ᄂ 病 〈3b〉

傴僂 구브러진 거시라 〈3b〉

大小便不通 쇼변와 오좀이 다 通지 못ᄒ여 〈4a〉

厥症 누어 자다가 不利ᄒ 症 〈4a〉

臍癰 비구녕의 腫物 난 거시라 〈5b〉

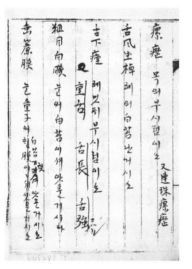

『의학어휘』, 2

745

4.16. 농사 관련 어휘 자료

농업에 관련된 어휘들을 모아 놓은 자료집들이 있다.

	문헌명	저자	권책	시기	소장처
1	農家十二月俗詩	金嘯堂	1책, 40장	1946년	국립중앙도서관, 서울대도서관
2	農家語類	미상	1책	미상	일본 小倉進平 文庫
3	硏經齋全集	成海應	88책	1760년-1839년	고려대도서관
4	月餘農歌	金逈洙 譯著, 韓應河 參訂	2책	19세기	서울대 가람문고
5	林園經濟志	徐有榘	113권 52책	미상	서울대도서관
6	杏浦志	서유구	4권1책	1825년	고려대도서관
7	海東農書	徐浩修	8권	미상	규장각
8	穡經	朴世堂,	2권 2책	1676년	규장각 등
9	穡經增集	朴世堂,	2책	미상	일본 동양문고
10	農家要訣	미상	1책	미상	가람문고
11	農政會要	崔漢綺	9책	1830년	경도대학 가와이 문고
12	山林經濟	洪萬選	4권 4책	1718년 이후	규장각 등
13	增補山林經濟	柳重臨	16권 12책	1767년	규장각
14	農政纂要	李春峰	4권 2책	1897년	동양문고
15	朝鮮の在來農具	농업모범장	1책 연활자본	1925년	국립중앙도서관

1) 『농가십이월속시(農家十二月俗詩)』

『농가십이월속시』는 소당(嘯堂) 김형수(金逈洙)가 편찬한 책으로 서울대 가람문고(가람古 811.03-G419s)와 국립중앙도서관(古과5212-1)에 소장되어 있는 1책의 필사본이다.

가람문고본의 필사기는 뒷표지 속에 "檀紀 4279년(1946년) 11월 일"로 되어 있어서 1946년에 쓴 것으로 볼 수 있으나 이것은 필사한 연대이지 저작 연대는 아니다.

내용은 서울대학교 가람문고에 소장되어 있는 『월여농가(月餘農歌)』(가람古 811.05-G419w)와 본문 내용이 거의 일치한다. 『월여농가』에는 본문만 있을 뿐, 한글이 포함된 주석이 없는데 비해, 『농가십이월속시』에는 한글이 표기되어 있는 주석이 있다. 이 주석을 『월여농가』에서는 책의 뒤에 '속언자해(俗言字解)'라고 하여 한 곳에 모아 주석을 하고 있는데, 『농가십이월속시』에 있는 주석에 비해 축약한 내용이어서 『농가십이월속시』가 원문에 훨씬 가까운 것으로 생각된다. 따라서 이곳의 표기도 월여농가를 필사한 1861년 정도로 추정된다. '田曰 밧'처럼 한자어의 뒤에 '曰'을 붙이고 주석을 하고 있다.

어느 어휘에 대해서는 그 어원까지도 제시하고 있다. 예컨대 '京 셔울 徐鬱本高麗徐羅伐而轉音訛'처럼 제시하고 있다. 즉 '셔울'은 '徐鬱'이 고려의 '徐羅伐'에서 전음된 것으로 설명하고 있다. 다음의 예에서는 '曰'을 빼고 제시하도록 한다. 가람문고본으로 제시한다. 단 '一月'의 예만 제시한다.

- 田 밧 〈1a〉
- 水田 논 〈1a〉
- 乾播 보빈논 〈1a〉
- 上等 자치 〈1a〉
- 瓦甌 질항 〈1a〉
- 茅 이엉 〈1a〉
- 饡湯 흰쩍국 〈1b〉
- 拳撫鼗 골무쩍 〈1a〉
- 菁筍 무엄 〈1b〉
- 筍蔥 엄파 〈1b〉
- 京 셔울 〈1b〉
- 風箏 연 〈1b〉
- 蹋鞠 널쮜다 〈1b〉
- 擲擻 슛노다 〈1b〉
- 猜枚 먹국 〈1b〉
- 夜雨降 야우광이 〈1b〉
- 芻靈 제용 〈1b〉
- 餙饡 노리 〈1b〉
- 盛蜜飯 약밥 〈1b〉
- 爛炸 데치다 〈1b〉
- 嚼消瘍 부름씌다 〈2a〉
- 峽薦 별오 〈2a〉

- 石戰 돌편쌈 ⟨2a⟩
- 風環 도루리 ⟨2a⟩
- 犁牛 담비 ⟨2a⟩
- 隻牛 흘이 ⟨2a⟩
- 場 마당 ⟨2b⟩
- 昴星 좀상이 ⟨2b⟩
- 茹蔞蒿 물쑥 ⟨3a⟩
- 田鼠 족접비 ⟨3a⟩
- 外杷 써으레 ⟨4a⟩
- 太 콩 ⟨4a⟩
- 轅 살미 ⟨4a⟩
- 芽 기름 ⟨4a⟩
- 薺蕧 들씨 ⟨4a⟩
- 蜀 옥슈슈 ⟨4a⟩
- 冬瓜 동와 ⟨4a⟩
- 隔壠種 부록 박다 ⟨4a⟩
- 茄子 가지 ⟨4b⟩
- 刀枯 도마 ⟨4b⟩
- 筆管 어회 ⟨5a⟩
- 木頭 둘흡 ⟨5a⟩
- 幾籃 달악기 ⟨5a⟩

여기에 보이는 어휘들은 월별에 따라 행하는 민속 행사나 그때에 생산되는 식물에 대한 어휘가 대부분이다.

『농가십이월속시』, 1b

『농가십이월속시』, 1a

2) 『농가어류(農家語類)』

　일본의 동경대학 소창진평 문고(小倉進平 文庫)의 소장본인『어류수록(語類收錄)』의 마지막 부분에 '농가어류(農家語類)'란 제목 아래에 2 장에 걸쳐 농가의 각종 곡식명 등을 적어 놓은 부분이 있다. 상당수 한자어는 차자표기의 명칭을 우리말로 대치시킨 것이다.

- •眞樺 춤갈〈1a〉
- •樺枝葉 길〈1a〉
- •救荒狄所里 그황되오리〈1a〉
- •於伊仇智 에우지〈1a〉
- •所老狄所里 쇠노되오려〈1a〉
- •短芒沙老里 몽근사노리〈1a〉
- •高沙伊死老里 고새사노리〈1a〉

- •杴枝 굴벌이〈1a〉
- •蠶沙 구에똥〈1a〉
- •氷折稻 어름것기〈1a〉
- •沙老里 사노리〈1a〉
- •黑沙老里 거문사로리〈1a〉
- •所伊老里 쇠노리
- •晩倭子 늦왜즈〈1a〉

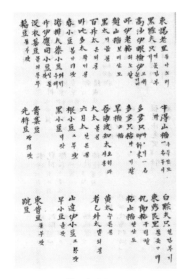

『농가어류』, 2

『농가어류』, 1b

3) 『연경재전집(硏經齋全集)』

『연경재전집』은 성해응(成海應)이 편찬한 필사본 문집이다. 고려대학교 도서관에 소장되어 있다. 모두 188권 102책이다. 서해응의 생몰연대가 1760-1839년이므로 이 시기에 편찬된 것으로 보인다. 이중 외집 권54에 초목류에 한글로 곡물명 등을 써 놓아 어휘사 자료 연구에 도움을 주고 있다. 그 내용을 보면 다음과 같다. 『연경재전집』 외집 권 54에서 발췌한 것이다.[22]

- 稻 벼
- 戎早稻 되올리○一名氷稻어를것시 無芒色黃 稃薄性軟 宜膏沃之地 三月上旬解氷初下種
- 細稻 ᄌᆞ치 有芒 初發穗時色白 熟則黃 土宜種候同戎早稻
- 小稻 져광이 芒短 初發穗時色微白 熟則黃赤 蔕靭耐風 土宜種候同戎早稻
- 鷄鳴稻 ᄃᆞᆰ우리 無芒色微黃 寒食後下種 早熟忌雀
- 柳稻 버를올리 有芒色微黃 種候同鷄鳴稻 差晚種則無驅雀之勞
- 馬銜稻 자갈벼 有芒色微白 湖南野郡種之 以上六種 並早稻類 六七月熟 卽中國所稱麥爭場 蟬鳴稻之類也
- 健稻 예우디 芒短 初發穗時色微白 熟則芒赤稃黃 粒瑩白 作飯甚嫩 蔕靭性健耐風 宜鬆脆之地 寒食後下種
- 倭子稻 왜ᄌᆞ 芒短 初發穗時色靑 熟則芒黃稃微白 粒瑩白 作飯頗硬 性健耐風 宜鬆脆水冷之地
- 鐵戎早稻 쇠노되올리 無芒 初發穗時色靑 熟則黃
- 黃金子 황금ᄌᆞ 芒長 初發穗時色白 熟則深黃 粒大而長 色瑩白 作飯甚佳 嶺南人喜種之

---

22 『연경재집』에 실린 '벼'의 어휘에 대해서는 신중진(2012)을 참조할 것.

이 이후의 자료는 설명은 제외하고 곡식명만 제시하도록 한다(정렬한 것이다).

가랏조(伽倻粟), 가을보리(秋麳), 강피(乾稗), 씨(秠), 거믄콩(黑大豆), 거믄검부기(黑稻), 거믄더기조(黑粟), 거믄사로리(黑雀稻), 경즈마치조(磬子偈粟), 고새눈검이(黑眼雀稻), 고새새노리(高雀稻), 콩(大豆), 구랑출(九郞糯), 귀우리(耳麳), 그로폿(根小豆), 기장(黍), 녹도벼(綠稻), 녹두(菉豆), 누른콩(黃大豆), 누역츠조(簑衣粘粟), 뉵월콩(六月大豆), 늣왜즈(晚倭子稻), 다다기(纛子稻), 다다기출(纛子糯), 달이기장(梯黍), 대초벼(棗稻), 도롱고리조(團栲栳粟), 돗우리조(猪啼粟), 동비(東豆), 동솟ᄆ리(銅鼎稻), 동아노리(東阿稻), 듕실벼(中實稻), 듕올피(中早稗), 들씨(水秠), 령산되오리(靈山戎稻), 막지밀(莫知麥), 먹폿(墨小豆), 메밀(木麥), 므프레조(水靑粟), 밀(眞麥), 밀다리(蜜稻), 보리(麥), 봄보리(春麳卽穬麥), 불콩(火大豆), 불경출(紅糯), 쌀보리(米麳), 사슴버므레조(渾沙蔘粟), 산달이폿(山小豆), 산도(山稻), 새노리(雀稻), 새코지리조(刺雀鼻粟), 세닙희조(三葉粟), 쇠노출(鐵糯), 쇠노리(鐵稻), 쇼되올리(牛戎早稻), 수슈(蜀黍), 쉰날피(五十日稗), 싱동츠조(生動粘粟), 싱동폿(生動小豆), 아히사리피(孩兒稗), 어룽출(駁糯), 예폿(倭豆), 예슈리(倭水稻), 오히파지콩(白大豆), 옥수슈(玉蜀黍), 온되콩(百升大豆), 올폿(早小豆), 옷기장(漆黍), 와어목이조(傾項粟), 왁대콩(倭大豆), 완두(豌豆), 외곳지조(蕪花粟), 우득산도 亦名두이리(牛得山稻), 잘외콩(細大豆), 잘으리기장(細黍), 잣다리(松子稻), 쟝새피(長者稗), 져무시리츠조(少年粘粟), 져므이리조(暮粟), 조(粟), 주비기장(窠黍), 칠승벼(七升稻), 출기장(粘黍), 출산도(粘山稻), 춤씨(眞秠), 푸렁되올이(靑戎早稻), 피(稗), 흰검부기(白稻), 히남벼(海南稻)

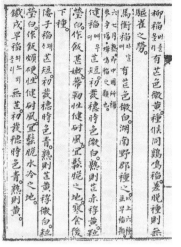

『연경재전집』, 1b　　　　『연경재전집』, 1a

4) 『월여농가(月餘農歌)』

　『월여농가』는 소당(嘯堂) 김형수(金逈洙)가 역저(譯著)하고 청담(淸潭) 한응하
(韓應河)가 참정(參訂)한 농서로 2책의 필사본이다. 현재 서울대 가람문고(가람
古에811.05-G149-w)에 소장되어 있다. 한문본이지만 국어 자료를 포함하고 있
어서 어휘사 연구의 중요한 자료를 제공하여 준다. '월여농가서(月餘農歌序)'와
소당이 쓴 '자서(自敍)'가 '상지십이년신유(上之十二年辛酉)'로 쓰인 것이어서 이
책이 철종(哲宗) 12년 1861년에 편찬된 것임을 알 수 있디. 그러나 필사된 시기
는 알 수 없다. 그러나 주로 19세기 말의 어휘자료를 보여 준다.
　앞에 '월여농가목록(月餘農歌目錄)'이 있다. 그리고 서(序), 자서(自敍), 범례(凡
例), 정월(正月), 이월(二月)부터 십이월(十二月)까지 되어 있고 이어서 부종저(附
種藷), 전답잡록(田畓雜錄, 부곡명(附穀名), 속언자해(俗言字解), 병변와(並辨訛), 전
가락이수(田家樂二首), 양잠일수(養蠶一首), 의귀농이수(擬歸農二首), 발(跋)로 되
어 있다.

여기에 보이는 '속언자해 병변와(俗言字解 幷辨訛)'와 '전답잡록 부곡명(田畓雜錄附穀名)'에서 국어 어휘자료를 발견할 수 있다. '속언자해(俗言字解)'에는 한자어 181개를 뽑아 한글 또는 한문으로 주석을 달아 놓았다. 그러나 한 표제항에 여러 설명이 있어서 어휘수는 이보다 많다.[23]

그리고 '전답잡록(田畓雜錄)'에는 곡명 79개를 붙여 놓았는데 모두 차자표기로 되어 있다. 아마도 금양잡록을 참조한 것으로 보인다. '속언자해'에 보이는 것은 앞서 기술한 '농가십이월속시'에서 설명하였듯이, 농가십이월속시에 있던 협주 형식으로 있던 것을, 협주를 없애고 이 부분을 '속자주해'로 모아 놓은 것이다.

- 月餘 달거리
- 瓦瓨 질항
- 篝筍 (無憂)
- 風箏 (風環 도루리)
- 擲栖 늣노다
- 膻 누린내
- 草偶 제용 如檀弓所
- 蜜飯 약밥

- 水田 논(乾播 보빙논 上等田 자치 무田 밧)
- 餈湯 흰석국(煮拳撫 폰무쩍 俗稱湯餅)
- 京 (徐伐羅)[24]
- 蹋蹴 널쒸다 今書跳板 跳板卽 빈다리
- 猜枚 멈국
- 夜雨降 야우광이
- 餙禧 노리

---

23 『월여농가』에 대해서는 이병근(1997), 「『月餘農歌』의 國語資料」, 『韓國語文學論考』, 태학사를 참조할 것.
24 徐羅伐의 誤記로 보임.

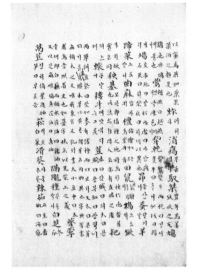

『월여농가』(속언자해), 1b   『월여농가』(속언자해), 1a

5) 『임원경제지(林園經濟志)』의 본리지(本利志)와 인제지(仁濟志)와 전어지
   (佃漁志)

『임원경제지』의 본리지는 의학 관련 어휘에서 설명하였지만, 농서 관련 어
휘도 포함되어 있어서 이곳에서도 설명을 하도록 한다.

『임원경제지』의 제5책의 본리지 권7, 8, 9에는 '곡명고(穀名攷)' 부분에 곡식
명이, 그리고 39책의 인제지 권25의 '부여(附餘)'의 '곡부(穀部)'에 곡식명이, 그
리고 제17책의 전어지 권4의 '어명고(魚名攷)'에 물고기 이름이 한글로 표기되
어 있다.

제5책의 본리지(本利志) 권제7(卷第七) '곡명고(穀名攷)'에 한자에 한글로 써놓
은 부분 중 '벼'에 대한 명칭만을 제시하면 다음과 같다.

• 氷稻 어름것기 一名 戎旱稻 되오려 〈3a〉

- 細稻 ᄌ치 〈3a〉
- 雞鳴稻 닭우리 〈3a〉
- 馬銜稻 자갈벼 〈3b〉
- 流頭稻 뉴도벼 〈3b〉
- 精根早稻 졍근ᄌ치 〈3b〉
- 晶徵稻 앙증다리벼 〈3b〉
- 雉稻 꿩의ᄌ치 〈3b〉
- 禿稻 몽골벼 〈3b〉
- 健稻 에우디 〈4a〉
- 鐵戌早稻 쇠노되올여 〈4a〉
- 靑戌早稻 푸렁되오려 〈4a〉
- 七升稻 칠승벼 〈4a〉
- 翼稻 날기벼 〈4a〉
- 黑雀稻 검은식노리 〈4a〉
- 鐵稻 쇠노리 〈4b〉
- 東阿稻 동아노리 〈4b〉
- 白稻 흰검부기 〈4b〉
- 銅鼎稻 동솟ᄀ리 〈4b〉
- 黑眼雀稻 고식눈검이 〈4b〉
- 倭水稻 예슈리 〈5a〉
- 棗稻 대죠벼 〈5a〉
- 海南稻 히남벼 〈5a〉
- 老人稻 노인벼 〈5a〉
- 精根稻 졍근벼 〈5a〉
- 千一稻 쳔일벼 〈5a〉
- 泉橋稻 식암다리벼 〈5a〉

- 小稻 져광이 〈3a〉
- 柳稻 버들오려 〈3b〉
- 追麥稻 보리ᄯ락이 〈3b〉
- 老人早稻 노인ᄌ치 〈3b〉
- 玉糟稻 옥자강벼 〈3b〉
- 鮒魚稻 붕어ᄌ치 〈3b〉
- 大闕稻 대궐벼 〈3b〉
- 天上稻 텬상벼 〈3b〉
- 倭子稻 왜ᄌ벼 〈4a〉
- 黃金子 황금자 〈4a〉
- 松子稻 잣ᄃ리 〈4a〉
- 綠豆稻 녹두벼 〈4a〉
- 雀稻 식노리 〈4a〉
- 高雀稻 고식시노리 〈4b〉
- 晩倭子稻 늣왜ᄌ벼 〈4b〉
- 牛得山稻 우득산도 亦名後稻 뒤이라 〈4b〉
- 黑稻 검은검부기〈4b〉
- 靈山戌稻 령산되오려 〈4b〉
- 櫜子稻 다다리 〈4b〉
- 密稻 밀ᄯ리 〈5a〉
- 戌稻 되오려 〈5a〉
- 蛤稻 죠기벼 〈5a〉
- 縮項稻 목옴쵸리 〈5a〉
- 垜背稻 등터지기 〈5a〉
- 靑葱稻 청총벼 〈5a〉
- 茜紅稻 분홍벼 〈5a〉

• 裵脫稻 배탈벼 〈5b〉

• 纍子糯 다다기찰 〈5b〉

• 凉盆糯 양샌출 〈5b〉

• 澄黔稉 징검찰 〈5b〉

• 駁稉 어룽출 〈5b〉

• 黏山稻 출산도 〈6a〉

• 西洋稻 서양벼 〈6a〉

• 鐵糯 쇠노출 〈5b〉

• 流頭糯 뉴두출 〈5b〉

• 精根糯 정근출 〈5b〉

• 紅稉 불경출 〈5b〉

• 山稻 산도 〈5b〉

• 무무稻 밧오려 〈6a〉

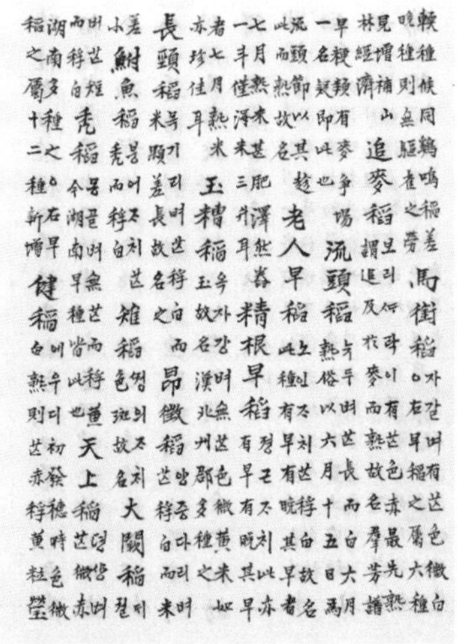

『임원경제지』 본리지 곡명고, 1b

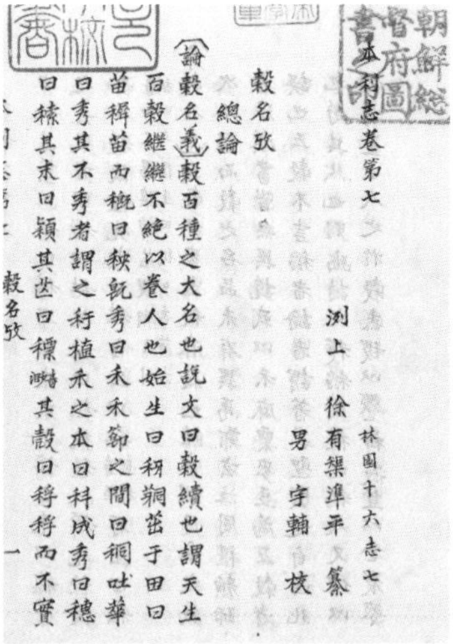

『임원경제지』 본리지 곡명고, 1a

6) 『행포지(杏浦志)』

『행포지』는 1825년에 서유구(徐有榘)가 편찬한 농산물 재배에 관한 책으로 필사본이다. 버클리대학과 고려대학교, 일본의 大阪府立中之島圖書館에 소장되어 있다. 모두 6권으로 되어 있는데, 권5의 '곡명고(穀名攷)' 부분에 한자의 아래에 한글로 그 곡식 이름을 적어 놓은 부분이 국어 어휘사 연구에 도움을 준다. 이 부분은 동일인이 편찬한 『임원경제지』의 본리지(本利志)와 관휴지(灌畦志)에 대부분 그대로 수록되어 있는 것들이다. 다음에 '벼'의 종류를 일부만 보이도록 한다.

- 氷稻 어름것기 一名 戎早稻 되오려
- 小稻 쥐광이
- 柳稻 버들오려
- 追麥 보리싸락이
- 老人무稻 노인ᄉ지
- 玉糟稻 옥자강벼
- 昻徵稻 앙승다리벼

- 細稻 ᄌ치
- 鷄鳴稻 닭우리
- 馬銜稻 자갈벼
- 流頭稻 뉴두벼
- 精根早稻 정근ᄌ치
- 長頸稻 목기리벼
- 鮒魚稻 붕어ᄌ치

『행포지』권4, 4a

『행포지』권4, 3b

7) 『해동농서(海東農書)』

『해동농서』는 서호수(徐浩修)(1736~1799)가 지은 농서이다. 8권으로 되어 있는 필사본(성균관대 소장본)과 4권으로 되어 있는 필사본(일본 대판부립도서관본)이 있다. 그리고 서울대 규장각에는 영본 1책이 소장되어 있다. 편찬연대는 알 수 없으나 책의 범례를 보아 필자가 사망하기 직전까지 쓴 것으로 보인다고 한다.

서호수는 『고사신서(攷事新書)』의 저자인 서명응(徐命膺)의 아들이며 『임원경제지(林園經濟志)』의 저자인 서유구(徐有榘)의 아버지이다. 따라서 서씨일문(徐氏一門)에서는 3대에 걸쳐 우리나라 농학의 연구에 큰 족적을 남겼다고 할 수 있다.

서호수가 이 책을 편찬하면서 모든 농작물 및 농기구의 이름을 한글로 표기해 놓아서 농업 관련 국어 어휘를 파악하는데 많은 도움을 준다.

『해동농서』 권2부터는 각 명칭의 한자 아래에 한글로 표기해 놓은 부분이 있어서 어휘 자료를 쉽게 추출할 수 있다.

권2부터 나오는 한글로 표기된 국어 어휘들을 앞부분만 제시하도록 한다.

•黃瓜 외	•絲瓜 수세외	•甜瓜 춤외	•西瓜 수박
•冬瓜 동화	•南瓜 호박	•匏 박	•茄 가지
•蘿蔔 민무우	•蔓菁 쉿무우	•菘 빅치	•芥 겨ᄌ
•茼蒿 쑥갓	•蕓薹 평지	•薑 싱강	•蔥 파
•紫蔥 ᄌ총	•蒜 마늘	•韭 부치	•薤 염교
•番椒 고쵸	•葵 아옥	•萵苣 부로	•芹 미나리
•蕈 슌	•蓖麻 비마	•枸杞 구긔	•蘑菇 표고
•紫蘇 ᄎ조기	•鷄冠 만도라미	•熊蔬 곰달늬	

『해동농서』(규장각본), 2   『해동농서』(규장각본), 1

8) 『색경(穡經)』

『색경』은 서계(西溪) 박세당(朴世堂, 1629-1703)이 지방의 농경법을 연구하여 1676년에 저술한 농업서이다. 2권 2책의 필사본이다. 국립중앙도서관, 규장각 등 곳곳에 소장되어 있다.

특히 한글로 표기되어 있는 농사어휘는 상권에만 있다. 상권의 항목들을 나열해 보면, 임지(任地), 변토(辨土), 경지(耕地), 파종(播種), 종곡(種穀: 大小麥·水稻·旱稻·黍穄·蜀黍·大豆·小豆·豌豆·胡麻·麻子·麻·苧麻·木綿·區田 등), 종재과채법(種諸瓜菜法: 瓜·西瓜·冬瓜·瓠·芋·葵·茄子·蔓菁·蘿蔔·芥子·薑·蒜·蔥·薤·萵苣·荏蓼·菌子·蒔水精蔥·紅花·藍·靛), 종제과법(種諸果法: 梨·桃·李·杏·林禽·棗·栗·榛·柿·木瓜·葡萄), 종제수법(種諸樹法: 竹·松栢·梧桐·槐·穀楮·梔子·枸杞·白楊), 종제화약법(種諸花藥法: 蓮·菊·地黃·決明·茴香·薯蕷·菖蒲), 접제과(接諸果: 諸果) 등이다.

이 중에서 종곡(種穀)에 해당하는 14개, 종재과채법에 해당하는 21개에 대하

759

여 한글로 우리말 어휘를 달아 놓았다. 앞에서 기술한 『해동농서』와 마찬가지로 각종 농사에 관련된 어휘를 한자어와 함께 한글로 표기해 놓았다.

- 大麥 보리
- 黍 기장
- 小豆 블근폿
- 瓠 박
- 蔓菁 쉰무우
- 蔥 파
- 荏 들개
- 梨 빈
- 棗 디초

- 小麥 밀
- 秫 출기장
- 瓜 외
- 芋 토란
- 蘿葍 대무우
- 薤 부치 염교
- 蓼 엿귀
- 桃 복사
- 栗 바압

- 水稻 논벼
- 蜀黍 슈슈
- 西瓜 슈박
- 葵 아옥
- 芥子 갓 又 계즈
- 萵苣 부루
- 菌子 짜희버슷
- 李 오얏
- 榛 기암

- 旱稻 밧벼
- 大豆 콩
- 冬瓜 동화
- 茄子 가지
- 蒜 마늘
- 蘇子 츠조기
- 紅花 닛
- 杏 살고
- 竹 디

『색경』, 2

『색경』, 1

9) 『색경증집(穡經增集)』

『색경증집』은 서계(西溪) 박세당(朴世堂, 1629-1703)이 지은 농업서인 '색경
(穡經)'을 보완한 책이다. 2책의 필사본으로 일본의 동양문고에 소장되어 있
다. 색경과 마찬가지로 1책에 작물명 등을 한글로 표기한 부분이 있다. 한글
로 표기된 항목들을 보면 다음과 같다.

- 밀 (小麥)
- 논벼 (水稻)
- 밧벼 (旱稻)
- 츌기장 (秫)
- 슈슈 (蜀黍)
- 모밀 (蕎麥)
- 콩 (大豆)
- 블근퐃 (小豆)
- 원두 (豌豆)
- 외 (黃瓜)
- 슈박 (西瓜)
- 동화 (冬瓜)
- 박 (瓠)
- 토란 (芋)
- 아옥 (葵)
- 쉰무우 (蔓菁)
- 대무우 (蘿蔔)
- 갓 又
- 계즈 (芥子)
- 마늘 (蒜)
- 파 (葱)
- 부치 염교 (薤)
- 부루 (萵苣)
- 들깨 (荏)
- 엿귀 (蓼)
- 츳조기 (蘇子)
- 싸희버슷 (菌子)
- 닛 (紅花)
- 족 (藍)
- 농비 (枲)
- 가얌 (榛)
- 명쟈 (榠樝)
- 왕댓 (笙竹)
- 어저귀 (種苘)
- 마 (薯蕷)
- 멀더건속겁질 (肒胵裡黃皮)

761

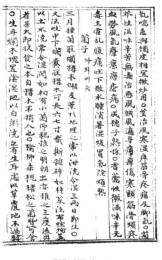

『색경증집』, 2 　　　　　　　『색경증집』, 1

10)『농가요결(農家要訣)』

『농가요결』은 서울대 가람문고(가람古630.2-N731y)에 소장되어 있는 1책의
필사본으로서, 작자 미상의 농서이다. 필사연대도 알 수 없다. 주로 산림경제
(山林經濟)에 나오는 내용 중에서 농사에 관련된 치농(治農), 치포(治圃), 양잠(養
蠶), 목양(牧養)에서 내용을 뽑아 다시 정리한 책이다. 서·발문이 없어서 저자
와 필사연대 그리고 필사 동기는 알 수 없다. 한글로 각종 곡식명을 표기한 부
분이 있다.

- 굴싸리 (杻枝)　　　　　　　　　• 갈 (櫟木)
- 구황되오리 一名 氷折稻 어름것기 (救荒狄所里)
- 예우디 (扵伊仇智)　　　　　　　• 사노리(沙老里)
- 쇠되오리(牛狄所里)　　　　　　• 검은사노리(黑沙老里)
- 고새사노리 (高沙里沙老里)　　　• 쇠노리 (所伊老里)

- 우두산도 亦名두이다 (牛得山稻)
- 검은검부기 (黑黔夫只)
- 다다기 一名 御飯米 (多多只)
- 쇠노찰 (所伊老粘)
- 둙오리 (鷄鳴稻)
- 푸룬되오리 (靑狄所里)
- 예슈리 (倭水里)
- 대초벼 (大棗稻)
- 사입번시 (扉翻地)
- 피 (稷)
- 됴 (粟)
- 경동츠됴 (靑梁粟)
- 잘을이기장 (宿乙里黍)
- 옷기장 (桼黍)
- 아히사리피 (阿海沙里稷)
- 당재피 (長佐稷)
- 셰닙희됴 (三葉粟)
- 돗우리됴 (猪啼粟)
- 사슴범브레됴 (沙森犯勿羅粟)
- 므프레죠 (茂件羅粟)
- 새쇼디리됴 (鳥鼻衝粟)
- 싱동츠됴 (生動粘粟)
- 거믄더기죠 (黑德只粟)
- 쁠수슈 (米唐黍)
- 俗云 두용박 (頭用瓢)
- 동비 (藊豆)
- 흰검부기 (白黔夫只)
- 고새눈검이 (高沙里眼檢伊)
- 구렁찰 (九郞粘)
- 보리산도 (麰山稻)
- 버들오리 (柳稻)
- 잣달이 (栢達伊)
- 밀다리 (蜜多里)
- 鄕名 古音波 곰볘 (榴木)
- 기장 (黍)
- 강피 (姜稷)
- 졈모시리됴 (占勿谷粟)
- 슈슈 (蜀黍)
- 달이기장 (走非黍)
- 츌기장 (秫黍)
- 쉰나리피 (五十日稷)
- 즁웅피 (中早稷)
- 외쇼치됴 (瓜花粟)
- 외쇼치됴 (瓜花粟)
- 와여목이조 (臥餘項只粟)
- 져므이됴 (漸勿伊粟)
- 경ᄌ마치됴 (擎子了赤粟)
- 누역츠됴 (婁亦粘粟)
- 뭉애수슈 (無應厓唐黍)
- 빙간수슈 (盲干唐黍)
- 호리 (胡犁)
- 원두 (豌豆)

- 왁디콩 (臥叱多太)
- 원되콩 (百升太)
- 올폿 (早小豆)
- 졔비부치폿 (渚排夫菜小豆)
- 독고마리 (蒼耳)
- 슈박 (西瓜)
- 동화 (冬瓜)
- 염교 (薤)
- 가지 (茄)
- 쉰무우 (蔓菁)
- 빈치 (菘菜)
- 시근치 (菠菜)
- 덕소 (滴露)
- 승엄초 (當歸)
- 만도라미 (鷄冠花)
- 춤씨닙 (靑蘘)
- 솔옷 (羊蹄)
- 죽엽ᄀ로 (皁角末)
- 쟝군풀샌리 (大黃)
- 됴흔쟉셜차 (眞茶)
- 너고리쫑 (獺尿)
- 두어머주자기 (細辛鬼臼)

- 불콩 (火太)
- 오히파디콩 (五海波知太)
- 산달폿 (山達小豆)
- 몰의녹두 (沒衣菉豆)
- 날역괴 (辣蓼)
- 춤외 (眞瓜)
- 부치 (韭)
- 토란 (芋)
- 무우 (蘿蔔)
- 계즈 (芥)
- 부로 一名 샹치 (萵苣)
- 뿍갓 (艾芥)
- 곰둘닉 (熊蔬)
- 숫놋 (羊蹄)
- 검은춤씨입 (胡麻葉)
- 춤먹 (香墨)
- 북나무잔 (安息香)
- 쇠리브튼쎄ᄋ릭 (尾停骨下)
- 브들옺 (蒲黃)
- 너고리고기 (獺肉)
- 박씨 (白朮蘇蘆)
- 죠금쩌브은디 (小腫)

『농가요결』, 2   『농가요결』, 1

11) 『농정회요(農政會要)』

『농정회요』는 1830년대에 최한기(崔漢綺)가 편찬한 농업기술에 관한 종합
서이다. 모두 9책으로 되어 있는데 일본 경도대학 가와이(河合)문고에 소장되
어 있다. 내용은 토의(土宜), 곡종(穀種), 공작(功作), 농여(農餘), 축목(畜牧), 치선
(治膳) 등으로 되어 있다. 다른 농서와 마찬가지로 한글로 곡식명 등을 적어 놓
았다. 주로 제5책, 제6책, 제8책, 제10책에 있다.

- 참외 (甜瓜)
- 전나무 (杉)
- 부들방망치 (蒲槌)
- 귀신의기로 (牛以鬼氣)
- 쇼리부튼 뼈아리 (尾停骨下)

- 슈박 (西瓜)
- ㄱ비들 (檉柳)
- 왕고싀 (蓆草)
- 늘춤기름 (麻油)
- 너고리 (獺)

- 달애 (獼猴桃)
- 부들 (蒲)
- 어자귀 (菌麻)
- 쥬염ㄱ라 (皁角末)
- 두야머주져기 (鬼臼)

- 눈에치 (眼骨方)
- 거험찬증 (上膞腫)
- 들쥭 (莙杖子)
- 마 (薯蕷根)
- 듁디불희 (黃精)
- 올미 (烏芋)
- 소롯 (羊蹄)
- 거믄춤씨 (胡麻)
- 밍나무닙 (檀葉)

- 俗稱 우다친증이라 (冬月洗之濕水)
- 문비 (爛梨)
- 밀기울 (麥麩)
- 메블히 (旋葍根)
- 기나리불희 (百合)
- 쉰무우 (蔓菁)
- 잣 (海松子)
- 흰춤씨 (白芝麻)
- 삼씨 (麻子)

- 달이 (獼猴萄)
- 삽죠불리 (朮)
- 둥굴레 (萎蕤)
- 새박불희 (何首烏)
- 새삼씨 (免絲子)
- 고욤 (小柿)
- 들씨 (荏子)
- 콩각지 (大豆角)

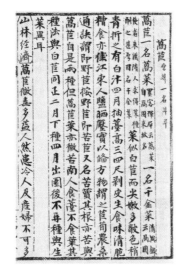

『농정회요』 권8, 2

『농정회요』 권8, 1

12)『산림경제(山林經濟)』

『산림경제』는 홍만선(洪萬選)이 1718년 이후에 편찬한 4권 4책의 필사본으로 실생활에 필요한 여러 가지 사항들을 부문별로 나누어 설명하고 정리한 일종의 백과사전과 같은 책이다.

『산림경제』는 서울대 규장각, 국립중앙도서관, 일본 동양문고, 영남대 도서관, 전주대 도서관 등에 소장되어 있는데, 그 내용에는 큰 차이가 없는 것으로 보인다.

복거(卜居)·섭생(攝生)·치농(治農)·치포(治圃)·구급(救急)·종수(種樹)·치선(治饍)·구황(救荒)·벽온(辟瘟)·벽충(辟蟲)·양화(養花)·양잠(養蠶)·목양(牧養)·신방(新方) 등의 항목이 있는데, 곳곳에 농사에 관련된 국어 어휘들을 한글로 표기해 놓은 곳이 보인다.

다음의 예늘은 규장각본(奎9100)의 제1책에서만 찾은 예들이다. 장차의 출전은 밝히지 않는다.

- 주디곳 又云 할믜십가빗불히 (白頭翁草)
- 굴벌이 (軟枝椏)
- 갈 (櫟木)
- 구황되아리 一名 氷折稻 어름것기 (救荒狄所里)
- 에우디 (於伊仇智)
- 사로리 (沙老里)
- 쇠되오리 (牛狄所里)
- 거믄사로리 (黑沙老里)
- 고새사로리 (高沙伊沙老里)
- 쇠로리 (所伊老里)
- 늣왜자 (晚倭子)
- 동애로리 (東謁老里)
- 우득산로 亦名두어라 (牛得山稻)
- 흰검부기 (白黔夫只)
- 거믄검부기 (黑黔夫只)
- 동솟マ리 (東鼎艮里)
- 넝산되오리 (靈山狄所里)
- 고새눈검이 (高沙伊眼黔伊)
- 다다기 一名御飯米 (多多只)
- 구령출 (九郞粘)
- 쇠로출 (所伊老粘)
- 다다기출 (多多只粘)
- 모리산도 (麰山稻)
- 둙오리 (鷄鳴稻)
- 버들오리 (柳稻)
- 파랑되오리 (靑狄所里)
- 둥실벼 (中實稻)
- 잣달이 (栢達伊)

- 다다기 (多多只)
- 되오리 (狄所里)
- 딕초벼 (大棗稻)
- 져무디리도 (占勿谷粟)
- 피 (稷)
- 슈슈 (蜀黍)
- 주비기장 (走非黍)
- 옷기장 (㮜黍)
- 의고디조 (瓜花粟)
- 도롱고리조 (都籠筽粟)
- 와여모기조 (臥餘項只粟)
- 져므시리조 (漸勿日伊粟)
- 결즛아치조 (擎子卜赤粟)
- 싱동츳조 (生動粘粟)
- 거믄더기조 (黑德只粟)
- 아히사리피 (阿海沙里稷)
- 댜재피 (長佐稷)
- 강피 (姜稷)
- 쌀슈슈 (米唐黍)
- 동븨 (穧豆)
- 쟐외콩 (者乙外太)
- 블콩 (火太)
- 오히파지콩 (吾海波知太)
- 예수리 (倭水里)
- 밀다리 (密多里)
- 기장 (種黍)
- 싱동츨 (青粱粟)
- 강피 (姜稷)
- 쟐오리기장 (宿乙里黍)
- 말이기장 (達乙伊黍)
- 세입희조 (三葉粟)
- 돗우리조 (猪啼粟)
- 사슴버므레소 (沙林犯勿羅粟)
- 므프레조 (茂件羅粟)
- 새코딜니조 (鳥鼻衝粟)
- 져두시리츳조 (漸勿日伊粘粟)
- 누역츳조 (裵亦粘粟)
- 가랏조 (開羅叱粟)
- 쉰나리피 (五十日稷)
- 듕을피 (中早稷)
- 뭉이슈슈 (無應叱唐黍)
- 밍간슈슈 (盲干唐黍)
- 원두 (豌豆)
- 왁대콩 (臥叱多太)
- 온되콩 (百升太)

『산림경제』 제2책, 17a   『산림경제』 제2책, 16b

13) 『증보산림경제(增補山林經濟)』

이 책은 홍만선(洪萬選)이 저술한 4권 4책의『산림경제(山林經濟)』를 1767년 (영조 43년)에 유중임(柳重臨)이 16권 12책으로 증보(增補)한 책이다. 규장각에 소장되어 있다(奎. 12688).

16권 12책 중에서 특히 1책의 '치농(治農)' 부분은 각종 농사법과 종자 심는 법, 그리고 화초 재배에 이르기까지 언급하고 기곡(祈穀)·택종(擇種)·수분(收糞)·경파(耕播)·종도(種稻) 등에 관한 구체적이고 자세한 술법을 기술하였다. 종도(種稻)의 도명(稻名)과 각종 곡명을 한글로 표시하고 있어서 국어 농사 어휘 연구에 도움을 준다.

제2책의 권6에도 각종 곡식명과 사람의 신체 부분 이름들이 한글로 표기되어 있다.

〈제1책〉

•白頭翁草 주지곳 又云 할미시가빗볼히 (白頭翁草)

•굴벌리 (軟枝杻枝)

•구황되아리 一名 氷折稻 어름것시 (救荒狄所里)

•닭우리 (雞鳴稻)

•에우지 (扵伊仇智)

•듕실볘 (中棠稻)

•싀노리 (沙老里)

•거문ᄉ오리 (黑沙老里)

•쇠노리 (所伊老里)

•동아노리 (東謁老里)

•흰검부기 (白黔夫只)

•동솔가리 (東目折艮里)

•고싀검며 (高沙伊眼黔伊)

•구렁찰 (九郞粘)

•다다기찰 (多多只粘)

•왜슈리 (倭水里)

•듸초뵈 (大棗稻)

•슈슈 (蜀黍)

•주비기중 (走非黍)

•찰기중 (秫)

•셰닙죠 (三葉粟)

•돗우리죠 (猪啼粟)

•ᄉ슴범므레죠 (沙森犯勿羅粟)

•므프레죠 (茂件羅粟)

•싀코지리죠 (鳥鼻衝粟)

•버들오리 (柳稻)

•푸랑되소리 (靑狄所里)

•잣다리 (栢達伊)

•쇠되오리 (牛狄所里)

•고싀노리 (高沙里沙老里)

•늣왜ᄌ (晚倭子)

•우득산도 亦名두리라 (牛得山稻)

•거문검부기 (黑黔夫只)

•령ᄉ되오리 (靈山狄所里)

•다다기 一名御飯米 (多多只)

•쇠노찰 (所伊老粘)

•보리산도 (麰山稻)

•되오리 (狄所里)

•기중 (黍)

•잘의리기쟝 (宿乙里黍)

•달이기장 (達乙伊黍)

•옷기중 (柒黍)

•외고지죠 (瓜花粟)

•도롱고리죠 (都籠筽粟)

•와싀목이죠 (臥餘項只粟)

•져므리조 (漸勿日伊粟)

•겸ᄌ마치죠 (擎子ㅏ赤粟)

- 져무시리ᄎ죠 (漸勿日伊粘粟)
- 싱동ᄎ죠 (生動粘粟)
- 누녁ᄎ죠 (婁亦粘粟)
- 거문어기죠 (黑德只粟)
- 가랏죠 (開羅叱粟)
- 아히사리피 (阿海沙里稷)
- 쉬나리픠 (五十日稷)
- 즁ᄌ피 (長佐稷)
- 듕울피 (中早稷)
- 강피 (姜稷)
- ᄲᆯ슈슈 (米唐黍)
- 몽이슈슈 (無應厓唐黍)
- 밍간슈슈 (盲干唐黍)
- 쟐외콩 (者乙外太)
- 와대콩 (臥叱多太)
- 봄가리팟 (春小豆)
- 저비부ᄎ|팟 (渚排大菜小豆)
- 넉팟 (黑小豆)
- 올팟 (早小豆)
- 싱동팟 (升伊同應小豆)
- 몰의녹두 (沒衣菉豆)
- 원두 一名 吞豆 (豌豆)
- 막지밀 (莫知麥)
- 귀볼이 (耳麥)
- 鄉名 율모 (薏苡)
- 어자귀 (於左耳)

〈제2책(권6)〉
- 귀신의 긔로(鬼氣)
- 검은 ᄎᆷ쌔닙(胡麻葉)
- 박새(藜蘆)
- 너고리(獺)
- 두야미수제기(鬼臼)
- 죠고매부은딕(有川腫)
- 몬다회(平鬐甲)
- 기르마(鞍)
- 지히(肉厚)
- 가리쌔(扇骨)
- 죵아리(圓䯏)
- 바당쌔(掌骨)
- 등ᄌ술(䯭)
- 뒤여져(赤反)

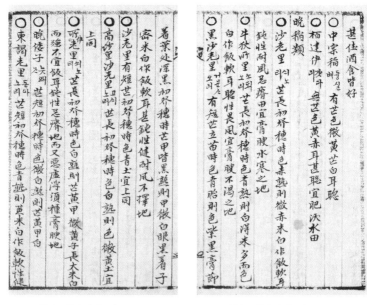

『증보산림경제』 권1, 44b　　　　　　『증보산림경제』 권1, 44a

14) 『농정찬요(農政纂要)』

　1897년에 이춘봉(李春峰)이 편찬한 농서이다. 4권 2책의 필사본으로 일본의 동양문고에 소장되어 있다.

　권1의 앞에 농요총서(農要總序)가 있는데 그 말미에 "세재정유맹하지초 완산 춘봉근서(歲在丁酉孟夏之初 完山 春峰謹序)"라고 되어 있다. 춘봉(春峰)이 누구인지는 알려져 있지 않다. 인기(印記)에 성이 '李'가 보여서 '완산 춘봉(完山 春峰)'은 '이춘봉'으로 추정된다. 한글표기 등으로 보아 '정유(丁酉)'는 1897년으로 추정된다.

　권1은 곡종총론(穀種總論), 아동전부(我東田賦), 물성토성이동(物性土性異同), 개신기전답법(開新基田畓法)등으로 되어 있는데, 개신기전답법에 각종 곡식에 대한 명칭이 한글로 쓰이어 있다. 권2에는 종수총론(種樹總論)이 있는데 여기에 각종 과일 이름이 있다. 권3의 목양총론(牧養總論) 항목에 각종 물고기 이름이 있다. 권4에는 사시농가예비초(四時農家例備抄)가 있지만 여기에는 한글 표기가 보이지 않는다.

한글 표기 이외에 한자로 속명(俗名) 또는 향명(鄕名)이라고 하고 그 이름을 한자로 표기해 놓은 부분도 보인다.

- 篅蔧 鄕名 空石
- 布杼葉 俗名 加乙草
- 用未 鄕名 地寶
- 板榜 鄕名 飜地
- 把榜 鄕名 椎介
- 轆 鄕名 打作

한글 표기가 있는 어휘들을 보이면 다음과 같다.

- 찹쌀(糯米)
- 누른좁쌀(黃粱)
- 피쌀(稷)
- 보리쌀(大麥)
- 밀(小麥)
- 머밀(蕎麥)
- 츌기장쌀(秫)
- 슈슈쌀(蜀黍)
- 옥슈슈(玉蜀黍)
- 콩(大豆)
- 팟(小豆)
- 녹두(菉豆)
- 동부(藊豆)
- 광젹이(刀豆)
- 참씨(胡麻)
- 들씨(荏子)
- 삼(蔴)
- 어름것기(水折稻)
- 춤외(甛瓜)
- 호박(甘瓜)
- 외(胡瓜)
- 동와(冬瓜)
- 토완(芋)
- 가지(茄)
- 무(蔓菁)
- 아욱(冬葵)
- 고비(薇菜)
- 고ᄉ리(蕨菜)
- 낭이(薺菜)
- 잣(栢)
- 상소리(橡實)
- 도돌리(槲)
- 괴옴곡지(瘡蒂)
- 포도(葡萄)
- 머루(有蔞萸)
- 부들(蒲)
- 왕골(蓆草)
- 청딕(靛)
- 슉갓(蓬菜)
- 승검쵸(當歸)
- 쑤아리(酸漿)
- 날갓(辣蓼)

773

•어지귀(麤麻)　•눈어엿(眼箱下)　•눈어엿쎠(箱骨)

•가온듸어엿아라(中箱下)　•언치(雁)　•겹다흔(背瘡治方)

•들기름(法油)　•비음(疥腫)　•죠기(石魚)

•부어(鮒魚)　•로어(鱸魚)　•가물치(鱧魚)

•비얌장어(鰻鱺魚)　•미끼리(鰍魚)　•자까스리(黃顙魚)

•젼어(鱣魚)　•머역이(鮎魚)　•가오리(鱝魚)

•복(河純)　•죠긔벌(蛤蜊)　•우렁리(田螺)

•오증어(烏賊魚)　•가즈미(比目魚)　•소가리(鱖魚)

•문어(八稍)　•락지(小八稍魚)　•빙어(白魚)

•홍합(淡菜)　•달엿긔(辣蓼)　•갈우누욱(白麴)

•참빨(粘米)

『농정찬요』 제1책, 17b

『농정찬요』 제1책, 12a

15) 『조선의 재래농구(朝鮮の在來農具)』

우리나라의 각종의 재래농구의 형태, 용도, 사용연한 및 가격에 대해 기술해 놓은 책이다. 일본어로 되어 있으나, 곳곳에 한글로 그 명칭을 써 놓아서 우리 농사 관련 어휘를 알 수 있다. 조선총독부 농업모범장에서 1925년에 간행해낸 책이다. 특히 그림이 있어서 활용에 큰 도움을 줄 것이다.

목차에 보인 한글 표기를 몇 개 제시해 보도록 한다.

쟁기, 쇠시랑, 가래, 괭이, 연장, 쓰레, 나무쇠시랑, 나레, 쓰레, 고문네, 곰방이, 재박, 새갓통, 오좀통, 오좀장군, 개동삼태, 잠태기, 거름잠태기, 호미, 칼게매, 후치, 고리두레, 용두레, 낫, 전지, 붓두, 개상, 비, 구멍어리, 듸림부채, 채, 키, 품구, 도래밤석, 멍석, 도리씨, 그네, 말, 섬, 메방적, 독, 나무메, 절구, 절구공이, 맷돌, 돌절구, 연자매, 방아, 쳬다리. 돔발채, 베걸채, 지게, 바소거리, 들짓치, 온구, 거름지게, 고오지게, 우차, 닭의둥이리, 소귀웅, 길마, 척도, 기름채, 베ㅅ틀, 자리틀, 물네, 섬틀, 신틀, 씨야, 이람박, 박아지, 도롱이, 박망이, 삭갓, 갉키, 함지, 솟가래

그리고 각 용구의 그림이 있어서 어휘의 이해에 많은 도움을 준다.

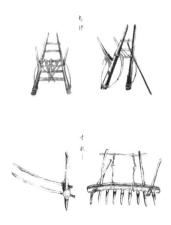

4.17. 『속명유취(俗名類聚)』의 어휘 자료

'속명유취'란 이름을 가진 물명 자료들이 여럿 있다. '속명'이란 우리말 이름을 의미하는 것이어서 속명유취란 우리말 이름을 가진 어휘를 유별로 모아 놓았다는 의미이다.

그 이본들을 보면 다음과 같다.

	문헌명	저자	권책	시기	소장처
1	俗名類聚	미상	1책	1903년	연세대 도서관, 계명대 동산도서관
2	俗名類聚	미상	1책	1883년(?)	전경목 교수 (문헌과 해석 34호에 해제, 영인 소개)
3	俗名類聚	미상	1책	미상	양승민 교수
4	俗名類聚	미상	1책	1902년(?)	양승민 교수

1) 『속명유취(俗名類聚)』(연세대 소장본)

연세대학교 소장의 1책의 필사본이다. 편찬자는 알 수 없다. 필사기가 "세재계묘구월일(歲在癸卯九月日)"로 되어 있어서 1903년에 필사한 것으로 추정된다. 표지제목은 '속명유취(俗名類聚)'이지만 내용은 '문자류(文字類)'와 '속명유취(俗名類聚)'로 구분되어 있다. 역시 한자어에 한글로 그 명칭을 적어 놓았다.

- 巾衍散墨 상지예수지깆 〈1a〉
- 塗道遞左 인편이 드믈미리 〈1a〉
- 惠復 사람편지 〈1a〉
- 天和 병나서 〈1a〉
- 磊落 상쇄히여 〈1a〉
- 龐然失席 놀닌 얼굴 〈1a〉
- 蒲玉秀馨 노무아들 〈1a〉
- 紞斷 벗 주근 것 〈1a〉
- 斂衽 공경이리 〈1a〉
- 二竪子 병을 닐옴미라 〈1a〉
- 芝宇 사람 얼굴 〈1a〉
- 僁僁憒 고리 사근 〈1a〉

- 洴涊 골물호이라 〈1a〉
- 不啻飢渴 보고자 온 거시라 〈1a〉
- 間關 어엽시리 〈1a〉

- 迍邅失候 챠챠 모나지 못홈미라 〈1a〉
- 孤露終解 형제 업는 거시라 〈1a〉

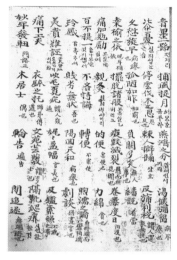

『속명유취』(연세대본), 1b

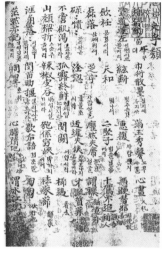

『속명유취』(연세대본), 1a

2) 『속명유취(俗名類聚)』(전경목 교수 소장본)

전경목 교수 소장본으로 전경목 교수가 문헌과 해석 제34호에 소개한 책이다. 표지에 "계미정월사(癸未正月寫)"란 기록으로 보아 1883년에 등서한 것으로 보인다. 13개 항목에 1,374개의 속명이 소개되어 있다. 인륜부(人倫部)·인품부(人品部)·인사부(人事部)·문서부(文書部)·방언부(方言部)·기용부(器用部)·어육부(魚肉部)·음식부(飲食部)·채과부(菜果部)·의관부(衣冠部)·질일부(節日部)·국가부(國家部)로 분류되어 있다.

다음의 예들은 인품부에 보이는 어휘들로서 한글로 주석을 달아 놓은 것만을 대상으로 하였다.

•進賜 날리
•通引 아젼의 ᄌ식이라
•道令主 됴련님
•矣女 숭계집 所志
•常漢 숭놈
•庫直 셔원직
•遞兒 署吏(서리)遞番
•軍牢 진념ᄉ령
•窮措大 궁죠딕
•渠矣 디의
•吹手 나발 부ᄂ 놈
•津父 날이쟝이
•庸軍 품군
•大老未 쓴로미
•者斤老未 ᄌ근로머
•장金 둉쇠
•乭伊 돌이
•幇便 지ᄌ편
•巖 바우

•生員主 싄림
•書房主 셔방님
•矣身 숭놈 소지
•召史 숭졔깁
•靑孀 홀어머리
•平人 평흔 사름
•炭民 슛빅셩
•鄕睹 시골ᄂ긔
•良人 걸이딘 업ᄂ 스람
•砲手 통 뭅ᄂ 놈
•冶匹 불미쟝이
•負軍 지균
•雇奴 담ᄉ리
•束伍 상놈속어
•ᄱ㤼 두겁이
•춍金 죵쇠
•卜音金 마음쇠
•푼 판

'방언부'는 국어의 방언을 말하는 것이 아니다. 주로 한자어와 동일한 음을 가지고 있는 어휘를 말하는 것처럼 보인다. 몇 예를 보이면 다음과 같다.

•拮据 돈길거
•磨勘 文書마감
•步驟 보취 엇다

•凶象 망숭ᄒ다
•除拔 ᄒ고졔발ᄒ다
•爽快 슝쾌ᄒ다

•葛藤 갈등난다　　　　　•致謝 치ᄉ하다

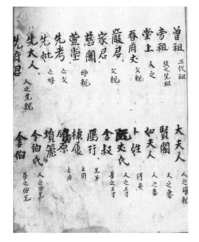 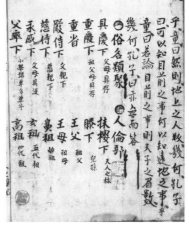

『속명유취』(전경목본), 1b　　　　　『속명유취』(전경목본), 1b

3) 『속명유취(俗名類聚)』(양승민 교수 소장본1)

양승민 교수 소장본으로 필사연도 미상이다. 인륜부(人倫部)·인품부(人品部)·인사부(人事部)·문서부(文書部)·방언부(方言部)·기용부(器用部)·어육부(魚肉部)·음식부(飲食部)·채과부(菜果部)·의관부(衣冠部)·절일부(節日部)·국가부(國家部)·거처부(居處部)로 분류되어 있다. 전경목 교수 소장본에 '거처부'가 하나 더 들어 있다. 모두 24장으로 되어 있다.

다음에 기용부에 보이는 어휘를 들어 보도록 한다.

•軒車 물릭　　　　•剪刀 가싀　　　　•木龍 씨아시
•耟宿 보삽　　　　•筏輦 벌련　　　　•鐵尺 쇠돌의쇠
•繰車 슬쎠ᄂ 즈식　•水鐵 장긔벗　　　•菀子 죽도즈
•巴兒 갈닉　　　　•鑢 줄　　　　　　•鑽 할부비

•鋤 호무　　•鉸 몯　　•鉋 ᄃᆡ픠

•籤 쇠소시랑　•釘 몯　　•甲索 ᄃᆞᄂ 쇠긔

•鏝 쇠손　　•萱 골　　•㯧 믈믹ᄂᆫ 홈

•索子 쇠긔　•釐 달우비　•竹+? 고도리

•斧 도치　　•草芚 씀　　•綜 잉이

•銚 쥬젼ᄌ　•斤 ᄌ고　　•苫盖 집이노말앙

•緉 뵈ᄧᄂᆫ 최　•杷 쎄후려　•鉗 짓게

•簽 보딕　　•箯 먹쌀　　•銃 총

•竽 북　　•錚 징

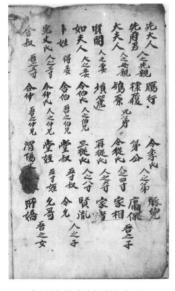

『속명유취』(양승민본 1), 1b　　　　『속명유취』(양승민본 1), 1a

4) 『속명유취(俗名類聚)』(양승민 교수 소장본 2)

양승민 교수 소장본으로 표지에 "현묵섭제격명조월시(玄黙攝提格鳴蜩月始)[임인오월(壬寅五月)]"이란 묵서와 "세중광적분약국령을원시등(歲重光赤奮若菊令乙院始謄)[신축구월(辛丑九月)]"이란 묵서가 보여서 1902년에 필사된 것으로 보인다. 속명유취(俗名類聚), 간찰문자초(簡札文字抄), 속례유초(俗例類抄), 외봉식(外封式), 문자분별총론(文字分別總論) 등의 내용이 있다. 인륜부(人倫部)·인품부(人品部)·문서부(文書部)·방언부(方言部)·길경부(吉慶部)·질액부(疾厄部)·고인부(古人部)·기용부(器用部)·의복부(衣服部)·어육부(魚肉部)·음식부(飮食部)·채과부(菜草部)·과실부(果實部)·시일부(時日部)·거처부(居地部)로 분류되어 있다. 앞에서 기술한 '양승민 교수 소장본 1'에 비해 길경부·질액부·인부 등이 추가되고 반면에 인사부·의관부·절일부·국가부가 빠져 있다.

- 總角 머리 미기를 쓸ㄴ게 홈니라 〈3a〉
- 鄕睹 시골나게 見要路院記 〈3a〉
- 肟 눕곱지 〈3a〉
- 脬 오좀기부 〈3a〉
- 炭民 슟빅성 〈3b〉
- 進士主 낱이님 〈3b〉
- 生員主 산님 〈3b〉
- 書房主 셔방님 〈3b〉

『속명유취』(양승민본 2), 1b 　　『속명유취』(양승민본 2), 1a

4.18. 방언 어휘 자료

방언 어휘를 종합적으로 모아 소개한 문헌은 20세기에 와서 이루어진 방언 사전밖에 없다. 그래서 방언 어휘들은 국어사 관련 문헌에서 단편적으로 발견되는 방언 어휘를 찾아내는 정도에 그치고 있었다. 그래서 방언연구회에서 편찬한 『방언학 사전』(21001, 태학사)에서도 부록으로 '방언 관계 문헌 목록 및 해제'라고 해서 가례언해(1632년)를 비롯하여 91편의 문헌을 제시하고 간단한 해제를 붙여 놓았다. 그러나 이들 문헌은 방언 어휘만으로 되어 있는 문헌이 아니라 그 글에 방언 어휘가 더러 보인다는 의미로 목록화한 것이지 방언 어휘에 대한 정보를 집중적으로 소개한 것으로 목록화한 것은 아니다.

그런데 방언 어휘만을 집중적으로 소개한 문헌들이 있다. 극히 드문 문헌이어서 여기에 따로 소개하도록 한다.

1) 『남해문견록(南海聞見錄)』

『남해문견록』은 1771년(영조 47)에 유의양(柳義養)이 지은 유배기행록(流配紀行錄)이다. 1책의 필사본으로, 유의양이 54세 때 남해(南海)로 귀양 가서 6개월을 지내고 돌아와 지은 글이다. 국립중앙도서관 소장본이다(한 古朝63-47).

이 책에는 남해 지방의 국어 어휘가 소개되어 있어서 방언 어휘사 연구자들이 관심을 모았었다. 모두 29개의 방언 어휘가 적혀 있다.

우선 방언형이 적혀 있는 본문 부분을 보면 다음과 같다.

> 쥬인이 디답ᄒ되 경지를 육궁비질ᄒ니 넘녀 마ᄅ쇼셔 ᄒ니 내 그 말을 아라듯지 못ᄒ여 ᄒ니 겻히 사름이 희득ᄒ여 닐오되 경지란 말은 부억이란 말이오 뉵궁이란 말은 모양이란 말이오 비질란 말은 뷔지란 말이라 ᄒ니 방언이 우습고

이쑨 아니라 너희라 말은 뉴의라 ᄒ고 저희라 말은 즉의라 하고 겨집아희는 가산아히라 ᄒ고 오라븨안해는 울체라 ᄒ고 먹으라 말은 묵으라 ᄒ고 아모일이나 아조라 말은 함부래라 ᄒ고 아직이란 말은 당스라 ᄒ고 달나 말은 도라 ᄒ고 밧비 걸으라 말은 핑핑 거르라 ᄒ고 쏭이라 말은 쐉이라 ᄒ고 길경이라 말은 뵈피장이라 ᄒ고 기러기는 굴억이라 하고 병아리는 비가리라 ᄒ고 오손 불모라 ᄒ야 핫오손 핫불모 홋오손 홋불모 겹오손 겹몰모 긴오손 긴보모 져른 오산 져른 볼모라 ᄒ고 화로는 화틔라 ᄒ고 키는 쳥이라 ᄒ고 옥슈슈는 강남슈슈라 ᄒ고 지팡이는 쟉지라 하고 지룡이는 거싱이라 ᄒ고 쇼로개는 솔방이라 ᄒ고 다리우리는 다림이라 ᄒ니 이런 방언이 처엄 들을 석은 귀의 서더니 오래 들으니 닉어 가더라

여기에 소개되어 있는 방언 어휘들을 보이면 다음과 같다. 뒤의 것이 방언형이다.

- 부엌 : 경지
- 뷔질 : 비질
- 저희 : 즉의
- 오라븨안해 : 울체
- 아모일, 아조 : 함부래
- 달나 : 도라
- 쏭 : 쐉
- 기러기 : 굴억
- 옷 : 불모
- 홋옷 : 홋불모
- 긴옷 : 긴볼모
- 화로 : 화틔

- 모양 : 뉵궁
- 너희 : 뉴의
- 겨집아희 : 가산아히
- 먹으라 : 묵으라
- 아직 : 당스
- 밧비 걸으라 : 핑핑 거르라
- 길경이 : 뵈피장
- 병아리 : 비가리
- 핫옷 : 핫불모
- 겹옷 : 겹몰모
- 져른옷 : 져른 볼모
- 키 : 쳥이

- 옥슈슈: 강남슈슈
- 지룽이 : 거싱이
- 다리우리 : 다립

- 지팡이 : 쟉지
- 쇼로개 : 솔방

<남해문견록> 2

<남해문견록> 1

2) 『북관노정록(北關路程錄)』

『북관노정록』은 1773년(영조 49)에 『남해문견록』의 저자인 유의양(柳義養)
이 지은 기행 수필이다. 원래는 4권 4책의 필사본이지만 현재 전하는 것은 제1
권 1책이 낙질인 제2권, 제3권, 제4권의 3권 3책이다. 2권과 3권의 2책은 이능
우(李能雨) 교수가 소장하고 있었고, 제4권 1책은 고려대학교 도서관에 소장되
어 있다.

이 책은 유의양이 1773년에 함경도 종성으로 유배되었다가 3개월 동안 머
물고 있다가 돌아와서 지은 것이라고 한다.

특히 제3권에서는 종성에서 귀양살이하며 겪은 지방의 풍속·언어·설화

등을 기록하였는데, 여기에 이 지역의 방언 어휘가 소개되어 있어서 방언사 연구에 중요한 자료를 제공해 주고 있다.

그 자료들을 보면 다음과 같다. 약 30여 개가 있다. 뒤의 것이 방언형이다.

- 갓 : 빗갓
- 고양이 : 곤냥이
- 꿩의 새끼 : 질우개
- 도토리 : 밤
- 머리댕기 : 당긔
- 밤 : 참밤
- 벙거지 : 털갓
- 솔개 : 술개
- 아우 : 더런
- 오리브처 : 올집어미
- 일곱 : 일괘
- 천둥소리 : 쇠나 기운다
- 체 : 채
- 형 : 형이
- 홍두께 : 다드밋대
- 가져 오라 : 개야 오

- 강ㄱ : 기역
- 괭이 : 곽지
- 다섯 : 닷쾌
- 동화 : 츰동화
- 바뻬 걸으라 : 재오 걸으라, 종종 걸으라
- 백색 : 허여여
- 병아리 : 방우리
- 슈슈 : 슉기
- 여섯 : 엿과
- 옥수수 : 옥숙기
- 장마 지다 : 마졌다
- 청색 : 누러러
- 항쇼(황소) : 둥구레
- 호박 : 동화
- 흑색 : 검어어

닭, 돼지, 돼지새끼 망아지를 부르는 소리도 포함되어 있다.

- 닭 우는 소리 : 죠죠
- 돼지 새끼부르는 소라 : 꼴꼴
- 돼지 부르는 소리 : 오루러
- 망아지 부르는 소리 : 허허

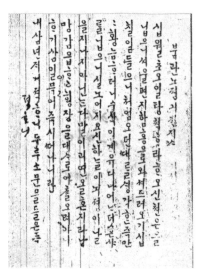

<북관노정록>

3) 『찬집감영록(纂輯鑑影錄)』

『찬집감영록』은 전북 고창 출신의 실학자인 강후진(康候晉, 1685~1756)이 편찬한 책이다. 현재 4권의 필사본이 전한다. '찬집'이란 흩어져 있는 자료를 모아 분류하여 책을 만든다는 의미이고 '감영록'이란 사서(史書)를 거울 삼아 유적에서 흔적을 찾아 기록한다는 의미이다.

『찬집감영록』은 현재 전질이 전하지 않고 권3, 4, 5, 7의 4권이 전하고 있다. 모두 필체의 차이가 있어서 어느 것이 친필본인지는 확인되지 않고 있다.

현존하는 『찬집감영록』의 소장처와 그 내용들을 보면 다음과 같다.

권	소장처	도서번호	내용
권3	한국학중앙연구원 (구 윤석창 장서)	B6B-127	校院(儒品), 禮樂, 建置, 八道
권4	한국학중앙연구원 (구 윤석창 장서)	B6B-127	文學(科擧), 祭祀, 異人, 農桑, 飮食

권5	영남대 동빈문고 국립중앙도서관	古3649-246	僧尼, 言語, 神祠
권6	영남대 동빈문고		禽獸, 記遺
권7	한국 국학진흥원	453160	분류제 없음

이 책은 1730년 이전에 저술된 것으로 판단된다. 이 책의 저자인 강후진의 다른 저서인『와유록(臥遊錄)』의 '평양기(平壤記)' 앞에 있는 '太平散人 姜候晉 纂 影錄'이란 기록으로 보아 와유록에 비해 먼저 저술된 것으로 보이는데, 평양기가 1730년 8월 23일부터 9월 8일까지 평양을 여행한 기록이므로『찬집감영록』은 이보다 이전에 저술된 것으로 보인다. 그래서『찬집감영록』은 1730년 이전의 저술이라고 판단하는 것이다.

강후진은 전북 고창 출신의 실학자이다. 호는 태평산인(太平散人)이다. 그는 1685년(숙종 11) 무장현(현재 전북 고창군 무장면)에서 태어났다. 그리고 역사와 지리 및 민속 등 다양한 분야에 저술을 남겼다. 사서를 거울 삼아 유적에서 흔적을 찾아 자료를 모아 분류한『찬집감영록(纂輯鑑影錄)』, 고려시대부터 조선시대까지 산수 유람을 모은『와유록(臥遊錄)』, 시간과 공간에 대한 당시의 견해와 중국과 그 주변의 여러 민족에 대한 세계관을 서술한『유찬화이잡록(類撰華夷襍錄)』, 강후진의 종적 계보로 추정되는『초보(草譜)』, 중국의 책에서 뽑아 과거 시험의 도구서로 만든 필사본『역대회령(歷代會靈)』, 무장현의 역사 지리지인『송사지(松沙誌)』등을 남겼다.

『찬집감영록』에는 국어에 대한 중요한 자료를 제공하여 주고 있어서 주목을 받고 있다. 특히 국어사 자료 중에서 방언사 자료를 찾아 보기 힘든데, 이 문헌에는 방언사 자료에 대한 많은 정보를 제공해 주고 있기 때문이다.

『찬집감영록』권7에서 두 가지 종류의 방언사 자료를 볼 수 있다. 하나는 한자 자석의 방언 자료이고 또 하나는 어휘의 방언사 자료이다.

한자 자석은 지역에 따라 달랐을 것이란 예측은 이전부터 있어 왔다. 그리하여 이기문·손희하 기획, 김이홍·김영진 교수가 수집하여 출판한『천자문

자료집 -지방 천자문-』(1995, 박이정)도 간행된 적이 있다. 그러나 문헌에 전해 오는 자료는 없었는데, 이것이 『찬집감영록』에 기록되어 전한다. 그 예를 보이면 다음과 같다.

- 擁 붓안을 옹 黃平咸曰 씰 옹
- 動 움즈길 동 平咸曰 밀 동

한자 '擁'은 '붓안을 옹'인데 황해도, 평안도, 함경도에서는 '씰 옹'이라고 하며, 한자 '動'은 '움즈길 동'인데 평안도, 함경도에서는 '밀 동'이라고 한다는 것이다. 이러한 예는 모두 83개가 실려 있다. 83개의 예를 모두 제시하면 다음과 같다. 한자의 가나다순으로 배열하였다.

矩 가작 ㅅ 黃平江咸曰 보 ㅅ
京 셔울 경 濟州曰 셔라 결
公 귀 공, 黃平咸曰 귀의 공
鸛 한새 관 黃平咸曰 권츄 란
筐 바고리 광 黃平咸曰 둥기 광 경왈 버곤이 광
簣 삼치 궤 卽南之삼태也 黃平江咸以粟稿編成狀似南畚
狗 개 구 平咸曰 가히 구
蚯 거싀 구 黃平咸曰 거의 구
區 고믈 구 京黃平咸曰 굴피 구
甌 보의 구 平咸曰 보ᄋ기 구
韭 솔 구 平咸曰 부취
僅 애홀온 근 黃平咸曰 계유 근
飢 주릴 긔 平咸曰 주우릴 긔
奈 벗 내 黃平咸曰 멋 내

猏 오소리 천 黃平咸曰 오올이 쳔

獺 너구리 달 黃平咸曰 넝우리 달

膽 쓸개 담 黃平咸曰 열 담

動 움즈길 동 平咸曰 믤 동

癩 용천 나 平咸曰 헝멍이나

臘 설 납 平咸曰 서얼 납

梁 들보 냥 又 물 냥 黃平咸曰 쏠 냥

藜 명화 녀 又 공즁 대 黃平咸曰 능장이 녀

耒 싸보 뇌 平咸曰 잡조지 뇌

芒 ᄀᆞ슬악 망 黃平咸曰 거슬에 망

蝱 등귀 밍 京黃平咸曰 등에 밍

謀 쇠 모 黃平咸曰 도모 모

瓝 늘에 박 京黃平咸曰 물외 박

輩 우데 비 黃平咸曰 물이 비 曹義同

傈 너시 보 京黃平咸曰 넝에 보

鼢 뒤지기 분 黃平咸曰 두더쥐 분

畚 속고리 번 黃平咸曰 삼치 번

杉 익가 삼 江黃平咸曰 일갈나모 삼

蟬 며로 션 黃平咸曰 미야미 션

屑 골의 셜 平咸曰 골늬 셜

受 바들 슈 黃平咸曰 틀 슈

𣏗 신마모 신 平咸曰 시닥나모 신

岳 밋부리 악 濟州曰 올음 아

鞍 길마 안 平黃咸曰 기른마 안

岩 바회 암 平咸曰 방괴 암

野 들 야 黃平咸曰 들ᄋ 야

烏 가막고 오, 가모개 오 京黃曰 가막기오

擁 빗안을 옹 黃平咸曰 씰 옹

遙 아을아을 요 平咸曰 멀 요

榕 귀농나모 용 黃平咸曰 굴음나모

鴪 낫진이 휼 黃平京咸曰 낫츌이 휼

苑 뒤안 원 平咸曰 동산 원

圍 에울 위 平咸曰 둘을 위

爲 ᄒᆞᆼ 위 黃平曰 홀 위

囿 어리 유 平咸曰 우리 유

薏 울무 의 苡義同 平咸曰 일무 의

而 마리 이 平咸曰 말니을 이

鷸 프랑가비 일 平咸曰 블온가비 일

日 나 일, 黃平咸曰 날 일

鵲 간치 쟉 京黃平曰 가치 쟉 함왈 가쟈기 쟉

簪 빈혀 좀 黃平咸曰 동곧 좀 笒義同

樗 지나모 저 京黃平江咸曰 ᄌᆞ작나모 저 有木名 ᄌᆞ작故也

杵 고 뎌 平咸曰 공이 뎌

著 나타날 뎌

沮 물니칠 져

杼 북 뎌 平咸曰 부 뎌 경왈 도통아지

轉 궁글 뎐 黃平咸曰 구을뎐

照 빗칠 죠 映義同 경왈 ᄇᆞ실 죠

爪 손톱 조 濟州曰 굽 조

糟 ᄌᆞ강이 조 黃平咸曰 쥐엄이 조

腫 부을 엄 죵 黃平咸曰 보들아지 죵

枝 가지 지 咸曰 앗지 지

至 닐으 지

地 짜ᄃ 디

榛 개곰 진 京黃平咸曰 개암 진

千 일쳔 쳔

天 하늘 텬

椒 호쵸 쵸 黃平咸曰 고쵸 쵸

蔥 파 총, 平咸曰 팡이총

幟 긔 치

治 다슬일 티

砧 방하 팀 平咸曰 방히 팀

權 온오애 담 黃平咸曰 온듸 담

稗 사리 패 黃平咸曰 ᄀ낫 패

片 쏘기 편 平咸曰 쏘각 편

抱 븟안을 포 黃平咸曰 안을 포

海 바다 히 咸曰 바로 히

狐 여의 호 平咸黃曰 영이 호

禾 나락 화 又 수 화 忠京黃平咸曰 벼 화 又曰 싀화

이와 동일한 자료가 한국학중앙연구원 소장의 권4에도 그대로 실려 있다. 내용상의 차이는 거의 없다. 차이가 나는 부분은 대부분 전사하는 과정에서 일어난 오류들로 보인다.

뿐만 아니라 일반 어휘의 방언형도 제시하고 있는데, 그 형식을 보이면 다음과 같다.

• 海衣曰 짐 黃平咸曰 김

• 呼鷄曰 쥬쥬 又 구구 黃平咸江曰 골골

'짐'은 '海衣'의 뜻인데 황해도 평안도, 함경도에서는 '김'이라고 한다. 닭을 부르는 소리는 '쥬쥬'인데, 황해도, 평안도, 함경도, 강원도에서는 '골골'이라고 한다는 의미이다.

앞에 한자로 국어의 의미를 적거나 그 행위 등을 한문으로 표기하고 그것의 어휘를 한글로 적은 뒤에 그 뒤에 방언형을 적고 있다.

이러한 항목이 모두 192개가 실려 있다. 이들의 몇 가지 특징을 들어 보면 다음과 같다.

①어휘 항목의 배열순서는 임의대로인 것으로 보인다. 특별한 의미상의 배열순서를 발견하기 어렵다.

②표제항에는 한자 어휘가 아니라 우리말 어휘의 의미를 한자로 표기한 것이다. 그리하여 우리말 어휘가 쓰이는 상황이나 상태를 표시한 것들도 많다. 예를 들어서 닭을 부르는 소리, 소에게 하는 소리, 들어오라고 요청하는 소리, 어디 가느냐고 묻는 소리 등이 그러한 예이다

- 呼鷄曰 쥬쥬 又 구구 黃平咸江曰 골골
- 請入曰 들어오오 平咸曰 들으시 又 들으시게 又 들의시대나 又 들으쇼와듸
- 敎牛上下曰 이라 又 져라 黃平咸 上之曰 칠이쳐 下之曰 ᄂ리쳐
- 呼兒扠衆物以去以來曰 이것져것 석거 ᄀ여가라 又 악무것 아무것 석거 ᄀ여 오라 此黃
- 問人所去曰 어듸 가오 又 어듸 가냐 長者則曰 어듸 가시오 慶江則尋人去處如父則曰 아바니나 母則曰 어마니나 如失扇子烟竹則曰 내붓채나내대나 所訒나 則詳問傍人之意也

③표제어가 한글인 것도 2개가 보인다.

- ᄒ노라 平咸黃曰 ᄒ쇼라

•머거리 平咸黃曰 온긔

④ 표제어 다음의 어휘 형태는 오늘날의 표준어가 아니다. 아마도 필자인 강후진 본인이 사용하는 어휘이어서, 현재 전남의 고창 지역어로 추정된다. 예컨대 '부추'에 대해서 '솔'이라고 하였고 오히려 평안도, 함경도 방언형을 '부취'라고 한 데에서 그러한 사실을 알 수 있다. 현재 고창 지역에서 '부추'의 방언형은 '솔'이다.

•韮 솔 구 平咸曰 부취 구

⑤ 예시한 방언형들의 지역은 8도(八道)에 제주도가 하나 덧붙은 것이다.

江 : 강원도   京 : 경기도   慶 : 경상도   濟 : 제주도

全 : 전라도   忠 : 충청도   平 : 평안도   咸 : 함경도

黃 : 황해도

그런데 이 각 지역의 방언형을 예시할 때 9도가 지역을 골고루 제시한 것이 아니라, 주로 북쪽 지역을 많이 제시하고 있음을 알 수 있다. 예시된 통계를 보이면 다음과 같다. 여기에서는 겹치는 권4의 내용은 제외하였다.

南		北	
京	47	江	46
慶	20	平	223
濟	10	咸	235
全	4	黃	157
忠	17		
계	98	계	661

그리고 '黃平咸'으로 표기된 것만도 92개나 된다. 그리고 '平咸'으로 표기된 것도 57개나 된다. 이처럼 황해도·평안도·함경도 자료가 많은 이유는 전혀 짐작할 수 없다. 그리고 가장 예를 든 것이 가장 적은 곳이 '全'인 점이 이상하다. 이것은 아마도 강후진이 직접 사용하고 있는 어휘일 텐데, 앞에서 언급한 것처럼 자신의 말을 앞에 제시했기 때문으로 해석된다.

⑥ 이 문헌에서는 각 어휘가 사용되는 상황이나 여건까지도 설명하고 있어서 연구자들에게 많은 도움을 준다.

> 子曰 주식 咸曰 덜헌이 忠慶全江京則或呼父母爲아부씨 어모씨 此小兒呼父母之恒言也 아바님 어마님之讀八道皆同 아범 어멈 奴隸輩呼其父母之言也 或아배 엄애 兄曰 형애 妹曰누의아者 陶匠之汉呼其父母兄妹之常言也 如比人訒子曰子息又曰 덜헌이 若덜헌이 多則隨其次第而呼之盖賤人於尊前未敢平呼故也

'아부씨, 어모씨, 아바님, 어마님, 이범, 어멈,아배, 엄애, 형애 누의아, 덜헌이' 등이 사용되는 조건을 제시하고 있다.

⑦ 어원을 짐작할 수 있는 자료도 보인다.

• 餠曰 편 又 썩 京曰 썩 江迤之人曰 시덕이

'썩'이 '시덕이'라고 하는 것은 현대의 평안북도·함경남도·강원도 방언에서도 확인되는 어형인데 '썩'의 'ㅆ'이 어두자음운이었을 가능성도 보인다고 할 수 있다.
아래에 특징적인 방언형들을 몇몇 개를 보이면 다음과 같다.

蝘蜓曰 도마바얌 黃平咸曰 쟝지바얌

小鴨曰 쇠올히 平咸曰 쥐블강이

凡事不意曰 어져 平咸曰 어지거 又어지거러

雄雉曰 쟝꿩 黃平咸曰 덜거기 慶曰 툭툭기

舍廊曰 샤랑 平咸曰 맛간

蜻蜓曰 줌자리 慶江曰 셤셔기

七日曰 닐에 咸又曰 닐궤

請坐曰 안즈시오 平咸曰 안즈시 又안즈시게 又안즈시와듸

父曰 아바님 平咸曰 아바지 又아부자기

母曰 어마님 平咸曰 어마지

敎牛上下曰 이라 又 져라 黃平咸 上之曰 칠이쳐 下之曰 느리쳐

蛟龍曰 되롱 平咸曰 미리룡

請送曰 보내소 平咸曰 보내시 又 보내시게

善織曰 길삼질 黃平江咸曰 질코질

曲木鉤物者曰 갈키 黃平江咸曰 굽쟝이

沸曰 우굴우굴 又 덜헉덜헉 黃平咸曰 덜네덜네

敎爲曰 ᄒ여라 忠京曰 ᄒ게 黃平咸曰 ᄒ시 又ᄒ시게 又ᄒ시대나

價輕曰 헐타 黃平咸曰 눅다

疾行曰 셜넝셜넝 黃平咸曰 스르룽스르룽

草覇的曰 굴에 咸平曰 굴게 濟州曰 녹대

淸醬曰 쟝 又지령 黃平咸曰 쳥쟝

醬鐘子曰 지령각졍이 又죵ᄌ 黃平咸曰 쟝쳘 又쟝통

缸曰 항 黃平咸曰 항아리 又大曰 독 小曰 항

餠曰 편 又 썩 京曰 쩍 江迤之人曰 시덕이

進杯曰 잡소오 又 ᄒ시오 黃平咸曰 쎄ᄭ지

進盃曰 잡소오 又ᄒ시오 黃平咸曰 잔친ᄒ오 又 잔자부시

呼犬舐糞曰 반반 又 죄죄 咸曰 쓸쓸

怒人爲否曰 흐라 말나 平咸曰 흐쇼와듸 又말으쇼와듸

糞曰 똥 黃平咸江曰 씨

蟷螂曰 범의아자비 黃平咸曰 샤마고아자비 蓋此物能食人水黑子

授人飮食曰 들이다 又이밧다 咸則非飮食而與人必曰 이밧다 冐檠襪 咸人敎授之曰 이
밧들아

頭髮扶曳曰 물니다 濟曰 샹토잡바 씽도리치다 古有濟人爲官醉中作濟語曰 샹토 잡바
씽도리 치고 십지리개 젓치고 개관청들리 노흐라

壁曰 발암벽 黃平江慶咸京忠曰 발암

這物曰 그거슬 이거슬 慶江咸曰 그거을 又 그걸 又 이거슬 又 이걸

驚事曰 애고 又 애거 京黃忠曰 매구나

廚曰 졍쥬 又 부억 又 부석 黃平咸曰 뷔역 咸或曰 악갈리 盖指囚口也

求物之好者曰 죠흔 놈 又 채 죠흔 놈 黃平咸曰 홀인이 又 홀인놈 又 긔특흔 놈 又 착흔
놈 江原之北 名然

抹樓下 卑女稱士族娘女曰 㞴樓下今訛爲 마노라 猶男子足下之言 今館婢有小僕又稱其主
女曰 마노라 又 京中市肆中女人及巫女輩其相稱也 名曰 마노라 避方則只稱士族娘人曰
마노라 民庶則拘禁不得行

瓢 大者曰 함박 小者曰 죱박 黃平咸 小者曰 빅야지

酒曰 술 又 약쥬 咸曰 마조자비 又 홍낸믈

稱他男女 咸則男曰 고도리 女曰 앙방그리

陽莖曰 좃 濟曰 십지리개

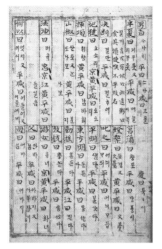
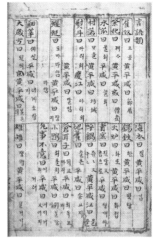

<찬집감영록> 2   <찬집감영록> 1

4.19. 기타 물명 관련 자료

위에 기술한 다른 물명류 자료들이 있다. 물명류 자료는 홍윤표(2013)에 목록화되어 있다. 그것을 다시 보완하여 제시하면 다음과 같다. 특별한 표시가 없는 한 모두 필사본이다.

	문헌명	저자	권책	시기	소장처
1	可眼	미상	1책	미상	홍윤표
2	古今釋林	이의봉	40권 20책	1789년	규장각, 연세대도서관
3	課程日錄	미상	1책	2권 2책	일본 소창진평문고 성균관대학교 도서관
4	群學會騰	미상	1책	19세기 중기	국립중앙도서관
5	蘭湖漁牧志	徐有榘	1책	1820년경	국립중앙도서관
6	獨習實用 新式萬里尺牘	太華書館	1책 (연활자본)	1931년	홍윤표
7	童蒙要覽	미상	1책	1928	일본 소창문고
8	東言考略	朴慶家	1책	1836년	서울대 규장각 등

9	萬物錄	미상	1책	1911년	고려대 도서관(신암문고)
10	萬物名	미상	1책	1866년	양승민 교수
11	萬物學	미상	1책	1903년	양승민 교수
12	萬寶全書	미상	17책	19세기	고려대학교 도서관
13	萬三錄	李聖章	1책	1908년	홍윤표
14	名物紀略	黃泌秀	3권 3책	1870년	고려대도서관(권1) 미상(권2) 국립중앙도서관(권3)
15	蒙牖	李象秀	1책	19세기 중기	홍윤표
16	蒙喩篇	張混	2권 1책 (목활자본)	1810년	규장각 등
17	物名1	미상	1책	19세기 말- 20세기 초	양승민 교수
18	物名2	미상	1책	1932년	홍윤표
19	物名3	미상	1책	1892년	법응 스님
20	物名類聚	미상	1책	1927년	홍윤표
21	物名類聚	미상	1책	미상	경북대도서관
22	物名類解	李學逵 編 盧德奎 增補	1책	19세기 중기	부산대 도서관
23	物名類彙	미상	1책(46장)	戊戌 月雲山庄	단국대 율곡기념도서관
24	物名集	敬軒 韓中洙	권2 현존	1910년	배연형
25	物名纂	柳暘川	1책	1890년	홍윤표
26	物名彙	樵隱 手抄	1책	1870년	일본 동경대학 동양문고
27	物目錄	미상	1책	1924년	양승민 교수
28	博物新書	미상	1책	19세기	홍윤표
29	博物志	미상	1책	1855년	성균관대학교 도서관
30	博物誌	미상	1책	1904년(?)	양승민 교수
31	事類博解	沈老淳의 外祖父 李公	2권 1책	1855년	성균관대학교 도서관
32	事物名目	雲林書院	1책 연활자본	1913년	홍윤표
33	四千年間 朝鮮 俚語解釋	김동진	1책 연활자본	1928년	국립중앙도서관
34	俗談追錄	미상	1책	1909년(?)	양승민 교수
35	松潤貳錄	金左均	1책	19세기 중반	경북대 도서관
36	雅言覺非	丁若鏞	1책	1819년	규장각 등

37	野說	미상	1책	미상	홍윤표
38	語錄類解	미상	1책	미상	서울대 고도서
39	語彙	미상	1책	미상	서울대 가람문고
40	日用備覽記	미상	1책	1937년	선문대 중한번역연구소
41	字義物名隨錄	미상	1책	미상	계명대 동산도서관
42	字會抄	미상	1책	19세기 말	영남대 동빈문고
43	雜同類纂	미상	1책	미상	서울대 중앙도서관
44	雜物類集	미상	1책	미상	미상(복사물)
45	朝鮮語彙	미상	1책	미상	日本 小倉進平 文庫
46	朝鮮の俤	西村眞太郎	1책 (연활자본)	1923년	국립중앙도서관
47	朝鮮 熟語 解釋	山之井麟治	1책 연활자본	1915년	하버드 옌칭도서관
48	竹僑便覽	韓錫斅	9권 3책	1849년	규장각
49	靑鄕散人博物記	미상	1책	미상	단국대 율곡기념도서관
50	河濱雜著	愼後聃	1책	미상	규장각
51	海東釋方言	미상	1책	미상	하버드옌칭도서관
52	海東竹枝	崔永年	1책 (연활자본)	1925년	홍윤표
53	홍천읍 송화선 보부상 물목	송화선	고문서	1910년	대구방
54	華音方言字義解	黃胤錫	이재유고 소수 (목판본)	1829년	규장각
55	彙著	미상	1책	20세기 이후	한국학중앙연구원

1) 『가안(可眼)』(천지만물명(天地萬物名))

표지 제목이 '가안(可眼)'이고 작은 소제목이 '천지만물명(天地萬物名)'이다. 필자의 소장본으로 내지제목(內紙題目)은 없다. 필사기도 없어서 필사연도를 알 수 없다. 천문류(天文類)·지리류(地理類)·인신부(人身部)·화곡류(禾穀類)·재과류(菜瓜類)·과실류(果實類)·기명류(器皿類)·집물류(什物類)·음식류(飲食類)·어린류(魚鱗類)·문방류(文房類)·면백류(綿帛類)·관대류(冠帶類)·화초류(花草類)·의복류(衣服類)·교승류(較乘類)·박혁류(博奕類)·악음류(樂音類)·궁실류(宮室類)·

수목류(樹木類)·금수류(禽獸類)·군물류(軍物類)·물색류(物色類)·혜석류(鞋舃類)·
패완류(佩玩類)·충개류(虫介類)·보패류(寶貝類)·장석류(帳席類)·직역류(職役類)·
서책류(書冊類) 등의 30개로 분류되어 있다.

- 天 하날 大曰碧空 又曰雲霄
- 日 히 又曰太陽
- 月 달 又曰太陰
- 星辰 별
- 雲 구름 山川陰溫之氣
- 霞 노을
- 霧 안기
- 雨 비 天地陰濕之氣
- 露 이슬 天地潤和之氣
- 霜 셔리
- 雪 눈 又曰六出花
- 雹 무리
- 雷霆 울에 陰陽相薄之極
- 電 번기 又陰陽曰雷鞭衝激之氣
- 霓 눈비
- 虹蜺 무지기 一名螮蝀

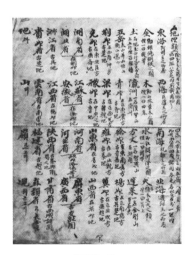

『가안』, 2a   『가안』, 1a

2) 『고금석림(古今釋林)』

이의봉(李義鳳)이 국어와 중국어 및 흉노 토번 돌궐 여진 청 일본 안남 섬라 등의 여러 언어의 어휘를 모아 해설한 어휘집으로 1789년에 완성하여 만든 책이다. 40권 20책의 규장각 소장 필사본이다. 권 27, 28의 동한역어(東韓譯語)는 우리나라 문헌에 나오는 어휘를 수집하여 해설한 것이어서 물명 연구에 큰 도움을 준다. 출전은 모두 권29의 삼학역어(三學譯語) 부분이다.

雲 구룸 蒙 어구리 淸 투기 倭 구모 〈1a〉

陰 그늘 蒙 서구덜 淸 섭드리 倭 가얘 〈1a〉

春 봄 蒙 하블 淸 녕녀리 倭 하루 〈1a〉

夏 녀름 蒙 쥰 淸 쥬와리 倭 나즈 〈1a〉

秋 ᄀᆞ을 蒙 나믈 淸 보로리 倭 아기 〈1a〉

獸 길짐싱 蒙 구루거수 淸 굴구 倭 지구쇼 〈17a〉

象 코키리 蒙 쟈간 淸 수반 倭 우우 〈17a〉

豺 승냥이 蒙 시라눌 淸 쟐후 倭 야마이 〈17a〉

狼 일히 蒙 치뉘 淸 뉴혀 倭 오오가몌 〈17a〉

熊 곰 蒙 워터거 淸 러붕 倭 유우구마 熊淸謂之 나신 倭謂之 시우마 〈17a〉

鹿 사슴 蒙 부구 淸 부후 倭 시가 鹿茸蒙謂之 뵈톡 淸謂之 붕투 〈17a〉

獐 노로 蒙 슐 淸 실가 一云 교 倭 그어가 〈17a〉

猿表 큰진나비 淸 원 倭 사루 蒙謂猴曰 샴쟈 一云 번친 〈17a〉

父親 부친 蒙謂之 어치기 淸 마마 倭 후신지 오야 又母親蒙謂之 어커 一云 어지 淸謂之 얜우신하하오야 〈31b〉

公公 싀아비 蒙 하담어치거 淸 암하 倭謂舅曰 슈오도오 其稱外舅曰 하하까다노오지 〈32a〉

801

| 『고금석림』권14, 51a | 『고금석림』권14, 50a |

3) 『과정일록(課程日錄)』

『과정일록』은 건곤(乾坤) 2권 2책으로 된 일종의 물명서이다.

건권(乾卷)에 천문(天文)·지리(地理)·화훼(花卉)·화목총언(花木摠言)·금수(禽獸)·곤충(昆虫)·금수총언(禽獸摠言)·인륜인사(人倫人事)·성행(性行)·유학(儒學)·문예(文藝)·기술(技術)·방제(邦製)·사지(仕止)의 14부류로, 그리고 곤권(坤卷)에는 이생(理生)·궁실(宮室)·기명(器皿)·주차(舟車)·금보(金寶)·채색(綵色)·복용(服用)·식찬(食饌)·질병(疾病)·상제(喪祭)·잡류(雜類)·병융(兵戎)·형옥(刑獄)·음악(音樂)의 14개의 부류로 나누고 한자어 표제항 아래에 한글 또는 한문으로 뜻풀이를 달아 놓은 자료이다.

이 『과정일록』은 일본 소창진평 문고에 소장되어 있는데, 동일한 제목의 책이 성균관대학교에도 소장되어 있다. 그러나 성균관대학교 소장본은 단권으로 소창진평 문고본에 비해 항목수를 줄인 것으로 보인다.

- 種着火 블 뭇다 〈4a〉
- 烤火 블쐬다 〈4a〉
- 吊揹灰 느러진 몬지 〈4a〉
- 烟釉子 그으름 고도름 〈4a〉
- 羅鏡 륜도 〈4a〉
- 替更 셔경드다 〈4a〉
- 方輿 地也 又曰厚載地頭地球 〈5a〉
- 地潮 따 축축ᄒ다 〈5a〉
- 地鬆 따 서벅서벅ᄒ다 〈5a〉
- 坎坷地 어러 머흔 따 〈5a〉
- 顚動地 쿠렁쿠렁흔 따 〈5a〉
- 齊坎 싹가지른듯 흔다 〈5b〉
- 棧道 벼로길 〈5b〉

- 引柴 블쓷개 〈4a〉
- 鍋煤 검의양 〈4a〉
- 烟洞倒風 굴둑에 ᄇ람치다 〈4a〉
- 日晷 일영 〈4a〉
- 羅經 대눈도 〈4a〉
- 地軸 地有三十六百軸故云 〈5a〉
- 盖圓軫方 天地又曰堪輿穹壤 〈5a〉
- 地酥 따 므르다 〈5a〉
- 酥顙 따 무럭무럭ᄒ다 〈5a〉
- 山縫 뫼틈 〈5a〉
- 鼓起處 두도록흔 곳 〈5b〉
- 彎路 에옴길 〈5b〉
- 死衚衕 막ᄃ른 골 〈5b〉

『과정일록』(성균관대 소장본)

『과정일록』(소창문고본)

4) 『군학회등(群學會騰)』

필사본으로 국립중앙도서관에 소장되어 있다. 표제서명은 '박해통고(博海通攷)'이나, 내지 제목은 '군학회등(群學會騰)'이다. 19세기 중기 정도에 필사한 것으로 보이는데, 음식문(飮食門)·요물법(料物法)·팽임물종(烹飪物種)·장채법(藏菜法)·취반제품(炊飯諸品)·자죽제품(煮粥諸品)·증병제품(蒸餠諸品)·전면제품(煎糆諸品)·미식제품(味食諸品)·팽다제품(烹茶諸品)·조약과제품(造藥果諸品)·조정과제품(造正果諸品)·조자약(造煮藥)·조자제품(造煮諸品)·조란제법(造爛諸法)·작분제품(作粉諸品)·작유제품(作油諸品)·조청(造淸)·조이당(造飴糖)·조두부(造豆腐)·육병(肉餅)·어찬(魚饌)·좌반(佐飯)·작채제품(作菜諸品)·작갱제품(作羹諸品)·양주(釀酒)·침장(沈醬)·침초(沈醋)로 구분하고 각 식품에 해당하는 곳에 한글로 이름을 적어 넣었다. 분류방식이 다른 물명 자료에 비해 매우 특이하다.

- 南瓜 호박 〈4a〉
- 黃外 외 〈4a〉
- 蔥根 픠 〈4a〉
- 大蒜 마늘 〈4a〉
- 蒜薹 마늘동 〈4b〉
- 芋根 토는 〈4b〉
- 茄子 가지 〈4b〉
- 蘿葍 딧무우 或 미무우 〈4b〉
- 萵苣薹 부룻종 〈4b〉
- 熊蔬 곤달닉 〈4b〉
- 羊蹄根 소노징이 〈5a〉
- 莧 비름 〈5a〉

이와 같은 어휘가 59개가 한글로 표기되어 있다. 그것을 우리말만 표기하여 보이면 다음과 같다. (출전과 한자어는 생략한다.)

- 비름
- 두릅
- 참외
- 슈빅
- 동아
- 호빅
- 외
- 픠

- 마늘동
- 이무디
- 비름
- 연밤
- 메밀
- 마
- 미다
- 년밤
- 슈박씨
- 가리마
- 도랏
- 버셧
- 며됴
- 가지
- 부룻종
- 부어
- 마
- 인졀미
- 닙쑬
- 동아
- 녹두가로
- 를쯱
- 시요
- 닛
- 소로댱이
- 두리
- 지믈밧고는 저
- 곤달닉
- 쓸
- 박
- 셕이단지
- 츕쑬
- 물은미화
- 춤쯱
- 굴
- 게
- 둘읍
- 찜
- 밀기울
- 딋무우
- 소노징이
- 울미
- 기날이
- 귀볼리
- 홍독기로
- 물은슬고
- 무뻐
- 굴죠긔
- 더덕
- 곰달닉
- 박곡블히
- 각지쳥국댱

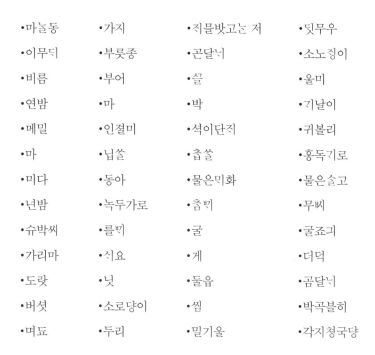

『군학회등』, 1b

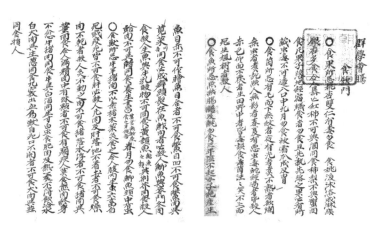

『군학회등』, 1a

5) 『난호어목지(蘭湖漁牧志)』

필사본 1책으로서 국립중앙도서관에 소장되어 있다. 서유구(徐有榘)가 1820년경에 편찬한 것으로 보인다. 강어(江魚) 46종과 해어(海魚) 74종에 대하여 한자명과 한글명을 적고 각각 형태나 이용 등에 대해 설명하였다.

- 杜父魚 줌므즈 〈4b〉
- 鯖魚 위어 〈5a〉
- 訥魚 누치 〈7a〉
- 赤魚 발강이 〈7b〉
- 銀口魚 은구어 〈7b〉
- 眉叟甘味魚 미수감미어 〈8b〉
- 赤鰓魚 불거지 〈8b〉
- 斤過木皮魚 썩적위 〈9a〉
- 鱖 소갈이 〈5a〉
- 細魚 씨나리 〈6b〉
- 鮮章魚 모쟝이 〈7a〉
- 葛多岐魚 쌀담어 〈7b〉
- 餘項魚 여항어 〈8a〉
- 飛鱓魚 날피리 〈8b〉
- 眼黑魚 눈검정이 〈9a〉
- 箭魚 슐치 〈9a〉

이와 같이 135종의 강어(江魚)와 해어(海魚)에 대해 한자 밑에 한글로 표기하여 그 당시의 어명이 대한 정보를 알 수 있다. 한글로 표기된 부분만 보면 다음과 같다. (출전과 한자는 생략하고 출현한 순서대로 제시하면 다음과 같다.)

•아어	•슝어	•독너울이	•붕어
•남쟉어	•춤피리	•모릭므즈	•줌므즈
•소갈어	•위어	•씨나리	•누치
•모쟝이	•발강이	•쌀담이	•은구어
•여항어	•미슈감미	•날피리	•필암이
•불거지	•눈검정이	•썩적위	•슐치
•야회어	•돗고기	•마지	•치리

- 벼들치
- 머여기
- 밋구리
- 빙어
- 망동이
- 큰자라
- 가막죠기
- 황셕슈어
- 도미
- 넙치
- 송어
- 범고기
- 횟듸
- 임연슈어
- 이안슈어
- 일이
- 내인
- 숭어
- 듸구
- 쥐치
- 무럼
- 호독이
- 쥬근이
- 희삼
- 바다긴조기
- 함진조기
- 둑지게
- 가물치
- 북
- 공지
- 밀어
- 게
- 울엉이
- 민어
- 비웃
- 병어
- 젼어
- 물치
- 보굴듸
- 나젹어
- 쇠쏘들이고기
- 닷벼기
- 환도상어
- 인어
- 명틱
- 장쏭어
- 청다리
- 쏠독이
- 물암
- 식우
- 듸합조기
- 가장큰조기
- 가스어
- 빅암쟝어
- 자가사리
- 즁곡이
- 거북
- 가쟝자근죠기
- 달핑이
- 쥰치
- 가즈미
- 방어
- 황어
- 삼치
- 울억이
- 가어
- 잠방이
- 고릭
- 슈욱이
- 날치
- 북어
- 도로목
- 멋
- 문어
- 희파리
- 듸모
- 모시조기
- 강요쥬
- 국식이
- 드렁허리
- 통쟈기
- 그리치
- 자라
- 믈심죠기
- 조긔
- 반당이
- 셔듸
- 넌어
- 션비
- 즁고기
- 공치
- 열씩어
- 굴뇌고기
- 쟝슈피
- 즁어
- 빅암장어
- 고등어
- 가오리
- 오적어
- 낙지
- 싱능이
- 싱복
- 춤조기
- 홍합

•가리맛　　　　•굴조기　　　　•흡힘

어명의 방언형도 밝히고 있음을 볼 수 있다.

柔魚 湖西人呼爲 호독이 海西人呼爲 쇨독이

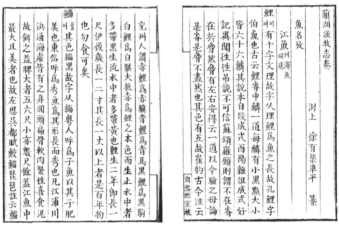

『난호어목지』, 1b　　　　　　　　『난호어목지』, 1a

6) 『독습실용 신식만리척독(獨習實用 新式萬里尺牘)』

이 책은 1931년에 태화서관(太華書館)에서 연활자본으로 간행한 척독 관련 문헌이다. 이 척독 내용의 뒤에 부록으로 수산물(水産物) 십이도 염전구역(十二道 鹽田區域), 곡향주요지(穀鄕主要地) 찬수식물(饌需植物), 약재식물(藥材植物), 금석충밀(金石虫蜜), 어초(菸草), 제조원료(製造原料), 공예(工藝), 십삼도 광신(十三道 鑛山), 가축급산협동물(家畜及山峽動物) 등이 실려 있는데, 여기에 각종 물명들이 한글로 기록되어 있다. 물명이 있고, 그 물명에 대한 산지(産地)를 비롯한 각종 정보를 제공하고 있다. 필자가 소장하고 있다. 그 예를 하나 들어 본다.

[鮔문어] 産地는 北海 東海 南海라 主要 漁場은 咸北 慶興 富寧 鏡城 咸南 端川으로 元山港과 江原道 沿海 一帶地요 産出數는 十二萬五千餘尾에 達ᄒ며 産地 各 市場으로 集合되야 元山港으로 到着되야 汽車로 京城 各 市場에 輸出되니 産出額은 五萬七千餘圓에 至홈.

여기에서 처음에 든 물명이 어휘 자료가 된다.
'수산물'에서 그 예를 들어 보도록 한다.

•넙지(魬)	•비웃(鰊)	•민어(鮸)
•명틔(明太)	•대구(鱈)	•고등어(鯖)
•이면수(眙面睡)	•연어(鰱)	•문어(鮔)
•홋득이(笛魚)	•방어(魴)	•삼치(鰆)
•전어(鱅)	•송어(鱒)	•고릭(鯨)
•은어(鮎)	•오징어(烏賊魚)	•도미(鯛)
•가오리(鱝)	•무럼싱선(洪魚)	•조기(鯮)
•준치(鰣)	•숭어(鯔)	•낙제(落蹄)
•골쑥이(鱆)	•빙어(鮊)	•해삼(海鼠)
•전복(鮑)	•홍합(紅蛤)	•소라(螺)
•굴(蠣)	•가리맛(蟶)	•즁조기(中白蛤)
•큰조기(大蛤)	•흔조기(白大蛤)	•감으럭조기(小蛤)
•큰싀우(大鰕)	•싀우(鰕)	•다시마(昆布)
•미역(若布)	•기임(海衣)	•가시이(海羅)
•우무가사이(石花菜)		

'공예(工藝)' 부분 어휘의 예를 들면 다음과 같다.

- 주속(紬屬)   ・모시(苧布)   ・마포(麻布)
- 문영(木布)   ・붓치(扇)   ・참빗(扇子)
- 발(細簾)   ・돗자리(席)

『신식만리척독』, 2

『신식만리척독』, 1

7) 『동몽요람(童蒙要覽)』

　『동몽요람』은 일본 동경대학 오구라문고에 소장되어 있는 1책의 필사본으로서 일종의 어휘집이다. 한자로 된 표제항에다가 한글로 주석을 달아 놓았다. 한글 주석 뒤에는 "天한늘又曰碧空又曰雲霄"처럼 ‘天’에 대하여 고유어인 ‘한늘’을 쓴 뒤에 다시 ‘벽공(碧空)’과 ‘운소(雲霄)’와 같이 동일한 의미를 가진 한자어를 적어 놓기도 하였다. 표지 서명도 내지 서명도 모두 ‘동몽요람(童蒙要覽)’이다. 저자는 알 수 없고, 책의 말미에 책의 주인 이름이 있는데, "조복성책(趙福成冊) 무진사월초오일(戊辰四月初五日) 병술(丙戌)" 등 기록들이 여럿 보이지만, 가장 앞에 적은 것이 무진년이어서, 1928년에 필사된 것으로 추측된다.

천문류(天文類) · 지리류(地理類) · 화곡류(禾穀類) · 음식류(飮食類) · 어린류(魚鱗類) · 채소류(菜蔬類) · 과실류(果實類) · 음백류(錦帛類) · 의안류(衣眼類) · 관대류(冠帶類) · 혜석류(鞋舃類) · 보패류(寶貝類) · 패원류(佩琬類) · 기맹류(器皿類) · 즙물류(什物類) · 문방류(文房類) · 장석류(帳席類) · 궁실류(宮室類) · 교승류(轎乘類) · 박혁류(博奕類) · 악기류(樂器類) · 군물류(軍物類) · 염색류(染色類) · 금석류(金石類) · 화초류(花草類) · 수목류(樹木類) · 금수류(禽獸類) · 잡충류(雜虫類)의 28개 부류로 나누어 놓고 각 한자 아래에 한글로 주석을 달아 놓았다.

- 天 한늘 乂曰碧空 乂曰雲宵 ⟨1a⟩
- 日暈 날빈 ⟨1a⟩
- 三台星 삼틱셩 ⟨1a⟩
- 霞 놀 ⟨1a⟩
- 霖 장마 ⟨1a⟩
- 銀河 은하수 又四天 氵+奏 ⟨1a⟩
- 北辰 북두칠셩 又曰北斗七星 ⟨1a⟩
- 霧 안기 ⟨1a⟩
- 霾 흑비 ⟨1a⟩
- 雪 누은 又曰玉屑又曰二土花 ⟨1b⟩
- 雷霆 우릭 ⟨1b⟩
- 地 쌍 又曰九垓 ⟨1b⟩
- 岏 셔근고기 ⟨1b⟩
- 霰 쌀아기눈 ⟨1b⟩
- 霹靂 별락 ⟨1b⟩
- 山 산 ⟨1b⟩
- 山$片塢 언덕 ⟨1b⟩
- 抗塹 구렁텅니 ⟨1b⟩
- 日 히 又曰太陽 ⟨1a⟩
- 星辰 별 ⟨1a⟩
- 參星 좀상니 ⟨1a⟩
- 虹霓 무지기 ⟨1a⟩
- 九天 히늘 又曰별영 ⟨1a⟩
- 月 달 又太陰 ⟨1a⟩
- 啓明星 싀별 ⟨1a⟩
- 雨 비 ⟨1a⟩
- 露 이슬 ⟨1b⟩
- 霓 눈비 ⟨1b⟩
- 電 번기 ⟨1b⟩
- 峯巒 뫼쌍리 ⟨1b⟩
- 霜 셔리 ⟨1b⟩
- 雹 우박 ⟨1b⟩
- 風 발람 ⟨1b⟩
- 嶺 큰고기 ⟨1b⟩
- 壑 산골 ⟨1b⟩
- 岩 바희 ⟨1b⟩

『동몽요람』, 1b　　　　　　　　『동몽요람』, 1a

8) 『동언고략(東言考略)』

『동언고략』은 책명 그대로 '동언(東言)', 즉 우리말을 고찰하여 약술한 것인
데, 주로 국어의 어원을 해석한 책이다. 2권 1책의 한문본의 필사본으로 전해
온다. 이것을 1903년에 정교(鄭喬)가 증보(增補)해서 국어로 번역하여 연활자
본으로 중간(重刊)하여서, 동언고략은 필사본 계열과 연활자본의 두 가지가
전해 온다.

　이 『동언고략』은 1836년에 박경가(朴慶家, 1780-1841)가 편찬한 것이 틀림없
다. 국립중앙도서관 소장의 동언고략 필사본(한古朝 40-19)의 표지에 "학양(鶴
陽)"이란 기록이 보이고 "동언고략서(東言考畧序)" 오른쪽의 판심제를 쓰는 부
분에 "학양집권지(鶴陽集卷之)"라고 기록한 부분이 보인다. 그리고 1902년에 목
판본으로 간행된 12권 6책의 『학양선생문집(鶴陽先生文集)』의 권5에, 아래에

"병신(丙申)"이라고 기록된 「동언고서(東言考序)」가 있으며 그의 연보에 병신년에 "동언고성(東言考成)"이라는 기록이 있어서 박경가가 1836년에 이 책을 편찬하였음을 알 수 있다. 그러나 그 문집에는 이 동언고가 실려 있지 않다.

또한 서울대 가람문고(가람 古410-D717) 소장본과 서울대 중앙도서관의 소장본(일사 412D717g)에는 박경가가 쓴 '동성고(東姓考)'가 합철되어 있는데, 이 '동성고'는 박경가의 저술이다. 학양집에 동성고의 본문은 보이지 않지만, '동성고서'가 있어서, '동성고'가 박경가의 저작임을 알 수 있다. 따라서 '동언고'도 박경가의 저술로 판단된다.

그런데 학양집에 수록된 '東言考序'와 '동언고략'에 쓰인 서문, 그리고 연보에 쓰인 '東言考成'이라 한 곳의 아래에 보이는 서문들의 문장이 각각 달라서 이렇게 서문이 왜 달라졌는지에 대해 이『동언고』와『동언고략』이 동일한 책일까 하는 의구심이 들기도 한다. 그러나 내용상으로는 상통해서 문장은 전혀 다르지만 동일한 사람이 쓴 글임을 알 수 있다. 어떻게 해서 이 서문들이 달라졌는지에 대해서는 알 길이 없다.

다음에 그 서문들을 옮겨 놓으면 다음과 같다. 학양집에 본문이 실려 있으면 확인을 할 수 있을 터인데, 문집에는 서문만 실려 있고, 본문은 실려 있지 않아서 확인이 어렵지만, 곳곳에 그 흔적을 볼 수 있어서 이『동언고략』이 박경가의 저작임은 틀림이 없는 것으로 보인다. 다음에 각 서문들을 소개하도록 한다.

○ 동언고략 필사본의 서문

我東方言以彝語見譏於華人 此爲東人之所可慨惋者也 夫我東雖僻在海隅然日出文明之鄕也

在禹貢爲靑之裔境在天文與燕同其分野況本箕子之封域秦燕之流民見聞華也 衣冠華也 風謠俗尙制度文物皆華也 是以有小中華之稱而獨於言語未免彝稱者何也 蓋萬國之風氣不同五方之聲音自別 我邦偏得東方之氣齒音居多其發言語諸者大率皆角聲也 是以淸多而濁

少急多而緩少高下疏數未得其中吏讀辭吐古談俚諺往往雜著成聲而又有音義之蛙傳蠅襲者種種其間此所以見識於華人者然夷考其原則實無不一於文字其簡重典雅有倫有理可謂華語之亞而非如胡倭諸譯之詭恠侏僬也 昔楊子雲槧筆遊四方著方言一篇余依其例述東言考以謝華人之譏云

○ 학양선생 문집의 서문

東言考序 丙申

東人皆知華言之爲文字不知東言之亦出於文字 盖華人專用文字而無辭吐故其言易解東人文字之中雜以辭吐故其言難悟且華言則字音之清濁相半而語音隨而清濁東言則字音純清而語音間多純濁故字音語音判而爲二或字有東音而語用華音或語音訛傳不合字音此所以不知其言之亦出於文字 然夷考其實則與華言大略相同也 今乃以彝語見譏於華人而東人亦以彝語自屈則此非有識之所慨然者乎 嗚乎吾東雖僻在海隅則日出文明之鄉也 在禹貢爲青之裔境在天文與燕同其分野況本箕子之封域秦燕之流民見聞華也 衣冠華也 風謠俗尚制度文物皆華也 是以有小中華之稱而獨於言語豈有咮嚇之彝語哉然而萬國之風 氣不同五方之聲音 自別吾東之人 牙音偏多語聲急促 凡於山謠野唱方談俚言街巷之呷囂市井之嚶啷婦女之噍噍小兒之喃喃率皆清脣疾數骤聞其聲未審其何華人之譏笑固無足恠也 惟其大異之中而大同者存焉至瀍之中而至理者寓焉則華語東言出於文字則同也 苟能按之以字母而參之以鄉音援之以故實而別之以辭吐則夫其某物爲某字之音某事爲某字之聲而其言語之無不一於文字者了了可辨也 此可爲華語之亞而豈如胡倭諸譯之詭恠鳩舌者哉昔楊子雲槧筆遊四方著爲方言一篇 余依其例述東言考以謝華人之譏云甭

○ 학양선생문집의 연보에 보이는 서문의 약술

東言考成

序畧曰盖華人專用文字而無辭吐故其言易鮮東人文字之中雜以辭吐故其言難悟且華言則字音之清濁相半而語音隨而清濁東言則字音純清而語音間多純濁故字音語音判而爲二或字有東音而語用華音或語音訛傳不合字音此所以不知其言之亦出於文字然夷考其實則

與華言大畧相同也云云

　이『동언고략』의 편찬 동기는 이 서문에서 찾아볼 수 있다. 이 책은 우리나라 말이 '이어(彝語)'로 말미암아 기록됨을 면하고자 하여 편찬한 것이다. 우리나라 사람들은 중국어가 문자인 것은 알지만 우리말이 문자로부터 나왔다는 것을 모르고 있다고 하면서 국어가 결국 중국의 문자로부터 비롯되었음을 여러 가지로 설명하고 있어서 이『동언고략』이 국어의 어휘들을 중국의 한자나 한자어에 연관시켜 설명하려고 한 것임을 알 수 있다. 흥미롭게도 우리말이 중국의 한자어와 한자와 연관되어 있다는 것을 밝힘으로써 국어의 우수성을 들어 보이려고 하였다는 점에서, 한편으로는 한자 한문에 대한 인식과 국어에 대한 인식이 동일함을 보여서 모화사상과 애국심이 동시에 발현된 책이라고 할 수 있다. 19세기 초기의 지식인의 인식을 잘 들어낸 것이라고 할 수 있다.

　이 책은 상하 2권 1책으로 되어 있다. 앞에 '동언고략서(東言考略序)'가 있고, 이어서 상권은 고담(古談), 속언(俗諺)으로 되어 있다. 하권에는 속언 하(俗諺 下)로 되어 있다. 이 동언고략의 뒤에 합철되어 있는 내용은 각각 다른데, 어느 것은 박경가의 '동성고'가 합철되어 있고, 어느 것은 사군과 이두나 이문잡례(吏文襍例)가 합철되어 있기도 하다. 그리고 정교가 편찬해서 고금서해관(古今書海館)에서 출판한 책에는 필사본의 내용과는 차이가 없으나 그 배열에는 많은 차이가 있다. 특히 '속언(俗諺)' 부분은 필사본에서는 하위분류를 하지 않았는데, 연활자본에서는 천도부(天道部), 지도부(地道部), 인도부 신체(人道部, 身體), 심류(心類), 친당(親黨), 설화(說話)로 구분하였다. 그러니 당연히 배열 순서가 달라졌을 수밖에 없다. 하권에서도 마찬가지이다. 연활자본에서는 계수(計數)·음식(飲食)·관개(冠笄)·포백(布帛)·가택(家宅)·기구(器具)·농기(農器)·악기(樂器)·산업(產業)·낭탁(囊橐)·화곡(禾穀)·초채(草菜)·목류(木類)·조류(鳥類)·수류(獸類)·어류(魚類)·충류(蟲類)로 분류하여 놓았다.

　예를 권상에서 몇 가지만 들어 보도록 한다. (괄호 안의 것은 연활자본의 풀이를 함께 적어 놓았다.)

○ 大(한)

東韓人自以大且多故謂大爲한之稱也(東韓人이 大를 謂호되「한」이라 ᄒ니 곳 韓의
稱이오)

○ 月(달)

謂月爲달者達也以其明光隨日而能達也(月을「달」이라 홈은 達이니 그 明光이 日을
隨ᄒ야 能히 達ᄒ 故로 名홈이라)

○ 地(ᄯᅡ)

地曰 ᄯᅡ 者多也 載物衆多也(地ᄂᆞᆫ 曰「ᄯᅡ」라 홈은 多ᄒ다 홈이니 物의 衆多ᄒᆫ 거슬
載홈이라)

○ 人(사ᄅᆞᆷ)

人曰사ᄅᆞᆷ者薩臧也薩生也今人以生水爲薩水臧音黯莊子曰有生臧也今謂生爲薩兒者
卽 살아也

(人을「사ᄅᆞᆷ」이라 홈은 薩臧(臧은 音에 黯이라)의 變音이라 薩)은 生이니 今人인
生水ᄒᆞ쎠 薩水(高句麗時의 支那隋楊廣이 來寇ᄒ거늘 大將乙支文德이 隋兵을 薩水(今
淸川江)上에 大破ᄒᆫ 故로 稱에 홈이라)라 ᄒ고 莊子ㅣ 曰生이 有홈은 臧이라 ᄒ니 今
에 生ᄒᄂᆞᆫ 거슬 謂ᄒ야 曰「살아」라홈은 곳 薩兒ㅣ오

○ 심(ᄆᆞ음)

心을「ᄆᆞ음」이라 홈은 莫音의 變音이니 心은 本히 虛明ᄒ되 物欲이 暗케 ᄒᄂᆞᆫ 고
로 그 莫音ᄒ기를 戒홈이니라

○ 父(아바) 母(어머)

父曰아바者阿父也 母曰어마者於母也 (父를 「아바」라 홈은 阿父ㅣ오 母를 「어머」
라 홈은 於母ㅣ오)

○ 有(잇)

有曰잇者有此也 無曰업 者虛邑也

有를 「잇」이라 홈은 有此이오 無를 「업」이라 홈은 虛邑이니라

　모두 한자에 견강부회식으로 설명하고 있음을 볼 수 있다. 대표적인 것이
'고린늬'인데, 그 설명을 보면 "高句麗는 北土寒冷의 地에 在ㅎ야 其人이 온욱
(溫燠)의 室에 好居ㅎ며 善히 山肉을 獵食ㅎ며 沐浴을 不喜흔 故로 其人이 貉臭
ㅣ 率多ㅎ니 新羅人이 惡ㅎ야 臭의 穢惡흔 者로써 고린늬라 謂흔 者는 高麗臭
ㅣ오 구린늬라 ㅎ는 자는 句麗臭ㅣ라'라는 곳에서 쉽게 알 수 있다.

　따라서 이 문헌을 통해서 얻을 수 있는 내용은 여기에 한글 쓰인 약 820개에
달하는 국어 어휘밖에 없다. 뿐만 아니라 이 시대에 지식인들이 얼마나 한문
(중국어가 아닌)에 매몰되어 있었는가를 알 수 있는 중요한 자료가 될 수 있다.

　여기에 쓰인 국어도 한자에 연관시키기 위해 의도적으로 표기를 바꾼 흔적
들이 보여서 국어 어휘를 참고할 때에도 주의를 요한다. 예컨대 '하나'를 '한아'
로 표기한 것은 이것을 한자 '韓兒'에 연계시키기 위한 것이다.

　이 책은 필사본의 이본이 여럿 있다.

① 서울대 가람문고본(가람 古410-D717)
② 서울대 규장각 소장본(古3800-1)
③ 국립중앙도서관 소장본(한古朝40-19)
④ 고려대 신암문고본(신암 C11-A2)
⑤ 서울대 중앙도서관 소장본(일사 4312D717g)

⑥ 한양대학교 도서관 소장본(411.2-동632-v.1)

⑦ 일본 동경대 소창문고 소장본(1174811)

⑧ 상문각 영인본

이 중에서 상문각 영인본(1969년)은 그 원본의 소장처를 알 수 없다. 이 영인본에는 서문이 빠져 있다. 1980년에 홍문각에서 이 상문각 영인본을 재영인하였다.

그리고 융희이년 사월(隆熙 二年 四月)에 쓴 정교(鄭喬)의 서문이 있는 연활자본이 있는데, 이 책은 곳곳의 도서관에 소장되어 있다. 앞에 정교의 서문과 유호식(劉鎬植)의 서문이 있다. "추인 정교 찬술(秋人 鄭喬 纂述), 영가 김인규 교열(永嘉 金寅珪 校閱)"이라고 되어 있다. 한문을 국문으로 풀이한 것인데, 전술한 바와 같이 필사본의 세부 분류항목을 써 놓았고, 배열을 바꾼 것이 특징이다. 한글 표기에도 약간의 차이가 있다. 이 책은 1975년에 원문사(原文社)에서 영인하였다. 이 연활자본은 또한 동경한국연구원도서관 소장본이 복사되어 많이 유통되고 있다.

『동언고략』(국립중앙도서관본), 1b   『동언고략』(국립중앙도서관본), 1a

9) 『만물록(萬物錄)』

『만물록』은 고려대학교 신암문고 소장본의 필사본이다. 표지와 내제의 제목이 '만물록'인데, "신해중춘등초(辛亥仲春謄抄)"란 기록이 있어서 1911년에 기록한 것으로 추정된다. 천문류(天文類) · 지리류(地理類) · 인사류(人事類) · 체부류(體部類) · 화곡류(禾穀類) · 음식류(飲食類) · 어선류(魚鮮類) · 채소류(菜蔬類) · 과실류(果實類) · 포백류(布帛類) · 관대류(冠帶類) · 의복류(衣服類) · 혜석류(鞋舃類) · 보패류(寶貝類) · 패완류(佩玩類) · 기명류(器皿類) · 집물류(什物類) · 문방류(文房類) · 장석류(帳席類) · 궁실류(宮室類) · 교속류(較束類) · 신척류(船隻類) · 앙형류(量衡類) · 서사류(書寫類) · 화도류(畵圖類) · 방적류(紡織類) · 보석류(寶石類) · 화초류(花草類) · 수목류(樹木類) · 금수류(禽獸類) · 개충류(介蟲類) · 공기류(工器類) · 야장류(冶匠類) · 이장류(泥匠類) · 음악류(音樂類) · 군기류(軍器類) · 잡기류(雜技類) · 잡록류(雜錄類) · 염색류(染色類) · 문체류(文體類) · 취재류(取才類) · 문체부(文體部) · 문식부(文式部) 등의 43부류로 구분하고 한자 어휘 아래에 한문 또는 한글로 주석을 달아 놓았다. 의복류의 몇 예를 보이도록 한다.

- 袞龍袍 인군 조복
- 구戎衣 제후 조복
- 淺淡服 졔관복
- 長衣 긴 옷
- 袷衣 겹옷
- 儓裶衣 누비옷
- 單袴 속것
- 袴 바지
- 行纏 힝젼
- 腰纏帶 허릿씌

- 綿紗布 인군 평복
- 朝服 團領 관듸 조관시복
- 同衣 동옷
- 單衣 홋긴 옷
- 袷同 겹동옷
- 單衫 적삼
- 赤古里 젹우리
- 袷袴 겹바지
- 襪 보션
- 囊 쥬머니

• 單衽 단임

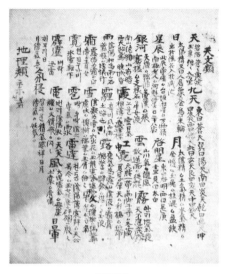

『만물록』

10) 『만물명(萬物名)』

『만물명』은 양승민 교수 소장의 필사본으로 면지에 "성상즉위삼년병인오월(聖上卽位三年丙寅五月)"이란 필사기가 있어서 1866년에 필사된 것으로 보인다. 권두서명은 '한골동(閑骨董)'이고 표지서명은 '총방(叢芳)'이다. '만물명(萬物名)'은 마지막의 3장에만 기록되어 있다.

- 苽 춤외
- 南苽 호박
- 胡蘿菖 당근
- 蔓菁 슛무우
- 蔞芥 동갓
- 苦蓬來 근듸
- 胡苽 외
- 苽 동화
- 天苽 하늘다리
- 來菔 틴무우
- 赤根菜 시금취
- 蘘荷 양화
- 匏 박
- 寒苽 수박
- 白菘 비쵸
- 菘芥 밋갓
- 蒿蒿 쑥갓, 믈쑥
- 白菜 머화

- 蒿苣 부루
- 冬葵 아욱
- 香蔬 연취
- 竹萌 슌
- 馬蹄菜 공다리
- 芋魁 토랑베져버

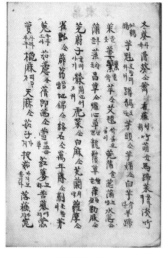

『만물명』, 1b   『만물명』, 1a

11) 『만물학(萬物學)』

『만물학』은 양승민 교수 소장의 필사본으로 뒷표지 속에 "광무칠년계묘정월십구(光武七年癸卯正月拾玖)"란 필사기가 있어서 1903년에 필사된 것임을 알 수 있다. 표지서명은 '삼청동 송주사댁 만물학(三淸洞 宋主事宅 萬物學)'이라고 되어 있다. 모두 21장이다. 문방구(文房具)·기용구(器用具)·음식구(飮食具)·의복구(衣服具)·신체부(身體部)로 분류되어 있으나, 뒤에 혼구(婚具)도 기록되어 있다. 다음에 드는 예는 음식구(飮食具)의 예들이다.

- 飯 밥
- 餾 밥 쯤드리다
- 羹 국
- 湯 탕
- 藥飯 약밥
- 骨董飯 부븨음

- 蒸飯 찐 밥
- 鑐底飯 누른밥
- 藿湯 머역국 藿羹
- 菜羹 나물국
- 肉湯 고기탕
- 魚湯 싱션탕
- 牛血湯 션지국
- 膏飮 고음
- 黃肉 쇠고기 正肉
- 念通 염통
- 乫非 갈비
- 牛臀 쇠볼기
- 陽支頭 양지머리
- 胖 양
- 肝 간
- 千葉 천엽
- 豆太 콩팟
- 肺 부화
- 腸子 챵즈
- 肉膾 고기회
- 箄炙 산적
- 炙伊 구이
- 生鮮 싱샨
- 魚乙 고기챵즈

『만물학』, 1b

『만물학』, 1a

12) 『만보전서(萬寶全書)』

『만보전서』는 명청(明淸) 시대의 백과사전인『만보전서(萬寶全書)』를 새롭게
편집하여 언해해 놓은 책으로 고려대 도서관 소장본이다. 17책의 필사본이
다. 매우 방대한 저서로서 이 내용 속에 수많은 어휘에 대한 주석이 붙어 있어

서 한자 어휘나 국어 어휘 연구에 큰 도움이 된다. 모두 궁체 한글 필사로 되어 있고, 부분적으로 다양한 그림이 있어서 어휘의 의미 파악에 큰 도움이 된다. 그러나 한자 어휘가 목록화되어 있지 않아서 일일이 읽고 색인을 만들어야 하는 어려움이 있을 것이다. 2009년에 학고방(學古房)에서 영인본을 간행하였다.

- 길고(桔橰) : 길고ᄂᆞᆫ 뎌 물 깃ᄂᆞᆫ 거시라 〈권13 부록〉
- 듸(碓) : 듸ᄂᆞᆫ 영졍ᄒᆞᄂᆞᆫ 그릇이니 몸의 무게를 비러 써 듸듸ᄂᆞ니라 〈권13 부록〉
- 잠연(蠶連) : 잠련은 누에 알 스ᄂᆞᆫ 조희라 〈권13, 부록〉
- 직긔(織機) : 직긔ᄂᆞᆫ 질쌈ᄒᆞᄂᆞᆫ 거시니 믈읫 ᄉᆞ룸의 몸에 입ᄂᆞᆫ 거시 다 여긔서 나ᄂᆞ니라 〈권13 부록〉

『만보전서』

13) 『만삼록(萬三錄)』

이 책은 '만삼록서문(萬三錄序文)', '만삼록문자(萬三錄文字)', '만삼록젼(萬三錄全)'의 3부분으로 구성되어 있는데, 서문에 "융희이년세재저옹군탄맹양월월회일(隆熙二年歲在著雍涒灘孟陽月月灰日) 진인강성관문정호창고(陳人江城貫文鼎鎬窓)

稿"라고 되어 있어서 1908년에 필사된 것임을 알 수 있다. 책의 말미에도 "융희이년무신팔월십오일养栒재신간(隆熙二年戊申八月十五日养栒齋新刊)"이란 기록도 있다. '만삼록문자(萬三錄文字)'에만 한글로 주석을 달아 놓은 부분이 있다. 필자의 소장이다. 상하이엽화문어미(上下二葉花紋魚尾)로 모두 67장이다. 풀이에는 그 한자어의 출전을 밝히고 있다.

- 岑牟 : 잠방이 彌衡岑牟單絞仟鼓曺操前魏史 〈5b〉

- 祇服 : 젹삼 陳靈公與儀行父戲夏姬祇服於朝列國志 〈5b〉

- 多耳鞋 : 今 메터리 西湖志 〈6a〉

- 竹籃 : 바구리 吒志 〈8a〉

- 漉囊 : 망틔 牧斋遺集 〈8a〉

- 繅車 : 씨아시 古詩索索繅車人戶鳴 〈8a〉

- 汗絲 : 絲音非也 쌈씌 素問 〈9a〉

- 水勃公 : 왜가리 一名信天翁唐詩一生无事烟波足惟有沙邊水教公 〈10a〉

- 瓦雀 : 참새 一名佳賓劉禹錫詩齒禽恩와似嘉賓 〈10a〉

- 常羊 : 민득이 詩注 〈10b〉

- 黃獨 : 썅다리 古詩長鑱堀黃獨 〈10b〉

- 餾飯 : 안직진 밥 世說 〈12a〉

- 鱧魚 : 가무치 〈12b〉

- 猧兒 : 강아지 古詩雪猧兒地上行 〈12b〉

- 海菜 : 메역 〈13a〉

- 海帶 : 다시미 〈13a〉

- 秋毛菜 : 가시리 幷醫書 〈13a〉

- 桶篒 : 통태 易注 〈13a〉

- 飯楮 : 밥쥬게 字彙 〈13a〉

- 扒子 : 가쿠리 精忠演義 〈13a〉

- 燕麥 : 귀보리 列禹錫曰兎葵燕麥動搖春風〈17a〉

- 靑顆麥 : 쌀보리 〈17a〉

- 河豚 : 복전이 古詩河豚怒觸柱〈17a〉

- 鰛魚 : 갈치 〈17a〉

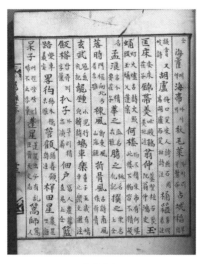

『만삼록』

14) 『명물기략(名物紀略)』

『명물기략』은 조선시대 한방의 처방을 집대성하여 『방약합편』을 썼던 황필수(黃泌秀, 1842-1914)가 1870년에 펴낸 우리나라의 물명을 고증한 책이다. 각종 사물명을 한자로 쓰고 그 아래에 그 한자어의 우리말 뜻을 밝힌 책이다. 모두 4권으로 앞에는 '명물기략서(名物紀略序)'가 있고 이어서 천도부(天道部)·시령부(時令部)·지리부(地理部)·형모부(形貌部)·거처부(居處部) 등 총 37부류로 나뉘어져 기술되어 있다. 큰 표제어의 수는 중복되는 것을 포함하여 총 3,800여 개이며 부속 어휘까지 합치면 수만 개에 달한다.

현재 그 원본의 소장처는 일본의 천리대학(天理大學) 도서관이다. 필사본으로서 그 정서본이 권1이 고려대학교 도서관에, 그리고 권3이 국립중앙도서관에 소장되어 있다. 이 두 책은 완전히 동일한 사람에 의해 필사된 것인데, 나뉘어 소장되게 되었다. 국립중앙도서관 소장본은 경북대학교 도서관본을 그대로 필사하였다고 하고 있으나, 경북대학교 도서관에 이에 해당하는 원본은 보이지 않는다. 그리고 권2는 그 행방을 알 수가 없다. 2011년에 학민문화사(學民文化社)에서 천리대학 도서관본을 영인하였다.

이『명물기략』은 표제항은 한자이지만 그 한자 밑에 이에 해당하는 우리말 어휘에 대해 기술하고 있는데, 특히 그 속명을 쓰고 있어서 국어 어휘사 연구에 큰 도움이 된다. 그러나 한자에 견강부회식으로 설명해 놓은 것이 많으므로 이용에 조심하여야 한다. 예컨대 '숱'이 속언(俗言)으로 '수얼(邃蘗)'이라고 한 것이거나 '나무 가지'의 '가지'를 '간지(幹枝)'에서 왔다고 하는 것들이 대표적이다.

이 책에서는 의미에 따라 어휘들을 나열하여서 유의어나 관계되는 어휘 관계를 연구하는 데 많은 도움을 준다. 예컨대 권2의 형모부(形貌部)의 '형상(形狀)' 부분에 등장하는 어휘들을 볼 수 있다.

形狀 형상 擧全體而言, 形容 형용, 形體 형톄, 形局 형국, 容貌 용모, 貌樣 모양, 貌骨 모골 俗轉 몰골, 貌襲 모습, 神守 신슈, 體大 톄대, 體樣 톄양, 肌骨 긔골, 骨格 골격, 外樣 외양, 外貌 외모, 外面 외면, 氣像 긔샹, 氣骨 긔골, 風神 풍신, 全身 젼신, 全體 젼톄, 肉身 륙신, 軀殼 구각, 仙風道骨 션풍도걸, 玉骨 옥골, 姿態 ᄌ틱, 態度 틱도

'형상'에 관련된 어휘를 28개나 제시하고 있다.

성정부(性情部)의 '성(性)'과 '정(情)'에는 매우 다양한 국어 어휘들이 보이는데 한문으로 쓰인 부분을 제외하고 한글로만 쓰인 부분을 예시하면 다음과 같이 다양하다.

- 性 俗言 性稟 셩품, 性行 셩힝, 性情 셩졍, 性識 셩식, 性理 셩리, 性善 셩션, 性惡 셩악 부리다

- 情 六情 륙졍, 七情 칠졍, 眞情 진졍, 實情 실졍, 情理 졍리, 情誼 졍의, 情境 졍경, 至情 지졍, 人情 인졍, 多情 다졍ᄒ다, 情熟 졍숙ᄒ다, 情近 졍근ᄒ다, 回曲 회곡ᄒ다, 曲盡 곡진ᄒ다, 款曲 관곡ᄒ다, 繾綣 견권ᄒ다, 覼縷 나루ᄒ다, 委曲 위곡ᄒ다, 懇懃 은근ᄒ다, 親近 친근ᄒ다, 親狎 친압하다, 狎狎 압압ᄒ다 俗以字旁 甲謂갑갑近也, 親熟 친슉ᄒ다, 冷對 랭대ᄒ다, 恝視 괄시ᄒ다, 恝待 괄디ᄒ다, 逆情 역졍ᄒ다, 邁邁 미미ᄒ다, 落落 락락ᄒ다, 驅迫 구박ᄒ다, 迫逐 박축ᄒ다, 薄對 박디ᄒ다, 龃龉 셔어ᄒ다, 頓淡無心 돈담무심하다, 冷落 링락ᄒ다, 全不顧見 젼불고견하다, 薄情 박졍ᄒ다 迆 물遠也 俗訓 멀다

『명물기략』 인품부, 2   『명물기략』 인품부, 1

15) 『몽유(蒙牖)』

『몽유』는 어당(峿堂) 이상수(李象秀, 1820-1882)가 어린 아이들에게 한자 및 한자어를 교육하기 위하여 편찬한 책으로, 한자나 한자 어휘를 한문으로 풀

이하면서 동시에 부분적으로 한글로도 그 물명을 제시하여 놓은 일종의 학습서다. 불분권(不分卷) 1책의 필사본이다. 편찬연대는 알 수 없으나 이상수의 생몰연대를 고려하여 추정하면 19세기 중반에 편찬된 것임을 알 수 있다. 필자가 소장하고 있고, 단국대 율곡기념도서관과 한글학회에서 소장하고 있으며, 이희승 선생님 구장본(서울대학교 중앙도서관 일석문고)도 있다. 필자의 소장본은 국어사연구 제8호에 영인, 소개되었다.[25]

『몽유』는 천속훈(天屬訓)·지속훈(地屬訓)·인속훈(人屬訓)·동물훈(動物訓)·식물훈(植物訓)·잡물훈(雜物訓)·잡명훈(雜名訓)의 7개 부류에 해당하는 사물에 대하여 한문으로 설명을 하거나 또는 그 물명을 한글로 써 넣은 책이다. 여기에 보이는 한글 표기가 곧 물명 어휘가 되어 국어 어휘사 연구에 도움이 된다.

위의 이본들에 모두 등장하는 어휘들을 몇 개 보이면 다음과 같다. 출전은 생략한다.

•기쳔 (堰)	•딕가치 (山鵲)	•딕공 (梲)	•딕졉 (碟)
•밍꽁이 (蛙黽)	•식옹 (鍋)	•쇠아리 (酸漿)	•슬 (鑿)
•쌀기 (莓)	•썩국 (湯餠)	•쫑 (屎)	•쎔 (挲)
•가릭 (楸子)	•가지 (蟹)	•가물치 (鱧)	•가죽나무 (橋)
•갈가마귀 (鴉)	•갓 (笠)	•겹옷 (袷)	•고의 (褌)
•고토리 (莢)	•구린닉 (腐)	•김치 (菹)	•낫 (鎌)
•너구리 (獾)	•넙젹다리 (髀)	•노린닉 (臊)	•누린닉 (腥羶)
•는기 (霡霖)	•달닉 (茗)	•달마 (骨)	•도랑 (渠)
•독슈리 (鷲)	•동부 (豌)	•둑 (隄)	•들쇠 (荏)
•마판 (櫪)	•모밀 (稜麥)	•뫼비 (檉)	•뫼돗 (豵)
•뫼밤 (柵)	•무 (菔)	•민어 (鮸)	•밀 (小麥)

25 이 문헌에 대해서는 홍윤표(2013)를 참조할 것.

- 밀기울 (麩)
- 밀물 (潮)
- 발졔 (額)
- 방어 (魴)
- 벅국이 (布穀)
- 벗 (樺)
- 보 (障川)
- 보션목 (袜)
- 불친돗 (豮)
- 붓는다 (腫)
- 비름 (莧)
- 쇼 (潭)
- 숑편 (菓餌)
- 슈리 (鵰)
- 슈박 (西瓜)
- 슈삼 (枲)
- 슈슈 (粱)
- 슘통 (喉)
- 식통 (咽)
- 씨아 (攪車)
- 아궁이 (戶竈)
- 암돗 (豝)
- 염쇼 (羖)
- 염통 (四肢心)
- 옥슈슈 (蜀黍)
- 외 (瓜)
- 우리 (牢)
- 우물 (井)
- 익모쵸 (蓬蔂蓷)
- 인졀미 (餈)
- 전나무 (杉)
- 전병 (糕)
- 신가루 (麪)
- 진듸 (蜋)
- 총 (銃)
- 켤물 (汐)
- 콩팟 (腎)
- 큰돗 (豨)
- 큰혹 (癭瘤)
- 팟 (小豆)
- 팟비 (椋)
- 호박 (南瓜)
- 혹 (贅)
- 홋옷 (襌)
- 해 (桗)
- 회화 (槐)

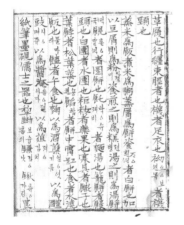

『몽유』(홍윤표본), 22a

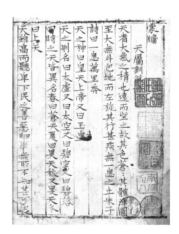

『몽유』(홍윤표본), 1a

16) 『몽유편(蒙喩篇)』

『몽유편』은 중인 출신인 장혼(張混)이 편찬하여 1810년(순조 10년)에 2권 1책의 소형필서체 목활자본으로 간행해낸 일용백과의 성격을 띤 일종의 유서이다. 그 한자 단어의 아래에 거기에 해당하는 국어 어휘를 한글로 써 놓은 부분이 있어서 국어연구에 도움을 준다. 모두 381개가 나타난다. 이 책에 나와 있는 국어 어휘는 그 당시의 서울말을 반영하고 있다고 할 수 있다.

- 五嶽 면상 〈1a〉
- 八彩 눈섭 〈1a〉
- 銀海 눈 〈1a〉
- 眼睛 눈망울 〈1a〉
- 頭顱 디골 〈1a〉
- 顖門 가마 〈1b〉
- 胳腋 자기얌 〈1b〉
- 肱膊 풀독 〈1b〉
- 手腕 손목 〈1b〉
- 尻脽 옹무니 〈1b〉
- 腿子 쉰다리 〈1b〉
- 膕䐏 오곰 〈1b〉
- 足蹠 발쏭 〈1b〉
- 腠理 슬솜 〈1b〉
- 手紋 손솜 〈1b〉
- 踝骨 복소아쎠 〈1b〉
- 呵欠 하픠음 〈2a〉

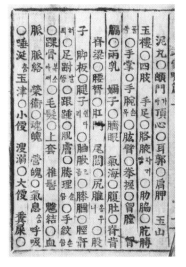

『몽유편』, 1b

『몽유편』, 1a

17) 『물명(物名)』 1

양승민 교수 소장본으로 물명(物名), 문자(文字), 경함(敬函), 주부자계자상담
(朱夫子戒子常談), 송백군자설(松栢君子說), 어제(御製), 기은자경(岐隱自警), 회암자
경문(晦菴自警文), 석담구곡가(石潭九曲歌, 율곡), 강설(剛說, 소동파), 송벽처사서
[送薛處士序, 두목지(杜牧之)], 기거헌기(箕踞軒記) 등이 필사되어 있다. '물명'에는
기요부(器用部)·방언부(方言部)·문서부(文書部)·인륜부(人倫部)·인사부(人事部)·
음식부(飮食部)·채과부(菜果部)·어육부(魚肉部)·절일부(節日部)로 분류되어 있다.
모두 18장이다.

- 竹苑子 가미 〈1a〉
- 樺 방이벗 〈1a〉
- 杷 쎠우리 〈1a〉
- 鑽 활빈 〈1a〉
- 筱 먹굿딕 〈1a〉
- 轆轤 타라박 〈1a〉

- 莒 왕골 〈1a〉
- 槏 물디난 홈 〈1a〉
- 銚 주전잔 〈1a〉
- 筝 북 〈1a〉
- 鏝 쇠손 〈1a〉
- 引刀 인두 〈1a〉

- 文耒 물닉 〈1a〉
- 木龍 씨아시 〈1a〉
- 筬 보두 〈1a〉
- 鉋 대페 〈1a〉
- 釘 못 〈1a〉
- 水鐵 졍기 〈1a〉

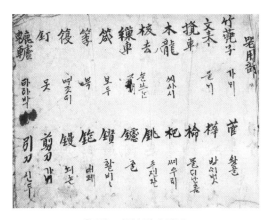

『물명』 1(양승민 소장본)

18) 『물명(物名)』 2

표지에 "소화칠년십월일(昭和七年十月日)"이란 필사기가 있어서 1932년 필사본임을 알 수 있다. 음식류(飮食類)·의복류(衣服類)·과목류(木果類)·해어류(海魚類)·기용류(器用類)로 분류되어 있다. 필자의 소장이다. 의복류의 예를 들어본다(출전은 모두 1b이다).

- 背子 빗자
- 行纏 힝젼
- 銀簪 은동곳
- 金釵 금비나
- 赤古里 젹고리
- 帶子 요딕
- 玉簪 옥동곳
- 玉釵 옥비나
- 中衣 즁의
- 帶袵 딕님
- 眼月 안경
- 汗衫 한삼
- 襪子 버선
- 道袍 도포
- 中赤莫 즁치막
- 幅巾 폭건
- 網絍 망건당줄
- 纓子 군영자
- 唐旗 당기
- 網巾 망건
- 周衣 두루마기
- 吐手 토수

『물명』, 1b

『물명』, 1a

19) 『물명(物名)』3

이 책은 불교사회정책연구소의 법응(法應) 스님의 소장본이다.[26] 표지 서명은 '물명(物名)'인데, 앞의 첫 장이 낙장인 것으로 보인다. 속 종이에는 "어록해(語錄解)"가 필사되어 있는데, 그 마지막에 "계사십이월초구일(癸巳十二月初九日)"에 보낸 편지가 보여, 이 물명은 1893년 이후에 필사된 것으로 추정된다.

잠상(蠶桑)·직조(織造)·재봉(裁縫)·전농(田農)·화곡(禾穀)·채소(菜蔬)·기구(器具)·안비(鞍轡)·주강(舟舡)·차량(車輛)·기희(技戲)·비금(飛禽)·주수(走獸)·곤충(昆蟲)·수족(水族)·화초(花草)·수목(樹木)·쇄설(瑣屑)의 18개 부류로 분류되어 있다. 분류방식도 다른 물명 자료에 비해 매우 특이할 뿐만 아니라, 이 책에서는 한자어 표제항에 대한 풀이가 모두 한글로만 표기되어 있다는 점이 특이하다. 표제항인 한자어와 동일한 경우에는 그 음절수에 따라 ㅣ 표를 하거나 또는 '上仝'이라고 표시해 놓고 있다. 한 부류에 대한 항목이 다른 물명에 비해 매우 다양하고 많은 편이다. 예컨대 '기구'에 해당하는 표제항은 '가마(大鍋兒)', '져근가마(小鍋兒)'부터 '삼태(糞斗)', '들씻(撬把)'까지 모두 276항이나 된다. '비금(飛禽)' 중에 '닭'에 대한 항목만도 '둙(家鷄), 수둙(公鷄), 암둙(母鷄), 연게(芛鷄), 불아은닭(騸鷄), 구수둙(花鷄), 화왁둙(哈八鷄), 두거머리둙(蓬頭鷄), 둙보곰자리더다(土浴), 둙흘우다(鷄躩), 둙의알(鷄,鳴), 알낫타(下鳴), 알안다(抱鳴), 알구울리다(巢鳴), 알빗다(啄鳴), 쳣비(頭篙兒), 둙의볏(鷄冠), 둙의목(鷄頸子), 둙의짓(鷄翎), 둙의다리(鷄腿), 둙의발(鷄枛子), 둙의꼬리(鷄尾把), 둙의놀게(鷄翅膀), 둙의쏭개(鷄肫), 둙의간(鷄肝), 둙의념통(鷄心), 둙의챵즈(鷄腸), 둙의산벽(嗉俗), 둙뜻다(燖鷄), 둙튀ᄒ다(退鷄), 둙숢다(煮鷄), 둙굽다(燒鷄), 둙쵸ᄒ다(炒鷄)'의 33개나 된다.

'직조(織造)'에서 예를 들어 보도록 한다.

---

26 이 자료를 연구에 활용할 수 있도록 복사해서 보내주신 법응 스님께 감사를 드린다.

- 실ᄾᆞᆷ(絲料)
- 실굴히다(理理絲)
- 실 모티다(旋線)
- 실 아우로다(紃線)
- 실미듭(紇縋)
- 어릐(簞子)
- ᄇᆝ듸(筬)
- ᄇᆝ듸집(筬筐)
- 잉아(綜線)
- 비단ᄧᆞᄂᆞᆫ잉아(拃線)
- 북(梭)
- 믈속(柚頭)
- 베거리(三脚)
- 시ᄎᆞᆷ데(攪棍)
- 뵈틀(機信)
- 고토마리(機頭)
- 쉿기리(鞦頭)
- 금션비단(織金段子)
- 금차할비단(金黃)
- 다홍비단(大紅)
- 쇼홍비단(小紅)
- 도홍비단(桃紅)
- 분홍비단(粉紅)
- 버슨 분홍비단(水紅)
- 번홍비단(礬紅)
- 목홍비단(木紅)
- 육홍비단(肉紅)
- 곤도숑물든비단(茜紅)
- 버슨 금차항비단(鵝黃)
- 심도홍비단(火炎桃紅)

『물명』, 2

『물명』, 1

20) 『물명유취(物名類聚)』(홍윤표 소장본)

1책의 필사본으로 필자의 소장본이다. 표지의 "소화이년정묘사월일시등(昭和貳年丁卯四月日始謄)"이란 기록으로 1927년의 필사임을 알 수 있다.

농산물(農産物)·식산물(植産物)·수산물(水産物)·직산물(織産物)·공산물(工産物)·목조물(木造物)·철조물(鐵造物)·요산물(窯産物)·잡품물(雜品物)로 상위분류를 하고 이들을 다시 농산물은 곡류(穀類)·소채류(蔬菜類)·특산물(特産物)로, 식산물은 다시 과실류(果實類)·조과류(造果類)로, 수산물은 어물류(魚物類)로, 직산물은 포백류(布帛類)로, 공산물은 필류(筆類)·먹류(墨類)·연상류(硯箱類)·의복류(衣服類)·관모류(官帽類)·혜극류(鞋屐類)로, 목조물은 집물류(什物類)로, 철조물은 금은석체류(金銀石錦類)로, 요산물은 자기류(磁器類)·도기류(陶器類)로, 잡품물은 개병고(個柄股)·등류(燈類)·유류(油類)·주류(酒類)·음식류(飲食類)·어구류(漁具類)·선척류(船隻類)·가사류(家舍類)·잡물(雜物) 등으로 하위분류하고 있다. 이 책에는 '내지문사(內地文詞), 조선문사(朝鮮文詞), 언문(諺文)'으로 구분하여 '대맥(大麥)'은 내지문사(內地文詞)로, '추모(秋麰)'는 조선문사(朝鮮文詞)로, '보리'는 언문(諺文)으로 표기하여 놓았다. 내지문사는 일본어를, 조선문사는 한자어를, 언문은 국어 고유어를 지칭하는 것으로 보인다. 1920년대의 각종 물명을 볼 수 있다.

內地文詞	朝鮮文詞	諺文	출전
秜	正租	벼	1a
陸稻	田稻	밧벼	1a
大麥	秋麰	보리	1a
小麥	麥	밀	1a
裸麥	米麰	쌀보리	1a
燕麥	耳麰	귀보리	1a
小豆	豆	팟	1a
綠豆	綠豆	로두	1b

粟	粟	죠	1b
稗	稷	피	1b
黍	梁	기장	1b
蜀黍	糖	수수	1b
唐黍	玉燭黍	옥수수	1b
胡麻	眞荏	들씨	1b
黑胡麻	黑荏子	피마ᄌ	1b
糯米	粘米	찹ᄡᆞᆯ	2a

아래에 음식류(飮食類)에 나열되어 있는 '언문(諺文)' 부분에 쓰인 물명만을 보이면 다음과 같다.

진지, 쌀밥, 보리밥, 조밥, 팟밥, 송편, 증편, 전병, 흰ᄯᅥᆨ, 셧ᄯᅥᆨ(色餅), 시루ᄯᅥᆨ, 인절미, 졈단(點團), 화전, 달셔그 란병 수수ᄯᅥᆨ 국슈친국 링면, 호국수, 왜면, 무, 두부, 닭의 알, 어런(魚卵), 북어알, 싱선회, 쇠고기회, 도야지고기 쇠므기(黃肉), ᄀᆞ기고기, 양의 고기, 닭의고기, 말고기, 산짐승고기, 장간(獐肝), 록혈(鹿血), 웅장(熊掌) 뎨족(猪足), 어두(魚頭), 봉미(鳳尾), 용미(龍味), 봉탕, 싱션전어, 육적, 젹, 탕, 국, 포, 식혜, 김치, 나물, 자반, 씨기, 쥭, 팟쥭, 콩쥭, 록두쥭, 슈랄(水卵)

『물명유취』(필자 소장본)

21) 『물명유취(物名類聚)』(경북대도서관본)

필자 소장의 『물명유취』와는 다른 또 하나의 『물명유취』가 있다. 경북대도서관 소장의 필사본으로 천도부(天道部)·천시부(天時部)·지도부(地道部)·인륜부(人倫部)·형채부(形體部)·의복부(衣服部)·음식부(飲食部)·궁실부(宮室部)·곡속부(穀粟部)·포목부(布木部)·기명부(器皿部)·일용부(日用部)·음악부(音樂部)·구물부(具物部)·화초부(花草部)·수목부(樹木部)·조부(鳥部)·수부(獸部)·충부(蟲部)로 분류하여 놓았다. "蒼穹 음에 창궁이니" 등처럼 표제어로 쓰인 한자의 한자음을 표시하고 있는 것이 특징이다.

- 天 음에 천이니 하날이라 〈1a〉
- 蒼穹 음에 창궁이니 하날이라 〈1a〉
- 碧落 음에 벽낙이니 하날이라 〈1a〉
- 靑冥 음에 청명이니 하날이라 〈1a〉
- 碧空 음에 벽공이니 하날이라 〈1a〉
- 玄霄 음에 현소ㅣ니 하날이라 〈1a〉
- 圓靈 음에 원영이니 하날이라 〈1a〉
- 太空 음에 틱공이니 하날이라 〈1a〉
- 冥默 음에 명묵이니 하날이라 〈1a〉
- 玄門 음에 현문이니 하날이라 〈1a〉
- 九靈 음에 구영이니 하날이라 〈1a〉
- 物祖 음에 물조니 하날이라 〈1a〉
- 撑犁 음에 팅리니 하날이라 〈1a〉
- 回斡 음에 횡알이니 하날이라 〈1a〉
- 大塊 음에 딕괴니 하날이라 〈1a〉
- 太冲 음에 틱충이니 하날이라 〈1a〉

• 太虛 음에 틔허니 하날이라 〈1a〉

• 大羅 음에 딕라니 하날이라 〈1a〉

• 玄顔 음에 현안이니 하날이라 〈1a〉

• 馮翼 음에 풍익이니 하날이라 〈1a〉

• 日 음에 일이니 날이라 〈1a〉

• 金烏 음에 금외니 날이라 〈1a〉

• 圓羅耀 음에 원나요니 날이라 〈1a〉

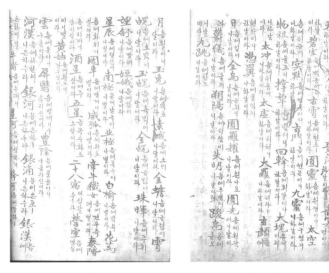

『물명유취』(경북대본), 1b   『물명유취』(경북대본), 1a

22) 『물명유해(物名類解)』

실학자였던 이학규(李學逵, 1770-1835)가 편찬하고 노덕규(1803-1869)가 증보한 책으로 필사본으로 남아 있다. 현재 부산대학교 도서관에 소장되어 있다. 앞에 "洛下 李學逵 編次 古今 進士 盧德奎 增補"라고 되어 있다. 총 24장인데, 약 630여 개의 항목에 대해 설명하고 있다. 그 중에서 한글로 그 풀이를 한 것이

보여 그 자료들이 국어 어휘 연구에 도움을 준다.[27]

- 雨足 세발
- 宿 별희 난 자리
- 虹蜺 무지게
- 嘉徘 팔월가외
- 楸子 기릭
- 赤木 향나무
- 麥奴 보리깜복이
- 白樺木 물푸리나무
- 蘿蔔 무시
- 剪刀草 무릇
- 海采 머육
- 縮項魚 방어
- 石首魚 큰 거슨 민어 자근 거슨 죠기
- 鮎魚 머여기
- 鱖魚 금닌어
- 鯞魚 쥰어
- 土肉 히삼

- 雲葉 구룸쪼각
- 霖 장마
- 木稼 산고듸
  〈이상 天道部〉
- 麻核桃 호도
- 曼陀羅 동빅
- 草刺 풀쏘야기
- 糯米 츨쌀
- 草麻子 아죽까리
- 煙草 담바
- 木綿 무명
- 鯔魚 슈어
- 蟶魚 가리맛
- 鯕魚 가오리
- 江瑤柱 강요쥬
- 蠣 굴 〈이상 魚部〉

- 霰雪 쓰락눈
- 字纜 바롬
- 一犁雨 흔 보자락 비

- 海榴 왜석류
- 火榴 그저석류
- 白油麻 힌참기
- 來禽 능금
- 白菜 빅츳
- 木頭菜 두릅
  〈이상 地道部〉
- 禿尾魚 도미
- 鰻驪魚 궁쟝어
- 淡菜 홍합
- 鮫魚 샹어
- 蛤蜊 빅합

---

27 이 문헌에 대해서는 정승혜(2007),「洛下生 李學逵와 物名類解」,『문헌과 해석』 38호를 참조할 것.

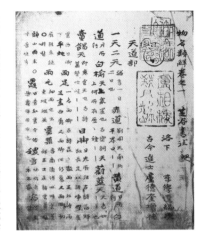

『물명유해』, 1b　　　　　　　　『물명유해』, 1a

23) 『물명유휘(物名類彙)』

단국대 율곡기념도서관(古第356803號)에 소장되어 있는 1책의 필사본이다. 1장부터 22장까지는 천도(天道)·절일[節日, 부생이일(附生耳日)]·인물(人物)·음식(飮食)·의복(衣服)·기용(器用)·악기(樂器)·잡기(雜技)·서화[書畵, 부문방제구(附文房諸具)]·초목(草木)·수[獸, 부충(附虫)]·금(禽)·어(魚) 등 13개의 분류 목록 아래 한자로 된 표제항에 한글로 물명을 적어 놓았으며 주석은 천도(天道)부터 어(魚)까지 전반적으로 한문과 한글로 달아 놓았다. 분류항목에 상당한 차이를 보여 역시 다른 종류의 '물명고(物名考)'라 판단된다. 예를 '인물(人物)'에서 보이도록 한다.

- 管家婆 녀편네 성적시기는 슈모
- 姙娘 姙音 乃 유모
- 回頭人 改嫁之女 후사리 가는 겨집
- 矮石女子 킈 죠고마흔 겨집

•六婆 노고년

•餅師 쩍 만드러 프난 스람

•顚不剌 北方人謂醜女曰顚不剌

•長班 슈청호는 청직이

•伍伯 관문의 부리는 스령

•尊宿 노장즁

•年臘 즁의 나흔 년셰라 안이코 년납이라 호니라

•涅槃 一名 圓寂 즁 죽는 거살 랄반이라도 호고 원젹이라도 호느니라

•矮子 눈 상이

•龜背龜胸 안팟곱스등이

•潑皮 발노군

•呆子 呆音익 어림쟝이

•雀目 밤눈 못보느니

•代指 싱흔손 알는 것

•偸針 눈의 다라치

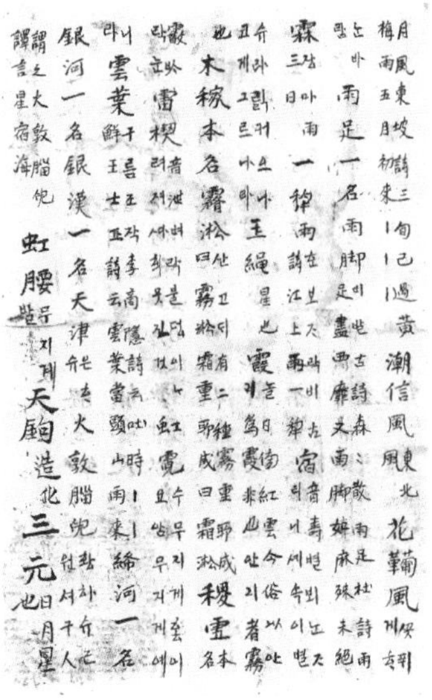

『물명유휘』, 1b

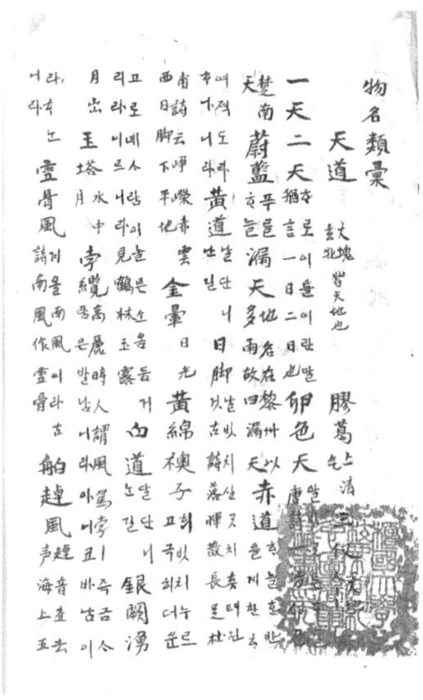

『물명유휘』, 1a

24)『물명집(物名集)』

『물명집』은 1910년에 경헌(敬軒) 한중수(韓中洙)가 편찬한 물명 자료집으로서, 물명에 해당하는 한자를 써 놓고 그 한자에 대한 자석(字釋)을 달아 놓은 책이다. 편찬연대는 알 수 없으나 현재 전하는 책은 1910년에 필사한 문헌으로, 최소 2권 이상으로 되어 있었으나, 현재 전하는 책은 권2, 한 권뿐이다. 배연형 교수의 소장본이다.

이 책은 의관부(衣冠部, 16句) · 반갱부(飯羹部, 17句) · 가대부(家垈部, 22句) · 기계부(器械部, 46句) · 금조부(禽鳥部, 10句) · 수생부(獸牲部, 11句) · 곤충부(昆蟲部, 9句) · 인개부(鱗介部, 6句) · 화초부(花草部, 14句) · 수목부(樹木部, 10句)의 10개 부류로 나누고 각 부로는 한자 10자로 된 한문구가 나열되어 있다. 매행 5자씩 나열되어 있어서 2행이 한 구가 되는 셈이다. 예컨대 의관부의 처음은 "衣冠袞冕塗紘舃甲胄袀"으로 되어 있고, 그 의관부의 마지막은 "杖笻屨履屐製鞋靴綦跣"으로 되어 있다. 모두 163구로 되어 있으니, 한자가 모두 1,630자인 셈이다.

'권2'에는 주로 '의관·반갱·가대·기계부'와 같은 '인(人)'에 대한 물명과 뒤에 '금조부·수생부·곤충부·인충부·인개부·화초부·수목부'와 같이 동식물명이 있는 것으로 보아서 권1에는 '천(天)'과 '지(地)'에 관한 물명이 있었을 것으로 추정된다. 그래서 이 문헌은 2권 2책이었을 것으로 추정된다.[28]

- 衣 옷 의 〈1a〉
- 冕 면류관 면 〈1a〉
- 舄 쉬여스 셕 〈1a〉
- 袀 군복 균 〈1a〉
- 頹 하관 퇴 〈1b〉
- 宕 널눌 탕 〈1b〉
- 纓 갓끈 영 〈1b〉
- 笏 홀기 홀 〈1b〉
- 珥 귀고리 이 〈1b〉
- 釵 빈혀 채(又차) 〈1b〉
- 簑 도롱이 사 〈2a〉
- 傘 일산 산 〈2a〉
- 枕 베기 침 〈2a〉
- 被 이불 피 〈2a〉
- 服 옷 복 〈2a〉
- 褰 것을 건 〈2a〉
- 褧 홋옷 경 〈2a〉

- 冠 갓 관 〈1a〉
- 緌 수실 류 〈1a〉
- 甲 갑옷 갑 〈1a〉
- 幘 건 칙 〈1b〉
- 冔 은관 후 〈1b〉
- 巾 두건 건(本근) 〈1b〉
- 緌 갓끈 유 〈1b〉
- 縰 딩기 쇄(本스) 〈1b〉
- 匌 족도리 압 〈1b〉
- 釧 가락지 쳔 〈1b〉
- 笠 삿갓 립 〈2a〉
- 蓋 익산 개(又합, 又갑) 〈2a〉
- 褥 요 욕 〈2a〉
- 裯 홋이불 쥬(又도) 〈2a〉
- 裙 치민 군 〈2a〉
- 袴 사규삼 규 〈2a〉
- 襌 홋옷 단 〈2a〉

- 袞 곤룡포 곤 〈1a〉
- 紘 면류끈 굉 〈1a〉
- 胄 투구 쥬 〈1a〉
- 襏 치포관 촬 〈1b〉
- 弁 곡갈 변(又반) 〈1b〉
- 帽 사모 모 〈1b〉
- 簪 잠 줌 〈1b〉
- 襐 딩기 샹 〈1b〉
- 幗 녀관 귁(本괵) 〈1b〉
- 笄 빈혀 계 〈1b〉
- 簦 우산 등 〈2a〉

- 衾 이불 금 〈2a〉
- 袍 도포 포 〈2a〉
- 裳 치민 샹 〈2a〉
- 衫 적삼 삼 〈2a〉
- 裘 갓옷 구 〈2a〉

---

28 『물명집』에 대해서는 홍윤표(2010)을 참조할 것.

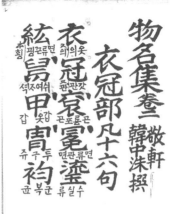

『물명집』, 1b   『물명집』, 1a

25) 『물명찬(物名纂)』

『물명찬』은 필자 소장본으로 표지 제목이 '온각서록(蘊㗪書錄)'이라 되어 있다. '온각(蘊㗪)'은 국어의 '온갖'을 한자로 표기한 것이다. '온각서록(蘊㗪書錄)'의 앞의 18장이 '물명찬(物名纂)'으로 되어 있는데 1890년(고종 27년) 유양천(柳暘川)이 현재의 전북 정읍군 우순면(雨順面) 초강리(楚江里)에서 쓴 일종의 유서로서 1책의 필사본이다.

'물명찬'이란 서명 아래에 "거경인춘초지 신축팔월십사일 입어소신중고해 년십이월초이일갑오재득어고부신성유우일댁초지(去庚寅春抄之辛丑八月十四日 入於燒爐中故該年十二月初二日甲午再得於古阜新城柳雨日宅鈔之)"(手決)이란 기록이 있다. 경인년에 불에 탄 것을 갑오년에 고부 신성 유우일댁에서 구해서 다시 썼다는 기록이다.

한자로 된 표제어 밑에 한글 또는 한자로 그 물명을 써 놓았다. 표제항은 약 1,270여 개이다. 19세기 말의 고부지역어(지금의 정읍지역어)를 반영하고 있어서 t 구개음화는 물론 k 구개음화를 보이며 i 모음의 역행동화도 보인다. 그리고 많은 방언 어휘를 보여 준다. 음운사, 어휘사, 방언사 연구에 큰 도움을 준다. 예는 '인물(人物)'에서 들도록 한다.

- 爺 아비야 爹다
- 嬎 어미민 嬰
- 公公 싀아비
- 婆 싀어미
- 孃 마呼母 孃孃
- 嫜姑 舅姑
- 姐 져뭇누
- 姊ᄌ 맛눈임
- 大姑 맛싀누
- 小姑 아잇싀누
- 舅 싀아비구
- 姑싀어미고
- 妗 外三寸妻
- 小妗 아리외리비닥
- 姻婭 連襟
- 僚婿 농셔
- 外亞父 올익비
- 大伯 맛싀아ᄌ비
- 大姨 妻姊
- 小姨 妻妹
- 姒娌 兄弟妻相呼曰姒娌=娣姒(제사)
- 娣音ᄌ맛눈임
- 仍公 乳父
- 嬭娘 音乃 유모
- 呆子 어림쟝이

〈이상 1a, 人物〉

- 管家婆 셩젹시기는 유모
- 矮石女子 키 ᄌ근 겨집
- 顚不刺 北方之人謂女人曰顚不刺
- 冤家 夫曰冤家見下狂夬
- 回頭人 후ᄉ리ᄒᆞᄂᆞᆫ 겨집
- 餠師 썩 만드라 ᄑᆞᄂᆞᆫ 스름
- 五伯 官의 ᄉ령
- 尊宿 노쟝즁
- 尼婆 늘근 승즁
- 駔儈 장괴
- 白丁 無役之人.
- 牙儈 가인주멍이
- 比邱 즁
- 六婆 노구할미   〈이상 3a, 人物〉
- 又胳窩 겨드랑이 오목ᄒᆞ다.
- 肸 심살
- 肱 목.
- 肚 냥지머리
- 肩 압다리
- 脳盆骨 뒷다리 너븐쎠
- 膁 양
- 頤 슈구먹
- 顴 광(A)쎠
- 板齒 너븐이
- 齗 이모음
- 虎牙 숑곳니

〈이상 3b, 身體〉

845

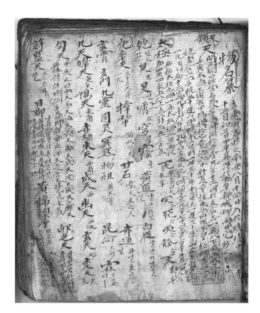

『물명찬』

26)『물명휘(物名彙)』

일본 동양문고 소장의 필사본이다. 책의 말미에 "경오 소춘 일 초은수초(庚午小春日樵隱手抄)"라는 기록이 있어서 1870년에 필사된 것임을 알 수 있다. 앞에 물명휘가 있고 이어서 서상기어록(西廂記語錄), 수호지어록(水滸志語錄), 중총어록(衆總語錄)이 붙어 있다. 천도(天道)·신체(身體)·친속(親屬)·잡인류(雜人類)·의복(衣服)·음식(飮食)·기용(器用)·공장(工匠)·궁실(宮室)·주차(舟車)·경기(耕器)·직구(織具)·주수(走獸)·비금(飛禽)·수어(水魚)·백충(百蟲)·사정(事情)·잡사(雜事)·잡기(雜技)·문류(文類)·서화(書畵)·무구(武具)·어구(漁具)·잡물(雜物)·초목(草木)·백곡(百穀)·백과(百果)로 분류되어 있다.

• 蔚藍天 푸른 하날 〈1a〉
• 卵色天 알빗 갓튼 하날 唐詩一方卵色楚南天 〈1a〉

- 日脚 날빗치 실갓치 츼진 거시니 古詩落暉散長足 又杜詩崢嶸赤雲西日脚下平地 〈1a〉

- 雪骨風 겨울남풍 詩云南風作雪骨 〈1a〉

- 花鞦扇 곳퓌게 ᄒ난 바람 又봄바람 〈1a〉

- 一犁雨 한 보자락 詩上一犁雨 〈1a〉

- 赤道 하날 한반을 계ᄒ하야 謂之赤道 〈1a〉

- 宿 音슈 별보난 ᄌ리니 世俗 별이라 ᄒ문 그른이라 〈1a〉

- 黃綿襖子 히빗치 누루고 더운 고로 古人謂之누룬둥거리하 ᄒ다 〈1a〉

- 孛纜 孛纜 音 픠람 高麗時 風曰 孛纜 卽今 바람 〈1a〉

- 雷楔 楔音셜 벼락 불씽이 날여와 쌍의 뭇친 것 〈1a〉

- 嘉俳節 八月秋夕 가의 新羅僞八月十五日嘉俳節 〈1a〉

- 虹 슈무지개 〈1a〉

- 霓 암무지개 〈1a〉

- 雲葉 구룸조각 李商隱詩吐時 雲葉 〈1a〉

- 霰 一名 稷雪 싸락이눈 〈1a〉

- 木稼 一名 霧稼 산고듸 有二種 〈1a〉

- 火敦腦兒 黃河之水 근원이니 西域人謂之 火敦腦兒 〈1b〉

- 霖 장되니 雨三日 〈1b〉

- 胂膴 심살 〈1b〉

- 顴 音권 광되쌔 頰骨 〈1b〉

- 脰 냥지머리 又腸胃 又火兒山骨 〈1b〉

- 肩髈 音견방 억기 〈1b〉

- 膍 音비 쳔엽 牛百葉 〈1b〉

- 肩胛 音견압 肩髈同 〈1b〉

- 嗀 音학 吐辭 토하난 쇼릭 〈1b〉

- 齷 音악 齒齫 이거음 〈1b〉

847

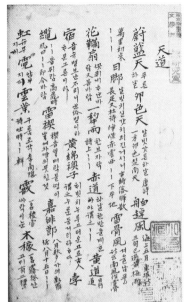

『물명휘』, 1b   『물명휘』, 1a

27) 『물목록(物目錄)』

양승민 교수 소장본으로 앞표지에는 "병인 중추가의(丙寅 仲春 加衣)"라는 기록과 내지에 "갑자중동(甲子仲冬)"이란 기록이 있어서 1924년에 필사된 것임을 알 수 있다. 기용부(器用部) · 방언부(方言部) · 문서부(文書部) · 음식부(飮食部) · 채과부(菜果部) · 어육부(魚肉部) · 의복부(衣服部) · 절일부(節日部)로 분류되어 있다. 모두 26장이다.

- •筝 북 〈1a〉
- •文禾 물너 〈1a〉
- •轆轤 탈아박 〈1a〉
- •繅車 슬쩌는 자식 〈1a〉

- •竹箟子 가미 〈1a〉
- •釘 못 〈1a〉
- •菅 왕골 〈1a〉
- •槱 물딘 홈 〈1a〉

- •篗 먹잣딕 〈1a〉
- •攪車 씨아시 〈1a〉
- •樺 방익벗 〈1a〉
- •杷 쩌우릭 〈1a〉

- ·銚 쥬전자 〈1b〉
- ·木齒 나무소시랑 〈1b〉
- ·鏝 쇠손 〈1b〉
- ·鑢 줄 〈1b〉
- ·鉋 디페 〈1b〉
- ·綜 잉이 〈1b〉
- ·鑽 활비비 〈1b〉
- ·曲簿 곳바굴리 〈1b〉
- ·剪刀 가싀 〈1b〉

『물목록』

28) 『박물신서(博物新書)』

이 책은 한자어를 유별로 분류해 놓고 그 한자어에 한문 또는 한글로 주석을 달아 놓은 어휘집이다. 편저자를 알 수 없는, 단권의 필사본이다. 19세기에 필사된 문헌으로 추정된다. 표지 서명은 '물류신서(物類新書)'인데, 내지서명은 '박물신서(博物新書)'이다. 책의 제목에서 볼 수 있듯이, 이 책은 '박물신서(博物新書)', 즉 '여러 가지 사물에 대하여 새로 쓴 책'이다. 다른 유해서(類解書)들과 마찬가지로 사물을 69개의 유별(類別)로 분류하고, 그 분류항 밑에 그 유(類)에 해당하는 한자 어휘를 나열한 후, 필요한 곳에는 한자나 한글로 간략히 주석을 붙였다. 필자의 소장본이다.[29] 국어사 연구 제7호에 영인본이 붙어 있다.

69개의 유별은 다음과 같다.

　신형(身形)·연기(年紀)·칭호(稱號)·친척(親戚)·사생(師生)·붕우(朋友)·위분(位分)·관방(官方)·곡식(穀食)·식물(食物)·과실(果實)·목부(木部)·화부(花部)·초부(草部)·채속(菜屬)·약염(藥塩)·수부(獸部)·조부(鳥部)·어부(魚部)·익충부(翼虫部)·과충부(瓜虫部)·의복(衣服)·복식(服飾)·농구(農具)·기명(器皿)·욕속(褥屬)·집물(輯物)·악기(樂器)·침선(針線)·조찬(造饌)·장복(粧服)·패물(佩物)·보패(寶貝)·보물(寶物)·철속(鐵屬)·석속(石屬)·주속(舟屬)·차속(車屬)·유취(類聚)·공장(工匠)·치물(治物)·직가(織家)·무형제(無形題)·단청(丹靑)·잡류(雜類)·어렵(漁獵)·군물(軍物)·단속(緞屬)·지속(紙屬)·수재(手才)·선속(扇屬)·물류(物類)·희속(戱屬)·사정류(事情類)·조실(造室)·천문(天文)·속지천(屬之天)·속어지(屬於地)·신부(神部)·선부(仙部)·불부(佛部)·인사부(人事部)·상사(喪事)·병류(病類)·종류(種類)·약명(藥名)·다명(茶名)·향명(香名)·묘문자(妙文字)의 69개의 부류로 구분하였고, 이 중에서 '상사(喪事)'는 다시 '소렴지구(小斂之具) 밤함지구(飯含之具)' 등으로 세분하여 놓았다.

　이 책에 쓰인 한자 어휘도 국어 연구에 필요한 항목이지만, 특히 한글로 주석을 붙인 항목이 국어 연구에 좋은 자료를 제공하여 준다.

　예컨대 '칭호(稱號)' 항목 아래에는 '천자(天子)·황제(皇帝)·황상(皇上)·폐하(陛下)·전하(殿下)·국왕(國王)·풍신(楓宸)·구중(九重)·지존(至尊)·주상(主上)·군왕(君王)·성상(聖上)·성조(聖朝)·성주(聖主)·금상(今上)·당저(當宁)·선제(先帝)·선왕(先王)·선주(先主)·선조(先朝)' 등이 수록되어 있는데, 이것들은 모두 현재의 임금(왕, 황제)과 전 임금을 지칭할 때에 쓰는 어휘로서, 이들은 아직도 우리 국어사전에 등재되어 있는 한자 어휘이다. 그러나 이들의 미세한 의미 차이를 기술해 놓지 않아서, 어느 때에 '천자(天子)'를 쓰고, 어느 때에 '황제(皇帝)'를 쓰며, '황상(皇上)'은 어느 경우에 사용하는지를 기술해 놓지 않아 아쉬움

---

29 이 문헌에 대해서는 홍윤표(2007), 「박물신서 해제」, 『국어사 연구』 제7호를 참조할 것.

이 남는다. '칭호(稱號)' 항목 아래에는 주로 한자 어휘만 나열되어 있고, 그 밑에 한글로 주석을 붙인 예는 '거ᄉᆞ(善友), 토인(門子), 군ᄉᆞ(披甲的)'의 세 개밖에 되지 않는다. 칭호 관련 어휘는 그만큼 한자 어휘가 주로 쓰인다는 사실을 잘 보여 주고 있다. 한글 주석인 '거ᄉᆞ, 토인, 군ᄉᆞ'의 뜻은 이에 대당되는 한자어 '선우(善友), 문자(門子), 피갑적(披甲的)'을 통해 해석해 낼 수 있을 것이다.

'칭호(稱號)' 항목과는 달리 '조찬(造饌)' 항목에는 '쩍소(餡), 슈구덕이(玉浮梁), 반죽(揣麵), 션밥 소게 싱쏠 든 것(煌), 썬 국슈(切麵), 늘린 국슈(拉條麵), 마른 국슈(掛麵), 외장아씨(醬瓜), 반찬(餚饌), 무리풀(糊粉), 구은 고기(炖肉), 닙맛 다시다(叭嗒), 졀이다(塩淹), 복다(煿烙), 나물 데치다(炸菜), 쯰우다(押蒸), ᄉᆞ러넘다(潽出), 쌀 니다(淘米), 쯰우다(淓淋), 서벅서벅ᄒᆞ다(酥軟), 되다(稠粘), 슐 잔득 취ᄒᆞᆫ 것(糊世界), 곰탕(白醵), 털 튀ᄒᆞ다(煺毛), 눗넌다(燎蝴氣), 푼니(草腥), 고소ᄒᆞ다(香), 밉다(辣), 눌다(膇), 썰다(汲), 노리다(臊), 비리다(腥), 쉬다(餿), 니풀(糊), 걸다(潮), 묽다(稀), 써넉다(臽), 쌔다(吨), 할다(餂), 슐밋(酵), 흰썩(鏊), 먹기 싀려(懶吃), 녀러이 먹다(打夥兒吃), 불쐬다(烤火)'처럼 거의 모든 항목에 한글로 주석을 달아 놓았다. 이것은 '조찬(造饌)' 분야의 어휘에는 우리 고유어가 많음을 암시하는 것이라고 할 수 있다.

이 『박물신서』가 19세기에 편찬되고 필사되었다고 보는 이유는 이 시기에 이러한 종류의 문헌이 편찬되고 필사되었고 한글표기가 이 시기의 표기에 해당하기 때문이다.

이중에서 '희속(戱俗)' 부분의 어휘를 예로 들도록 한다.

•鞦韆 근의	•蹴鞠 제기차기	•筋斗戱 지쥬넘기
•蹋踘 널쑤기	•踢錫 돈졔기치기	•儛枚 먹국질
•雙陸 상뉵	•檰浦 병욧	•象棊 장긔
•馬弔 병투젼	•頭戰 격젼	•格五 우물고노
•混江牌 병을치	•傤本 낙이셜치ᄒᆞ다	•撩跤 병씨름

- 風車勢兒 연풍딕
- 倒払 발등거리
- 迷藏 숨박질
- 格蹬 잉금쫏기
- 泅水 무잠약질
- 鰲棚 상듸
- 鼻歌 코노릭
- 上下路 길막다

- 鬭胁 병근두박질
- 綠橦披 쇠씩
- 藏鈎 풍게무지
- 榜擊 가로치기
- 游水 허영
- 紙鳶 병연
- 瞌睡 죠오다가 싀덕이다
- 向他 편드다

- 繩戱 병쥴다림
- 霍禿 병곡각시
- 謎謎 슈지겻기
- 溜水 어름지치기
- 風車 얼네
- 足缶 발장구
- 褪朊 벳기지르다

지금은 전혀 알 수 없는 놀이가 있었음을 알 수 있다.

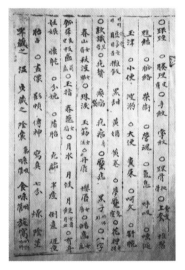

『박물신서』, 1b

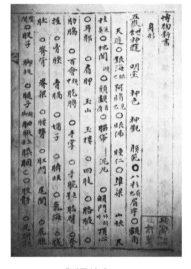

『박물신서』, 1a

29) 『박물지(博物志)』

1책 22장의 팔사본으로 필사 시기는 미상이다. 성균관대 소장본이다. 초목류(草木類)·조수류(鳥獸類)·충어류(蟲魚類)·궁실류(宮室類)·주차류(舟車類)·복식류(服食類)·경직류(耕織類)·공장류(工匠類)·공봉류(供奉類)·문무류(文武類)·희속류(戲俗類)·신체류(身體類)·사정류(事情類)·친속류(親屬類)·접인류(雜人類)·어렵류(漁獵類)·잡사류(雜事類)·잡물류(雜物類)의 18부류에 783항목의 어휘가 제시되어 있다. 권말에 "취서장서 양비이사 선관서자 징신단려 정궤분향 물권뇌 물절각 물이조침자 물이타게폭 물이작침 물이협자 수손수수 수개수엄 후지득오서자 병봉증차법 자앙 발(聚書藏書 良非易事 善觀書者 澄神端慮 淨几焚香 勿捲腦 勿折角 勿以爪浸字 勿以唾揭幅 勿以作枕 勿以夾刺 隨損隨修 隨開隨掩 後之得吾書者 並奉贍此法子昻跋)"이라는 발문이 묵서되어 있는데 책의 관리 방법을 구체적으로 제시하고 후대에 이 책을 얻은 사람이 이 법을 준수할 것을 당부하고 있다. 그러나 이 발문을 쓴 '자앙(子昻)'이 누구인지는 알 수 없다.

- 瓜 참외 〈1a〉
- 玉瓜 참외 〈1a〉
- 匏 박 〈1a〉
- 葫蘆 호로박 〈1a〉
- 南瓜 호박 〈1a〉
- 冬瓜 동화 〈1a〉
- 寒瓜 슈박 〈1a〉
- 白菘 빅ᄎ 〈1a〉
- 蔓菁 슌무우 〈1a〉
- 來箙 댄무우 〈1a〉
- 菘芥 밋갓 〈1a〉
- 蘴芥 동갓 〈1a〉
- 茼蒿 쑥갓 물쑥 〈1a〉

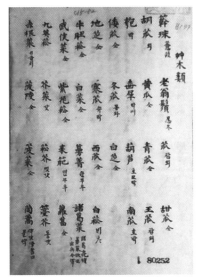

『박물지』(성균관대본) 발문 　　　　　　『박물지』(성균관대본), 1a

30) 『박물지(博物誌)』

　양승민 교수 소장본이다. 표지에 "갑지부월길일 획?(甲之復月吉日 獲?)"이란 기록과 내지에 "갑진곤월(甲辰坤月)"이란 기록, 그리고 권말에 "갑진곤회 탑연 서숙 주초(甲辰坤晦 塔淵書塾 走抄)"란 기록이 있는 것으로 보아 1904년에 기록한 것으로 추정할 수 있다. 표지서명은 '속이아(俗爾雅)'이고 내지 서명은 '박물집(博物集)'이다. 그 책 내용 중에 박물지가 있다. 초목류(草木類)·조수류(鳥獸類)·충어류(蟲魚類)·궁실류(宮室類)·주차류(舟車類)·복식류(服食類)·경직류(耕織類)·공장류(工匠類)·공봉류(供奉類)·문무류(文武類)·희속류(戱俗類)·신체류(身體類)·어랍류(魚蠟類)·사정류(事情類)·잡사류(雜事類)로 분류되어 있다. 박물지에 이어 시품이십사칙(詩品二十四則), 시학어투해류(詩學語套解類)가 필사되어 있다.

　다음의 예는 모두 〈1a〉 부분의 예들이다.

- 瓜 참외
- 匏 박
- 葱筆管 팟종지
- 土瓜 쥐참외
- 南瓜 호박
- 胡蘿葡 당근
- 再生草 움
- 枕頭瓜 션동화
- 瓜瓞 외속
- 冬瓜 동화
- 白瓜 머화
- 地芝 동화
- 豆芽 녹두 기룬 거
- 寒瓜 수박
- 三瓣瓜 세골외
- 天瓜 하날타리
- 芥菜 갓
- 菘芥 밋갓
- 西瓣瓜 네골외
- 薑芥 동갓
- 白菘 비차

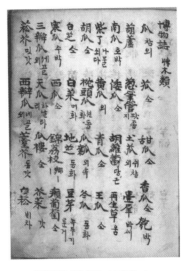

『박물지』(양승민 소장본), 1b   『박물지』(양승민 소장본), 1a

31) 『사류박해(事類博解)』

심노순(沈老淳)의 외조부(外祖父) 이공(李公)이 후학들을 인도하기 위하여 편찬한 2권 1책의 유서이다. 1855년(철종 6년)에 오은(聱隱) 김병규(金炳圭)가 그 아들의 친구인 심노순에게서 빌어 베껴 쓴 것이 전한다. 성균관대학교 중앙도서관 소장의 필사본으로서, 재물보, 몽유편 등과 유사한 어휘 자료이다.

책의 끝에 발문이 있는데, 그 끝에 "황명숭정기원후이백십일년전몽단알오월회일 안동후인 오은 김병규 문경서우경사지격동제(皇明崇禎紀元后二百十一年 旃蒙單閼五月晦日 安東後人 鼇隱 金炳圭 文卿書于京師之格洞第)"라는 기록이 있다.

김병규(金炳圭)는 구보(舊譜)에는 '병우(炳愚)'라고 되어 있고, 자(字)는 '문경(文卿)'이다. 1809년에 태어났으나 졸년(卒年)은 알 수 없다. 기록에 의하면 부인은 전주이씨이며 독자인 아들은 화순 현감을 지낸 양균(養均)이다. 부친은 '태근(泰根)'으로 진안현감(鎭安縣監)을 지냈다.[30]

천문부(天文部)・지리부(地理部)・인도부(人道部)・금수부(禽獸部)・초목부(草木部)로 나누고 천문부는 다시 세분하여 천도문(天道門)・천시문(天時門)으로, 지리부는 지도문(地道門)・구역문(區域門)・궁실문(宮室門)・귀신문(鬼神門)으로, 인도부는 관혼문(冠婚門)・신체문(身體門)・모발문(毛髮門)・기혈문(氣血門)・동지문(動止門)・품부문(稟賦門)・형모문(形貌門)・인륜문(人倫門)・사친문(事親門) 등의 26문으로, 인도부는 공부문(貢賦門) 등 29개 문으로, 금수부는 비금문(飛禽門)・인충문(鱗蟲門) 등의 7개, 초목부는 소채문(蔬菜門) 등의 7개 문으로 분류하여 놓았다. 만물의 명칭을 한자로 쓰고 이에 대해 한자 또는 한글로 풀이하였다.

예문은 음식문(飮食門)에서 들도록 한다.

---

30 『사류박해』의 필사자 김병규에 대한 정보는 김완진 선생님께서 2000년 11월 25일에 필자에게 보내 주신 편지에 의한다. 김완진 선생님께서는 '事類博解의 필사자 金炳圭에 관한 정보'라는 제목의 편지를 필자에게 보내 주셨다. 그 편지를 지금까지 보관하다가 그 고마운 마음을 이 글에 담아 여기에 소개한다. 김완진 선생님은 '내 직계는 아니나 집안의 것이어서 쉽게 적을 수 있다'고 하시고 다음과 같은 내용을 보내 주셨다.

配全州李氏 丙寅生 甲子八月十九日卒 父庶尹 云云,
子養均(獨子) 字聖七 純祖辛未(1831년)五月三日生 和順縣監 乙亥四月五日卒
父 泰根 伯元 正祖戊戌正月八日生 庚午生員 鎭安縣監 壬辰十月二十日卒
曾祖 履成 字 仲枯 號喆齊 有遺稿 英祖己未九月十五日生 癸巳文科 兵參 乙卯十一月二日卒

履成의 증손들은 字에 '卿'자를 넣어서 文卿, 甫卿, 晦卿 佐卿 佑卿 度卿 尹卿이라고 하였다. 다만 炳三(炳圭의 弟)만자를 '卿文'이라고 하여 형의 것을 뒤집어 썼다.

- 飯 밥
- 米泔 쓰물
- 㼤飯 션밥 속의 싱쌀 든 것
- 糒飯 뉘 만흔 밥
- 蓐食 식벽밥
- 鹽醢 젓
- 魚鮓 물고기젓
- 鹽斗 젓국
- 淸醬 청국장
- 炒醬 쟝복기
- 滷水 간슈
- 㸂豆腐 지진 두부
- 綠豆腐 묵
- 蘇油 들기름

- 淅米 淘米 쌀 니다
- 糗糒 마른 밥
- 爛飯 뭉크러져 슨슨흔 밥
- 餲 쉰 밥
- 䏶膅 급학
- 塩蝦蝦鹽 새오젓
- 鱧鮧 죡의 비알젓
- 淹菜 나박김치
- 豆豉 며죠
- 醬瓜 외쟝아씨
- 塩淹 져리다
- 泡滓皰汁 비지
- 麻襪油靛 싀목
- 苦酒 쵸

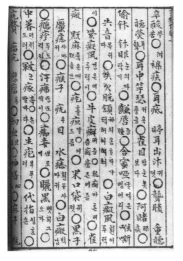

『사류박해』, 2

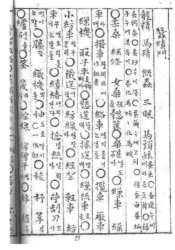

『사류박해』, 1

32) 『사물명목(事物名目)』

물명에 대한 관심은 오래 전부터 지속되어 20세기 초에도 많은 사람들이 알아 두어야 할 지식으로 이해하고 있었던 것으로 보인다. 20세기 초에 연활자본으로 간행된 수많은 척독 관련 문헌에는 그 당시에 상식적으로 알아 두어야 할 내용들을 부록으로 첨부하여 놓고 있는데, 이 중에 물명을 함께 실어 놓은 책도 보인다. 그중의 하나가 곧 『사물명목』이다.

『사물명목』은 1913년 경성 운림서원(雲林書院)에서 연활자본으로 간행한 『정선척독(精選尺牘)』의 뒤에 실려 있는데, 천문(天文)·신귀(神鬼)·지도(地道)·인사(人事)·신형(身形)·연기(年紀)·칭호(稱號)·위분(位分)·궁실(宮室)·주차(舟車)·경직(耕織)·공장(工匠)·기명(器皿)·희속(戱俗)·복식(服飾)·식찬(食饌)·미곡(米穀)·채소(菜蔬)·수목(樹木)·화초(花草)·비금(飛禽)·주수(走獸)·수족(水族)·곤충(昆蟲)의 24개 부류로 분류하고 그 항목 아래에 한자어가 실려 있으며 그 중의 어느 한자어에는 한글로 주석을 붙여 놓고 있는데, 이것은 물명고와 동일한 형식이다. 단국대 율곡기념도서관 등에 소장되어 있다. 몇 예를 들어 보도록 한다.

〈천문(天文)〉

- 皇天 하늘
- 陽鳥 히 쇽에 가마귀
- 星宿 별
- 浮雲 쓴구름
- 雪花 눈
- 紅霞 놀
- 銀竹 빗다리
- 日車 히
- 蟾兔 달 쇽에 토씨
- 北斗 북두칠셩
- 旱雲 가물구름
- 簷氷 고두름
- 赤電 번기
- 霰雪 쏠락눈
- 月輪 달
- 新月 시달
- 天河 은하슈
- 雷霆 우레
- 玄霧 안기
- 雨雹 우박

〈복식(服飾)〉

- 천자와 왕후의 례복(冕旒)
- ᄉ모(紗帽)
- 셰초씌(細條帶)
- 바지(胯衣)
- 허리씌(腰帶)
- 옷무(紋子)
- 힝젼(行纏)
- 힝ᄉ지마(屆帬)
- 너슨주름(板褶)
- 감치다(緝)
- 단졉다(縞變)
- 미듭(挌搭)
- 다릐(假髮)
- 참빗(蜜篦子)
- 짠머리(加髢)
- 가락지(指環)
- 벙거지(氈笠)
- 망건(網巾)
- 폐랑이(蔽陽子)
- 귀우기(耳空)
- 머토리(繩鞋)
- 우산(雨傘)
- 무ᄌ(褾子)
- 아청(鴉靑)
- 연두ᄉ(軟豆)

- 황후의 옷(翟襦)
- 볼씨(腦包)
- 쌈빗기(汗衫)
- 핫동옷(綿襖)
- 후리미(褂子)
- 잠방이(窮袴)
- 보션(襪子)
- 깃빗기(衹肩)
- 잔누비(衲的)
- 인두질(烙)
- 젼딕(搭包)
- 바늘거리(針札)
- 빗(梳子)
- 빗치다(篦)
- 빈혀(鳳釵)
- 투구(兜鍪)
- 담감투(氈帽)
- 갓(笠子)
- 늘근폐랑이(敗天公)
- 신(靴子)
- 집신(草鞋)
- 무명(綿布)
- 무릐(綿紗)
- 분홍(粉紅)
- 히ᄉ(灰色)

- 관례(加冠)
- 홀(牙笏)
- 복건(幅巾)
- 핫고의(綿褲)
- 저고리(腰褶)
- 쇠코잠방이(犢鼻褌)
- 치마(帬兒)
- 골옵(衣襟)
- 가는주름(細褶)
- 다듬이(碾光)
- 든죠(紐子)
- 골무(頂針)
- 얼레빗(木梳)
- 머리언진것(鬚髻)
- 귀에ᄉ리(耳環)
- 갑옷(鎧甲)
- 탕건(宕巾)
- 삿갓(簑笠)
- 살젹미리(象揥)
- 진신(泥鞋)
- 나막신(木屐)
- 모시(苧布)
- 연지(臙脂)
- 초록(草綠)

『사물명목』, 2　　　　　　　『사물명목』, 1

이 『사물명목』은 1918년에 조선도서주식회사에서 연활자본으로 간행한 『비주시행간독(備註時行簡牘)』에도 그대로 실려 있다.

33) 『사천년간 조선 이어해석(四千年間 朝鮮 俚語解釋)』

김동진(金東縉)이 편찬하여 1928년에 덕흥서림에서 연활자본으로 출판한 책이다. 어휘 항목을 가~하로 구분하고 각 항목별로 어휘 및 속담 등에 대해 설명해 놓은 책이다. '가' 항목에는 '가신애, 가든 날이 장날이다, 가집, 가마귀, 갈보, 감음, 감짝갓다, 개석, 개보름쇠듯한다, 강샘, 싹정이, 갸륵한 사람, 건너다보니 절터라, 검의가 치민다, 계집애, 제발 무러 던진 듯 하다, 겨자, 계량, 경칠놈, 고양이밥 먹고 파주 구실한다, 고추, 고쟁이, 고양이, 고린내, 곤쟁이젓, 곤당골, 골백냥, 쌈사둥이, 괴죽 쑤어 줄 것도 업다, 과나리보씸, 곽쥐 온다, 광릉을 굴린다, 구리귀신, 구렝이 제 몸 추듯 한다, 기와집, 김승, 김가, 김치'가 들어 있다. 민간어원설을 볼 수 있다. 국립중앙도서관에 소장되어 있다.

34) 『속담추록(俗談追錄)』

표지에 "기유이양월상휴황장의(己酉二陽月上休黃粧衣)"란 기록이 있고, 내지에 "기유이양월상휴(己酉二陽月上休)"라는 기록이 있어서 1909년에 필사된 것으로 추정된다. 양승민 교수 소장본이다. 앞에 혼례홀기(婚禮笏記) 등이 있고, 이어서 언어류(言語類) · 음식류(飮食類) · 의복류(衣服類) · 기명류(器皿類) · 금수류(禽獸類) · 어물류(魚物類) · 사목류(匹木類) · 속담류(俗談類) 등이 필사되어 있고, 뒤를 이어서 '속담추록(俗談追錄)'이 나온다. 이 '속담추록'에 한글로 풀이한 정의 항이 있다. 그 뒤에 시일부(時日部), 잡록(雜錄)이 있다. "남원군 아영면 구상리 방사원(南原郡 阿英面 九相里 房士元)"과 "남원군 남원읍 동충리 이혁신(南原郡 南原邑 東忠里 李赫申)"이라는 기록이 있어서 남원에서 필사된 것으로 보인다.

- 溺缸 요강 〈1a〉
- 引刀 인도 〈1a〉
- 簾支械 바지게 〈1a〉
- 鐵尺 가락 〈1a〉
- 鉋 딕픠 〈1a〉
- 鉸 못 〈1a〉
- 風車兒 셍도리 〈1b〉
- 旋棒 十字木 돌리것 〈1a〉
- 轆轤 돌으박 〈1a〉
- 鑷子 쪽찌기 〈1a〉
- 鑿 슬 〈1a〉
- 攪車 씨아시 〈1a〉
- 矼 뎡 〈1b〉
- 把 뼈우래 〈1b〉
- 銑 딕와 〈1a〉
- 鑷子 쪽찌기 〈1a〉
- 剪刀 가싀 〈1a〉
- 鏝 쇠손 〈1a〉
- 鏵 쟝기볏 〈1a〉
- 鑚 활비비
- 木齒 나무소시랑 〈1b〉

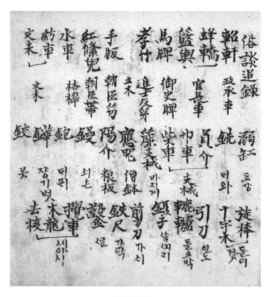

『속담추록』

35) 『송간이록(松澗貳錄)』

『송간이록』은 19세기 중기에 김좌균(金左均, 字는 公準, 1810-?)이 편찬한 2책
의 필사본으로 경북대학교 도서관 소장본이다. 1책에는 '자류휘(字類彙)'라고
하여 한자나 한자 어휘들에 대해 주석을 달아 놓고 있다. 이 1책에는 한글 주
석이 없다.

  天 四畫 按一年四季 ○ 天爲一大一者 以理言則無對以行言則無化以化言則無窮(入學
  圖說 大東韻玉)

제2책은 服着彙, 食物彙, 什物彙, 家粧彙의 4권으로 되어 있는데, 분권만 되
어 있을 뿐 卷次는 표시하지 않고 있다. 각 한자어에 대해 한글로 주석을 달고,
또 한문으로 그 물명에 대한 자세한 역사적 사실들을 고증하여 제시하고 있다.

- 紗帽 사모 金冠 금관 朝見時所着也 (尤庵與市南書紗帽梢寛命縮之如何)
- 幞頭 복두 起于周武帝以幅巾裹首故曰幞頭

위의 예에서 볼 수 있듯이 그 어휘의 쓰임과 기원에 대해 설명하고 있어서 어원 연구에도 도움을 준다. 그러나 반드시 검증을 하여야 할 것으로 생각한다.

김좌균은 1852년에 식년시 생원 3등을 한 사람으로 안동이 본이라는 사실을 다른 문헌의 기록에서 찾을 수 있다. 거주지는 청풍(淸風)이었다. 처음 벼슬길에 오를 때 장릉 참봉이었다. 이 책을 김좌균이 언제 썼는지는 기록이 없으나 19세기 중반의 자료로 보이며 약 1,000여 개의 고유어가 실려 있다.[31]

다음에 '식물휘'에 보이는 한자어와 한글 주석을 예로 들면 다음과 같다.

- 大米 쌀
- 御飯米 어빅미
- 白蔡 오례
- 大豆 콩
- 小豆 팟
- 赤小豆 예팟
- 賊豆 쇠팟
- 豌 강낭콩
- 豌豆 동부
- 豆楷 청딕콩
- 豆芽 콩기름
- 穭豆 시콩
- 刀豆 츨콩
- 大豌豆 눼오리콩
- 黃粱米 누른 조
- 靑粱米 풀은 조
- 小米 좁쌀
- 粳米 닙쌀
- 粘米 참쌀
- 糯米 출수수
- 大麥 보리
- 靑稞 가을보리
- 穬麥 귀밀
- 燕麥 귀우리
- 黍 찰기장
- 蜀黍 수수

---

31 이미향(2002), 「松潤貳錄에 나타난 고유어 연구」, 『국어사자료연구』 제3호 참조.

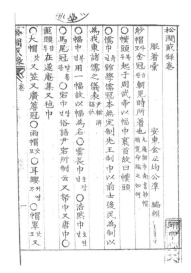

『송간이록』, 2　　　　　　　　　『송간이록』, 1

36) 『아언각비(雅言覺非)』

『아언각비』는 다산 정약용(丁若鏞)이 19세기 초 우리말의 언어 문자 생활에서 잘못 알려졌거나 잘못 사용하고 있는 어휘들을 바르게 하기 위하여 1819년에 편찬한 책이다. 그리하여 잘못 사용되고 있는 어휘 약 450여 가지를 골라 이것을 200여 항목으로 나누어 중요한 문헌들을 예를 들어 가면서 상고하여 바로잡아 놓은 책이다. '아언각비', 즉 '바른 말로 잘못된 것을 깨닫게 한다'는 목적을 가지고 편찬된 책이다.

『아언각비』는 주로 필사본으로 전해 오는데, 이본이 많아서 어느 것이 정본에 가까운지는 알 수 없다. 노경희(2013)에 의하면 1819년에 1차 완성본이 이루어진 후 뒤에 상당한 보충이 이루어지고 필사와 수정이 여러 번 이루어졌다고 한다. 노경희(2013)에 의하면 그 이본들은 다음과 같다. 소장처별로 재정렬하여 보이도록 한다.

(1) 필사본

    ① 교토대본(ヒ-3/199651)

    ② 국립중앙도서관본(일산 古3115-1)

    ③ 국립중앙도서관본(한古朝93-22)

    ④ 국립중앙도서관본(古3115-3)

    ⑤ 규장각(經古417.09-J466a)

    ⑥ 동경대본(174491)

    ⑦ 동양문고본(VII-3-77)

    ⑧ 버클리대본(36.3)

    ⑨ 서울대본(일사 417-j466a)

    ⑩ 연세대본(031.1정약용/아-나)

    ⑪ 연세대본(031.1정약용/아-가)

    ⑫ 영남대본(古味723정약용)

    ⑬ 장서각본(C14B-1)

    ⑭ 장서각본(貴D3B-241-27)

    ⑮ 天理大本(829.1-507)

    ⑯ 天理大本(829.1-523)

    ⑰ 天理大本(829.1-タ39)

    ⑱ 츠쿠바대본(チ460-11)

    ⑲ 홍익대본(411.2정62)

(2) 연활자본

    ① 朝鮮古書刊行會(1911년) 간행본

    ② 조선광문회(1912년) 간행본

    ③ 由研究社(1922년) 간행본

    ④ 조선사(1938년) 간행본

『아언각비』의 이본이 이렇게 많다는 것은 이 문헌이 그만큼 널리 읽혔다는 증거일 것이다. 뿐만 아니라 국어 어휘에 대한 관심도 매우 컸었음을 증명하기도 한다. 오늘날 국어 어원에 대한 관심이 많은 것을 연상시킨다.

이 책은 앞에 '소인(小引)'이 있고 이어서 '아언각비소목(雅言覺非小目)'이 있다. 그리고 권지일 앞에 소인(小引)이 있는데, 그 끝에 "가경을묘동철마산초서(嘉慶乙卯冬鐵馬山樵書)"라고 되어 있어서 1819년에 이루어졌음을 알 수 있다. 아언각비 권지일의 하단에 "열수 정용 저(洌水 丁鏞 著)"란 기록이 있어서 이 책이 다산의 저작임을 알 수 있다. 3권으로 되어 있다.

소목에 그 항목들이 보인다. 서울대 규장각본(經古417.09-J466a)을 보면 권1에 장안낙양(長安洛陽)·경구(京口)·태수사군(太守使君)·졸(倅)·방백(方伯)·감무(監務)·독우(督郵)·원외랑(員外郞) 등 61개 항목, 권2에 납채(納采)·초(醮)·수(嫂)·고(姑)·빙군(聘君)·남(姆)·어부(漁父)·화옹(火翁)·척(戚) 등 82개 항목, 권3에 태묘(太廟)·시동(尸童)·태복(太僕)·세마(洗馬)·제주(祭酒)·거란모돈(契丹冒頓)·범저(范睢) 등 67항목이 있어서 3권에 모두 210 항목이 실려 있다. 이들 어휘들에 대하여 하나하나 그릇된 점을 우리나라와 중국의 여러 문헌을 인용하여 그 어원(語源), 자의(字義), 음운(音韻), 표준어(標準語), 방언(方言) 등으로 고증하면서 아언(雅言 : 바른말)으로 각비(覺非 : 그릇됨을 깨닫게 함)한 것이다.

예를 '장원(狀元)'에서 들어 보도록 한다.

狀元者 奏狀之首也 進士出榜 必有奏狀 以達天子 故其第一人 謂之狀元 鄕試居首者 謂之解元 而不名狀元 東人錯認 凡科榜之居首者 通稱狀元 陞補庠製 鄕試初試 下至旬製月課 凡居首者 謂之狀元 已屬謬誤 況又壯譌爲壯 謂之壯元 詩元曰詩壯 賦元曰賦壯 多算者曰畫狀 奏箚碑碣 咸已刊行 豈不謬哉

[장원(狀元)이란 주장의 첫머리에 쓰인 사람을 말한다. 과거에 급제한 진사(進士)의 방을 써 내붙일 때는 반드시 주장(奏狀)을 만들어 천자에게 올렸던 까닭으로 그 첫째 번 사람을 장원(狀元)이라고 말하였다. 그리고 향시의 첫머리에 적히는 사

람은 이를 해원(解元)이라고 말하지 장원(狀元)이라고는 이름하지 않는다. 우리나라에서는 이를 잘못 인식하고 무릇 과거 시험의 방문에 첫머리를 차지하면 보통 장원(狀元)이라 칭하고, 승보상제(陞補庠製)나 향시초시(鄕試初試)로부터 아래로 순제월과(旬製月課)에 이르기까지 더 무릇 첫머리를 차지한 사람이면 이를 장원(狀元)이라고 말하는데 이것은 잘못된 것에 속한다. 하물며 또 문서 장 자를 그릇되게 장할 장이라고 이르며 계산에 뛰어난 사람을 획장(畫狀)이라 이르고, 주차문(奏箚文)이나 비갈문(碑碣文)에도 다 이미 이렇게 간행되었으니 어찌 잘못된 것이 아니겠는가! 〈김종권, 1976〉

이 예는 '장원'을 '狀元'으로 쓸 것인가? '壯元'으로 쓸 것인가에 대한 논의를 한 것인데, 이 문제는 오래 전부터 국어 어휘에서 문제가 되었던 항목이다. 각종 사전에서도 이 두 가지 한자는 혼용되기 때문이다.

사전	장원의 한자
표준국어대사전(국립국어원)	壯元, 狀元
우리말큰사전(한글학회)	壯元
국어대사전(이희승편)	壯元
한국어대사전(고려대학교)	壯元, 狀元
조선말대사전(북한)	壯元

이 '장원'은 역사적으로도 두 가지로 사용되어 왔다.

'壯元'의 예

- 壯元 〈1690, 역어유해, 上:16a〉
- 壯元을 삼앗ᄂ니이다 〈1721, 오륜전비언해, 3:10a〉
- 會試壯元 〈1775, 역어유해보, 12b〉
- 壯元 장원 〈1778, 방언유석, 酉,8b〉
- 쟝원 壯元 〈1880, 한불자전, 532〉

•장원 壯元 〈1895, 국한회어, 252〉

•壯元 〈1897, 한영자전, 716〉

'狀元'의 예

•狀元으로 〈1588, 소학언해(도산서원본), 6:118b〉

•이 天下狀元의 집 〈1721, 오륜전비언해, 4:6b〉

•어제 狀元의 ᄃᆡ부를 〈1721, 오륜전비언해, 4:12b〉

•狀元 〈1779, 한청문감, 2:38a〉

이처럼 '壯元'과 '狀元'의 혼란은 이전부터 알고 있었던 것으로 보인다. 황필수(1842년-1914년)가 각종 사물의 명칭을 고증하여 1870년에 펴낸 책인 『명물기략(名物紀略)』에는 다음과 같이 기술되어 있다.

狀元 장원 士居首者 必以狀達之天子 故曰狀元 而俗以凡事居首皆稱狀元 已極不當 而或作壯元者尤非 〈名物紀略 臣職部 30b〉

(狀元 선비로서 우두머리를 차지한 사람은 반드시 천자에게 문서로서 아뢰어야 함으로 '狀元'이라고 했으니 세속에서 모든 일의 우두머리를 차지한 사람을 다 같이 '狀元'이라고 칭함이 이미 아주 부당하며, 이를 혹 '壯元'으로 쓰는 것은 더욱 잘못이다)

이러한 혼돈에 대한 언급은 정약용의 『아언각비』에도 그대로 반영되어 있는 것이다. 이처럼 '장원'을 '壯元'으로 써야 할 것인지, '狀元'으로 써야 할 것인지에 대한 논란이 계속 있어 왔지만, 오늘날에는 대체로 '壯元'으로 굳어져 가는 현상이다. [이상 홍윤표(2022), 91-92 참조.]

兩班者 東西二班 高麗所謂文班虎班 是也 (高麗避武宗諱 武班曰虎班 今尙沿其名)

[양반이란 동서이반을 말하는데, 고려의 이른바 문반 호반이 곧 이것이다. (고려는 무종의 휘를 피하여 무반을 호반이라고 말하였는데, 지금 아직도 그 이름을 따라 쓰고 있다.)]

公然者 公共無愧者然也 行惡於衆睹之中者 謂之公然 杜甫詩曰 公然包茅入竹去 意可知也 公肆訛諉 公行劫掠 皆此意 乃東語以無功而望賞者 爲公然望之 無價而索贈者 爲公然索之 非本旨也

(공연이란 공공연하여 부끄러움이 없는 것을 말한다. 두보의 시에 말하기를 '공연히 띠를 안고 대밭으로 들어가 버렸다'라고 한 것으로 보아도 그 뜻을 가히 알 수 있다. 공연히 비방과 무고를 마음대로 하고, 공연히 겁탈과 약탈을 마음대로 행한다는 것도 다 이 뜻이다. 우리나라 말은 공로가 없으면서 상을 바라는 것을 공연히 이를 바란다 하고, 겁 없이 주기를 구하는 것을 공연히 이를 찾는다고 하는데, 이는 본뜻에 어긋나는 말이다.)

다음에 『아언각비』에 등재되어 있는 표제항을 보이면 다음과 같다.

〈제1권〉

• 장안낙양(長安洛陽)
• 경구(京口)
• 태수사군(太守使君)
• 졸(倅)
• 방백(方伯)
• 감무(監務)
• 독우(督郵)
• 원외랑(員外郞)
• 금오(金吾)
• 제학(提學)
• 사마(司馬)
• 국자(國子)
• 장원(狀元)
• 발해(發解)
• 빈공(賓貢)
• 수역(水驛)
• 행단(杏壇)
• 산다(山茶)
• 백(柏)
• 단(檀)
• 계(桂)
• 노죽(蘆竹)
• 가(檟)
• 여공(藜筇)
• 두중(杜仲)
• 해당(海棠)
• 풍(楓)

•유(楡)　　　　•사삼황련(沙蔘黃連)　　•후박모란(厚朴牡丹)

•박하구맥(薄荷瞿麥)　•직(稷)　　　　　　•호마청소(胡麻靑蘇)

•촉서(蜀黍)　　　•교맥(蕎麥)　　　　•시(枾)

•자초(紫艸)　　　•다(茶)　　　　　•의이(薏苡)

•면(麪)　　　　•장(醬)　　　　　•두부(豆腐)

•혜(醯)　　　　•제(虀)　　　　　•강양(薑讓)

•해송(韼松)　　　•신고(辛苦)　　　•금금(金金)

•한완(澣浣)　　　•환환(宦宦)　　　•석력(淅瀝)

•쇄차(刷筯)　　　•아(阿)　　　　　•일휘(一麾)

•일급(一級)　　　•천금(千金)　　　•일관(一貫)

•일탁(一度)　　　•일파(一把)　　　•삼촌(三寸)

〈제2권〉

•납채(納采)　　　•초(醮)　　　　　•수(嫂)

•고(姑)　　　　•빙군(聘君)　　　•어부(漁父)

•화옹(化翁)　　　•척(戚)　　　　　•향(鄕)

•동(洞)　　　　•협(峽)　　　　　•암((巖)

•항(巷)　　　　•호(湖)　　　　　•강하(江河)

•한수(漢水)　　　•천(遷)　　　　　•봉빈(峰濱)

•원옥(原屋)　　　•윤파(輪舥)　　　•잔호(盞蒿)

•선(鐥)　　　　•부(缶)　　　　　•슬(瑟)

•금휘(琴徽)　　　•통소(洞簫)　　　•경(磬)

•각(角)　　　　•변(弁)　　　　　•입(笠)

•상관(喪冠)　　　•첩이(帖裏)　　　•액엄(額掩)

•호항(護項)　　　•투수(套袖)　　　•감두(臔頭)

•면포(棉布)　　　•납의(衲衣)　　　•봉액(逢掖)

•탑련(搭連) •추포(推袍) •정(鼎)

•규홀(圭笏) •비(轡) •인(引)

•함(銜) •임(任) •유사(遺事)

•패자(구)(牌子)(句) •고풍(古風) •풍월(風月)

•여률(儷律) •시전(서전)(詩傳(書傳)) •사기통감(史記通鑑)

•반절(反切) •도목(都目) •향소(鄕所)

•귀향(歸鄕) •기인(其人) •양반(兩班)

•생원(生員) •추고(推考) •욕(辱)

•태장(笞杖) •기추(箕帚) •대자(帶子)

•공연(公然)

〈제3권〉

•태묘(太廟) •시동(尸童) •태복(太僕)

•세마(洗馬) •제주(祭酒) •거란모돈(契丹冒頓)

•범저(范雎) •조조(晁錯) •용골대(龍骨大)

•불보처(佛輔處) •승(僧) •지동(趾棟)

•시사(媤查) •녹축(簏軸) •조적(糶糴)

•점(苫) •송순(松笋) •송진(松津)

•서통(犀通) •우위(牛胃) •밀적(密炙)

•아도(阿堵) •권척(拳踢) •견(趼)

•변기(抃棄) •제숙(齊宿) •합문(閤門)

•노자(老子) •애자(哀子) •작설(綽楔)

•작계(綽稧) •정사(精舍) •헌청(軒廳)

•사랑(斜廊) •아(衙) •유(牖)

•계(禊) •상사(上巳) •파일(破日)

•하(霞) •탄기(彈棊) •잔탁(盞托)

- 탕병(湯餅
- 인단(印團)
- 조고(棗糕)
- 호구(餬口)
- 로(鱸)
- 포합(蒲鴿)
- 화랑(花郞)
- 걸사(乞士)
- 세(貰)

- 약과(藥果)
- 수단(水團)
- 각서(角黍)
- 면어(鮸魚)
- 정(蟶)
- 수표(水豹)
- 수척(水尺)
- 삼한(三瀚)
- 배현(杯玹)

- 분견(粉繭)
- 산자(糤子)
- 전과(煎果)
- 해즉(海鯽)
- 연(蜓)
- 맥예(貊濊)
- 장획(臧獲)
- 사(賖)

이 목록은 이본에 따라 각각 달라서 목록에 넘나듦이 있다. 예컨대 국립중앙도서관본에는 규장각본에 비해 제1권에 빈공(賓貢)이 빠져 있고 뉴형(杻荊)이 들어 있다. 제2권에서는 남(姍) 구(句) 항목이 더 들어가 있다. 제3권에는 작설(綽楔)이 빠져 있다.

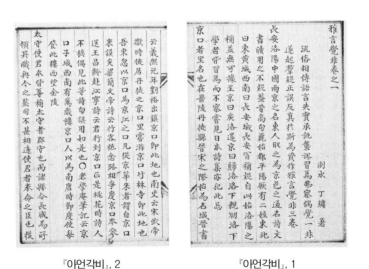

『아언각비』, 2

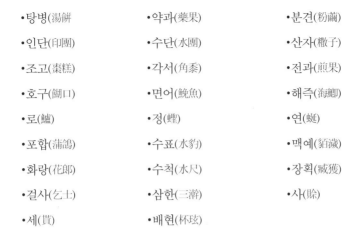

『아언각비』, 1

37) 『야설(野說)』

필자의 소장본이다. 책의 말미에 "백서류월상한용두객거호은서실(白鼠榴越上澣龍頭客居湖隱書室)"이란 기록과 내지에 "경자팔월(庚子捌越)이"이란 기록이 있어서 1900년의 필사임을 추정할 수 있다. 초목부(草木部)·조수부(鳥獸部)·충어류(蟲魚類)·궁실류(宮室類)·주차류(舟車類)·복식류(服食類)·경직류(耕織類)·공장류(工匠類)·공봉류(供奉類)·문무류(文武類)·희속류(戱俗類)·신체류(身體類)·사정류(事情類)·친속류(親屬類)·잡인류(雜人類)·어렵류(漁獵類)·잡사류(雜事類)·잡물류(雜物類) 등으로 분류되어 있다.

다음에 드는 예들은 첫 장(1a-1b)에 보이는 예들이다.

- 瓜 춤외
- 瓠 박
- 冬瓜 동화 一白芝
- 胡蘿葍 당근
- 白蓫 비치 一牛肚蓫
- 萊葍 번무 一蘿葍
- 菘菜 밋갓
- 赤根菜 시근취
- 䓛蓬菜 근딕
- 薺 나이
- 繁蔞 물쑥
- 蕙蒲 소향 /水蕙
- 蓀 충포 / 昌草
- 胡瓜 외 一黃瓜 靑瓜 玉瓜
- 南瓜 호박 一倭瓜
- 寒瓜 슈박 一西瓜
- 天瓜 ᄒ늘타리
- 蔓菁 슌무
- 芥菜 갓
- 薹芥 동갓
- 茼蒿 뿍갓 /물쑥
- 白菜 머회
- 馬蹄菜 곰달닉
- 莞浦 쥴
- 蒲 부들

873

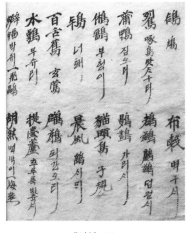
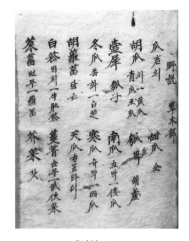

『야설』, 1b   『야설』, 1a

38) 『어록유해(語錄類解)』

　서울대 고도서 소장의 필사본이다. 한자 어휘를 천문, 지리, 시령 등 59항목
으로 분류한 후, 각 항목에 한자어를 제시하고 이에 대응되는 우리말을 주로
한글로 표기하여 놓았다. 책의 표지 제목이 '어록유해(語錄類解)'이고, 내지의
책제목도 '어록해(語錄解)'이어서 '어록해'류로 착각할 수 있다. 예를 몇 개 들어
보면 다음과 같다.

- 天淸亮 하날 청명하다
- 日頭煒 히 낫계다
- 倒捲風 호로래 ᄇ름
- 日朶雲 흔 쎄 구롬
- 焦雷 급흔 우리
- 打閃 번게ᄒ다
- 傾盆雨 붓드시 오ᄂ 비

- 日晃眼 히ㅅ빗 눈에 ᄇ이다
- 日曛 히 어슬음
- 雲布開 구롬 퍼지다
- 灌耳雷 귀예 썽ᄒ난 우리
- 雷光閃爍 번게 번득이다
- 火雲 노올
- 雨透了 비 ㅅ못다

- 淋透 ᄉ못젓다
- 被雨 비 맛다
- 雨少停 비 적이 멈즛ᄒ다
- 霧濃 안개 ᄌ욱ᄒ다
- 樹稼 산고듸
- 鵝毛雪 송이눈
- 雪花飄揚 눈 늘리다
- 轟雷 큰 우릐
- 羊角風 호로릐ᄇ람
- 閃電 번기

『어록유해』, 1b　　　『어록유해』, 1a

39) 『어휘(語彙)』

1922년경에 필사된 것으로 추정되는 1책의 필사본으로 분류어휘집(分類語彙集)이다. 서울대 가람문고 소장본이다. 편자는 미상이다. 책의 끝에 "현구지중추…(亥狗之仲秋…)"의 필사기가 있어 필사 연대를 1922년으로 추정한다. 현구(亥狗)는 임술(壬戌)년이다.

지리류(天地類)·절일류(節日類)·잡기류(雜技類)·악기류(樂器類)·기용류(器用類)·의복류(衣服類)·음식류(飮食類)·서화류(書畵類)·인물류(人物類)·어류(魚類)·

금류(禽類)·충류(蟲類)·수류(獸類)·초류(艸類)·목류(木類)·보유류(補遺類)·적대류(的對類)의 17부류로 나누어 각 부류에 해당하는 어휘를 소개해 놓았다.

한자어 아래에 고유어를 한글로 써 놓았거나 본명(本名), 일명(一名), 속명(俗名), 속(俗), 금속위(今俗謂)라 하고 고유어 또는 한자어를 밑에다 제시하였다. 대응하는 고유어가 없는 경우는 "(湯婆) 겨을의 물을 슬혀 함의 담아노코 발다히는 것"과 같이 구절로 풀이하거나 "(沒骨圖) 몬져 먹으로 그리지 아니ᄒ고 바로 치식으로 그린 그림이라"와 같이 문장으로 해석을 덧붙이기도 하였다.

- 一天二天 猶言一日二日也 ᄒ로이틀이란 말 〈1a〉
- 黃綿襖子 히빗이 누고 구히 더운 고로 예사롬이 누른르소음둥거리라 이르니라 見 鶴林玉露 〈1a〉
- 大敦腦兒 황하슈 근원 西極人謂 大敦腦兒 譯言星宿海 〈1a〉
- 卵色天 알빗 갓흔 하늘 唐詩一方卵色楚南天 〈1a〉
- 蔚南天 프른 하늘 〈1a〉
- 花鞦扉 곳 퓌게 ᄒᄂᆞᆫ 봄ᄇᆞ람이라 一名 花信風 〈1a〉
- 一犁雨 한 보ᄌᆞ락 비 古詩落暉散長尺 又杜詩崢嶸赤雲西日脚下平地 〈1b〉
- 黃道 달 단니ᄂᆞᆫ 길 〈1b〉
- 赤道 하늘 한반을 계한ᄒᆞ여 적도라 〈1b〉
- 白道 달 단이ᄂᆞᆫ 길 〈1b〉
- 雪楔 音셜 벼락 블덩이 ᄂᆞ려져 싸희 못친 것 〈1b〉
- 稷雪 本名霰 ᄲᆞ락눈 〈1b〉
- 雲葉 구름 조각 古詩 吐時雲葉解 〈1b〉
- 雲膜 구름 껍질 〈1b〉
- 宿 音슈 별뵈ᄂᆞ ᄌᆞ리니 俗云 별슈라 ᄒᆞ미 非 〈1b〉

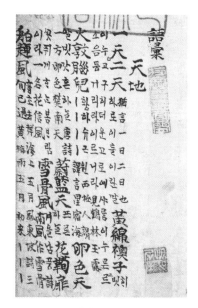

『어휘』, 1b　　　　　　　『어휘』, 1a

40)『일용비람기(日用備覽記)』

선문대 중한번역연구소 소장본으로 1책 22장의 필사본이다. 문방구(文房具)·
기용구(器用具)·음식구(飮食具)·과실구(果實具)·의복구(衣服具)·신체구(身體具)·
화구(花具)·초구(草具)·우충구(羽蟲具)·모충구(毛蟲具)·인물구(人物具)·혼구
(婚具)의 12개 부류로 나누어 놓았는데, 끝에 "정축칠월구일필서우초당(丁丑七
月九日畢書于草堂)"이란 필사기가 있어서 1937년에 필사한 것으로 추정된다. 모
두 1,601개의 표제어가 실려 있다.[32] 다음에 드는 예는 첫 장의 예들이다.

- 冊匣 칙갑　　　　- 冊牀 칙상　　　　- 冊欌 칙장

32 이 책은 2007년 중한번역문헌연구소에서 한글생활사 자료로 영인하고 색인을 내어 출판
한 적이 있다.

- 冊巨里 칙거리
- 白紙 흰조히
- 毛面紙 모면지
- 苔紙 틱지
- 簡紙 간지
- 詩箋紙 시젼지
- 試紙 시지
- 黃紙 황지
- 眞玄 참먹
- 墨牀 먹놋는 디
- 黃毛筆 황모붓
- 大筆 큰붓
- 筆筒 붓통

- 紙 조히
- 雪花紙 셜화지
- 粉唐紙 분당지
- 宮箋紙 궁젼지
- 周紙 두루마지
- 太史紙 틱사지
- 皮紙 피지
- 文匣 문갑
- 炭墨 숫먹
- 筆 붓
- 靑鼠毛 청셔모붓
- 羊毛筆 양호붓
- 硯 별우

- 壯紙 장지
- 白綿紙 빅면지
- 藁精紙 고졍지
- 花草紙 화초지
- 扇子紙 션즈지
- 大好紙 딕호지
- 休紙 휴지
- 墨 먹
- 松煙墨 송연먹
- 毛筆 모필
- 貂尾筆 초미붓
- 筆牀 붓상
- 硯石 별우돌

『일용비람기』, 1b

『일용비람기』, 1a

41) 『자의물명수록(字義物名隨錄)』

이 책은 계명대학교 소장본이다. 필사본으로 친속부(親屬部)·신체부(身體部)·문무부(文武部)·복식부(服食部)·공봉부(供奉部)·경직부(耕織部)·공장부(工匠部)·주차부(舟車部)·궁실부(宮室部)·초목부(草木部)·조수부(鳥獸部)·충어부(蟲魚部)·사정부(事情部)·희속부(戱俗部)·잡인부(雜人部)·어렵부(漁獵部)·잡사부(雜事部)·잡물부(雜物部)의 18개 부류로 나누어 각 한자 표제항에 대해 한글 또는 한문으로 풀이를 하고 있다. 총 27장으로 필사연대 미상이다. 표기법으로는 19세기 말의 자료로 보인다. 다음의 예들은 '공봉부(供奉部)'에 속하는 어휘들이다.

•臥榻 궤	•堅榻 쟝	•斗庋 두지
•㮳 쟝등	•竪木 쪽광샹	•脚踏 발도돔
•繡墩 수방석	•椅褡 교의방석	•隱囊 안식
•鍋 가마	•小鍋 솟	•鐺 노구
•鉆 탕관	•土銼 옹솟	•大壺 신셜노
•鰍 국이	•甌 보아	•釭 등잔
•杓 즈	•酒注 주젼즈	•偏提 머들기
•食墩 식긔	•墩會鍋 식긔기	•漏勺 셟
•鉶 깅지미	•套盒 오합	•篘 용슈
•提籃 달악기	•笊籬 조리 혹 주걱	•網兜 망틱
•抽屜 혈합	•趕麵杖 홍독기	•拔火罐 쓥단지
•糊刷 귀알	•不借 扉집신	•射糠盤 미돌쇠
•筀 붓쳐	•矞杏 두루마리	•抹布 힝즈
•火刀 부쇠	•承火絨 부싀깃	•撚子 심지

『자회물명수록』, 1b

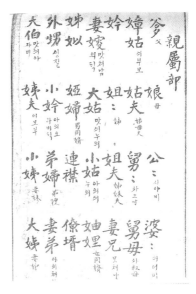

『자회물명수록』, 1a

42) 『자회초(字會抄)』

영남대학교 도서관 소장본으로 필사본이다. 동빈문고에 있다. 한자의 1자에 속하는 것은 '자회초(字會抄)'라 하여 각 한자 석음을 달아 놓고, 2자 이상인 것은 '물명초(物名抄)'라 하여 각 한자어 아래에 한글 또는 한문으로 그 표제항에 해당하는 우리말을 적어 놓았다. 편찬자나 필사연대는 알 수 없다. 단지 표기법 등으로 보아 19세기 말로 추정된다.

• 一大 하늘 天也 至高無上之謂 〈1a〉　　• 大圓 하늘 一云泰元太皓 〈1a〉

• 圓靈 하늘 又蒼靈 〈1a〉　　　　　　　• 玉宇 하늘 〈1a〉

• 靑空 하늘 又碧空 太空 〈1a〉　　　　• 紫落 하늘 文碧落紫落 〈1a〉

• 淸玄 하늘 又上玄重玄玄儀 〈1a〉　　• 淸穹 하늘 又顥穹層穹 〈1a〉

• 九蒼 하늘 又穹蒼上蒼彼蒼 〈1a〉　　• 九霄 하늘 神霄 玉霄 〈1a〉

880　제6부 어휘 자료론

•陽宗 날 日也 農陽之宗 又陽精火精 〈1a〉 •曜靈 날 〈1a〉

『자회초』

43) 『잡동유찬(雜同類纂)』

서울대 중앙도서관 소장본으로 초목류(草木類)·조수류(鳥獸類)·충어류(蟲魚類)·궁실류(宮室類)·주차류(舟車類)·복식류(服食類)·경직류(耕織類)·공장류(工匠類)·공봉류(供奉類)·문무류(文武類)·희속류(戱俗類)·신체류(身體類)·친속류(親屬類)·사정류(事情類)·친속류(親屬類)·잡인류(雜人類)·어렵류(漁獵類)·잡사류(雜事類)로 분류되어 있고, 뒤에 서상기어록(西廂記語錄), 수호지어록(水滸誌語錄)이 붙어 있다.

다음에 드는 예는 조수류(鳥獸類)에서 찾은 것이다.

•鵗 도롱틱 송云
•鷚 송달이 又雉鶵
•鸎鸇 가리싀
•伯趙 가구막디
•戴勝 으드이
•水鴞一足鷹一足鼻 물슈리
•雀 춤식
•嗛食 모이 먹다
•撲拉 민갸즈의셔 나다

•天鵝 仝譯曰 곤이
•信天緣 왜가리
•角鴟 부헝이
•鶺鴒 더펄이
•鷺鵝 되강올
•鵬 곤이 天鵝
•胡燕 명막이
•抖毛 털 써다
•抓住 민츠다

•貼樹枝 바람갑이
•布穀 벅국이
•鴽 너싀
•朱鷸 싸옥이
•提葫蘆 후루루비쥭싀
•鷸 술이
•搧翅 나릭부딕
•距 머느리발톱

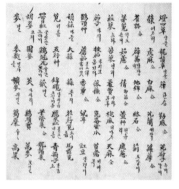

『잡동유찬』, 1b　　　　　『잡동유찬』, 1a

44) 『잡물유집(雜物類集)』

소장처 미상의 문헌이다. 필자가 복사를 해 놓고 소장처를 기록해 두지 않았기 때문이다. 다음과 같은 28개의 부류로 분류하고 각 부류에 해당하는 물명들을 주로 한글로 주석을 하였다.

천문류(天文類), 지리류(地理類), 화곡류(禾穀類), 음식류(飮食類), 어선류(魚鮮類),

채소류(菜蔬類), 과실류(果實類), 포백류(布帛類), 의복류(衣服類), 관대류(冠帶類),

보패류(寶貝類), 패완류(佩玩類), 기명류(器皿類), 집물류(什物類), 문방류(文房類),

장석류(帳席類), 궁실류(宮室類), 교승류(轎乘類), 박혁류(博奕類), 악음류(樂音類),

군물류(軍物類), 염색류(染色類), 금석류(金石類), 화초류(花草類), 수목류(樹木類),

금수류(禽獸類), 충개류(蟲介類), 잡용류(雜用類)

다음의 예는 첫장의 예이다.

- 星辰 비울
- 三台星 삼틱셩 三公 三台
- 啓明星 시별 昏見長庚晨見啓明晝見太白
- 銀河 은ᄒ슈 銀漢 天漢 雲漢 昭漢
- 霞 눌
- 虹蜺 무지기 雄虹雌蜺 螮蝀通稱虹
- 霾 흑비미 土雨
- 霰 싸리기문
- 雹 우박

- 北辰 북신 北斗七星
- 參星 좀상이
- 雲 구름 山澤之氣
- 霧 안기 山巾 玄豹
- 雨 비 雨過三日則霖 膏澤
- 雪 눈 六出花 玉屑
- 霓 눈비션

『잡물유집』, 1b

『잡물유집』, 1a

45) 『조선어휘(朝鮮語彙)』

　일본의 소창진평(小倉進平) 문고 소장이다. '조선어휘(朝鮮語彙)'라는 책명은
분류자가 붙인 이름으로 보인다. 수량단위, 물건(物件), 자외인물(自外人物), 잡
종(雜種), 각(覺) 등으로 구분하여 그 의미부류에 해당하는 어휘를 쓰고 오른쪽
에 한글로 한자의 음을 달아 놓고 있다. 1932년 이전에 쓰인 것으로 보인다. 다
만 한자와 한자음만 있을 뿐이다.

- 一分 흔 푼　　　　　• 二分 두 푼
- 兩色緞 양싀징　　　• 草綠緞 초록징

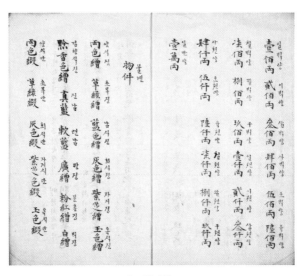

『조선어휘』

46) 『朝鮮の俤(조선의 모습)』

　이 책은 일본인 서촌진태랑(西村眞太郎)의 저서다. 조선의 사교, 사회, 생활,

가정, 관혼상제, 여자, 문예, 동식물, 천문지리, 잡록 등으로 구분하여 그 실상을 기술한 것인데 일본어로 되어 있다. 그러나 책의 상단에 그에 해당하는 명칭을 한글로 적어 놓고 그 어휘의 쓰임을 설명하고 있어서, 어휘사 기술에 중요한 자료를 제공해 준다. 1923년에 신식활자본으로 조선인쇄주식회사에서 간행하였다. 예컨대 주연(酒宴)에 대한 어휘로는 '권쥬가·슌비·후리삼비', '居室'에는 '온돌·링골·아랫목·풍계', '葬式'에는 '초혼·상악싱·ᄉ쟈밥·쇼렴·무궁쥬·액모·악슈·습신·칠성판·상식·곡·셩복·대렴·슈의·디관·뎐·부의·장계·셰물젼·샹두ᄭᅮᆫ·곡비·영결식·반우·소상·대샹·ᄉ당·신당·신대왕·풍광·고려장' 등이, 농상공에 대한 어휘로는 '말니·치부쳑·외샹쳑·좌샹·가게·류지비젼·렬립ᄭᅮᆫ·차인·ᄉ환·취리ᄭᅮᆫ·드팀젼·샹젼·모젼·어물젼·갓방·은방·궁방·도장방·곳방' 등이 소개되어 있다.

『조선의 모습』, p.57

『조선의 모습』, p.16

47) 『조선 숙어 해석(朝鮮 熟語 解釋)』

『조선 숙어 해석』은 일본인 산지정린치(山之井麟治)가 편찬하여 1915년에 대구의 옥촌서점(玉村書店)에서 연활자본으로 간행한 책이다. 이 책은 앞에 저자의 자서(自序)와 범례가 있고 본문이 시작되는데, 본문은 일본의 이로하 음순으로 배열하였다. 그래서 イ之部·ロ之部·ハ之部·ニ之部·ホ之部·ヘ之部·ト之部·チ之部·リ之部·オ之部·ワ之部·カ之部·ヨ之部·タ之部·レ之部·ソ之部·ツ之部·子之部·ナ之部·ラ之部·ム之部·ウ之部·ク之部·ヤ之部·マ之部·ケ之部·フ之部·コ之部·エ之部·テ之部·ア之部·サ之部·キ之部·ユ之部·メ之部·ミ之部·シ之部·ヒ之部·モ之部·セ之部·ス之部로 분류하고 여기에 해당하는 한국어의 한자어를 한자로써 놓고 그 아래에 일본어(카타카나)로 주석을 붙인 책이다. 미국 하버드옌칭 도서관에 소장되어 있다. 이 책은 1982년에 정문사에서 영인본을 낸 적이 있는데, 이 영인본의 저본은 각 한자에 한자음을 적어 놓은 책이다.

이 책의 범례에 의하면 『증보문헌비고(增補文獻備考)』, 예서(禮書), 『대전회통(大典會通)』, 유명한 여러 회화편(會話篇, 유서들을 뜻하는것으로 보임), 조선이담(朝鮮俚談), 기타 조선의 고서 수십권을 참고하여 조선인들 사이에 관용으로 사용하고 있는 숙어 속자(俗字) 2,300여 개에 대해 하나하나 상세한 번역을 붙인 것이라고 한다. 이두까지도 표제어로 두었음을 밝히고 있다. 그리고 뒤에 부록으로 '조선문에 사용하는 諺文吐 天爾遠波 譯表'가 있다. 한국어에서 사용되고 있는 토를 ㄱ, ㄴ, ㄷ순으로 배열하고 각 토에 대한 일본식 예문이나 일본어 풀이를 붙이고 있다.

이 책의 체재를 보면 다음과 같다. (괄호 안의 한글 표기는 정문사 영인본의 한자음 표기이다.)

· 一色 : (일식) 絶世ノ美人, 鈔クトモ十人普以上ノ容姿ヲ具ヘタル婦人ヨ云フ

- 捕盜廳 : (포도청) 專ラ賊ヲ逮捕スルニ努ムル官署ナリ

- 浦口 : (포구) 船着場, 港

- 路資 : (로ᄌ) 旅費

- 八字 : (팔ᄌ) 運命ト解スルヲ得ヘシ, 八字トハ生年, 生月, 生日, 生時ニシラ人ハ其 支干ニ依リテ運命ヲ支配セラルト稱スル事我陶宮術ニ於テルト仝樣ナリ

- 가 (ガ) 牛ガ虎ニ喰殺サレタリ

- 기로 (コト・ニヨリ) 私ハ明日出發スルコト・定タル

표제어의 항목은 국어 한자 어휘 연구에, 그리고 뜻풀이는 일본어를 통하여 그 당시의 의미를 파악할 수 있다. 표제어 중 몇 개만 예시하면 다음과 같다.

- 一色(일쇠)   - 一牌(일픾)
- 一家(일가)   - 一級(일급)
- 一本一利(일본일리)   - 八朔(팔삭)

가, 기로, 기여, 기, 키, 것, 것이, 거든, 거늘, 거니와, 게, 케, 고, 컨딕, 과, 갓치, 가지, 코져, 곳, ㄴ지, ㄴ데, ㄴ들, 는, 나, 니라, 니, 노니, ㄴ딕 등

 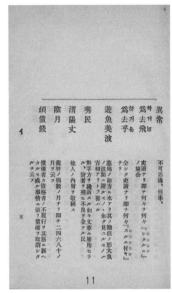

『조선 숙어 해석』(부록)　　　　　　『조선 숙어 해석』

48)『죽교편람(竹僑便覽)』

1849년에 한석효(韓錫斅)가 편찬한 책으로 필사본 9권 3책이다. 서울대 규장각에 소장되어 있다. 앞에 서문이 있어서 필사기를 알 수 있다. 제1책과 2책은 상례(喪禮), 제례(祭禮)에 대한 것이고 제3책은 박물편(博物篇)이다. 박물편에 치농과 의약 및 양생에 대한 기술이 있는데, 각 식물명이 한글로도 병기되어 있다. 제1책과 제2책은 국립중앙도서관에도 소장되어 있다.

- •蒼耳草 퇴고말이
- •辛荑花木 어사리나무
- •露蜂房 말벌집
- •土醬 된쟝
- •榛子 개금
- •土狗 개밥도적
- •石蟹 가지
- •惡實 웡씨
- •蠐螬 굼벙이
- •齒莧 쇠비름
- •土蜂 바더리
- •便奉 가라톳

- 鰍魚 웅걱지
- 鱣魚 드렁이
- 蜈蚣草根 딘에풀섂리
- 莧中 회츙
- 桃藤 드래넛츌
- 梣實 핑열음
- 癬 버즘

『죽교편람』

49) 『청향산인 박물기(靑鄕散人 博物記)』

단국대 율곡기념도서관 소장인 1책의 필사본이다. 표제서명은 '청향산인 박물기(靑鄕散人博物記)'이고 내지에는 '금산산인방물어류(錦山散人方物語類)'라고 되어 있다. 청형산인이나 금산산인이 누구인지는 알 수 없다. 이자류초목어해(二字類草木語解)·삼자초목집해(三字草木集解)·금산산인초목술이기(錦山散人草木述異記)·이자어부집해(二字魚部集解)·삼자어부집해(三字魚部集解)·이자조부집해(二字鳥部集解)로 되어 있는 부분은 각 자류로 되어 있는 한자 표제어에 한문으로 주석을 달아 놓았고, 이어서 주차류(舟車類)·복식류(服飾類)·경직류(耕織類)·공장류(工匠類)·공봉류(供奉類)·문무류(文武類)·희속류(戱俗類)·신체류(身體類)·사정류(事情類)·친속류(親屬類)·잡인류(雜人類)·어렵류(漁獵類)·잡사류(雜事類)·잡물류(雜物類)로 분류되어 있는 부분에는 한자어 표제항에 주로 한글로 주석을 달아 놓았다. 뒷부분은 그 분류가 다산의 물명고와 매우 유사하다. 그러나 그 표제어와 기술은 다산의 물명고와는 차이가 많아서, 다양한 어휘들을 보여 준다. 앞 부분에는 초류(草類)와 조류(鳥類), 어류(魚類) 등에 대해 기술한 후에 뒤의 다양한 어휘들에 대해 주석을 붙여 놓은 것으로 보인다. 다음의 예는 모두 주차류(舟車類)의 예들이다.

- 桅杆 돗닷
- 棚子 뜸집
- 艄 빈고믈
- 木捉 나무둧
- 鑄錨 쇠닷
- 舵 키
- 船頭 빈이물
- 艙艡 툼며오다
- 縴 빈쥴
- 篙 삿듸
- 舷 빈젼
- 帆 뎡예
- 駄轎 쌍가마
- 告非背 고즈 뒤 지헌 난 것
- 轎損 가미치
- 食輿 가자
- 駄鞍 길마
- 車鞍 슈릐길마
- 肚帶 빗듸

『청향산인박물기』

50) 『하빈잡저(河濱雜著)』

『하빈잡저』는 조선 후기의 학자 신후담(愼後聃, 1702-1761)이 지은 잡저(雜著)이다. 신후담의 호는 하빈(河濱) 또는 둔와(遯窩)이다. 서울대학교 일사문고 소장의 1책(105장)으로 된 필사본이다.[33]

자경설(自警說) · 삭옥화경(削玉華經) · 삭잡설(削雜說) · 금화외편(金華外篇) · 잡술오편(雜述五篇) · 제수초병학지남후(題手抄兵學指南後) · 제태평유기후(題太平遺記後) · 제사운간자초후(題四韻艱字抄後) · 삭경설(削經說) · 삭잡기제편(削雜記諸篇) · 아언(雅言) · 독서록(讀書錄) · 물외승지기(物外勝地記) · 찰이록(察邇錄) · 물산기(物産記) · 동식잡기(動植雜記) · 해동방언상(海東方言上) · 해동방언하(海東方言下) · 속설잡기(俗說雜記) · 중뢰통설(衆籟通說) · 백과지(百果志) · 곡보(穀譜) · 세시기(歲時記) · 의사언(疑四言) · 책문삼수(策問三首) 등 26편으로 되어 있다. 이 중에서 '찰이록(察邇錄)'부터 '중뢰통기(衆籟通記)'까지는 우리나라의 속담, 어휘, 의성어 등을 집대성한 것으로 국어사 연구에 소중한 자료가 된다. '찰이록'은 어린 시절에 주변에서 들은 우리나라의 속담 52개를 모아 기록하였던 것을 1729년에 다시 정리하여 수록한 속담집이다. '동식잡기(動植雜記)'는 동물과 식물을 비금(飛禽) · 주수(走獸) · 인충(鱗虫) · 개충(介虫) · 과실(果實) · 화훼(花卉)로 분류하여 해당 분야의 동식물의 명칭과 어원을 소개하고 아울러 속명(俗名) · 이명(異名) 등을 기록하였다. '해동방언(海東方言)' 상 · 하 양편은 우리나라 말의 어휘를 집대성한 것이다. 상편은 한자어를 기록하고 그에 해당하는 우리 어휘를 한자의 음과 훈을 이용하여 표기하였고, 하편은 우리말 어휘의 어원 등을 주로 한자에 기대어 풀이하였다. '속설잡기(俗說雜記)'와 '중뢰통기(衆籟通記)'는 웃음 소리, 바람 소리, 새 소리 등 만물의 소리를 한자어의 음으로 표현한 일종의 의성어 모음집이다. 아마도 국어 어휘사 자료 중 의성어 등을 기술한 문헌은 이것

---

[33] 『하빈잡저』는 국립중앙도서관 소장의 『백헌선생집(白軒先生集)』(마이크로필름 형태)의 마지막 9책에도 실려 있다.

이 거의 유일한 것으로 보인다.

天曰大乙 地曰多 土曰黑 日曰乙 月曰達 星曰列 陽曰變 陰曰克乙 春曰丰 夏曰閼陰 秋曰

介乙 冬曰閼乙 寒曰札 署曰厚乙 早曰伊乙

虎曰㺚犯 豹曰豹犯象長長準 鹿曰山生 豺曰勝狼 〈이상 海東方言 上〉

瑟瑟字 百官將朝時 政院吏人所唱之聲也

許許大小聲也 何何小聲也 胡胡微笑聲也 劇劇甚笑聲也 食食癡人之笑聲也

僾僾哭聲也 哀哀女哭聲也 僾伊阿者婢妾之哭聲也 哀苦者親喪之哭聲也 於於驚呼聲也

應應怒恨聲也 〈이상은 俗說雜記〉

('슬슬'은 백관장수가 조정회의에 들어갈 때, 승정원의 관리가 인도하는 소리
다. '허허'는 크고 작은 소리이고 '하하'는 작은 소리이며 '호호'는 미소의 소리이
다. '극극'은 심히 웃는 소리이고 '식식'은 어리석은 사람의 웃음소리다. '애애'는
곡성이고, '애애'는 여자의 곡소리이며 '애이아'는 노비나 첩의 곡소리이고 '애고'
는 친상 때의 곡소리이다. '어어'는 놀라 소리지르는 소리이고, '응응'은 화가 나
서 한탄하는 소리다.)

'動植雜記'에는 동식물의 명칭과 어원을 소개하고 있다. 그 俗名과 異名을
제시하고 그 어원을 풀이하였는데 그 어원풀이는 민간어원설 수준의 내용이
지만, 속명에 대해서는 눈여겨 볼 내용도 있다. 예컨대 '鵲俗稱干雉'라는 기록
은 '까치'를 그 당시에 '깐치'라고 하였다는 증거를 보인다. 몇 예를 보인다.

雁俗稱吉億 取其聲也 又稱霜翁 取其霜下時來賓也 又稱蘆鳥 取其居於蘆田也

鸛俗稱漢鳥 方言稱爲大 以鸛爲鳥中之大者故名

燕俗稱低飛以其飛之常低也

狐俗稱如意謂其邪媚而迎人意也

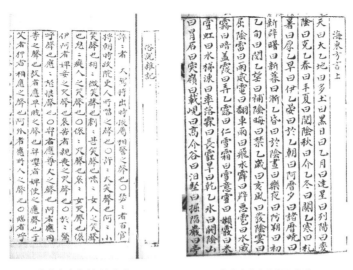

『하빈잡저』(속설잡기)　　　　　　　『하빈잡저』(해동방언)

51) 『해동석방언(海東釋方言)』

『해동석방언』은 우리말 어휘를 한자로 써 놓고 그 뜻풀이를 한문으로 기술
해 놓은 책으로 3권 3책의 필사본이다. 미국 하버드옌칭도서관 소장본인데,
3권 3책 중 첫째 권인 1책이 결본인 영본이다. 제2권은 기용부하(器用部下)·악
기부(樂器部)·귀신부(鬼神部)·포목부(草木部)·화훼부(花卉部)·화곡부(禾穀部)·
조수충어부(鳥獸蟲魚部)·잡설부(雜說部)의 8개 부류로 나누고 각 부에 한자로
된 표제항을 싣고 그 아래에 한문으로 그 표제항에 대한 풀이를 하여 놓았다.

그런데 원래 한자어도 있고 고유어도 있는데, 고유어도 한자를 음차(音借)
하여 한자로 표기하여 놓았다. 예컨대 '빗자루'를 뜻하는 '비'를 '批'로, '빗치개'
를 '篦治髥'로, '대패'는 '大牌'로, '작위'는 '斫爲'로, 과일인 '살구'는 '殺狗'로, 물고
기의 '준치'는 '俊治'로, '도미'는 '道味'로, '도로목'은 '塗老木'으로, '사투리'는 '四
土俚' 등으로 표기하였다. 그리고 그 아래에 해석을 붙였는데, 처음에는 '○○
○者XXX也' 식으로 간단히 대응어를 붙이고 이어서 이에 대한 자세한 설명을

893

붙이고 있다.

- 扽 : 扽者梳也 今呼梳櫛曰扽而末用叱聲如色債字之俗訓 〈器用部〉
- 箆治髟 : 箆治髟者簡髮具也 以角骨金銀爲之以治髮 〈器用部〉
- 假末 : 假末者舂鍬也形如末而不抹有三人方用之今云加來者訛也 〈器用部〉
- 羅發 : 羅發者喇叭也羅發云者聲訛也 〈樂器部〉
- 高氏乃 : 高氏乃者飮食之神也 古有姓高者貧無以養其母後其母死葬於中野他日過去以酒
  餠投其塚曰高氏乃農夫問其故答曰比高氏塚而甚有靈驗矣農夫輩聞之競投飮食必祝曰
  高氏乃其俗至今猶然墓在金堤萬頃之間云 〈鬼神部〉
- 殺狗 : 殺狗者杏也 杏能已狗毒故鄕俗若滯於狗肉則必喫杏無杏則以杏仁代之皆效故曰殺
  狗 〈草木部〉
- 反切 : 反切者諺文也 我朝世宗大王制子母二十八字名之曰訓民正音其用在於子母反切
  之間故曰反切

위의 예에서 보듯이 한자로 쓴 우리말의 뜻을 한자로 적고 그 유래를 한문
으로 설명하고 있는데, 대개 민간어원설에 가까운 설명이다. 위의 예에서 소
위 '고시래'를 '高氏乃'로 쓰고, 그 '고씨내'가 음식의 귀신이라고 설명한 뒤에,
그 '고씨내'가 등장한 유래를 적고 있는데, 고씨 성을 가진 사람의 일화가 적혀
있고 그 지역이 김제의 만경이라는 설명까지 붙이고 있다.

마찬가지로 '살구'를 살구가 개고기를 먹고 체했을 때에 살구를 먹으면
나아서 그 이름을 '살구(殺狗)', 즉 '개를 죽이는 것'이란 이름이 되었다는 설
이다.

이 책은 우리말 어원을 한자에 연계시켜 설명한, 박가경의 『동언고략』을 연
상시킨다. 그러나 동언고략이 어휘의 어형을 한자음에 연관시킨 것과는 달리
주로 민간어원설에 연관시키고 있음이 특징이다. 앞에서 예를 든 '고시내'나
'살구'가 그러한 예이다.

○ 기용부(器用部)

- 비아(篦兒)
- 비(批)
- 비치개(篦治髮)
- 취(毳)
- 주선(酒繕)
- 대패(大牌)
- 작위(斫爲)
- 장기(長機)
- 도립개(擣粒枷)
- 잔대(盞臺)
- 조왕(曺旺)
- 투서(套署)
- 투전(投牋)
- 맥경(麥鏡)
- 안명(鞍名)
- 어전(魚箭)
- 불(弗)

○ 악기부(樂器部)

- 검은고(黔隱扣)
- 장고(杖皷)
- 필이(觱伊)
- 나나리(囉囉哩)
- 저(低)
- 나발(羅發)
- 풍류(風流)
- 비파슬(琵琶瑟)

○ 귀신부(鬼神部)

- 김첨지(金僉知)
- 두류신(杜抑神)
- 곽등(郭登)
- 선앙(仙央)
- 고씨내(高氏乃)
- 태주(台主)
- 야광(夜光)
- 마마(麻馬)
- 가위(可威)
- 독각(獨脚)
- 장승(長丞)

○ 초목부(草木部)

- 동백(冬栢)
- 백자(栢子)
- 자단향(紫袒香)
- 진목(眞木)
- 가목(假木)
- 수록동(垂綠桐)
- 복사(伏邪)
- 사리(斜理)
- 살구(殺狗)
- 가음(可飮)
- 보음(補陰)
- 대추(大秋)
- 주엽(舟葉)
- 능금(能檎)
- 범목(凡木)

○ 화훼부(花卉部)

- 해당화(海棠花)
- 아가씨화(阿家氏花)
- 양귀비(楊貴妃)
- 무궁화(無窮花)
- 망일화(望日花)
- 군화(群花)
- 춘선초(春扇草)
- 솔어장(率魚長)
- 지초(芝草)
- 다덕(多德)
- 배초(拜草)
- 무채(無憂菜)
- 명하초(明何草)
- 상치(爽齒)
- 군초(羣草)

○ 화곡부(禾穀部)

- 조(糶)
- 피(稏)
- 구우리(瞿于里)
- 모밀(牡蜜)
- 수수(垂穗)
- 군곡(羣穀)
- 점(苫)

○ 조수충어부(鳥獸蟲魚部)

- 검악(黔惡)
- 벌곡(伐谷)
- 군조(群鳥)
- 악위(樂衛)
- 수우(水牛)
- 군수(羣獸)
- 모기(暮起)
- 지룡(地龍)
- 누애(媻愛)
- 군충(羣蟲)
- 점점도좌(苫苫道佐)
- 거복(擧卜)
- 조개(雕介)
- 군어(羣魚)
- 준치(俊治)
- 도미(道味)
- 가리합(嘉里蛤)
- 도로목(塗老木)
- 명태(明太)

○ 잡설부(雜說部)

- 사토리(四土俚)
- 반절(反切)
- 변(邊)
- 거동(擧動)
- 수랄(水剌)
- 절(折)
- 어지간(魚池間)
- 항다반(恒茶飯)
- 개래반(芥萊般)
- 도행장(桃杏腸)
- 민조(閔祖)
- 이뢰오왕(爾懶誤往)

- 구정보(毬庭步)
- 외상(外上)
- 십상(十常)
- 곽주(郭走)
- 육중(六重)
- 패자(牌子)
- 답(杳)
- 서(闇)
- 양(胖)
- 희연(屓連)
- 뇌진장(雷鎭將)
- 주몽(朱蒙)
- 효녕대군고피(孝寧大君鼓皮)
- 재(在)
- 동모(同侔)

- 잠간언제(暫間焉際)
- 만(萬)
- 무언로(無言路)
- 한당호(漢唐胡)
- 복(卜)
- 부담(負擔)
- 곳(鹿)
- 이두(吏讀)
- 녹피(鹿皮)
- 자기(磁岂)
- 다물(多勿)
- 함흥차사(咸興差使)
- 제용(諸容)
- 장자(長者)
- 재(灾)

- 결립안(結立案)
- 팔삭(八朔)
- 홍청(興淸)
- 무근지(無垠地)
- 쉬향(歸鄕)
- 우(右)
- 결수(結數)
- 천량(賤量)
- 송진(松津)
- 쇠정염(衰貞醢)
- 위(位)

- 보달(褓妲)

897

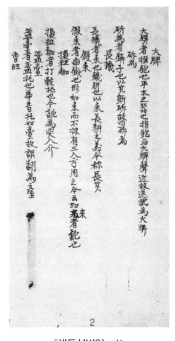

『해동석방언』, 1b   『해동석방언』, 1a

52) 『해동죽지(海東竹枝)』

이 책은 최영년(崔永年)의 시집(詩集)으로 우리나라의 역사(歷史)·풍속(風俗)·
지리(地理)·명승(名勝)·고적(古蹟) 등(等)에 대(對)해 읊은 500여 편의 시를 수록
(收錄)해 놓은 책이다. 1925년에 신식활자본으로 간행해 내었다. 이 책에는 풍
속 등에 대한 설명을 하면서 거기에 한글로 그 명칭을 붙여 놓았다. 설명까지
있어서 의미 파악에 매우 중요한 정보를 제공하여 준다. 필자의 소장본이다.
그 어휘들 중 몇 개만 소개하면 다음과 같다. (번역은 필자가 별도로 한 것임.)

배싸라기

船遊樂

送使于南京以水路朝天多去而不還每發于南陽及宣川宣津兩處臨行餞送于海頭群妓演
此爲戲名之曰船遊樂 배싸라기 有唱詞

(남경으로 물길을 따라 사신을 보냄에 많은 사람이 가는데 돌아오는 이는 없다.
매번 남양으로 출발할 때 선천 선진 두 곳에 이르러 떠나는 사신을 배웅하며 기녀
들이 흥을 돋우기 위해 부르던 노래.)

룡의알

拋球樂

宮中呈才樂一妓唱拋球樂調歌畢拾彩球子擲出○門之圓○名之曰

(궁중에서 재능 있는 기녀가 노래를 부르고 공던지기 놀이를 한다.)

메너리

山有花

肅宗二十四年善山民婦香娘夫死守節父母欲奪志乃作此曲而哀之投洛東江而死世傳其
曲今之曰

(숙종 24년 선산 사람 향낭은 남편이 죽자 수절하려 했으나 부모가 그 뜻을 꺾으
려 하자 이내 이 노래를 지어 슬픔을 나타내고 낙동강에 몸을 던져 죽었다. 지금
세상에 전해지고 있는 그 노래.)

달아달아

月明謠

舊俗兒娘月下唱此曲爲戲二晦堂輯云此是 正祖朝御製令宮娥唱之流出于外稱之曰

(옛 풍습에서 어린 남녀 아이들이 즐겁게 놀기 위해서 달 아래에서 이 노래를 불
렀다. 임금이 궁녀에게 명령하여 만든 것이 밖으로 흘러나온 것이라 한다.)

아라리타령

哦囉哩

距今三十餘年前所謂此曲未知從何而來遍于全北無人不唱其音哀怨其意淫哇其操噍殺

短促蓋季世之音至今有之名之曰

(지금부터 30여 년 전 이른바 이 곡이 무엇을 따르고 있는지 알지 못하나 전북에서 왔으리라. 아무도 그 소리의 애상함과 원망, 그 뜻의 음탕함과 음란함을 부르지 않는다.)

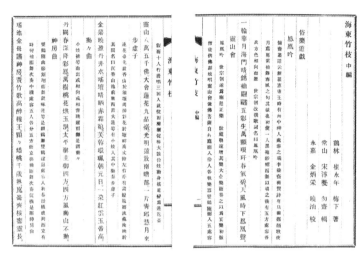

『해동죽지』, 2 　　　　　　　　　『해동죽지』, 1

53) 홍천읍 송화선 보부상 물목

'물목'이란 물건의 목록을 말한다. 물목의 대표적인 것은 혼례물목일 것이다. 고문서 중에서 흔히 발견되는 것인데, 이 혼례물목 중에는 물목명을 한글로 표기한 것이 많다. 이 혼례물목은 신부가 신랑집에 보내는 물목이나, 신랑집에서 신부집으로 보내는 납폐물목(納幣物目)이나 우귀물목(于歸物目)이 대부분이다. 이들 물목단자들에 보이는 물목은 대부분 다양한 옷감이 대부분이다.

그러나 일상생활에 필요한 다양한 물목을 한글로 적은 물목이 곧 보부상의 물목이다. 이것은 보부상들이 적어 놓은 것이어서 일상 물명 어휘를 조사·연구하는데 매우 중요한 자료를 제공해 준다. 20세기 초의 자료로 보인다.

2007년에 박재연, 정재영 교수가 이들 보부상 물목을 조사하여 영인과 함께 그 내용을 소개한 책이 곧 '홍천읍 송화선 보부상 물목'이다. 선문대 중한번역 문헌연구소에서 낸 책이다. 여기에는 그 이외의 다양한 물목들이 소개되어 있다. 특히 보부상 문서는 대구의 대구방 소장인데, 여기에 그 물목 일부를 소개하면 다음과 같다.

•ㅅ실환	•구란환	•은혈경첩	•유빅목
•돌적귀	•갓무광목	•구용도	•듸광동포
•듸화표	•빅져	•세합ㅅ	•듸합사
•듸각장	•홍월소	•진소	•진분
•월소	•님송모본단	•노회동지낭	•초지
•듸사고지	•후지	•셕어	•셰웨졍
•쳥황	•복어 등		

<홍천읍 송화선 보부상 물목>

54) 『화음방언자의해(華音方言字義解)』

『화음방언자의해』는 조선 후기의 실학자인 이재(頤齋) 황윤석(黃胤錫, 1729-1791)의 문집인 『이재유고(頤齋遺稿)』의 권25 「잡저」 중에 들어 있는 글의 한편이다. 약 150항목의 국어 어휘에 대한 어원을 논증하여 기술하고 있다. 우리나라와 중국의 사서(史書)에 실려 있는 지명이나 인명 또는 방언 등에 보이는 어휘들을 한자음의 변천을 통해 설명하려고 하였거나 또는 한어(漢語)나 범어(梵語)에서 그 어원을 찾으려고 하여 그들 언어와 비교하여 설명하였다. 『이재유고』가 1829년에 목판본으로 간행된 것이어서 『화음방언자의해』도 이때의 책이다. 서울대 규장각에 소장되어 있다(奎4154-v.1-13).

이 책에 보이는 어원 해석은 『동언고략』이나 『아언각비』 등과 유사한 성격을 가지고 있는 책이라고 할 수 있다. 몇 가지 예를 들면 다음과 같다.

今世方言稱男子爲思那海 盖高麗陽城人李那海 初名守邦 官至判密直司事 四子其大顯榮寵冠一世 奉使入元 元帝賜名那海 人皆慕與之匹 故思那海之稱自此始焉見 陽城李譜(四子元富光富仁富春富皆侍中)

[금세 방언에 칭하기를 남자를 사나해(思那海)라고 한다. 대체로 고려 양성인 이나해(李那海)의 처음 이름은 수방(守邦)이고 벼슬이 판밀직사사(判密直司事)에 이르고 네 아들이 크게 현달하여 왕의 은총이 일세를 덮었다. 사신이 되어 원나라에 들어가니 원제(元帝)가 '나해(那海)'라고 이름을 하사하니 사람들이 모두 그를 흠모하여 무리를 이루는 고로 사나해(思那海)의 칭호는 이에서 시작되었다. 양성이씨 족보에 나타나 있다. (네 아들 이름은 원부(元富) 광부(光富) 인부(仁富) 춘부(春富)로 모두 시중(侍中)의 벼슬을 했다.)]

我 太祖擊倭于荒山(거츨 뫼) 有一賊將年十五六舞槊馳突 我軍稱阿其拔都(아기발톨) 阿其 方言 小兒也 拔都或作拔突 蒙古語勇敢無敵之名也

[우리 태조가 왜(倭)를 황산에서 칠 때에 적의 장수 하나가 있어 15,6세가 되니 춤추듯 창을 쓰고 달리며 돌진하더라, 우리 군대가 칭하기를 아기발도(阿其拔都, 아기발톨)라고 하니, '아기'는 '소아(小兒)'라, '발도(拔都)'는 혹은 '발돌(拔突)'이라고도 하는데 몽고어로 용감무적의 이름이다.]

乘騎東俗俱呼토卽駄타之轉也

(말을 타는 것을 우리나라 말로 '토'라고 하는데 이것은 곧 '駝'가 바뀐 것이다.)

앞의 현대국어 '사나이'에 대한 어원풀이는 민간어원설에 가까운 것이며, '아기바톨'에 대한 것은 오늘날 밝혀진 바와 같이 '아기'와 몽고어의 '영웅'의 뜻을 지닌 'batol'의 차용어이어서 정확한 어원 해석을 한 셈이다. 그리고 '타다'의 '타(토)'에 대한 어원 해석은 한자어에 견강부회식으로 연계시킨 것이다.

이 책에서 국어의 어원을 다각도에서 찾으려는 노력을 해 왔는데, 그것을 김병균(1997)에서는 다음과 같이 열 가지로 분류하고 있다.

① 화어(華語, 한자어)에 어원을 둔 우리말
② 우리말과 한자어를 대비시켜 놓은 것
③ 한자의 음훈을 빌어 표기한 우리말
④ 몽고어에 어원을 둔 우리말
⑤ 여진어에 어원을 둔 우리말
⑥ 범어(梵語, 西域語)에 어원을 둔 우리말
⑦ 우리말에서 자생한 우리말
⑧ 한자어에서 차용한 한자어
⑨ 한자어의 어원을 밝힌 것
⑩ 음의 변화에 의해 조어된 것

허재영(2007)에서는 계통별 전음 항목을 다음과 같이 분석하고 있다.

계통	화음(중국음)			기타 언어			
	고유어	한자 귀화어	한어	몽골어	범어	여진어	계
어휘수	32	78	50	11(10)	12(11)	5(2)	190(184)

(괄호 안의 숫자는 반복된 항을 제외한 어휘임)

이들을 보면 한자어에서 국어의 어원을 찾으려고 한 것이 가장 많은 편이다.

通解揁蒠子(揁蒠音消 我國呼쇼 除也 蒠시音息) 除耳中垢者 我國所謂귀우게也 亦曰
귀쇼시게 轉稱一切穿穴出入者爲쇼시又爲슈시又爲쇼샤 皆揁蒠之轉聲也

[사성통해에 揁蒠子(揁蒠의 음은 消이니 우리나라에서 '쇼'라고 발음하고 뜻은
'除'이다. '蒠'은 '시'로 음은 '息'이다)란 귓속의 때를 파내는 것이라고 하였다. 우리
나라의 소위 '귀우게'이다. 또한 '귀쇼시게'라고도 하니 이 호칭이 전변하여 일체의
구멍을 파고 출입하는 것을 '쇼시' 또는 '슈시' 또는 '쇼샤'라고 하니 '揁蒠'의 음이 전
변한 소리이다.]

외국어에서 그 어원을 찾으려고 했는데, 범어, 여진어, 몽고어 등과 연관시
키고 있다.

○ 범어

李德懋云 東國呼人爲사룸 此出梵語 余謂東俗史讀以丈夫爲宗(ᄆᆞ름 우ᄆᆞ슴) ᄆᆞ름又
轉爲舍音此卽샤룸也 [이덕무가 말하되, 우리나라에서 '人'을 '사룸'이라고 하니, 이
는 범어에서 왔다고 하였다, 내가 이르되, 우리나라의 이두로 '丈夫'를 '宗(ᄆᆞ름 또
는 ᄆᆞ슴)'이라 하고 'ᄆᆞ름'은 또 바뀌어 '사음(舍音)'이라고 하니 이것이 곧 '샤룸'이
다.]

○ 여진어

野呼드르急呼則曰들 此則女眞語之甸了也 甸初聲ㄷ而 了呼즐如兒呼올 [들을 '드르'라고 하고 급히 말한 즉 '들'이니 이는 곧 여진어의 甸了다. 甸의 초성은 ㄷ이고 了는 '즐'이라고 하니 '兒'를 '올'이라고 하는 것과 같다.]

○ 몽고어

絡蒙韻音노東俗呼繩曰노 卽絡之義也

(絡의 운을 몽고운에서는 '노'라고 하는데, 우리나라 말에서는 繩을 '노'라고 하니 곧 '絡'의 뜻이다.)

이처럼 이 책의 어원 해석은 현대에 참고가 될 만한 것이 있지만, 하나하나를 검토하여 보아야 할 것이다.

아래에 이 문헌에서 다룬 어휘들의 예를 들어 보이도록 한다(출전순).

•鳩摩羅什	•新羅	•大舒發翰	•稱念
•구석	•鳳凰	•闕智	•淵蓋蘇文
•붓(筆)	•미리(龍)	•馬訾水	•아기발톨
•太陽罕	•王罕	•色吏	•居西干
•尼師今	•葛文王	•蓋馬山	•사나해
•미줍	•워리	•귀우개	•益山
•쥐(鼠)	•高句麗	•붕어	•웅어
•빙어	•슝어(秀魚)	•채롱	•조긔
•벌(큰들)	•뜰(野)	•수(雄)	•다홍색
•商賈	•사룸	•올아바	•누의
•斯盧	•뭇	•아즈바	•아즈미
•조식	•싀부모	•쟉(小)	•시울

•눈섭

•손(手)

•질알

•울히다

•골히

•바늘(針)

•여름(夏)

•거복(龜)

•줌치(囊橐)

•월이

•바회(輪)

•곳갈

•댜오라기

•앗(苫)

•귓고리

•폴(腎)

•ᄀᆞ을(秋)

•어시(父)

•義禁府

•上典

•치(寒)

•버들

•달긔양

•똥

•노(繩)

•밧(田)

•겨슬(冬)

•새(鳳)

•괴(猫)

•씨(種子)

•발(足)

•들르(野)

•슷

•한발(一把)

•흔슬, 두슬

•봄(春)

•단지(壜)

•거유목

•ᄐᆞ(乘)

•올창

『화음방언자의해』, 2

『화음방언자의해』, 1

55) 『휘저(彙著)』

『휘저』는 한국학중앙연구원에 소장되어 있는 1책의 필사본이다. 책 제목처럼 모아서 지었다는 것이어서, 문자류(文字類)·역결록(曆訣錄)·잡저록편(雜著錄篇)·언문(諺文)·동사(東史)·한어초(漢語抄)·본방(本方)·경험방(經驗方) 등 다양한 내용들을 한 책에 적어 놓았는데, 이 중에 물명(物名)이 포함되어 있다. 각종 약방문을 연활자본으로 써 놓은 것을 오려 붙여놓은 것들이 있는 점 등으로 보아 20세기 이후의 책으로 보인다. 책의 내용 속에 "壬寅八月怪疾流行時此符而以朱書佩之"라는 기록이 있어서 1902년 이후의 것으로 보인다. '휘저'라는 책의 제목 아래에 "鄭台鉉印"이라고 되어 있어서 '정태현'이 필사한 것으로 추정된다.

이 책의 '물명' 부분은 앞 부분에 '物名'이라고 한 부분과, '구물명(俱物名)'이라고 한 부분과 '일용사물명(日用事物名)'이라고 한 부분의 세 곳이다. 일용사물명은 "의복류급패물류여가장집물류(衣服類及佩物類與家臟什物類)"라고 하여 '의복, 패물, 집물' 등을 한 곳에 모아 놓았다. 그러나 위의 세 가지를 한 곳에 모아 놓지 않고 분산시킨 것은 이 세 가지를 다른 용도로 생각하였기 때문인 것으로 보인다.

그 예를 보이면 다음과 같다.

① 물명 부분
- 野茨菰 무릇
- 山茨菰 싸치무릇
- 自然銅 사은골 山骨
- 肥料 糞니니 쫑之別名
- 紅卵 좌으리 山果 原名은 酸授酉
- 龍葵 싸마종이
- 人中白 오좀벗케

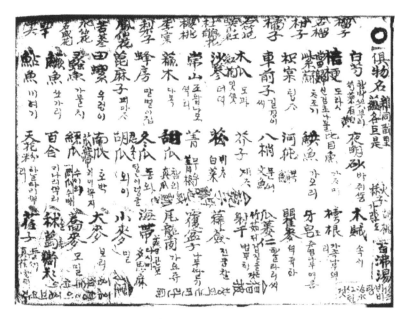

『휘저』의 구물명 부분

② 구물명(俱物名) 부분

- 白芍 함박꽃부리
- 木賊 속식
- 比目魚 가즈미
- 紫蘇 추조기
- 車前子 길경이씨

- 夜明砂 박쥐똥
- 桔梗 도랏
- 樗根 가족나무샏리
- 牙皁 쥬염나무여름
- 蜂房 말벌이집

③ 일용사물명(日用事物名) 부분

- 揮項 휘양
- 甲赤古里 겹져고리
- 笠帽 갓모
- 剪刀 가위

- 額掩 아얌
- 甲衣 겹옷
- 甲袴子 겹바지
- 針子 바늘

- 甫兒 보시기
- 髤斗 듸루리
- 朣串 동곳
- 臙脂 연지
- 椳木 외가지
- 塗褙 도빅
- 貫子 관즈

4.20. 마무리

국어 어휘사를 기술하기 위해서는 여러 가지 기존의 문헌들을 참고하여야 하는데, 필자가 지금까지 알고 있었던 문헌자료들을 대략적으로 소개하였다. 물론 여기에는 빠진 문헌들도 많이 있을 것이다. 필자가 소장하고 있는 자료 중에서도 서가에서 눈에 띄지 않는 것은 빠졌다. 오히려 복사해 놓은 자료나 또는 고서 속에 끼어 있어서 찾지 못한 것도 많이 있으리라 생각한다. 그리고 필자가 알지 못하는 문헌도 많을 것으로 생각한다. 아직까지 연구자들의 눈에 띄지 않은 채 각 도서관이나 또는 개인의 서가에서 연구자들의 손을 기다리고 있는 자료들이 많을 것이다.

필자는 필자 나름대로 각 도서관을 열심히 찾아다니며 자료를 찾아보았고, 또 각 도서관의 홈페이지를 찾아 들어가 검색도 하여 보았다. 그렇지만 필자의 눈에 나타나지 않은 자료들도 많을 것이다. 설령 발견되었어도 시간과 거리 때문에 찾아가지 못하고 열람을 포기한 자료들도 꽤나 많다. 뿐만 아니라 어느 도서관에서는 열람도, 복사도 허용하지 않아서 발걸음을 돌린 적도 있다. 그럴 때에는 우리 선조들이 남겨 놓은 자료들은 소장자의 것이 아니라 우리 모두의 것이라는 인식이 필요함을 절실히 느꼈다. 그래서 여기에 소개된 필자의 소장본은 연구자들의 요청이 있다면 언제나 공개할 수 있음도 아울러 밝혀 둔다.

우리 선조들은 이렇게 우리말의 어휘에 대해 많은 관심을 가지고 있었다.

그것을 우리가 종합하여 총집대성을 한다면 국어사전이나 고어사전을 더 좋은 사전으로 만들 수 있을 것이다. 그러나 문제는 지금부터이다. 아무리 문헌 자료를 많이 그리고 잘 알고 있다 하여도 이들을 꿰지 않으면 보물이 되지 않는다.

　문헌별로 입력하고 이들을 종합하고 이들을 종합 기술하는 과정이 남아 있다. 언젠가는 우리가 해야 할 일이라고 생각한다.

　필자는 자료들을 수집하고 정리하고 부분적으로는 컴퓨터에 입력해 두었다. 어휘 자료 입력 과정에서 대응 한자를 입력할 때, 유니코드에 없는 한자를 만들어 입력하거나, 한자음이 지정되어 있지 않아 유니코드 검색 시스템에서 검색하여 코드값으로 입력하느라고 시간과 노력을 허비한 적이 많다.

　필자의 이러한 노력은 아무래도 그 결실을 거두기는 쉽지 않아 보인다. 그래도 국어 어휘 자료집들을 입력하여 집대성하여 모든 사람들에게 널리 이용될 수 있는 날이 올 것이라고 확신하며 스스로 위로를 삼는다.

참고문헌

간호윤(2007), 『韓國 古小說 批評 用語辭典』, 景仁文化社.

강길운(2010), 『비교언어학적 어원사전』, 한국문화사.

강민구(2012), 「類書를 통해 본 조선 士人의 醫學에 대한 인식」, 『동방한문학』 58.

강민구(2012), 「類書에 나타난 조선 지식인의 花卉에 대한 인식」, 『동방한문학』 56.

강신도(2005), 『속담 관용어 사전』, 흑룡강조선민족출판사.

강신항(1957), 「군대 비속어에 대하여」, 『일석 이희승선생 송수기념논총』, 일조각.

강신항(1980), 『鷄林類事 高麗方言 研究』, 成均館大學校 出版部

강신항(1991), 『현대국어 어휘사용의 양상』, 태학사.

강영봉(1992), 「제주도 방언의 몽고어 차용어들 (1)」, 『현용준박사화갑기념 제주도언어 민속논총』, 도서출판 제주문화.

강은국(2023), 『남과 북의 어휘론 연구』, 도서출판 夏雨.

姜憲圭(1988), 『韓國語 語源研究史』, 集文堂.

강헌규(1995), 『譯註 影印 華音方言字義解』, 三光出版社.

강헌규(1999), 「반계수록의 「언어」에 나타난 중국어 어휘와 국어 어휘화 과정에 대하여」, 『국어교육연구』 8, 인하국어교육학회.

강헌규(2003), 『국어 어원학 통사』, 이회

경남방언연구보존회 편(2017), 『경남 방언사전』, 경상남도.

고려대학교 민족문화연구원(2009), 『고려대 한국어대사전』, 고려대민족문화연구원.

공업출판사(1979), 『우리말 어휘 및 표현』, 공업출판사.

곽재용(1994), 「유해류 역학서의 '신체'부 어휘 연구」, 경남대 박사학위논문.

곽충구(1994), 『함북 육진방언의 음운론』, 태학사.

곽충구(2019), 『두만강 유역의 조선어 방언사전 (1・2)』, 태학사.

국립국어연구원(1999), 『표준국어대사전』, 두산동아.

임홍빈, 한재영(1993), 『국어 어휘의 분류 목록에 대한 연구』, 국립국어원.

국립국어원(2005), 『방언조사질문지』, 국립국어원.

국어연구소(1987), 『초등학교 교육용 어휘(1, 2, 3학년용)』

국어연구소(1988), 『중학교 교과서 어휘(국어, 국사)』.

국어연구소(1989),『중학교 교과서 어휘(도덕, 사회)』.

국어정보학회(1995),『우리말 전산용어 사전』, 정음문화사.

권인한(1993),「북한사전의 음운정보」,『새국어생활』3-4(1993, 겨울).

기세관(2015),『광양방언사전』, 한국문화사.

김계화(2013), 자주 쓰는 우리말 어휘 편람, 연변인민출판사.

金光洙 編著(2013),『儒經諺解 漢字詞資料』, 延邊大學出版部.

金光洙 編著(2013),『楞嚴經諺解 漢字詞資料』, 延邊大學出版部.

金光彦(1986), 韓國農器具攷, 韓國農村經濟研究院.

金光海(1987),『類義語 反意語 辭典』, 한샘.

김광해(1990),『반대말 사전』, 국학자료원.

김광해(1992),「국어 사전의 뜻풀이와 유의어」,『새국어생활』제2권 1호.

金光海(1993),『국어어휘론개설』, 집문당.

김광해(2008),『어휘 현상과 교육』, 박이정.

김규선(1987),『국어 친족어의 연구』, 경북대 박사학위논문.

김기종(1983),『조선어 수사학』, 툐닝인민출판사,

김대식(2000),「물명류고의 생물학적 연구」,『새국어생활』10-3.

김동언(2006),『국어 비속어 사전』, 프리미엄북스.

김동익(1983),『현대 조선어 어휘론』, 연변대학 통신학부 어문학부.

김동주, 김주현(2005),『속성 한자 학습자전』, 백과사전출판사.

金履浹(1981),『평북방언사전』, 한국정신문화연구원.

김무림(2012),『한국어 어원사전』, 지식과교양.

김무림(2015),『전면개정판 한국어 어원사전』, 지식과교양,

김민수(1980),『國語意味論』, 一潮閣.

김민수 편, 최호철 김무림 편찬(1997),『우리말 語源辭典』, 태학사.

김민수(1953),「隱語(변말) 試考-特히 거지말(乞人語)을 중심으로 하여-」,『국어국문학』6.

김민수(1986),「국어사전 : 그 표제어의 선정과 배열 문제」,『국어생활』7.

김민수, 고영근, 임홍빈, 이승재(1996),『금성판 국어대사전』, 금성출판사.

金芳漢(1990),『語源論』, 民音社.

김방한(1991),「몽골어 몽구오르 방언의 차용어에 대하여」,『알타이학보』3, 한국알타
이학회.

김범주, 리정용, 박길만(2009),『어휘 사용 편람 1』, 과학백과사전출판사.

김범주, 리정용(2012),『어휘 사용 편람 2』, 과학백과사전출판사.

김병균(1996),『國語 同音異義語 研究』, 이회.

김병균(1997),「華音方言字義解의 한자 차용어 연구」,『어문논집』25, 중앙어문학회.

김병균(2000),『한국어 동음어사전』, 태학사.

김병제(1980),『방언사전』, 과학백과사전출판사.

金炳濟(2011),『우리말 사투리 사전』, 연변교육출판사.

김봉좌(1010),「조선 후기 궁묘 제사 관련 한글 문헌의 문헌적 특징」,『국어사연구』10.

김봉좌(2010),「조선시대 유교 의례 관련 한글 문헌 연구」, 한국학대학원 박사학위논문.

김선철, 도원영 외 5인(2019),『디지털 시대의 사전』, 한국문화사.

김성대(1977),「이조 중세 및 근세의 색채어 낱말밭」, 고려대 박사학위논문.

김성대(1979),「우리말 색채어의 낱말밭: 조선시대를 중심으로」,『한글』164.

金聖培(1973),『한국 수수께끼 사전』, 집문당.

金聖培(1975),『韓國의 禁忌語 吉兆語』, 正音社.

김성혜(1993),「『동문유해』와『몽어유해』의 국어 어휘 비교연구」, 덕성여대 석사학위
　　　논문.

김소정(2020),『한국어 정보 처리를 위한 어휘 관계 기초 자료 구축』, 국립국어원.

김수경, 김금석, 김영황(1964),『조선어 어휘론 및 어음론(대학용)』, 고등교육출판사.

김양진(20230,『한국어 질병 표현 어휘 사전』, 모시는사람들.

김영 편(2020),『근대 차용어 사전』, 중한번역문헌연구소, 학고방

김영 편(2022),『삼국지 고어 사전』, 중한번역문헌연구소, 학고방.

김영배(1997),『평안방언연구(자료편)』, 태학사.

김영봉(1992),「한자어 어원 연구」,『말과 글』50, 한국교열기자회.

金永善(2003),「韓國 類書의 書誌學的 研究」, 중앙대학교 박사학위논문.

김영태(1975),『경상남도 방언연구(I)』, 진명문화사.

김영환(1988),『조선말 속담 분류집』, 연변인민출판사.

김영황 편(1993),『중세어 사전』, 과학백과사전종합출판사.

김완진(1970),「이른 시기에 있어서의 한중언어 접촉의 一斑에 대하여」,『어학연구』6-1.

김완진(1973),「국어 어휘 마멸의 연구」,『진단학보』35.

김완진(1991),「한국어 속의 이른 시기의 중국어 차용어」,『알타이학보』3, 한국알타이

학회.

金用淑(1962),「李朝後期 宮中語 硏究」,『향토서울』13.

金用淑(1966),「宮中用語 및 風俗 採集 報告書(1)」,『아시아여성연구』5.

金用淑(1987),『朝鮮 宮中 風俗硏究』, 일지사.

金用淑(1994),「궁중어의 아름다움-한중록을 중심으로-」,『한글』226.

김용호(2013),『풀어보고 엮어 보는 거제 방언 사투리』, 한국문화사.

김용호(2021),『재밌는 거제도 사투리』, 거제문화원.

金履浹(1981),『平北方言辭典』, 韓國精神文化硏究院.

김인기(1998),『강릉방언총람』, 한림출판사.

김인기(1998),『구수하게 살아 숨쉬는 강릉사투리 맛보기』, 한림출판사.

김인기(2004),『강릉방언총람(증보판)』, 한림출판사.

김인호(2001),『조선어 어원 편람 (상·하)』, 박이정.

김인호(2005),『어원 유래 상식 (1)』, 사회과학출판사, 평양.

김장철, 주성철, 리정용(2012),『어휘 사용 편람 3』, 과학백과사전출판사.

김정균(2009),『안동 방언사전』, 안동문화원.

김종권(1976),『譯註 雅言覺非』, 一志社.

김종도·김우태(2005),『남해 사투리 사전』, 남해신문사.

金宗澤(1992),『국어어휘론』, 탑출판사.

김종택(1994),「몇몇 우리말의 어원풀이」,『우리말의 연구』(외골 권재선박사 화갑기념
　　　논문집), 우골탑.

김종학(2001),『韓國語 基礎語彙論』, 박이정.

金鍾塤(1969),「宮中語攷」,『국어국문학』42·43 합병호.

金鍾塤(1969),「소아어 연구」,『국어국문학』46.

金鍾塤(1994),『國語 語彙論 硏究』, 한글터.

김준영(1992),「국어의 어원 고찰과 접미사 관계」,『춘강유재영박사화갑기념논총』, 이
　　　회문화사.

김중빈(2004),「魚譜類에 나타난 19C초의 수산물 어휘연구 -『玆山魚譜』(1814),『蘭湖
　　　魚牧志』(1820),『物名考』(1824?)의 수록 어휘를 중심으로-」,『한어문교육』12.

김진영, 차충환, 김동건(2007),『판소리 문화사전』, 박이정

김창섭(1992),「파생 접사의 뜻풀이」,『새국어생활』제2권 1호.

김철남(1997), 『우리말 어휘소 되기』, 한국문화사.

김철준(2007), 『『류해』 어휘사전』, 김일성종합대학출판사.

김철준(2004), 『화어류초의 어휘 연구』, 역락.

김철준(2009), 『『류해』서 어휘 사용 양상 연구』, 역락.

김충현 외 9인(2021), 『조선 왕릉 사전』, 한국학중앙연구원출판부.

김태곤(2008), 『국어 어휘의 통시적 연구』, 박이정

金泰均(1986), 『咸北方言辭典』, 京畿大學校出版局.

김하수 외 9인 공저(2007), 『한국어 교육을 위한 한국어 연어 목록』, 커뮤니케이션북스.

김하수 외 9인 공저(2007), 『한국어 교육을 위한 한국어 연어 사전』, 커뮤니케이션북스.

김학규(2021), 『제줏말 작은 사전』, 제라현.

김현권(1987), 「언어사전 정의의 유형과 문법 문제」, 『한글』 196.

김현권(1989), 「언어사전 정의의 구성과 유형에 대하여」, 『언어학』 11.

김형규(1974), 『한국방언연구』, 서울대 출판부.

김형철(1992), 「어휘론 연구사」, 『국어국문학 40년』(국어국문학회 편), 집문당.

김형철(2010), 『국어 어휘 연구』, 경남대학교 출판부.

남광우(1960), 『古語辭典』, 東亞出版社

南廣祐(1975), 『補訂 古語辭典』, 一潮閣.

남기심(1983), 「새말[新語]의 생성과 사멸」, 『韓國 語文의 諸問題』, 一志社.

남기심(1987), 「국어 사전의 현황과 그 편찬방식에 대하여」, 『성곡논총』 18.; 『사전편찬
학연구 1』(한신문화사)에 재수록.

남기심(1992), 「표제어의 풀이와 표제어 설정의 문제」, 『새국어생활』 제2권 1호.

남기탁(1988), 「훈몽자회 신체부 자훈 연구」, 중앙대 박사학위논문.

남길임(2010), 「2010년 신어 조사」, 국립국어원

남길임(2010), 「2015년 신어 조사」, 국립국어원

남길임(2010), 「2017년 신어 조사」, 국립국어원

남성우 역, Stephen Ullmann 원저(1981), 『意味論의 原理』, 탑출판사.

남성우(1985), 『國語意味論』, 영언문화사.

南星祐(1986), 『十五世紀 國語의 同義語 硏究』, 塔出版社.

남성우(1990), 「국어의 어휘변화」, 『국어생활』 22호.

남성우(2006), 『16세기 국어의 동의어 연구』, 박이정.

남성우(2019), 『1490년대 국어의 동의어 연구』, 지식과교양.

남성우(2022), 『1510년대 國語의 同義語 硏究』, 지식과교양.

남영신(1987), 『우리말 분류사전』, 한강문화사.

남영신(1988), 『우리말 분류사전(풀이말 편)』, 한강문화사.

낱말 어휘정보처리연구소(2010), 『넓은풀이 우리말 방언 사전』, 낱말.

노경희(2013), 「아언각비의 이본과 유전 연구」, 『다산학』 23.

노대규(1988), 『국어 의미론 연구』, 국학자료원.

대구가톨릭대학교 한국전통문화연구소(2012), 『조선시대 의궤 용어 사전 I -왕실 전례 편-』, 경인문화사.

도수희(1992), 「설(元旦)과 살(齡)의 語源」, 『어문연구』 23, 어문연구회.

디르크 휜들링그(1985), 『한국어 의성·의태어 연구』, 탑출판사.

廉光虎·位青 편(2006), 『한중 한자어 비교사전』, 역락.

렴종률(2001), 『조선말 단어의 유래』, 금성청년종합출판사, 평양.

로주철·박종호(1989), 『한조 단위명사 대역소사전』, 연변인민출판사.

류은종(1985), 『조선말 동의어』, 연변인민출판사.

류은종(1986), 『동의어, 반의어, 동음이의어』, 심양 료녕출판사.

류은종(1996), 『조선어 의미론 연구』, 료녕민족출판사.

류은종(1999), 『현대 조선어 어휘론』, 연변대학출판사.

류은종(2002), 『최신 동의어 반의어 동음어 사전』, 연변대학출판사.

류은종·문창덕 편저(1989), 『학생용 동의어 반의어 동음어 사전』, 료녕민족출판사.

류은종·임상원(1991), 『조선어 어휘론』, 연변대학출판사.

류재영(1987), 「詩經諺解 物名에 대한 考察」, 『白鹿語文』.

류재영(1990), 「詩經諺解의 物名」, 『語文研究』 20.

리갑재(1989), 『어휘 구성과 문법 구조에 대한 일반언어학적 연구』, 교육도서출판사.

리규찬(2019), 『단어 유래집』, 과학백과사전출판사.

리기원, 박홍준, 방린봉, 전혜정, 조순옥, 최완호(1989), 『한자말사전(상·하)』, 교육도서출판사.

리득춘(1987), 『조선어 어휘사』, 연변대학출판사.

리득춘(1994), 「중국어에 기원을 둔 한국어 어휘의 류형」, 『조선어 한자어음 연구』, 서광학술자료사.

리민우·송정환 주편(1987),『고사 한어 성구사전』, 료녕민족출판사.

리승길, 홍석희, 최광훈(2014),『어휘 사용 편람 4』, 과학백과사전출판사.

리운규 등(1992),『조선어 방언사전』, 연변인민출판사.

리운규·심희섭·안운(1990),『조선어 방언사전』, 연변인민출판사.

리장(2016),『어휘 사용 편람 7』, 과학백과사전출판사.

리형태(1990),『조선 동의어사전』, 사회과학출판사.

리형태, 류은종(1993),『조선 동의어, 반의어, 동음어 사전』, 과학백과사전종합출판사.

린 위레악(2018),「현대신어석의와 신어사전의 비교 분석」, 한국학중앙연구원 석사학위
　　　논문.

文世榮(1936),「변말」,『한글』35

문영호(2005),『조선어 어휘 통계학』, 사회과학출판사.

문영호 외(1993),『조선어 빈도수사전』, 과학백과사전종합출판사.

문창덕 외(1987),『조선말 동의어사전』, 연변인민출판사.

민충환 편저(1995),『『임꺽정』 우리말 용례사전』, 집문당.

민현식(1992),「부사의 어원 몇 가지」,『난대이응백박사고희기념문집』, 한샘

박갑수(1974),「규수 작가의 색채어」,『선청어문』5.

박갑수(1974),「현대소설의 색채어 연구」,『연구논총』4, 서울대 교육회.

박갑수(1978),「동언고략의 네 이본고」,『국어학』7.

박갑수(2021),『우리말의 어원과 그 문화-우리말의 어원사전-』, 역락.

박갑천(1995),『재미있는 어원 이야기』, 을유문화사.

박경하(2010),「조선 후기 類書類에 나타난 향촌사회 자료의 성격」,『역사민속학』8.

박금자(1995),「분류 해석 학습서로서의『훈몽자회』-『훈몽자회』의 의미론적 어휘 분류
　　　와 의미 해석」,『국어학』26.

박남일(1996),『다시 살려 써야 할 아름다운 우리 옛말』, 서해문집.

박동근(2008),『한국어 흉내말의 이해』, 역락.

박미연, 강아네스, 금성원(2020),『이야기가 있는 방언사전』, 학교도서관저널.

朴尙均(1984),「開化期 歐美語辭書考」,『圖書館學』제2집.

박상훈 리근영 고신숙(1986),『우리나라에서의 어휘 정리』, 사회과학출판사.

박선자, 김문기, 정연숙(2014),『한국어 시늉말 사전』, 세종출판사.

박성종, 전혜숙(2009),『강릉 방언사전』, 태학사.

朴成勳(1998),『單位語辭典』, 民衆書林.

박성훈(2009),『老乞大諺解辭典』, 태학사.

박성훈(2010),『飜譯朴通事辭典』, 태학사.

박성훈(2012),『朴通事諺解辭典』, 태학사.

박숙희(1992),『뜻도 모르고 자주 쓰는 우리말 500가지(I·II)』, 서운관.

박숙희·유동숙 편저(1995),『우리말의 나이를 아십니까』, 서운관.

朴榮燮(1995),『國語 漢字語彙論』, 박이정.

박영섭(2008),『능엄경언해 어휘 연구』, 박이정.

박영수(1995),『만물유래사전』, 프레스빌.

박영준·최경봉(1996),『관용어 사전』, 태학사.

박용수(1989),『우리말 갈래 사전』, 한길사.

박용수(1993),『겨레말 갈래 큰사전』, 서울대 출판부.

朴湧植, 黃忠基(1994),『古時調註釋事典』, 국학자료원

박일환(1995),『우리말 유래 사전』, 우리교육.

박일환(2023),『의성의태어의 발견』, 사람in.

박재연 (2004),『홍루몽 고어사전』, 이회문화사.

박재연(2001),『고어ᄉ뎐』, 이회문화사.

박재연(2010),『(필사본) 고어 대사전』, 선문대 중한번역문헌연구소.

박재연, 정병설 교주(2003),『玉嬌梨』, 鮮文大學校 中韓飜譯文獻硏究所

朴在淵·金瑛·李玟淑(2004),『紅樓夢 古語辭典』, 선문대학교 中韓飜譯文獻硏究所.

박재연·이현희 주편(2016),『고어대사전』, 선문대학교출판부.

박준하·김병선 엮음(1991),『한국어 형용사 사전』, 啓明文化社.

박찬식(2008),『유해류 역학서 연구』, 박이정.

박형익(2004),『한국의 사전과 사전학』, 월인.

박형익(2005),『보통학교 조선어사전』, 태학사.

박형익(2007),『언문쥬히 보통문ᄌ집』, 박이정.

박홍길(1997),『우리말 어휘 변천 연구』, 세종출판사.

방덕성(1982),『한조동물명칭사전』, 료녕민족출판사.

방린봉(2005),『조선어 명칭론 연구』, 사회과학출판사.

방영심(2008),「대한민보의 언어 관련 기사에 관한 연구」,『국어사연구』8호.

방종현(1938), 「朝鮮語辭典 年代記」, 『博文』 제1호.

방종현·김사엽(1940/1958), 『속담사전』, 문성각.

裵亮瑞(1976), 『한국 외래어 사전』, 탑출판사.

배주채(2024), 한국어의 어휘, 태학사.

백로(2015), 『근대이행기 동아시아의 신생 한자어 연구』, 태학사.

백문식(1998), 『우리말의 뿌리를 찾아서』, 삼광출판사.

白文植(2010), 『韓國語 副詞 辭典』, 世界圖書出版公司.

백문식(2014), 『우리말 어원사전』, 박이정.

白承昌(2008), 「物名考類에 대한 國語學的 研究」, 단국대학교 박사학위논문.

法制處(1979), 『古法典用語集』, 法制處.

사회과학원 언어학연구소 사전편찬실 편(1991), 『한자말 사전(상·하)』, 교육도서출판
        사·흑룡강조선민족출판사.

사회과학원(1993), 『李朝實錄難解語辭典』, 사회과학원.

서대석, 이광호, 이남순, 정하영, 조희웅(1999), 『한국 고전소설 독해사전』, 태학사.

서보월 외(2019), 『경북 북부지역 방언사전』, 한국문화사.

徐尙揆(1995), 「『飜譯老乞大』文脈付き語彙索引」, 筑波大學 文藝·言語學系.

서상규(1998), 「현대 한국어의 어휘 빈도(상·하)」, 연세대학교 언어정보개발연구원 내
        부 보고서.

서상규, 남윤진, 진기호(1998), 『외국어로서의 한국어 교육을 위한 기초 어휘 선정』, 문
        화관광부 한국어 세계화 추진 위원회.

서영대(2010), 「조선후기 類書類에 나타난 민속종교 자료」, 『역사민속학』 8.

서울대학교 국어국문학과 국어학연구실(1997), 『방언자료집』.

徐在克(1980), 『中世國語의 單語族 研究』, 啓明大出版部.

서정국(1968), 「국민학교 '국어1' 어휘의 통계분석적 연구」, 『홍익공전 논문집』 1.

서정범 지음 박재양 엮음(2018), 『새국어 어원사전』, 보고사,

徐廷範(2000), 『國語語源辭典』, 보고사.

서정욱(1991), 「한국 기독교 특수 어휘의 어원과 의미」, 『계명어문학』 6, 계명어문학회.

석주명(1947), 『제주도 방언집』, 서울신문사.

宣德五·趙習·金淳培(1990), 『朝鮮語方言調査報告』, 延邊人民出版社.

성기각(2019), 『창녕 방언사전』, 북인.

선거웨에 지음, 이한섭 외 옮김(2012),『근대 중일 어휘교류사』, 고려대학교출판부.

세종대왕기념사업회(1991),『한국고전용어사전』, 세종대왕기념사업회

소강춘 외(2019),『전라북도 방언사전』, 전라북도.

손남익(2014),『부사 사전』, 역락.

손순옥(2020),『경상도 말모이 니캉내캉-경상도 사투리 모음집-』, 좋은땅.

손용주(1992),「감각형용사의 분류 체계」,『우리말글』10.

손용주(1999),『국어 어휘론 연구 방법』, 문창사.

손희하(1991),「새김 어휘 연구」, 전남대 박사학위논문.

송기중(1985),「『몽어유해』 연구」,『역사언어학(김방한선생 회갑기념논문집)』, 전예원.

宋基中·南豊鉉·金永鎭(1994),『古代國語 語彙集成』, 韓國精神文化研究院.

송기한, 김교식, 박태옥(2011),『한국 개화기 시가 사전』, 국학자료원

송민(1990),「어휘 변화의 양상과 그 배경」,『국어생활』22호.

송민(1999),『韓國語と日本語のあいだ』(Korean and Japanese in Comparative Perspective)

송민(2022),『근대국어연구』, 박이정.

송민(2023),『어휘사와 어원연구』, 박이정.

송민(2024),『국어와 일본어의 사이』, 박이정.

송민(2024), 국어사 연구의 주변 탐색, 박이정.

송상조(2007),『제주말 큰사전』, 한국문화사.

송재선(1990),『우리말 속담 큰사전』, 정동출판사.

송정석(1992),『한국어의 어원잡기』, 의학문화사.

송찬섭(2016),『한국 근대 신어의 유형과 특성』, 역락.

송철의(1993),「북한사전의 발음」,『새국어생활』3-4(1993, 겨울).

송철의, 이현희, 이용, 양정호, 서형국, 이지영(2007), 일제 식민지 시기의 어휘, 서울대
　　　학교출판부.

송철의, 이현희, 황문환, 장윤희, 이용, 양정호(2008),『한국 근대 초기의 어휘』, 서울대
　　　학교출판부.

송철의·이남순·김창섭(1992),『국어사전에서의 파생어 처리에 관한 연구』, 국립국어
　　　연구원.

송화섭(2010),「조선후기 類書類의 구황과 벽온 민속」,『역사민속학』8.

시몬느 액세서리 컬렉션, 연세대학교 언어정보연구원(2017),『핸드백 용어 사전』, 커뮤

니케이션북스.

신경철(1993), 『국어 자석 연구』, 태학사.

신기상(1992), 「우리말 辱說 연구」, 『국어교육』 79·80, 한국국어요육연구회.

신기상(2013), 『울산 방언사전』, 북스힐.

신미영(1979), 「몽어유해의 국어학적 고찰」, 서울대 석사학위논문.

辛承云(2008), 「朝鮮初期의 醫學書 『食療纂要』에 對한 硏究」, 『書誌學硏究』 40.

신용태(1994), 『재미있는 어원 이야기 2』, 서광학술자료사.

신익성(1972), 「言語統計學과 語彙硏究」, 『어학연구』 8-1.

신중진(2012), 「『硏經齋全集』에 실린 <稻 벼> 穀物名에 대한 어휘사적 연구」, 『동아시아문화연구』 52.

신중진(2013), 「곡물명 수록 어휘 자료집의 계보와 그 어휘 목록 분석을 위한 기초 연구」, 『동아시아문화연구』 54.

신중진(2014), 「사전학적 관점에서 본 物名攷와 才物譜의 영향 관계」, 『진단학보』 120.

심경호(1997), 「朝鮮 後期 漢字語彙 分類集에 관하여」, 『朝鮮 後期 漢字語彙 檢索辭典』, 韓國精神文化硏究院.

심경호(2007), 「한국 類書의 종류와 발달」, 『민족문화연구』 47.

심경호(2009), 「연세대 소장 유서 및 한자어휘집의 가치」, 『동방학지』 146. 참조.

심재기, 이기용, 이정민(1984), 『意味論序說』, 集文堂.

심재기 외 5인 공저(2011), 『국어 어휘론 개설』, 지식과 교양.

심재기 편(1998), 『國語 語彙의 基盤과 歷史』, 태학사.

심재기(1980), 「국어 어휘론 대학원 교재 발전을 위한 기초적 연구(Ⅰ) : 국어 어휘론사를 중심으로」, 『국어교육』 36.

沈在箕(1982), 『國語 語彙論』, 集文堂.

심재기(1987), 「국어사전에서의 뜻풀이」, 『어학연구(서울대)』 23-1.

심재기(1989), 「어휘론의 연구」, 『국어학연구사』 (고영근 편저), 학연사.

심재기(1990), 「국어 어휘의 특성에 대하여」, 『국어생활』 22호.

심재기(1991), 「근대국어의 어휘체계에 대하여 - 역어유해의 분석을 중심으로」, 『국어학의 새로운 인식과 전개(김완진선생 회갑기념논총)』, 민음사.

심재기(1993), 「우리말 사전의 한자(어) 처리에 대하여」, 『국어사 자료와 국어학의 연구』, 문학과 지성사.

심재기(1994), 「어원」, 『국어 어원연구 총설(I)』, 태학사.

심재기 편(1998), 國語 語彙의 基盤과 歷史, 태학사.

심재기(2000), 『國語 語彙論 新講』, 태학사.

안경상(2019), 『어휘 사용 편람 9』, 과학백과사전출판사.

안길남(2005), 『낙동강 하류 가락 지역어 조사, 연구』, 세종출판사.

안길모(1993), 『이판사판 야단법석』, 한강수.

安大會(2004), 「李睟光의 『芝峯類說』과 조선 후기 名物考證學의 전통」, 『진단학보』98.

안병희(2001), 「震覽 解題」, 『서지학보』25.

안승덕, 김재윤(1975), 「국민학교 국어 교과서의 어휘 조사 연구」, 『청주교대논문집』11.

安玉奎(1989), 『어원사전』, 동북조선민족교육출판사.

안옥규(1994), 『우리말의 뿌리』, 학민사.

안태봉(2013), 『(최신) 부산사투리 사전』, 삼아

양희주(2008), 『부산말 사전 〈니 어데 갔더노?〉』, 도서출판 조양.

연규동(1987), 「방언집석의 우리말 풀이 연구」, 서울대 석사학위논문.

연규동(1995b), 「동문유해와 몽어유해의 비교 -표제어를 중심으로-」, 『언어학』17.

연규동(1996), 「근대국어휘집 연구: 類解類 譯學書를 중심으로」, 서울대학교 박사학위
논문.

연변사회과학원 언어연구소 사전실 편(2002), 『조선말 성구 분류 사전』, 연변교육출판사.

연변언어연구소 사전편찬실 편(1984), 『조선어 반의어 사전』, 연변인민출판사.

연변언어연구소 편(1982), 『조선말 의성의태어 분류 사전』, 연변인민출판사.

연세대학교 언어정보개발연구원(1998), 『연세 한국어 사전』, 두산.

염광호(2021), 『우리말 어원 산책』, 역락.

오홍일(2005), 『전남 무안 지방의 방언사전』, 무안문화원.

옥영정(2009), 「「華城城役儀軌」의 한글 자료에 관한 연구 - 한글본 「뎡니의궤」에 수록
된 '화성성역'의 분석과 비교-」, 『書誌學研究』42.

옥영정(2015), 「한글 의궤문헌의 주석 유형과 물명 기록 연구」, 『국어사연구』20.

우소(2016), 『어휘 사용 편람 5』, 과학백과사전출판사.

원영섭(1994), 『同音同義異字語』, 세창출판사.

위평량(2022), 『팔도 말모이 -내 고향 사투리의 뿌리-』, 21세기사.

유재원(1985), 『우리말 역순사전』, 정음사.

劉昌惇(1955), 『原文 밝힌 熟語辭典』, 서울文化社.

劉昌惇(1964), 『李朝語辭典』, 延世大學校出版部.

劉昌惇(1971), 『語彙史 硏究』, 宣明文化社.

劉昌惇(1964), 『李朝 國語史 硏究』, 宣明文化社.

陸壽川(1925), 「湖南地方에 流行하는 隱語」, 『조선어』 2권 3호(통권 6호).

윤향림(2017), 「물명 어휘집의 계통과 어휘 연구」, 안동대학교 박사학위논문.

윤향림, 정연정(2019), 『物譜 주해』, 인문과교양.

이가원(1960), 「물보와 실학사상」, 『인문과학』 5.

이걸재(2019), 『공주말사전』, 민속원.

이경미(2010), 「조선 후기 類書類에 나타난 服飾觀」, 『역사민속학』 8.

이경자(1988), 「인체어의 구조」, 『이화어문논집』.

이경진(2004), 『강원도 영동남부지방 방언』, 예문사.

이관식(1997), 「국어 인칭접미사의 어원 연구」, 『어문연구』 95, 한국어문교육연구회.

이관식(1997), 「신체어 후행어의 어원 연구(I)」, 『경희어문학』 17, 경희대 국어국문학과.

이광호(1995), 『類意語 通時論』, 이회.

이광호(2016), 『국어 어휘의 역사』, 지식인.

이광호(2013), 『농서 자료에 나타난 어휘장의 분류 및 표기법 연구』, 역락.

이기갑 외(1998), 『전남방언사전』, 태학사.

이기동(1988), 「사전 뜻풀이의 검토」, 『인문과학(연세대)』 57.; 『사전편찬학연구 2』(탑
　　　출판사)에 재수록.

이기동(1992), 「다의 구분과 순서의 문제」, 『새국어생활』 제2권 1호.

李基文(1964), 『俗談辭典』, 民衆書館.

李基文(1980), 『改訂版 俗談辭典』, 一潮閣.

이기문(1991), 「한국어 속의 만주 퉁구스 차용어에 대하여」, 『알타이어학』 3, 한국알타
　　　이학회.

이기문(1991), 『國語 語彙史 硏究』, 東亞出版社.

이기문(1992), 「국어 사전의 어원표시에 대하여」, 『새국어생활』 2-4(1992, 겨울).

이기문(1997), 「'동산'과 '서랍'」, 『새국어생활』 7-3, 국립국어연구원.

이기문(1997), 「민며느리」, 『새국어생활』 7-4, 국립국어연구원.

이기문(1997), 「어린이」, 『새국어생활』 7-2, 국립국어연구원.

이기문(1998),「납청장, 손돌바람, 안동답답이」,『새국어생활』8-3.

이기문(1998),「후추와 고추」,『새국어생활』8-4, 국립국어연구원.

이기문(1998),「말본」,『새국어생활』8-1.

이기문(1999),「'딤치'와 '디히'」,『새국어생활』9-1, 국립국어연구원.

이기문(1999),「국어학의 경계를 넘어」,『새국어생활』8-2.

이기문(2010),「19세기 말엽의 국어 어휘연구」,『한국어연구』7.

이남덕(1985~1986),『한국어 어원연구(I)~(IV)』, 이화여자대학교 출판부.

이덕호 임동명 김홍균(2005), 本草精華 草部 鄕藥名에 關한 硏究, 한국한의학연구원
    논문집11/1.

이덕희(2006),「물보와 청관물명고의 사전적 특징」,『새국어교육』제73호.

이덕희(2007),「근대국어 물명 어휘집 연구」, 부경대학교 박사학위논문.

이돈주(1978),『전남방언』, 형설출판사.

이동석(2013),『우리말 어휘의 역사 연구 1』, 역락.

이명은(2003),「「궁중 블긔」에 나타난 행사 및 복식 연구」, 단국대 석사학위논문.

이명재(2012),『예산말사전 1권』, 이화.

이명재(2013),『예산말사전 2권』, 이화.

이명재(2016),『예산말사전 3권』, 이화.

이명재(2019),『예산말사전 4권』, 이화.

이명재(2021),『속 터지는 충청말 1, 2』, 작은숲.

이미향(2002),「松澗貳錄에 나타난 고유어 연구」,『국어사자료연구』3.

이병근(1977),「최초의 국어사전 말모이(원고)-'알기'를 중심으로」,『언어』2-1.

이병근(1985),「조선총독부 편 조선어사전의 편찬목적과 그 경위」,『진단학보』59.

이병근(1986),「국어사전 편찬의 역사」,『국어생활』7.

이병근(1986),「국어사전과 파생어」,『어학연구(서울대)』22-3.

이병근(1988),「개화기의 어휘정리와 사전편찬-대한민보의 경우~」,『주시경학보』1.

이병근(1989),「국어사전과 음운론」,『애산학보』7.

이병근(1990),「家禮釋義 國語資料」,『강신항 교수 회갑기념 국어학논문집』.

이병근(1992),「근대국어 시기의 어휘정리와 사전적 전개」,『진단학보』74.

이병근(1992),「사전 정의의 유형과 원칙」,『새국어생활』제2권 1호.

이병근(1996),「'질경이'의 어휘사」,『이기문교수 정년퇴임 기념논총』.

이병근(1997), 「고양이'의 어휘사」, 『국어학 연구의 새지평』.

이병근(1997), 「'해바라기'의 어휘사」, 『관악어문연구』 22.

이병근(1997), 「『月餘農歌』의 國語資料」, 『韓國語文學論考』, 태학사.

이병근(1999), 「'지느러미(卉水)'의 語彙史」, 『國語學』 34.

이병근(2000), 「'노을(霞)'의 어휘사」, 『관악어문연구』 25.

이병근(2000), 『한국어 사전의 역사와 방향』, 태학사.

이병근(2001), 「'바늘(針)'의 어휘사」, 『관악어문연구』 26.

이병근(2003), 「'올가미'의 語彙史」, 『國語學』 41.

이병근(2004), 『어휘사』, 태학사.

이상규(2000), 『경북방언사전』, 태학사

이상규,홍기옥(2015), 『시어 방언사전』, 역락.

이상억(2001), 『계량국어학 연구』, 서울대출판부.

이상윤(2013), 『유통 분야 전문용어 사용 실태 현황 조사』, 국립국어원,

이선영(2018), 「외래어 신어의 몇 가지 양상」, 『국어학』 87.

이선영(2012), 「국어의 기본 색채어와 그 의미」, 『국어국문학』 162.

이숭녕(1957), 「산삼 채취인의 은어 고찰」, 『일석 이희승 선생 송수기념논총』, 일조각.

이숭녕(1967), 『韓國語發達史 下(語彙史)』(韓國文化史大系 V), 高麗大學校 民族文化研
        究所.

이승명(1988), 「국어 미각 표시어군의 구조에 대한 연구」, 『국어국문학』 100.

이윤표(1986), 「국어 친척어의 대조 분석」, 『한국어문연구』 1.

이윤표(1986), 「국어 친척용어의 연구」, 『국어학신연구』.

이은규(2015), 「본초정화(本草精華)의 향약명 어휘에 대하여」, 『국어교육연구』 57.

이은규(2022), 『향약명 어휘의 체계와 변천』, 역락.

이은령, 김영주, 윤애선(2014), 『현대 한국어로 보는 한불자전』, 소명출판

이응백(1972), 「국민학교 학습용 기본어휘연구」, 『국어교육』 18-20, 한국교육연구회.

이응백(1975), 「국민학교 입문기 학습용 기본어휘연구」, 『국어교육』 32.

이익섭(2022), 『강릉 방언자료사전』, 신구문화사.

李益煥(1984), 『現代意味論』, 民音社.

이익환(1985), 『意味論 槪論』, 한신문화사.

이익환(1992), 「국어 사전 뜻풀이와 용례」, 『새국어생활』 제2권 1호.

이인섭(1986), 『아동의 언어 발달』, 개문사.

이인섭(1992), 「어휘의미론」, 『國語學硏究百年史』, 一潮閣.

이인섭(1995), 「아동어 연구의 흐름」, 『한국어학』 2.

이정식(2003), 『다의어 발생론』, 역락.

이한섭(2023), 『일본어에서 들어 온 우리말 어휘 5,800』, 박이정

이해호(2018), 『표준어와 경상도 대구 말씨 : 방언, 속담, 고사성어 사전』, 북랜드.

이현규(1994), 「한자어 차용에 따른 차용어와 고유어의 변화」, 『우리말 연구의 샘터』(연
　　　　산 도수희선생 화갑기념논총), 간행위원회.

이현복(1987), 「국어 사전에서의 발음표시」, 『어학연구(서울대)』.

이현희(1992), 「국어 어휘사 연구의 흐름」, 『國語學硏究百年史』, 一潮閣.

이형상 지음, 김언종 외 옮김(2008), 『譯註 字學』, 푸른역사.

이훈종(1992), 『민족 생활어 사전』, 한길사.

이희순(2004), 『방언사전: 여수편』, 어드북스.

이희승(1955), 『국어학개설』, 민중서관.

이희승(1961), 『국어대사전』, 민중서관.

이희자(2003), 「국어의 기초어휘 및 기본어휘 연구사」, 『새국어생활』 제13권 제3호.

林玉山 編(1988), 『反義詞詞典』, 黑龍江人民出版社.

임지룡 윤희수 역(1989), 『어휘 의미론』, 경북대출판부.

임지룡(1989), 『국어 대립어의 의미상관 체계』, 형설출판사.

임지룡(1989), 「국어 분류어휘집의 체제와 상관성」, 『국어학』 19.

임지룡(1991), 「국어의 기초어휘에 대한 연구」, 『국어교육연구』 23.

임지룡(1992), 『국어의미론』, 탑출판사.

임지룡(2009), 「20세기의 국어 어휘와 어휘연구」, 『국어국문학』 152.

임칠성·水野俊平·北山一雄 (1997), 『한국어 계량연구』, 전남대 출판부

임홍빈 편저(1993), 『뉘앙스 풀이를 겸한 우리말사전』, 아카데미하우스.

임홍빈(1993), 『국어 어휘의 분류 목록에 대한 연구』, 국립국어연구원.

임홍빈(1993), 「북한 사전의 뜻풀이」, 『새국어생활』 3-4(1993, 겨울).

장경윤(2017), 『정다운 우리말 서산 사투리』, 서산문화원.

장권표(2004), 『조선의 수수께끼 연구』, 사회과학출판사.

장기문(1997), 「'여자' 명칭에 대한 고찰」, 『한국어학의 이해와 전망』(일암 김응모교수

화갑기념논총), 박이정.

장원재(2009), 『현대 한일 어휘와 그 형성에 관한 대조 연구』, 태학사.

장유승(2014), 「조선후기 물명서의 편찬동기와 분류체계」, 『한국고전연구』 30.

장일구(2003), 『혼불의 언어』, 한길사.

장일영(2002), 『진주 지역 방언집』, 금호출판사.

장진한(1997), 「재미있는 어원 산책」, 『말과글』 73, 한국교열기자회.

장진환(2001), 『이젠 국어사전을 버려라』, 행담.

張泰鎭(1963), 『國語隱語辭典』, 螢雪出版社.

장태진(2004), 「국어 궁중 언어의 사회언어학적 연구」, 『새국어생활』 14권 3호.

장혁철, 리장(2017), 『어휘 사용 편람』 8, 과학백과사전출판사.

전광현(1983), 「蘊各書錄과 井邑地域語」, 『國文學論集』 11.

전광현(2000), 「물명류고의 이본과 국어학적 특징에 대한 관견」, 『새국어생활』 10권 3호.

田蒙秀(1947), 『朝鮮語源志』, 平壤 赤誠社.

田秀泰 編著(1990), 『反意語辭典』, 翰信文化社.

전수태(1987), 『국어 이동동사 의미연구』, 한신문화사.

전수태(1997), 『國語 反意語의 意味 構造』, 박이정.

전재호(1987), 『國語 語彙史 硏究』, 경북대학교출판부.

전재호(1991), 『국어 어휘사 연구(자료편)』, 홍문각.

전정례(1973), 「한국 현대시의 감각어 연구: 상징어·색채어를 중심으로」, 『선청어문』 4.

전춘록·문호·차녕호(1991), 『조선어 어휘실용사전』, 연변인민출판사.

정광(2002), 『역학서 연구』, 제이엔씨.

정광·양오진 역주(2011). 『노박집람 역주』, 태학사

정길남(1993), 「'오라비' 고찰」, 『한국어교육』 9, 한국어문교육학회.

정석호(2007), 『경북동남부 방언사전-영천, 경주, 포항을 중심으로-』, 글누림.

정선문화원, 서종원, 이영수, 심민기(2017), 『정선 방언사전』, 더메이커.

정성륜(1998), 『어휘조직론』, 태학사.

정순기(2005), 『조선 지명 변천에 대한 력사 문헌학적 연구』, 사회과학출판사.

정순기, 리기원(1984), 『사전편찬리론연구』, 사회과학출판사.

정승혜(2007), 「洛下生 李學逵와 物名類解」, 『문헌과 해석』 38호.

정승혜(2013), 「동양문고 소장 물명괄의 서지와 다산의 물명고 편찬에 관한 일고찰」, 『한

국어학』 59.

정승혜(2014), 「물명류의 자료의 종합적 고찰」, 『국어사연구』 18.

정승혜(2016), 「물명류의 특징과 자료적 가치」, 『국어사연구』 22.

정시호(1994). 『어휘장 이론연구』, 경북대 출판부.

鄭良婉 洪允杓 沈慶昊 金乾坤(1997), 『朝鮮 後期 漢字語彙 檢索辭典』, 韓國精神文化研究院

정연정, 윤향림(2017), 「과정일록의 분류체계 및 어휘 고찰」, 『어문론총』 74.

정우상(1987), 「국민학교 교과서 어휘 연구」, 『국립국어연구소 연구보고서』 1집,

정윤수(1993), 「'개구리'의 방언 분포와 어원 연구」, 경희대학교 석사학위논문.

정은주(2009), 「실학파 지식인의 물명에 대한 관심과 물명유해」, 『한국실학연구』 17.

정은진(2014), 「정헌(貞軒) 李家煥의 물명(物名)에 관한 관심과 그 실천 -『정헌쇄록(貞軒鎖錄)』과 「잡설(雜說)」을 중심으로-」, 『韓國漢字漢文敎育』 Vol.33.

정재도(1993), 「'설'이라는 말의 이모저모」, 『말과 글』 54.

정재윤(1988), 「우리말 색채어의 낱말밭」, 『국어교육』 63 · 64.

정종진(1993), 『한국의 속담 용례사전』, 태학사.

정찬섭 외(1990), 『사전 편찬의 연구 3』, 탑출판사.

정태룡 편저(2016), 『한국인의 상말 전서』, 고요아침

정현창(2021), 『사투리사전-전라도말 모음~』, 전남대학교 출판부.

정희준(1948), 『朝鮮古語辭典』, 東邦文化社.

제주특별자치도(2009), 『제주어사전(개정증보)』, 제주2.

조강봉(1997), 「鶴城의 어원」, 『국어학 연구의 새 지평』(성재 이돈주선생 화갑기념), 태학사.

조강봉(1998), 「鵲山, 鵲城(山), 鵲院, 鵲川의 지명 어원」, 『호남문화연구』 26, 전남대 호남문화연구소.

조강봉(2020), 『한국 지명의 어원 연구』, 태학사.

조명한(1982), 『한국 아동의 언어 획득 연구 : 책략 모형』, 서울대출판부.

조민정, 봉미경, 손혜옥, 전후민(2012), 『학습자를 위한 한국어 유의어 사전』, 박이정.

조병현(2014), 『진도 사투리 사전』, 진도문화원.

조선말방언사전 편찬소조 편(2019), 『조선말 방언사전』, 연변인민출판사.

조선어연구회(1971), 『우리말 의성의태어 사전』, 학우서방, 동경.

928

조세용(1999),「한자어계 차용어의 개주·귀화 현상에 관한 연구-15세기 중기 이후의 귀화어를 중심으로-」,『한글』243, 한글학회.

조영돈(1992),「국어 친족어에 대한 연구-어원 및 형태구조 분석을 중심으로-」, 조선대 대학원 석사학위논문.

조영수 옮김, 훼럴 지음(2000),『독일어 동의어 사전』, 세기문화사.

조영언 (2004),『한국어 어원사전』, 다솜출판사.

조오현·김용경·박동근(2002),『컴퓨터 통신언어 사전』, 역락.

조재수(1984),『국어 사전 편찬론』, 과학사.

조재수(1995),『남북한말 비교 사전』, 토담.

조재윤(1978),「物名類攷의 研究」, 고려대 석사학위논문.

조창선(2005),『조선 지명 연구』, 사회과학출판사.

趙恒範 編(1994),『國語 語源研究 叢說(I)』, 太學社

조항범 평석(2001),『선인들이 전해 준 어원 이야기』, 태학사.

조항범(1989),「국어 어휘론 연구사」,『국어학』19.

조항범(1994),「20세기 초의 국어 어원 연구에 대하여」,『개신어문연구』10, 개신어문학회.

조항범(1994),「語源 研究 數題(I)」,『우리말 연구의 샘터』(연산 도수희선생 화갑기념논총), 간행위원회.

조항범(1996),『國語 親族 語彙의 通時的 研究』, 태학사.

조항범(1997),『다시 쓴 우리말 어원 이야기』, 한국문원.

조항범(2003),『예문으로 익히는 우리말 어휘』, 태학사.

조항범(2003),「지명 어원 몇 가지(1)」,『새국어생활』13-3.

조항범(2005),『그런, 우리 말은 없다』, 태학사.

조항범(2009),『국어어원론』, 도서출판 개신.

조항범(2019),『우리말 비어, 속어, 욕설의 어원 연구』, 충북대학교출판부.

조항범(2022),『우리말 어원 사전』, 태학사.

조효숙(2003),「여흥민씨묘 출토직물관 17세기『儀軌』직물명칭의 비교연구」,『한복문화연구』6권 3호.

주갑동(2005),『전라도 방언 사전』, 수필과비평사.

중국 조선어학회 편(2017), 조선말사전, 료녕민족출판사.

진류 지음, 박운석 외 옮김(2012),『韓國 漢字語 研究』, 영남대학교출판부.

蔡文治(1991), 『朝漢 外來語 辭典』, 료녕민족출판사.

千素英(1990), 『古代國語의 語彙 硏究』, 고려대 민족문화연구소.

천시권 김종택(1971), 『國語 意味論』, 형설출판사.

천시권(1982), 「국어 미각어의 구조」, 『어문연구』 7.

최경봉(2005), 「물명고의 온톨로지와 어휘론적 의의」, 『한국어의미학』 17.

최경봉 등 4인(2020), 『한국어 어휘론』, 한국문화사.

최규일(1972), 「인체 어휘고」, 성균관대 석사학위논문.

최기호(1995), 『사전에 없는 토박이말 2400』, 토담.

최상범(1993), 「조경식물의 학명에서 종명의 어원 연구」, 『한국조경학회지』 50.

최석두, 박우석, 남지순, 송영빈 번역, 알랭 레이 원저(2003), 『전문용어학』, 한국문화사.

최승주, 우소(2016), 『어휘 사용 편람 6』, 과학백과사전출판사.

최완호(2005), 『조선어 어휘론』, 사회과학출판사.

최완호·문영호(1980), 『조선어 어휘론 연구』, 과학백과사전출판사.

최응구(1980), 『조선어 어휘론』, 료녕인민출판사.

최창렬(1993), 『어원산책』, 한신문화사.

최창렬(1996), 『우리말 어원연구』, 일지사.

최학근(1962), 『전라남도 방언 연구』, 한국연구원.

최학근(1978), 『한국 방언사전』, 현문사.

崔桓(2003), 「한국 類書의 종합적 연구(I)」, 『中國語文學』 41.

崔桓(2003), 「한국 類書의 종합적 연구(II)」, 『中語中文學』 32.

최현배(1984), 『우리말본』, 정음사,

최형용(2022), 『한국어 신어 형성 연구』, 역락.

편집부 편(1987), 『불교에서 나온 말』, 대원정사.

편찬위원회 편(1991), 『조선말 성구 소사전』, 연변대학출판사.

하영휘 외 편저(2011), 『옛편지 낱말 사전』, 돌베개

한국고전용어사전편찬위원회(1991), 『한국고전용어사전 1』, 세종대왕기념사업회.

한국정신문화연구원(1980), 『방언조사질문지』.

한국정신문화연구원(1987), 『한국방언자료집 3(충북 편)』.

한국정신문화연구원(1987), 『한국방언자료집 5(전북 편)』.

한국정신문화연구원(1989), 『한국방언자료집 7(경북 편)』.

한국정신문화연구원(1990), 『한국방언자료집 2(강원도 편)』.

한국정신문화연구원(1990), 『한국방언자료집 4(충남 편)』.

한국정신문화연구원(1991), 『한국방언자료집 6(전남 편)』.

한국정신문화연구원(1993), 『한국방언자료집 8(경남 편)』.

한국정신문화연구원(1995), 『한국방언자료집 1(경기도 편)』.

한국정신문화연구원(1995), 『한국방언자료집 9(제주 편)』.

한글학회(1991), 『우리말큰사전』, 어문각.

한미경(2009), 「조선시대 물고기 관계문헌에 대한 연구」, 『서지학연구』44.

한상인(1998), 「어원연구(7)」, 『한밭말글』3, 한글학회 대전지회.

한영준(1995), 『류용(六用)조선어사전』, 흑룡강조선민족출판사.

한진건(1990), 『조선말의 어원을 찾아서』, 연변인민출판사.

허 발(1979), 『낱말밭의 이론』, 고려대 출판부.

허동진 외(1987), 『조선말 동의어 사전』, 연변 인민출판사.

허동진·박태형 등(1988), 『조선말 동의어 사전』, 연변인민출판사.

허재영(2007), 「화음방언자해의 어휘론적 가치」, 『한글』276.

허재영(2012), 「국어어휘 분류 체계의 역사적 흐름」, 『겨레어문학』48.

현금석·박상일·전명길(1993), 『조선말 속담분류사전』, 동북조선민족교육출판사.

현진건(1990), 『조선말의 어원을 찾아서』, 연변인민출판사.

현평효 외(1995), 『제주어 사전』, 제주도.

현평효(1962), 『제주도 방언 연구(자료편)』, 태학사.

현평효, 강영봉(2011), 『제주어 조사·어미 사전』, 제주대학교 국어문화원.

현평효, 강영봉(2018), 『표준어로 찾아보는 제주어 사전』, 도서출판 각.

홍기문(1947), 『조선문화총화』, 정음사.

홍기순, 어건주(2012), 『노한사전』, 이회.

洪思滿(1985), 『國語語彙意味硏究』, 學文社.

홍사만(1994), 「왜어유해와 일어유해의 한자 자석 연구」, 『우리말의 연구(외골 권재선 박사 화갑기념논문집)』, 우골탑.

홍사만(2003), 『국어 어휘의미의 사적 변천』, 한국문화사.

홍선희(1982), 「우리말의 색채어 낱말밭」, 『한성어문학』1.

홍윤표(1985a), 「국어 어휘 문헌 자료에 대하여」, 『소당 천시권박사 화갑기념 국어학논총』.

홍윤표(1987),「18, 9세기의 한글 유서와 실학」,『동양학』18.

홍윤표(1988),「18, 9세기의 한글 주석본 유서에 대하여—특히 '물명고'류에 대하여」,『주
　　시경학보』1.

홍윤표(1990),「실학시대의 어휘 자료집 간행 역사」,『국어생활』22호.

홍윤표(1992),「고어의 풀이말」,『새국어생활』제2권 1호.

홍윤표(2000),「柳僖의『物名攷』」,『語文研究』108호.

홍윤표(2002),「15세기-19세기 자료에 나타난 국어 어휘의 특성」,『남북 언어 동질성 회
　　복을 위한 제1차 국제학술대회 논문집』.

홍윤표(2007),「博物新書 해제」,『국어사연구』7.

홍윤표(2009),『살아있는 우리말의 역사』, 태학사.

홍윤표(2012),「국어사 자료」,『국어학』65.

홍윤표(2013),「物名考에 對한 考察」,『震壇學報』第118號.

홍윤표(2014),「국어 어휘사 연구 방법」,『국어사연구』18.

홍윤표(2018),「물명의 연구방법과 과제」,『한국어사연구』4.

홍윤표(2022),『한자 학습 문헌자료 연구』, 태학사.

홍윤표·송기중·정광·송철의(1995),『17세기 국어사전』, 태학사.

홍윤표·심경호(1993),『15세기 한자어 조사 연구』, 국립국어연구원.

홍재성 외(1997),『현대 한국어 동사 구문 사전』, 두산동아.

홍재성(1986),「한국어 사전 편찬과 문법 문제」,『국어생활』7.

홍재성(1987),「사전 편찬과 문법 정보」,『어학연구(서울대)』23-1.

홍재성(1988),「한국어 사전에서의 동사 항목의 기술과 통사 정보」,『인문과학(연세대)』
　　57.;『사전편찬학연구 2』(탑출판사)에 재수록.

홍준석(1991),「말(馬) 명칭에 대한 연구」, 고려대 교육대학원 석사학위논문.

홍철기(1991),「불교 어휘 연구-차용상의 유형을 중심으로-」,『현산 김종훈박사 화갑기
　　념논문집』, 집문당.

黃慶煥(1963),「宮中用語」,『국어국문학』26.

황금연(1997),「현대 한자 어휘의 기원에 대한 고찰」,『국어학 연구의 새 지평』(성재 이
　　돈주선생 화갑기념), 태학사.

황금연·강회진(2010),『담양 방언사전』, 담양문화원.

황문환(2016), 「柳僖의 才物譜 비판을 통해 본 物名考의 차별성」, 『한국실학연구』 32.

황문환 외 6인(2016), 『조선시대 한글 편지 어휘사전(1-6)』, 역락.

황문환, 박부자, 이명은, 이은주, 조정아(2018), 정미가례시일기 복식 어휘, 한국학중
   앙연구원출판부.

황용주(2013), 「한국의 고어사전 연구」, 『한국사전학』 22.

黃忠基(2001), 『韓國學註釋辭典』, 국학자료원.

金田一春彦, 林大, 柴田武 편집(1988), 『日本語百科大事典』, 大修館書店.

小倉進平(1924), 『朝鮮語方言の研究』, 朝鮮史學會.

柴田省三 (1975), 『英語學大系 5-語彙論-』, 大修館書店.

段寄明(2000), 『語源學槪論』, 上海敎育出版社.

田中章夫(1978), 『國語語彙論』, 明治書院

佐藤亨(1986), 『莫末 明治初期語彙の研究』, 樓楓社.

佐藤亨(1990), 『江戶 時代語彙の研究』, 樓楓社.

佐藤喜代治 編(1982), 『語彙原論』, 明治書院.

靑山秀夫(1990), 『朝鮮語 象徵語辭典』, 大學書林, 東京.

阪倉篤義 編(1970), 『語彙史』(講座國語史 3), 大修館書店.

Bloomfield. L.(1933), *Language*, Holt, Rinehart, Winston.

Bo Svensén(2009), *A Handbook of Lexicography*, Cambridge University Press.

Bloomfield. L.(1939), *Linguistic Aspects of Science*, the University of Chicago, pp.42-54.

C. Brook-Rose(1958), *A Grammar of Metaphor*, London Seaker & Warburg.

Collinson. W. E.(1939), *Comparative Synonymics: Some principle and illustrations*,
   Translations of the Philological Society.

D. A. Cruse(1986), *Lexical Semantics*, Cambridge University Press.

Danny D. Steinberg & Leon A. Jakobovits eds. (1971), *Semantics*, Cambridge at the
   University Press.

F. R. Palmer(1981), *SEMANTICS* -Second Edition-, Cambridge University Press.

Frank Palmer(1976), *Semantik-Eine Einführung-*, Verlag C. H. Beck München.

Friederich Kluge(1975), *Etymologisches Wörterbuch Der Deutschen Sprache*, Walter de

Gruyter · Berlin · Newyork.

G. J. Ramstedt(1952), *Einführung in die Altaische Sprachwissenschaft* II(Formenlehre), Suomalais-Ugrilainen Seura, Helsinki., ,

G. J. Ramstedt(1957), *Einführung in die Altaische Sprachwissenschaft* I(Lautlehre), Suomalais-Ugrilainen Seura, Helsinki., ,

G. J. Ramstedt(1966), *Einführung in die Altaische Sprachwissenschaft* III(Register), Suomalais-Ugrilainen Seura, Helsinki., ,

G. J. Ramstedt(1982), *Paralipomena of Korean Etymologies*, Offset Oy, Helsinki.

Geoffrey Leech(1974), *Semantics*, Penguin Books Ltd,Harmondswirth.

George L. Dillon(1977), *Introduction to Contemporary Linguistic Semantics*, Prentice-Hall International. Inc.

Gosha A. Fishman(1970), *Sociolinguistics*, Newbury House Publishers.

Günther Drosdowski, Paul Grebe, et al(1963), *Die Etymologie der deutschen Sprache*, Dudenverlag.

Halliday(1964), *The Linguistic Science and Language Teaching*, London, Longman.

Halliday, M. A. K.(1966), *Lexis as a Linguistic level in Bazell*, C. E. et al. 1966, 148-162.(Extract in Kress, G.R. 1976, 73-83)

Isidore Dyen(1975), *Linguistic Subgrouping and Lexicistatisatics*, Mouton & Co. B.V., Publishers, The Hague.

Jan de Vries(1962), *Altordisches Etymologisches Wörterbuch*, Leiden E. J. Brill.

Jeffrey S. Gruber(1970), *Studies in Lexical Relations*, Indiana University Linguistics Club.

Jeffrey S. Gruber(1976), *Lexical Structures in Syntax and Semantics*, North-Holland Publishing Company.

Jerrold J. Katz(1972), *Semantic Theory*, A Happer International Edition.

John Lyons(1968), *Introduction to Theoretical Linguistics*, Cambridge University Press.

John Lyons(1977), *Semantics* 2, Cambridge University Press.

John Lyons(1981), *Language and Linguistics*, Cambridge University Press.

Julius Fokorny(1959), *Indogermanisches Etymologisches Wörterbuch*, Francke Verlag Bern und München.(I Band, II Band)

Lawrence M. Davis(1983), *English Dialectology: An Introduction*, The University of

Alabama Press.

Lehrer. A.(1974), *Semantic Fields and Lexical Structure*, North-Holland Publishing Company.

M. Moortgat, H. v. d. Hulst, T. Hoekstra eds(1981), *The scipe of lexical rules*, Foris Publications.

Martin(1968), *New Korean-English Dictionary*, 民衆書林.

Maurice Schöne(1951), *Vie et Mort des Mots*, Presses Universitaires de France.

Peter Trudgill(1983), *On Dialect*, New York University Press.

Pierre Guiraud(1958), *L'argot*, Presses Universitaires de France.

Pierre Guiraud(1972), *La Sémantique*, Presses Universitaires de France.

R. R. K, Hartmann ed. (2003), *Lexicography* (volume 1), Routledge, London.

R. R. K, Hartmann ed. (2003), *Lexicography* (volume 3). Routledge, London.

Ramstedt(1949), *Studies in Korean Etymology*, Helsinki.

Rochelle Lieben(1981), *On the Organization of the Lexicon*, Indiana University Linguistics Club.

S. Ullmann(1963), *The Principles of Semantic*, (Basil Blackwell, Oxford)

Stephen Ullmann(1967), *Semantics, an Introduction to the Science of meaning*, Oxford Basil Blackwell.

W. N. Francis(1983), *Dialextology, An Introduction*, Longman Group Limited.

Wallace L. Chafe, (1970), *Meaning and the Structure of Language*, The University of Chicago Press.